이한우

1961년 부산에서 태어나 고려대학교 영문과를 졸업하고 동 대학원
철학과 석사 및 한국외국어대학교 철학과 박사 과정을 수료했다.
〈뉴스위크 한국판〉과 〈문화일보〉를 거쳐 1994년부터 〈조선일보〉
기자로 일했고 2002~2003년에는 논설위원, 2014~2015년에는
문화부장을 지냈다.

2001년까지는 주로 영어권과 독일어권 철학책을 번역했고, 이후
『조선왕조실록』을 탐색하며 『이한우의 군주열전』(전 6권)을 비롯해
조선사를 조명한 책들을 쓰는 한편, 2012년부터는 『논어로 논어를
풀다』 등 동양 사상의 고전을 규명하고 번역하는 일을 동시에 진행
해오고 있다.

2016년부터는 논어등반학교를 만들어 현대인의 눈높이에 맞추어
고전을 강의하고 있다. 2017년부터 2021년까지 약 5년에 걸쳐 『이
한우의 태종실록』(전 19권)을 완역했으며, 그 외 대표 저서 및 역서
로는 『이한우의 주역』(전 3권), 『완역 한서』(전 10권), 『이한우의 사서
삼경』(전 4권), 『대학연의』(상·하) 등이 있다.

『논어』 강의 문의 논어등반학교 최인아책방(02-2088-7330)
『주역』 강의 및 『사기』 원문 강독 문의 서울숲양현재(010-7625-1503)

이한우의

태종 이방원

태종풍太宗風 탐구

【하】

· 이한우 지음 ·

21세기북스

16년 만에 만난 태종

조선 3대 국왕 태종 이방원(李芳遠)이라는 인물을 가능한 한 깊이 파고든 종합적 탐구(探究)를 내놓는다. 그의 일생을 날줄[經]로 삼고 그가 탐독하고 체득해 삶과 정치를 풀어내는 지침으로 삼았던 고전들을 씨줄[緯]로 삼아 태종이라는 거인의 삶을 교직(交織)해보았다.

필자가 『태종, 조선의 길을 열다』(해냄)를 낸 것은 2005년이다. 그사이 16년이라는 시간을 돌이켜보니 어떻게든 태종 속으로 좀 더 나아가려는 고투(苦鬪)의 시간이었다. 이런 말을 하는 이유는, 정작 그 책을 마쳤을 때는 뭔가 태종 속으로 깊이 들어가지 못한 채 겉만 맴돈 듯한 아쉬움이 컸기 때문이다. 그 후 공부 방향도 많이 바뀌었다. 태종이 읽고 영향받은 책들을 직접 읽고 보다 깊이 이해함으로써 태종을 안에서부터 제대로 복원하려고 노력했다. 대표적인 책이 『논어』·『주역』·『한서』다. 우연인지 필자는 이 세 책에 대한 해설서·번역서를 직접 냈고 2016년부터 최근까지 5년 반의 시간 동안에 『이한우의 태종실록』을 완역했다. 이번 실록 번역은 기존 번역과 달리 충분한 주석(註釋) 작업을 했다. 이런 과정이 있었기에 이 책도 탄생할 수 있었다.

그 결과 16년 전 만난 태종 모습과 지금의 태종 모습은 많이 달라졌다. 16년 전 필자가 그려냈던 태종은 '호모 폴리티쿠스(Homo politicus)', 즉 타고난 정치적 인간이었다. 우선 그때의 '들어가는 말' 일부다.

호모 폴리티쿠스(Homo politicus), 인간은 본성상 정치적이라는 의미를 갖고 있는 이 말은 서양에서는 사상가 마키아벨리와 연결되지만, 이 땅에서는 현실정치인 태종과 불가분의 관계를 가질 수밖에 없다. 조선 500년을 통치한 27명의 국왕 중에서 흔히 이방원으로 불리는 태종만큼 호모 폴리티쿠스 이상에 충실했던 임금을 찾기란 불가능하다.

당연히 그의 삶 전체, 혹은 삶 자체는 권력 투쟁으로 이뤄져 있었다고 해도 과언이 아니다. 크게는 고려라는 나라가 무너지고 조선이라는 새 나라가 세워지는, 오천 년 한반도 역사에서 몇 차례 없었던 왕조교체라는 거대한 권력 투쟁의 한복판에 그가 있었다. 또 새로운 나라 조선의 기본 골격을 둘러싸고 임금과 신하가 함께 통치하는 군신공치(君臣共治)의 이상을 앞세웠던 정도전 세력과의 피비린내 나는 싸움에서 승리하고 왕권 중심의 나라를 틀 잡은 것도 그다.

무자비와 잔혹, 태종에 대해 부정적인 시각을 가진 사람들은 이 두

단어로 태종의 성품을 나타내기도 한다. 그러나 실록을 통해 확인한 그는 결코 무자비하거나 잔혹, 잔인한 성품의 소유자가 아니었다. 냉정 혹은 냉철이라고 해야 한다. 그는 열정과 냉정을 골고루 가진 인물이다. 앞으로 보게 되겠지만 그는 무조건 사람을 죽이는 스타일이 아니다. 1차 왕자의 난 때 세자 방석과 방번을 죽인 것은 그의 의지와 무관했다. 심지어 자신을 향해 2차 왕자의 난을 일으킨 방간을 끝까지 죽이지 않고 보호했다. 사실 그의 손으로 형제를 직접 죽인 경우는 전혀 없다. 그런데 역사는 방간이 했던 행위까지 방원의 몫으로 덮어씌워 비난해왔다.

막스 베버가 '위대한 혁명적 힘'이라고 부른 카리스마(Charisma)는 "한 개인이 가진 자질로서, 이 때문에 그는 초자연적, 초인간적 혹은 적어도 특수하게 예외적인 권력이나 자격을 지닌 비범한 존재로 취급된다." 간단히 이야기하면 삶과 죽음의 경계를 넘나든 인물이라야 카리스마를 가질 수 있다. 그것도 개인적인 이익이 아니라 공적인 대의(大義)를 위해. 우리가 이승만·박정희·김대중 대통령은 카리스마를 인정하면서도 전두환 대통령의 경우 사선을 넘나들긴 했지만, 그가 내건 대의에 많은 사람이 동의하지 못하기 때문에 그의 카리스마는 인정하지 않는 것인지 모른다.

이런 점에서 태종은 이승만·박정희·김대중 세 사람의 카리스마를 모두 합친 것 이상의 카리스마를 가졌다고 할 수 있다. 우선 적어도 3차례 목숨을 건 결단을 내렸고, 모두 자신의 승리로 끝났다. 국가 설계 차원에서도 누구도 따라갈 수 없는 안목과 비전으로 나라의 기반과 골격을 튼튼히 했다. 그의 나라 사랑과 백성 사랑은 세종대왕을 제외한다면 어느 국왕도 따라가기 힘들다.

물론 그렇다고 해서 600년 전의 그를 오늘날의 리더십의 표상으로 불러내는 일은 시대착오다. 그러나 적어도 그로부터 난세(亂世)를 치세(治世)로 바꾸어놓은 지혜는 배워야 한다. 그 핵심은 나라의 장래에 대한 원대한 구상과 그것을 관철하기 위한 확고한 결의와 추진력이다. 멸사봉공(滅私奉公)과 성심집중(誠心執中), 태종이 사람을 대하고 일을 만들어가는 태도는 이 여덟 자에 고스란히 담겨 있다.

그때와 지금의 필자는 다르다. 그때는 태종이 수련한 학문 내용을 제대로 알지 못했고, 태종의 깊은 심사(深思) 즉 그의 정신세계(精神世界)를 명료하게 이해하지 못했다. 한 예로, 태종이 2차 왕자의 난 때 맞섰던 형 이방간(李芳幹)을 끝내 살려준 진짜 까닭이다. 피상적으로는 그가 방간을 끝까지 살려준 이유를 그냥 형제애(兄弟愛)로 설명할 수 있다. 그러나 그의 정신세계를 파고들어 냉철하게 살펴보면 '왕권 강화 차원에서의 왕실 사람 보호'가 더 결정적인 이유였다. 왕실의 존엄을 높이는 일은 곧바로 왕권 강화를 위한 기반이었다. 이것이 이번에 다시 만난 태종의 한 면모다.

이렇게 되면 왜 태종이 이거이(李居易)·이저(李佇) 부자를 정치적으로 제거하되 또 끝까지 목숨은 보전시켰는지를 훨씬 쉽게 이해할 수 있다. 이거이 부자는 세자를 제외한 나머지 왕자들을 제거해야 한다는 의견을 처음으로 낸 사람들이다. 그에 앞서 이들 부자는 1차 왕자의 난 당시 세자 방석과 방번을 죽인 장본인들이기도 하다. 그래서 처벌을 받았지만, 동시에 왕실 사위 집안이었기에 '범(凡) 왕실'로 간주되어 목숨은 건질 수 있었다.

반면 민무구(閔無咎)·무질(無疾)을 비롯한 처남 민씨 4형제는 세자를 제외한 나머지 왕자들에 대해 이거이 부자와 비슷한 의견을 냈지만 결국 모두 비명횡사(非命橫死)했다. 사위 집안과 처가를 태종은 전혀 다르게 인식했다. 사위 집안은 친족 범위에 들지만, 공신을 겸한 세력가 집안인 외척(外戚) '민씨 집안'은 태종으로서는 너무도 강력한 왕실 위협 세력일 뿐이었다. 이는 태종 개인의 생각이 아니라 동양 군주제(君主制) 국가에서는 끊임없이 반복될 수밖에 없는 역사의 한 패턴(Pattern)이었다.

군주제하에서 군왕 권력을 잠재적으로 제약할 세력은 외척·공신·환관·조정 내 권간(權奸) 등이다. 조선 역사에서 환관은 중국과 달리 정치에서 아무런 힘을 발휘하지 못했다. 그러나 공신은 그 정변 성격에 따라 누릴 수 있는 파워가 크게 달랐다. 조선의 개국과 4차례 정변의 과정을 보면, 개국 때는 정도전·남은을 비롯한 권간이 힘을 장악했다. 이는 1차 왕자의 난이 일어나게 된 주요한 배경이기도 하다. 반면 4차례 정변은 누가 주도했느냐에 따라 정확히 비례해 임금과 신하가 권력을 나누었다.

태종은 전적으로 자신이 정변을 주도했기에 태종과 공신들 간에 팽팽한 긴장이 감돌곤 했어도 결국 공(公)과 사(私)의 논리에 입각해 공신을 공이 아닌 사로 간주하면서 다시 한번 자신을 위한 사직신하[社稷臣]가 될 것을 요구했다. 이를 위해 태종 자신부터 _{사직신} 매사 공(公)에 입각해 말하고 행동했다. 이를 미처 이해하지 못하거나 의도적으로 거스를 경우 태종은 냉정하게 그리고 무자비하게 제거했다. 민씨 형제들이 당한 참화도 그런 경우 중 하나다.

세조와 공신들은 서로 거래를 하면서 공존했다. 그것은 정변 당시의 역할이 반반이었기 때문이다.

인조와 공신들 역학 관계는 인조보다는 공신 쪽으로 기울었다. 인조반정 당시 인조 역할이 그다지 크지 못했기 때문이다.

끝으로 군주 힘이 가장 미약했던 임금은 중종이다. 중종반정 당시 연산군을 내쫓는 과정에서 중종의 역할은 '0'이었다. 중종은 20년이 지나 공신들이 다 죽고 나서야 겨우 자기 정치를 할 수 있었지만 이렇다 할 치적을 보여주지는 못했다. 오히려 김안로(金安老)의 등장에서 보듯 권간(權奸) 시대를 열어놓았다.

외척은 태종과 세종 시대를 지나고 얼마 안 가서 큰 세력을 형성하게 된다. 세조비 정희왕후(貞熹王后) 윤씨(尹氏)와 문정왕후(文定王后) 윤씨가 대표적이다. 가장 심각했던 사례는 흔히 '르네상스' 운운하는 정조 때다. 정조가 아들 순조의 왕비 집안을 안동 김씨로 결정하면서부터 조선은 망하는 그날까지 '외척 나라'로 전락했다. 태종이 개국 초기부터 한사코 막으려 했던 바로 그런 외척 나라가 되면서 나라는 썩어 문드러지고 백성은 말 그대로 도탄(塗炭)에 빠졌다.

왕권은 저절로 강화되지 않는다. 신하들과의 치열한 권력 투쟁 결과물일 수밖에 없다. 이 점에서 태종은 한순간도 방심하지 않았다. 싸우고 또 싸우고, 한순간의 방심도 허락하지 않는 것이 신하들과의 권력 투쟁이다.

신하들이란 어떻게든 왕의 마음을 잡아 쥐려 온갖 노력하지만, 권력에서 소외되면 붕당(朋黨)을 지어 맞서기도 하고 반당(叛黨)을 이뤄 역모를 꾸미기도 한다. 왕은 이런 징후를 찾아내고 경계하고 처벌하지 않으면 안 된다. 이런 문제를 등한시하다가 연산군 꼴이 났고 광해군 꼴이 났다. 권력은 현실이다. 그러나 우리의 경우 권력의 역사를 도덕의 잣대로 재려 한다.

　　이번 작업은 지난 작업에 결여되었던 태종의 내면을 채우는
데 집중했다. 그렇다고 그의 정신세계에 대한 철학적·인문학적 탐
구에 전념했다는 말은 아니다. 그의 말을 이해하려 했고, 그의 일
을 이해하려 했다. 그래서 그가 말하는 방식과 일하는 방식에 초
점을 맞췄다. 말과 일[言行]로 구현된 그의 정신세계를 통합적으로
보려 했다. 역사적 의미가 큰 사건보다는 그의 말과 일[言行]을 잘
드러낼 수 있는 사건에 좀 더 집중했다. 그 점에서 이 작업은 분명
히 말하지만, 역사학자들 작업과는 거리가 멀고, 오히려 리더십 탐
구나 인문학적 인물 탐구에 좀 더 가깝다.
　　태종을 향해 가는 길은 쉽지 않았다. 무엇보다 정치에 대한 도
덕주의가 횡행하는 우리 사회 위선적 지적 풍토 때문이다. 역사
학계가 찌들어 있는 방법론적 무지와 주자학적 사고방식은 태종
을 향해 나아가는 길을 가로막았다. 이 점에서 필자는 16년 전에
비해 많은 진전을 이뤄냈다. 그때도 초보적이나마 문제의식은 있
었다. 16년 전 들어가는 말 일부다.

　　우리나라 역사학자들의 상당수는 왕권과 신권이 대립하면 무조건
　　신권을 거들어야 '민주적인' 학문을 한다는 편견이 있는 듯하다. 또
　　그것이 근대의 학문하는 태도인 양 생각하는 것 같다. 그러나 조선
　　의 역사는 조선의 틀로 봐야 한다. 조선의 역사를 왕권과 신권의 대
　　립 관계로 보면서 신권을 중시하는 국왕은 선(善), 신권을 무시하는
　　국왕은 악(惡)이라는 단순도식은 곤란하다. 이런 접근법은 일과 성취

에 대해 눈을 감게 된다는 취약점을 갖고 있다.

실제로 개개의 역사학도들을 만나서 이야기를 나누다 보면 우리 역사학계가 하나의 패러다임처럼 갖고 있는 '신권중심주의'에 대해 비판적인 의견을 토론한다. 그러나 막상 그런 사람들도 역사 분야의 논문을 쓰고 책을 쓸 때는 '학계 공인'이라는 무언(無言)의 사고 틀(Frame of thinking)에서 한 걸음도 벗어나지 못하는 것을 보게 된다. 당파성(黨派性)의 문제가 대표적인 경우다. 당파성은 굳이 일제의 식민사학이 아니어도 조선 초부터 늘 경계의 대상이었다. 태종이나 세종 때 이렇다 할 당파가 생겨나지 않은 것도 왕권이 안정되어 있었기 때문이다. 오히려 당파는 왕권이 거의 붕괴되고 공리공담(空理空談)을 일삼는 사림파(士林派)가 권력을 잡으면서 생겨난 폐해다. 그것을 여론정치니 민주정치니 하며 호도하는 논리를 보고 있노라면 실소(失笑)가 나올 정도다. 당파의 가장 큰 폐해는 일 중심의 사고에서 벗어난다는 데 있다. 조선 중기 이후 조선 사회가 온갖 학설의 횡행에도 불구하고 이렇다 할 사회발전을 이룩하지 못한 것이 이를 입증해준다. 오히려 중인 이하 민중에게서 자연 발생적으로 생겨난 발전적인 경향들을 억누른 것도 바로 이 당파에 매몰되어 있던 관료계급들이다.

그런데도 실상과 한참 벗어난 채로 맘껏 사색당파를 '정당 정치의 뿌리' 운운하며 정당화할 수 있는 것은, 조선 역사의 모든 부정적인 면을 식민사학의 유산으로 매도하고 신권중심주의로 '재해석'해온 학계의 그릇된 풍토와 무관치 않다. 필자가 몇 년 전에 청년기의 세종에 대한 전기의 제목을 '세종, 그가 바로 조선이다'로 정한 것도 조선 역사는 조선 내부의 척도에 따라 봐야 한다는 나름의 문제의식이 반영된 결과였다.

신권중심주의는 무엇보다 비현실적이다. 조선은 왕조 국가다. 기본적으로 전근대적인 국가다. 전(前)근대란 일단 백성 개개인의 인권이라는 개념조차 없다는 뜻이다. 전근대 국가의 역사를 살피면서 근대의 잣대를 들이대는 것은 역사에 대한 무지이자 늦게 태어난 이의 오만일 수밖에 없다. 우리 사회에 이런 무지와 오만이 강한 이유는 정상적인 근대화의 실패와 식민지 경험에서 나오는 강한 콤플렉스와 연결지어 설명할 수 있을 것이다.

누가 국립중앙박물관을 찾아 고려청자를 보면서 "귀족 놈들이 민중의 고혈을 짜내 만든 것"이라며 그것의 미적 가치까지 부정한다면 우리는 그런 사람을 어떻게 바로 보겠는가? 그런데도 조선 역사 전체에 대해 이런 시각이 지배하는 지금의 현실에 대해 우리는 아무 말도 하지 못하고 있다.

신권중심주의는 역사에 대한 오해, 나아가 왜곡을 부르는 시발점이다. 예를 들어 500년 고려를 붕괴시키고 그 후 500년을 이어가게 될 조선을 세운 태조 이성계에 대한 이렇다 할 전기 하나조차 없는 것이 우리 역사학계다. 반면 정도전에 관한 연구는 비교적 활발하다. 정도전 연구가 문제가 아니라 이성계 연구가 없다는 것이 문제다. 물론 학계 내부의 단편적인 연구들이야 축적되었겠지만, 그런 성과들은 일반인들이 공유할 때 의미가 있다. 태종에 관한 전기도 물론 없다. 여러 가지 이유가 있겠지만 기본적으로는 우리 역사학자들이 유전인자처럼 몸속에 갖고 있는 신권중심주의와 무관치 않아 보인다. 이런 편견의 최대 희생자가 바로 정도전과 정면대결을 펼쳤던 태종 이방원이었다.

큰 방향은 지금도 그때와 크게 다를 바 없다. 다만 그 후 알게 된 공자(孔子)와 주희(朱熹)의 정치관의 근본적인 차이, 즉 성리학(性理學)이나 주자학(朱子學)에 담긴 철저한 반(反)왕권 사상 등을 통해 그렇다면 과연 태종은 이런 사상적 문제를 어떻게 소화했는가에 깊은 관심을 쏟지 않을 수 없었다.

지금 와서 보니 태종과 정도전 대결은 공자의 왕권중심주의 사상을 철저하게 소화한 태종과 주희의 신권중심주의 사상을 어설프게 정리한 정도전의 대결이었다. '어설프게'라는 것은 정도전의 사상적 결핍을 지적하는 것이 아니라 그 당시에는 아직 주자학이 정교한 신권이론이라는 사실이 조선에 덜 알려져 있었다는 사실을 말할 뿐이다. 그런 단계에서 정도전이 군신공치(君臣共治)를 들고 나왔던 것은 오히려 그가 주자학에 담긴 정치적 함의를 선취(先取)한 것이라고 볼 수 있다.

실제로 신하 중심의 주자학적 나라를 명시적으로 내건 조선 최초 인물은 100년이 지나서 나온 조광조(趙光祖, 1482~1519년)다. 중종 때 그가 주창한 개혁이란 다름 아닌 조선을 주자학적으로 개조하는 일이었다. 이를 급진적으로 계승한 이가 이이(李珥, 1536~1584년)라고 알려져 있지만, 실은 송익필(宋翼弼, 1534~1599년)이다. 반면 조광조를 온건하게 계승한 이는 이황(李滉, 1501~1570년)이다. 송익필 계열은 서인(西人), 이황 계열은 남인(南人)이 되어 300년 가까운 사상투쟁을 벌였다.

특히 송익필의 예학(禮學)은 조선 중기 이후로 두고두고 역사에 깊은 영향을 미쳤다. 예송(禮訟)논쟁은 빙산의 일각일 뿐이었다. 송익필은 주자학과 『논어』를 파고들어 예학을 정치화하고 직

(直) 사상을 정립했다. 그것은 흔히 이이(李珥)의 성(誠) 사상, 이황의 경(敬) 사상과 대비되기도 한다.

송익필의 수제자 김장생(金長生, 1548~1631년)은 '예학의 정치화'를 이어받아 인조반정(仁祖反正)을 추진, 완성하는 주력 인물들을 길러냈다. 그들은 효(孝)를 내세워 충(忠)을 뒤집고, 사(私)의 논리로 공(公)의 논리를 뒤집었다. 광해군은 인목대비(仁穆大妃)에게 불효를 저질렀으니 임금 자리에 있을 자격이 없다는 서인의 주장이 그것이다. 광해군 폐출에 대한 정치적 평가와는 별개로 우리가 뚫어봐야 하는 것은 바로 이 지점이다. 이에 비해 태종은 종묘사직에 대한 충(忠)을 위해 아버지에 대한 효(孝)를 저버렸다. 그것이 바로 공과 사의 문제라 할 수 있다. 태종은 사를 버리고 공으로 나아가는 삶을 살았다. 반면 인조반정은 공을 버리고 사로 나아간 거사다.

김장생의 수제자 송시열(宋時烈, 1607~1689년)은 송익필의 직(直) 사상을 이어받았다. 숙종 15년(1689년) 6월 3일, 송시열은 죽음을 앞두고 제자 권상하(權尙夏, 1641~1721년)의 손을 붙잡고 당부했다.

천지가 만물을 낳아주는 이치와 성인(聖人-빼어난 이)이 만사에 대응하는 방법은 곧음[直]일 뿐이다. 공자와 맹자 이래로 서로 전하는 것은 오직 하나 직(直)자인데, 주부자(朱夫子-주희)께서 제자들에게 부탁한 것도 이것에서 벗어나지 않는다.

이 말에 딱히 새로운 것은 없다. 그저 송익필의 말을 반복했을

뿐이다. 다만 흥미롭게도 태종 역시 사람을 판별할 때 이 곧음[直]
의 개념을 가장 중요하게 생각했다. 태종이나 송익필 모두 그 개념
을 『논어』「안연(顔淵)」편에서 가져왔다. 제(齊)나라 경공(景公)이
정치란 무엇인가 하고 묻자 공자가 답했다.

> 임금은 임금답고 신하는 신하답고 부모는 부모답고 자식은 자식다
> 워야 한다[君君臣臣父父子子].
> 군군신신   부부자자

필자는 오랜 『논어』 공부를 통해 이 말이 평범한 말이 아님을
알게 되었다. 이 말에서의 강조점은 부부자자(父父子子)가 아니라
군군신신(君君臣臣)이다. 그것은 공(公)의 영역이다. 다만, 부부자자
(父父子子)에 기반을 둘 때라야 군군신신(君君臣臣)도 가능하다는
것이 공자의 생각이다. 공자는 결코 부부자자가 안 된다고 해서 군
군신신을 무너트려야 한다고 말하지는 않았다. 그런데 바로 그런
지점으로 나아간 자들이 있었으니, 바로 주희이고 송익필이며 김
장생이고 송시열이다. 결국 그들은 신하들이 판결권을 쥐고서 임
금을 얼마든지 바꿀 수도 있다는 쪽으로 나아갔다.

태종은 공자의 원래 뜻에 가깝다. 부부자자가 중요하지만, 군
군신신이 훨씬 중요하다고 보았다. 그것이 공이다. 그는 종묘사직
을 위해서라면 아버지, 아내와 처남들, 장남 같은 혈친과의 대립과
충돌과 갈등도 꺼리지 않았고, 신하들 가운데 1등 공신들과의 대
립도 꺼리지 않았다. 태종의 가장 심층적인 정신세계를 이해하는
키워드로 필자가 지공(至公)을 꼽은 것도 이 때문이다.

이런 이해 아래 태종은 『논어』에 담겨 있는 '사람 보는 법

[知人之鑑=觀人之法]'으로서의 직(直), 즉 곧음이라는 개념에 주목
해 이를 체화했다. 이 점은 책 곳곳에서 보게 될 것이다. 태종은 서
인(西人) 송익필이나 송시열처럼 직(直)을 허무맹랑한 사상 차원으
로 끌어올리지 않았다. 현실정치 속에서 사람을 알아보는 잣대로
삼았을 뿐이다.

   2가지 밝혀둘 사항이 있다. 먼저 종횡(縱橫)으로 태종을 그
려내다 보니 불가피하게 몇몇 대목에서 중복되는 느낌을 받을 수
있다. 그러나 같은 사안이라도 종으로 오르내리고 횡으로 가로지
르는 접근방법에서 생겨난 것으로, 다소 불가피했음을 이 자리에
서 밝혀둔다.

   다음으로 한자 노출 방식이다. 필자는 최대한 우리말로 써야
한다고 본다. 그러나 이 책은 한문 교양을 갖춘 한 임금의 정신세
계를 다룬 책이다. 독자들에게 간접적으로라도 한문이 가진 맛을
조금이라도 느끼게 하고 싶었다. 그래서 어떤 경우에는 '말을 달다
[繫辭]'라고 풀다가도 '계사(繫辭)하다'라고 표현하기도 했다. 다소
불편하더라도 이 점을 이해해준다면 알게 모르게 한문 교양을 갖
추게 되어 태종의 정신세계와 좀 더 가까워지리라 생각한다.

   감사 인사를 전하기에 앞서 필자가 이런 고전 번역과 저술 작
업을 하는 이유를 이 기회에 분명하게 밝히고자 한다.
   다음 세대를 염두에 두면서 이런 작업을 하고 있다. 필자가 젊
은 시절에는 리더십에 관한 제대로 된 책이 없었고 그것을 제대로
가르쳐주는 사람도 없었다. 기껏해야 마키아벨리의 『군주론』이 전
부였다. 그러다 우연히 실록을 접하고 동양고전을 파고들면서 그것

들이 모두 리더십에 관한 것임을 깨달았고, 그래서 이 같은 깨달음을 체계적으로 정리하고 싶었다. 그것이 20년 이상 동양고전 작업을 하게 만든 가장 큰 동기다.

특히 이번 태종 저술 작업은 각별한 의미를 갖는다. 태종이 임금에 올랐을 때의 나이는 34세였다. 그럼에도 그는 모든 준비를 거의 갖추고 있었다. 우리는 리더를 기르는 문제에 대해 근본적인 인식 전환을 이뤄야 한다. 제대로 길러내기만 한다면 얼마든지 30대 인재들도 사회지도자로 활동할 수 있다. 관건은 그런 교육을 해낼 수 있는 양성 시스템일 뿐이라고 생각된다.

수많은 개별 사건을 해석함에 있어 필자는 16년 전과 많이 달라졌다. 여기에는 당연히 그 기간 동안 파고든 경전(經傳) 공부와 반고의 『한서』 같은 여러 중국 역사서의 번역 등이 큰 영향을 미쳤다. 또한 최근 완성한 『이한우의 태종실록』(18권)과 『이한우의 태종실록 별책: 태조·정종·세종실록에서 찾은 태종 이방원』(1권) 번역이 결정적이었음은 물론이다.

이번 작업에는 수많은 인물이 등장한다. 인물 정보는 우리나라 사람의 경우 『한국민족문화백과』, 중국 사람의 경우 『중국역대인명사전』의 도움을 받았음을 밝혀둔다. 이를 바탕으로 문맥상 꼭 필요한 정보들만 추려서 실었다.

더불어 『이한우의 태종실록』(18권)과 『이한우의 태종실록 별책: 태조·정종·세종실록에서 찾은 태종 이방원』은 선배 번역자들의 큰 노고가 있었기에 5년이라는 짧은 기간에 완성할 수 있었음을 밝히며 다시 한번 그분들께 깊은 감사를 올린다.

도움 주신 분들에게 감사할 차례다. 먼저 21세기북스 김영곤 대표의 큰 결단이 있어 실록 번역서 및 이번 책이 세상에 나올 수 있었다. 깊이 감사드린다. 당연히 편집자 여러분께도 감사한 마음 전한다.

고 김충렬 선생님의 맹렬한 동양사상 탐구와 이기상 선생님의 철저한 하이데거 탐구가 없었다면 필자의 이 작업은 애당초 불가능했을 것이다. 두 분께 진심 어린 감사의 마음을 전한다.

이 책의 기획부터 집필까지 많은 조언을 아끼지 않은 '서울숲 양현재' 권혜진 대표에게 특별히 감사한다. 더불어 그곳에서 지금도 함께 공부하는 즐거움을 누리고 있는 논어등반학교 대원 여러분께도 고마움을 전한다.

하늘에 계신 아버님과 장인어른, 두 어머니께도 감사드린다. 끝으로 늘 내 글쓰기의 든든한 응원자이자 영원한 원동력인 아내 김동화와 아들 이상훈에게 깊은 감사를 표한다.

2022년 2월 상도동 보심서실(普心書室)에서
탄주(灘舟) 이한우(李翰雨) 삼가 쓰다

제1장

신하를 품는 잣대는 곧음

1 ——

신하를 다루는 기술

태종 12년(1412년) 8월 7일 (상이) 사관 김상직(金尙直, ?~?)[1]에게 명해 충주사고에 보관 중인 서적들을 가져다 바치게 했다.『소아소씨병원후론(小兒巢氏病源候論)』[2],『대광익회옥편(大廣益會玉篇)』[3],『귀곡자(鬼谷子)』[4],『오장육부도(五臟六腑圖)』,『신조보동비요(新彫保童秘要)』,『광제방(廣濟方)』, 진랑중(陳郎中)의『약명시(藥名詩)』,『신농본초도(神農本草圖)』,『본초요괄(本草要括)』,『오음지장도(五音指

1 김상직은 태종 때부터 주로 사관과 간관으로 활동했다.
2 수나라 의학자 소원방(巢元方)이 지었다.
3 송나라 진팽년(陳彭年) 등이 황제 명에 따라 중수(重修)한 옥편으로 모두 30권이다. 우리나라에서 1414년(태종 14년) 복각한 책이 있다.
4 기원전 4세기경 전국 시대 책으로 제자백가 중 종횡가(縱橫家) 사상이다. 종횡가에 속한 소진과 장의 스승으로 귀곡에서 은거했기에 이렇게 불렸다.

掌圖)』,『광운(廣韻)』,『경전석문(經典釋文)』[5], 『국어(國語)』,『이아(爾雅)』[6],『백호통(白虎通)』, 유향(劉向, 기원전 77 무렵~기원전 6년)의 『설원(說苑)』,『산해경(山海經)』, 왕숙화(王叔和)의 『맥결구의변오(脈訣口義辯誤)』,『전정록(前定錄)』,『황제소문(黃帝素問)』,『무성왕묘찬(武成王廟讚)』,『병요(兵要)』,『전후한저명론(前後漢著明論)』,『계원필경(桂苑筆耕)』,『전한서(前漢書)』,『후한서(後漢書)』,『문수(文粹)』,『문선(文選)』,[7]『고려역대사적(高麗歷代事迹)』,『신당서(新唐書)』,『신비집(神祕集)』,『책부원귀(冊府元龜)』[8] 등의 책이었다.

태종이 관심을 둔 책에는 의약(醫藥), 경사(經史), 사전류, 심지어 『문수』,『문선』 같은 중국 문장론이 있고 고려 역사책도 포함되어 있다. 우리에게는 그중에 『설원』이 특히 중요하다.

아쉽게도 『태종실록』에 『설원』이 언급되는 기사는 이것뿐이다. 『설원』은 모두 20권인데 그중 권일(卷一)이 군도(君道), 권이(卷二)가 신술(臣術)이다. 임금의 길과 신하의 길을 첫머리로 삼고 있다.

───────

5   중국 육조(六朝) 말기 육덕명(陸德明)이 지은 책이다. 14종의 경전, 즉 『주역』·『고문상서』·『모시』·『주례』·『의례』·『예기』·『춘추좌씨』·『공양』·『곡량』·『효경』·『논어』·『노자』·『장자』·『이아(爾雅)』의 편찬 순서에 따라 여러 책의 문자의 이동(異同)과 제자백가의 음의를 모았다.

6   『이아』의 「석고(釋詁)」 1편을 주공이 저술하고, 이후 것은 공자 자하 숙손통(叔孫通) 양문(梁文) 등이 첨가한 것이라 하는데 정확하지는 않고 실제는 한나라 때 저술된 일종의 백과사전이라 할 수 있다. 진나라 곽박(郭璞)이 주를 달고 송나라 형병(邢昺)이 소를 지었는데 이를 경문과 합쳐 보통 13경 중의 하나가 되는 『이아』라 했다.

7   『문수』와 『문선』은 둘 다 당시 대표적인 문장론이다.

8   송나라 왕흠약(王欽若) 등이 임금의 명을 받들어 역대 정치에 관한 사적을 모은 책이다. 1,000권으로 되어 있다.

참고로 『주역』에서는 건괘(乾卦)가 군도, 곤괘(坤卦)가 신도(臣道) 혹은 신술이다. 『순자』에서는 제8권이 군도, 제9권이 신도다. 조선을 대표하는 주자학자이자 정치가 이이(李珥, 1536~1584년)가 지은 『동호문답(東湖問答)』을 봐도 제1장은 '군주의 길을 논하다[論君道]', 제2장은 '신하의 길을 논하다[論臣道]'이다. 군주제 시대에는 이 2가지가 핵심 사안일 수밖에 없다.

이런 점을 감안할 때 집권 중반기를 넘기던 태종 12년(1412년) 태종에게 『설원』은 중간 점검 차원에서 의미 있는 책이었을 것이다. 태종이 실천한 진덕수업(進德修業)을 바탕으로 태종 마음에 와닿았을 군도와 신술을 짚어보자.

첫째, 주나라 성왕(成王)이 주공(周公) 아들 백금(伯禽)을 노공(魯公-노나라 임금)에 봉해주고서 타이르는 말이다.

"너는 윗자리에 있는 사람의 도리를 아느냐? 무릇 높은 자리에 처한 자는 반드시 아랫사람을 공경으로써 대하고 바르게 간언하는 말을 온유하게 받아들일 줄 알아야 한다. 또 불휘지문(不諱之門-아무것도 꺼리지 않는 열린 마음)을 열어놓고 절도에 맞추어 이들을 안정시키고 그들의 역할을 마련해주도록 하라. 간언(諫言)하는 자들에게는 자신의 위엄으로 이들을 가로막거나 그 말을 조목조목 반박해서는 안 된다. 그들이 하는 말을 널리 받아들여 이에 그럴 만한 이유가 있는 것을 골라야 한다.
무릇 문(文)만 있고 무(武)가 없으면 아랫사람에게 위엄을 세울 수 없고 반대로 무만 있고 문이 없으면 백성이 두려워하기만 할 뿐 가까이 오려 하지 않게 된다. 따라서 문무를 함께 행해 위덕(威德)이 이뤄지도록 해야 한다. 위덕을 이루고 나면 백성이 임금을 제 몸과 같이 여겨[親] 마음으로 복종하게 된다. 그때 위로는 맑고 깨끗한 관리들이 통하게 해주고 아래로는 교언영행(巧言佞倖-말 잘하고 아첨하는 것)하는 자들을 막아야 한다. 충간(忠諫-충성스럽게 간언함)하는 자들이 진용(進用-나아와 등용됨)되면 충성과 믿음이 있는 자들[忠信]이 모여들게 마련이다."

백금은 두 번 절하고 노나라에 나아갔다. 그 사람이 바로 공자 고국이기도 한 노나라 첫 번째 공(公-임금)이다. 주공은 수도에 남아 천자에 준하는 대우를 받으며 성왕을 보필했다. 그래서 백금이 첫 공이 되어 봉국으로 나아간 것이다. 마침 『논어』「미자(微子)」편에는 백금 아버지 주공이 노나라 임금으로 나아가는 아들에게 당부하는 글이 실려 있다.

"임금다운 임금은 그 친척을 버리지 않으며 대신으로 하여금 써주지 않는 것을 원망하지 않게 하며, 선왕(先王-돌아가신 임금) 신하들에게 큰 문제가 없는 한 버리지 않으며 한 사람에게 모든 것을 갖추기를 원하지 않는다[君子不施其親 不使大臣怨乎不以 故舊無大故則不棄也 無求備於一人]."

임금다운 임금[王者]이 갖춰야 할 덕목의 요체가 고스란히 담겨 있다. 먼저 혈친을 제 몸과 같이 여기고 이어서 뛰어난 이를 뛰어나게 대우하라는 '친친현현(親親賢賢)'과 그릇에 맞게 사람을 부리라는 '기지(器之)'가 바로 그것이다. 당연히 태종은 이 말을 깊이 이해하고 있었다. 마지막 말이 중요한데 줄여서 구비(求備)라고 하면 '다 갖춰져 있기를 요구하는' 임금답지 못한 임금이 되는 것이고 무구비(無求備)라고 하면 신하를 그릇에 맞게 부린다[器之]는 뜻이 되어 한 글자로 관(寬)이다. 자식에게 효(孝)라는 자식다움이 있어야 한다면 임금에게는 관(寬)이라는 임금다움이 있어야 한다. 관(寬)은 질(質-바탕)로서는 너그러운 성품을 뜻하지만, 문(文-말과 행동으로 애씀)으로서는 바로 아랫사람에게 모든 것이 갖추어져 있기를 요구하지 않는 임금다움을 가리킨다.[9]

태종 16년(1416년) 5월 6일 신하들과의 대화에서 태종이 한 말이다.

"인재란 다 갖춰진 사람을 구하려 해서는[求備][10] 안 되는 것이다. (사람이란) 비록 이 점에서는 미혹하다 하더라도 반드시 저 점에서는 달통할 것이니 천하에 어찌 쓰지 못할 자가 있겠는가? 영구히 서용하지 않는다는 법은 상경(常經-일정한 법도)의 오래가는 도리가 아니다."

---

9 문과 질은 『이한우의 태종 이방원 하』 제1장 2절에서 상세하게 풀이했다.

10 『논어』 「자로(子路)」편에 나오는 공자 말부터 보자. "군자는 섬기기는 쉬워도 기쁘게 하기는 어려우니 기쁘게 하기를 도로써 하지 않으면 기뻐하지 아니하고 사람을 부리면서도 그 그릇에 맞게 부린다[器之]. 소인은 섬기기는 어려워도 기쁘게 하기는 쉬우니 기쁘게 하기를 비록 도로써 하지 않아도 기뻐하고 사람을 부리면서도 능력이 완비되기를 요구한다[求備]." 즉 한 사람에게 다 갖춰져 있기를 요구하는 것은 곧 소인 같은 임금이 사람을 쓰는 방법이다. 그 반대말은 그 사람이 가진 재주를 알아내 그릇에 맞게 부리는 것이다. 이를 통해 우리는 태종이 『논어』에 담긴 깊은 의미를 정확하게 이해하고 현실에 적용하고 있음을 볼 수 있다.

둘째, 우왕(禹王) 이야기다.

우왕이 밖에 나갔다가 죄인을 만나자 수레에서 내려 그 사정을 물어
보고 눈물을 흘렸다. 그러자 좌우 신하들이 이렇게 말했다.
"무릇 죄인이란 법도를 지키지 않아 그렇게 된 것인데 임금께서는 슬
퍼하심이 어찌 이리도 심하십니까?"
이에 우왕이 답했다.
"요순(堯舜) 때 백성은 모두 요순의 마음을 자기 마음으로 삼았다.
그런데 지금 과인(寡人)이 임금이 되고 나서는 백성이 각기 자기 마
음을 마음으로 삼고 있도다. 내 이를 애통하게 여긴다."

셋째, 왕도(王道)와 신도(臣道)에 관한 지혜다.

사람을 아는 것[知人]은 왕의 도리요 일을 아는 것[知事]은 신하의
도리다. 다시 말해 왕도는 사람을 아는 것이요 신도는 일을 아는 것
이다.

넷째, 잘 다스리는 방법에 관한 주(周)나라 문왕(文王, ?~?)[11]과

---

11 주족(周族) 우두머리였다. 성은 희(姬)씨고, 이름은 창(昌)이다. 고공단보(古公亶父) 손
자이자 무왕(武王) 아버지고 계력(季歷) 아들이다. 상주(商紂-상나라 주왕) 때 주변 여
러 부족을 멸하고 서백(西伯)이라 했다. 숭후호(崇侯虎)에게 중상모략을 당해 주(紂)
임금에 의해 유리(羑里)에 갇혔다. 문왕 신하 태전(太顚)과 굉요(閎夭), 산의생(散宜生)
등이 주임금에게 미녀와 명마를 바쳐 석방될 수 있었다. 나중에 또 여(黎)나라와 우
(邘)나라, 숭(崇)나라 등을 공격해 멸망시켰다. 섬서성 기산(岐山)에서 장안(長安) 부
근 풍읍(豐邑)으로 도읍을 옮겼다. 현인(賢人)과 인재를 널리 받아들여 동해의 여상

태공(太公, ?~?)¹²의 대화다.

문왕이 물었다.

"군주가 뛰어난 이[賢者]를 등용하려 힘써도 실효를 거두지 못하고,
나라의 혼란이 더욱 극심해져 끝내 위망(危亡)에 이르게 되는 것은
무슨 까닭이오?"

태공이 대답했다.

"뛰어난 이를 선발했는데도 용인(用人)이 서투르다는 지적을 받는
것은 헛된 명성만 좇은 나머지 제대로 된 뛰어난 이를 발탁하지 못
한 탓입니다."

문왕이 물었다.

"잘못의 근원은 어디에 있는 것이오?"

태공이 대답했다.

"근원은 군주에게 있습니다. 군주가 세인의 칭송을 받는 자를 즐겨
등용하기 때문입니다. 그같이 해서는 진정으로 뛰어난 이를 얻을 수
없습니다."

(呂尙)과 고죽국(孤竹國)의 백이숙제(伯夷叔齊), 은신(殷臣-은나라 신하) 신갑(辛甲) 등
이 찾아왔다. 50년 동안 재위했다. 다움[德]으로 만민(萬民)을 다스려 제후와 천하 백
성이 모두 그를 따랐다고 한다.

12 여상(呂尙)이다. 집안이 가난해 위수(渭水) 가에서 낚시하다가 문왕(文王)을 만났다.
문왕이 이야기를 나눠보고는 크게 기뻐하면서 "우리 태공(-태왕)께서 그대를 기다린
지 오래입니다"라고 말했다. 그리하여 태공망(太公望) 또는 강태공(姜太公), 여망(呂望)
이라고도 부른다. 문왕과 무왕(武王)을 도와 은(殷)나라를 치고 주나라를 세운 공으
로 제(齊)나라에 봉해졌다. 무왕은 그를 높여 사상보(師尙父)라 했다. 도읍을 영구(榮
丘)에 두었는데, 제나라 시조가 되었다. 정치를 잘해 많은 사람이 귀의했다. 주나라에
머물면서 태사(太師)가 되었고, 오후구백(五侯九伯)을 정벌할 권한을 가졌다. 병서(兵
書) 『육도(六韜)』는 그가 지은 것이라고 전한다.

문왕이 물었다.

"그럼 어찌해야 하오?"

태공이 대답했다.

"군주는 세인이 칭송하는 자를 뛰어난 이로 생각하고, 세인이 비난하는 자를 불초(不肖)한 자로 생각합니다. 그리하면 당우(黨羽-패거리)가 많은 자만 중용되고, 그렇지 못한 자는 배척당합니다. 간사한 자들이 패거리를 지어 뛰어난 이를 덮어 가리고, 충신이 죄 없이 죽고, 간신이 거짓 명예로 작위를 얻는 까닭입니다. 그리되면 세상은 어지러워지고, 나라는 위태로움이나 멸망을 면치 못하게 됩니다."

문왕이 물었다.

"뛰어난 이를 발탁하려면 어찌해야 하오?"

태공이 대답했다.

"먼저 장수와 재상의 직권범위를 나눈 뒤 각기 직권범위 내에서 각각의 관직 명칭에 부합하는 인재를 발탁하도록 합니다. 이어 해당 관직에 부합한 실적을 거두고 있는지 세심히 살핍니다. 인재를 발탁한 뒤 업적을 자세히 살피면 당사자의 재능이 해당 관직에 부합하는지, 해당 관직이 재능과 부합하는지 여부를 알 수 있습니다. 이같이 하면 뛰어난 이를 임용하는 도리를 얻었다고 할 만합니다."

신술(臣術)은 신하가 아닌 임금 입장에서 좋은 신하와 나쁜 신하를 어떻게 가려서 좋은 신하는 들어 쓰고 나쁜 신하는 막아낼 것인가에 관해 유향이 직접 쓴 글이다. 그는 이를 육정육사(六正六邪)라고 해서 각각 6가지 유형으로 분류했다. 요약하면 아래와 같다. 먼저 바른 신하 여섯[六正]이다.

첫째, 어떤 일이 태동하기 전에, 형체나 조짐이 드러나기도 전에 환하게 그 존망의 기미와 득실(得失-일의 얻고 잃음)의 요체를 미리 알아차린다. 일이 나타나기 전에 이를 미리 막아 임금으로 하여금 초연하게 영광된 자리에 서게 한다. 이로써 천하가 모두 진충(盡忠)하다고 하는 칭송을 듣는 부류가 빼어난 신하[聖臣]다.
_{성신}

둘째, 마음을 비우고 그 뜻을 깨끗이 해[白意] 선(善)으로 나아가 도리를 믿으면서 임금을 일의 마땅함[體誼]으로 면려하고 임금을 깨우쳐 장구한 계획을 세우도록 하며 장차 미덕은 순종토록 하고 악(惡)은 고치고 구제해 공을 세우고 일을 성취시킨다. 그러고 나서 그러한 공은 모두 임금에게 돌리고 감히 혼자서도 자신의 공로를 자랑하지 않는[不敢獨伐其勞] 부류가 훌륭한 신하[良臣]다.
_{양신}

셋째, 몸을 낮추고 겸손히 해 아침 일찍 일어나고 밤늦게 잠자리에 들며 뛰어난 이를 추천하는 일에 게으르지 않다. 늘 옛날 뛰어난 이의 행실을 임금에게 들려주며 그것으로 군주의 의지를 이끌어 사직과 종묘를 편안히 해주는 부류가 충성스러운 신하[忠臣]다.
_{충신}

넷째, 드러나지 않은 부분을 밝게 살펴 일의 성패 알아보기를 남보다 빨리해 이를 일찍 대비하고 구해내고 끌어내어 복구시킨다. 또 이간질을 막고 재앙의 근원은 근절시키며 화를 돌려 복이 되도록 함으로써 임금으로 하여금 끝내 근심이 없도록 하는 부류가 일을 아는 신하[智臣]다.
_{지신}

다섯째, 법을 잘 지켜 받들어 자기가 맡은 일에 충실하되 녹(祿)이나 상을 사양한다. 선물이나 뇌물을 받지 않고 의복은 단정

하게 하고 음식은 절약하고 검소하게 하는 부류가 반듯한 신하[貞臣]다.
_{정신}

여섯째, 군주가 어리석어 나라에 혼란이 발생할 때나 임금의 정치가 도리에 어긋날 때 감히 군주의 성난 안색을 범하고[犯顔][13] 군주의 허물을 면전에서 지적하되 죽음도 불사한다. 그 몸이 죽더라도 국가만 편안하면 된다고 여겨 자기가 한 일을 후회하지 않는 부류가 곧은 신하[直臣]다.

다음은 그릇된 신하 여섯[六邪]이다.

첫째, 관직에 안주하며 봉록을 탐하고 사사로운 자기 집안일은 열심히 한다. 공사(公事)에는 힘쓰지 않고 자기 지혜나 능력을 공익에는 쓰지 않으려 한다. 임금에게 바칠 논책(論策)은 궁색(窮塞) 기갈(飢渴)하며 그 절조를 다하지 않고 오히려 세태에 따라 부침하며 놀아난다. 임금의 좌우를 관망할 뿐 독자적인 견해는 조금도 없는 부류가 자리만 채우는 신하[具臣]다.

둘째, 군주가 어떤 말을 하든 모두 좋다고 하고 군주가 어떤 일을 하든 모두 옳다고 한다. 은밀히 군주가 좋아하는 것을 찾아 바쳐서 군주의 눈과 귀를 즐겁게 한다. 억지로 군주의 생각에 영합해 차지한 관직을 보존하며, 군주와 함께 즐기면서 그로 인한 폐해(弊害)에 대해서는 돌아보지 않는 부류가 아첨하는 신하[諛臣=諂臣]다.

셋째, 마음속은 간사하고 사악한 생각으로 가득 차 있으면서 겉으로는 근신한다. 교묘한 말과 온화한 낯빛으로[巧言令色] 남에

---

13 군주의 안색이 화를 내더라도 해야 할 말을 하는 것을 뜻한다.

게 환심을 사지만 속으로는 뛰어난 사람을 질투한다. 누군가를 추천할 때는 우수한 점을 과장되게 칭찬하고 단점은 가리며 누군가를 비방할 때는 허물을 과장되게 나타내고 우수한 점은 가려 군주가 포상과 징벌을 모두 적절하게 시행하지 못하게 하고 명령을 제대로 집행할 수 없게 하는 부류가 간사한 신하[姦臣=奸臣]다.
간신   간신

넷째, 지혜는 족히 그 잘못도 변호해 옳은 듯이 느끼게 하고 언변도 풍부해 남을 혹하게 한다. 뒤집으면 쉬운 말인데도 이를 위대한 문장처럼 떠벌린다. 안으로는 골육지친 관계를 이간시키고 밖으로는 조정에 질투와 혼란의 풍조를 만드는 부류가 중상하는 신하[讒臣]다.
참신

다섯째, 대권을 쥐고 전횡하며 사사건건 시비를 건다. 국가의 대사를 빌미로 나라는 가벼이 여기고 사사로이 패거리를 짓는다. 자기 집만 부유하게 하고 임의로 성지(聖旨-임금의 명령)를 위조해 스스로 존귀해지게 하는 부류가 전횡하는 신하[賊臣=權奸]다.
적신   권간

여섯째, 화려하고 교묘한 말로 군주를 속여 군주가 불의(不義)에 빠지게 한다. 사사로이 당파를 결성해 군주의 눈을 가리고 군주로 하여금 흑백을 구분하지 못하게 만든다. 시비가 불분명해져 군주의 악명이 전국에 전해지고 사방 이웃 나라에까지 퍼지도록 해 나라를 멸망시키는 부류가 나라를 망하게 하는 신하[亡國之臣]다.
망국지신

따라서 현신(賢臣)은 육정지도(六正之道)로 처신해 육사지술(六邪之術)을 배격해야 한다. 그래야 위는 편안하고 아래는 잘 다스려져 살아서는 즐거움을 보게 되고 죽어서도 사모함을 얻게 된다. 이것이 바로 신하 된 자의 도리와 처신술이다.

한편 사람을 알아보는[知人] 간단한 요령으로 이극(李克)[14]이
남긴 지혜를 소개하고 있다. 사람을 알아보는 데 깊은 조예가 있던
태종은 이를 인상 깊게 보았을 것이다. 이 사례는 그가 숙독했던
『대학연의』에도 소개되어 있다.

위(魏)나라 문후(文侯)[15]가 어떤 인물을 재상으로 삼아야 할지 이극
에게 묻자 이극이 말했다.

"그 사람이 평소 생활할 때 (누구를) 제 몸처럼 여기는 사람[親]이 누
구인지 보시고, 그 사람이 부유할 때는 그 사람이 무엇을 베푸는지
[與] 보시고, 벼슬이 높아졌을 때는 그 사람이 누구를 천거하는지
[擧] 보시고, 궁지에 처했을 때는 무엇을 하지 않는지[不行] 보시고,
가난해졌을 때는 무엇을 취하지 않는지[不取] 보셔야 합니다."

『대학연의』에서 진덕수는 이 대목을 다음과 같이 풀어낸다.

"신이 가만히 살펴보겠습니다. 문후가 재상감을 가리는 법을 묻자

---

14 전국 시대 초기 대표적인 법가(法家) 사상가다. 기원전 455년에 태어나 기원전 395년
에 사망했다. 위(魏)나라 문후(재위 기원전 424년~기원전 387년) 때 재상을 지냈으며,
위나라 변법 개혁과 부국강병을 지휘했다. 저서로 중국 최초 법전이라고 할 수 있는
『법경』 6편이 있다.

15 전시대 위나라 제후다. 조(趙)나라·한(韓)나라와 함께 지백(知伯)을 멸하고 진(秦)나
라를 3등분한 위환자(魏桓子) 손자다. 진(秦)나라의 동진을 황하에서 방어하고, 조나
라와 한나라를 설득해 동쪽 강국 제(齊)나라 내란에 간섭했다. 남쪽으로는 강국 초
(楚)나라의 중원 침략을 막아 천하의 주도권을 장악했다. 기원전 403년 조나라·한나
라와 함께 주(周)나라 천자로부터 정식으로 제후에 책봉되었다. 공자 제자 자하(子夏)
에게 유학을 배우고 그 제자로서 법가 시조가 된 이극(李克)을 등용해 부국강병을 이
루었다.

이극은 이 5가지로써 말씀을 올렸습니다. 대개 평소 생활할 때 제 몸처럼 여겨야 할 사람을 진실로 제 몸처럼 여기는 자는 반드시 뛰어날 것[賢]이고, 부유할 때 베풀어야 할 것을 진실로 베푸는 자는 반드시 마땅할 것[當]이고, 벼슬이 높아졌을 때 천거해야 할 자를 진실로 천거하는 자는 반드시 선한 마음을 가졌을 것[善]이고, 비록 궁한 상황에 처했지만 의롭지 못한 일은 하지 않는 것과 비록 빈곤하게 되었지만 의롭지 못한 재물은 취하지 않는 것을 포함한 이 5가지는 군자가 아니고서는 할 수 없습니다. 따라서 이 5가지(중의 하나)가 있는 사람이라면 마땅히 대신이나 재상의 직임을 감당할 수 있습니다.

이극의 이 말은 또한 거의 사람을 살피는 요체[觀人之要]를 담고 있다고 할 수 있습니다. 이 당시 위성자(魏成者)는 자신이 받는 식록(食祿) 천종(千鍾) 가운데 9할은 집 밖에 쓰고 1할만 집 안에서 썼기 때문에 복자하(卜子夏) 전자방(田子方) 단간목(段干木)[16]을 얻을 수 있었고 또 이들을 나아가게 해서 문후가 이들을 모두 스승으로 모실 수 있었습니다.

이극이 한 말은 비록 이렇게만 한다고 해도 절로 다 된다는 뜻은 아니지만, 그러나 이것들을 하지 않고서는 아무것도 안 될 것입니다. 그래서 문후는 마침내 이극을 재상으로 삼았으니 후대에 재상감을 논할 때[論相]는 반드시 이를 살펴서 해야 할 것입니다."

태종이 새겨서 읽었을 것임은 두말할 필요도 없다.

---

16 세 사람 모두 당시 뛰어난 인물들이었다.

2 ——

애씀·바탕·곧음

태종이 신하들을 살필 때 곧음[直]을 잣대로 썼음은 분명해
졌다. 태종이 썼던 곧음은 당연히 『논어』에서 왔다. 잠시 시선을
『논어』로 옮겨보자. 곧음보다 심층적인 개념이 있기 때문이다. 다
름 아닌 문질(文質)이다. 정확히 말하면 문(文)과 질(質)이다. 우리
말로 옮기면 문은 '애씀'이고 질은 '바탕'이다. 거칠게 말하면 질은
타고난 것이고 문은 노력해 만드는 것이다.

곧음은 대체로 어떤 사람이 가진 바탕[質]을 평가할 때 쓰
였다. 하지만 곧음이 문(文)과 관련해 쓰이는 경우도 많다. 이때 문
이란 말이나 행동[言行]을 가리킨다. 예를 들어 직언(直言)이나 직
간(直諫)의 직(直)은 바탕이 아니라 애씀, 즉 문이다. 또 관(寬)은
성품이 너그러움을 말하면 질이지만 '무구비어일인'일 때는 명백하
게 문이다.

공자가 사람을 살피는 가장 근본적인 틀은 그래서 문질(文質)이다. 우선 이 문제를 충분히 정리해야 곧음을 정확히 이해할 수 있는 지평이 열린다. 잠시 태종은 잊자.

『논어』를 펼치면 가장 먼저 "학이시습지(學而時習之) 불역열호(不亦說乎)!"와 씨름하게 되는데 거의 대부분 첫 단추부터 잘못 펜다. 결론부터 말하면 이 구절은 바둑 9단 고수가 대국(對局)에서 둔 첫수와 같다. 첫수에서 이미 전체 대국을 어떻게 끌고 갈 것인지 정해지기 때문이다. 이 대국 이름은 지도력(Leadership) 함양이다. 『논어』는 처음부터 끝까지 제왕학, 즉 리더십 기르기다.

그렇다면 우리가 던져야 할 질문은 "대체 『논어』를 편찬한 미지의 천재 편집자는 왜 이 구절을 맨 앞에 두었는가?"가 되어야 한다. 기존처럼 대충 '배우고 때로 익히면 이 또한 기쁘지 아니한가'식 엉터리 번역으로는 결코 그 답을 찾을 수 없다. 제대로 된 번역은 이렇다.

"(옛 뛰어난 이들의 애씀이나 애쓰는 법을) 배워서 항상 그것[之]을 익히니 진실로 기쁘지 않겠는가[學而時習之 不亦說乎]?"
학이시습 지 불역 열 호

제대로 푸는 실마리는 '그것[之]'에 있다. 기존 번역들은 이를 완전히 놓쳤다. 공부하는 즐거움에 대한 막연한 일반론이 아니라 구체적으로 무엇인가를 배우고 그 무엇인가를 쉬지 않고 익혀야 한다는 말이다. 배우라는 '무엇'은 바로 문(文)이다. 질(質)은 배울 수 있는 대상이 아니다. 『논어』에서 배운다고 할 때는 십중팔구 문(文)을 배우라는 뜻이다. 『논어』에 따르면 공자는 제자들에게 문

(文)·행(行)·충(忠)·신(信) 4가지를 가르쳤다. 문(文)이 첫 번째로 언급된다.

문(文)만 알면 거의 다 아는 셈이다. 우선 '글월 문(文)'이라고 뜻을 새긴다고 해서 문(文)을 '글'로 옮긴 번역서들이 많다. 공자는 글 선생이 아니다. 『논어』를 가장 크게 왜곡한 주희(朱熹, 1130~1200년)는 『논어집주』에서 문(文)을 『시경』·『서경』·『주역』·『예기』·『악기』·『춘추』 등 6경(經)의 글이라고 보았다. 한마디로 공자가 편찬한 책을 문(文)이라고 본 듯한데 이를 틀렸다고는 할 수 없지만 맞다고 봐서는 안 된다. 6경은 뛰어난 옛 인물들이 열렬히 애썼던 흔적[文]을 모아서 편집한 글이 분명하지만, 문(文)은 단순히 글 묶음과 동일시할 수 없는 훨씬 크고 포괄적인 상위 개념이다. 우리가 노력하기에 따라 지금 여기서도 얼마든지 문(文)을 찾아내 배울 수 있다. 그러면 과연 문(文)은 무엇일까? 「공야장(公冶長)」편이다.

자공(子貢)[17]이 공자에게 물었다.
"위나라 대부인 공문자(孔文子)에게 문(文)이라는 시호를 내린 이유는 무엇입니까?"
이에 대해 공자가 말했다.

---

17 춘추 시대 위(衛)나라 사람이다. 성은 단목(端木)이고 이름은 사(賜)이며 자(字)가 자공이다. 공문십철(孔門十哲) 중 한 사람으로 재아(宰我)와 더불어 언어와 사령(辭令-외교 문서)에 뛰어났다고 한다. 이재가(理財家)로서도 알려져 수천 금의 재산을 모았다. 공문(孔門)의 번영은 그의 경제적 원조에 힘입은 바가 컸다고 한다. 공자가 죽은 뒤 노나라를 떠나 위(衛)나라에 가서 벼슬했으며, 제(齊)나라에서 죽었다.

"공문자가 행하는데 민첩하고 배우기를 좋아하며, 아랫사람에게 묻기를 부끄러워하지 않아 문(文)이라 일렀다."[18]

이번에는 「옹야(雍也)」편이다. 문과 질이 잘 어우러진 바람직한 결합에 대한 언급이 2차례 나온다.

"바탕[質]이 꾸밈(혹은 애씀)[文]을 이기면 거칠고 꾸밈(혹은 애씀)이 바탕을 이기면 번지레하니 바탕과 꾸밈이 잘 어우러진[文質彬彬] 뒤에야 군자가 될 수 있다."[19]

"(군자가 되고자 하는 사람은) 문(文)을 통해 배움을 넓히고 그 배운 바를 예(禮)로써 다잡아 몸에 익힌다면 실로 (인(仁)이나 도(道)에서) 벗어나지 않을 것이다."[20]

그 밖에도 공자는 문(文)에 대해 풍부한 통찰을 많이 남겼지만 일단 주희가 얼마나 엉뚱한 소리를 했는지는 입증되었으니 본론으로 돌아가자. 『서경』 「요전(堯典)」에서는 요(堯)임금이 가진 자질[質]과 언행[文]을 네 글자로 "흠명문사(欽明文思)"라고 표현했다. 이는 옛사람들이 늘 사용했던 네 글자 인물평[四德]이 시작된 뿌리다. 참고로 『논어』에서는 지인(知人)에 뛰어난 제자 자공(子

---

18 원문은 다음과 같다. "子貢問曰 孔文子何以謂之文也 子曰 敏而好學不恥下問 是以謂之文也."

19 원문은 다음과 같다. "質勝文則野 文勝質則史 文質彬彬然後君子."

20 원문은 다음과 같다. "博學於文 約之以禮 亦可以弗畔(叛)矣夫."

貢)이 스승 공자에 관해 온량공검(溫良恭儉)이라 했다. 또 태종은 폐세자 이후 충녕대군을 새로운 세자로 교체하면서 충녕에 대해 관홍장중(寬弘莊重)이라고 한 바 있다.

이를 제대로 이해하는 관건은 한 글자마다 뜻을 정확히 새기는 것이다. 『대학연의』 도입부에서 진덕수는 흠명문사(欽明文思) 네 글자를 다음과 같이 풀어냈다.

> "(이 녁 자는) 요임금이 가졌던 제왕다움[德]을 말하는 것입니다. 흠(欽)이란 삼가지[敬] 않음이 없다는 뜻이고 명(明)이란 환하게 밝히지 않음이 없다는 뜻이며, 문(文)이란 (꽃부리) 안에 잠재되어 있던 것을 밖으로 남김없이 드러내 보여주는 것[英華之發見]이고 사(思)는 뜻하고 생각하는 바가 깊고 멀다는 것입니다."

경어체인 이유는 독자를 송나라 황제로 설정하고 쓴 책이기 때문이다. 이 책은 진덕수가 경서(經書)와 사서(史書)를 교차시켜 인용하고 친절하게 풀이했다. 여기서 진덕수는 명확하게 "문(文)이란 (꽃부리) 안에 잠재되어 있던 것을 밖으로 남김없이 드러내 보여주는 것[英華之發見]"이라고 정의했다. 다른 좋은 말이 있으면 양보하겠지만 현재로서 이를 나타낼 수 있는 적합한 우리말은 '열렬하게 애씀'이다.

종합하면 학이시습지(學而時習之)는 애쓰는 법을 배워서 쉬지 않고 그것을 익힌다는 뜻이다. 적어도 우리가 이 책에서 만나게 되는 태조 이성계부터 태종 이방원을 거쳐 세종 이도까지 이르는 시대를 주도한 엘리트들은 '학이시습지'를 이런 의미로 정확히 이해하고 있었다. 이를 군주로서 가장 완전하게 체현한 인물은 단연 태종 이방원이다. 태조나 세종은 이에 미치지 못한다.

이제 주어가 남았다. '누가'를 찾아내면 된다. 한마디로 군자(君子), 즉 군주가 주어다. 군주 된 자 혹은 군주가 되고자 하는 자가 바로 학이시습지(學而時習之)의 주어다. 이제 불역열호(不亦說乎), 즉 진실로 기쁘지 않겠는가와 연결지어 풀 수 있는 마지막 단계에 이르렀다.

문(文)에 대한 풀이는 이것으로 끝났지만, 나머지 부분을 연결해 풀어내면 앞서 언급했던 사신(師臣), 즉 스승 같은 신하를 둘 수 있는 군주가 취해야 할 마음가짐 문제와 연결된다.

군주란 나라 규모가 크든 작든 모든 권력을 장악한 사람이다. 그럴 때 가장 경계해야 할 바는 다름 아닌 교만[驕]이다. 교만이란
교
권력에 줄 선 자들 위에서 즐기는 우월감이기도 하다. 교만에 젖은 군주는 새로운 것을 배우려 하지 않고 당연히 익히려 하지 않는다. 귀찮고 번거롭고 지겹기 때문이다. 교만과 게으름에 빠진 군주다. 이런 지도자에게는 변화를 일깨워주고 새로운 길로 인도해줄 스승 같은 신하[師臣]가 가까이 갈 여지가 없다. 앞으로 나아가
사신
기를 멈춰버린 지도자에게 몰려드는 자란 아첨하는 신하들[諂臣=
첨신
佞臣]뿐이다. 다시 한번 음미해보자.
영신

"(옛 뛰어난 이들의 애씀이나 애쓰는 법을) 배워서 시간 나는 대로 그것을 익히니 진실로 기쁘지 않겠는가?"

지도자가 배우기를 기뻐하는 마음을 진심으로 가질 때라야

스승 같은 신하가 곁으로 나아올 수 있다. 『논어』를 시작하는 첫 구절에 담긴 핵심 메시지는 겸손한 마음가짐[謙]이다.

옛사람들이 배움[學]을 곧바로 겸손과 연결했던 사례는 실록에서도 쉽게 찾을 수 있다. 태종 1년(1401년) 1월 14일 권근은 막 권좌에 오른 태종이 배움을 소홀히 하자 글을 올렸다.

"전하께서는 타고난 성품이 특출나고 밝으시며[英明] 배우고 묻는 바가 정밀하면서 넓으시니[精博] 유학을 공부한 신하가 진강하는 것이 어찌 능히 제대로 더 일깨워주고 밝혀주는 바가 있겠습니까? 그렇지만 경연에 나오시어 정신을 한데 모아[凝神] (옛 경전들을) 깊이 읽고 끝까지 파고드신다면 마음속에 의로움과 이치[義理]가 밝게 드러나 반드시 편안히 거처하시면서 아무것도 하지 않으실 때나 정사를 듣느라 바쁜 일이 많으실 때와는 반드시 다른 바가 있을 것입니다. (그렇다면) 제왕의 배움이 어찌 이로 말미암아 더욱 나아가지 않겠습니까? 또 진강하는 신하들이 비록 모두 용렬한 유자[庸儒]지만 전하께서 배움이 있다고 일컫는 자들이온데 윤번으로 교대해 나아와 (전하께서) 나아와 머무시는 것을 기다리다가 아무런 반응이 없으시어 물러간 것이 여러 번이오니 유자를 높이고 배움을 향하는 뜻이 너무 가볍지 않겠습니까? 옛날에 부열(傅說)²¹은 (은나라) 고종에게 아뢰기를 '생각건대 배움은 뜻을 공손히 하는 것입니다[遜志]'라고 했습니다. 엎드려 바라건대 하늘이 내려준 자질의 밝음[天資之明]만 믿지 마시고 유신(儒臣)들이 고루하다고만 말하지 마시고 날

---

21 은나라 고종 때의 뛰어난 재상이다.

마다 경연에 나오시어 마음을 비우고 뜻을 공손히 하시어 힘써 깊이 읽고 밝히시어 감히 하루라도 혹 빠트리지 마시고 혹시 다른 연유가 있어 정강해야 하는 날에도 마땅히 강관(講官)을 불러보시고 얼굴을 마주해 일깨워주신 다음에 끝내도록 하소서."

뜻을 공손하게 하라는 '손지(遜志)'는 곧 겸손이다. 질(質)만 믿고 문(文)을 소홀히 하는 태종에 대한 직간(直諫)이었다. 이 글은 고스란히 '학이시습지(學而時習之) 불역열호(不亦說乎)'에 대한 풀이가 된다. 태종은 기꺼이 스승 같은 신하 권근을 곁에 둔 '배움을 좋아하는[好學] 군주'였다. 그런 점에서 자신을 군사(君師), 즉 임금이자 스승이라고 선언한 정조(正祖)는 결코 호학(好學)하는 군주가 될 수 없다. 교만한 군주일 뿐이다.

이제 우리는 문질(文質)을 떠나 태종이 실전에서 신하가 곧은지 여부를 꿰뚫어본 안목을 쉽게 배우기 위해 문질을 해석 틀로 삼아 곧음[直]으로 나아가보자.

『논어』에는 곧음 문제가 표면적으로 드러난 대목도 있지만, 문장이나 문맥 배후에 깔려 있는 경우도 많다. 태종이 신하들에게 요구했던 곧음은 정직이나 직언(直言) 수준의 곧음이 아니다. 오히려 '미루어 알아내는[推]' 치밀함이 필요하다.

일의 이치, 즉 사리(事理) 측면에서 곧음[直]을 말하는 『논어』 속 구절 3가지만 짚어보자. 먼저 「공야장(公冶長)」편이다.

공자가 말했다. "누가 미생고(微生高)를 곧다고 하는가? 어떤 사람이 식초를 빌리려 하자 그의 이웃집에서 빌어다가 주는구나."

옳은 것은 옳다 하고 그른 것은 그르다 하며, 있으면 있다 하고 없으면 없다고 하는 것이 곧음이다. 그런데 노나라 사람 미생고는 굳이 옆집에까지 가서 빌려다 주었다. 남들로부터 평판을 의식해 한 행동이기 때문에 공자는 가차 없이 곧지 못하다[不直]고 지적했다. 연출하거나 가식적인 것이 바로 곧지 못함이다. 이번에는 「자로(子路)」편이다.

섭공(葉公)이 공자에게 말했다. "우리 당에 곧게 행동하는 궁이라는 사람이 있으니 그의 아버지가 양을 훔치자 그는 아버지가 훔쳤다는 것을 증언했습니다."
이에 공자가 말했다. "우리 당의 곧은 자는 이와는 다릅니다. 아버지는 자식을 위해 자신이 숨고 자식은 아버지를 위해 자신이 숨으니 [子爲父隱] 곧음이란 바로 이 가운데 있는 것입니다."

섭공은 기계적인 정직함이 곧음이라고 생각했지만, 공자는 일의 이치[事理=禮]상 마땅한 바를 따르는 것이 곧음이라고 보았다. 효(孝)가 곧음[直]이 될 수 있는 것도 그 때문이다. 태종도 바로 이 구절을 적확한 맥락에 적용했다.
태종 9년(1409년) 9월 27일 이무를 죽이기에 앞서 이무 아들 이공유를 문초했다. 이때 태종은 이공유를 풀어주라고 명하며 이렇게 말했다.

또 집의 이공유를 옥에 가두었으니 공유는 무의 아들이다. 옥관이 그 아비 음모를 물어 곤장을 거의 90대나 맞고도 끝내 한마디 말도

하지 않았다. 상이 듣고 말했다.

"이는 묻는 자가 잘못이다. 자식은 아비를 위해 숨는[子爲父隱] 법이
_{자 위 부 은}
니 차라리 죽을지언정 어찌 감히 아비 죄를 증언해 이루겠는가?"

곧 명해 풀어주었다.

공자가 말한 이치를 몰랐다면 태종은 이공유를 살려주지 않
았을 것이다.

윗사람에 대한 충(忠)도 곧음의 문제다. 이렇게 이해해야 「옹
야(雍也)」편에서 공자가 말한 곧음[直]이 확 다가온다.
_직

"사람을 사람이게 해주는 것은 곧음[直]이다. 곧음이 없는 삶은 요
_직
행히 죽음을 면한 것에 불과하다."

곧음은 곧 위선(僞善)을 물리치는 것이다. 위선은 결국 남을 의
식해서 할 뿐 본심이 아니기 때문이다. 「헌문(憲問)」편에서 곧음은
일의 이치[事理]에서 행동 지침으로까지 나아간다.
_{사리}

어떤 이가 물었다. "덕으로 원한을 갚는 것은 어떻습니까?"

공자가 말했다. "그러면 덕은 무엇으로 갚을 텐가? 원한은 곧음[直]
_직
으로 갚고 덕은 덕으로 갚아야 한다."

태종은 이 역시 정확히 알고 있었다. 태종은 이 말을 민무구·
무질 형제를 죽이기 직전인 태종 10년(1410년) 1월 22일에 썼다.
이는 『이한우의 태종 이방원 하』 제3장 10절에서 보게 된다.

곧음은 남들이 알아주든 알아주지 않든 자기 원칙에 입각해 덕(德-다움)을 기르고 마땅함[義]에 따라 행동하는 문제와 연결된다. 그렇기 때문에 『논어』 첫머리에 학이시습, 유붕자원방래와 더불어 다음 유명한 구절이 나란히 배치되어 있는 것이다. 이 셋은 『논어』 리더십 3대 강령으로 기억해도 좋다.

"남들이 알아주지 않아도 (속으로조차 조금도) 서운해하지 않는다면 정말로 군자가 아니겠는가[人不知而不慍 不亦君子乎]?"
인 부지 이 불온 불역 군자 호

태종 10년(1410년) 4월 1일 태종은 하륜에 대해 다질소문(多質少文), 태종 11년(1411년) 8월 18일에는 조영무에 대해 질직소문(質直少文)이라고 평했다. 다질소문(多質少文)을 풀면 다질(多質)이란 곧 바탕은 곧아서 좋은데 그걸 부드럽게 잘 표현해내지는 못한다는 말이다. 단 네 글자만으로도 하륜이라는 캐릭터가 그려지는 듯하지 않는가? 조영무는 명백하게 질직(質直), 즉 바탕은 곧다고 했다. 곧음을 문이 아니라 질과 관련해 쓰고 있다. 다른 경우에도 태종이 누군가를 곧다고 하면 대부분 문이 아니라 질에 대한 평가다.

3 ___

정적이었지만 곧음으로
태조와 태종에게 지우를 받은 최유경

우왕에게 위화도회군을 고변한 최유경

여말선초와 같은 격동기 역사를 보면 한순간 잘못된 선택으로 비명횡사한 사람들을 많이 목격하게 된다. 구한말, 광복 직후에도 이런 일이 많았고 1948년 대한민국이 세워지고도 지금까지 모든 정권마다 비슷한 일들이 반복되고 있다.

그런 점에서 여말선초를 잘 살아낸 최유경(崔有慶, 1343~ 1413년)은 깊이 탐구할 만한 인물이다. 최유경 할아버지는 고려 선부전서(選部典書) 상호군 최득평(崔得枰, 1260~1334년)[22]이고 아버

---

22 1318년(충숙왕 5년) 선부의랑(選部議郎), 내부령(內府令)을 지내고 1319년(충숙왕 6년)
    상주목사와 김해목사를 지냈다.

지는 감찰대부(監察大夫) 최재(崔宰, 1303~1378년)다. 집안이 나쁜 편은 아니었다. 게다가 할아버지나 아버지 모두 "강직한 성품"이었고 관력(官歷)을 보면 벼슬에 나아가고 물러남[進退]에 법도가 있었다. 지금도 충청북도 진천에 최유경 효자비가 전해지니 효심도 깊은 인물이었던 듯하다.

그의 이름이 『조선왕조실록』에 처음 등장하는 것은 위화도회군과 관련해서다. 1388년 4월 18일 우왕 말년 고려는 요동 정벌 계획에 따라 최영을 최고 지휘관인 팔도도통사로 하고 조민수를 좌군도통사, 이성계를 우군도통사로 하는 10만 병사를 평양에서 출발시켰다. 그러나 최영은 우왕 요청으로 개경에 남고 조민수와 이성계가 정벌군 지휘를 맡았다. 압록강을 건너기 직전 5월 7일 지금의 신의주와 의주 사이 압록강에 있는 가장 큰 하중도(河中島) 위화도에 주둔한 조민수와 이성계는 5가지 이유를 들어 군대를 남쪽으로 돌리겠다는 회군 의사를 우왕에게 주청했다.

그러나 실권을 쥐고 있던 최영은 거듭된 이성계 요청을 모두 거부했다. 이성계는 장수들을 불러 모아 "상국(上國-명나라)을 범하면 종사와 만백성에게 큰 화가 닥쳐올 것"이라며 요동 정벌 포기 의사를 밝혔고 장수들은 모두 이성계를 따르겠다고 맹세했다. 위화도에 군영을 설치한 지 2주 만인 5월 22일 이성계는 "돌아가 임금 곁에 있는 악한 자들을 제거해 세상을 편안케 하리라"고 다짐하며 군사를 돌렸다.

이때 군사지원을 담당하는 조전사로 정벌군에 참가했던 최유경이 말을 달려 평양 동북쪽 성주(成州-성천)에 나가 있던 우왕에게 회군 소식을 급보했다. 그리고 우왕을 시종해 개경으로 돌아왔다. 이것만 보면 회군이 성공해 이성계가 최영과 그 세력을 처단했을 때 최유경은 목숨을 부지하기 어려운 처지였다. 그러나 실록은 뜻밖에도 다음과 같은 사실을 전한다.

"태조가 집정해 최영을 물리치고 유경을 발탁해 밀직부사로 삼았다."

어떻게 이런 일이 있을 수 있었을까? 이성계가 이미 그를 눈여겨보았을 것이다. 회군 이전까지 관리 최유경 행적을 보자.

"홍무 임자년(壬子年-1372년) 판도좌랑(版圖佐郎)²³에 임명되었는데 그때 각도 의염(義鹽) 소속 소금가마가 모두 힘센 토호들에게 점유당했으므로 최유경이 글을 올려 아뢰어 모두 염창(鹽倉)에 속하게 했다. 환관 윤충좌가 임금 총애를 믿고 교만 방종해 많은 불법을 행하니 헌사에서 이를 묻고자 했으나 제대로 실행하지 못했다. 최유경이 장령으로 옮겨 일을 보던 초기에 즉시 이를 탄핵했다. 을묘년(乙卯年-1375년) 여름 전법총랑으로 옮겼는데 이사충 가노가 그 주인을 찔러 죽이려다 뜻을 이루지 못하자 사충이 이를 고소해 고문하기를 여러 차례 했으나 그 실정을 알아내지 못했다. 유경이 사정을 들어서 차근히 물으니 가노가 자복해 실토했다. 정사년(丁巳年-1377년) 아비 상을 당해 여묘살이하면서 3년상제를 마쳤다. 무진년(戊辰年-1388년) 정월에 국가에서 권신 임견미 등을 주살할 때 최유경을

---

23 고려가 원(元) 지배 아래 들어갔을 때 호부좌랑(戶部佐郎)을 고친 이름이다.

양광도 안렴사로 삼아 전민을 추고해 바로잡았다."

최유경은 곧았을 뿐 아니라 일 처리에 능했고 유교적 실천윤리
에도 투철했음을 알 수 있다. 이런 최유경 행실은 이미 조정에 널
리 알려져 있었을 것이다. 이성계가 이 점을 높이 평가해 눈여겨
봐두었다면 파격적 발탁은 오히려 자연스러운 결과라 하겠다. 비
록 위화도회군 당시에는 주군이었던 우왕을 위해 회군 사실을 말
로 내달려 알렸지만, 그 후부터는 이성계 노선을 따른 듯하다. 최
유경은 결국 조선 건국과 함께 원종공신 명단에 이름이 올랐다.
물론 반대도 있었다.

"임신년(壬申年-1392년) 우리 태조께서 즉위해 원종공신으로 삼으니
좌우에서 무진년(-1388년) 일을 가지고 반대하는 자들이 있었으나
태조가 그 충성스러움과 의로움을 칭찬했다."

개국에 아무런 기여가 없었지만, 태조 이성계는 그가 필요하다
고 보아 원종공신 작호를 내려주었다. 최유경은 태조 3년(1394년)
경상도 관찰사로 나갔다가 이듬해 4월 중추원 지사 겸 중군동지
절제사가 되어 중앙 정치로 복귀했다. 태조는 우정승 김사형에게
최유경에 대해 이렇게 말했다.

"경상도 도관찰사 최유경이 무진년에 비록 우리를 배반했으나 자기
임금을 위한 것이요 또 포치(布置)하는 재주가 있다."

자기 임금을 위했다는 말은 그의 곧음[直]에 대한 평가임을
이제 쉽게 알 수 있을 것이다. 포치(布置)란 일을 풀어가는 이재(吏
才-관리로서 업무 능력)인데 최유경은 이 능력이 뛰어남을 인정받
았다. 그 후 최유경은 태종 3년(1403년) 대사헌에 오르고 호조 업
무나 관찰사 등을 역임하며 역량을 펼쳤다. 졸기에는 곧은 성품을
보여주는 일화가 나온다. 1차 왕자의 난 직전인 무인년 봄에 태조
가 평주 온정(溫井-온천)에 가려고 유후사(留後司-개경)에 어가를
머물렀다. 이때 정령(政令-명령 이행)이 해이함을 알고 즉시 최유경
을 뽑아 유후(留後)로 삼았다. 최유경이 나아가 말했다.

> "신이 일찍이 제릉(齊陵-신의왕후 한씨의 능이다.)에 향을 받들고 갔는
> 데 수릉인(守陵人)과 제기가 모두 미비했습니다. 제릉이 선적(先嫡-
> 본부인)인데 어찌 홀로 정릉(貞陵)[24]에만 두텁게 하십니까?"
> 태조가 말했다.
> "내가 엷게 하는 것이 아니다. 유사(有司-해당 부서)에서 청하지 않았
> 기 때문이다."

최유경 집안은 대대로 여러 임금에게 총애를 받았다. 앞서 언
급했듯 최유경을 대사헌으로 쓴 사람은 태종이다. 그런데 동료 신
하들마저 최유경을 높이 평가했다. 병술년(丙戌年-1406년)에 태종
이 각사로 하여금 노성(老成-나이가 있고 일에 능함)한 자 중에서 의
정부를 맡을 만한 자를 추천하라고 하니 육조와 대간 모두 최유경

---

24 신덕왕후 강씨의 능이다.

을 천거했다. 태종은 그를 의정부 참찬사로 삼았다.

최유경은 버슬에서 물러나 7년 만인 1413년 세상을 떠났지만, 능력과 처신은 자식들에게도 그대로 이어져 조선 초 왕실로부터 대대로 깊은 총애를 받았다. 그에게는 유복자를 포함해 모두 여섯 아들이 있었는데 장남 최사위는 세종 때 한성판윤에 올랐고 둘째 최사의는 한성부윤을 지냈으며 청백리로 선정되었다. 특히 넷째 최사강(崔士康, 1385~1443년)의 경우 장녀는 태종 아들 함녕군(咸寧君)과 혼인했고 본인도 병조판서에 올랐다. 게다가 1434년 1월에는 최사강 장남인 봉례랑(奉禮郎) 최승녕 딸이 세종 넷째 아들 임영대군(臨瀛大君)에게 출가했고 1437년 2월에는 둘째 딸이 세종 여섯째 아들 금성대군(錦城大君)과 혼인했다. 실록은 최사강에 대해 극찬을 남겼다.

"왕실과 연혼하면서 갑자기 현귀해졌으나 분수를 지킨 까닭에 세종의 은총이 떠나지 않았고 이를 배경으로 의정부·육조 요직을 두루 역임하면서 세종 성세(盛世)의 일익을 담당했다."

다시 최유경에 대한 평가다.

"시호를 평도(平度)라고 했다. 척당(倜儻)[25]해 용감히 말하고 남에게 굽히거나 아첨함이 없는 것을 이른 것이다. 중외에 두루 이름을 드날려 사람들이 깨끗하고 곧다[清直]고 칭송했다."
청직

---

25 기개가 있어서 남에게 구애받지 않는다는 뜻이다. 척당불기(倜儻不羈)라고도 한다.

태종 관점으로 볼 때 최유경은 곧음[直]을 지녔다는 뜻이다.
_직

당 태종 이세민을 죽이자고 했던 위징

643년 위징이 죽었을 때 당 태종은 이렇게 말했다.

"무릇 구리로 거울을 만들면 의관을 단정히 할 수 있고, 옛날로 거울을 삼으면 흥망을 알 수 있으며, 사람으로 거울을 삼으면 득실을 밝힐 수 있다. 짐은 일찍이 이 3가지를 가져 내 허물을 막을 수 있었다. 지금 위징이 세상을 떠나니 거울 하나를 잃어버렸도다!"

당 태종 이세민이 태평성대를 이루게 한 1등 공신 위징은 한때는 반대편에서 이세민을 죽이려 했던 인물이다. 수나라 말 혼란기에 무양군승(武陽郡丞) 원보장(元寶藏) 밑에서 전서기(典書記)가 되었다가 원보장을 따라 이밀(李密)에게 귀순했다. 다시 이밀을 따라 당고조(唐高祖)에게 귀순해 고조 장자 이건성(李建成) 측근이 되었다. 비서승(秘書丞)이 되어 여양(黎陽)에서 이적(李勣) 등에게 항복을 권했다. 두건덕(竇建德)에게 포로로 잡혔다가 두건덕이 패한 뒤 당나라로 돌아와 태자세마가 되었다. 『신당서』가 전하는 당 태종과 위징의 첫 만남이다.

은(隱) 태자가 그를 끌어들여 세마(洗馬)로 삼았다. 위징은 진왕(秦王-즉위 이전 당 태종)의 공로가 크다는 것을 보고서 몰래 태자에게 일찍 계책을 써서 진왕을 처치할 것을 권유했다. (그러나) 태자가 패퇴하자 진왕이 그를 불러 꾸짖었다.

"네가 어찌 우리 형제를 이간질했느냐?"

위징이 대답했다.

"태자가 일찍 이 위징의 말을 따랐더라면 죽어서 오늘과 같은 화를 당하지는 않았을 것입니다."

진왕은 그가 곧음[直]을 높이 평가해 더는 개의치 않았다. 그리고 황제에 오르자 그를 간의대부(諫議大夫)에 임명했다.

당 태종 또한 곧음을 사람 보는 척도로 삼고 있다.

게다가 간언을 맡는 사람에게 가장 중요한 덕목은 다름 아닌 곧음[直]이다.

위징이 가졌던 곧음을 보여주는 일화가 또 있다. 한번은 태종이 낙양을 순시하러 가던 길에 소인궁(昭仁宮)에 머물렀는데 음식 대접이 마음에 들지 않는다고 크게 화냈다. 위징은 면전에서 태종에게 직언했다.

"수 양제가 유람할 때 백성이 바치는 음식이 좋지 않다며 화를 냈습니다. 그래서 백성이 무거운 짐을 지고 늘 허덕였으며, 이로 인해 수나라가 망했습니다. 폐하께서는 이를 교훈으로 삼으셔야 합니다. 오늘 이 같은 음식에도 만족하셔야 합니다. 그렇지 않고 욕심대로 하신다면 이보다 만 배나 좋은 진수성찬을 차린다 해도 만족하시지 못할 겁니다."

이 말을 듣고 태종이 고개를 끄덕이며 말했다.

"경의 말이 일리가 있네. 경이 깨우쳐주지 않았다면 큰일을 그르칠 뻔했다."

최유경이나 위징 모두 이성계나 당 태종처럼 그릇[局量]이 큰 사람을 만났기에 역사에 남은 일화다. 이를 역사에서는 명군(明君)과 양신(良臣)이 만난 경우라고 표현한다.

4 —

정적 혈친이라도 곧으면 중용하다

정몽주의 두 아들 종성·종본, 태종대에 출사하다

태종 1년(1401년) 1월 14일 문하부 참찬사 권근이 정몽주를 신원(伸冤)해줄 것을 청하는 글을 올렸다. 태종은 바로 수용했고 같은 해 11월 7일에는 정몽주가 영의정에 증직되었다. 이로써 자연스럽게 정몽주 두 아들 정종성(鄭宗誠, 1374~1442년)과 정종본(鄭宗本)은 벼슬길에 나설 수 있게 되었다.

정종성은 태종 4년(1404년) 정랑(正郞-정6품)을 시작으로 사복시 부정, 내자 소윤 등 관직을 지냈다. 이때 일화 하나가 실록에 전한다.

상이 인덕궁에 나아갔는데 타구(打毬)²⁶를 하기 위함이었다. 세자와 종친이 참여했다. 내자 소윤 정종성이 희롱 삼아 대호군 이순몽(李順蒙, 1386~1449년)²⁷에게 말했다.

"자네 광증은 마땅히 권희달을 이을 만하나 자네 후계는 누가 이을 것인가?"

희달이 이를 듣고 대노해 몹시 꾸짖어 욕하고는 또 말했다.

"너는 몽주 자식인데 다행히 우리 상께 은덕을 입어 네 목숨이 보전되었다."

드디어 팔소매를 걷고서 순몽이 쥐고 있던 주장(朱杖-붉은 지팡이)을 빼앗아 종아리를 때렸다. 상이 이를 듣고 말했다.

"권희달은 연로한 고관인데 그 광증을 줄이지 못하고 이러한 짓을 했는가?"

이어 희달에게 명했다.

"네 집으로 물러가 나오지 말라."

사헌부에서 말씀을 올렸다.

"권희달은 그전에도 자주 조사(朝士-조정 신하)를 욕보였는데 이제 또 자기 사분(私忿)을 풀고자 금장(禁杖)으로 정종성 종아리를 때렸

---

26 홍과 백 두 패로 나눠 각기 말을 타고 내달아 구장(毬場)의 한복판에 놓인 홍과 백의 공을 구장(毬杖)으로 떠서 자기 편의 구문(毬門)에 먼저 집어 넘기어 승부를 겨뤘다.

27 1419년 우군절제사로 이종무·우박·박초 등과 함께 대마도 정벌에 나섰다. 여러 장수는 모두 패했으나 이순몽은 김효성과 함께 큰 전과를 거두어 대마도주 도도웅이(都都熊耳)가 항복하고 수호를 요청했다. 1425년 진하사(陳賀使)로 중국에 들어가 선종(宣宗) 즉위를 축하했다. 1433년 중군절제사가 되어 파저강(婆猪江) 야인 이만주(李滿住)를 토벌해 큰 공을 세우고 돌아오자 세종은 노비와 의화(衣靴-옷과 신발)를 내려주었고 총애가 극진했다. 1434년 경상도 도절제사, 1447년 영중추원사를 지냈다.

습니다. 종성도 권희달을 기만(欺謾-속이고 깔봄)했으니 모두 죄가 있
습니다. 청컨대 유사(攸司)에 내려 그들을 다스리게 하소서."

상이 말했다.

"두 사람 모두 죄가 있지만 내가 이에 그들을 화해시키겠다."

이 일로 봐서는 정종성은 언행을 삼가는 편은 아니었다. 그
후 여러 관직을 거쳐 이조참의(吏曹參議-정3품)에 오르지만, 세종
24년(1442년)에 세상을 떠나는 바람에 참판이나 판서에는 이르지
는 못했다.

동생 정종본은 문과를 거쳐 태종 7년(1407년) 예조좌랑을 지
냈고 세종 초에는 사헌부 헌납을 거쳐 세종 8년(1426년)에는 성균
관 사예(司藝-정4품)가 되었다. 이때 기생 딸을 첩으로 삼으려 했다
는 이유로 징계를 당했다. 심지어 본인 나이를 속이고 이름까지 바
꿔가며 첩을 들이려 했다는 사실로 보아 형과 마찬가지로 행실에
문제가 있었던 것으로 보인다. 그 후 관직이 없다. 이 무렵 세상을
떠난 것 같다.

판서에까지 끌어올린 정도전의 아들 정진

정종성·정종본뿐만이 아니었다. 태종은 정도전 아들도 한동
안 수군에 채워 넣었다가 다시 불러들여 판서로까지 올려 썼다.
그가 정진(鄭津, 1361~1427년)이다. 그는 태종보다 6살 위이니 고려
말 이성계와 정도전이 결의를 맺은 이래 분명 이방원과도 친분을

62

유지했을 것이다.

먼저 고려 말부터 1차 왕자의 난이 일어날 때까지의 그의 관력을 정리해보자.

1382년(우왕 8년) 낭장이 되고, 사재령·전농령을 지냈다. 1391년(공양왕 3년) 정몽주 등 고려 수구 세력에게 탄핵받아 아버지 정도전과 함께 삭직되었다. 1392년 조선 개국으로 풀려나와 개국공신 아들로서 연안부사에 등용되었다. 1393년 판사재감사(判司宰監事-사재감 판사)를 거쳐 경흥부윤 등을 역임하고, 그 뒤 내직(內職-중앙 관직)으로 들어와 공조전서, 형조전서를 지냈다. 1398년 중추원부사로 있을 때 1차 왕자의 난이 일어나 아버지 정도전이 주살되자 그도 삭직당해 전라도 수군에 충군(充軍)되었다. 수군 충군은 사실상 형벌이다. 당시 수군은 정군(正軍)이 아니라 천역(賤役)이었다. 충군에는 수군 충군 외에도 극변(極邊) 충군이나 변원(邊遠-먼 변방) 충군이 있었다.

정도전에게는 아들이 4명 있었다. 정진은 장남이다. 정유와 정영은 수송방(-지금의 서울특별시 종로구청 인근) 집에 있다가 변고를 듣고 아버지를 구원하러 가다가 이방원 병사들에게 피살되었다. 정담은 아버지 죽음을 전해 듣고 자기 목에 칼을 찔러 자살했다.

태종 7년(1407년) 정진은 나주목 판사로 기용된다. 그해 10월 3일 실록이다.

정진을 (전라도) 나주목 판사로 삼았다. 이날 좌정승 성석린이 정청(政廳)에 나오지 않았으므로 상이 이조좌랑 조서로를 보내 그 집에 가서 묻게 했다.

"목사(牧使) 하나를 제수(-임명)하고자 하는데 권숙(權肅)[28]과 정진 두 사람 중에 누가 좋은가? 진은 이미 추부(樞府-중추부)에 들어갔으니 외관(外官-지방관)이 되기를 원하지 않을 것 아닌가?"

석린이 대답했다.

"일을 처리하는 재주[處事之才]는 진이 숙보다 낫습니다."

드디어 진을 임명했다.

아주 담담하다. 나주목사 임명을 앞두고 두 사람을 고민하다가 사람을 시켜 좌의정 성석린에게 의견을 구했다. 태종은 다른 요인은 고려하지 않고 정진은 이미 추부(樞府)에 들어갔으니 지방관을 맡으려 할지 염려했다. 태종은 이처럼 1차 왕자의 난 때 정진이 중추원부사였음을 고려할 정도로 세심했다. 이에 성석린은 '일을 처리하는 재주'가 정진이 낫다는 의견을 밝혔고 곧바로 태종은 정진을 나주목 판사에 임명한다. 이미 '정도전 아들'이라는 사실은 전혀 문제가 되지 않았다.

태종 16년(1416년) 6월 26일 태종은 정진에게 직첩(職牒)을 돌려주라고 명한다. 이듬해 정진을 안동대도호부 판사에 임명한다. 정2품이나 정3품이 맡던 지방 관직이다. 아직 중앙 관직으로 돌아오지는 못했지만 조금씩 직위가 올라갔다.

상왕 태종이 사실상 인사권을 행사하던 세종 1년(1419년) 정진은 충청도 도관찰사에 오른다. 5월 7일에는 정진이 왜적의 배 50여 척이 충청도 비인현에 침입한 사실을 알렸다. 이는 얼마 후

---

28 권근(權近)의 6촌이다.

대마도 정벌로 이어지게 된다. 그해 12월 7일 정진은 한성부판사
(~오늘날 서울특별시장)가 되어 마침내 한양에 올라온다. 이듬해 초
정진은 명나라에 사신으로 다녀오고 상왕 태종이 세상을 떠난 후
인 세종 5년(1423년) 1월 25일 드디어 공조판서에 오른다. 이 인사
는 상왕 태종이 남긴 유명을 따른 것이라고 봐야 한다. 2년 뒤 그
는 형조판서로 자리를 옮기고 세종 9년(1427년) 3월 6일 세상을 떠
났다. 졸기 중에서 관련된 대목만 살펴보자.

정진은 (경상도) 봉화현 사람이니 도전(道傳) 아들이다. 임신년 태조
가 처음 왕위에 오르자 정진은 공신 적자(嫡子)로서 지방관에 보직
되기를 간절히 원해 연안부사에 임명되니 연안 사람들이 모두 말
했다.
"훈가(勳家-공신 집안) 아들이니 교만하고 자부심이 많아서 서무는
친히 보지 않을 것이다."
정진이 임지에 가 겸손하게 자기를 억제하고 정사에 부지런하니
[謙抑勤政] 고을 사람들이 탄복했다. 한 해가 지나 사재감판사가 되
  겸억   근정
고 승진해 공조전서가 되었다가 형조전서로 옮겼다. 이때 최안종 아
내가 남편을 죽이고 그 시체를 첩 집 문밖에 두었는데 첩이 매질의
고통을 견디지 못해 없는 죄를 있다고 자복했다. 옥사가 이미 이뤄졌
는데 정진이 관청에 올려 말했다.
"사람을 죽인 자가 그 흔적을 숨기는 것이 보통인데 어찌 첩이 남편
을 죽여 자기 문밖에 둘 이치가 있겠는가?"
다시 그 아내를 국문하니 과연 말이 막혀 자복했다. 당시 사람들은
이 처사에 대해 이치에 밝고 마땅하다[明允]고 일컬었다.
            명윤

정도전 아들이었는데도 판서에까지 오를 수 있었던 비결은 전적으로 정진 본인이 지닌 자품(資品-자질) 그리고 태종이 보여준 공명정대한 인사 원칙 덕분이었다. 태조 때 공조전서, 형조전서였는데 세종 때는 공조판서, 형조판서를 지낸 것도 눈길을 끈다. 그의 특장(特長)이 토목과 법률 분야였다는 뜻이다. 여기서 세종이 그해 4월 16일 그가 죽자 내려보낸 제문을 꼭 읽어봐야 한다.

몸을 바쳐 신하가 됨에 마음이 이미 처음부터 끝까지 한결같았고
[一於終始]
　　일어　종시
공로에 보답하고 다움을 높였으니[報功崇德]
　　　　　　　　　　　　　보공　숭덕
예의상 마땅히 슬픔과 영화에 극진해야 할 것이다
생각건대 경은 천성이 곧고 순수하며[貞純]
　　　　　　　　　　　　　　정순
품행이 온화하고 조심했다[溫謹]
　　　　　　　　　온근
맑은 절개[淸介]로 몸을 지키고 청렴하고 조용해[廉靜]
　　　　청개　　　　　　　　　　　　　　염정
겉으로 화려함이 없었도다.
우리 태조께서 개국하심을 만나 바로 높은 벼슬에 오르고
태종께서 수성(守成)하심에 이르러 포상의 은전을 특별히 입었다
나의 부족한 몸에 이르러서 많이 선대의 공렬을 계승해
이미 이뤄놓은 헌장을 존중해
바야흐로 노숙한 이[舊人-아버지의 신하]에게 맡기려 했도다
　　　　　　　　　　구인
경은 바로 내직과 외임을 역임하면서 밤낮으로 정성을 다하고
형조에서 옥사를 판결함에 반드시 원통함이 없게 했도다[無冤]
　　　　　　　　　　　　　　　　　　　　　　　　　무원
우리나라를 특장 있게 함으로써 거의 모범이 되게 하기에 이르렀더니

어찌 갑자기 병사(病死)해 나에게 서러운 회포를 무겁게 하는고

이미 유사(有司-해당 부서)를 시켜서 시호를 내렸거니와

이제 예관을 보내 전(奠-약식 제사)을 올리게 하노라

슬프다, 인명은 비록 운수에 매여

길고 짧은 수한(壽限-수명) 어찌할 수 없으나

은전(恩典-은혜로운 전례)은 어찌 생사에 차별하랴

조문하고 위로하는 예의를 마땅히 베푸노라

5 ——

태종이 각별하게 여긴 정적 남은

태종 3년(1403년) 6월 5일 조준이 병으로 드러누웠다. 이때 조준에게 고기를 내려주고 태종은 여러 신하 앞에서 부왕 태조가 좋아했던 '양정(兩鄭)' 정몽주와 정도전을 평했다.

"이씨가 개국한 공은 오로지 조준과 남은(南誾, 1354~1398년)에게 있을 뿐이다. 정도전은 언사(言辭)를 잘해 공신 반열에 올랐다. 그가 공신이 된 것은 참으로 마땅하나 공을 갖고서 논한다면 마땅히 5등과 6등 사이일 것이다. 이미 세상을 떠난 사람들을 오늘에 생각지 않을 수 없다. 남은이 만약에 살아 있다면 어찌 즐겁지 않을 수 있겠는가? 부왕 때 양정(兩鄭)이라고 일컬었으니 하나는 몽주요, 하나는 도전이다. 몽주는 왕씨 말년에 시중이 되어 (고려 조정에) 충성을 다했고[盡忠], 도전은 부왕이 내린 은혜에 감격해 온 힘을 다했으니
진충

68

[竭力] 두 사람의 도리는 다 옳은 것이다."
    _{갈력}

(중략)[29]

또 말했다.

"태상전께서 계룡산 터를 보고 돌아오실 때 내가 남은 장막에 들어가니 은이 흔쾌해하지 않으며 말하기를 '지금부터는 내 장막에 들어오지 마시오'라고 하기에 내가 드디어 나와서 들어가지 않았다. 이때 태상전께서 세자를 남은에게 부탁하셨다."

숙번이 말했다.

"근자에 남재를 만났는데 재가 말하기를 '태상전께서 세자를 은에게 부탁하셨으면 은의 죽음은 마땅한 것이지만 진실로 부탁하신 일이 없었다'라고 했습니다."

상이 말했다.

"은은 곧은 사람[直者]이니 나이 어린 후사(後嗣)[六尺之孤]를 부탁
          _{직자}   _{육척지고}
할 만하기 때문에 그래서 부탁하셨던 것이다."

육척지고는 『이한우의 태종 이방원 상』 제4장 6절에서 상세하게 살핀 바 있다. 여기서 초점은 곧음이다. 태종은 남은을 곧다[直]고 보았다. 정도전에게는 끝내 이런 평가를 유보했다.
_직

---

29 앞서 나온 부분과 겹친다.

6 ___

"옛날에 당 태종은 왕규·위징을 썼다"

태종 15년(1415년) 8월 20일 자 실록이다.

사헌부에서 소를 올렸는데 대략 이러했다.

'근래에 유사에서 수교(受敎-왕의 가르침을 받음)했는데 난신 자손은 서용(敍用-등용)을 허락하지 말라고 했으니 난적의 당에 엄격하게 하고 후인(後人-뒤에 오는 사람들)을 경계한 것입니다. 가만히 보건대 난신 남은·이근·박위·변남룡·심효생·유만수 아들들이 현달한 벼슬을 두루 거쳐 안팎에 퍼져 있으니 이는 심히 악을 징계하고 선을 권장하는[懲惡勸善] 도리가 아닙니다. 무인년 이후 난신 자손은 그
                징악권선
벼슬을 파면하소서.'

상이 읽어보고 말했다.

"남은은 (자기가) 섬기던 이에게 충성했으니[忠於所事] 어찌 난신
                              충어 소사

70

이라고 할 수 있겠는가? 옛날에 당나라 태종이 왕규(王珪, 571~
639년)[30]·위징을 썼으니 지금 말한 것은 심히 무리하다. 너희들이
혹 알지 못해 이러는 것 같으니 이치를 아는 사람에게 물어보라."
대언에게 명해 말했다.
"빨리 이 소를 봉해 다른 사람들이 보지 못하게 하라."

위에 언급된 사람들을 추적해 태종풍 '곧음 인사'를 알아보자.
먼저 1차 왕자의 난 때 세상을 떠난 남은(南誾, 1354~1398년)
에 대해 뜻밖에도 실록은 졸기를 남겼다. 일반적으로 난에 연루된
사람에게는 졸기를 써주지 않는다.

남은은 본관이 진주 의령이며 검교 시중 남을번(南乙蕃) 아들이다.
공민왕 갑인년(甲寅年-1374)에 성균시에 합격하고 폐왕(廢王-우왕)
경신년(庚申年-1380년)에 사직단직(社稷壇直)에 임명되었다. 을축년
(乙丑年-1385년) 왜구가 삼척군에 침구(侵寇-침략)하니 성이 작고 위
태하므로 지키기가 어려웠는데 남은이 자천해 가게 되었다. 이에 삼
척군에 도착하니 왜구가 창졸히 이르는지라 남은이 성문을 열고 기
병 10여 명을 거느리고 졸지에 쑥 나가서 공격하니 왜구가 패배해

---

30 어릴 때 고아가 되었지만, 성격이 우아하고 단아해 욕심이 적었고, 빈천(貧賤)에도 편
   안해하면서 남에게 영합하려고 하지 않았다. 당나라에 들어가 태자 이건성(李建成)
   중사인(中舍人)이 되었다. 태종이 평소 그의 재주를 알아 불러 간의대부에 임명했다.
   항상 정성을 다해 충언을 올리니 태종이 많이 가납했고 황문시랑으로 옮겼다. 태자
   우서자(太子右庶子)를 겸했다. 정관 2년(628년) 시중이 되어 방현령·이정·온언박·위
   징 등과 함께 국정을 지휘했다. 다른 사람 장점을 잘 칭송하고 자기 처지를 아는 지혜
   가 있었다.

달아났다. 이 사실이 위에 알려져 사복정(司僕正) 관직으로 불러 돌아왔다. 무진년(戊辰年-1388년) 임금(-태조 이성계)을 따라 위화도에 이르러 조인옥 등과 더불어 군사를 돌이키려는 의견을 올렸으며 또 비밀리에 임금으로 추대하기를 모의했으나 임금께서 엄숙하고 근신하신 이유로써 감히 말을 꺼내지 못했다. 이미 (개경으로) 돌아와서는 비밀리에 전하(殿下-태종)에게 말하니 전하께서 말하지 말도록 경계시켰다. 기사년(己巳年-1389년)에 응양군 상호군 겸 군부판서에 임명되고, 경오년(庚午年-1390년)에 공양왕이 참소를 믿고 의심하고 시기해 일이 실로 예측할 수가 없게 되니 전하께서 이에 남은을 불러 평소부터 진심으로 붙좇는 사람들과 더불어 비밀리에 임금 추대를 논의하게 했다.

임금이 왕위에 오르자 중추원 판사에 임명되고 분의좌명 개국공신 칭호를 내렸다. 여러 번 승진해 참찬문하부사 겸 판상서사사 우군 절도사에까지 이르렀다. 정축년에 의성군(宜城君)에 봉해졌다.

남은은 천성이 호탕하고 비범했지만 검속(檢束-자신을 단도리함)이 없었으며 어릴 때부터 기이한 계책을 좋아했다. 개국할 즈음에는 공이 상등의 반열에 있었지만, 배운 것이 없어 식견이 우매한 때문에 강씨가 적통을 빼앗으려는 계책에 찬성해 드디어 정도전 등과 더불어 국권을 마음대로 해 종친을 제거하고자 하다가 마침내 화(禍)를 당해 죽었으니 나이 45세였다. 아들은 네 사람으로 경수(景壽)·경우(景祐)·경복(景福)·경지(景祉)다.

이들은 별도로 연좌되지 않았고 그중에 둘째 남경우가 세종 때 중추원첨지사에 오른다. 품계는 종1품이었다.

이근(李勲, ?~1398년)은 고려 말 창왕(昌王) 외할아버지 이림(李琳, ?~1391년) 조카다. 1388년(우왕 14년) 좌부대언이 되고 1389년(공양왕 1년) 우왕·창왕이 서인(庶人)으로 전락할 때 숙부 이림과 함께 먼 곳에 유배되었다가 얼마 뒤 석방되었다. 1392년 이조판서에 이어 우대언이 되었다. 같은 해 이성계 추대에 공을 세워 개국공신 3등에 녹훈되고 좌승지가 되었다. 1393년(태조 2년) 대사헌이 되어 동국 역대 여러 현인의 비록(祕錄)을 두루 상고해 요점을 추려서 바치기도 했다. 1396년 중추원 판사·종묘감독관에 이르렀다. 1398년 1차 왕자의 난에 관련되어 주살되었다.

아들 이중지(李中至, ?~1446년)는 그다지 아름다운 삶을 살지는 못했다. 태종 5년(1405년) 무과에 급제했고 주로 병조와 중추원에서 무인으로 경력을 쌓았다. 세종 28년(1446년) 2월 3일 자 졸기다.

중지는 다른 재능은 없었고 수양대군을 시양(侍養)으로 삼아 벼슬이 성재(省宰-문하부 소속 2품 벼슬)에까지 이르렀다. 사람됨은 풍모가 아름다웠고 얼굴 꾸미기를 좋아했다. 젊었을 때부터 주색을 좋아해 항상 창기(娼妓)를 두고 주색에 빠져 절제가 없었다. 당시 평판이 그를 비루하게 여겼다.

박위(朴葳, ?~1398년)[31] 아들 기(耆)는 태종 17년(1407년) 남양부사(南陽府使)를 지냈다.

---

31 그에 관한 정보는 『이한우의 태종 이방원 상』 제2장 5절에 실려 있다.

변남룡(卞南龍, ?~1401년)은 어떤 사건에 연루되어 태종 1년 (1401년) 2월 9일 아들 혼(渾)과 함께 목이 날아갔다. 그날 실록 이다.

검교 한성윤 변남룡과 아들 혼을 기시(棄市)하고[32] 그 가산을 적몰 했다.[33] 남룡은 하륜 외가 쪽 친척이고 봉유지(奉由智)가 남룡의 사 위이며, 완천군 이숙(李淑, 1373~1406년)[34]의 큰처남이다. 숙이 영안 군 (이)양우(良祐), 완산군 (이)천우(天祐)[35]와 함께 집에서 술을 마셨 는데 이미 술이 취하자 양우가 말했다.

"하늘의 재변이 여러 차례 나타난 것은 어째서인가? 사직의 역년(歷 年-천명)이 과연 장구할 수 있을까? 우정승 하륜은 삼군부 판사 이 무와 사이가 좋다. 또 무는 아들이 많은데 그중에 한 아들은 예사롭 지 않은 운명[非常之命]을 갖고 있다."

유지와 아우 유도(由道)가 그것을 들었다. 유지가 남룡에게 말하니 남룡은 아들 혼을 데리고 륜에게 가서 고했다.

"양우와 천우가 숙 집에 가서 말하기를 '공과 이무가 한마음이라 예 측 못 할 변고가 있을까 두렵다. 하나 우리들이 태상왕을 끼고서 나 선다면 누가 감히 당하겠는가'라고 했다고 합니다."

륜이 상에게 아뢰자 상은 남룡 부자를 불러 자세히 묻고서는 마침 내 말했다.

---

32 저잣거리에서 목을 베는 사형의 한 종류다.

33 적몰이란 중죄인(重罪人) 재산을 몰수하고 가족까지 처벌한다는 뜻이다.

34 태조 이복동생 의안대군 이화(李和) 아들이다.

35 두 사람은 태조의 이복형 이원계 아들로 이조와 이백온의 친형이다.

"양우와 천우가 비록 태상왕을 끼고 싶어 하겠지만, 태상왕께서 어찌 그것을 따르시겠는가? 이는 분명 남룡이 유언비어를 지어내 공로를 구해[要=求] 부귀를 얻고자 함일 뿐이다."

이들을 순군에 내려 삼성(三省)[36]으로 하여금 합동으로 심문토록 하니 과연 상이 한 말과 같았다. 이에 남룡 부자는 주살하고 유지는 남포진으로, 유도는 이산진으로 유배 보내면서 각각 장 100대를 때렸다.

이 사건은 기록된 것보다 훨씬 광범위한 의미가 있다. 1차 왕자의 난 직후 처형된 변중량(卞仲良)과도 직간접적으로 연결되어 있기 때문이다. 변중량은 변계량(卞季良) 형으로 이성계 이복형 이원계 사위다. 즉 변중량은 양우·천우 형제와는 처남 매부 사이다. 외할머니는 충주 지씨(池氏)로 고려 말 재상 지윤(池奫, ?~1377년)[37]과 사촌 간인데 이성계 장남 이방우와 훗날 정종이 된 이방과 모두 지윤 딸을 아내나 후궁으로 삼았다. 변남룡 부인 또한 충주 지씨다. 태종은 이 같은 복합적인 세력 관계를 감안해 이 문

---

36 아직 관제개혁 전이라 고려 제도를 쓰고 있을 때이므로 문하성·중서성·상서성을 가리킨다.

37 무녀 소생으로 처음 군졸에서 출발했으나 무공을 세워 공민왕 말년에는 숭경부 판사가 되었다. 서북면원수·경상도상원수 등 출정군 지휘관에 임명되기도 했다. 우왕 때는 문하찬성사·판도사 판사가 되어 재상에 올랐는데 당시 권신(權臣) 이인임과 한패가 되어 친원(親元) 정책을 비판하는 임박·정도전·박상충 등을 탄압했다. 관직과 옥(獄)을 팔아 많은 재산을 모았으며 심복들을 대간에 배치, 그들을 사주해 위엄을 부렸다. 그러나 아들 지익겸을 왜구 토벌 지휘관으로 내보내는 문제 등으로 점차 이인임과 사이가 나빠졌는데 기회를 엿보던 이인임이 자기 심복들을 정부 비방죄로 몰아 유배 보내자 지윤은 위기의식을 느끼고 지신사 김윤승과 공모해 이인임·최영 등을 제거하려 했으나 결국 실패함으로써 가족·당여(黨與)와 함께 처형되었다.

제를 풀어가는 방향을 정한 것으로 보인다. 물론 단 하루 만에 순간적 결정으로 검교 한성윤을 죽인 것은 무리한 처사였다. 이 문제는 『이한우의 태종 이방원 하』 제6장 3절에서 이양우·이천우 무고 사건과 관련지어 보다 상세하게 다룰 것이다.

한편 변남룡에게는 죽은 혼 외에도 효문(孝文), 효경(孝敬) 두 아들이 있었다. 이 두 사람 관력을 살펴보자. 이들 역시 벼슬길에 제약을 받지 않았다.

먼저 변효문(卞孝文, 1396~?)은 1414년(태종 14년) 문과에 급제, 내외직을 지낸 뒤 직제학을 거쳐 1428년(세종 10년) 봉상시 소윤(奉常寺少尹-정3품)을 지냈다.

동생 변효경(卞孝敬, ?~1456년)은 1419년(세종 1년) 사마시에 합격해 1425년(세종 7년) 주서(注書)가 되었으나 망언한 죄로 의금부에 갇혔다. 1440년 사은사 검찰관이 되고 1443년 승문원사, 1445년 좌사간, 이듬해 우사간을 역임했다. 1453년(단종 1년)에 정조사(正朝使) 부사로 명나라에 다녀온 뒤 1455년(세조 1년) 판영흥대도호부사(判永興大都護府事)가 되고, 그해에 원종공신에 책록되었다.

둘 다 비록 판서에는 이르지 못했지만, 정상적으로 관리 생활을 했음을 확인할 수 있다.

태조 세자 이방석 장인 심효생(沈孝生, 1349~1398년)[38] 아들 심도원(沈道源, 1375~1439년)은 태종 10년(1410년) 예조좌랑, 태종

---

38 그에 관한 상세한 인명 정보는 『이한우의 태종 이방원 상』 제2장 5절에 실려 있다.

14년(1414년) 경력(經歷), 태종 17년(1417년) 의정부 비서실장인 사인(舍人)을 맡아 조정에서 핵심 역할을 했다. 여러 지방 관찰사를 거쳐 호조판서에까지 이른다. 세종 21년(1439년) 9월 22일 그가 세상을 떠나자 졸기는 이렇게 전하고 있다.

도원은 순천부 부유현 사람으로 과거에 올라 벼슬을 거쳐 사헌 집의·사간원 좌사간과 이조·호조 참의에 이르고, 동지총제로 승진해 여러 번 이조·호조·예조참판으로 옮기고 지방으로 나가 경기·강원·전라 3도 관찰사가 되고 발탁되어 호조판서에 제수되었다. 이 때에 이르러 병으로 죽으니 나이 65세. 부음이 들리자 조회를 정지하고 조문했으며 또 부의(賻儀)를 내리고 시호를 경숙(敬肅)이라 했다. 이른 아침부터 밤늦게까지 봉사(奉事)함을 경(敬)이라 하고 마음을 굳게 먹고 결단함을 숙(肅)이라 한다.
사람됨이 자봉(自奉-스스로 봉양함)하기를 빈한한 선비같이 해 의복과 음식을 갖추거나 화려한 것을 숭상하지 않았으며 마음속이 평탄하고 시원시원해[胸中坦蕩][39] 조금이라도 생각한 것이 있으면 반드시 다 말해 숨기는 것이 없었고 일을 만나면 과감하게 결단해 일찍이 막히는 것이 없었다. 두 아들이 있으니 철보(哲輔)와 철한(哲漢)이었다.

여기서 '조금이라도 생각한 것이 있으면 반드시 다 말해 숨기

---

39 탄탕(坦蕩)은 『논어』 「술이(述而)」편에서 가져온 말이다. 공자가 말했다. "군자는 평탄하고 시원시원한데[坦蕩蕩] 소인은 늘 근심 걱정한다[長戚戚]."

는 것이 없으며'가 바로 태종이 좋아했던 신하의 곧음[臣直]이다.
<small>신직</small>

    끝으로 유은지(柳隱之), 유연지(柳衍之) 형제다. 이들은 각각 유
만수(柳曼殊, ?~1398년)[40]의 2남과 3남으로, 장남 원지는 1차 왕자
의 난 때 아버지와 함께 피살됐다.

    둘째 유은지는 태종 8년(1408년) 풍해도 병마도절제사로 장
연진에서 왜구과 싸웠다. 1418년(세종 1년) 삼번절제사가 되고
1445년(세종 7년) 우군총제에 올랐고 중추원사(中樞院使)에 이
른다.

    유연지는 태종 17년(1417년) 대호군, 18년 상호군을 지냈고 세
종 때 예조참의, 의주목 판사, 병조참의를 거치는데 주로 병조판서
조말생 밑에서 일을 했다. 이조참의를 거쳐 다시 함경도 경성 병마
절제사로 나가는데 오랫동안 변방을 지키다가 세종 14년(1432년)
현지에서 세상을 떠났다.

---

40 그에 관한 인명 정보는 『이한우의 태종 이방원 상』 제2장 4절에 실려 있다.

7 ___

개국을 반대한 이색 자식과 문인들

학자로는 성공했으나 정치가로는 실패한 이색

태종은 여말선초 삼은(三隱)과 각기 다른 입체적 관계를 맺고 있다. 포은(圃隱) 정몽주는 직접 사람을 시켜 타살했고 야은(冶隱) 길재는 어린 시절 벗이었지만 자신이 내린 벼슬을 사양하자 놓아주었으며 목은(牧隱) 이색(李穡, 1328~1396년)은 아버지 태조 때 세상을 떠났다. 또 한 명 은(隱)으로 꼽히는 도은(陶隱) 이숭인은 태종이 성균시에 응시했을 때 그를 뽑은 좌주였다.

이들 호에는 흥미로운 이야기가 숨어 있다. 포은이란 채소밭 가꾸기[圃]나 하며 숨어 지내겠다, 야은이란 대장장이 일[冶]이나 하며 숨어 지내겠다, 목은이란 말이나 소 치는 일[牧]이나 하며 숨어 지내겠다, 도은이란 질그릇 굽는 일[陶]이나 하며 숨어 지내겠다는 뜻이다. 호에 담긴 의미를 그대로 실천한 인물은 길재 한 명뿐이다. 모두 정치에 나왔다가 횡액을 당했다.

태종은 왕위에 올라 정몽주 문인들뿐 아니라 특히 이색 문인들을 대거 등용함으로써 공신들 일변도였던 조정을 확 바꿔놓게 된다. 비(非)공신 문관들은 태종이 구상했던 문치(文治) 조선을 구축하는 핵심 인력들이 된다. 그런 점에서 이색과 자식들, 그 문인들 행적을 검토해봐야 태종 시대 정치를 실상에 가깝게 복원할 수 있다.

먼저 태조 5년(1396년) 5월 7일 자 이색 졸기다. 여기서 이 긴 졸기를 다 살피는 이유는 2가지다. 하나는 이를 통해 태종 이방원이 젊었을 때의 시대적·지성적 분위기를 알 수 있기 때문이고 또 하나는 훗날 이색 비문 문제로 태종 조정에서 개국공신과 태종 공신 간에 격한 논쟁이 발생하기 때문이다.

한산백(韓山伯)[41] 이색이 여흥(驪興-경기도 여주)에 있는 신륵사에서 졸했다. 부음이 들리자 상이 조회를 정지하고 치제했으며 부의를 내려주고 시호를 문정(文靖)이라 했다.

색의 자는 영숙(潁叔), 호는 목은(牧隱)이며, 한주(韓州-한산) 사람 정동행중서성 낭중 도첨의찬성사(征東行中書省郎中都僉議贊成事) 문효공(文孝公) 이곡(李穀, 1298~1351년)[42] 아들이다.

---

41 이색은 한산 이씨다. 한산은 지금의 충청남도 서천이다.
42 이곡은 일찍이 원나라에서 문명을 떨쳤다. 원나라 조정에 고려로부터 동녀를 징발하지 말 것을 건의하기도 했다. 그는 유학 이념으로 현실 문제에 적극적으로 대결했다. 그러나 쇠망하는 조짐을 보이던 고려 귀족 정권에서 이상은 실현되지는 못했다. 이러

80

어릴 때부터 총명함과 슬기로움[聰慧]이 보통 사람과 달랐고 14세
에 성균시에 합격했다. (원나라) 지정(至正) 무자년(1348년)에 이곡이
원조(元朝-원나라 조정) 중서사 전부가 되었는데 색은 조정 관리 아
들이라 해 원나라에 가서 국자감 생원이 되었다. 신묘년(1351년) 정
월에 곡이 본국에 돌아와 죽으니 부친상을 위해 귀국해 상제를 마
쳤다. 계사년(1353년)에 공민왕이 처음으로 과거를 설치할 때는 지공
거(知貢擧-과거 시험관) 이제현 등이 색을 장원으로 뽑았다. 가을에
정동성(征東省) 향시에 장원했고 갑오년(1354년) 회시(會試)에 합격했
으며 전정(殿庭) 대책(對策)에서 제2등으로 합격했다.

독권관(讀券官) 참지정사(參知政事) 두병이(杜秉彝)와 한림승지(翰林
承旨) 구양현(歐陽玄) 등 제공(諸公)이 크게 칭찬해 칙지로 응봉 한
림문자·동지 제고 겸 국사원 편수관을 제수받고 귀국하자 공민왕
이 전리정랑·예문 응교 겸 춘추 편수를 더해주었다. 이듬해 내사사
인(內史舍人)에 오르고 여름에 원나라 서울에 가서 한림원에 등용되
었다.

병신년(1356년)에 모친이 늙었다 해 벼슬을 버리고 본국으로 돌아와
가을에 이부시랑에 임명되고, 다시 옮겨서 우부승선에 이르렀다. 이
로 말미암아 후설(喉舌-승지)로 임금을 가까이 한 지가 7년이나 되
었다.

신축년(1361년)에 홍건적(紅巾賊)이 경성(京城-개경)을 함락시켜 공

한 상황은 그가 남긴 여러 편 시에 잘 반영되어 있다. 『동문선』에는 100여 편에 가까
운 이곡 작품들이 수록되어 있다. 「죽부인전(竹夫人傳)」은 가전체 문학으로 대나무를
의인화했다.

민왕이 남행(南行-몽진)할 때 색은 왕의 행행(行幸)에 호종, 도움을 이뤄 적을 물리친 뒤에는 공훈 1등에 책정되고 철권(鐵券)을 하사받았다.

계묘년(1463년)에 정동행중서성 유학 제거를 원나라에서 임명받고, 본국에서는 밀직제학을 임명받고 단성 보리공신(端誠保理功臣) 칭호를 받았다. 정미년(1367년) 원나라 정동성 낭중으로 제수되고, 본국에서는 판개성 겸 성균 대사성으로 임명되었는데 경술(經術)에 능통한 정몽주·이숭인 등 6, 7인을 천거해 모두 학관(學官)을 겸했다. 경전을 나눠 수업하면서 서로 어려운 것을 논란해 각각 있는 지식을 다했다.

색은 변론하고 분석하며 절충하는 데 날이 저물도록 게을리하지 않았다. 이리하여 기억하고 외우기만 하는 습관과 공리(功利)의 학설[43]이 점점 없어지고 성리(性理)의 학문이 다시 일어났다. 기유년(1369년) 동지공거(同知貢擧)가 되어 지공거 이인복과 더불어 임금에게 청해 처음으로 (원나라 방식이 아닌) 중국식 과거법을 쓰자고 했는데 색이 무릇 공거(貢擧)를 주관한 지 네 번이나 되었으므로 사람들이 그 공정함을 탄복했다.

공민왕이 노국공주 영전(影殿-그림 보관하는 건물)을 짓는데 말할 수 없으리만큼 사치하고 호화롭기가 지극해[44] 시중 유탁(柳濯,

---

43 공리의 학설이란 성리학 영향을 받지 않은 한나라·당나라 유학을 성리학자들이 비판할 때 쓰는 말이다. 고려 전통 유학도 한당 유학에 가까우며 이것이 본래 공자 유학이다. 태종이 무장한 유학은 성리 유학이 아니라 바로 이 공리 유학이다.
44 이 일을 주관한 이가 환관 김사행으로 1차 왕자의 난 때 정도전 편에 있다가 죽었다.

1311~1371년)[45]이 글을 올려 정지하기를 청했다. 임금이 노여워해 유탁을 죽이려 하고 색을 시켜서 여러 신하에게 알리는 글을 지으라 했다. 색이 죄명을 임금에게 물으니 임금이 탁이 저지른 4가지 죄목을 들었다. 색이 대답했다.

"이것은 죽일 만한 죄가 아닙니다. 바라건대 깊이 생각하옵소서."

임금이 더욱 노하며 독촉하기를 급히 했다. 색이 아뢰었다.

"신이 차라리 죄를 받을지언정 어찌 글로 죄를 만들겠습니까?"

임금이 감동해 깨우쳐 탁이 죽기를 면했다. 신해년(1371년) 모친상을 만났으나 이듬해 임금이 기복(起復)시켜 정당문학으로 삼았는데 병이 있다고 사면했다. 갑인년(1374년) 공민왕이 돌아갔다. 색이 병이 중해 문을 닫고 7, 8년을 지내다가 우왕 8년 임술년(1382년) 판삼사사(判三司事)로 임명되었다. 무진년(1388년)에 최영이 요동위(遼東衛)를 공격하자고 청해 우왕이 기로(耆老-원로)와 양부(兩府)로 하여금 모여서 가부를 토의하라고 하니 모두 임금 비위를 맞추느라 반대하는 자가 적고 좋다고 하는 자가 많았다. 색도 다수 의견을 따랐으나 물러 나와 자제들에게 말했다.

"오늘 내가 너희들을 위해 의리에 거슬리는 의견을 냈다."

마침내 태조가 회군하자 최영을 물리치고 색을 문하시중으로 삼았다. 공민왕이 돌아간 뒤로부터 (명나라) 천자가 번번이 집정 대신을 들어오라고 해 모두 겁을 내고 감히 가지 못했다. 색이 시중이 되어 폐왕(廢王) 창(昌)을 친히 조회하도록 하고 또 창왕에게 감국(監

---

45 고려 말 좌의정을 지낸 무신 출신 관리다. 역관 출신으로 부원군에 오른 유청신(柳淸臣) 손자다.

國)을 시키도록 하려고 원나라에 들어가기를 자청해 드디어 색으로 하여금 하정사(賀正使)로 삼았다. 태조가 칭찬해 말했다.

"강개(慷慨)⁴⁶하도다 이 노인네!"

색이 생각하기를 태조의 위엄과 덕이 날로 성대해지고 중외가 마음을 그에게 기울여 자기가 돌아오기 전 혹 변란이라도 생길까 염려해 한 아들을 따라가게 했다. 태조는 전하(殿下-태종)를 서장관으로 삼았다. 천자가 원래에 색의 명망을 들었으므로 인견하고 조용히 말했다.

"그대는 원나라 조정에서 벼슬해 한림학사를 했으니 응당 한어(漢語)를 알리라."

색이 당황해 한어로 답했다.

"왕이 친히 조회하려 합니다."

황제가 그 뜻을 깨닫지 못하고 물었다.

"무슨 말이냐?"

예부 관원에게 전해 주달하게 했다. 색이 오래도록 (중국에) 조회하지 않았으므로 말씨가 대단히 간삽(艱澀-간략)하니 천자가 웃으며 말했다.

"그대 한어는 딱 나하추(納哈出)와 같구나."

색이 돌아와 사람들에게 말했다.

"지금 황제는 마음에 주장하는 바가 없는 사람이다. 내 마음으로 이것을 묻겠거니 생각하면 정작 황제는 묻지 않고, 황제가 묻는 바는 모두 내 뜻과는 같지 않더라."

---

46 불의한 일을 보면 참지 못하고 의기가 북받쳐 오르는 것을 말한다.

당시 식자들은 그것을 기롱(譏弄-비판)해 말했다.

"큰 성인의 도량을 속유(俗儒-이색)가 어떻게 요량할 수 있었겠는가?"

겨울에 공양왕이 즉위했는데 이색은 시론(時論)에 참여하지 않았다고 해 5차례나 폄척(貶斥)당했다.

태조가 즉위하자 옛날의 벗[故舊]이라 해 용서하니 태조에게 나아가서 보고 올 때마다 자제들에게 이렇게 말했다.

"참으로 빼어나고 눈 밝은[聖明] 임금님이시다."

또 일찍이 영선(營繕-토목 공사)을 정지할 것을 청하고는 물러 나와서 사람들이 묻는 일이 있으면 이렇게 말했다.

"창업하는 임금은 종묘·사직과 궁궐이며 성곽 같은 것을 늦출 수 없는 것이다."

을해년(1395년) 가을에 관동(關東)에 관광하기를 청해 오대산에 들어가 그곳에서 거주하려 하니 임금이 사신을 보내 불러와서 한산백(韓山伯)에 봉했다.

색이 나아와 알현하고 말했다.

"개국하던 날 어찌 저에게 알리지 않았습니까? 저에게 만일 알렸다면 읍양(揖讓-예를 다해 사양함)하는 예를 베풀어 더욱 빛났을 것인데 어찌 마고(馬賈-말 장수)로 하여금 (추대하는) 수석이 되게 하셨습니까?"

마고란 배극렴을 가리킨 것이다. 남은이 (옆에 있다가) 말했다.

"어찌 그대 같은 썩은 선비[腐儒]에게 알리겠는가?"

상이 은을 꾸짖어 더는 말을 못 하게 하고는 옛 친구를 대하는 예로 대접해 중문까지 나가 전별했다. 뒤에 (이것을) 토의하는 자가 있으므로 남재가 색의 아들 종선을 불러서 말했다.

"존공(尊公)이 광언(狂言)을 해 이를 토의하는 자가 있으니 떠나지 않는다면 반드시 화를 입을 것이오."

병자년(1396년) 5월에 신륵사로 피서하기를 청했는데 갈 때 병이 생겼다. 절에 가자 병이 더하니 중이 옆에 와서 무슨 말을 하려고 하자 색이 손을 흔들면서 말했다.

"죽고 사는 이치는 내가 의심하지 않으오."

말을 마치자 죽었다.

색은 타고난 자질이 눈 밝고 일에 달통했으며[明睿] 학문이 정밀하면서도 넓고[精博] 마음을 잡아 쥠이 너그럽고 넉넉했다[寬恕]. 일을 처리하는 데 자세하면서도 밝았다[詳明]. 재상이 되어 이미 이뤄진 법을 따르는 데 힘을 쓰고 복잡하게 고치기를 좋아하지 않았다. 후학을 가르치는 데 힘쓰고 부지런해 조금도 게을리하지 않았다[孜孜不倦].[47]

문장을 짓는 데는 붓만 잡으면 즉시 쓰되 사연이 정밀하고 간절했다. 문집 55권이 세상에 나왔다. 집을 위해서는 재산의 유무(有無)를 묻지 않았으며 평시에 경솔한 말과 갑자기 노여워하는 얼굴빛을 보지 못했다. 연회나 접대받는 자리에서도 여유 있고 침착해 도리를 어지럽히는 일이 없었다. 마음에 거리낌이 없었으며 언동은 자연스러웠다.

---

47 앞서 문(文)을 우리는 '애씀'이라고 옮겼는데 그렇게 하는 모습을 유가에서는 자자(孜孜)라고도 하고 미미(亹亹)라고도 했다. 불권(不倦)은 무일(無逸)과 같은 말로 늘 한결같이 애쓰고 노력한다는 뜻이다.

오랫동안 임금의 은총과 좋은 자리에 있었어도 기쁘게 여기지 않았고, 두 번이나 변란과 불행을 만났으되 근심하지 않았다. 늙어서 왕지(王旨)를 받들어 지공대사(指空大師)[48]와 나옹대사(懶翁大師)[49]의 부도(浮圖)에 명(銘)을 지었기에 그 중들이 문하에 내왕해 불교를 좋아한다는 비평을 받았다. 색이 듣고 말했다.

"저들이 임금과 어버이를 위해 복을 기원해주는데 내가 감히 거절할 수 없었다."

색에게는 세 아들이 있는데 맏아들 이종덕(李種德, ?~?)[50]과 둘째 아들 이종학(李種學, 1361~1392년)[51]은 모두 벼슬이 밀직사에 이르렀으나 먼저 죽었고, 셋째 아들 이종선(李種善, 1368~1438년)[52]은 지금 병

---

48 고려 충숙왕 2년에 인도 마갈타국(摩竭陀國)에서 온 도사(道師)다. 우리나라에 와 법화(法化)를 펴고 왕사(王師)가 되었다.

49 고려 공민왕 때 왕사(王師)다. 속성은 아(牙), 호는 나옹이다. 지공화상(指空和尙)을 따라 심법(心法)의 정맥(正脈)을 받아 왔다. 지공·무학(無學)과 함께 여말선초 삼대화상(三大和尙) 중 하나다.

50 과거에 장원해 우왕 때 동지밀직사사(同知密直司事)를 지냈다. 1390년(공양왕 2년) 11월 김종연(金宗衍) 역모사건 연루자로 이색 동조 세력을 숙청할 때 일족이 폄출당하게 되었다. 1392년 4월 동생 이종학이 청주옥에서 방면되기도 했으나 조선이 개국되자 고려 유신(遺臣) 56명을 외방에 축출해 후환을 없애려는 조처로 원방에 유배되었다.

51 1376년(우왕 2년) 문과에 급제해 장흥고사(長興庫使)에 제수되었다. 1389년(창왕 1년) 동지공거(同知貢擧)가 되었는데, 아버지 이색이 정권의 핵심에 있으면서 두 해에 걸쳐 과거를 관장하자 사람들로부터 시기를 받았다. 공양왕이 즉위하고, 이색이 탄핵을 받게 되자 더불어 벼슬이 떨어지고 쫓겨났다. 1392년 정몽주가 살해된 뒤 이숭인 등과 함께 탄핵을 받아 함창으로 유배되었다. 이해 조선이 들어서면서 정도전 등이 손흥종을 시켜 이종학을 살해하려고 했는데, 자기 문생 김여지(金汝知)가 판관으로 있어 무사했으나 장사현으로 옮기는 도중 무촌역에서 살해되었다.

52 권근 사위다. 1382년(우왕 8년) 15세 때 문과에 급제해 좌랑·정랑을 지냈으며, 외직으로 순창·배천·여흥 수령을 역임했다. 정몽주가 피살되자 일당으로 몰려 서인으로 강등되고 유배 갔다. 태종 때 복직되어 1409년(태종 9년) 좌우사간대부 재임 시 소를 올

조참의가 되었다.

서로 다른 길을 가는 이색 제자들: 고려 개혁파 대 조선 건국파

이색에게 학문을 익힌 문인으로 정몽주·정도전·이숭인·권근·길재·이첨·하륜·윤소종·김구용·박의중·맹사성·이원·염흥방 등을 꼽을 수 있다. 같은 문하라고 정견(政見)이 다 같지는 않았다. 정몽주·이첨 등은 개국 반대파였고 정도전·윤소종 등은 개국 참여파였다. 하륜·권근처럼 개국에는 관여하지 않다가 태종 정치에 중요하게 기여한 그룹도 있다. 또 길재처럼 끝내 조선에 참여하지 않은 이도 있다. 그중에 태종 시대 사건을 깊이 이해하려면 이숭인·이첨을 여기서 짚고 넘어가야 한다.

이숭인 살해 사건, 태종 때 다시 불거지다

태종을 성균시에서 뽑아준 좌주(座主-은문)이기도 한 이숭인

려 대간은 논의가 일치하지 않더라도 스스로 일을 논의할 수 있도록 건의해 시행되었다. 뒤에 보게 되겠지만 1411년 명나라 진련(陳璉)에게 받은 아버지 이색 비명 문제로 동래진으로 귀양 갔다. 1428년 진하사로 북경에 다녀왔으며, 다시 이듬해 선위사(宣慰使)로 황주에 다녀왔다. 또한 가례색도감제조(嘉禮色都監提調)로서 전라도로 파견되어 세자빈을 뽑는 일을 관장하기도 했다. 그 뒤 개성유후사유후(開城留後司留後)로 승진되었고 1438년 중추원사가 된 그해 죽었다.

(李崇仁, 1347~1392년)은 여말선초 문신·학자로 호는 도은(陶隱)이다. 젊어서부터 탁월한 글솜씨로 많은 이에게 부러움을 샀던 이숭인은 공민왕이 성균관을 연 뒤 정몽주·김구용·박의중 등과 함께 학관(學官)을 겸했다. 요즘 식으로 말하면 교수가 된 것이다. 성균 사성을 거쳐 우사의 대부가 되어 동료들과 함께 소를 올려 국가에 시급한 대책을 논한다. 그 뒤 밀직제학이 되어 정당문학 정몽주와 함께 실록을 편수했다.

뒤에 이초(彝初-윤이 이초)의 옥사에 연루되어 이색·권근과 함께 투옥되었다가 풀려나 밀직사 지사·춘추관 동지사가 되었으나 정몽주 당이라 해 다시 삭직당해 유배되었다. 조선 건국 후 정도전 심복 황거정(黃居正)에 의해 유배지에서 살해되었다. 성리학에 조예가 깊었고 특히 시문으로 이름을 날려 이색이 중국에서도 드문 문장가라고 칭찬했다. 원나라와의 복잡한 국제 관계에서 외교 문서를 도맡아 썼고 명 태조도 그가 지은 표(表)를 보고 찬탄했으며 중국 사대부들도 그의 저술을 보고 탄복했다고 한다.

정도전이 이숭인을 살해한 사건은 훗날 이색 비문 사건과 관련해 태종은 하륜을 구하고 개국공신 세력을 압박하기 위해 이 사건을 활용했다. 이 문제는 『이한우의 태종 이방원 하』 제6장 6절에서 자세하게 살펴볼 것이다.

반(反)개국 세력 이첨, 태종에 의해 중용되다

이첨(李詹, 1345~1405년)은 1375년(우왕 1년) 우헌납에 올라 권신 이인임·지윤을 탄핵하다가 10년간 유배되었다. 1388년 유배에서 풀려나 내부부령(內府副令)·예문응교를 거쳐 우상시(右常侍)가 되었으며, 1391년(공양왕 3년) 좌대언이 되었다. 공양왕이 그를 좋아했기 때문이다.

이어 지신사에 올랐으나 같은 해 장류(杖流-장을 맞고 유배됨)된 김진양(金震陽, ?~1392년)[53] 사건에 연루되어 결성(結城 -충청남도 홍성)에 다시 유배되었다. 정몽주·김진양 노선에 섰던 인물이다.

1398년(태조 7년) 7월 태조가 그를 불러 이조전서에 등용되어 중추원 동지학사에 올랐다. 정종 1년(1399년) 1월에는 경연에서 정종에게 『논어』를 진강했다.

1400년(정종 2년) 삼군부 첨서사로 전위사(傳位使)가 되어 명나라에 다녀왔으며, 1402년(태종 2년) 의정부 지사에 올라 하륜과 함께 등극사(登極使) 부사(副使)로 명나라 황제 등극을 축하하기 위해 명에 다녀왔다.

이첨은 특히 태종 즉위 초에 태종에게 『대학연의』를 진강하기도 했다. 학문적으로 보자면 당시 권근을 제외하고는 최고였던 셈

---

53 성품이 강개하며 출중했다. 공민왕 때 과거에 급제했고 그 뒤 여러 청환직(淸宦職)을 거쳐 1390년(공양왕 2년) 좌우사의(左右司議)가 되었다. 이초(彝初)의 옥이 일어나자 그 중대함을 논하다가 이를 경솔히 누설했다 해 헌사(憲司)로부터 탄핵을 받아 파면되었다. 이성계가 해주에서 낙마해 병이 위독하게 되자 당시 간관으로, 정몽주 지시를 받아 이성계 일파인 조준과 정도전 등을 탄핵해 살해한 뒤 이어 이성계를 제거하려고 했다. 그러나 정몽주가 피살됨에 따라 실패로 돌아갔다. 국문을 받자 정몽주 외에 우현보·이색 등이 지시했음을 실토했다. 이에 장 100대를 맞고 먼 지방으로 유배되었다가 그곳에서 죽었다.

이다.

그때 고명(誥命-명에서 조선의 왕을 인정하는 승인서)과 인장(印章-옥새)을 고쳐주도록 주청(奏請)했다. 뒤에 정헌대부(正憲大夫-정2품)에 올랐다. 그해 의정부 지사로서 대사헌을 겸했으며 1403년 예문관대제학이 되었다.

8 ___

2차 왕자의 난 때 태종을 도운 우현보 자식과 문인들

문과에서 이방원을 뽑은 단양백 우현보

단양백(丹陽伯) 우현보(禹玄寶, 1333~1400년)는 태종과 사제 관계다. 태종이 집권하기 전까지 두 사람은 건국에 대한 입장이 달랐다. 태종과의 특수 관계는 1차 왕자의 난으로 인해 부분적으로 회복되었고 특히 2차 왕자의 난 때 난이 일어날 조짐을 가장 먼저 정안군에게 전달한 사람이 바로 우현보였다. 그의 이력은 『이한우의 태종 이방원 상』 제3장 4절에서 상세하게 살펴보았다.

우현보 장손 우성범(禹成範, ?~1392년)[54]은 공양왕 부마(駙馬-

---

[54] 밀직사 첨서사를 지낸 우홍수(禹洪壽) 아들로 공양왕 둘째 딸 정신궁주(貞信宮主)에게 장가들어 부마가 되었다. 우성범은 1390년(공양왕 2년) 대호군으로 세자시학에 임

임금 사위)였다. 우현보는 이색·이숭인·정몽주 등 고려 수호파 인물들과 교분이 두터웠다.

우현보 다섯 아들 우홍수(禹洪壽, 1355~1392년)[55], 우홍부(禹洪富, ?~1414년), 우홍강(禹洪康, 1357~1423년), 우홍득(禹洪得, ?~1392년)[56], 우홍명(禹洪命, ?~1392년)[57] 중에서 우홍부와 우홍강만이 살아남아 태종 시대를 맞을 수 있었다.

우홍부는 다른 형제들과 달리 죽음을 면하고 원방에 유배되었다가 곧 풀려났고 1차 왕자의 난이 일어나기 직전인 1398년(태조 7년) 윤5월 직첩(職牒)을 환급받았다. 우현보가 이래에게서 전해 들은 회안군 쪽 첩보를 정안군에게 전달하라고 시킨 아들이 우홍부였다. 이 공로로 인해 11월 특별히 개성유후사 부유후(開城留後司副留後)에 서용되었다.

1412년(태종 12년) 이방간의 난에 대한 공로가 다시 논의되어 원종공신에 추록되고 예안군(禮安君)에 봉군되었다. 1413년 왕걸오미(王巨乙吾未) 사건[58]에 관련되어 고신(告身-벼슬아치에게 주던 사

명된 데 이어 단양군(丹陽君)에 봉해졌다. 그러나 1392년 조선이 건국되고 공양왕이 폐위되자 셋째 부마·강회계(姜淮季)와 함께 처형되었다.

55 1377년(우왕 3년) 4월 과거에 급제해 지신사를 역임하고 대사헌이 되었다. 1390년(공양왕 2년) 4월 김저(金佇) 옥사에 연루되어 인주(仁州-지금의 인천)로 유배되었다가 이듬해 12월 밀직사 동지사에 임명되었으며 1392년 6월 정몽주 일파로 몰려 먼 곳으로 유배되었다. 1392년(태조 1년) 조선 개국 후 7월 즉위교서에 의해 전라도로 유배되었다가 8월 유배지에서 장살당했다. 1411년(태종 11년) 가을에 신원(伸冤)되었다.

56 1392년(태조 1년) 조선 개국 후 7월의 즉위교서에 의해 강원도로 유배 갔다가 8월 유배지에서 장살당했다.

57 1392년(태조 1년) 조선 개국 후 7월의 즉위 교서에 의해 강원도로 유배 갔다가 8월 유배지에서 장살당했다.

58 이 사건을 계기로 태종은 왕씨를 보존하라고 명했다.

령장)을 몰수당했으나 이듬해 태종이 특은을 내려 고신을 환급받은 뒤에 죽었다.

우홍강은 어쩌면 우현보 아들 중에서 태종에게 은혜를 가장 많이 입은 인물이라 할 수 있다. 그의 사람됨에 대해 줄기는 신중하면서 말이 적었다[愼而寡言]고 평했다. 1392년(공양왕 4년) 정몽주가 이방원에게 제거당한 일에 연루되어 관직을 빼앗기고 먼 곳에 유배되었다가 곧 방면되었다.

1392년(태조 1년) 7월 조선 개국과 함께 정도전 등이 고려 구신 제거책을 거론할 때 다시 논죄당해 직첩을 몰수당하고 장(杖)을 맞은 후 먼 곳으로 유배되었다. 다음 해 방면되었으며 1398년 직첩이 환급되었다.

1401년(태종 1년) 무렵에 우씨 일문이 1399년(정종 1년) 이방간의 난 때 세운 공로로 사간원 좌사간대부에 발탁되고 이어 통례문판사·충주목사·청주목사·예조참의 등을 제수받았다.

1410년 10월부터 이듬해 4월에는 이조참의로서 세공종마(歲貢種馬) 진헌을 맡은 사신으로 명나라를 다녀온 뒤에 공안부윤에 제수되었다.

1412년 우씨 일문이 이방간의 난에 세운 공로를 재평가할 때 원종공신에 추록, 곧 가선대부에 오르면서 한성부윤에 복직되었다. 1413년에 강원도관찰사로 파견되었으나 같은 해 임지를 벗어나 충청도관찰사 이안우 등과 모여 술을 마신 일로 다시 파직되었다.

1421년(세종 3년) 자헌대부(資憲大夫-정2품)로 승진해 개성유후사 유후를 지내다가 병으로 사직한 뒤 죽었다.

9 ⎯

태종, 곧음 하나로 신하를 평가했다

정면비판 담은 소를 올린 정효복

태종이 신하를 보는 잣대는 하나, 즉 곧음[直] 여부다. 재위 초
_직 기인 태종 2년(1402년) 2월 26일 태종은 가장 신뢰했던 지신사 박
석명 등을 불러 말했다.

"경은 장차 정부(政府-의정부) 공사(公事)를 맡을 사람이다. 조심하
며 임금을 속여서는 안 될 것이다. 대개 지어미가 지아비에게 조금이
라도 속이는 행위가 있다면 지아비는 반드시 끝내버리고 말 것이다.
경들은 조심해 결코 나를 속이지 말라."

최측근 박석명에게조차 곧음을 강조하며 곧지 못하면 버림받

을 수 있음을 경고한 것이다. 그만큼 태종은 신하들에게 최우선으로 곧음을 요구했다. 특히 뒤에 보게 되겠지만 승정원 대언들에 대해서는 공신에 준하는 대우를 하되 결코 털끝만큼의 속임을 용납하지 않겠다는 것이 태종 생각이다.

앞서 살펴본 대로『논어』에 대한 이해가 깊었던 태종은 스스로 강명(剛明)한 군주를 지향하며 신하들을 평가하는 잣대를『논어』곧음[直]에서 가져왔다.
                            직

지금은 리더가 지녀야 할 최고 덕목이 강명(剛明)인 줄도 모르지만, 조선 초에는 임금이나 신하나 모두 알고 있었다. 민무구·무질 사건이 한창이던 태종 7년(1407년) 7월 12일 의정부에서 말씀을 올렸다.

임금의 임금다움 중에서 굳세고 눈 밝음[剛明]보다 큰 것이 없고 능
                                  강명
히 결단하는 것[能斷]보다 더 큰 것은 없습니다. (임금이) 굳세고 눈
              능단
밝게 되면 사특한 자가 그 속내[情]를 숨길 수가 없고 능히 결단하
                        정
면 간악한 자가 두려워해 꺼리는 바가 있으므로 화란이 일어나지 않
고 다스리는 도리는 융성하는 것입니다. 만일 간특함을 알고서도 의
리로 결단하지 않으면 차라리 알지 못하는 것만 못함이 더욱 심합
니다. 만일 (차라리) 알지 못하면 간특한 자는 오히려 혹시 알게 되어
죄를 얻을까 두려워하고 군중의 심정은 계속해서 그것이 알려져 반
드시 벌을 받게 되기를 바랍니다. 이리하여 도리를 모르고 제 마음
대로 구는[不逞] 무리가 오히려 꺼리는 바가 있어 제멋대로 굴지
        불령
못합니다. (반면) 만일 간특함을 알고서도 죄주지 않는다면 간특한
자는 꺼리는 바가 없어 그 악한 짓을 더욱 자행하고, 군중의 심정은

모두 실망해 다시는 바라지 않을 것이니 간악함이 어떻게 징계될 것이며 화란이 어떻게 종식되겠습니까? 우리 주상 전하께서는 영명과단(英明果斷)하시어 충사곡직(忠邪曲直)을 죄다 꿰뚫어보시기 때문에 빠트리거나 남기는 바가 없으십니다. 지금 민무구·무질·신극례 등이 비록 훈친임에도 그 간사함을 모조리 알아 견책을 하시니 굳세고 눈 밝으신 다움[剛明之德]이 지극하다고 할 것입니다.
강 명 지 덕

강명은 이런 뜻이다. 같은 맥락에서 태종 9년(1409년) 12월 17일 사헌부에서 올린 소에 이런 말이 나온다.

눈 밝은 임금[明主]은 간언(諫言)을 막지 않고 듣는 것을 넓히며
명주
[明主不拒諫而廣聽] 충성스러운 신하[忠臣]는 죽음을 두려워하지 않
명주 불 거간 이 광청   충신
고 곧은 말을 합니다[忠臣不畏死而直言].
충신 불 외사 이 직언

이는 태종 스스로도 이상적으로 생각한 바람직한 군신(君臣) 관계의 모범이기도 하다. 물론 태종도 간언을 물리친 적이 있고 널리 듣지 못한 적이 있지만 적어도 곧은 말을 하는 신하를 좋아하는 진정성은 조선 어떤 다른 임금들도 따라오기 힘들 정도였다.

태종 9년(1409년) 6월 25일 예조좌랑 정효복(鄭孝復)이 글을 올렸다. 그에 앞서 구언(求言)해 관리들에게 글을 올리게 했는데 그중 하나였다. 먼저 정효복이 올린 글부터 읽어보자.

신이 지금 말씀을 구하는 가르침을 받고서 삼가 우왕(禹王)과 고요(皐陶)가 (신하로 있으면서 자신들이 모시던) 순(舜)임금을 경계시킨 예

(例)⁵⁹에 의거해 마음속에 있는 바를 곧게 말하고 감히 숨기지 않겠습니다.

가만히 생각건대 나라에 사치하는 풍속이 많아 순박한 선비는 용납되지 못하고 아첨하는 풍습이 성행해 올바른 말이 제대로 펼쳐지지 못하니, 생민(生民-백성)이 겪는 폐단이 오늘날처럼 많은 적이 없었으며 용도(用度-쓰임새)의 많음과 재물의 소모도 오늘날처럼 심한 때가 없었습니다. 전야(田野) 백성이 모두 군사가 되기를 원하고 농사 짓는 것을 부끄러워하며 처자를 양육하는 일을 돌보지 않고 농기구를 녹여 병기를 만들고 농우를 팔아 전마(戰馬)를 사서 변경을 방어한 공로에 참여해 벼슬을 상으로 받으면 자기 조부를 "고리타분한 농사꾼[田舍翁]"이라 비웃고 친척은 말할 것도 없고 이웃 사람들에게까지 교만하게 굴고 있습니다. 흉년이나 가뭄이 들어 굶주림과 헐벗음이 절박하면 집을 버리고 도망쳐 도둑이 되었다가 옥에 갇혀 죽

---

59 『서경』「대우모(大禹謨)」에 나온다. 먼저 우가 순임금에게 말했다. "임금이 그 임금 됨을 진실로 어렵게 여기고 신하는 그 신하 됨을 진실로 어렵게 여겨야 정사가 그나마 겨우 잘 다스려져서 백성이 속히 (덕으로) 교화될 것입니다[后克艱厥后 臣克艱厥臣 政乃乂 黎民 敏德]." 이어서 고요가 순임금에게 말했다. "폐하의 임금다움[德]에는 아무런 흠결이 없습니다. (폐하께서는) 아랫사람을 대범함으로 대하고 뭇 신하와 백성을 너그러움으로 통치하셨습니다. 죄인을 벌할 때는 그 죄가 자손들에게는 미치지 않도록 하고 공이 있는 사람에게 상을 줄 때는 그 은택이 자자손손 미치도록 하셨습니다. 잘못을 용서하는 데는 최대한 관대하게 처리했고 (의도적인) 범죄를 처벌함에서는 최소한의 관용도 없이 엄격하게 처리하셨습니다. 죄에 의심스러운 바가 조금이라도 있으면 가능한 한 가벼운 쪽으로 처벌하려 했고 공이 있는 경우에는 반대로 의심스러운 바가 조금 있더라도 가능한 한 무거운 쪽으로 시상하려 하셨습니다. 죄 없는 사람을 (잘못 판단해) 죽이기보다는 (죄형을 행사함에 있어 최대한 조심해) 차라리 떳떳한 법대로 하지 않는 잘못을 범하는 게 낫다고 하면서 (죽이기보다는) 살리기를 좋아하는 덕을 보여주시어 백성의 마음과 하나가 되셨습니다. 바로 이 때문에 백성은 관리들이 시키는 바를 어기지 않았습니다."

임을 당하기도 하고 또 날래고 사나운 무리는 권세 있는 집에 분주히 복역(服役)해 이로 인해 부귀를 얻으면 조신(朝臣)을 업신여기고 교만하고 사치하고 방자해 못하는 짓이 없다가 한 번 뜻에 맞지 아니하면 반역을 꾀해 그 자신은 죽고 친족은 멸망하게 됩니다. 관리들은 가혹하게 살피고 이익을 취하는 데 힘써 백성을 사랑하는 성심(誠心)은 없고 녹(祿)을 보존하고 몸을 편안히 하기를 꾀해 나라를 자기 집같이 걱정하는 자가 드뭅니다. 하늘이 재이(災異)를 내리고 시절이 풍년이 들지 않는 것은 모두가 이런 부류들이 불러오는 것입니다. 대개 하늘에서는 오행(五行)[60]이 되고 사람에게는 오사(五事)[61]가 되는데, 인사(人事)가 잘되면 좋은 징조가 무리 지어 응하고 인사가 잘못되면 나쁜 징조가 또한 무리 지어 이릅니다. 「홍범(洪範)」[62]에서 서징(庶徵)[63]을 말한 것이 어찌 헛된 것이겠습니까? 또 둔전은 만백성이 모두 싫어하는 것이며 여자는 환관이 비축하는 것이 아니오니 이것을 금하지 아니하면 어떻게 정치를 한다고 하겠습니까? 신이 이해할 수 없는 것[未解]의 첫째입니다.

군사는 숫자가 많은 데 있는 것이 아니라 오직 정련(精鍊)되어야 하

---

60 만물을 생성하는 5가지 원소(元素)로 수(水)·화(火)·목(木)·금(金)·토(土)를 가리킨다.

61 사람에게 있어서 5가지의 큰일, 즉 모(貌-용모)·언(言-말)·시(視-일을 살피는 것)·청(聽-일을 듣는 것)·사(思-깊이 생각하는 것)를 가리킨다.

62 『서경』의 편명이다.

63 하늘의 여러 징조로 『서경』의 홍범구주(洪範九疇) 가운데 여덟 번째 조목을 가리키는 말이다. 정치의 치란(治亂)과 득실(得失)에 앞서 햇빛·비·따뜻함·추위·바람·계절의 변화 등 여러 조짐이 나타난다고 한다. 이것은 모든 것이 조화와 질서를 유지할 때 나타나는 좋은 징조[休徵]와 그렇지 못할 때 나타나는 나쁜 징조[咎徵]로 구분되며 이는 모두 임금의 덕(德)에 따른 것이라고 보았다.

며 벼슬은 반드시 자리를 갖추어야 하는 것이 아니라 오직 그 자리에 적당한 사람이 있어야 합니다. 긴요하지 않은 벼슬이 많고 쓸데없는 군사가 많으니 백성이 어찌 곤란하지 아니하겠으며 나라가 어찌 가난하지 아니하겠습니까? 신이 이해할 수 없는 것의 둘째입니다.

승도는 나라에 무슨 보탬이 있기에 직첩을 받고 살찐 말을 타는 것입니까? 왜놈들이 우리 백성에게 무슨 덕이 있기에 곡식을 실어다가 굶주림을 구제하는 것입니까? 신이 이해할 수 없는 것의 셋째입니다.

아아, 공은 같은데[功同] 상에 높고 낮음이 있는 것은 그 신분의 귀천에 따르기 때문이고, 죄는 한 가지인데[罪一] 형벌이 가볍고 중함이 있는 것은 그 친소에 따른 사정(私情)에 따르기 때문입니다. 만일 이같이 한다면 상으로 무엇을 권장할 수 있으며 형벌로 무엇을 징계할 수 있겠습니까? 한 사람이 죄를 지어 나라 사람들이 모두 죽어야 옳다고 하는데 이를 죽이지 아니하면 여러 사람의 마음이 어찌 스스로 편하겠습니까? 여러 사람의 마음이 편하지 아니하면 나라가 어찌 위태롭지 아니하겠습니까? 신이 이해할 수 없는 것의 넷째입니다.

아아, (지금 신하들은) 정사에 족히 참여할 만하지 못하고 사람됨이 더불어 일을 할 만하지 못한데 어찌 사사건건 하나하나 들어 말씀드릴 수 있겠습니까! 오직 원하는 바는, 전하께서 검소함을 숭상하고 씀씀이를 절약해 백성의 생활을 두텁게 하시고 궁궐과 의복을 검소하게 해 풍속을 고치시며 재물을 천하게 여기고 덕을 귀하게 여기시어, 재리(財利)를 말하는 신하를 기르지 마시고, 근본(根本-농업)을 후하게 하고 말엽(末葉-상업·공업)을 누르시어 놀고먹는 무리를 엄격히 금하소서. 정부(正賦) 이외에 진헌하는 것은 합당하지 못하며 쓸 물건 이외에는 영선(營繕)을 허락하지 말며 일은 반드시 옛것을 본받고 새 법을 세우지 말며 큰 제사를 받들 듯이 백성의 일을 가볍게 생각지 말며 협종(脅從)[64]은 다스리지 않아 지극한 어짊을 보이며 근거 없는 말은 듣지 말며 묻지도 아니한 모책은 쓰지 말며 노성한 사람을 업신여기지 말아야 할 것입니다. 「칠월(七月)」의 시(詩)[65]를 되풀이해 읽고 「무일(無逸)」의 서(書)[66]를 깊이 연구하시어 옛날 요임금·순임금·우왕·탕왕·문왕·무왕이 보여준 선행을 오늘날 선행으로 삼으시고 (명재상들인) 고요·이윤·부열·주공·소공이 그들 임금에게 고해 경계한 말을 오늘날의 귀로 듣는 것처럼 하셔야 할 것입니다. 부귀를 믿지 말고 숭고함을 믿지 마시며 갑병이 많음과 성곽이 완전함과 산과 계곡이 험함을 믿지 말고, 항상 두려워하고 조심하는 마음을 품으시어 천명을 공경하고 소민(小民-힘없는 백성)을 두려워하셔야 할 것입니다.'

재위 9년을 맞아 나라가 태평해지는 조짐이 이르고 있다고 은근히 자부하던 태종에게는 청천벽력 같은 정면비판이었다. 이에 대한 태종 반응이다.

상이 읽은 다음 칭찬하고 탄복하기를 오래도록 하다가 말했다.
"곧도다[直哉]! 이 사람이여! 조정 신하 가운데 이 사람처럼 곧은 말
직재
을 하는 자가 없다."

---

64 남의 위협에 의해 부득이 죄를 같이 짓는 것을 말한다. 이 경우에는 법전(法典)에서 관대하게 했다.
65 『시경』「빈풍(豳風)」의 편 이름으로 농업을 권장한 시다.
66 『서경』「주서(周書)」의 편 이름이다.

드디어 붓을 잡아 '공동(功同)'과 '죄일(罪一)'이라는 네 글자에 친히 비점(批點)을 찍고 그를 발탁해 사간원 우헌납에 제배했다.

예조좌랑은 정6품, 우헌납은 정5품이니 종5품을 뛰어넘어 제배된 것이다. 그런데 정효복은 호조정랑으로 옮겼다가 태종 11년 (1411년) 5월 26일 경처(京妻)와 향처(鄉妻)가 관아에 나아와 다툰 문제로 인해 경상도 양주(梁州-지금의 양산) 지사에서 파면된 이후 실록에는 기록이 나오지 않는다. 곧은 말과 달리 제가(齊家)에 실패한 인물이라 하겠다.

여기서 짚고 넘어가야 할 사항이 하나 있다. "곧도다! 이 사람이여!"라는 표현의 출처 문제다. 이것은 『논어』 「위령공(衛靈公)」편에 나온다.

> 공자가 말했다. "곧도다[直哉]! 사어(史魚)여! 나라에 도리가 있을 때 화살처럼 곧으며 나라에 도가 없을 때도 화살처럼 곧도다."

그만큼 태종이 말하는 스타일에 『논어』가 미친 영향은 컸다. 물론 생각하는 방식에도 당연히 영향을 미쳤을 것이다.

이 일은 크게 화제가 된 때문인지 연산군 1년(1495년) 11월 15일 홍문관 부제학 박처륜(朴處綸)이 올린 소에도 언급된다.

> 신들이 삼가 살펴건대 태종께서 정효복이 올린 소를 보고 오래 칭찬하시고 발탁해 헌납에 임명하셨습니다. 세종께서도 일찍이 이르기를 "곧은 말 듣기를 목마른 것같이 해 거의 수행(修行)하듯이 했다"

라고 하셨으니 당신 의사를 버리고 좋은 것을 취해 귀 밝음과 눈 밝음[聰明]을 넓히심이 지극하셨다고 하겠습니다.
　　　총명

곧음과 곧지 않음을 가려내는 것은 임금의 눈 밝음 문제

곧음에는 2가지가 있다. 마음이 곧은 것[直心]과 말이나 행동이 곧은 것[直言/直行]이다. 공자는 이를 문(文)과 질(質)이라는 개념으로 표현했다. 문(文)이란 마음속에 있는 것을 온 힘을 다해 드러낸다는 것이니 말이나 행동이 이에 해당한다. 질(質)이란 마음속 바탕을 뜻하니 속마음이 이에 해당한다.

『태종실록』과 『세종실록』 세종 4년(1422년)까지 기간에 등장하는 각종 곧음과 관련된 단어들을 추출해 분석하니 직심(直心)과 직언(直言)·직행(直行)으로 나뉘었다. 이는 태종이 사람을 살피는 핵심 척도였다.

질에 해당하는 직심(直心)의 경우 먼저 가장 좋은 쪽부터 살펴보면 순직(純直)이나 강직(剛直)이라고 할 수 있다. 경직(鯁直)이라는 말도 썼는데 강직(剛直), 즉 군세고 곧음과 같은 말이다.

순직(純直)이란 마음속에 간사함이 조금도 섞이지 않고 순전히 곧다는 뜻이다. 태종 18년(1418년) 7월 6일 태종은 육대언을 불러 새로 세자에 오른 충녕에게 전위할 뜻을 전하며 세자 성품에 대해 순직(純直)하다며 나라를 맡길 만하다고 말했다. 그만큼 순직은 중요하다.

강직(剛直)은 유정현이 해당할 테고 경직(鯁直)은 그 같은 마음이 말이나 행동으로 드러났을 때 쓰였다. 태종 11년(1411년) 9월 21일 자 실록이다.

> "(사헌부) 지평 허성(許誠, 1382~1442년)[67]의 말은 심히 강직하고 곧아 서[鯁直] 내가 대답할 말이 없었다."
> 경직

다음으로 공직(公直)이 있다. 공평정직(公平正直)하다는 말이다. 태종은 조영무를 가리켜 공직하다고 했다. 이는 마음가짐과 언행 모두에 해당하는 말이다. 조영무에 대해 태종은 또 질직(質直)하다고도 했다. 말 그대로 바탕이 곧다는 뜻이다.

충직(忠直)은 대체로 박은이 이에 해당한다. 이는 그러나 자칫 임금 뜻에만 맞추는[奉迎] 유형으로 비칠 수도 있다.
봉영

그다음으로 눌직(訥直)이 있다. 말은 어눌하지만, 마음속은 곧다는 뜻이다. 세종 1년(1419년) 12월 1일 일본에 보낼 회례사(回禮使) 문제를 두고 상왕 태종이 곁에 신왕 세종을 앉혀두고서 삼정 승 유정현·박은·이원과 의견을 나눈다.

상왕이 또 말했다.

---

67 1402년(태종 2년) 문과에 급제해 예문관검열을 거쳐, 사간원 우정언이 되었다. 그 뒤 형조·예조·병조의 좌랑을 거쳐, 이때인 1411년 지평에 올랐다. 1421년(세종 3년) 지 사간원사(知司諫院事)가 되고, 우사간과 동부대언을 거쳐 지신사가 되었다. 1431년에 대사헌에 올랐고 곧이어 형조참판과 예조참판을 지낸 뒤 경기도 도관찰사가 되었다. 1435년 예조판서에 올랐으나 병으로 사임했다. 이듬해 중추부 동지사가 되고 1438년 중추원사를 거쳐 이조판서가 되었다. 1440년 예문관대제학에 이르러 병으로 사임 했다. 성격이 강직하고 불의를 못 참았으며 총명함으로 왕의 총애를 받았다.

"지금 일본국왕이 사신을 보낸 것은 반드시 주상의 즉위를 축하하기 위함이니, 회례사 또한 미리 논의해야 한다."

유정현이 아뢰었다.

"전에 박돈지·최운사·이양중 등은 모두 사신이 되었던 사람인데 반드시 시에 능하고 글을 잘 쓰는 사람이어야 합니다."

박은이 아뢰었다.

"정안지(鄭安止, ?~1421년)[68]가 일찍이 대답을 잘못한 죄로 삭직되어 지방에 있는데 사람됨이 말이 느리고 곧으며[訥直] 글을 잘 쓰니 사신이 될 만합니다."
_{눌직}

상왕이 말했다.

"안지의 죄는 과연 나의 물음에 사실대로 대답하지 않았으므로 다만 직첩만 거둔 것이다."

상이 말했다.

"그냥 물을 때는 바로 대답하지 아니하다가 형을 더해 물었을 때 사실대로 대답했습니다."

상왕이 말했다.

"안지의 죄는 특히 이것뿐 아니라 여러 민씨에게 아첨한 까닭이다. 민씨 자식들이 많다 보니 내 말이 잘못임을 모르는 바 아니나 그렇다고 말을 않는다면 내가 옳지 못한 것이다. 여흥백(驪興伯-장인 민

---

68 1408년 세자시강원 문학이 되어 서연관으로서 세자에게 학문에 힘쓰게 했고 1411년 한성소윤이 되었다. 1421년 제거(提擧) 임군례(任君禮) 대역 사건에 연좌되어 도망쳤다. 이에 의금부에서 형 안도(安道)와 장모·처자를 잡아 가두자 자수했다. 이어 옥사가 일어나 대역으로 논해 임군례는 저잣거리에서 환형(轘刑)에 처해졌다. 이에 그도 연루되어 참형당했으며 가산은 적몰되고 처자는 노비가 되었다.

제)은 허물이 없는 사람이나 여러 민씨는 사람됨이 눈 한 번 흘긴 것
도 평생에 잊지 않는 사람들[平生睚眦不忘]이다. 그래서 그들에게 붙
어 아첨하는 사람을 미워한 것이다."

박은으로서는 가슴이 철렁 내려앉았을 것이다. 안지의 이후 행
적을 보면 더욱 그렇다. 정안지는 1421년 제거(提擧-종3품 임시직)
임군례(任君禮, ?~1421년)[69] 대역 사건에 연좌되어 참형당했다.

가장 흔한 경우로는 정직(正直)·근직(勤直)·질직(質直)·후직
(厚直) 등이 있는데 이 모두 대체로 문질(文質) 둘 다에 해당한다.
정직(正直)은 워낙 우리에게도 익숙해 따로 예를 들 필요가 없고
근직(勤直)·질직(質直)은 대체로 다른 능력은 없이 부지런하거나
묵묵히 맡은 바 일을 잘 해내는 사람에게 썼다. 토목 공사에 능한
박자청이 그런 경우다. 후직(厚直)도 마음가짐이나 남을 대하는 태
도 면에서 두터웠다는 뜻으로 그 밖의 다른 능력은 없는 경우에

---

69 한족(漢族)인 임군례는 사람됨이 욕심이 많고 야비하며 역관으로서 여러 번 명나라
에 사신을 따라가서 큰 부자가 되었으면서도 일시라도 기세 있는 자면 반드시 아부
하므로, 사람들은 오방저미(五方猪尾)라고 별명을 불렀다. 충호위(忠扈衛) 제거가 되어
관의 목수를 자기 집의 사적으로 부렸고 또 관의 재정을 도적질한 일로 제거 직에서
파직되었다. 그러자 임군례가 이를 원망해 태종에게 글을 올렸는데, 말이 매우 거만
할 뿐 아니라 이징(李澄)의 참소라는 말이 있으므로 태종이 노해 임군례를 의금부에
하옥시키고 교사한 정안지를 심문했다. 그 과정에서 임군례가 했다는 "상왕이 무시
로 놀러 다니니 신우(辛禑)가 호곶(壺串)에 가서 놀며 즐겨 하던 일과 다를 것이 무엇
인가"와 "정종이 병이라 칭탁하고 왕위를 전위한 것을 황제가 만약 안다면 충혜왕(忠
惠王)의 뒤집힌 전철이 있을 것이다"라는 말이 알려지게 되면서 1421년 임군례는 대
역죄로 다스려져 백관을 저자에 모아놓고 다섯 수레로 찢어 죽여 사방에 조리돌리고
그 가산은 적몰하고 처자는 노비가 되었다.

쓰였다. 세종 3년(1421년) 7월 17일 좌군도총제 김만수가 세상을 떠났을 때 졸기는 그의 성품에 대해 "성품이 두텁고 곧으며 무략 (武略)으로 발탁되었으나 다른 부분은 일컬을 만한 것이 없다"라 고 평했다.

순직(順直)은 조정 관리들에 관해 쓰지 않았고 예를 들면 환 관을 고를 때 고분고분하고 곧은 사람[順直]을 써야 한다는 정도
　　　　　　　　　　　　　　　　순직
로 사용되었다.

졸직(拙直)은 다소 고지식하면서도 곧은 사람을 말한다. 태종 8년(1408년) 조대림 사건 때 맹사성은 곧이곧대로(혹은 고지식하게) 법 집행을 시도하다가 태종에게 미움을 사 죽을 뻔했다. 이때 세 자가 나서 맹사성을 용서해줄 것을 청했다. 태종 9년(1409년) 1월 1일 자 실록이다.

　　세자 제(褆)가 조용히 아뢰었다.

　　"맹사성이 신을 따라 중국에 입조해 힘든 일을 두루 겪었으므로 신 이 그 성품이 고지식하고 곧다[拙直]는 것을 알았습니다. 상의 뜻을
　　　　　　　　　　　　　　　　　졸직
거슬러서 죄를 받을 때 구해주고 싶은 마음이 간절했지만, 천위(天 威-임금의 위엄)를 범할까 두려워 감히 말을 꺼내지 못했습니다. 허조 와 탁신은 신을 따른 지 오래되고 또 모두 고지식한 자들입니다. 지 금 말 때문에 죄를 얻었으니 너그럽게 용서해주시기를 빕니다."

　　상이 흔쾌히 가납(嘉納)했다.

세자가 청하기도 했지만 졸직(拙直)하다는 말에 태종은 기꺼 이 마음을 풀었다. 우직(愚直)은 치직(癡直)과 같은 말로 일의 이

치는 잘 모르지만 곧다는 뜻이다. 엄밀히 말하면 우직과 광직(狂直) 사이에 치직이 있다고 할 수 있다. 이런 사람은 그래서 어지간한 잘못을 해도 용서를 받았다. 악의가 없다고 본 때문이다. 태종 11년(1411년) 2월 6일 내시부판사 김완의 직첩을 거두고 유배를 보내는데 이때 태종이 김완을 평하는 말이 바로 치직선망(癡直善忘), 즉 어리석고 고지식하며 잘 잊어먹는 사람이라는 뜻이다. 이런 사람은 큰 처벌은 받지 않았다. 대마도 정벌 영웅으로 전해지는 이종무도 몇 차례 위기를 겪었으나 치직(癡直)하다는 평을 받아 목숨을 건질 수 있었다. 세종 2년(1420년) 윤1월 6일 대간에서 이종무를 탄핵하자 상왕은 이렇게 변호했다.

> "종무는 원래 무반이라 성품이 본래 어리석고 곧으니[癡直] 비록 잘
>   치직
> 못이 있다 해도 그것이 본심은 아닐 것이다."

곧음의 맨 끝에 광직(狂直)이 있다. 이숙번이 바로 그런 경우다. 그 또한 내침을 당하기는 했지만 직(直) 하나를 잃지 않았기에 목숨은 건질 수 있었다. 태종 16년(1416년) 7월 17일 실록이다. 대간에서 여러 차례 이숙번 처벌을 요구하자 태종은 이렇게 말했다.

> "숙번의 다른 죄는 논할 것이 없고 그 한 가지 일은 성질이 본래 너무
> 솔직한[狂直] 때문이다. 그러나 폐해 서인으로 삼았으니 충분하다."
>   광직

그 선을 넘으면 이제 부직(不直), 즉 곧지 못함이 된다. 이 또한 마음[質]과 말과 행동[文] 모두에 해당한다.
         질   문

절직(切直)은 마음보다는 말이나 글 혹은 행동에 관한 판단이다. 예를 들어 태종은 권근의 글을 한마디로 평해 '절절하고 곧다[切直]'고 평했다.
  절직

곧음으로 중용된 신하들:
한상덕·이조·한규·안등·이수·박자청·윤저

태종 11년(1411년) 6월 14일 태종은 상왕을 모시고 광연루에서 술자리를 베풀었다. 그날 실록 속으로 들어가 보자. 『이한우의 태종 이방원 상』 제1장 3절에서 태종이 오랜 가뭄 끝에 내린 비를 노래한 시를 지은 바로 다음에 이어지는 일이다.

상이 승정원에 명해 이 시에 화답해 시를 올리게 하고 한상덕에게 일러 말했다.

"네가 일찍이 대간이 되어 곧은 말[直言]을 숨기지 않고 했으므로
      직언
내 매우 가상하게 여기어 두고두고 잊지 못하는 터이다."

상이 일어나 춤을 추니 상왕도 일어나 춤을 추었다.

한상덕(韓尙德, ?~1434년)은 판후덕부사(判厚德府事-후덕부 판사)[70] 한수(韓脩) 아들이다. 1385년(우왕 11년) 문과에 급제해 태종

---

70 고려 후기 우왕(禑王)의 비(妃)인 근비(謹妃)의 생활을 위해 설치한 부(府)가 후덕부 (厚德府)다. 우왕 5년(1379년)에 설치했고, 소속 관원으로는 판사·윤(尹)·소윤(少尹)

때 우대언과 호조참판을 역임했다. 세조를 도와 계유정난(癸酉靖難)을 일으킨 한명회(韓明澮, 1415~1487년)는 그의 종손(從孫)이 되나 아들이 없던 그가 한명회를 길렀다.

우대언으로 있던 당시 우리나라는 많은 부분 중국 농서를 이용해왔다. 이에 불편을 느낀 태종은 유신(儒臣)들에게 명해 중국의 고서에서 우리 실정에 간절히 필요한 말을 초록하되 우리말로 주(註)를 달아 널리 보급하도록 지시한 바 있다.

이때 왕명 출납을 맡았던 그가 왕의 뜻에 따라 1273년(고려 원종 14년) 원나라 사농사(司農司)가 엮은 『농상집요』[71] 제4권에서 양잠에 관한 내용 약 30%를 초록, 이에 이두문으로 주를 달아 1415년(태종 15년) 우리나라 최초의 양잠 책 『양잠경험촬요(養蠶經驗撮要)』를 펴냈다.

태종 12년(1412년) 4월 2일에는 종친들과 어울려 격구를 하던 태종이 한상덕을 불러서 말한다.

"내가 이러한 놀이를 하는 것은 안 되지 않겠는가?"

대답해 말했다.

"이 놀이는 거칠고 음란한 것[荒淫]이 아닙니다. 만일 매일 단정히 앉아 있기만 하면 기운이 막혀 병이 납니다. 만기(萬機-임금이 모든 일을 챙긴다는 만기친람) 여가에 종친과 더불어 잠깐 이러한 놀이를

등이 있었다.

71 1286년에 간행된 중국 최초의 농업기술 서적으로 우리나라에는 고려 말기에 이암(1297~1364년)이 수입했다.

110

하는 것이 실로 무엇이 해롭겠습니까?"

상이 말했다.

"내가 만일 거칠고 음란한 데에 이르거든 경 등은 반드시 말하라."

대답했다.

"명대로 하겠습니다."

또 아뢰어 말했다.

"임금이 주도면밀하지 않으면 신하를 잃고 신하가 주도면밀하지 않으면 목숨을 잃고 일을 살피기를 주도면밀하게 하지 않으면 해가 된다고 했습니다.[72] 신이 비밀리에 아뢸 일이 있으니 조용한 틈을 얻어 진달하기를 원합니다."

상이 그리 하라고 했다. 이튿날 상덕을 안으로 불러들여 말했다.

"어제 경이 말하기를 비밀리에 아뢸 일이 있다고 했으니 지금 마땅히 말하라."

대답했다.

"상께서 처음 즉위하셨을 때는 병법(兵法-군 통수 체계)이 닦여지지 않아서 위태롭기가 달걀을 포개어놓은 것과 같았으나 지금은 곧 고쳐져 반석같이 평안을 얻었습니다만 각위(各衛)의 각도 절제사가 빠진 곳이 많으니 잘못이 있는 것 같습니다. 『서경』에 이르기를 '경계하면 근심이 없다[儆戒無虞]_{경계 무우}[73]'라고 했습니다. 한가한 때를 맞아 경계하는 것이 주밀하고 허술하지 않게 하는 것이 좋습니다. 만일 우환이 일단 있고 나면 뉘우친들 어찌하겠습니까?"

---

72 『주역』「계사전(繫辭傳)」에 나오는 말이다.

73 「우서(虞書)·대우모(大禹謨)」에 나오는 말이다.

상이 말했다.

"그 책임을 맡은 자가 어쩔 수 없이 외방으로 나가면 실로 마땅한 사람을 얻기가 어려운 까닭으로 빠진 곳이 있는 것이다."

대답했다.

"충성하는 마음이 있고 사리를 알면 괜찮지만 그렇지 않으면 비록 무재(武才)가 있더라도 무슨 소용이 있겠습니까?"

상이 말했다.

"경의 말이 옳다."

대답했다.

"지금 사병을 혁파해 부병(府兵)[74]으로 만들었으니 참으로 아름다운 법입니다. 그러나 의견을 내는 자[議者]들이 말하기를 '사병을 혁파했기 때문에 군사가 장수의 얼굴을 알지 못하니 만일 군사를 일으키는 일이 있으면 장수가 비록 위태하더라도 구원하는 자가 없을 것이다. 장수는 군사를 훈련하지 못하고 군사는 사랑하거나 두려워하지 않아서 모두 힘써 싸우지 않으니 어찌 반드시 이길 수 있겠는가? 지금 급무는 장수에게 명해 각도 군사를 주관하고 사졸들을 훈련해 장차 그 상관에게 가깝게 하고 그 장(長)을 위해 죽게 하는 것만 하지 못하다'라고 합니다. 소신의 마음에는 이 계책이 심히 불가하다고 봅니다. 만일 이 계책을 쓴다면 역시 사병입니다. 지금 조그마한 땅과 한 사람의 백성도 모두 공가(公家-왕실)에 속해 보통 때도 훈련을 하니 만일 어쩔 수 없이 군사를 일으킨다면 그때에 임해 장수를 명

---

74 전국 각지에 일반 농민으로 구성되어 있는 주현군(州縣軍)에서 3년마다 1번씩 교대로 서울로 번상(番上)해 중앙에서 복무하는 병농일치 군사 제도를 말한다.

해도 늦지 않습니다."

상이 말했다.

"경의 말이 옳다. 이것이 바로 당나라 분양왕(汾陽王) 곽자의(郭子儀, 697~781년)[75]의 법이다."

대답했다.

"지난번에 적신(賊臣) 목인해가 평양군(平壤君-조대림)을 속여 종친을 없애려고 꾀한 바 있습니다. 인해의 뜻으로 어찌 능히 이런 꾀를 냈겠습니까? 아마도 호걸이 사주한 것이 아닌가 합니다."

상이 말했다.

"어찌 그러하겠느냐? 인해가 두터운 상을 받으려고 한 것일 뿐이다. 그러나 경의 충심은 내가 이미 알겠다."

　　여기서 한상경이 말한 호걸이란 이숙번을 지칭한 것이다. 태종 16년(1416년) 7월 17일 대간에서 이숙번 죄를 청할 때도 이숙번이 저지른 6가지 중 하나로 이를 언급한다. 즉 "이숙번이 조대림 사건을 꾸며서 만들었다[構成]"는 것이다. 그러나 태종은 그랬을 리는

75　분양왕(汾陽王)에 봉해져서 곽분양(郭汾陽)이라고도 한다. 무예로 천거되어 천덕군사겸구원태수(天德軍使兼九原太守)가 되었다. 현종(玄宗) 때 삭방절도사(朔方節度使)가 되어 안녹산의 난을 토벌해 하북의 10여 군을 회복했고, 하북(河北)에서 사사명(史思明)을 격파했다. 숙종(肅宗)이 즉위하자 관내하동부원수(關內河東副元帥)가 되어 회흘군(回紇軍)과 연합해 장안(長安)과 낙양(洛陽)을 수복했다. 그 공으로 중서령(中書令)에 발탁되고, 나중에 분양군왕(汾陽郡王)에 봉해졌다. 대종(代宗) 때 복고회은(僕固懷恩)이 반란을 일으켜 회흘, 토번(吐蕃)과 연합해 당나라를 공격했다. 이에 기병(騎兵) 수십 기를 몰아 회흘로 가서 설득해 당과 연합해 토번에 항거하도록 했다. 덕종(德宗)이 즉위하자 상보(尙父)로 존중되고 병권은 회수되었다. 곽령공(郭令公)으로도 불린다. 부귀공명과 다복(多福)을 누렸다고 해 팔자 좋은 사람을 '곽분양 팔자'라고 한다.

없다고 여겼는지 이를 더는 문제 삼지 않았다.

이조(李慥, ?~1411년)도 곧음[直]이 높이 평가되어 병조판서에
까지 이르게 된다. 이조는 고려 공양왕 2년(1390년) 문과에 장원급
제했다. 태조 2년(1393년) 세자빈(世子嬪) 유씨(柳氏)와 내시 이만
(李萬) '간통' 사건 전모를 밝히라고 상언(上言)한 죄로 각산(角山)에
유배되었다. 태조 7년(1398년)에 다시 불려와 응교와 이조의랑에
복직하지만, 다시 어떤 문제로 덕흥진(德興鎭)으로 유배를 떠났다.

그가 관직에 돌아온 것은 태종 7년(1407년) 7월이다. 이듬해
좌대언이 되었고 태종 9년(1409년) 우군동지총제로 옮겼다가 이듬
해 의정부 참지사가 된다. 전형적으로 태종이 인재를 기르는 경로
를 따라가고 있다. 그의 졸기 일부다.

"이조는 천성이 질박하고 곧았다[質直]. 죽음에 이르자 임금이 슬퍼
해 사람을 보내 치체(致祭)하고 관곽(棺槨)을 내려주었다. 또 세자로
하여금 전(奠)을 베풀게 했으니 일찍이 세자빈객으로 있었기 때문
이다."

태종이 이조를 아꼈던 이유는 바로 그가 질직(質直)했기 때문
임을 알 수 있다. 질직(質直)은 문질(文質)의 질(質)로 볼 경우 '바
탕[質]이 곧았다'라고 옮길 수도 있다. 질박은 말이나 행동[文]이
그랬다는 뜻이다.

하륜이 세상을 떠난 지 닷새 만인 태종 16년(1416년) 11월

13일 한규(韓珪, ?~1416년)가 세상을 떠났다. 한규는 전형적인 무신으로 태조 때 전라 수군 대장군을 지내고, 1400년(정종 2년) 방간의 난을 평정하고 태종이 왕위에 오르는 데 협력한 공으로 1401년(태종 1년) 좌명공신 4등에 책록되었으며 면성군(沔城君)에 봉해졌다. 1403년(태종 3년) 8월 중군총제가 되었고, 1406년(태종 6년) 우군총제를 겸했으며 1408년(태종 8년) 개성유후사·호익상호군·우군도총제, 1412년(태종 12년) 중군절제사가 되었다.

그의 부음이 들리자 조말생에게 일러 말했다.

"내가 진산(晉山-하륜) 부음을 듣고 마음이 꺾이고 찢어지는[摧裂] 것
최열
같아 눈물이 아직 마르지 않았는데 지금 면성이 또 졸했으니 이 또한
내게 충성을 다한 신하[盡忠之臣]다. 내 오늘 마음을 누가 알겠는가?"
진충 지 신

목을 놓아 울었다. 또 박은·한상경·김승주(金承霔, 1354~1424년)[76]·연사종(延嗣宗, 1366~1434년)[77] 등을 불러 눈물을 거두

---

76 1380년(우왕 6년) 흥위위별장(興威衛別將)으로 관직에 들어선 뒤 조선이 건국되자 1393년(태조 2년) 전중경(殿中卿)에 오르고, 이어서 이성만호가 되었다. 1394년에 의흥삼군부첨절제사가 되었다가 그해 형조전서로 전임했다. 1400년(정종 2년) 좌군총제로 2차 왕자의 난을 평정하고 태종이 왕위에 오르는 데 협력한 공으로, 1401년(태종 1년) 좌명공신 4등에 책록되고 여산군(麗山君)에 봉해졌다. 1410년(태종 10년) 야인이 경원에 침입하자 왕명을 받고 나가 이를 격퇴했다.

77 1388년(우왕 14년) 요동 정벌 때 우군도통사 이성계 휘하 군진무(軍鎭撫)로 종군한 공으로 조선이 건국되자 원종공신에 책봉되었으며 1393년(태조 2년) 회군공신 3등에 책록되었다. 1400년 2차 왕자의 난 때 정안군 쪽에 가담했다. 1402년 우군동지총제(右軍同知摠制)에 임명되고, 1407년 판한성부사 겸 우군총제가 되었으며, 뒤에 상장군·호조전서 등을 역임했다. 이 무렵 곡산군(谷山君)에 봉해졌다. 1410년 동북면병마도절제사로 야인의 침입을 방어했으며, 이해에 길주도도안무찰리사가 되어 경원부(慶源

고 뜻을 전해 말했다.

"초8일에 진산부원군 통부(通訃-부음 통보)가 이르러 경제(經濟-경세)하는 신하를 잃었으므로 슬픔을 이기지 못하는데 지금 또 충직(忠直)한 신하를 잃었으니 어찌하겠느냐? 갑신년(甲申年-1404년)을 맞아 삼공신이 모여 맹세할 때 모두 60여 인이었는데 겨우 10여 년 동안에 살아 있는 사람이 30인에 지나지 않는다. 슬프도다. 부생(浮生-뜬구름 같은 인생)이 이와 같다. 나도 또한 나이가 지금 50이다. 무릇 신하 된 자가 누가 충성을 다하고자 하는 마음이 없을까마는 공신이라고 하면 은수(恩數-공로가 높은 사람에게 임금이 베푸는 은혜)가 다르다. 중월(仲月)⁷⁸에 공신이 모임을 하도록 한 정한 법이 있는데 지금 공신 중에 살아 있는 자가 매우 적으니 이미 죽은 공신 적장자를 등급을 뛰어 제수해 그 아비를 대신해 모임에 참여하고 공신이 사고가 있어 연회에 나오지 못하는 자도 적장자로 대신하게 하려고 하는데 이는 세자로 하여금 서로 보아 익히 알게 하려고 함이다. 세경(世卿-세습하는 경)과 비할 바가 못 되니 경 등은 그리 알라."

박은 등이 대답했다.

"신 등이 이미 물방울이나 티끌만 한 작은[涓埃] 보좌도 하지 못한 채 은총과 영광이 이미 지극한데 어찌 사자(嗣子-후사)가 또 성택(聖

府)와 경성(鏡城)을 수복하는 전과를 올렸다. 1418년 사은사로 명나라에 갔다 오면서 의서(醫書)와 약재를 가져오기도 했다. 1419년(세종 1년) 훈신에 대한 예우로서 판중군도총제부사에 오르고, 1422년 곡산부원군(谷山府院君)에 훈봉되었고, 이어 수릉관(守陵官)이 되었다.

78 봄·여름·가을·겨울 등 사철에서 매 철 가운데 달인 음력 2월, 5월, 8월, 11월을 두루 일컫는 말이다.

澤)을 입는 것을 생각하겠습니까? 그러나 전하께서 대의로 가르침을 내리시니 감히 절해 명령을 듣지 않겠습니까?"

태종 시대가 저물어가고 있음을 보여주는 대목이기도 하다.

안등(安騰, ?~1417년)이 판서에까지 오를 수 있었던 이유 중 하나가 졸기에 실려 있다.

마음가짐이 질실하고 곧으며[操心質直] 일에 임해 마땅함을 좋아하고[臨事好義] 이재(吏才-관리로서의 재주)가 있었다. 지신사를 거쳐 두 번 경상도 도관찰사가 되었는데 모두 성적(聲績-명성과 성과)이 있었다.

여기서도 질직(質直)이 언급되고 있다.

태종은 세자가 아닌 두 아들 효령대군과 충녕대군에게 학문을 가르칠 유생을 선발할 때도 곧음[直]이 잣대였다.

성균 대사성 유백순(柳伯淳, ?~1420년)[79]을 불러 시학(侍學)[80]할 만한

---

79 1406년(태종 6년) 대사성이 된 뒤, 1408년에는 좌사간대부, 생원시원(生員試員)이 되었다. 당시 태종이 학문에 조예가 깊던 김과(金科)와 권근(權近) 등이 모두 여러 관직을 겸직해 바빴던 관계로 시학자(侍學者-왕과 왕세자와 학문을 논하는 일을 맡은 사람)를 청하자, 유생 중에 이수(李隨)를 천거했다. 그 뒤 좌사간대부(左司諫大夫)를 지낸 뒤 인녕부윤(仁寧府尹)이 되었고, 경사(經史)에 통달해 국학장관(國學長官)을 지냈다.

80 임금이나 왕세자(王世子)에게 학문을 가르치며, 어렵고 의심나는 점을 서로 토론하는 일 또는 그 사람을 말한다.

사람을 물었다. 상이 말했다.

"경이 오래 성균에 있었으니 선비들의 우열에 대해 알지 못함이 없을 것이다. 지금 김과가 홀로 경연에 있어 직질(職秩)이 높고 사무가 번다하니 내가 서생 가운데 마음가짐이 반듯하고 곧으며[秉心端直] 박학하고 경서를 궁리한 자를 얻어서 때때로 항상 함께 배우고, 만일 의심나고 어려운 곳이 있으면 양촌(陽村-권근)에게 질문하게 하고 더불어 (세자가 아닌 다른) 아들들을 가르치게 하고자 한다."

백순이 생원 이수(李隨, 1374~1430년)[81]가 자질이 순수하고 아름답고 학문이 정밀하고 무르익었다[精熟]고 천거하니 상이 말했다.

"내가 시험해보겠다."

마음가짐이 단직(端直), 즉 반듯하고 곧은 사람[端直]을 뽑겠다고 했고 결국 이수는 뽑혀 훗날 세종 때 판서에까지 오르게 된다. 그만큼 태종은 사람을 고를 때부터 곧음[直]을 중요하게 보았다.

박자청(朴子靑, 1357~1423년)[82]은 태조 때 환관 김사행(金師幸)

---

81 세종 스승이다. 1411년 지신사 김여지가 소명(召命)을 전하자 수원에서 상경해 여러 왕자의 교육을 맡아보았다. 1412년 종묘서 주부를 지내고 1417년 전사 소윤(典祀少尹)을 지냈다. 이듬해 세종이 즉위하자 사재감정·좌군 동지총제, 1422년(세종 4년) 황해도관찰사를 거쳐, 고부부사(告訃副使)가 되어 명나라에 다녀왔다. 1423년 예문관제학·이조참판, 1425년 중군도총제·의정부 참찬사를 역임했다. 1427년 어머니상으로 사직했고 1429년 예문관대제학·이조판서에 재등용되고 이듬해 병조판서가 되었으나 취중에 말에서 떨어져 죽었다.

82 무신으로 1392년 조선이 건국되자 중랑장으로 승진했다. 이듬해 입직군사(入直軍士)로 궁문을 지킬 때 의안대군 이화가 들어가려 하자 왕명이 없다고 거절했다. 의안대

에 이어 태종 때 궁궐 건축을 비롯한 각종 토목 사업인 영선(營繕)을 도맡아 했고 벼슬도 높이 올라갔다. 그러나 문신들은 이런 박자청에 대해 수시로 비판하는 글을 올렸다. 그때마다 태종은 다음과 같은 이유로 박자청을 감쌌다. 태종 11년(1411년) 10월 4일 사간원에서 박자청을 비판하는 소를 올렸다.

'절약과 검소를 숭상하는 것은 백성을 풍족하게 하고 다스림을 극진히 하는 것입니다. 토목의 일에 있어서 종묘와 궁궐 수리는 폐기할 수 없지만 대지(臺池-탑이나 연못) 같은 것은 천천히 해도 되는 것으로 급히 할 것이 아닙니다. 지금 공조판서 박자청은 본래 재덕이 없이 성명(聖明)을 만나 좋은 벼슬에 높이 올랐습니다. 무릇 국가에서 영조(營造)하는 사무를 모조리 관령(管領)해 오로지 조탁(雕琢)하고 영구(營構)하는 것에만 힘쓰느라 공역(工役)이 쉬지 못하고 있습니다. 바라건대 전하께서는 살피시어 선공(繕工)을 겸판(兼判)하는 직임을 파면하고 임금을 사랑하고 백성을 사랑하는 마음이 있는 자로 하여금 대신시키고 대지(臺池)와 같이 항상 거처하고 거듭하는 것이 아닌 곳은 수리하지 못하게 해 검소하고 절약하는 것을 보이셔야 할 것입니다.'

상이 말했다.

군이 발길로 차며 상처를 입혔는데도 끝내 거절했다. 태조가 이 사실을 알고 은대를 하사해 내상직에 임명하고 어전 밖을 지키도록 했다. 1402년(태종 2년) 공조·예조전서, 1406년 중군총제 겸 선공감사가 되었는데 토목 공사의 감독 업무를 잘 수행한 공으로 현달한 관직에 발탁될 수 있었다. 1408년 공안부 판사·공조판서를 역임할 때 제릉(齊陵)과 건원릉(健元陵) 공사를 감독했다. 1413년 의정부 지사로 경성수보도감 제조를 맡아 도성을 수축했다. 성품이 각박하고 인정이 적다는 평을 받았다.

"자청이 배우지는 못했으나 다만 부지런하고 곧다[勤直]. 종묘사직
을 수리하는 일은 내가 모두 명해 역사를 동독(董督-감독)한 것이다.
어찌 한 몸의 계책을 위해 이 일을 했겠느냐? 모화루 같은 것은 내
가 놀고 구경하는 곳이 아니라 조정 사신을 영접하는 곳이니, 하나
는 국가의 체면을 보인 것이고 하나는 사대(事大)하는 성의를 보인
것이다. 본궁 못과 정자 같은 것은 다만 휴식하기 위한 곳이나 준우
(峻宇-큰 집) 조장(彫墻-화려한 담장)에 비할 바는 아니다. 내가 비록
자청을 파직시키더라도 대신하는 자가 앉아서 보기만 하고 한 사람
백성도 역사시키지 않겠는가? 경 등은 다시 말하지 말라."

박자청에 대한 이런 평가는 세종도 이어받았다. 세종이 왕위에
오른 지 한 달여가 지난 9월 17일에 대사헌 허지가 지신사 하연에
게 말했다.

"의정부는 도리를 논란하고 국사를 경륜해 그 직임이 가볍지 않거늘
이제 박자청을 참찬에 임명했으니 성조(聖朝)에서 인재를 선임하는
뜻에 있어 어떠할까요."
하연이 상에게 이 말을 아뢰니 상이 말했다.
"자청은 사람됨이 질직(質直)하고 부지런해 상왕이 그를 신임한 것
이다."
자청은 성품이 가혹하고 각박해[苛刻] 어질게 용서함[仁恕]이 없으
며 미천한 데서 일어나 다른 기능이 없고 다만 토목 공사를 감독하
는 수고로 지위가 재부(宰府-재추)에까지 이르렀으나 여러 사람의 뜻
을 심복시킬 수는 없었다. 그리하여 허지가 그와 같이 말한 것이나

120

허지는 풍헌(風憲-사헌부)의 장(長)으로 있어서 자청은 상왕의 총애를 받는 자라고 꺼리어 약간 풍자만 하고 힘써 말하지 않았으니 허지 역시 언관(言官-간관)으로서 체통을 잃었다고 할 것이다.

태종 12년(1412년) 3월 4일에 윤저(尹柢, ?~1412년)[83]는 태종에게 다른 사람이라면 쉽게 하기 힘든 말을 한다. 그럼에도 태종은 오히려 자신이 타던 안장 달린 말[鞍馬]을 내려준다. 태평 시대에 볼 수 있는 임금과 신하 간 훈훈한 대화라 하겠다.

(사냥을 마치고) 궁으로 돌아왔다. 살곶이[箭串] 냇가에 술자리를 베풀었는데 세자 종친 및 여러 상신(相臣-재상)이 시연했다. 풍악을 연주하고 함께 즐겼다. 술이 취하자 상이 칠성군 윤저로 하여금 일어나 춤추게 하고 이어 명했다.

"경은 마땅히 나의 과실을 곧게 말하라[直言]."

저가 무릎을 꿇고 말했다.

"전하께서는 신민(臣民) 위에 계시며 모든 하시는 일이 반드시 바른 대로 하고 계십니다. 상께서 하시는 일이 만일 그르다면 신이 어찌 감히 따르겠습니까? 신은 생각건대 빈잉(嬪媵)이 이미 족하니 반드시 많이 둘 것이 아닙니다."

---

83 고려 말기부터 이성계를 시종한 인연으로 조선이 건국되자 1392년(태조 1년) 상장군에 등용되었다. 1395년 형조전서가 되어 고려 왕족들을 강화나루에 잡아다가 수장하는 데 앞장섰다. 1397년 경상도절제사로 재직 중에 박자안 옥사에 관련되어 한때 투옥되었다가 풀려났다. 이방간의 난을 평정하고 태종이 왕위에 오르는 데 협력한 공으로 좌명공신 3등에 책록되었다. 이조판서를 거쳐 1408년 찬성사에 이르렀다.

상이 웃으며 김여지에게 일러 말했다.

"무릇 인신(人臣-남의 신하)의 도리는 먼저 임금의 사심(邪心)을 공략하는 것이 좋다. 저가 비록 (학문을) 배우지 않았으나 학문하는 도리가 어찌 여기에 더할 것이 있겠느냐?"

또 세자를 돌아보며 말했다.

"이 경은 태조를 따르면서부터 오늘에 이르렀고 또 내 잠저 때에 서로 보호한 사람이다. 바탕이 곧고 의로움을 좋아하는 것[質直호의好義]⁸⁴에 있어 누가 이러한 사람이 있겠느냐? 너는 나이가 어리니 마땅히 그를 독실하게 믿고 공경해 무겁게 여겨야 할 것이다."

저가 마침내 감격해 울면서 말했다.

"신이 이미 늙었으니 다만 상의 은덕을 입을 뿐입니다. 어떻게 세자 시대까지 보겠습니까?"

드디어 저에게 상이 타던 안마(鞍馬)를 내려주었는데 저가 사양하니 상이 말했다.

"경이 사양하는 것은 잘못이다. 내가 주는 것이니 오늘 받았다가 내일 다른 사람에게 주어도 좋다."

---

84 태종이 한 이 말은 『논어』 「안연(顏淵)」편에 나온다. 자장이 물었다. "선비는 어떠해야 달경지에 이르렀다[達] 할 수 있습니까?" 공자가 되물었다. "무슨 말인가? 네가 말하는 달(達)이란 것이." 자장이 답했다. "나라에 있어도 반드시 그의 명예에 관한 소문이 나며 집 안에 있어도 반드시 소문이 나는 것입니다." 공자는 말했다. "그것은 소문이 나문는 것[聞]이지 통달한 것이 아니다. 무릇 통달한 사람이란 바탕이 곧고 의리를 좋아하질직 이 호의며[質直而好義] 남의 말을 가만히 살피고 얼굴빛을 관찰하며 사려 깊게 몸을 낮추는 것이니 나라에 있어도 반드시 이르게 되고 집 안에 있어도 반드시 이르게 된다. (이에 반해) 무릇 소문만 요란한 사람이란 얼굴빛은 어진 듯하나 행실이 어질지 못하고 머물러 있으며 자신의 행실에 대해 아무런 의문도 던지지 않으니 나라에 있어도 반드시 소문이 나고 집 안에 있어도 반드시 소문이 난다."

곧음과 곧지 못함 사이에서: 황희를 테스트하다

그러나 어떤 사람이 곧은지 곧지 않은지[直不直]를 살피기는
여간 어려운 문제가 아니다. 태종은 다양한 방법으로 그 사람이
정말로 곧은지 아닌지를 점검하고 또 점검해 찾아냈다. 대표적인
인물이 황희다.

그가 태종에게 불신을 사고 다시 신뢰를 회복하는 배경에는
곧음 문제가 놓여 있었다. 병신년(丙申年-1416년)에 세자가 덕망을
잃자 태종은 황희와 이원(李原)을 불러 세자가 저지르는 무례한 실
상을 걱정했다. 황희는 세자는 경솔히 바꿀 수 없다며 이렇게 말
했다.

"세자가 나이가 어려서 그렇게 된 것이니 큰 허물은 아닙니다."

태종은 이 말이 황희 본심이 아니라고 보았다. 즉 곧지 못하다
[不直]고 판단한 것이다. 태종 생각은 이랬다. 황희는 일찍이 여러
민씨(閔氏)를 제거해야 한다고 주장했다. 그랬기 때문에 태종이 볼
때 황희는 즉위가 멀지 않은 세자에게 붙어 민씨 원한을 풀어주
는 쪽으로 힘써서 향후 자기 안위를 보장받으려 한다고 거의 확신
했다. 이때부터 태종은 황희에게 거리를 두기 시작했다. 공조판서
에 임명했다가 다음 해에는 평안도 도순문사로 내보냈다. 바로 내
치지는 않았지만, 단계단계 멀리했다. 이는 훗날 태종이 하는 발언
을 통해서 확인된다. 태종 18년(1418년) 5월 10일 박은·이원과의
자리에서 태종은 이렇게 말했다.

"내가 승선(承宣-승지) 출신인 자를 우대하기를 공신 대접하는 것과 같이 하기 때문에 희로 하여금 지위가 2품에 이르게 해 두텁게 대접하는 은의(恩誼)를 온 나라가 아는 바이다. 그러나 이 말은 심히 간사하고 굽었으므로[奸曲] 평안도 관찰사로 내쳤다가 지금 다시 한성부 판사로 삼아 그를 멀리했다[疏之]."

2년 후인 무술년(戊戌年-1418년)에 한성부 판사(判漢城府事)로 다시 불러들였지만 세자 폐위 때 황희도 폐해 서인으로 삼고 파주 교하에 폄출시켰다. 더는 조정에 둘 수 없다고 판단한 것이다. 그나마 모자가 함께 거처할 수 있게는 허가했다. 5월 28일에는 남원으로 내려가게 했다. 이때 형조와 대간에서 소를 올려 황희의 문제점을 지적했다.

상께서 친히 물었을 때 황희는 곧음으로 대답하지 않았으니[不以直對] 그에게 충성스럽고 곧은 마음이 없음을 분명히 알 수 있습니다.

태종은 그의 본심이 과연 곧은지를 가리기 위해 황희 생질 오치선을 폄소(貶所-유배지)에 보냈다.

오치선이 복명(復命)하자 상이 물었다.
"황희가 무슨 말을 하더냐?"
오치선이 아뢰어 말했다.
"황희가 하는 말이 '살가죽과 뼈는 부모가 이를 낳으셨지마는, 의식과 복종(僕從)은 모두 상의 은덕이니 신이 어찌 감히 은덕을 배반하

겠는가? 실상 다른 마음은 없었다'라고 하면서 마침내 울면서 어찌
할 바를 모르고 있었습니다."

상이 말했다.

"이미 시행했으니 어찌할 수가 없다."

말은 이렇게 했지만, 태종은 보고를 듣고서 황희가 곧다는 쪽
으로 결론 내렸다. 4년 후인 임인년(壬寅年-1422년) 2월 태종은 그
를 다시 불렀다. 황희가 태종을 알현(謁見)하고 사은(謝恩)할 때 세
종이 곁에 있었다.

태종이 말했다.

"내가 풍양(豊壤-상왕이 되어 머물던 이궁(離宮)이 있던 곳)에 있을 적
에 매번 경의 일을 주상(主上-세종)에게 말했는데 오늘이 바로 경이
서울에 오는 날이로다."

명해 두텁게 대접하도록 하고, 과전(科田)과 고신(告身)을 돌려
주게 하고 세종에게 임용을 당부했다. 훗날 세종은 황희를 불러 일
을 토의하다가 이렇게 말했다.

"경이 폄소에 있을 적에 태종께서 일찍이 나에게 이르시기를, '황희
는 곧 한나라 사단(史丹)과 같은 사람이니 무슨 죄가 있겠는가?'라
고 하셨다."

사단과 같은 사람이란 '곧은 신하[直臣]'라는 말이다.
                             직신

"나는 사눌에게 사정(私情)이 없다."

태종 16년(1416년) 3월 8일 특이한 일이 발생했다.

이날 우대언 한상덕, 공안부윤 황자후, 전 고성군 지사 이양수를 의
금부에 내렸다.

애초에 전 원주목 판사 권완(權緩)이 지신사 유사눌과 동네가 같아
그 교분이 매우 친밀했다. 완(緩) 집에 소합유(蘇合油) 3근이 있었는
데 완과 사눌이 공모해 왜인(倭人) 상호군 평도전(平道全)을 꾀어 그
단자(單子)를 받아 승정원에 바치고 사눌이 아뢰어 전의감(典醫監)
에 내렸는데 제조 황자후 "벌레가 생겨서 쓰지 못하겠다" 하고는 받
지 않았다. 도전(道全)이 다시 승정원에 바치니 사눌이 다시 계문
(啓聞-보고)하지 않고 내약방(內藥房)[85]에 수납하니 약방대언(藥房代
言)[86] 탁신이 이를 받았다. 사눌이 거짓으로 호방대언(戶房代言) 한상
덕에게 일러 말했다.

"전지(傳旨)가 있기를 '도전의 약값을 모두 면주(綿紬)로 제급(題給-
제사(題辭)를 매김)해주라'고 하셨으니 당신이 왕패(王牌)[87]를 내려주
는 것이 마땅하다."

---

85 조선조 초엽에 대궐 안의 의약을 맡아보던 관아다. 세종 25년에 내의원(內醫院)으로
고쳤다.

86 전의감(典醫監)의 내의원(內醫院-藥房)에서 궁중 탕약을 조제할 때 이를 감시 감독하
던 대언으로 곧 병방대언(兵房代言)인 좌부승지(左副承旨)를 말한다.

87 임금이 궁가(宮家) 또는 공신(功臣)에게 전구(田口) 등을 내려주거나 향리(鄉吏)에게
면역(免役)시킬 때 내려주던 서면(書面)을 말한다.

상덕이 그것을 의심하며 말했다.

"왕패를 내려주는 것은 바로 명을 들은 자의 책임이니 내가 알 바가 아니다."

사눌이 그에게 두 번 세 번 말했으나 상덕은 끝내 수긍하지 않았다.

사눌이 마침내 스스로 왕패를 서압(署押)해 호조에 내려 제용감(濟用監)으로 하여금 면주(綿紬) 66필과 목면(木綿) 5필을 주게 했다.

일은 점점 확대되었다.

16일에 박은(朴訔)을 판중군도총제부사(判中軍都摠制府事-중군도총제부 판사), 이원을 한성부 판사, 황희를 이조판서, 성발도를 호조판서, 안등을 형조판서로 삼았다. 유사눌과 한상덕을 파직하고 탁신(卓愼, 1367~1426년)을 지신사, 이명덕을 동부대언으로 삼았다. 비지(批旨)가 이미 내려지자 상이 승정원에 뜻을 전해 말했다.

"사눌이 권완의 소합유를 가지고 약방에 수납할 때 신(愼)이 이를 알았는가 몰랐는가?"

대언 등이 대답해 말했다.

"어찌 알지 못했겠습니까?"

상이 말했다.

"의금부에서 추국한 문안(文案)에 신이 무슨 말로 공초를 바쳤는가?"

대답해 말했다.

"신이 약방을 관장하는 직책으로서 자세하게 살피지 못했다고 공초를 바쳤습니다."

상이 그 추안(推案-추국한 문안)을 읽어보고 말했다.

"내가 만약 이 같은 사실을 알았더라면 오늘 어찌해 신을 천전(遷轉-인사이동)시켰겠는가? 너희들은 근신(近臣-대언)으로서 어찌해 신의 죄를 분간하지 못하고 계문(啓聞)했는가? 후세 사람들이 마땅히 나를 시비(是非)도 분별할 줄 모르는 암주(暗主-사리에 어두운 임금)라고 할 것이니 그것이 될 일인가?"

그리고 상은 육조에 뜻을 전해 말했다.

"사눌을 신임한 지 벌써 오래되었지만 내가 편향되었었다. 지난번에는 사전(詐傳-거짓으로 왕명을 전함)한 죄에 이르지 않는다고 생각했는데 어제 의금부 제조 이천우 허조를 만나 자세하게 그 연고를 묻고서야 내가 마침내 이를 뉘우쳤다. 사전(詐傳)한 율(律)은 어떠한가?"

모두 말했다.

"사죄(死罪-사형)입니다."

상이 말했다.

"사눌과 권완의 죄 중에 누가 더 무거운가?"

모두 말했다.

"율문(律文)에서는 완이 약간 가볍습니다."

상이 말했다.

"완은 뒤를 이을 자식이 없고 지위가 재상에 이르렀으니 반드시 부족한 마음이 없을 터인데 일이 이 지경에 이르렀으니 그 탐해 구하는 것이 끝이 없음을 이루 말할 수 있겠는가? 탁신은 무죄라 해도 괜찮다."

드디어 풀어주었다.

신(愼)이 대궐로 나아가 사은했다.

이런 가운데 3월 24일 태종은 편전에 나아가 일을 보았다 [視事]. 다시 실록 속으로 들어가 보자.
시사

(사헌부) 장령(掌令) 곽존중(郭存中, ?~1428년)⁸⁸이 유사눌 등을 법대로 처치할 것을 청하니 상이 말했다.

"어찌 가벼운 법전이겠는가?"

이어서 이양수를 태죄(笞罪)에 열거한 이유를 물으니 존중이 말했다.

"신은 미처 알지 못했습니다."

상이 말했다.

"너는 동료들을 보았는가?"

대답해 말했다.

"보았습니다."

"올라온 소를 보았는가?"

대답해 말했다.

"보았습니다."

상이 말했다.

"만약에 동료와 올라온 소를 보았다면 어찌해 대답하기를 '알지 못

---

88 1396년(태조 5년) 문과에 병과로 급제했다. 1405년(태종 5년) 경기도 수령관(首領官)으로 적성(積城-파주(坡州)) 지방을 살폈다. 그 뒤 장령이 되고, 1416년에 처음 설치된 단자직조색별감(段子織造色別監)에 임명되었으며, 이듬해 사인(舍人) 등을 역임했다. 1419년(세종 1년) 대마도 정벌 때 영의정이었던 삼도 도통사 유정현의 종사관이 되어 원정에 참가했으며, 이듬해 병조지사가 되었다. 1421년 동부대언, 1423년 승정원 지신사가 되었으며, 1424년 진향(進香)·진위(陳慰)·하등극사(賀登極使)를 겸해 명나라에 다녀왔다. 1426년 예조참판이 되었고, 1427년 중군동지총제를 거쳐 경창부윤(慶昌府尹)을 역임하고 이조판서가 되었다.

합니다'라고 했는가? 너의 말은 곧지 못하다[不直].
부직

존중이 말했다.

"사람이 도둑질하는 것이 이 같은 것은 없을 것입니다. 만약에 이것을 징계하지 않는다면 무엇으로 뒤의 사람을 경계시키겠습니까?"

상이 말했다.

"도둑질이라 하는 말은 큰 잘못이다. 까닭 없이 남의 물건을 취하는 것이 도둑질인데 사눌 등은 쌀 200석을 바치고 쌀 200석을 받았으며 약을 공가(公家-정부)에 납부하고 값을 받아 썼으니 어찌 도둑이라 이를 수 있겠는가? 이것이 어찌 간관(諫官)이 할 말이란 말인가? 곧지 못함[不直]이 심하다. 곧지 못한 말을 나에게 고하는 것, 이
부직
것은 무슨 심사인가? 간관이 곧은 말[直言]을 가지고 바르게 간언
직언
한다면 내가 할 말이 없으려니와 지금 그대는 이것을 가지고 굳이 간언하니 옛날에 직언(直言)한 주운(朱雲, ?~?)[89] 같은 이도 또한 이와 같았는가? 너와 같다면 후세에 무엇으로써 곧다 하겠는가? 또 동료의 소는 옳은가?"

대답해 말했다.

"옳지 않습니다."

---

89 젊어서부터 임협(任俠)을 좋아했다. 나이 마흔에 백우자(白友子)에게 『주역』을, 소망지(蕭望之)에게 『논어』를 배웠다. 원제(元帝) 때 소부(少府) 오록충종(五鹿充宗)과 논쟁을 벌여 연달아 꺾고 박사(博士)가 되었다. 두릉령(杜陵令)으로 옮겼고, 나중에 괴리령(槐里令)이 되었다. 사람됨이 강직해서 여러 차례 글을 올려 조정 대신들이 시위소찬(尸位素餐)하는 것을 비판했다가 결국 금고(禁錮)를 당하고 원제(元帝) 때야 풀려났다. 성제(成帝) 때 조정에서 간신 장우(張禹)를 참수해야 한다고 주청했다가 황제의 화를 사서 끌어내 죽임을 당할 뻔했다. 이때 좌장군(左將軍) 신경기(辛慶忌)가 목숨을 걸고 간쟁해 사면을 받을 수 있었다. 이후 다시는 관직에 나가지 못했다. 만년에는 학생들을 가르치며 보냈다.

상이 말했다.

"만약 동료를 그르다 한다면 먼저 동료를 탄핵하고, 다시 너의 뜻을 써서 청함이 옳을 것인데, 어찌해 갑자기 이것을 가지고 아뢰는가?"

존중은 상의 가르침을 살펴서 듣지 못하고 오히려 청해 마지않으니 상이 노해서 말했다.

"벗[朋友]과 같이 말하더라도 오히려 말하는 것을 들은 뒤에야 대답하는데, 너는 어찌해 내 말을 살펴서 듣지 아니하고 이와 같이 망발(妄發)하는가?"[90]

존중이 부끄럽고 두려워하며 물러갔다. 상이 육조(六曹)에 뜻을 전해 말했다.

"헌사(憲司)에서 올린 소의 뜻이 옳은가?"

모두 말했다.

"크게 잘못되었습니다."

상이 조말생(趙末生)에게 말했다.

"헌사의 소를 육조로 하여금 읽어보게 하라."

조회를 파했다. 내관 최한을 시켜 승정원에 물었다.

"존중의 말이 혹시라도 옳은가?"

모두 말했다.

"곧지 못합니다[不直]."

---

90 『논어』「계씨(季氏)」편에 나오는 공자 말을 염두에 둔 질책이다. "군자를 모심에 있어 3가지 허물이 있으니, 말씀이 미치지 않았는데 먼저 말하는 것을 조급함이라 하고, 말씀이 미쳤는데도 말하지 않는 것을 숨김이라 하고, 안색을 보지 않고 말하는 것을 눈뜬장님이라 한다[侍於君子有三愆 言未及之而言 謂之躁 言及之而不言 謂之隱 未見顏色而言 謂之瞽]." 여기서 군자는 군주, 즉 임금이다.

상이 말했다.

"존중이 나를 속이니, 사눌과 무엇이 다른가?"

말생이 소를 가지고 육조로 나아가 뜻을 전하니 존중이 황공해 몸 둘 바를 몰랐다.

위에서 태종은 유사눌에 대해 분명히 "사눌을 신임한 지 벌써 오래되었었지만 내가 편향됐었다"라고 말한다.

그러나 4개월이 지난 7월 8일 사간원 간관들에게 말한다. 여 기에서 유사눌에 대해 태종이 가진 인식이 원래대로 긍정적으로 돌아가 있음을 확인할 수 있다. 또한 인사(人事)의 공정함에 대한 발언이 인상적이다.

"간관(諫官)은 중국 조정 신하가 아니고 역시 이 나라 신하다. 내가 누구를 친히 하고 누구를 소활(疏闊-소원)히 하겠는가? 사눌이 제 쌀로 나라 쌀과 바꾸었고 또 권완의 말을 들어주었으니 그 일이 비 록 잘못이기는 하나, 그 사람됨이 말이 곧은데[言直] 나와의 연고 때
_{언직}
문에 책하는 말이 많이 집중되었다.

큰 죄를 진 사람은 진실로 쓸 수가 없지마는 이와 같이 죄가 가벼운 사람도 쓰지 않는 것이 될 일인가? 예전에 어찌 이런 죄인을 쓴 일이 없겠는가?

내가 일찍이 부르자 헌사에서 봉장(封章)해 빨리 부르라고 했으므 로 그 봉장(封章)을 승정원에 머물러 두었다. 사눌이 이미 왔는데도 내가 임용하지 않아 다만 집에 있다. 나는 사눌에게 실로 사사로운 정[私情]이 없다."
_{사정}

"유량은 이숙번에 비할 바가 아니다!"

태종 16년(1416년) 7월 3일 실록 속으로 들어가 보자.

형조와 대간에서 교장해 얼마 전에 세상을 떠난 문성부원군 유량(柳亮)의 죄를 청했다.

소를 올려 말했다.

'신 등이 듣건대 "불충한 신하는 (처벌함에 있어) 몸의 존몰(存沒-살아 있고 죽었고)이 없고, 때의 고금(古今)이 없이 모두 토벌할 수 있다"라고 합니다. 유량과 이숙번이 상에게 전하기를 "민무구의 연고로 세자가 신을 좋아하지 않는다고 하니 바라건대 이제부터 세자를 자주 뵙겠습니다"라고 했으니 이것이 무슨 마음입니까? 전하의 신하 된 자라면 마땅히 전하에게 충성해야 하고 달리 구할 수 없는 것이니, 속으로 불충한 마음을 가진 것을 따라서 알 수 있는 것입니다. 바라건대 전일(前日)에 아뢴 숙번의 죄와 함께 법대로 처치해 후세에 두 마음을 품는 자의 경계를 삼으소서.'

상이 말했다.

"량(亮)은 숙번에게 비할 바가 아니다. 성품이 강직하고 말이 곧았으니[性勁而言直] 죄가 없다. 만일 량에게 죄가 있다고 한다면 비록 그의 혼령이라도 어찌 몹시 측은하지 않겠는가? 이것을 가지고 죄를 준다면 반드시 화기(和氣)를 상할 것이니 수재와 한재의 흉재(凶災)는 바로 이러한 일로 말미암은 것이다."

안등이 말했다.

"량에게 죄가 없다고 하시는데 신 등은 그것이 옳다는 것을 알지 못하겠습니다. 인신(人臣)으로서 두 마음이 있는 자가 어찌 죄가 없겠습니까?"

상이 말했다.

"량은 숙번과 같지 않으니 량은 단지 이 한 가지일 뿐이다. 량이 죄가 없다는 것은 결단코 의심할 바가 없다. 량의 마음은 내가 진실로 안다. 숙번도 두 마음이 있는 자가 아니다. 연소했을 때는 그 지조를 굳게 가졌는데 근자(近者)에 성질이 미치고 우활하니[狂而闊] 이 때 광이활 문에 방축(放逐)한 것이다. 량과 더불어 세자를 따르고자 한 계교는 또 먹은 마음이 있는 것이 아니다.

일찍이 민씨와 더불어 특립(特立)했었는데 민씨가 이미 망했으므로 스스로 편안할 계책을 위해 내게 말했으나 내가 진실로 이를 저지했다. 숙번과 량이 비록 세자를 따르더라도 자식을 따르는 것을 또 어찌 의심하겠는가?"

김여지가 말했다.

"두 마음이 있는 자를 법으로 처단하지 않으니 심히 애석한 일입니다."

상이 말했다.

"죄가 있고 없는 것을 이미 자세히 말했는데 경들이 오히려 감히 말하니, 이것은 집법(執法)한 관원이기 때문이다. 들어주지 않을 것을 알면서 두세 번 말하니 이것은 무슨 뜻인가? 숙번은 파직해 밖에 내치고 직첩과 녹권을 회수했으니 숙번의 죄는 실로 말한 바대로 충분하다고 하겠다."

이숙번이 광망(狂妄)했다면 훨씬 일찍 쫓겨났을 것이다. 그러나 태종은 그가 끝내 곧음을 잃지 않았다고 보았다. 광직(狂直)이라고 본 것이다.

이숙번에 대한 태종의 이런 생각은 다음 기록에서 볼 수 있다. 태종 17년(1417년) 3월 30일 집의 하연이 이숙번이 범한 불충한 죄를 청해 면계(面啓-얼굴을 보고서 아룀)해 말했다.

"숙번이 불충하니 신하 된 자는 불공대천(不共戴天)해야 마땅합니다. 그러므로 청하기를 두세 번이나 했는데 아직도 윤허를 얻지 못했으니 황공하고 운월(隕越-절실)합니다. 그러나 신하가 되어 불충한 자는 사람들이라면 누구나 (나라의 허락 없이도) 함께 토죄(討罪)할 수 있는 것이요 전하께서 사사로이 할 수 있는 것이 아닙니다. 바라건대 율(律)에 따라 시행해 가산을 적몰하소서."

상이 윤허하지 않고 말했다.

"경 등이 숙번의 죄를 아는가? 지난봄에 강무로 행행(行幸-행차)할 때 고(故) 대언 윤수 처가 몰래 판수[盲人] 하천경과 간통했으므로 명해 율외(律外)의 참형으로 시행하도록 했더니 숙번이 용서해줄 것을 나에게 청했으나 윤허를 얻지 못하자 또 세자와 두 대군에게 부탁해 용서를 청했는데 내가 또 들어주지 않았다. 숙번이 외부에서 공공연하게 말하기를 '남편 없는 여자가 화간(和奸)하면 장 80대의 율(律)에 그칠 뿐인데 지금 참형을 쓰니 너무 지나치지 아니한가?'라고 했지만, 그러나 이 말은 그의 천성이 곧아서[直] 그랬던 것이다."

이숙번이 그나마 목숨을 건질 수 있었던 비결도 곧음이었다.

하륜·조영무가 중용된 까닭도 곧음

태종 시대 대표적인 두 정승을 꼽자면 두말할 것도 없이 하륜과 조영무다.

태종 7년(1407년) 11월 11일 천하의 하륜도 태종 마음을 잘못 읽고 궁지에 몰린다.

실록 속으로 들어가 보자.

황희를 보내 하륜에게 뜻을 전했다.

"무구 등의 죄는 내가 사사로운 정리로 인해 능히 과감하게 결단을 하지 못하고 있다. 공신 대간에서 백관까지 모두 죄를 청한 지가 여러 달인지라 내가 어쩔 수 없이 이번에 다만 직첩만 거두고 목숨을 보전하도록 했다."

륜이 대답했다.

"이 무리가 세자를 제거하고자 했다면 죄가 말할 수 없지마는, 다른 여러 아들을 제거하려고 했으니 세자만큼 중하지는 않습니다. 빼어나신 사려[聖慮]가 마땅함을 얻으셨습니다."
성려

희가 복명(復命)하니 상이 대신(大臣-하륜)이 앉았던 자리를 가리키며 말했다.

"예전에 여기에 앉았던 이 공(公-하륜)이 일을 논한 것이 내가 듣기에는 한심한 말이다. 너는 마땅히 빨리 다시 가서 '이 말을 일찍이 다른 사람과 한 적은 없는가? 다시는 가볍게 말하지 말라!'고 하라."

또 희에게 말했다.

"이 말이 만일 새어나간다면 내가 아니면 네 입이다."

희가 이에 재차 륜의 집에 가서 뜻을 전하니 륜은 땅에 엎드려 가르침을 받고 손을 모아 대답했다.

"살길을 가리켜 보여주시니 몸 둘 바를 모르겠습니다."

희가 복명하자 상이 말했다.

"내가 아니면 보전하기 어렵다. 내 그의 충성스럽고 곧음[忠直]을 아
껴서일 뿐이다."

하륜으로서는 가슴을 쓸어내렸을 것이다. 태종 9년(1409년) 10월 1일에도 그는 비슷한 잘못을 저지른다. 이때 태종은 이무를 제거하기로 결단했다. 그런데 하륜이 이무를 옹호하고 나섰다. 이 날 실록 속으로 들어가 보자.

륜은 평소 민씨와 사귀었기 때문에 그 말이 자못 무를 비호하니 상
이 하륜에게 일러 말했다.

"경이 연전(年前)에 헌사(憲司)에 답한 공함(公緘)⁹¹ 안에 '여흥부원
군이 말하기를 "상국(上國)과 혼인을 하게 되면 비록 난을 꾸미는 사
람이 있다 하더라도 마침내 후화(後禍)가 없을 것이다"라고 했다' 했
는데 왕자 종실을 어떻게 처치하느냐는 무의 의견과 부절(符節)을
합해놓은 것과 같다. 만일 왕자 종실이 없으면 사직을 유지하는 것
이 어떤 사람인가? 그 뜻을 알지 못하겠다."

륜이 한마디 말도 대답하지 못하고 다만 황공해 머리를 조아리며 땀
만 뻘뻘 흘려 등이 흠뻑 젖어 사례만 행할 뿐이었다. 륜이 또 무를

---

91 서면(書面)으로 죄상(罪狀)에 대해 진술한 글을 말한다.

베지 말아달라고 가만히 아뢰니 상이 대답하지 않고 안으로 들어가
며 말했다.

"류가 나더러 무를 베지 말라고 청했다. 류는 곧기[直] 때문에 그 마
음속 소회를 말한 것일 텐데 불쌍할 뿐이다."

조영무 경우에도 태종이 가장 높이 평가한 대목은 곧음이다.
태종 11년(1411년) 8월 18일 태종은 지신사 김여지를 불러 여러 신
하에 대해 평을 하던 중에 조영무에 대해서는 "바탕은 곧은데 애
씀이 적다[質直少文]"라고 평한다. 이는 『논어』에 나오는 문질빈빈
(文質彬彬)을 염두에 둔 표현이다.
또 태종 13년(1413년) 10월 22일 우의정 조영무가 병으로 물러
나게 되었다.
후임을 논의하는 장면에 조영무 평이 등장한다.

상이 말했다.
"(후임으로는) 오직 남재가 있을 뿐이다. 그러나 남재는 모든 일에 용
기 있게 행동함에 있어 나약한데 이를 재상으로 삼는 것이 어떠할
까?"
류가 대답했다.
"모든 일에 즉시 용기 있게 행동하지 못하는 것은 영무가 더욱 심합
니다. 신 등이 한 가지 일을 행하고자 하면 굳이 만류하는 까닭으로
일을 행하기가 심히 어려웠습니다."
상이 웃으면서 말했다.
"조영무는 공정하고 곧은[公直] 까닭이다."

조영무가 곧았음은 태종 14년(1414년) 7월 28일 줄기에서도 확인할 수 있다.

영무는 질박하고 순수하며[質實=質直] 곧은 소리를 좋아하고[好直言] 정사를 맡아 사정(私情)이 없었으므로[任政無私] 상에게 중함을 받았다.

이처럼 태종을 모신 두 정승 하륜이나 조영무 모두 곧음[直]이라는 공통점이 있었다. 곧음이야말로 사직지신으로 인정받을 수 있는 필요조건이었다.

영의정 유정현에게 경고하다:
"뒤에 알게 하지 말고 숨기지 말라!"

태종 17년(1417년) 1월 29일 실록부터 살펴보자.

광주판관(廣州判官) 오영로(吳寧老)가 계본(啓本-보고서)을 올렸다. 이에 앞서 영의정 유정현이 아뢰어 말했다.

"광주(廣州) 검단산(黔丹山) 아래는 강무장(講武場)이기 때문에 백성이 풀을 베고 나무를 찍지 못해 민원(民怨)이 하늘에 닿았다[至天]고 합니다."

이때에 이르러 상이 판관 오영로를 불러 정현의 말을 모두 전해주고 발언한 자를 찾아내 아뢰게 하니 영로가 와서 아뢰었다.

"연전에 정현이 창두(蒼頭-노비) 소근(小斤)으로 하여금 편지를 가지고 가서 이엉[蓋草]을 베기를 청하니 목사(牧使) 한승안(韓承顔)이 말하기를 '네가 풀 벨 만한 곳을 보고 와서 아뢰라'라고 했는데 소근이 돌아와 아뢴 곳이 바로 강무장이었으므로 승안이 못하게 했습니다. 그 후에 광주에 사는 종 기매로 하여금 또 청하게 했으나 결국 승락을 얻지 못했습니다. 신이 의심스러운 자는 오직 이 종뿐이나 그를 신문한즉 불복(不服)했습니다."

상이 말했다.

"다시 신문할 필요는 없다."

정현이 아뢰었다.

"신이 전일에 아뢰었던 것은 단지 그 원망하는 말의 출처만을 징험하고자 함이었습니다. (그런데) 지금 주관(州官)이 도리어 기매(其每)를 곤장 쳐 신문하고 결박해왔습니다."

상이 말했다.

"생각건대 반드시 향원(鄕愿)[92]의 뜬말일 것이다. 내 그를 징치하고자 했더니 이제 주관(州官)이 아뢴 것을 보고 곧 경의 종임을 알았다. 경의 충직(忠直)함은 내가 아는 바이므로 이것을 논하지 말기로 했으니 이제부터 들은 것이 있으면 즉시 아뢰도록 하라."

곧음과 곧지 않음을 가리는 한 가지 방법은 말을 꺼내는 타이밍을 살피는 것이다. 말해야 할 일을 묵혀두는 사람이 리더에게 미

---

92 그 향리(鄕里) 사람에게 덕(德)이 있는 사람이라 칭송을 받으나 실제의 행실은 그렇지 못한 사람을 가리킨다.

칠 수 있는 해악은 무엇보다 오판(誤判)하게 한다는 점이다. 그 즉시 이야기하느냐 묵혀두느냐 문제도 있다.

앞서 하륜 이야기에서 언급했던 『서경』「군진(君陳)」에 나오는 충(忠)이다.

너는 아름다운 꾀와 아름다운 계책이 있거든 즉시[則=卽] 들어와 안에서 네 임금에게 고하고, 너는 마침내 밖에 나가서 사람들에게 일러 말하기를 '이 꾀와 이 계책은 우리 임금님 덕분이다'라고 하라.

여기서 핵심은 '즉시'다. 그래서 순수한 마음[純]이고 그것이 바로 곧음[直]이다. 또 아는 것이 있으면 남김없이 진달해야 곧음이다. 뭔가를 남기거나 숨긴다면 곧지 못함[不直]이다. 태종은 이런 방법으로 신하들이 곧은지 여부를 검증해 나갔다. 태종이 신하들에게 좋은 말을 구할 때[求言] 반드시 "곧게 말하되 숨기지 말라[直言無隱]"거나 "곧게 말하되 피하거나 꺼려서는 안 된다[直言不諱=直言勿諱=直言無忌]"고 덧붙여 강조한 이유다.

예를 들면 태종 13년(1413년) 4월 24일 대언 한상덕과 대화 중에 말했다.

"내가 만약에 잘못 결단하게 되면 경은 마땅히 곧게 말하고 숨기거나 꺼리는 일이 없도록 하라[直言無諱]."

태종은 한상덕에게 딱 하나, 곧음을 요구했다. 박석명에게 요구했던 바와 같았다.

곧지 못한 말

태종이 사람을 알아보는 방법으로 직(直)이 쓰이는 다양한 용례를 충분히 살펴보았다. 그 뉘앙스는 영어로 하자면 그냥 다이렉트(Direct)하거나 어니스트(Honest)하거나 스트레이트포워드(Straightforward)하다기보다 인티그리티(Integrity), 즉 생각·말·행동이 따로 놀지 않고 통합된 상태를 말하는 진실성에 더 가까움을 느낄 수 있다.

『논어』「요왈(堯曰)」편 중에서도 맨 마지막 장에서 공자는 이렇게 말한다.

"명을 알지 못하면 군자가 될 수 없고, 예를 알지 못하면 설 수 없고, 말을 알지 못하면 사람을 알 수 없다[不知命 無以爲君子也 不知禮
부지 명 무이 위 군자 야 부지 례
無以立也 不知言 無以知人也]."
무이 입 야 부지 언 무이 지인 야

함께 풀어보자.

첫째, 명(命)이란 일의 형세[事勢]를 말한다. 일이란 늘 이치
사세
대로 진행되지는 않는다. 사람들의 욕망과 잘못이 뒤섞이기 때문이다. 그런 점까지 감안해서 일의 흐름을 잡아냄이야말로 바로 군자가 감당해야 하는 명이다.

둘째, 예(禮)를 알지 못하면 설 수가 없다고 했다. 예(禮)란 예법(禮法)에 한정되는 개념이 아니라 일의 이치[事理]를 말한다. 공
사리
자는 『예기』에서 그 함의를 넓혀 '일을 다스리는 것[治事]'이라고
치사
정의한 바 있다. 일을 이치에 따라 잘 처리한다는 말이다.

마지막이다. 말을 알지 못하면 사람을 알 수 없다. 정약용은 이를 "말을 안다는 것은 남의 말을 듣고서 그 심술이 사악한지 바른지를 알게 됨을 이른다"고 풀었다. 이처럼 『논어』는 말과 지인(知人)의 문제를 강조하며 끝난다.

『맹자』 「공손추상(公孫丑上)」이다.

(제자인) 공손추가 물었다.

"어떠해야 '말을 안다[知言]'고 할 수 있습니까?"
_{지언}

이에 맹자가 말했다.

"편벽된 말[詖辭]을 들었을 때 그것이 숨기고 있는 게 무엇인지를 알아내고, 방탕한 말[淫辭]을 들었을 때 그것이 어떤 함정에 빠져 있는지를 알아내고, 간사한 말[邪辭]을 들었을 때 그것이 실상과 얼마나 괴리되어 있는지를 알아내고, 둘러대며 회피하는 말[遁辭]을 들었을 때 그것이 얼마나 (논리적으로) 궁한지를 알아내는 것이다. (이 4가지는 그 말하는 사람의) 마음에서 생겨 나와 정사에 해를 끼치고 (그것이 정치에 반영되어) 정치(나 정책으)로 구현되어 (나라의) 일에 해를 끼치게 되니 공자와 같은 위대한 인물이 다시 나오신다 해도 (말을 안다는 것[知言]이 무엇인지에 대해서는) 반드시 내 견해를 따를 것이다."

맹자는 말을 아는 것[知言]을 사람을 아는 것[知人]의 맥락에서 체계적으로 풀이하고 있다.

첫째, 맹자는 어떤 사람이 하는 편벽된 말[詖辭]이 뒤에 숨기고 있는 것을 알아차려야 말을 아는 것[知言]이라고 한다. 피(詖)는 '치우치다', '기울다', '편파적이다' 등을 뜻한다. 어떤 사람이 의

도적이든 아니든 치우친 이야기를 할 때 숨겨진 부분을 곧바로 알아차린다면 말을 아는[知言] 사람이다.

둘째, 맹자는 어떤 사람이 하는 방탕한 말[淫辭]이 어떤 함정에 빠져 있는지[陷]를 알아차려야 말을 아는 것[知言]이라고 한다. 방탕한 말이란 화자가 무엇인가에 흠뻑 빠져들어 있는 데서 나온다. 따라서 그 빠져 있는 곳이 어디인지를 분별해낸다면 방탕한 말에 현혹되는 일은 없다. 그래서 어떤 사람이 방탕한 말을 할 때 그 말이 어디에 흠뻑 빠져서 나왔는지를 곧장 분별해낸다면 말을 아는[知言] 사람이다.

셋째, 맹자는 어떤 사람이 하는 간사한 말[邪辭]이 실상과 얼마나 괴리되어 있는지를 알아차려야 말을 아는 것[知言]이라고 한다. 간사한 말이란 뭔가 그릇된 쪽으로 끌고 가려는 의도로 하는 말이다. 그 말은 실상에서 벗어나 있을 수밖에 없다. 그래서 어떤 사람이 간사한 말을 할 때 그 말이 실상에서 얼마나 벗어나 있는지를 정확히 분별해낸다면 그 사람은 말을 아는[知言] 사람이다.

넷째, 맹자는 둘러대며 회피하는 말[遁辭]이 얼마나 (논리적으로) 궁한지를 알아차려야 말을 아는 것[知言]이라고 한다. 회피하는 말이란 논리적으로 모순임에도 불구하고 이리저리 둘러대는 말이다. 그래서 어떤 사람이 회피하는 말을 할 때 논리적으로 곤경에 처할 수밖에 없음을 꿰뚫어보는 사람이 있다면 그 사람은 말을 아는[知言] 사람이다.

이상에 대해 태종이 깊이 이해하고 있었음은 말할 필요도 없다.

"무제의 웅대한 재주와 큰 계략은
내가 미칠 바가 아니지만…"

태종 4년(1404년) 4월 27일 사간원에서 (사간원) 좌정언 노이 (盧異)를 탄핵했다. 사유는 이렇다. 이(異)는 (평소) 동사(同舍-사간원)와 일을 토의할 때 적중함을 지나치는[過中=過中道] 경우가 많고 혹은 실상과 동떨어지기도[不實] 했다. 어느 자리에서 노이가 말했다.

> "지난번에 이신(李伸)이 약혼을 하고서 혼인할 해를 기다리고 있는 장군(將軍) 김보해(金寶海) 누이를 궁중에 바쳤는데 상이 이를 알고 곧바로 내쳤다. 그러나 신과 보해 등이 총애를 얻으려고 여색을 바쳐 아첨하고 상을 불의(不義)에 빠뜨리게 한 죄를 논하지 않았으니 마땅히 중론(重論)을 가해 다른 사람들에게 징계가 되게 해야 한다."

그 자리에 있던 사람들은 모두 응하지 않았다. 이에 (노이는) 홀로 우정언 신효(申曉)[93]와 더불어 의견을 정했는데 처음에는 동료들과 의견이 합치되지 않았다. 좌헌납 박초(朴礎)가 비로소 이와 마음을 같이해 좌사간 조휴(趙休) 등을 탄핵하고자 하니, 이가 말했다.

---

93 1402년(태종 2년) 문과에 장원급제해 1404년 사간원 우정언이 되어 바로 이때 노이·이양명 등과 궁중의 비밀을 발설해 탄핵을 받아 연안에 유배되었다. 2년 만에 풀려났으나 행주에 은거해 81세로 죽었다. 세종 때 형 신개가 재상으로 있으면서 다시 관직에 나올 것을 권하고 천거했으나 끝까지 나오지 않았다.

"불가하오. 직책이 언관에 있은 지가 지금 이미 두어 달이 되었는데 시정(時政)의 득실(得失)은 말하지 않고 도리어 동료를 탄핵하면 사람들이 장차 뭐라 하겠소."

그러나 5월 1일에는 사간원 좌사간 조휴 등이 소를 올려 노이 등의 죄를 청했다.
소는 대략 이러했다.

'신 등은 가만히 보건대 직책이 언관(言官)에 있으면 속이지 말고 (임금의 안색을) 범(犯)하는 것이 마땅히 해야 할 일이라 여깁니다. 지금 정언 노이와 신효 등은 모두 용렬한 재주뿐임에도 (전하의) 빼어나신 눈 밝음[聖明]을 만나 관직을 얻어 이 자리에 이르렀으면 마땅히 더
　　　　　 성명
욱 충성과 절의[忠節]를 닦아 조금이라도[涓埃]**94** 보답하려고 도모
　　　　 충절　　　　　　　　　　　　　 연애
해야 할 것입니다. (그런데) 사려하는 바가 이에 미치지 못해 망령되이 공손치 못한 말로 지존(至尊)을 기망(欺罔)했으니 불경(不敬)한 죄가 이보다 더 클 수 없으므로 징계하지 않을 수 없습니다. 엎드려 바라건대 상께서 이를 헤아려 시행하셔야 합니다.'
궁중에 머물러 두고 (해당 부서에) 내려보내지 않았다.

5월 3일에 사간원에서 이 문제로 다시 노이를 탄핵하자 태종은 자기 속마음을 드러내 보인다.

---

94 연(涓)과 애(埃)는 각각 물방울과 티끌을 뜻하며 아주 작은 것을 의미한다.

사간원에서 다시 노이를 탄핵하니 명해 전리(田里-고향)로 내쫓았다. 그에 앞서 (사간원에서) 이(異)에게 상(上)을 향해 공손치 못한 말을 하고 그것을 바깥사람들에게 떠들어 말한[揚言] 까닭을 물으니 이가 이렇게 대답했다.

"내가 말한 것이 불손한 것이 아니라 곧게 말하는 것[直言]은 진실로 간관의 직무다. 또 밖에 떠들어 말한 것이 아니라 다만 동료들과 그것을 말한 것뿐이다."

휴(休-조휴) 등이 소를 올려 말했다.

'좌정언 노이가 지존을 향해 함부로 고분고분하지 못한[不順=不遜] 말을 지어내었고 밖에다 대고 사람들에게 떠들었으니 청컨대 직첩(職牒)을 거두고 저 해외(海外-먼 바닷가)로 물리쳐야 합니다. 우정언 신효도 이를 거들어 말했으니 마땅히 함께 죄를 주어야 합니다.'

애초에 휴 등이 이를 탄핵할 것을 토의하니 효가 말했다.

"이는 내가 그와 함께 토의한 것이다."

휴(休) 등은 이에 효를 아울러 탄핵해 죄줄 것을 청한 것이다. 휴 등은 또 종친과 공신들에게 일러 말했다.

"이(異)가 말하기를 '상께서 겉을 꾸미는 것[外飾]에만 힘쓰고 실질적인 다움[德]은 없어 썩은 참외와 같다. (그러니) 남의 처첩을 빼앗아 궁중에 들인 것이다'라고 했습니다."

상이 이를 듣고서 이(異)와 효(曉)를 불러 물어보니 이가 이렇게 대답했다.

"옛날 소신(小臣)이 사관일 때 해주(海州)에 어가를 따라가서[扈駕] 어리석은 속마음을 우러러 올렸더니 곧 아름답게 여기고 받아들여주심을 입었습니다. 이로 말미암아 감격해 항상 남몰래 생각하기를 만일 언관이 되어 말해야 할 것이 있으면 앞뒤를 돌아보지 않고 남김없이 다 말해야겠다고 여겼습니다. 지난번에 말하고자 한 것은 다른 것이 아니라 상께서 실질적인 다움(을 닦는 것)에는 힘쓰지 않으시고 겉으로만 어짊과 의로움[仁義]을 다 갖춘 양 꾸미신다는 것이었습니다. 이신(李伸) 김보해(金寶海) 등이 여색(女色)을 바쳐 전하를 속였는데도 일찍이 죄를 받지 않아 죄를 청하려고 그랬던 것입니다. 썩은 참외의 비유와 남의 처첩을 빼앗았다는 말은 신이 한 발언이 아닙니다. 효(曉)는 이에 참여하지 않았으니 그것은 들은 자가 잘못 들은 것일 뿐입니다."

그리고는 드디어 (이번 일의) 본말(本末)을 끝까지 다 말하니 상이 말했다.

"네가 이와 같이 할 말이 있었으면 어찌해 날 찾아와 진달하지 않고 사사로운 자리에서 말했느냐?"

이가 대답했다.

"신은 사사로운 자리에서 말한 것이 아니라 단지 동료들과 더불어 원의(圓議)[95]에서 말했을 뿐입니다."

상이 말했다.

"옛날에 백이(伯夷)와 숙제(叔齊)는 주(周)나라에 벼슬을 하지 않았다. 너는 분명 백이숙제와 같은 뜻을 갖고 있어 이런 말을 했을 것이다. 지금 마땅히 전리(田里)로 돌아가게 해주겠다."[96]

---

95 대간(臺諫)이 비밀리에 풍헌(風憲)에 관계되는 일이나 탄핵에 관계되는 일 또는 배직(拜職)한 사람의 서경(署景)을 의논하는 것을 말한다. 완의(完議)라고도 한다.

96 백(伯)과 숙(叔)은 장유(長幼)를 나타낸다. 묵태씨(墨胎氏)로, 백이는 이름이 윤(允)이고, 자는 공신(公信)이다. 본래는 은(殷)나라 고죽국(孤竹國)의 왕자였는데, 아버지가

이가 말했다.

"신의 죄는 주살에 해당되건만 전리로 돌아갈 수 있게 해주시니 은택이 지극히 두텁습니다. 그러나 신이 백이숙제와 같은 마음이 있었다면 마땅히 일찍이 물러났지 어찌 오늘에 이르렀겠습니까? 간관이 되어서 한 번도 미미한 충성[微忠]이나마 바치지 못하고 갑자기 전리로 돌아가게 되니 이것이 한스럽습니다."

상이 말했다.

"너의 이런 말을 들으니 나 또한 슬프구나. 눈앞에서 오랫동안 일을 맡겼던 사람을 하루에 내치니 어찌 슬프지 않겠는가?"

효는 집에 머물러 있으라고 명하고 그 소는 (궁중에) 머물러 두고 (해당 부서에) 내려보내지 않았다. 좌헌납 박초가 대궐에 나아와 말씀을 올렸다.

"노이는 죄가 무거운데 벌이 가볍고 효는 이와 죄가 같은데 벌이 다릅니다."

상이 말했다.

"이가 말한 바는 근거 없는 일이 아닌데 어떻게 죄를 주겠는가? 다만 이가 사관 때부터 오늘에 이르기까지 가까이에서 나를 모신 지가 이미 오래인데 나에 대해 평하기를 '겉으로는 옳은 척하고 속은 그르다[外是而內非]'고 했으니 내가 이를 가려보려고 했지만, 그러나

죽은 뒤 서로 후계자가 되기를 사양하다가 끝내 두 사람 모두 나라를 떠났다. 그 무렵 주나라 무왕(武王)이 은나라 주왕(紂王)을 토멸해 주 왕조를 세우자, 무왕의 행위가 인의(仁義)에 위배되는 것이라 해 주나라 곡식을 먹기를 거부하고 수양산(首陽山)에 몸을 숨기고 고사리를 캐어 먹고 지내다가 굶어 죽었다. 태종의 말은 노이가 처음부터 자신의 즉위 과정을 부정적으로 보고 있었던 것이 아니냐는 것이다.

내가 (실제로) 다움이 없기 때문에 그렇게 말한 것일 뿐이다. 급암(汲黯)이 한무제에게 '안으로는 욕심이 많으면서 겉으로는 어짊과 의로움을 베푸는 척한다'고 했는데 무제(武帝)의 웅대한 재주[雄才]와 큰 계략[大略]은 내가 미칠 바는 못 되나 진정 급암 같은 신하가 있으니 그것으로 충분하다. 노이와 신효의 말은 다만 여러 사람에게서 들은 것일 뿐이다."

초(礎)가 다시 아뢰었다.

"이의 죄가 작지 않으니 마땅히 중벌(重罰)을 가해야 합니다. 효는 죄가 같은데 홀로 면하게 되니 이 역시 불가합니다."

상이 말했다.

"노이의 말은 모두 곧으니[直] 내가 죄주지 않으려고 하지만 일단 너희들의 청을 따랐고 또 그의 벼슬하지 않으려는 마음[不仕之心]⁹⁷을 이뤄주려고 전리로 놓아 돌려보내는 것일 뿐이다.

게다가 이런 말은 누구나가 쉽게 할 수 있는 말이 아닌데 어찌 신효가 한 말이겠는가? 그래서 그냥 집에 돌아가게 한 것일 뿐이니 다시는 말하지 말라."

노이를 그냥 놓아준 것은 다름 아니라 그가 '곧다[直]'고 본 때문이다. 또 한 번 상황에 적중해 『한서』와 『논어』를 활용하는 태종을 보게 된다.

---

97 『논어』「자장(子張)」편에 나오는 말로 은둔지사로 살아가는 것을 말한다.

곧지 못해 죽음에 이른 재상, 이무

이무(李茂, 1355~1409년)는 정도전·남은 등이 남은 첩의 집에 모여 반란을 모의한다는 정보를 정안군 이방원에게 흘려 정사공신(定社功臣) 2등에 올랐고 2차 왕자의 난 때는 1등 공신에 올라 오랜 기간 태종이 우의정에 두었던 인물이다. 그런데 결국 1409년 민무구·무질에 편당(偏黨-당파에 쏠림)했다는 이유로 사형에 처해졌다. 이 사건은 『이한우의 태종 이방원 하』 제3장 10절에서 깊이 살펴볼 것이다. 여기서는 다만 태종이 그가 곧지 못함을 일찍이 파악하게 된 사건 하나만 짚어보려 한다. 태종 1년(1401년) 4월 6일 자 실록이다.

> 윤목(尹穆, ?~1410년)[98]을 합주지사(陜州知事)[99]로 삼았다. 목(穆)은 삼군부 판사 이무 조카[甥=甥姪]로 좌명공신이다. 이때 봉상경으로 있었다. 무가 상에게 말했다.
>
> "목이 합주 수령이 되고자 합니다."
>
> 상이 그것을 허락했다. 목이 궐에 나아가 하직 인사를 올리자 상은

---

98 1400년(정종 2년) 전중군장군(前中軍將軍) 때 방간의 난을 평정하고 태종이 왕위에 오르는 데 기여한 공으로 1401년(태종 1년)에 좌명공신 4등에 책록되었다. 이때 이무 추천으로 합주 지사로 임명되었으나 그는 불만을 품고 임지로 떠났다. 그는 임지인 합주에서 몽계사(夢溪寺)의 백종법회를 금지시키고 많은 양곡을 빼앗아버린 죄로 탄핵을 받았다. 1403년에는 태종 즉위에 협력한 공으로 원평군(原平君)으로 봉작되었다. 1405년 9월에 천추사(千秋使)가 되어 명나라에 갔다 왔고, 1409년 9월에 사은부사로 명나라에 갔다 왔다. 그해 10월에 민무구·무질 옥사에 관련되어 사천으로 유배되었다가 다음 해 유배지에서 처형되었다.

99 합주는 지금의 경상남도 합천 지역 옛 지명이다.

도승지 박석명에게 명해 목에게 묻도록 했다.

"어째서 합주 수령이 되려고 하는가?"

목이 대답해 말했다.

"신은 공신이 되었으니 비록 산질(散秩)¹⁰⁰이라도 서울에 머물면서 상을 모시고 호위하는 것[侍衛]이 신이 바라는 바입니다. 어찌 지방 관직[外任]을 구했겠습니까?"

이때 사람들은 아직 무의 뜻을 알지 못했다.

우선 태종이 처음부터 의심을 품고서 즉각 가장 믿는 박석명에게 진상을 알아보도록 한 점에 주목해야 한다. 다음으로는 이무가 결국 거짓말한 것이 되어 태종이 불신하게 되었다는 점에 유의해야 한다. 태종은 늘 확인에 또 확인을 거듭하는 군주였음을 이무는 간과했다. 사람들이 아직 무의 뜻을 알지 못했다는 말은 왜 이무가 조카를 지방으로 내려보내려고 했는지 알 수 없었다는 뜻이다.

이무가 인사(人事)와 관련해 장난치다가 걸려 점점 태종에게 불신을 사는 일들은 그 후에도 이어졌다. 이무가 사형당하기 1년 전인 태종 8년(1408년) 4월 10일 태종은 전 호군(護軍) 이지성(李之誠)을 유배 보냈다. 이지성은 하륜의 조카이자 이무 문객(門客)이었다. 무과에서 이무가 이지성을 뽑았다.

이때 태종은 명나라에 갔던 세자를 호종한 이지성이 세자에게

---

100 산관(散官)이라고도 하는데 일정한 직무가 없는 벼슬자리를 말한다. 반대말은 실직(實職)이다.

"민무구·무질은 죄가 없는데 쫓겨났습니다"라고 말했다는 사실을 세자로부터 전해 들었다. 그래서 쫓아낸 것이다. 그런데 놀랍게도 유배에서 풀려난 이지성은 태종도 모르게 특진해 사재감 행사직(司宰監行司直)에 제수되었다. 1409년 5월 20일 이지성을 천거한 사람이 이무라는 사실이 드러났다.

이는 이무의 명을 재촉하는 사건이 되고 말았다. 5개월도 안 지난 10월 5일 이무는 민무구 형제와 당을 이룬 죄목으로 사형당했다. 이지성은 그로부터 7년 후인 태종 16년(1416년) 1월 13일 민무휼·무회가 죽을 때 같은 죄목으로 목이 달아났다.

제 2 장

무일

1 ──

강명의 강은 한결같음

위징, 신시이경종

　군셈과 눈 밝음[剛明]은 뛰어난 임금[賢君]이라면 갖춰야 할
　　　　　　　　강명　　　　　　　　　　　　　　　현군
필수 덕목이다. 고집스러움이나 힘셈을 군셈으로 착각하기 쉬운데,
군셈이란 오래가는 마음[恒心=久心] 혹은 한결같은 마음[一心]일
　　　　　　　　　　　항심　　구심　　　　　　　　　　　일심
뿐이다. 주공(周公)이 강조했던 무일(無逸), 즉 시종일관 게을러지
지 않는 마음이 바로 군셈[剛]이다.
　　　　　　　　　　　　강
　원래 무일(無逸)은 글 제목이다. 주나라 때 주공(周公)[1]이 섭정

1　이름은 단(旦)이고 성은 희(姬)다. 숙단(叔旦)으로도 불린다. 서주 왕조를 세운 문왕
　(文王) 아들이자 무왕(武王) 동생이다. 채읍(采邑)이 주(周)에 있었다. 무왕을 도와 주
　(紂)를 쳐서 상(商)나라를 멸했다. 무왕 아들 성왕(成王)을 도와 주 왕조의 기초를 확
　립했다. 무왕이 죽은 뒤 나이 어린 성왕이 제위에 오르자 섭정(攝政)이 되었다. 은족

을 하다가 마치고 나서 조카인 성왕(成王)²에게 전권을 넘겨주면서 경계하는 말을 한마디로 "게을러서는 안 된다[無逸]"라고 압축했다.

　태종이 임금으로 있으면서 18년 동안 한결같이 보여준 국왕으로서 언행이 바로 그것이다. 필자는 태종 시대를 일관하는 긴장감은 바로 태종이 견지한 무일함에서 왔다고 본다.

　태종 1년(1401년) 윤3월 11일 태종은 정전(正殿)을 확장하면서 궁 북쪽에 정자를 짓고 하륜과 권근에게 이름 후보를 올리게 했다. 청화(淸和), 요산(樂山), 무일(無逸)을 올렸다. 이에 태종은 무일을 정전 이름으로 삼고 청화를 정자 이름으로 삼았다.

　그런데 군주가 게으르다는 것은 과연 무슨 뜻일까? 백성의 삶이 얼마나 힘든지 진실로 안다면 군주는 게으를 수 없다는 뜻이다. 주공은 "군주는 늘 무일(無逸)을 마음 한가운데 오랫동안 두어야 합니다"라고 했다.

　여기서 중요한 말이 "오랫동안"이다. 잠깐 하다 말면 무일한다

　(殷族) 대표자 무경(武庚)과 녹부(祿夫), 주공 동생 관숙(管叔)과 채숙(蔡叔) 등이 일으킨 반란을 진압한 다음 동방(東方)으로 원정해 하남성 낙양(洛陽) 부근 낙읍(洛邑-성주(成周))에 진(鎭)을 설치했다. 이후 멸망한 은족을 회유하기 위해 은(殷)의 옛 땅에 주왕(紂王) 형 미자계(微子啓)를 봉해 송나라 칭하고, 아들 백금(伯禽)을 노(魯-곡부(曲阜))나라에 봉하는 등 주 왕실의 일족과 공신들을 중원(中原) 요지에 배치해 다스리게 하는 등 주나라 초기에 대봉건제(大封建制)를 실시해 주 왕실의 기틀을 공고히 했다. 예악(禮樂) 제도를 제정하고 제후(諸侯)를 봉하는 등 주나라를 강하게 만들었다. 죽은 뒤 성왕이 노나라에 천자의 예악(禮樂)을 하사해 그 덕에 보답했다. 저서에 『주례(周禮)』가 있다.

2　중국 주나라 제2대 왕이다. 아버지 무왕이 죽었을 때 어렸으므로 무왕 아우 주공 단이 섭정이 되었다. 동이(東夷) 원정에서 귀환한 뒤 기초를 다지고 주공 단과 소공 석의 보좌를 받아 치세에 힘썼고 그로부터 강왕 시대에 걸쳐 주나라의 성시를 실현했다고 한다.

고 할 수 없다. 무일하는 마음을 한결같이 시종일관할 때라야 제대로 된 군주가 될 수 있다.

당나라 명신(名臣) 위징(魏徵, 580~643년)이 태종에게 올린 「간태종십사소(諫太宗十思疏)」는 당 태종에게 10가지 반드시 명심해야 할 내용을 간언하는 소(疏)라는 뜻이다. 무일(無逸)과 관련된 부분이 흥미롭고 상세하다.

"처음에 시작을 잘하는 사람은 많지만, 능히 끝을 잘 마치는 자는 거의 없습니다."

"나태하고 게을러질까를 두려울 때는 반드시 일의 시작을 신중히 하고 일의 끝을 잘 삼가야 한다[愼始而敬終]는 것을 떠올려야 합니다."
신시 이 경종

사람이 하는 일은 시작이 있으면 끝이 있기 마련이다. 그렇기 때문에 신시경종(愼始敬終)은 작은 조직이든 큰 조직이든 사람을 부리는 자리에 있는 사람이라면 잠시도 잊어서는 안 되는 경구라 할 수 있다.

다시 조선 초로 돌아간다. 적어도 정치력만 놓고 보면 태종이 세종보다 몇 수 위다. 태종은 신시경종(愼始敬終)을 한시도 잊은 적이 없는 군주였다. 양녕을 폐세자시키고 충녕대군을 세자로 삼은 다음 상왕으로 물러나 어린 세종이 임금 역할을 제대로 할 수 있도록 4년간 돌봐준 일이 대표적이다. 세종의 경우에 이 '인턴 임금 4년'이 없었더라면 그렇게 많은 업적을 남길 수 있었을지 미지수다.

반면 세종은 신시(愼始)했는지는 몰라도 경종(敬終)했다고는 할 수 없다. 후계 구도를 제대로 정리하지 않고 수양과 안평 두 대군으로 하여금 어려서부터 정치에 관련된 심부름을 하도록 만들며 정치에 관여하는 길을 열어주었다. 양녕이 세자이던 시절 효령이나 충녕이 정치와 관련된 책을 보면 그 자리에서 빼앗던 태종과는 확연히 대조를 이룬다. 결국 세종 사후에 그 아들들 사이에 살육전이 벌어진 것도 실은 세종 탓이다.

한 리더가 무일(無逸)했는지 게으름에 빠졌는지는 그 마무리가 좋았는지 여부를 살피는 것으로 충분하다. 물론 좋은 시작이 없고서는 좋은 마침이 있을 수 없다.

이는 군주가 홀로 마음만 다진다고 이룰 수 있는 일은 아니다. 위징이 당 태종에게 간언을 올렸듯이 조선 태종 때도 신하들은 그점을 누차 강조했다. 태종 11년(1411년) 3월 12일 사간원은 글을올려 지적했다.

거둥(擧動-임금의 행차)은 임금의 대절(大節)이니 가볍게 할 수 없는데 어제 전하께서 서교(西郊)에 행차하신 것은 명분이 없었습니다. 또 전하께서 즉위하신 초기에는 날마다 정사를 보시더니 중간에 육아일(六衙日)마다 조회를 보셨고, 지금은 오래도록 이를 폐기하셨습니다. 밝으신 때에 비록 궐사(闕事-일을 빠트림)가 없었다고는 하더라도 후세에 반드시 전하를 말하기를 '처음에는 부지런하더니 뒤에 와서 게을러졌다'라고 할 것입니다. 바라건대 이제부터는 정사를 부지런히 보시어 연익지모(燕翼之謀)[3]를 남기시기 바랍니다.

---

3 자손을 위한 좋은 계교를 말한다.

태종 또한 그 문제의 중요성을 알았기에 이렇게 답했다.

"어제 행차는 내 마음도 불편하게 여기며 너희들의 말도 옳다. 지금 이후로는 말을 들에다 놓아두어 다시는 이 같은 행차가 없을 것이다. 이것은 궁정이 좁아서 조회를 볼 만한 곳이 없고, 또 장막을 설치해 정사를 들을 수도 없었기 때문이다. 내가 창덕궁으로 돌아가게 되면 조회를 받고 정사를 듣기를 한결같이 처음에 정사할 때와 같이 하겠다."

신시이경종(愼始而敬終)을 아는 임금과 신하 간 대화다. 같은 해 좌의정 성석린과의 대화는 이 점을 더욱 분명하게 보여준다. 태종 11년(1411년) 5월 1일 실록이다.

"지금은 사방이 무사(無事)해 나라에는 남은 곡식이 있고 백성은 업(業)을 잃는 자가 없으나, 염려해야 할 바는 편안할 때에 위태로움을 잊지 않는 것입니다. 노신(老臣)은 마음과 생각이 망연해 어찌할 바를 알지 못하오나 다만 바라건대 성상(聖上)께서 생각하시기를 처음과 끝을 한결같게 하시기[終始惟一]를 바랄 뿐입니다."
종시 유일
상이 말했다.
"편안할 때에 위태로움을 잊지 아니함은 옛사람이 경계한 바이다. 그러나 반드시 일의 기미[事機]를 기다려야 하니 미리부터 도모할
사기
수는 없다."

태종 대답이 더 인상적이다. 단순히 마음가짐 다지는 문제가

아니라 일의 문제로 받아서 답하는 모습이다.

주공, 무일

태종에게 깊은 영향을 준 『서경』 「주서(周書)·무일(無逸)」편을
함께 음미하며 읽어보자.

주공(周公)이 말했다.

"오호라! 군자는 다름 아니라 게을리하지 않음[無逸=無倦]을 자신
이 있어야 할 곳으로 삼습니다[所=處所].

(그러기 위해서는) 먼저 농사일의 힘듦[稼穡之艱難]을 알고서 이에 편
안해져야만[逸=安逸]⁴ 백성이 의지해서 살아가는바[小人之依](가 무
엇인지)를 알게 될 것입니다.

백성(이 살아가는 것)을 살펴보면4[相=觀] 그 부모는 농사일에 부지
런히 힘쓰는데도[勤勞] 그 자식들은 정작[乃] 농사일의 힘듦을 알
지 못한 채 이에 편안해하면서[逸] 마침내 속된 말이나 해대면서
[諺] 이미 허망한 짓이나 하고 다닙니다[誕]. 그렇지 않을 경우에라
도 자기 부모를 업신여기며[侮] 말하기를 '옛사람들은 식견도 지식
도[聞知] 없다'고 합니다."

주공이 말했다.

---

4 이는 부지런히 하는 것이 오히려 마음 편안해지는 것을 말한다.

"오호라! 제가 듣건대 옛날에 은나라 왕(王-천자) 중종(中宗)은 엄숙하고 공손하고 삼가고 두려워하며[嚴恭寅畏] 하늘이 명을 내리시면 스스로 헤아려[天命自度] 백성을 다스림에 있어 삼가고 두려워해[祇懼=敬懼] 감히 자신을 풀어놓고 마음 가는 대로 하지 않았기에 드디어 중종이 임금 자리를 누린 것[享國]이 75년이었던 것입니다.

고종(高宗) 때는 민간에서 오래전부터 고생하며 이에 백성과 함께 했습니다[曁=及]. (민간에서) 일어나 바야흐로 지위에 나아가 곧 늘[或] 양음(亮陰)에서 3년 동안 아무런 말도 하지 않았습니다. 왕은 그처럼 (상중에는) 말을 하지 않았으나 말을 하게 되자 곧바로 사리에 딱 맞았으며 감히 자신을 풀어놓고 마음 가는 대로 하지 않았기에 은나라를 아름답고 편안케 만들어 일반 백성이든 높은 관리든 모두 다 이에 혹시라도 원망하는 사람이 없었으니 드디어 고종이 임금 자리를 누린 것이 59년이었던 것입니다.

조갑(祖甲)은 저 왕 노릇하는 것이 마땅하지 않다 해 오랫동안 일반 백성으로 있었습니다. (민간에서) 일어나 바야흐로 지위에 나아가자 이에 백성이 의지해서 살아가는 바를 잘 알아서 능히 뭇 백성을 보호하고 은혜를 베풀면서 감히 홀아비나 과부라 하더라도 업신여기지 않았기에 드디어 조갑이 임금 자리를 누린 것이 59년이었던 것입니다.

이로부터 그 뒤로 (왕위에) 세워지는 왕들은 태어나면서부터 편안했습니다. 태어나면서부터 편안하다 보니 농사일의 힘듦을 알지 못했고 백성의 수고로움에 대해서 들어보지도 못한 채 오직 지나친 향락과 즐거움만을 따랐습니다. 이로부터 그 뒤로 실로 능히 천수를 누리는 임금이 없어 혹 (임금 자리를 누린 것이) 10년, 혹 7~8년, 혹

5~6년, 혹 4~3년이었습니다."

주공이 말했다.

"오호라! (은나라뿐 아니라) 또한 우리 주나라에서는 태왕(太王)과 왕계(王季)께서도 능히 스스로 누르고 두려워하셨습니다.

문왕(文王)께서는 허름한 복장[卑服]을 하고서 백성을 편안하게 하는 일과 백성을 길러주는 일로 나아가셨습니다.

(그 다움이) 아름답고 부드럽고 훌륭하고 공손하시어[徽柔懿恭] 백성을 품어 안고 보호하시어 아침부터 해가 기울 때까지 한가롭게 밥을 먹을 겨를도 없이 만백성을 모두 교화시키셨습니다.

문왕께서는 감히 유람과 사냥을 즐기지 않으시어 여러 제후국이 바치는 바른 조세만을 받으셨으니 문왕께서 명을 받으신 것이 중년이셨는데 그분께서 임금 자리를 누린 것이 50년이었던 것입니다."

주공이 말했다.

"오호라! 지금부터 계속 이어서 사왕(嗣王-성왕)께서는 옛 임금들이 구경하고 편안히 하고 유람하고 사냥하는 것을 지나치게 하지 않으신 것을 본받으시어 만백성의 바른 공물만을 받으셔야 할 것입니다. 한가로이 여겨 '오늘은 맘껏 향락과 즐거움에 젖어 들겠노라'라고 말씀하지 마소서.

이는 곧 백성이 가르침으로 여길 만한 것이 아니며 하늘이 고분고분한 것[若=順]으로 여길 만한 것이 아닙니다. (만일 그렇게 하시면) 당시 사람들[時人]이 임금의 잘못을 크게 본받을 것이니 은나라 임금 수(受)가 미혹되어 어지러워서 술에 푹 빠지는 것처럼 해서는 안 될 것입니다."

주공이 말했다.

"오호라! 제가 듣건대 옛날 (훌륭한) 사람들은 오히려 서로 일깨워주고 알려주었고 서로 보호하고 은혜를 베풀었으며 서로 가르치고 모범을 보이니 백성은 혹시라도 서로 속이거나 과장해 허무맹랑한 짓을 하지 않았습니다.

(지금까지 말한) 이런 것들을 듣지 않으시면 사람들은 마침내 그것을 본받고 따라 해 결국 옛날의 뛰어난 임금들의 바른 법도를 바꾸거나 어지럽혀 작고 큰 (안 좋은) 일들에 이르게 될 것입니다. 백성은 그렇지 않더라도 그 마음이 (법도를) 어기고 (남을) 원망할 것이며 (또) 그렇지 않더라도 그 입으로 (남을) 저주할 것입니다."

주공이 말했다.

"오호라! 은나라 왕 중종부터 고종과 조갑, 우리 주나라 문왕까지 이 네 분은 사리를 아는 길을 밟으셨습니다.

그러니 혹시라도 (누가 와서) 고하기를 '백성이 너를 원망하고 너를 욕한다'라고 말하거든 크게 스스로 그 임금다움을 삼가고 그 허물에 대해 말씀하시기를 '짐(朕)의 허물이다'라고 말씀하소서. 진실로 이와 같이 한다면 단지 감히 노여움을 감추지 않는 데만 그치지 않을 것입니다.

(지금까지 말한) 이런 것들을 듣지 않으시면 사람들은 마침내 혹시라도 서로 속이거나 과장해 허무맹랑한 짓을 하며 말하기를 '백성이 너를 원망하고 너를 욕한다'라고 하면 그것을 그대로 믿게 될 것입니다.

이와 같이 하게 되면 그 임금다움을 길이 생각지 않고 그 마음을 너그럽게 하지 않아 아무런 죄도 없는 사람들을 어지러이 벌하고 무고한 사람들을 죽이게 될 것입니다. (그렇게 되면) 원망이 한데 모이고

[同] 이는 그 몸에 다 쌓이게 될 것입니다."
_동

주공이 말했다.

"오호라! 사왕(嗣王-성왕)께서는 이에 이상의 말들을 깊이 살피소

서."

2 ──

한양 천도의 정치학(1394~1405년)

1차 천도

고려 창건자 왕건(王建)과 조선 창건자 이성계(李成桂)는 공통점이 많다. 둘 다 역사에 길이 남을 명장이었고 풍수지리와 불교를 깊이 신봉했다. 생사가 순간에 갈리는 전장(戰場)을 누벼온 백전노장인 두 사람 모두 풍수지리와 불교를 독실하게 받들었다는 사실은 단순한 우연이 아니다.

왕건의 경우 풍수에 능했던 승려 도선(道詵)이 왕건이라는 이름까지 지어주며 왕건의 아버지에게 삼한(三韓)을 통일할 인물이라고 예언했다는 이야기가 『고려사』에 전한다. 이성계에게는 늘 스승처럼 곁을 지켰던 무학대사(無學大師)가 있었다. 군인·불교·풍수, 이 셋은 긴밀하게 연결되어 있었다.

당시 장수에게 풍수는 곧 군사지리학이었다. 지형과 산세, 물의 흐름을 통합적으로 분석해 승리를 이끌어주는 첨단 이론이었다. 요즘처럼 일신상 이익을 위해 명당을 찾는 심리와는 차원이 달랐다. 특히 왕건과 이성계는 이를 바탕으로 연전연승을 거두었기 때문에 풍수이론을 더욱 신앙하게 되었을 것이다. 애당초 이성계가 풍수지리를 신봉했던 동기는 지적 호기심과는 거리가 멀었다.

음양산정도감 설치

1393년(태조 3년) 7월 10일 태조 이성계는 새로운 수도 건설을 위해 '음양산정도감(陰陽刪定都監)', 즉 '음양 풍수 조사연구 특별위원회'를 설치했다. 지금도 마찬가지지만 워낙 음양과 풍수지리 이론들이 다양하고 주장하는 사람마다 학설이 달랐기 때문에 관련 서적들을 최대한 수집한 다음 합리적인 천도(遷都) 계획을 마련하려는 목적이었다.

이 기구에는 정도전·권중화·성석린·남은·정총·하륜·이직·이근·이서 등이 참여했고 서운관원들이 실무 지원을 맡았다. 신하 중에서 풍수지리에 조예가 있던 인물들은 다 모았다.

이 중 권중화(權仲和, 1322~1408년)[5]는 실무 차원에서는 천도

---

5   계룡산 길지설 주창자로 공민왕 2년(1353년) 문과에 급제해 대언을 거쳐 지신사에 올랐다. 이때가 공민왕 시절이었는데 늘 근신하고 일 처리가 주도면밀해 공사를 분명히

문제에 대한 최고 책임자였다. 이미 태조 2년에 권중화가 계룡산 길지설을 내놓아 계룡산 일대에 도읍을 정하고 궁궐 공사에 들어갔으나 하륜이 강력히 반대해 중단된 바 있었다.

이근(李勲, ?~1398년)은 개국공신 3등으로 조선 개국 후 좌승지가 되었다. 태조 2년(1393년)에는 대사헌에 올라 동국(東國-우리나라) 역대 현인들의 기록을 정리해 바쳤다. 한양 천도와 관련해서는 1396년 종묘 감독관을 지냈다. 당시 세자 이방석의 장인 심효생의 측근이 되어 정도전·남은 등과 가까이 어울리다가 1차 왕자의 난 때 남은 첩의 집에서 심효생·장지화 등과 함께 현장에서 주살당한 인물이다.

속전속결로 밀어붙인 태조

태조는 옆에서 지켜보는 사람들이 불안할 정도로 천도를 서둘렀다. 게다가 전쟁 때처럼 실용적인 풍수지리를 넘어 개경은 지기(地氣)가 쇠했다는 식으로 도참 신앙이 가미되기 시작하자 아무래도 유학으로 무장한 신하들이 흔쾌히 지지하려 들지는 않았다. 신하들이 천도 자체를 강력하게 반대한 것은 아니었다. 특히 새 왕조

했기 때문에 공민왕으로부터 총애가 컸다. 그 뒤 삼사좌사, 문하찬성사를 역임하지만, 공양왕 2년(1390년) 이성계가 왕이 되려 한다고 명나라 조정에 무고한 윤이·이초의 옥사에 연루되어 귀양을 가기도 했다. 그러나 고려 때 권신들 횡포가 극에 달할 때도 아부하지 않는 기개가 인정되어 조선이 들어서자 다시 중용되었다. 태조 2년(1393년) 삼사좌복야로 있으면서 음양 지리에 밝다는 이유로 이를 관장하는 서운관 영사를 겸했다.

가 시작되었기 때문에 구신들이 대거 포진하고 있는 개경을 떠나 새롭게 웅비를 펼치겠다는 마음은 태조나 신하들이나 마찬가지였다.

음양산정도감을 설치해 기초 조사 작업을 진행하면서 태조는 직접 한양에 가서 지금의 신촌 부근인 모악산(母岳山-母岳山) 일^{무악산}대를 답사하는 등 천도 작업에 박차를 가했다. 도감을 설치하고 한 달여 후인 8월 12일에는 재상들에게 구체적인 후보지에 관한 의견을 올리라고 했다. 크게 세 곳이었다. 한양에서는 지금 경복궁이 있는 곳(백악 주산설), 신촌 일대(모악 주산설), 충청도 계룡산 일대였다. 가장 중요한 고려사항은 물론 풍수보다는 조운(漕運)의 편부(便否)였다. 수도란 전국에서 부세(賦稅)를 거둬들이기에 편리해야 하기 때문이다.

그런데 뜻밖에도 이날 태조의 가장 가까운 신하 삼사판사 정도전은 하륜이 추천한 무악으로의 천도를 반대하는 소(疏)를 올렸다. 무악 천도 반대라기보다는 잠정적인 천도 반대론이었다. 지금은 민생안정에 힘쓸 때이지 새 수도를 건설하기 위해 대역사를 일으켜서는 안 된다는 논리였다. 또 그는 소에서 "나라의 성쇠는 정치하는 사람에게 달린 것이지 땅의 성쇠에 달린 것은 아닙니다"라며 태조가 가진 도참신앙을 정면으로 비판하기도 했다. 정도전은 자기 앞에 있는 이성계가 새 왕조를 연 왕임을 깜박 잊은 것일까?

바로 다음날 이성계는 고려 때부터 일부 궁궐이 조성되어 있었던 경복궁 일대를 돌아보기 위해 한양을 찾는다. 백악(-북악) 주산설을 검토해보기 위함이었다. 산세와 지형을 돌아본 이성계는 서운관 판사 윤신달(尹莘達)에게 자문을 구했고 윤신달도 개경 다음으로 좋은 곳이라고 답했다. 다만 서북쪽 지대가 낮고 샘이 메말라 홍수에 약하고 물이 많지 않은 점이 흠이라고 덧붙였다.

태조는 백악 주산설을 바탕으로 하는 기본안을 내놓고 다시 의견을 광범위하게 수렴했다. 줄곧 무악 주산설을 주장한 하륜을 제외한 대부분은 백악이 좋다는 쪽으로 의견을 모았다.

이에 따라 9월 1일 '신도궁궐조성도감(新都宮闕造成都監)'이 설치되었다. 한양에 본격적인 궁궐 조성을 위한 기구가 탄생한 것이다. 태조는 9월 9일 문하부 판사 권중화(權仲和), 삼사판사 정도전, 청성백 심덕부, 문하부 참찬사 김주(金湊), 좌복야 남은, 중추원 학사 이직 등을 한양에 보내 종묘·사직·궁궐·조시(朝市)·도로 터를 정하게 했다. 이들은 지금의 경복궁과 종묘 터를 살펴보고 이를 도면으로 제작해 태조에게 바쳤다.

새로운 수도의 윤곽이 드러나자 심덕부(沈德符, 1328~1401년)[6]와 김주(金湊, ?~1404년)[7]를 한양에 남게 해 신도 건설을 감독하

---

6 위화도회군 때 이성계 편에 섰다. 공양왕을 세울 때도 주도적인 역할을 해 9공신 중 1명이 되었다. 한때 무고로 인해 어려움을 겪기도 했으나 조선 개국과 함께 회군공신 1등에 책록되어 청성백의 작호를 받았다. 정종 1년에는 72세의 나이에도 불구하고 좌의정에 오른다. 그에게는 심인봉·심의귀·심도생·심징·심온·심종·심정 등 일곱 아들이 있었다. 이 중 다섯째 심온 딸은 훗날 세종과 결혼하게 되는 소헌왕후 심씨이고, 심종은 태조와 신의왕후 사이에서 난 둘째 딸 경선공주와 결혼했다. 이방원 입장에서 보면 심온은 가장 가까운 사돈이고 심종과는 처남 매부 사이였다.

7 공양왕 1년(1389년)에는 도평의사사의 신청사 건축 공사를 감독했고 1391년에는 대사헌으로 있으면서 도성 건설을 건의해 축성 공사가 시작되자 삼사좌사를 맡아 공사 진행을 이끌었다. 한때 이성계 일파로부터 탄핵을 받기도 했지만, 조선이 건국되자 예문춘추관 대학사로 복직되었고 태조 3년 좌복야에 올랐다. 이미 그는 태조 3년 초 계룡산 천도 움직임 때도 권중화와 함께 설계와 건설에 기여하기도 했다. 신도 건설에 결정적 기여했지만, 훗날 그는 1차 왕자의 난에 관련되어 고려 말 명건축가인 환관 김사행(金師幸)이 참수당할 때 그와 함께 백성을 혹사했다 해 유배되었다가 신도 건설

게 했다. 그리고 신하들을 한자리에 모아 천도 시기를 토의했다. 신하들이 결국 10월 25일 도평의사사(都評議使司) 분사와 각 사(司) 2명씩을 개경에 남겨둔 채 조정 백관을 거느리고 천도를 단행했다. 태조 3년(1394년) 10월 28일이다.

서둘러 천도한 만큼 궁궐 건설 공사는 아직 시작도 하지 못한 때였다. 태조 등은 한양부 객사에 머물렀고 나머지 신하들은 임시천막 같은 것을 만들어놓고 지내야 했다. 종묘와 궁궐 기공식은 그로부터 한 달여 후인 12월 3일이었다.

1년여 후 태조 4년(1395년) 9월 종묘와 경복궁이 완공되었고 12월에 입주가 이뤄졌다. 이때 태조는 정도전에게 새 궁궐 전각 작명을 지시한다. 이렇게 해서 경복궁(景福宮), 근정전(勤政殿), 사정전(思政殿), 교태전(交泰殿), 강녕전(康寧殿) 등과 숭례문(崇禮門), 흥인지문(興仁之門) 등 각종 문이 이름 지어졌다. 동시에 성곽은 조준(趙浚)과 김사형(金士衡)이 주도해 완성했다. 또 한양 행정 구역을 5부로 나눠 각각의 이름을 지었는데 이 역시 정도전이 전담해서 지었다. 이로써 1차 천도는 일단 마무리되었다.

1차 왕자의 난 직후, 개경으로 환도하다

1차 왕자의 난으로 태조와 정도전 일파가 몰락하고 이방원 일파가 득세하면서 대외적으로는 요동 정벌론이 잠잠해졌고 대내적

공로로 감형된다.

으로는 개경 환도가 이뤄졌다. 개경 환도는 무슨 계획이 있어서는 아니었다. 특히 최고 실력자 정안공 이방원 뜻과는 전혀 무관하게 사태가 진행되어갔다.

1차 왕자의 난으로 태조는 물러나고 실질적 장자였던 정종(定宗)이 동생 정안군에게 떠밀려 즉위했다. 어쨌든 그는 과도기 정국을 맡아야 했다. 태조에 이끌려 개경에서 한양으로 온 사람 중에 다수는 개경을 그리워했다. 인지상정(人之常情)이다. 게다가 조정에 변란이 일어나자 민심은 술렁거렸다. 무리해서 천도하는 바람에 이런 일이 터졌다는 볼멘소리가 나오게 생겼던 것이다.

실록에 따르면, 개경 환도 논의가 조정에서 시작되었다는 말이 새어 나온 것만으로 이주했던 사람들은 남녀노소 할 것 없이 개경으로 향했고 병사들이 출동해 성문을 막아 개경행을 중단시켜야 했다.

얼떨결에 왕위에 오른 정종으로서도 한양과 경복궁이 마음에 들지 않기는 마찬가지였다. 배다른 아우이기는 하지만 어린 방번과 방석이 참화를 당한 곳에서 억지로 임금 노릇 하기가 쉬운 일은 아니었다. 상왕 이성계도 궁궐에서 나가 멀리 북량정(北凉亭)에 거처하고 있었다.

이런저런 심사를 달랠 겸해서 정종은 정종 1년(1399년) 2월 15일 개경으로 행차를 한다. 원래 목적지는 개경이었다기보다는 친어머니 묘소 제릉(齊陵)이 있는 개경 근처 풍덕에 가기 위함이었다. 그런데 막상 개경에 도착한 정종은 마음이 흔들린다. 황량하기 그지없는 한양과 500년 도읍으로서 역사적 정취가 곳곳에 그대로 남아 있는 개경. 진취적인 미래가 보장된 것도 아니었던 정종으로서는 개경에 마음이 끌렸을 테고 평안함이 몰려드는 느낌이었을 것이다. 정종은 좌우 신하들에게 "고려 태조 왕건의 지혜로 이곳에 도읍을 세운 것이 어찌 우연한 일이겠느냐?"고 의미심장한 말을 던진다.

한양으로 돌아오니 서운관(書雲觀)[8]에서 글을 올렸다. 자연 재이가 자주 나타나니 조짐이 좋지 않다며 임금 거처를 옮겨야 한다는 건의였다. 어디로 옮길 것인가? 한양 근처라면 개경밖에 없었다. 종친과 공신들을 불러 모아 개경으로 잠시 옮기는 문제를 논의하자 모두 찬성했다.

바로 이 대목이다. 개경으로 돌아가는 문제에 대해 만일 당시 정안공 이방원이 반대 의견이었다면 실행 가능했을까? 실록은 정종 뜻으로 기록했지만 그랬을 가능성은 거의 없다고 봐야 한다. 이방원이 개경 환도를 주도했는지는 알 수 없지만 적어도 반대하지 않은 것은 확실하다. 결국 2월 27일 종친과 공신들은 '정종 뜻'을 받들어 개경 환도를 결정했다. 3월 7일 정종을 비롯해 왕자들과 종친, 공신은 모두 개경을 향해 출발했다. 다만 개경행을 반대하는 태조 뜻을 감안해 관청은 각각 절반으로 나눠 반은 한양에 남고 반은 개경으로 갔다.

모두가 떠난다는데 상왕 이성계 혼자 남아 있을 수는 없는 일이었다. 어떻게 해서 이룬 천도였던가? 수많은 신하의 반대를 뚫고 어떻게 보면 거의 혼자 밀어붙이다시피 해서 정한 수도였다. 자기가 개창한 조선이 자손 대대로 번성하기를 바라는 간절한 염원도

---

8 고려 말부터 조선 초까지 기상 관측 등을 관장하던 관서다.

크게 작용했다. 그는 누구보다 가슴 아팠을 것이다.

새삼 이방원에 대한 분노를 터뜨려도 이해 못 할 바는 아니었다.

'이놈, 결국 이 애비를 왕위에서 내쫓는 것으로 만족하지 못하고 애비의 꿈마저 짓밟는구나! 어디 두고 보자, 이놈.'

실록이 전하는 태조의 개경 행차를 보면 분노는 이보다 훨씬 더했을 것이 분명하다. 이성계의 개경행에 4남인 회안군 이방간과 각 부서 관리 1명씩이 수행했다. 자신이 그렇게도 사랑했던 두 번째 부인 신덕왕후 강씨의 정릉(貞陵-원래는 서울특별시 정동에 있던 것을 태종이 지금의 정릉으로 옮긴다)을 지날 때는 발걸음이 떨어지지 않았을 것이다. 그날 실록 기록이다.

태상왕이 거가(車駕)를 움직이니 회안군 이방간과 각사 관원 한 사람씩이 따랐는데 길이 정릉을 지나니 두루 살펴보고 머뭇거리면서 또 말했다.
"처음에 한양으로 옮긴 것은 오로지 내 뜻만이 아니었고 나라 사람과 의논한 것이었다."
눈물을 흘리다가 갔다.

그러면서도 태조 일행은 왕과 정부 관리 일행보다 나흘 빠른 3월 9일 새벽 개성에 도착했다. 그는 궁궐로 가지 않고 변안열(邊安烈, ?~1389년)[9] 옛집에 들었다. 빈집에 들어간 것이다. 13일 임금

---

9 원래 중국 심양 사람인데 공민왕이 원나라에서 환국할 때 따라 들어와 원주를 본관

일행이 개경에 도착하자 그다음날 새벽 다시 고려 때 시중을 지낸 윤환(尹桓) 옛집으로 옮긴다. 이때부터 태조의 기행(奇行)에 가까운 새벽 심야 행차가 시작된다.

당시 심정을 태조 이성계는 주변 사람들에게 아주 솔직하게 밝혔다.

"내가 한양에 천도해 비(妃)와 아들을 잃고 다시 개경으로 돌아오니 실로 도성 사람들에게 부끄럽기 짝이 없다. 그러므로 앞으로 출입은 반드시 날이 밝기 전에 해 사람들이 보지 못하게 할 것이다."

천하를 호령했던 위대한 장군이자 조선 건국자는 실은 나이가 들어 아들에게 권좌를 빼앗긴 사실이 더 부끄러웠는지도 모른다.

태종 1년, 한양 재천도론이 제기되다

'도읍이라 하는 것은 종묘사직이 있는 곳이요 사방의 공부(貢賦)가 폭주하는 곳이니 중하게 하지 않을 수 없습니다. 생각건대 태상왕 전하께서 개국하시자마자 한양에 도읍을 정하고 경영한 지 두어 해 만에 종묘사직·궁궐·성시(城市)·여염이 번성했사온데 수년이 못

으로 하사받았다. 홍건적 퇴치와 왜구 격퇴에 큰 공을 세웠다. 밀직사 판사 등 주요 관직을 역임하기도 했던 그는 1389년 마지막으로 왕위 복귀를 꿈꾸던 우왕이 최영 친조카인 김저와 정득후를 시켜 이성계 세력을 제거하려 했던 사건에 연루되어 한양으로 유배되었고 얼마 후 사형당했다.

되는 동안에 조시(朝市)가 황폐해지고 여항(閭巷-동네 마음)이 쇠락해 슬퍼하지 않는 이가 없습니다. 또 종묘 제향 때는 두 도읍에 왕래해야 하는 폐단이 작지 않으니 이것이 어찌 효도하는 도리이겠습니까? 엎드려 바라건대 전하께서는 태상왕의 개국 건도(開國建都)한 뜻을 잘 이으시어 만세의 한없는 업(業)을 정하소서.'

태종 1년(1401년) 1월 4일 국왕으로서 처음 맞이하는 새해 벽두부터 남양군 홍길민(洪吉旼, 1353~1407년)[10]이 올린 소(疏)다. 그런데 홍길민이 재천도 소를 올린 바로 그날 우연찮게 한양 건설 주역 심덕부는 세상을 떠난다.

그 후 한동안 천도 문제는 물밑으로 가라앉는다. 재위 1년 『태종실록』에는 한양 재천도 문제가 더는 기록되지 않았다. 대신 다음 해 5월에는 원자 교육을 위해 학궁(學宮)을 건립하는 등 개경에 계속 눌러앉을 계획으로 보이는 조치들이 이어졌다.

결단을 못 내리고 우왕좌왕하다

태종 2년(1402년) 7월 4일 태종은 가뭄이 계속되자 부처별로

---

10 공양왕 2년(1390년)에 우사의 대부가 되었다. 그때 정몽주가 우정승에 임명되자 고신에 서명을 거부했다. "이 사람이 한미한 집안 출신으로 임금 총애만을 믿고, 언관을 가두고 추방하며, 전제(田制)를 문란케 하니, 재상 직임에 적합지 않다." 이 때문에 그는 파직되었다. 그는 이성계 지지자였다. 1392년 개국에 공을 세우고 좌부승지를 지냈으며 개국공신 2등으로 남양군에 봉해졌다.

처방을 올리라고 명했다. 올라온 글을 직접 읽어본 태종은 시독관 김과(金科)를 불러 "지금 하늘이 비를 주지 않는 것은 덕이 없는 내가 왕위에 있기 때문이다. 내가 왕위를 사양하고자 한다"며 눈물을 흘렸다. 옆에 있던 김과도 함께 울었다고 한다. 이때 각 부처에서 올라온 처방이나 건의 중에 한양 재천도 문제가 포함되어 있었다. 어떤 사람은 신도로 돌아가야 한다고 하고, 또 어떤 사람은 개경에 머물러야 한다고 하고, 누구는 도읍을 다시 무악으로 옮겨야 한다는 등 의견이 분분했다. 삼부(三府)[11]에서는 그냥 개경에 있어도 무방하며 재차 천도하기는 불편하다고 보고했다.

일주일 후인 11일 태종은 지신사 박석명(朴錫命)을 불러 사평부(司平府-삼사(三司)가 개편된 기구) 영사 하륜, 좌정승 김사형, 우정승 이무 등으로 하여금 한양으로 돌아가는 문제를 토론해서 결과를 보고하라고 지시하는 한편 측근들을 따로 불러 의견을 수렴한다. 보통 일을 할 때는 일단 결단을 내려놓고 신하 의견을 구하는 것이 태종이 일하는 스타일이다. 그런데 천도 문제만은 그답지 않게 결단하지 못하고 우왕좌왕했다. 아버지 이성계는 줄곧 신도(新都-한양)로 돌아가야 한다며 틈만 나면 신도로 가버리는 등 시위했고, 민심은 대부분 개경에 머물기를 원했다. 태종은 그사이에 끼인 꼴이었다. 한편 토론을 거듭했던 하륜·김사형·이무·조영무 등도 반나절이 지나도록 결론을 내지 못하고 모임을 끝냈다. 재천도 반대나 마찬가지였다.

---

11 의정부·사평부(司平府)·승추부(承樞府-중추부)를 함께 이르는 말이다.

'양도제'로 잠정 결론을 내리다

정확히 2년 후인 태종 4년(1404년) 7월 10일 태종은 의정부 사인(舍人)을 불러 종친과 삼부 원로들로 하여금 도읍 문제에 관해 다시 한번 심도 있게 토론해달라고 요청했다. 그런데 토론에 앞서 그가 사인에게 하교한 내용을 보면 천도보다는 한양에 있는 종묘 사직을 개경으로 옮겨와 개경을 영구적인 수도로 삼는 방안에 무게가 실려 있다.

"지난번에 이곳 송경(松京-개경)으로 옮겨온 것은 길이 천도한 것이 아니고 임시로 피해서 온 것이었다. 그 때문에 종묘사직이 그대로 한경(漢京-한양)에 있다. 시일을 끌면서 결정하지 못한 지가 벌써 6년이다. 요사이 천변과 지괴가 여러 번 경고를 나타내니 어찌 종묘사직이 멀리 한경에 있어 도읍이 정해지지 못하고 인심이 평안하지 못해 그러한 것이 아니겠는가? 오랫동안 이곳에 살아서 사람들은 모두 살고 있는 땅에 만족하고 생업에 안정해 천도하기를 어려워하니 종묘사직을 이 도읍지로 옮겨오는 것이 어떠한가? 내일까지 토의해 아뢰라."

처음에는 모두 종묘를 개경으로 옮겨오는 것이 좋겠다고 말했다. 그런데 이때 찬성사 남재(南在)가 나섰다. 쉽게 결정할 문제가 아니니 옛 고사와 법을 두루 상고한 뒤에 시행해야 한다는 의견이었다. 좌정승 조준이 상고해 주나라 전성기 때 양경(兩京) 제도가 있었던 사실을 찾아냈다. 결국 한경은 태조가 창건한 도읍지이고 개경은 인민들 생업이 안정된 땅이므로 어느 한쪽을 폐지할 수 없으니, 개경에 따로 종묘를 세우고 신주를 만들어서 사시(四時) 제사를 두 곳에서 모두 행해 주나라 호경(鎬京)·낙읍(洛邑) 양경 제도를 본받자는 것으로 일단 결론이 났다.

태종이 삼부 원로들만 따로 모아 자문을 구했으나 내용은 조준이 낸 바와 별로 차이가 없었다. 다만 이들은 "한경은 종묘가 있다는 것뿐이나 송경(개경)은 장차 자손 만세의 땅이 될 것"이라며 개경 정착을 은근히 주장했다. 결국 태종은 최종(?) 결론을 내리고 의정부에 이렇게 지시한다.

"한경은 태조가 창건한 땅이고 종묘가 있는 곳이니, 가기도 하고 오기도 해 양도(兩都)를 폐지함이 없도록 하라. 이제부터는 천도 문제를 다시는 토의하지 않을 것이다."

태상왕을 받들어 다시 한양으로

어쩌면 지독한 현실주의 정치가 태종에게 천도 문제는 피하고 싶은 사안이었는지 모른다. 권력을 쥐고 있는 입장에서 천도는 너무나도 위험한 도박이자 당장 큰 이득을 볼 수도 없는 사안이었기 때문이다. 민심이 등 돌리게 될 것은 불 보듯 뻔했다. 개경에 안주하는 사람들 불만은 당연하고 수도 건설 노역에 동원될 백성의 원망이 이미 귀에 쟁쟁했을 것이다. 이는 양경 제도를 유지하겠다며 "다시는 토의하지 않겠다"라고 다짐하는 태종에게서 쉽게 추정할 수 있다.

9월 1일 신하들과 아무런 논의도 거치지 않고 갑자기 태종은 의정부에 "내년 겨울에는 내가 마땅히 한양으로 옮겨 거주할 터이니, 서둘러 궁실을 수리해야 할 것"이라며 앞뒤 없는 명을 내렸다. 성산군 이직(李稷)과 취산군 신극례(辛克禮, 1359~1407년)[12]를 '이궁조성도감' 제조로 임명했다. '이궁(離宮)' 조성이란 한양에 경복궁 외에 또 다른 궁을 짓겠다는 뜻이다. 갑작스럽게 태종은 한양 재천도로 확실하게 방향을 굳혔다.

지난 50일 사이에 태상왕과 태종, 눈에 보이지 않는 힘 싸움을 벌여온 부자지간에 대체 무슨 일이 있었길래 태종은 그토록 다짐했던 결심을 하루아침에 뒤집었을까? 유감스럽게도 실록은 그에 관해 단 하나의 힌트만 전한다.

그날 태상왕이 지신사 박석명을 불러 태종에게 다음과 같은 '지시'를 전달토록 했다. 내용은 자신도 한양 천도를 해보았기 때문에 천도에 따른 번거로움을 모르지 않지만, 송경은 왕씨(王氏) 수도일 뿐이다. 그런데 그대로 여기를 도읍으로 삼는다면 시조(始祖)의 뜻에 따라 움직이는 도리가 아니라는 논리였다.

이성계가 자신을 '시조'라 부르며 뜻을 강조한 것 외에 특별히 눈에 띄는 내용은 없다. 이 정도 지시는 그전에도 수없이 전달되었고 태조는 직접 육성으로도 전했다. 그런데 왜? 정말 지난 50일 사

---

12 상장군으로 있던 1398년 바로 앞집에 살며 가깝게 지내던 정안공이 1차 왕자의 난을 일으킬 때 적극 참여해 정사공신 2등, 2차 왕자의 난 때는 좌명공신 1등에 오른 무장이다. 이 공으로 그는 취산군에 봉해졌다. 재미있는 것은 신극례 고모 딸이 현비 강씨였다는 사실이다. 결국 혈육으로 보면 신극례는 세자 이방석 5촌 아저씨였다. 그런데도 그는 이웃에 살며 가깝게 지낸 이방원을 선택했다.

이에 무슨 일이 있었길래?

　이미 2년 전 자신을 따르던 조사의(趙思義)의 반란 등을 통해 무력까지 써버려 더 버틸 힘이 없는 이성계였다. 이때 이성계는 나이 70세였다. 동원할 수 있는 압력 수단이라고는 목숨 하나밖에 없었다. 아마도 자기 목숨을 건 협박이나 애원이 있었을 듯하다. 아들 태종으로서는 더 거부할 수 없는 무엇, 즉 자기 목숨을 걸고 아버지 태조는 마지막 자존심이나 마찬가지인 한양 재천도를 관철시켰다.

천도 논쟁 재연

　일단 결심하면 무섭게 밀어붙여야 태종풍(太宗風)이다. 태종은 9월 9일 한경에 이궁을 지을 자리를 살펴보도록 명하고, 풍수지리에 능한 서운관 관리 유한우(劉旱雨)·윤신달(尹莘達)·이양달(李陽達)을 즉시 파견했다. 이들은 이미 태조가 추진했던 천도에도 관여한 전문가들이었다. 그런데 4일 후인 9월 13일 성석린·이무 등이 태종에게 "한양에는 이미 궁궐(-경복궁)이 있는데 굳이 환도한다고 해서 이궁을 지을 필요는 없지 않겠습니까?"라며 제동을 걸었다. 이들 의견을 받아들여 일단 이궁조성도감은 궁궐보수도감으로 전환된다. 그러나 태종은 어차피 한양으로 돌아가려면 피를 본 기억이 있는 경복궁보다는 새로운 궁에서 뜻을 펼쳐보고 싶었을 것이다. 9월 19일에는 태조 때 계룡산 천도를 중단시키고 무악 천도론을 주장했던 하륜이 글을 올려 기왕 한양으로 돌아가려면 차제에 본궁을 무악에 지어야 한다고 주장했다. 다시 한양 천도의 핵심 문제 백악-무악 논쟁이 불거졌다.

직접 돌아보기 위해 태종은 9월 26일 한양 행차에 나섰다. 임진강 변에 이르렀을 때쯤 개경에서 급한 전갈이 왔다. 와병 중이던 셋째 형 익안대군 이방의(李芳毅)가 세상을 떠난 소식이었다. 일단 개경으로 돌아와야 했다. 며칠 지나 10월 2일 태종은 다시 조준·하륜·권근·이천우 등 종친을 대동하고 한양 무악을 향했다.

4일 무악에 도착한 일행은 곧바로 산 정상에 올라 주변 산세를 바라보았다. 여기서 한 가지, 태종은 풍수지리 문외한은 아니지만 그렇다고 자기 견해를 가질 만큼 깊은 식견을 갖추고 있지 못했다는 사실을 염두에 두어야 한다. 주변을 둘러본 태종은 몇 번이고 "여기가 도읍하기에 합당한 땅이다", "가히 도읍이 들어앉을 만하다"고 말했다. 산을 내려오는 도중에 주요 대신들과 풍수지리 전문가 윤신달·민중리·유한우·이양달·이량 등을 모아놓고 논쟁을 붙였다.

"이 땅과 한양 어느 것이 좋은가?"

윤신달·유한우는 일단 한양은 물이 끊기는 곳이라며 도읍에 적당치 않다고 말한다. 이량도 한양보다는 무악이 좋다는 의견이었다. 민중리는 양쪽 모두에 대해 유보적인 입장이었고 이양달은 한양이 낫다는 쪽이었다.

"한양이 비록 명당에 물이 없다고 하나 광통교(廣通橋) 이상에서는 물이 흐르는 곳이 있습니다. 전면에는 물이 사방으로 빙 둘러싸고 있으므로 웬만큼 도읍을 할 만합니다."

들고 있던 태종은 조심스럽게 입을 열었다. 천도 문제에 대한 속마음을 읽을 수 있는 발언이다.

"내가 어찌 신도(新都)에 이미 이뤄진 궁실(宮室-경복궁)을 싫어하고 이 풀이 우거진 땅을 좋아서 다시 토목의 역사를 일으키려 하겠는가? 다만 한양은 돌산이 험하고 대궐이 있는 자리에 물이 끊어져 도읍하기에 불가능한 까닭이다. 내가 지리서를 보니 '먼저 물을 보고 다음에 산을 보라'고 했다. 만약 지리서를 따르지 않는다면 그만이지만 따라야 한다면 현재의 경복궁은 물이 없는 곳이니 도읍하기가 불가한 것은 명확하다. 너희들이 모두 지리를 아는데 처음에 태상왕을 따라 도읍을 세울 때 어찌 이러한 까닭을 말하지 않았는가?"

아마추어 수준이기는 하지만 마지막 질문은 예리하다. 이에 윤신달은 당시 자신은 부친상을 당해 태상왕을 따라 한양에 오지 못했기 때문이라고 변명했다. 유한우는 "말씀을 올렸지만 받아들여지지 않았을 뿐"이라고 변명했다.

특히 무악 중턱에서의 논쟁 때 계속 한양을 주장한 이양달을 불러 호통을 친다.

"네가 도읍을 세울 때 태상왕을 따라가서 경복궁이 있는 곳이 물이 끊어지는 땅이어서 도읍을 세우는 데 불가하다는 것을 어찌 알지 못했느냐? 어찌해 한양에 도읍을 세우고 크게 토목의 역사를 일으켜서 부왕을 속였는가? 부왕이 신도에 계실 때 편찮아서 위태했으나 겨우 회복되었다. 그 후에도 변고가 여러 번 일어나고 하나도 좋은 일이 없었으므로 이에 송도로 환도한 것이다. 지금 나라 사람들은 내가 부왕의 도읍한 곳을 버린다고 허물한다."

맨 마지막 문장에 이번 재천도 이유가 들어 있다고 해도 과언이 아니다. 이에 이양달은 말을 숨기지 않고 다했다고 항변했다. 태종은 벌컥 화를 내며 "너희가 내 앞에서도 억지로 말하는 꼴이 이와 같은데 어찌 다른 곳에서 솔직히 말했겠는가?"라면서 비판의 화살을 이번에는 옆에 있던 조준에게 돌렸다.

"도읍을 세울 때 경은 재상이었다. 어찌해 한양에 도읍을 세웠는가?"

조준은 "신은 지리를 알지 못합니다"라고 간단하게 답했다. 태종의 머릿속은 어지러운 가운데 방향이 잡혀가고 있었다. 아마도 지리를 잘 몰라 자신은 없었지만 이를 현실적으로 풀어나가는 절충안으로 무악 천도를 생각한 듯하다. 개경에 있자니 아버지 이성계가 두렵고 한양으로 복귀하자니 민심이 두려웠다. 이 2가지를 어느 정도 충족시키면서 동시에 자기 위신도 망가뜨리지 않는 방법으로 무악 신도 외에 다른 대안이 없어 보이는 상황이었다. 그런데 개경·한양·무악 모두 일장일단(一長一短)이 있어 최종 결정이 쉽지 않았다. 그래서 이틀 동안 생각해낸 해법이 동전점[擲錢]이
                                                                      척전
었다.

동전점을 쳐서 수도를 정하다

무악산 방문 다다음날 이른 새벽 태종은 종묘 입구로 신하들을 모았다.

"이제 종묘에 들어가 도읍의 후보로 송도와 신도와 무악을 고하고 그 길흉을 점처 길한 데 도읍을 정하겠다. 도읍을 정한 뒤에는 비록 재변이 있더라도 더는 이의가 있을 수 없다."

제학 김첨에게 "무슨 물건으로 점을 칠까"라고 물었다. 김첨은 "종묘에서는 동전을 던져 점치는 척전(擲錢)을 할 수 없으니 시초(蓍草)로 하면 좋을 듯합니다"라고 답했다. 시초점은 거북점과 함께 고대 중국에서 길흉화복을 알아볼 때 왕실에서 즐겨 사용하는 방법이었다. 그런데 시초점은 주역 괘를 이용해 대단히 복잡했기 때문에 태종은 "당장 시초를 구하기도 어렵고 요즘 세상에서는 하지 않으니 곤란하다"라며 차라리 누구나 아는 동전을 던져 길흉화복을 알아보는 척전으로 하자고 제안했다.

"여러 사람이 함께 알 수 있는 법으로 하는 것이 낫다. 척전이라고 해서 속된 일이 아니고 중국에서도 있었다. 고려 태조가 도읍을 정할 때 무슨 물건으로 했는가?"

이에 조준이 "역시 척전을 썼습니다"라고 답했다. 기껏 본인도 동전으로 수도를 정한다는 것이 우스꽝스러운 일임을 잘 알고 있었다. 그러나 이제 이 방법이 아니고서는 늪 같은 천도 문제에서 헤어나기 어렵다고 판단했을 것이다.

"그렇다면 이번에도 척전으로 하자."

태종은 완산군 이천우, 좌정승 조준, 대사헌 김희선, 지신사 박석명, 사간 조휴를 거느리고 묘당(廟堂)에 들어갔다. 향을 올린 다음 꿇어앉아, 이천우에게 쟁반에 동전을 던지게 했다. 앞면을 길, 뒷면을 흉으로 정한 다음 후보지마다 3차례씩 동전을 던졌다. 신도는 2길 1흉, 개경과 무악은 둘 다 2흉 1길이었다.

어이없게도 한양 재천도는 이처럼 동전점으로 결정되었다. 태종은 다시 향교동(-지금의 창덕궁 자리)에 대궐로 쓸 수 있는 이궁을 지으라고 명했다. 조선 궁궐 중에서 아름답기로는 최고라는 창덕궁은 이런 우여곡절 끝에 탄생했다. 혹시 묘당에 들어간 인물들이 태종 최측근들이었음을 감안하면 결과 조작 가능성은 없었을까? 물론 없었다고 단정하기는 어렵다. 그러나 한양 재천도를 결정하고 향교동에 이궁을 짓기로 한 다음 개경으로 돌아가는 길에 광나루(-지금의 서울특별시 광진구)에서 대신들에게 했다는 이 말은 거짓말 같아 보이지 않는다.

"나는 무악에 도읍하지 않았지만, 후세에 반드시 도읍하는 자가 있을 것이다."

소식을 듣고 가장 기뻐했을 사람은 이성계였다. 10월 20일 이거이 부자가 저지른 3년 전 반역 문제를 논하느라 정신없는 가운데 태종은 태상왕에게서 부름이 있다 하자 급히 달려가며 말했다.

"부왕께서 일찍이 부르심이 없었는데 금일 이렇게 부르시니 내가 즉시 달려가야겠다. 이거이 부자 문제는 뒤에 돌아와서 듣겠다."

태상전에 나아가니 부왕 이성계는 "왕이 일찍이 나와 더불어 격구(擊毬)를 해 이기지 못했으므로, 이제 이를 죄주려고 부른 것이다"라며 농담까지 섞어 반겼다. 이때 태종 눈에서는 굵은 눈물이 주르륵 흘러내렸다.

3 ——

단계적 관제개혁과 왕권 확립

고려 관제의 유산

고려 중앙관제는 원래 중국 당(唐)나라 제도 수입품이었다. 중
서성(中書省)[13]·문하성(門下省)·상서성(尚書省) 3성과 이부·병부·
호부·형부·예부·공부 등 6부 구조였다. 6부는 조선 육조(六曹)와
크게 다르지 않지만 3성은 조선에 없는 제도이므로 알아둘 필요
가 있다.

————

13 문하성(門下省)·상서성(尚書省)과 함께 중국의 수당 시대 이후 동아시아 국가에서 중
    앙 정치 기구를 구성하는 기본적인 틀이던 '3성 6부제'의 '3성'을 구성하던 정치 기
    구다. 중당(中堂)이라고 불리기도 했으며, 당나라 고종(高宗) 때는 서대(西臺), 측천무
    후(則天武后) 때는 봉각(鳳閣), 당나라 현종(玄宗) 때는 자미성(紫微省) 등으로 명칭이
    바뀌기도 했다. 발해에서는 중대성(中臺省), 일본에서는 중무성(中務省)으로 불리기도
    했다.

원래 당나라 3성 제도는 귀족 세력을 대변하는 목적으로 탄생했다. 특히 문하성이 귀족을 대표했다. 국왕이 국사에 관한 중요한 결정을 하려면 일단 문하성 동의를 구해야 했다. 이는 정권 탄생 초기 여러 세력이 연합하는 과정에서 생겨날 수밖에 없는 과도기적 성격 때문이다.

고려도 정권 초창기인 982년(성종 1년)에 3성 6부제를 도입했지만, 점차 중서성과 문하성이 하나로 통합되어 중서문하성과 상서성의 2성 구조로 바뀌었다. 그게 1061년(문종 15년) 때 일이다. 중서문하성 수장은 문하시중, 상서성 수장은 복야(僕射)로 불렸고 문하시중과 복야는 대등하지 않은 상하 관계였다. 상서성은 쉽게 말하면 문하성이 결정한 사항을 집행하는 기구였다.

중서문하성은 조선 시대 의정부와 사간원 기능을 합친 데다가 외교와 국방까지 책임지는 막강한 기구였다. 그나마 원나라 지배 하에 있던 1275년 충렬왕 때는 6부와 업무가 중복되는 상서성이 중서문하성에 통합되어 첨의부라는 단일 기구가 되었고 첨의부는 그 후 1293년 도첨의사사로 바뀌었다.

공민왕은 원나라 색채를 배제한다는 명분으로 1356년 중서문하성으로 복귀했다가 1362년 도첨의부, 1369년 문하부 등으로 개칭했다. 그러나 업무 내용은 크게 바뀌지 않았다.

고려 말 문하부는 종1품인 중서령과 문하시중, 정2품인 문하시랑찬성사·중서시랑찬성사·문하찬성사·중서찬성사, 종2품인 참지정사·정당문학·문하성지사로 구성되었다. 중서령은 실권이 있는 자리가 아니었으므로 최고수장은 문하시중이었다. 정몽주가 이방원에게 살해당할 당시 직위가 총리에 해당하는 문하시중이었고 이성계는 부총리에 해당하는 수문하시중에까지 오른 바 있다.

그런데 고려에는 이런 중앙 관직과는 별도로 국경 지역 군사 문제를 전담하던 회의 기구로 도병마사(都兵馬使)가 있었다. 당시 동북면(함경도)과 서북면(평안도)에는 병마사가 파견되었다. 막강한 군대를 보유하고 있는 이들의 반란 기도를 막기 위해 중앙에서 판사를 임명해 이들을 통제했다.

판사는 처음에는 3성 수장인 문하시중·상서령·중서령이 참여했고 고려 중기를 지나 상설화되면서 관장 업무도 점차 확대되어갔다. 특히 무신 정권기를 거치면서 도병마사는 크게 강화되었고 1279년(충렬왕 5년)에 도평의사사로 이름이 바뀌었다. 이와 함께 재추(宰樞-2품 이상 재상과 중추원 고관인 추관을 약칭한 것) 전원이 참석하는 막강한 기구로 성장했다. 굳이 오늘날 제도에 비추자면 문하부는 행정부, 도평의사사는 각 세력을 대변하는 의회라고 할 수 있을까?

고려 말 다소 혼란스럽기까지 한 관직명이 조선 초에 어떻게 계승되었는지는 한 예로 정도전이 거친 관직명을 보면 잘 알 수 있다.

고려 말 공양왕 2년(1390년) 정도전은 종2품 정당문학(政堂文學)에 제수된다. 수문하시중 이성계가 지원한 덕이었다. 다음 해 1월 이성계가 중앙 병권을 장악하고 삼군도총제부를 설치해 삼군도총제사에 오르자 정도전은 좌군총제사 조준에 이어 우군총제사에 임명되었다. 얼마 후 문하시중 정몽주의 견제로 두 번째 유배를 떠나야 했다.

1392년 7월 17일 혁명이 일어났고 최고 실권자 자리에 오른 정도전은 정2품 문하시랑찬성사에 오름과 동시에 도평의사사 동판사를 맡는다. 1393년 9월 13일에는 고려의 독특한 관제인 삼사판사(三司判事)에 오른다. 삼사란 국가 재정을 관리하던 관청으로 문하성 중추원과 어깨를 나란히 하던 핵심 관청이었다. 훗날 삼사 기능은 호조에 병합된다.

정도전은 또 1차 왕자의 난이 일어나기 전해인 1397년 6월 14일에는 삼군도총제부의 이름을 바꾼 의흥삼군부 판사로 병권을 장악해 요동 정벌을 준비하기도 했다. 그러나 그해 12월 16일 조준에게 병권을 넘겨주고 성균관 제조를 맡고 있다가 다음 해 8월 26일 이방원에게 변을 당하게 된다.

이처럼 의흥삼군부 판사 정도를 제외하고 정도전이 맡았던 직위별 명칭은 대부분 고려 때 그대로였다. 하긴 태조 이성계조차 물러날 때까지 명나라에 보내는 외교 문서상으로는 조선 국왕이 아니라 '고려권지국사(高麗權知國事)', 즉 풀면 '고려에서 임시로 국정을 맡아보고 있는 사람'일 뿐이었다.

도평의사사 혁파와 의정부 탄생

왕권이 강해지면 도평의사사는 힘을 잃는다. 반대로 국왕이 중심을 잃고 왕권이 약화되면 도평의사사는 막강한 권력을 휘두른다. 태조 때 도평의사사는 유명무실해졌고 정종 때 도평의사사는 무소불위였다. 1차 왕자의 난으로 실권을 잡은 이방원이 권력을 행사하던 기구가 바로 도당(都堂)으로 불리던 도평의사사(都評

議使司)**¹⁴**였다. 권력 장악을 앞둔 정종 2년(1400년) 4월 6일 세자 이방원은 '혁명' 동지들의 세력 기반인 사병을 혁파하면서 동시에 문하시랑 찬성사 하륜에게 명해 도평의사사를 없애고 의정부를 만들었다.

이때까지만 해도 장기적인 계획보다는 공신들로부터의 병권 박탈과 공신들이 권력을 주무르던 보루인 도평의사사 혁파에 주 목적이 있었다. 장차 자신이 왕위에 오를 때를 대비한 조치였다. 이 같은 권력 투쟁에 승리한 이방원은 마침내 형 정종으로부터 왕 위를 성공적으로 물려받을 수 있었다.

1401년(태종 1년) 6월 16일 태종은 삼사영사 하륜과 참찬 권 근, 첨서 이첨을 불러 관제 개혁안을 올리도록 명했다. 한 달 후인 7월 13일 이들은 시안을 올렸다. 태종은 시안을 보고받은 후 사평 부(司平府)가 재정을 맡고 승추부(承樞府)가 군사를 맡는다는 대 목에 이르러 "그러면 의정부는 무슨 일을 하게 되는가?"라며 몇

---

14 고려 도평의사사는 조선 건국 후에도 영향을 주었다. 1392년(태조 1년) 7월에 개정된 도평의사사의 직제는 고려 말의 것을 기반한 것이었다. 그러나 1400년(정종 2년) 도평 의사사가 의정부로 개칭되고, 이듬해 태종 1년 문하부를 통합해 백규서무(百揆庶務) 를 관장하게 되었다. 이로써 고려의 도평의사사는 소멸되었다. 기능 면에서는 종전과 같은 임시 회의 기관이 아니라 상설화되어 국정을 합좌(合坐) 회의할 뿐 아니라 국가 서무를 직접 시행하는 행정 기관으로 확대되었다. 따라서 고려 후기에 도평의사사는 중앙의 여러 관청을 총령하고, 지방의 제도안렴사(諸道按廉使)에게 공문을 보내며, 왕 지(王旨)까지도 이를 경유해 시행하게 되어 명실공히 일원적인 중앙의 최고 기구가 되 었다. 이와 같이 도평의사사 기능이 확대되자 자연히 행정 사무를 담당하는 실무원이 필요해져 여러 차례에 걸친 행정 기관의 신설과 확충이 뒤따랐다. 그 결과 고려 말 공 양왕 때는 상부의 회의 기구로서 문하부·삼사·밀직 정원으로만 구성된 판사·동관 사·사가 있었다. 하부(下部) 실무 기구로는 경력사(經歷司)가 설치되어 3, 4품의 경력 1인과 5, 6품의 도사(都事) 1인이 그 아래의 6방 녹사(六房錄事)와 전리(典吏)를 통솔 하게 되었다. 이로써 도평의사사는 완전한 행정 기구로서의 면모를 갖추게 되었다.

가지 질문을 던지기는 하지만 대부분 그대로 통과시켰다. 정(政)이란 곧 인사와 군권, 재정권이다. 사평부는 재정권 문제이고 승추부는 군권 문제다. 의정부는 인사 문제다.

이 시점에서 관제개편 핵심은 역시 문하부를 의정부로 바꾸는 일이었다. 이에 따라 문하시중은 의정부 영사(즉 영의정)로, 문하부 좌우정승은 의정부 좌우정승으로, 문하시랑 찬성사(2명)는 의정부 찬성사로, 문하부 참찬사(4명)는 의정부 참찬사로, 정당문학(1명)은 의정부 문학으로 명칭이 바뀌었고 문하부 때 없던 의정부 참지사 2명을 더 두었다. 이들 12명이 중앙 정치의 핵(核)이라 할 수 있다.

문하부 소속이던 낭사(郎舍)를 분리해 사간원으로 독립시켰고 재정을 맡았던 삼사는 사평부로, 의흥삼군부는 승추부로 이름을 바꾸어 국왕 직할체제로 전환시켰다. 그 밖에 학사라는 명칭을 제학(提學)으로 바꿨고 예문춘추관을 분리시켜 예문관은 독립적인 기구로서 외교 문서 등을 관장케 했고 춘추관은 의정부 고관들이 겸직하면서 역사 자료 수집·정리·편찬을 책임지도록 전문화시켰다.

이 관제개혁으로 일단 태종 초 통치기구는 정치를 총괄하는 의정부, 재정을 총괄하는 사평부, 군사를 총괄하는 승추부의 3부(府) 구조를 갖추었다.

도평의사사가 원래 정치·재정·군사 문제까지 독점해 국정 현안을 만장일치제로 합좌(合坐) 기구였던 사실을 감안하면 도평의사사를 의정부로 재탄생시킨 의도는 재신(宰臣)들 권한을 약화시키고 국왕 권한을 강화하기 위해서였다고 하겠다.

본격적인 의정부 서사제의 탄생

태종은 1405년(태종 5년) 1월 15일 다시 한번 관제 개편을 단행한다. 지난 4년 동안 축적된 국정 경험과 자신감에서 나온 조치였다. 의정부는 각 부처 업무를 총괄했고, 사평부는 전곡을, 승추부는 군사를 관장했다. 사평부나 승추부에 대해 이미 태종도 첫 번째 관제개혁 때 의문을 표시한 바 있었다. 고려 때 문하성·중서성과 함께 3성 중 하나였던 상서성은 원래 문무 관리 선발을 주관하던 곳으로 조선에 들어오면서 기능이 축소되어 성(省)에서 사(司)로 격하된 상태였다. 상서사(尙瑞司)[15]가 그것이다.

두 번째 관제개편은 처음부터 태종 주도로 이뤄졌다. 그는 한 달쯤 전인 태종 4년(1404년) 12월 19일 춘추관 영사 하륜과 지사 권근을 불러 『고려사』에 실린 관제 연구를 지시했다. 관제 개편 첫 단계는 육조(六曹) 확립이었다. 사평부를 없애고 해당 업무를 호조에, 승추부를 없애고 군사 업무를 병조에, 상서사가 갖고 있던 문무 관리 선발 권한인 전형권(銓衡權)은 문관은 이조에, 무관은 병조에 넘겼다. 3부에 있던 주요 권한을 육조로 분산해 이관한 것이다.

이렇게 해서 육조 구색이 갖춰지자 각각 정2품에 해당하는 판

---

15 고려 시대에 인사에 관한 일을 담당하던 관서다. 물론 고려 때 인사는 주로 정방(政房)에서 결정했고 상서사는 그 절차를 밟는 기관의 역할을 했다. 그러다가 조선에서는 1405년(태종 5년) 좌우 정승이 판사를 겸하도록 했다. 1466년(세조 12년) 상서원(尙瑞院)으로 개칭되어 1894년(고종 31년)까지 존속되었다. 그러나 조선 시대 상서원은 인사 기능을 상실한 이조 소속 아문(衙門-관아)으로 고려 시대 상서사와는 기능 면에서 차이가 있다.

서를 두었다. 이로써 육조는 정3품 아문에서 정2품 아문으로 격상되었다. 그전까지는 좌정승과 우정승이 육조 판사(判事)를 겸하는 바람에 육조에서 직접 국정에 참여할 수 있는 길이 차단되어 있었다. 이제 의정부 찬성사와 직급이 같은 판서 신설로 육조 행정관료들이 국정에 적극 참여할 길이 열렸다. 그것만으로도 자연스럽게 재상권을 약화하고 조정 실무 책임자들 권한을 높여 임금과 직접 소통하게 함으로써 왕권을 강화하는 효과가 있었다.

비서실에 해당하는 승정원(承政院)에서는 육대언을 두어 각각 육조를 맡아 국왕 뜻을 직접 전하면서 업무를 조정토록 했다. 이때부터 우리가 알고 있는 조선식 관직체제와 명칭이 거의 정비되었다. 앞서 본 대로 사병 혁파와 승정원 탄생은 곧 문신 정치 시대 개막을 알렸다.

태종은 이날, 즉 태종 5년(1405년) 1월 15일에 새로운 직제에 맞춰 조각(組閣)에 준하는 내각 개편을 단행했다. 의정부 영사, 즉 영의정에 조준, 의정부 좌정승에 하륜, 우정승에 조영무, 찬성사에 권근, 참찬사에 이숙번을 앉혀 의정부는 권근을 제외하고는 대부분 공신을 앉혔다. 이어 새롭게 힘을 받게 될 이조판서에 이직(李稷), 병조판서에 남재(南在), 호조판서에 이지(李至, ?~1414년)[16], 형

16 고려 공민왕 때 과거에 급제하고, 춘추관에 들어가 사관(史官)으로 복무했다. 1383년 (우왕 9년) 좌사의대부(左司議大夫)에 올랐으며 한학과 문장에 능해 성절사(聖節使)로 명나라에 다녀왔다. 조선 건국에 참여해 개국공신 3등에 책록되었다. 중추원부사·지 중추원사를 역임하면서 척불론(斥佛論)을 내세워 유교의 이념 정착에 힘썼다. 1393년 (태조 2년) 조선에 온 명나라 사신 황영기(黃永奇)를 따라 명나라에 갔다가 돌아왔다. 1396년 상의중추원사(商議中樞院事)로서 충청·전라·경상도 도찰리사(都察理使)가 되어 민정을 시찰했고, 1398년 경상도도관찰사가 되어 영농과 양병, 특히 빈민 구제

조판서에 유량(柳亮), 예조판서에 이문화(李文和), 공조판서에 최이
(崔迤, 1356~1426년)[17]를 임명했다.

　이 중 가장 핵심 요직은 좌정승이었다. 영의정은 오늘날 총리
처럼 간판에 불과했다. 그래서인지 내각 개편 당일 예조는 앞으로
는 영의정도 늘 의정부에 출근케 하고 주요 사안 결재 권한을 부
여해야 한다고 건의했고 태종은 이를 받아들였다. 그러나 조선 시
대 내내 영의정은 임금에 따라 간혹 최고 권한을 갖기도 했지만,
최고 실권자는 좌의정이었다.

　이 같은 두 번째 대대적인 관제개편으로 형식적인 차원에서
의정부가 상대적 국정 주도권을 갖는 의정부 서사제(署事制) 골격
이 완성된다.

　내용은 완전히 다르지만 '권력의 중심'을 기준으로 오늘날 정
치 제도와 비교하면 의정부서사제는 의원내각제에 해당되고 육조

에 힘썼다. 그 뒤 충청도도관찰사, 예문관·춘추관 대학사를 거쳐 1401년(태종 1년) 사
헌부대사헌에 발탁, 시무책을 올렸다. 내용은 첫째 가묘법(家廟法)을 엄격히 하고, 둘
째 행정을 공평히 하며, 셋째 감찰 기능을 강화하고, 넷째 서북면에 대한 진휼책 실시
를 주장했다. 이어서 예문관대제학·서북면도순무사를 역임하고, 이때인 1405년 호조
판서가 되어 경제 시책으로서 공신전을 감축해 재정을 확보하고, 광흥창 양곡을 풍저
창·군자감으로 전용하는 것을 금지시켜 녹봉제 토대를 정비했다. 1407년 형조판서가
되어서는 공신들 횡포를 제거하고자 했으며, 그 뒤 예조판서·판한성부사를 지냈다.
직무에 충실했으며 성품이 강직했다.

17　도평의사사 지인(知印)이라는 관직에서 출발해 1390년(공양왕 2년) 사헌집의가 되
었다. 1391년 삼사 좌윤으로 있을 때 이방원과 인연을 맺어 조선 개국에 기여했다.
태조가 즉위하자 중추원 우부승지를 거쳐 1400년(정종 2년) 정안공 이방원 지원으
로 대사헌에 올랐다. 태종 때는 전라도절제사를 거쳐 1405년 공조판서에 올랐다.
1415년 의정부 참찬, 1418년 호조판서를 거쳐 1420년(세종 2년) 경상도 관찰사 때 부
하 잘못으로 파직되기도 했다. 1424년 재기용되어 진향사(進香使)로 명나라에 다녀
왔다.

직계제(六曹直啓制)는 대통령 중심제에 해당한다고 할 수 있다. 육조직계제란 의정부를 거치지 않고 곧바로 국정 현안을 국왕과 논의하는 체제이기 때문이다.[18]

참고로 훗날 이 2가지 외에 원상제(院相制)가 세조 때 생겨나 성종 때 큰 힘을 발휘했다. 이는 국왕이 어려서 수렴청정 등을 하게 될 경우 대비가 신뢰하는 의정부 고위관리들을 원상으로 임명해 이들이 국왕을 대신해 국정을 이끌어가는 시스템이다.

결국 왕권 중심이냐 신권 중심이냐라는 단순 대립 구도에 얽매인 관점보다는 이 셋 중에서 무엇이 선택되었는지를 살피면 당시 정치의 중심이 어디에 있었는지 쉽게 확인할 수 있다. 역시 일에 입각한 관점이다.

---

18 조선 초기 국정 운영 체제에서 통치체계의 큰 틀은 육조직계제(六曹直啓制)와 의정부서사제(議政府署事制)였다. 의정부서사제는 조선 건국과 동시에 지나친 왕권의 비대함을 견제하기 위해 만든 제도로서 육조에서 각기 맡은 업무를 의정부에 보고하고, 의정부에서는 삼정승이 모여 육조에서 올라온 보고 내용의 가부를 헤아려 왕에게 보고하도록 했다. 왕이 의정부에서 올린 내용을 보고 결정해 교지를 내리면 의정부에서 받아 육조로 돌려보내 시행하도록 한 제도다. 이 제도는 국왕에게 집중되는 국정을 경륜이 풍부한 의정부 삼정승이 함께 처리한다는 의미가 있지만, 실질적으로는 의정부 권한이 강해지고 상대적으로 왕권이 약화될 가능성이 크다. 태조 이성계는 국초부터 정도전을 중심으로 한 재상 정치를 도입해 추진했다. 그러나 태종이 왕위에 오른 후 왕권 약화를 방지하기 위해 육조직계제를 택했다. 즉 육조 업무는 의정부를 거치지 않고 직접 육조 장관이 국왕에게 품의해 재가를 받는 제도다. 이는 국정을 직접 왕이 다스림으로써 왕권이 강화되고, 국정을 논하는 자리에서 벗어난 의정부 삼정승은 할 일이 별로 없게 되는 것이다. 이같이 조선 건국 후 의정부서사제가 시행되다가 1414년(태종 14년) 육조직계제로 변했고, 1436년(세종 18년)에는 다시 의정부서사제를 채택했다. 이후 세조 때 다시 한 차례 육조직계제를 채택했다가 다시 의정부서사제로 돌아갔다.

육조의 막강한 파워

태종 5년(1405년)에 정립된 의정부 서사제는 특히 태종 개인에 게는 과도기적 조치에 불과했다. 고려 말 조선 초의 비정상적인 도 평의사사를 혁파하고 궁극적으로 육조직계제로 가야 한다고 여 겼다. 이런 천지개벽에 가까운 조처를 성공적으로 마무리할 수 있 었던 비결은 그사이에 인재들이 어느 정도 길러졌고 태종의 권력 이 안정되었기 때문이다. 실록 어디에서도 태종이 주도한 관제개혁 에 반대하는 목소리를 찾을 수 없는 점이 그 증거다.

개혁 조치 발표 후 두 달이 지난 3월 1일 육조(六曹)의 실상이 드러났다. 당시 조선에는 100여 개 관아가 있었다. 그중에서 의정 부·중추원·사헌부·사간원·승정원·한성부 등 최고 책임자가 정 3품 당상관 이상인 10개 관아를 제외한 90개 관아가 육조에 나뉘 어 소속되었다. 이전까지 정확한 관장업무도 몰랐던 육조로서는 정2품 판서급 직위 상승과 함께 다양한 실권을 쥐게 되었다.

즉각 이조와 병조에서는 재주가 뛰어난 문무 인재를 뽑는 법 을 건의하기도 했다. 자리가 있고 일이 있는 것은 그때나 지금이나 똑같다.

이조	승녕부·상서사·내시부·공신도감 등 11개 관아
병조	중군·좌군·우군·십사·의용순금사 등 13개 관아
호조	전농시·군자감·사섬시 등 18개 관아
형조	전옥서·율학, 각도의 감옥 등 4개 관아
예조	경연·서연·성균관·사역원, 각도의 학교 등 35개 관아
공조	선공감·상의원, 각도의 염장 등 11개 관아

그러나 이런 개편에도 불구하고 여전히 풀지 못한 숙제가 있었다. 하나는 병권(兵權) 관리 문제였고 다른 하나는 사헌부와 사간원 역할 규정 문제였다.

병권의 핵심문제는 군정(軍政), 즉 군 인사권과 군령(軍令), 즉 군 명령체계를 조화시킬 방안이 가장 중요했다. 예를 들어 그해 5월 19일 사간원에서는 병조판서가 삼군부 최고 지휘관인 삼군총제(三軍摠制)와 지위가 같고 세력이 맞먹어 영을 세우기 어려우니 이번 기회에 병조판서가 아예 삼군총제를 겸하도록 하자는 제안을 올렸다. 요즘 식으로 하면 육해공 3군 총사령관을 국방부 장관이 겸임하게 하자는 이야기였다. 아마도 태종은 건의를 읽으며 혼자 입가에 실소(失笑)를 머금었을지 모른다.

태종은 일언지하에 거부했다. 공신들이 버젓이 힘을 발휘하고 있는데 병조판서에게 군권을 준다는 것은 시기상조였다. 그렇지만 문제는 문제였다. 당장 6월 2일 중군도총제를 맡고 있던 안성군 이숙번이 사직서를 올렸다. 태종은 윤허하지 않았지만, 그 뜻을 알았다. 병조판서 권한이 커진 데 대한 항의 표시였다. 그렇다고 사직서를 수리할 수는 없었다. 군을 불안하게 하면 곧 자기 자리가 위태로워지기 때문이다. 결국 한 달 후인 7월 3일 공조판서 최이가 중군도총제를 맡게 된다. 이는 태종 초 공신들이 대거 존재했기 때문에 생겨난 문제였기에 시간이 한참 흐른 다음에야 점차 안정화된다.

한편 대간과 태종 간 갈등은 유명하다. 아직 정확한 업무 분장이 안 된 가운데 앞서 본 대로 사헌부와 사간원은 자신네끼리의 충돌이 다반사였고 두 기관 간 대립뿐 아니라 각 기관 내부 관리끼리 파워 게임을 벌이다가 문제를 일으키기도 했다. 또 육조 대신들을 탄핵하다가 태종의 노여움을 사는 일도 자주 있었다. 어떻게 보면 이는 오늘날 권력과 검찰, 권력과 언론의 관계처럼 정해진 해답이 있기 어려운 문제였다. 독립성을 추구할 수밖에 없는 검찰이나 언론, 어떤 식으로든 그 기관들을 통제하에 두려는 최고 권력이 접점을 찾기란 그리 쉬운 일이 아니다.

다시 한번 권력 강화를 향해 나아가다, "나라를 다스리는 자는 나와 대신 두셋뿐"

태종 14년(1414년)에 이르면 이미 태종은 국정 경험이 풍부했고 나이도 적지 않았기 때문에 일을 줄여가야 할 때였다. 그런데 그는 이때 오래전부터 구상했던 관제개혁을 또 한 번 단행한다. 4월 17일 그나마 남아 있던 의정부 업무를 거의 다 육조로 나눠 귀속시키는 조처였다. 태종 5년(1405년) 관제개혁 핵심이 '육조' 강화였다면 태종 14년(1414년) 관제개혁은 의정부 약화였다. 그에 앞서 우리는 태종 13년(1413년)에 일어난 두 장면을 먼저 알아둘 필요가 있다.

장면 1: 우선 역사 시계를 이보다 8개월 앞으로 돌려 태종 13년(1413년) 8월 1일로 가보자. 편전에서 태종이 좌정승 하륜, 우정승 조영무, 이조판서 이천우, 병조판서 이숙번과 당장 서울을 방어할 도성을 수리하는 문제를 놓고 논쟁을 벌이고 있었다. 전국 각

지에서 10만 명의 인원을 불러들여야 하는 대역사였다. 원래는 전날 당장 공사에 들어가기로 했다가 태종이 반대하고 나섰다. 천도 때 백성의 고역(苦役)을 늘 가슴 아파했던 그는 "지난해에도 개천을 파느라고 백성이 힘을 다했다. 나는 백성에게 휴식을 주고자 한다"고 말했다. 그러자 도성 수리를 처음 주장했던 하륜은 지금처럼 명과의 관계가 평화로울 때 어려움에 대비해야 한다며 도성 수리 주장을 굽히지 않았다.

태종은 이에 "내가 국가의 일을 소홀히 하겠다는 뜻이 아니다. 다만 요즘은 외부 침략이 없는데 백성을 괴롭히는 일을 나는 차마 못 하겠다"라고 맞섰다. 하륜을 제외한 나머지 신하들도 태종이 옳다며 당장 중지할 것을 건의했다.

쉽게 물러설 하륜이 아니다. 그는 고려 때 도성을 지켜 거란을 막아냈던 일과 도성을 지키지 못해 홍건적에게 패퇴했던 일을 대비시켜가며 "당연히 해야 할 일을 그만둘 수는 없다"라고 반박했다. 태종은 이에 대해 "당분간 명나라가 우리를 전면 침공하기는 어려울 것이다. 일부 도망자들이 떼 지어 들어온다면 국경에서 막아야지 1,000리나 떨어진 도성까지 끌어들여야 하겠느냐"며 일단 논쟁을 마무리한다.

그런데 논쟁을 끝내며 하륜이 해당 부서 의견을 들어볼 필요가 있지 않겠느냐는 의견을 냈다. 이에 대한 태종 답변이 의미심장하다.

"나라를 다스리는 자는 나와 두세 명 대신인데 뭐하러 해당 부서 의견을 듣겠는가?"

그러면서 태종은 명나라 도망병이라 하더라도 국경에서 제어하면 그뿐이니 굳이 일을 벌이겠다면 내년 봄을 기다려 시작해야 백성의 목숨이 상하는 일이 줄어들 것이라며 토의를 끝냈다.

장면 2: 태종 13년(1413년) 12월 초 대사헌 심온은 태종에게 의정부가 국정을 총괄하면서 불법을 자행하고 있다며 지금이라도 공문서를 감사해보면 증거가 쉽게 드러날 것이라고 말한다. 얼마 후 사헌부와 사간원은 합사해 의정부 권한이 너무 크니 주요 업무를 육조로 돌리게 해야 한다는 소를 올렸다. 태종 뜻이 어느 정도 반영된 소였다.

이 소가 올라오자 태종은 의정부에 넘겼다. 좌의정 하륜은 대간들 말대로 따를 것을 청했다. 의정부를 이끄는 좌의정이 스스로 의정부 혁파를 받아들인 데는 그만한 이유가 있었다. 대간들 표적이 바로 하륜 자신이었기 때문이다.

실록은 "하륜이 권력을 차지해 오로지 독단하고 문제가 되어도 꺼리는 바가 없는 것을 미워했기 때문"이라고 밝히고 있다. 그러나 태종은 소를 일단은 접어두고 따르지 않았다. 태종은 "1405년 관제개혁 때도 이런 논의가 있었지만 쉽게 행할 수 없었다"라며 아직 결단하기 어렵다는 입장을 밝힌다.

그러자 대간에서 재차 소를 올려 의정부에서 권력을 농간해 나라를 병들게 하는 폐단을 논하고, 명나라에서도 우리 의정부에 해당하는 중서성(中書省)을 혁파하고 육조에 해당하는 육부(六部)에 전권을 귀속시킨 사례를 인용했다. 이때도 태종은 "명나라 영락제(永樂帝)는 워낙 뛰어난 인물이니 중서성이 없어도 되지만 나는 용렬한 인물이어서 의정부 없이는 곤란하다. 특히 명나라 사신 접대를 생각하면 의정부 혁파는 더욱 곤란하다"라며 부정적인 입장을 밝혔다.

실록 평이 흥미롭다. 태종도 소를 옳게 여겼다고 되어 있다. 또 이런 의정부 혁파론 유발자가 하륜임을 명시적으로 밝혀놓았다.

그때 하륜이 권세를 농간해 뇌물을 받는 일이 매우 많아 노비에게도 종종 매관(賣官)한다는 비난이 있었으므로 대간에서 소를 올린 근본 의도는 여기에 있었다.

실제로 의정부 혁파론이 마무리되어가던 12월 27일 사간원 최고 책임자 좌사간 최복린(崔卜麟)이 검교 참의라고 하는 이름만 있는 자리로 내쫓겼다. 동향인 하륜 집에 드나들며 분경(奔競-인사 청탁)했고 실제로 그를 좌사간에 천거한 것도 하륜이기 때문이다. 하륜은 뇌물을 받으면 일일이 이름을 적어 주머니에 넣어두었다가 인재 선발 심사장에서 보란 듯이 주머니에서 꺼내 공공연하게 사람을 추천한다는 악명이 높았다.

당시에는 피험(避嫌)이라는 문화가 있었다. 일종의 관행으로 재상이나 대신은 대간에게 탄핵받으면 일단 출근을 않거나 아예 사직서를 제출했다. 그래서 12월 21일 영의정 성석린과 우의정 남재는 피험 차원에서 함께 사직서를 제출했다. 그런데도 피험을 않고 있던 하륜은 엉뚱하게도 태종에게 "제가 사직하면 주상께서 하시는 일이 지체될까 두려워 사직서를 올리지 못하고 있다"라고 말했다.

실록이 남긴 평이 재미있으면서도 의미심장하다.

"임금도 겉으로는 그렇게 여겼다."

실록도 비판한 '육조직계제'

태종 14년(1414년) 4월 17일 의정부에 속한 거의 모든 업무
를 육조로 이관하는 내용의 관제개혁이 단행되었다. 골자는 간단
했다. 그동안 의정부에서 해오던 일 중 명나라와의 외교 문제와
중죄인 재심 문제를 제외한 일체 업무를 육조로 넘긴다는 내용이
었다. 물론 그동안 의정부가 갖고 있던 육조 감독권도 사라졌다.
이제 육조는 업무를 의정부를 거치지 않고 곧바로 국왕에게 올려
결재받게 되었다. 의정부는 하루아침에 국정 중심에서 원로원만도
못한 신세로 전락했다.

이를 위한 태종의 준비는 역시 치밀했다. 의정부 개혁 직후 태
종은 관제개정 업무를 관장한 설미수(偰眉壽, 1359~1415년)[19]를 불
러 관제개정 배경을 상세하게 설명했다. 그는 호조판서·공조판서
를 거쳐 이때 예조판서를 맡고 있었다.

---

19 고려 말 위구르에서 귀화한 설손(偰遜)의 아들이자 조선 개국에 참여했던 설장수(偰
長壽) 아우다. 형 설장수가 정도전과 대립했기 때문에 태조 때는 관직에서 물러나
있다가 태종 때 복귀했다. 공조전서, 한성부 판사, 중군총제, 병조참지, 의정부 참지사,
의정부 지사 등 문무 요직을 두루 거쳤고 중국어에 능통해 여러 차례 명나라를 다녀
와 초창기 명나라와의 우호 관계를 정립하는 데 크게 기여했다.

"이번에 의정부를 개혁하자는 의논은 나의 마음에서 나온 것이다. 지난겨울에 대간에서 조그마한 실수를 빌미 삼아 이를 개혁하자고 청했으나 내가 따르지 않았다."

조그마한 실수란 하륜의 행실을 말한다. 그런데 역설적이게도 태종으로 하여금 의정부 권한 축소라는 또 한 번의 혁명적 조치를 하도록 최종적으로 촉구한 인물은 바로 문제의 좌정승 하륜이다.

태종은 "의정부를 개혁하기 얼마 전에 좌정승이 나에게 고(告)하기를 '우리의 제도는 모두 명나라를 모방하니, 마땅히 정부 일을 육조에 나눠 붙이어 명나라 육부의 예를 본받자'고 해서 그렇게 결정한 것이다"라며 부연했다.

참고로 명나라의 경우 명 태조 13년, 즉 1380년(우왕 6년)에 조선 의정부에 해당하는 중서성과 영의정에 해당하는 승상을 폐지하고 판서에 해당하는 상서를 정3품에서 정2품으로 올린 다음 황제가 직접 육부를 통괄하는 육부직주제(六部直奏制)를 확립한 바 있었다. 결국 육조직계제는 육부직주제의 조선 버전이었던 셈이다.

설미수에게 설명을 끝낸 태종은 먼저 성산부원군 이직, 호조판서 박신, 총제 이현(李玄)을 불러 자기 뜻을 말하고 의견을 구했다. 모두 찬성한다는 입장이었다. 이어 영의정 성석린, 좌정승 하륜, 우정승 남재, 찬성사 이숙번, 예조판서 설미수 등을 불러 다시 한번 육조직계제에 대한 의견을 구하자 모두 옳은 길이라고 답했다.

태종의 이 같은 조치에 대한 실록 평가가 흥미롭다.

"애초에 상이 의정부 권한이 막강한 것을 염려해 이를 개혁할 생각이 있었으나 서둘지 않았다. 그리고 이때에 이르러 단행해 의정부가 관장하는 것은 오직 사대(事大) 문서와 중죄수를 다시 판결하는 것뿐이었다. 이제 의정부 권한이 막강해서 생기는 폐단을 개혁했다고는 하나, 권력이 육조에 분산되어 통일되는 바가 없고 모든 일을 제때에 처리하지 못해 일이 많이 막히고 지체되었다."

물론 평가가 엇갈릴 수 있다. 그러나 이미 의정부서사제 아래에서도 의정부를 완벽하게 장악했던 태종이 굳이 재위 14년이라는 시점에서 모든 권력을 제도적으로까지 자신에게 집중시켰다는 점은 오히려 의문거리가 될 수 있다.

그것은 아마도 후대 임금들은 자기만 못 할 것을 미리 걱정해 왕권을 더욱 강화시켜놓은 것일 수 있다. 그렇다면 이번 개편은 자기를 위한 것이 아니라 미래 임금을 위한 것이라고 봐야 한다.

이 점에서도 그는 조금도 게으름이나 방심함이 없었다. 미래를 위해서도 무일(無逸)을 실천한 결단이라 하겠다.

4

주도적으로 대명사대 전략을 세우다

2차례 국경을 넘으며 다진 영토 감각

태종은 2차례에 걸쳐 국경을 넘어 당시 세계 최강국이던 명나라 수도를 다녀왔다.

먼저 1388년 10월 이색이 이끄는 하정사 서장관으로 금릉(남경)을 다녀왔다. 앞서 본 대로 국내 정치 역학상 일종의 인질로 다녀온 것이지만 당시 22세의 혈기왕성한 청년 이방원에게는 '세계'에 눈뜨는 계기가 되었음이 분명하다.

두 번째는 1394년 태조 3년(1394년) 6월 명나라 황제의 강압적 요구에 따라 금릉을 다녀온 일이었다. 이때 그는 훗날 명나라 3대 황제에 등극하는 연왕을 북경에서 만나게 되는 행운을 얻는다. 4년 후인 1398년 명 태조 주원장이 사망하고 손자 명 혜제가 즉위하지만, 다음 해 연왕은 북경을 기반으로 '정난(靖難)의 역(役)'을 일으켰고 결국 3년 후인 1402년 남경을 함락하고 황제에 올라 명 성제가 된다. 영락제가 바로 그다. 이런 인물을 미리 직접 만났다는 사실은 훗날 태종이 대명 외교를 풀어가는 데 결정적인 도움을 주었다. 마침 서거정(徐居正, 1420~1488년)의 『필원잡기(筆苑雜記)』 1권에는 당시 정안공 이방원이 금릉 방문을 성공적으로 마치고 돌아와 사대부들과 나눈 대화가 전한다.

> "우리 태종이 경사(京師-명나라 수도 금릉)에 갔을 적에 문황제(文皇帝)가 연왕(燕王)으로 있었는데 태종이 찾아가 방문하자 문황제가 말을 해보고 크게 기뻐해 총애와 대우가 지극했다. 태종이 귀국하자 조정 사대부들이 태종께 묻기를, '천하가 크게 평정되겠습니까?' 했는데, 그때는 고황제(高皇帝-태조)가 정무를 사퇴하고 건문제(建文帝-혜제)가 태자로 있을 때다. 태종이 대답하기를 '내가 연왕을 보니 하늘의 태양 같은 의표와 용봉(龍鳳)의 자품이며 넓고 큰 도량이니 번왕(藩王)으로 오래 있을 사람이 아니더라. 천하가 안정될지는 알 수 없다'라고 했다. 얼마 안 되어 문황제가 연왕으로서 천자가 되니 사람들이 모두 태종의 선견지명에 탄복했다. 문황이 천자의 위에 오른 뒤에 우리 태종을 특별히 생각하고 매양 우리나라 사람을 보고 말하기를 '내가 일찍이 너희 나라의 임금을 보니 참으로 하늘이 낸 인물이더라'라고 했다."

『태조실록』 3년 11월 19일 기록에도 두 사람이 만나던 광경을 상세하게 전하고 있다.

전하가 연부(燕府-당시 연나라 수도 북경)를 지날 때 연왕을 접견했는데 곁에 호위하는 군사도 없이 다만 한 사람이 모시고 서 있었다. 따뜻한 말과 예절로 후하게 대접하고 모시고 선 사람을 시켜 술과 음식을 내오게 했는데 극히 풍성하고 깨끗했다. 전하가 연부를 떠나 금릉으로 가던 도중에 연왕도 금릉에 가기 위해 빨리 수레와 말을 몰아 앞서가려고 할 때였다. 전하가 말 위에서 내려 길가에서 인사하니 연왕도 수레를 멈추고 재빨리 가마의 휘장을 열고서 오래도록 따뜻한 말로 이야기하다가 지나갔다.

우정이라고 하기는 그렇지만 두 사람의 친분은 이렇게 해서 돈독해질 수 있었다. 아마도 첫 방문에서는 누구나 첫 해외여행 때 경험하듯이 '밖에서 본 내 나라'를 뼈저리게 체험했을 것이다. 동시에 주변 나라, 그것도 당시 세계 최고 문화와 문명을 구가하고 있던 명나라와 '더불어' 살아가기 위해 약소국 '고려'가 어떤 길을 가야 할지를 깊이 생각해보는 계기가 되었음이 분명하다.

두 번째 방문은 그에게 당시 요동치는 대륙의 질서를 직접 체감하는 기회가 되었다. 그런데 천하가 평정되리라고 보느냐는 사대부들의 질문에 "천하가 안정될지는 알 수 없다"라고 하는 이방원의 대답이 인상적이다. 정안공이 2차례 정변을 거쳐 왕위에 올랐을 때 대외적으로 상대해야 했던 적은 바로 이 '안정될지 알 수 없는 천하'였다. 대내적으로는 지금까지 살펴본 것처럼 새로 세운 나라를 안정시키기 위해 온갖 정치 투쟁에서 승리해야 했고 국가를 개조하는 정책들을 펼쳐야 했고 대외적으로는 2차례 명나라 방문을 통해 체득한 영토 감각을 바탕으로 나라의 골격을 정립하는 과

제에 골몰해야 했다. 이런 싸움은 집권과 동시에 시작되었다.

형식적인 사대

1401년 새해가 밝았다. 태종이 임금으로서 맞이한 첫 새해였다. 1400년 11월 11일 형인 정종으로부터 왕위를 강제적으로 넘겨받은 지 50일이 지나고 있었다. 모든 것이 불안정했다. 특히 태종으로서는 명나라로부터 자기 즉위에 대한 공식승인을 얻어내는 것이 급선무였다. 게다가 조선 건국은 인정했으면서도 여진(女眞) 문제와 조공(朝貢) 문제 등으로 조선에 대해 경계하는 시각을 갖고 있던 명나라는 건국한 지 10년을 맞은 조선에 여전히 고명(誥命)과 인신(印信)을 내려주지 않았다. 따라서 그때까지도 조선 국왕은 여전히 '권지(임시)국사(國事)'라는 칭호를 사용하고 있었다. 이 또한 태종이 풀어내야 할 외교적 숙제였다.

고명과 인신을 얻어내는 것은 국왕 개인에 대한 승인을 넘어 국가 승인의 핵심에 해당하는 것이다. 보다 구체적으로 말하면 고명 책인(誥命冊印)이라 함은 중국이 자기와 조공(朝貢) 관계를 맺은 이웃 나라 임금의 즉위를 승인해 고명(誥命-왕위를 승인하는 문서)과 금인(金印)을 보내는 외교 절차다. 원래 고명이란 당나라 이후 5품관 이상의 관리를 임명할 때 주던 사령장이고 책인(冊印) 혹은 인신이란 봉작(封爵-작위를 봉해줌)할 때 그것을 증명하는 증표로 주던 인장(印章)이다.

우리가 흔히 명나라와 조선의 관계를 규정하면서 조공관계 혹은 사대관계라고 이야기할 때 그 핵심이 되는 것이 이 고명 책인이다. 태종은 이 고명 책인을 받아냄으로써 조선을 명나라 문화권에 편입시키는 것이 조선이 장구하게 살아갈 길이라고 보았다.

태종은 외형적으로 명나라에 대해 철저한 사대를 표방했다. 집권 첫해(1401년) 1월 25일 그는 "참람되게 중국을 모방할 수 없다"라는 이유로 고려가 사용하던 작호 공(公)·후(侯)·백(伯)을 각각 부원대군·군·부원군으로 낮춰서 바꾸었다. 스스로 제후국임을 인정한 것이다. 대신 태종은 명나라 문화 중에서 좋은 것이 있다면 기꺼이 따랐다. 같은 해 4월 13일에는 무당들이 행하는 제사가 문란한 지경에 이르렀다는 보고를 받고는 "명나라 예제(禮制)에 의해 행하라"라고 명했다.

6월 19일에는 명나라 예부에 보내는 외교문서 자문(咨文)을 통해 '현재 조선의 관제가 고려의 것을 이어받는 바람에 명나라 조정의 관제와 서로 비슷한 것이 없지 않아 마음이 불편합니다. 아예 처음부터 사리에 맞도록 고치려고 하오니 명을 내려주십시오'라고 밝혔다. 보기에 따라서는 알아서 기는 형국이다.

치열한 외교전 끝에 고명과 인신을 얻어내다

태종 1년(1401년) 명나라의 정세는 내전의 혼란 그 자체였다. 2년 전 '정난의 역'을 일으킨 연왕(燕王)은 명 혜제 군대를 연파하며 무서운 기세로 부상하고 있었다. 그렇지만 아직 연호는 주원장(朱元璋) 때 홍무(洪武)에 이어 혜제 때 건문(建文)을 사용하고 있었다. 건문 원년과 정종 원년은 1399년으로 같다. 따라서 1401년 태종 원년은 건문 3년인 셈이었다.

태종이 실권을 장악하고 있던 정종 2년(1400년) 9월 조선 조정에서는 삼사판사 우인렬(禹仁烈, 1337~1403년)[20]을 하정사로 삼아 남경으로 보내 고명과 인신을 청했다.

그런데 비슷한 시기에 요동 사람 12명이 조선으로 도망쳐 와서 "연왕이 연전연승하고 있고 명 조정은 크게 어지럽다"라는 소식을 전했다. 임금 자리가 눈앞에 있던 세자 이방원으로서는 모든 신경을 명나라 내부사정에 쏟지 않을 수 없었다. 1400년 11월 11일 왕위에 오른 태종은 이첨과 박자안을 주문사(奏聞使-말 그대로 명나라 측의 의견을 듣고자 파견하는 사신)로 삼아 정종 양위와 자기 즉위 사실을 명나라에 알린다. 박자안은 1389년 창왕 때 대마도 정벌에 큰 공을 세운 무신으로 조선 건국 후 태조 6년(1397년) 중대한 과실로 저잣거리에서 참형을 당하기 직전 아들 박실이 정안공 이방원에게 눈물로 호소하는 바람에 겨우 목숨을 건진 적이 있는 그 인물이다.

이런 가운데 다음 해인 태종 1년(1401년) 2월 6일 명나라 사신 예부주사 육옹(陸顒)과 홍려 행인 임사영(林士英) 두 사람이 혜제의 조서(詔書)를 받들고 개경에 들어왔다. 문제는 남경에서 개경까

---

20 당시 63세의 우인렬은 무신 출신으로 1359년 홍건적 침입 때 큰 공을 세웠고 왜구 토벌에도 크게 기여했으며 1388년에는 문하찬성사에 올라 창왕이 왕위를 계승하게 되었다는 것을 명나라에 고하는 사신으로 금릉에 다녀왔다. 1390년 공양왕 2년에는 이성계를 암살하려 한 김저 사건에 연루되어 1년 동안 제천에 유배되기도 했으며 조선의 개국과 함께 개성부 판사로 관직에 복귀했다. 이때 다시 사신으로 명나라를 방문한다.

지 두 달 가까이 걸리는 것을 감안할 때 이들은 지난해 11월 11일 조선 왕이 정종에서 태종으로 바뀐 것을 모르고 들어왔다는 데 있었다. 혜제 조서도 정종을 향해 쓴 것이었다. 자칫 큰 외교 문제로 비화할 수도 있었다.

더욱이 조서 내용에서 드러나듯 당시 혜제의 관심은 조선이 '반란의 수괴' 연왕과 연결되는 것이었다. 당시에는 요동을 혜제가 장악하고 있었기 때문에 적어도 남북에서 연왕을 사이에 두고 협공을 하는 양상인데 만일 조선이 연왕과 손을 잡을 경우 요동이 연나라와의 싸움에 적극적일 수 없게 되어 자신에게 큰 부담이 될 수밖에 없었다. 정종을 향한 것이기는 하지만 조서에 "사악함에 현혹되지 말고, 가짜에 놀라지 말라"고 한 것은 이런 점을 염두에 둔 것이었다.

태종은 다음날 두 사신을 극진하게 대접한다. 육옹과 임사영은 실컷 즐기고 밤늦게까지 술을 마셨다고 실록은 기록했다. 2월 14일 두 사람이 태종을 찬양하는 시를 지어 올릴 만큼 태종은 사신 대접에 최선을 다했다. 이런 가운데 3월 6일 명나라에 갔던 우인렬이 명나라 예부로부터 자문을 받아왔다. 여기에 심상찮은 내용이 포함되어 있었다. 이들이 3월 6일에 개경에 돌아왔다면 역산해볼 때 대략 1월 초에 남경을 떠난 것이다. 이때면 명나라 조정에서도 전해 11월 11일에 이뤄진 선위 사실을 알 수 있었다.

명 혜제는 고명과 인신을 청하기에 허락했는데 열흘도 안 되어 요동에서 보고하기를 '정종이 풍질이 생겨 보고 듣는 것이 문제가 있어 왕위를 아우에게 물려주었다'라고 하니 어떤 연유인지를 따져 묻고 있다. 그래서 명 혜제는 고명과 인신을 갖고 조선을 향하던 명나라 사신을 다시 불러들였다.

"(이런 정치적 변화에 대해) 짐이 심히 이상하게 여긴다. 슬프다! 정종
이 병으로 아우에게 사양한 것이 과연 진실한 마음에서 나온 것인
가? 그 아비 태조가 작은아들(-이방원)을 총애해 왕위를 바꾼 것인
가? 그 아우가 불의(不義)한 일을 한 것이 아닌가? 혹시 명나라 조정
을 얕보고 시험해 희롱하는 뜻인가? 혹시 나라 안에 내란이 있어 그
러한 것인가?"

연왕과 힘겨운 싸움을 벌이고 있던 혜제 입장에서는 충분히
품어볼 수 있는 의문과 의심들이 적나라하게 열거되어 있는 것이
인상적이다. 그러면서 혜제는 "인신과 고명은 왕위에 오를 자가 정
해지지 않았으니, 경솔히 부여할 수 없다"라며 고명 책인 수여를
일단 유보했다. 일이 꼬일 뻔했다. 그런데 2월에 조선을 방문했던
사신 육옹과 임사영은 태종으로부터 받은 환대에 이미 태종 편이
되었다. 그들은 귀국길에 이미 "제가 황제께 말씀드리면 반드시 고
명과 인신을 내려주실 것"이라고 태종에게 다짐했다. 태종도 통상
적으로 의주까지만 환송하던 관례를 깨고 삼사우사 이직과 우군
총제 윤곤(尹坤)을 보내 두 사신을 남경까지 동행토록 했다. 그만
큼 태종은 여기에 열성을 쏟았다.

명나라 두 사신이 돌아가고 이어 우인렬이 돌아온 지 한 달여
가 지난 윤3월 15일 우인렬 일행보다 두 달쯤 늦게 남경으로 갔던
박자안과 이첨 등이 돌아왔다. 이들도 고명과 인신을 받아오지는
못했지만 천리와 인륜을 어기지 않는 한 조선 일은 조선이 알아서

하라는 사실상의 태종 즉위 인정을 받아내는 일정한 성과를 거두었다.

다시 두 달여가 지난 5월 27일 사은사를 수행해서 갔던 서장관 안윤시(安允時)와 전중시 판사 이현(李玄)이 일행보다 먼저 개경으로 돌아와 태종이 그렇게도 기다리던 기쁜 소식을 전했다. 황제가 통정시승 장근(章謹)과 문연각 대조 단목례(端木禮)를 조선으로 보내 고명과 인신을 전달하라고 했으며 두 사신이 이미 압록강을 건넜다는 소식이었다. 조선 건국 10년 만에 명나라로부터 공식적인 국가 승인을 받는 순간이었다. 얼마나 기뻤으면 태종은 신하들에게 자신의 전날 밤 꿈자리 이야기까지 한다.

> "꿈에 모후께서 흰 적삼을 입으시고 나에게 이르시기를 '내가 이미 옮겨 왔다'라고 하시며 기뻐하시는 모양 같았다. 꿈을 깨고 나서 이상하게 여겨 마음속으로 사모하는 정을 견딜 수 없었는데 오늘에야 성사(盛事-성대한 일)가 장차 이른다는 말을 들으니 어제 하늘에 계신 모후 혼령이 미리 아시고 기뻐하신 것이 아니겠는가?"

마침내 보름 후인 6월 12일 명나라 사신 장근과 단목례가 고신과 인신을 들고 와 조선 조정에 전달했다.

태종의 배짱, "더는 말이 없소!"

태종 2년(1402년) 1월 24일 명나라 조정은 병부 주사 단목지

(端木智)를 조선에 파견했다. 그러나 태종은 이미 조선에 오는 사신들 상당수가 보여주는 행태에 혐오감에 가까운 부정적 인식이 있었다. 의주에 들어선 사신을 개경까지 인도하는 업무를 맡는 접반사(接伴使) 한상경(韓尙敬)이 단목지에게 접대 예절에 관해 물었다. 단목지는 예부가 보낸 정식사신이라기보다는 말 무역과 관련된 한정된 과업을 띤 병부 사신이었기 때문이다.

처음에는 "전하께서 나를 길에 나와 맞이해 먼저 말에서 내리는 것이 예(禮)입니다"고 답했다. 이 말을 전해 들은 태종은 어이없다는 표정으로 "내가 먼저 말에서 내리는 것이 어찌 예가 되는가? 단목지는 조명(詔命-황제의 명) 없이 다만 병부 자문(咨文)을 가지고 왔을 뿐이다"고 말했다. 처음에는 지신사 박석명(朴錫命)이 "단목지는 천자께서 보낸 까닭입니다"라며 단목지 말이 옳다고 했다가 태종이 "단목지는 비록 천자께서 보냈다 하더라도, 병부 지시로 왔을 뿐인데 내가 왕으로서 먼저 말에서 내리는 것이 예이겠는가?"라고 반박하자 "상의 말씀이 옳습니다"며 받아들였다. 태종은 치밀했다.

"단목지가 오게 되면 사람을 시켜 내가 여기에 있다는 것을 알려라. 그렇게 하면 단목지는 반드시 말에서 내릴 것이다. 내 그때에 장막 밖으로 나가 예를 거행함이 옳겠다."

실제로 태종은 신하를 거느리고 개경 서쪽 외곽에 장막을 치고 기다렸다. 단목지가 오다가 멀리서 장막을 보고는 말에서 내렸다. 그때서야 태종이 나가 단목지를 맞이했다. 단목지가 개경에 들어올 무렵 말 무역은 사전에 약속대로 7,000여 필 정도 명나라로 보내졌고 아직 3,000여 필이 남아 있었다. 그런데 태종이 비밀리에 입수한 정보에 따르면 단목지는 3,000여 필에 해당하는 값을 요동에 두고 몸만 들어왔다. 여기서 우리는 태종의 두둑한 배짱을 보게 된다.

이틀 후인 1월 26일 단목지는 다짜고짜 원래의 예정대로 3,000여 필을 먼저 갖고 가겠다고 말했다. 그러자 태종은 "이미 축맹헌(祝孟獻)과 약속한 바가 있어 불가하다"라고 대답했다. 그 약속이란 말값이 다 오면 차례대로 말을 보내기로 한 것이다. 더욱이 태종은 말값이 올라 이미 보냈거나 보내게 될 7,000필만으로도 조선은 큰 손해라고 말했다.

이때 태종은 아버지 이성계와의 냉전으로 신경이 온통 소요산에 가 있었다고 해도 과언이 아니었다. 그런 가운데 명나라와 말 교역을 놓고 피 말리는 신경전을 하고 있었다.

말 교역을 둘러싼 싸움에서 이미 태종은 기선을 제압했다. 태종은 3월 3일 명나라에 사신을 보내 교역할 말이 없다는 입장을 전하게 하는 한편 3월 18일 축맹헌과 단목지가 자신에게 "말을 바꾸는 일이 매우 더딥니다"라고 말하자 "더는 말이 없다"라고 잘라 말한다.

다행히 24일에는 그보다 먼저 보낸 건의에 대한 답변으로 명나라 병부에서 "그동안 7,000필의 교역이 이뤄졌으니 억지로 나머지 3,000필을 다 채울 필요가 없다"라는 자문을 보내왔다. 이렇게 해서 공식적으로 4월 4일 1만 필로 예정되었던 말 교역은 7,000필에서 끝나고 일단 종료되었다.

시시각각 변하는 명나라 정세

태종이 말 교역을 중단하겠다고 배짱을 부릴 수 있었던 배경에는 나름대로 입수한 핵심 정보가 결정적으로 작용했다. 하정사(賀正使)로 명나라에 갔다가 3월경에 돌아온 최유경(崔有慶)은 연왕(燕王)이 승승장구하고 있으며 황제 군대는 수는 많지만 백전백패하고 있다고 전황을 전했다. 게다가 혜제 쪽에 붙었던 요동 사람들이 패퇴해 조선으로 피난해오는 사태까지 발생하자 계속 말을 보내는 것은 자칫 훗날 보복을 당할 수 있는 빌미를 준다고 생각했다. 즉 말 교역 중단은 단순히 자존심을 내세운 결단이 아니라 주변 정세 파악을 바탕으로 한 치밀한 판단 결과였다.

5월이 되자 회수(淮水)를 건넌 연왕 군대가 수도 남경(南京-금릉)을 압박하기 시작했고 6월이 되자 혜제는 실종되고 연왕이 황제로 등극했다. 말 무역을 중단한 4월 초부터 6월까지 석 달은 태종으로서도 손에 땀을 쥐게 하는 긴박한 기간이었다.

그런데 태종이 명나라 내전 상황의 심각성을 본격적으로 인식하게 되는 것은 8월 1일이다. 5월에 사은사로 남경을 향해 떠났던 박돈지(朴惇之)가 전란으로 길이 막혀 이날 중도에 돌아온 것이다. 이때 박돈지는 혜제가 궁지에 몰려 마지막으로 백성이 일어나 자신을 지켜줄 것을 절절하게 호소한 글만 얻어왔다.

조선 조정에서는 아직도 혜제의 몰락과 연왕의 황제 등극 사실은 모르고 있었다. 한 달쯤 후인 9월 28일 요동을 오가던 통사(通事-통역관) 강방우(康邦祐)가 그곳에서 입수한 정보를 평양에 있던 서북면 도순문사에게 전해 이 말이 조정에서 전달되고서야 어느 정도 실상을 파악하게 되었다.

> 6월 13일에 연왕이 전쟁에서 승리해 건문황제(-혜제)가 봉천전에 불을 지르게 하고 자기는 대궐 가운데서 목매달아 죽었으며 후비 궁녀 40인이 스스로 죽었고 17일에 연왕이 황제 자리에 올랐습니다.

이와 함께 강방우는 새 황제는 도찰원 첨도어사 유사길(俞士吉)과 홍려시 소경 왕태(汪泰) 등을 조선에 파견했고 이들은 이미 9월 16일 압록강을 건넜으며 조선 출신 명나라 환관 세 사람도 동행하고 있다고 보고했다. 이에 태종은 10월 2일 서둘러 연호 건문(建文)의 사용을 중지시켰다.

그런데 태종 마음을 크게 상하게 하는 일이 이틀 후인 10월 4일 일어난다. 새 황제 등극을 하례하기 위한 사신을 보내려 하는데 신하들이 서로 병이 있다며 미뤘다. 처음에는 우정승 이무(李茂)를 보내기로 하고 사평부 영사 하륜(河崙), 좌정승 김사형(金士衡), 우정승 이무 세 사람을 불렀다. 그러면서 이무에게 "우정승은 병이 있는데 먼 길을 다녀오기 어렵지 않은가"라고 의중을 묻자 대답이 없었다. 자칫 죽음에 이르는 길이 될 수 있었기 때문이다.

김사형도 "신도 병이 있지만, 상감이 두려워 감히 사직하지 못하고 있을 뿐"이라고 변명했다. 하륜은 "정승들이 모두 병이 있으니 신이 가겠습니다"라고 나섰다. 그래서 하륜이다. 태종은 기뻐서 울고 하륜도 감격해서 울었다. 그 즉시 김사형과 하륜의 자리는 맞바뀌었다. 좌정승 하륜이 탄생했다.

한편 유사길 일행은 열흘 후인 12일 개경에 들어온다. 태종은 일단 연호는 다시 홍무(洪武-주원장 연호)를 쓰도록 지시했다. 홍무 35년이었다. 이때 온 사신 일행은 10년 전 표전(表箋) 문제로 명나라에 억류되었던 조선 사람들의 소식도 함께 갖고 왔다.

"김약항(金若恒)은 운남으로 귀양 가서 아내를 얻어 살고 있으며 정총(鄭摠)과 노인도(盧仁度)는 모두 병들어 죽었습니다."

한편 사신 일행이 개경에 머물고 있던 11월 5일 함흥에서는 태조가 주도한 조사의(趙思義)의 반란이 터져 한 달여를 끈다. 아들 태종은 명나라와 치열한 외교전을 벌이고 있는데 아버지 태조는 권력을 되찾으려는 난을 도모하고 있었다.

다시 고명과 인신을 수령하다

태종은 말 교역 중단과 연호 교체 등으로 혜제와의 거리두기를 시도했다. 게다가 자신이 아는 명 성제(-연왕)는 혜제와 다른 사람이었다. 뒤에 드러나지만 철저한 대외 확장형 황제였다. 이 말은 자칫하면 조선에 큰 위기가 닥칠 수도 있다는 뜻이다. 무엇보다 10년 만에 어렵사리 얻어낸 고명과 인신을 혜제로부터 받았다는 사실이 걸렸다. 그래서 태종은 태종 2년(1402년) 10월 황제 등극을 축하하러 가는 하등극사(賀登極使) 하륜에게 고명 인신을 다시 받아올 것을 주문했다.

태종 3년(1403년) 4월 2일 하륜을 수행해서 갔던 서장관 조말생(趙末生)이 먼저 돌아와 하륜과 하정사 이첨, 부사 조박 등이 직접 황제를 알현한 사실을 전했다. 고명 책인 문제도 순조롭게 해결되어 명나라 사신 좌통정 조거임(趙居任)은 고명을 받들고, 도지휘 고득(高得)은 인장을 갖고서 조선으로 출발해 이미 압록강을 건넜다고 했다. 태종으로서는 가장 우려했던 문제가 해결되어 일단 한숨 돌렸다.

드디어 4월 8일 고득과 조거임 일행이 환관 황엄, 조천보와 조선 출신 환관 주윤단·한첩목아 등을 거느리고 개경에 들어왔다. 이들은 고명 인신뿐만이 아니라 전란 때문에 조선으로 도망친 요동 사람들을 돌려보낼 것과 중단된 말 무역을 재개하자고 요청하는 글도 갖고 왔다. 사신단에 따라오는 환관들의 주요 업무는 은밀하게 명 황제가 조선 국왕에게 혹은 황후가 왕후에게 주는 밀지(密旨)나 선물 등을 전하는 일이었다. 그래서 특별한 외교 사안이 없을 때는 환관이 사신으로 오는 일이 잦다. 조선 중기로 접어들면 아예 조선 출신 환관이 사신으로 오기도 했다. 그만큼 대(對)조선 관계를 갈수록 낮춰본 때문이다. 그러나 조선 초에는 달랐다.

이때도 이틀 후인 4월 10일 황엄이 거만하게 굴자 태종은 태평관에서 잔치를 베풀다가 서둘러 끝내버렸다. 어찌 보면 조선 국왕으로서 위엄을 지키려는 태종의 이 같은 태도는 명나라에서도 문제가 될 정도였다. 6개월 전인 태종 2년(1402년) 10월 유사길을 따라왔던 내시 온전(溫全)은 중국으로 돌아가 "조선 국왕의 성질이 거만하기 그지없다"라고 보고했다. 그러나 이때의 정황을 이미 보고받아 잘 알고 있던 황제는 되려 온전에게 "네가 예를 지키지 않아 그런 것이니 자업자득"이라고 호통을 쳤다.

태종이 대국 사신들을 깔볼 수 있었던 것은 이들이 보여준 행실과도 무관치 않았다. 이때 온 사신들도 예외는 아니었다. 금강산에서 놀다가 돌아온 사신 일행을 맞아 태종은 4월 26일 태평관에서 잔치를 베풀고 이들에게 각각 말과 인삼, 각종 옷감, 화문석 등을 선물로 주었다. 조거임 홀로 선물을 일절 받지 않았다. 황엄은 자기가 받은 말이 좋지 않다며 좋은 말로 바꿔달라고 해서 다시 받았다. 또 동료 환관 조천보(曹天寶)는 잔칫상에 72가지 음식이 있지만 먹을 것이 없다고 투정을 부리다가 황엄에게 핀잔을 듣고는 사모를 벗어던지며 황엄과 말다툼을 벌였다. 어쩌면 황엄은 태종이 보인 위엄에 눌리고 있었는지 모른다. 같은 해 10월 황엄은 다시 사신으로 조선을 찾게 되고 그 후에도 여러 차례 방문해 조선 초 명나라와 조선 관계를 다지는 데 많은 기여를 하게 된다.

사신단 책임자 격인 고득은 한술 더 떠 통역을 맡고 있던 조사덕(曹士德)을 불러 조거임이 받지 않은 선물은 자신들에게 달라고 은근한 압력을 넣었다. 심지어 고득은 "황제께서는 우리들로 하여금 물건을 얻어 쓰게 하셨으니, 비록 많이 주더라도 우리는 거절하지 않는다"는 황당한 말까지 하다가 통사 조사덕에게 면박을 당하기까지 했다.

"황제께서 물건을 얻어 쓰게 하셨다면, 조거임은 왜 받지 않습니까?"

이에 대한 고득의 답이다.

"조거임은 유자(儒者)를 자처하니 반드시 받지 않을 것이다. 그가 받지 않는 물건은 우리에게 주는 것이 좋겠다."

한편 사신들이 개경에 머물고 있던 4월 21일 태종은 우정승 성

석린을 남경으로 파견했다. 새롭게 고명과 인신을 준 데 대해 감사
하고 동시에 혜제로부터 받은 고명 인신을 반납하기 위함이었다.

여진을 둘러싼 명나라와의 소리 없는 전쟁

　태종 4년(1404년) 5월 19일 예문관 제학 김첨(金瞻)을 계품사
(計稟使)로 임명해 남경으로 보냈다. 김첨이 받은 임무는 공험진(公
嶮鎭) 이남의 여진족 거주 지역을 조선 관할하에 두도록 해달라는
것이었다. 공험진이란 지금의 회령 일대로 고려 때 윤관이 개척한
9진 중 하나다.

　계품사 김첨 일행은 10월 1일 칙서를 받들고 개경으로 돌아
왔다. 외교적 성공을 담고 있는 내용이었다. 한마디로 10곳 여진족
에 대한 조선 관할권을 인정하겠다는 것이었다. 이로써 조선이 행
사할 관할권은 함흥 이북으로 한참이나 확대되었다. 10월 18일 임
정(林整, 1356~1413년)[21]을 남경으로 보내 10곳에 대한 관할권 인

21　1401년(태종 1년) 총제(摠制)로서 충청·경상·전라도 조운체찰사가 되어 콩과 쌀을 전
　　후 10만 2,000여 석을 운송한 공으로 왕으로부터 말 1필을 하사받았다. 같은 해 경
　　상·전라·충청도 체찰사 겸 수군도절제사 조운염철사(漕運鹽鐵使)가 되어 3도 주민
　　을 동원해 조선(漕船)을 건조했는데, 경상도에서 111척, 전라도에서 80척, 충청도에서
　　60척을 각각 건조했다. 1403년 동북면도순문사 겸 병마도절제사가 되었고, 이듬해 중
　　군도총제로 명나라에 가서 백성을 본국에 환속시켜준 데 대해 사례를 했다. 1407년
　　형조판서를 거쳐 동북면도순문찰리사 겸 영흥부윤이 되었다가, 1410년 다시 형조판
　　서가 되어 명나라에 하정사(賀正使)로 다녀왔다. 이듬해 서북면순문사가 되었으나
　　1413년 평양부에서 활동하던 중 병에 걸려 4일 만에 죽었다. 근실하고 중후했으며,
　　가는 곳마다 치적이 뛰어나 백성이 기꺼이 복종했다고 한다.

정을 사례했다.

그런데 김첨 일행이 돌아오기 20일 전쯤인 9월 11일 태종은 특급참모 성석린·조준·이무·조영무·이직·권근 등을 불러 정사를 의논하다가 이렇게 말한다.

"대체로 인심은 어짊이 있는 이를 생각하는데 건문제는 관대하고 어진 데도 망했고 영락제는 형살을 많이 행했는데도 흥한 것은 어째서인가?"

조준은 "관대하고 어진 것만 알았을 뿐이지 기강을 세우지 않았기 때문입니다"라고 답했다. 태종은 전적으로 동의를 표했다. 즉 태종은 개인적으로 만나본 적도 있는 영락제가 뛰어난 군주이면서도 폭군적 측면을 갖고 있다는 것을 정확히 파악하고 있었다. 그가 명나라와의 관계를 최대한 조심스럽게 가져간 데는 이 같은 인식이 크게 작용했다.

명 성제는 외형적으로 보면 즉위 후 파격적이라 할 만큼 조선에 우호적인 태도를 보였다. 오죽했으면 성제 즉위 1년이 되어가던 태종 3년(1403년) 11월 황엄이 사신으로 왔을 때 태종은 "황제께서 어찌해 내게 이토록 두텁게 대하시냐"고 물었다. 이에 대해 황엄은 "새로 황제에 오른 직후 천하의 제후로서 조회하는 이가 없었는데 조선만이 상상(上相-좌의정 하륜)을 보내 진하했으니 그 충성을 아름답게 여겨 후하게 대하는 것입니다"라고 답한다. 이무와 김사형이 가지 않으려고 해 하륜이 좌의정이 되어 하등극사로 갔던 일이 이런 효과를 냈던 것이다.

그런데 흥미롭게도 그해 9월 9일 남경에 갔던 우정승 성석린이 돌아와 은밀하게 성제가 조선 왕실과 혼인 관계를 맺고 싶어 한다는 정보를 입수해 태종에서 보고했다. 태종은 당장 둘째 딸 경정공주를 조준 아들, 즉 조대림(趙大臨)과 결혼시켜버렸다. 이 결혼은 사간원에서도 반대가 컸다. 그때 조대림은 모친상을 당한 지 4개월밖에 되지 않았다. 상중에는 관직에 나아가는 것도 금지되어 있는데 결혼이란 더더욱 말이 안 되는 일이었다. 특히 유교 나라를 지향하는 조선에서는 있을 수 없는 일이 일어난 것이다.

그런데 불과 석 달 만인 12월 18일에는 셋째 딸 경안공주도 권근 아들 권규(權跬)와 결혼시켜버렸다. 명나라에 대해서는 '불가근불가원(不可近不可遠)'이 최상의 정책이라고 생각했던 태종 의중이 명확하게 드러나는 사건이다. 명 황실과의 혼인에 대한 태종의 깊은 생각을 정확히 이해할 때라야 훗날 세자와 명 황실과의 혼담이 오갔을 때 태종이 받은 정신적 충격을 적어도 절반은 제대로 추체험할 수 있다.

오도리 만호 동맹가첩목아를 둘러싼 신경전

군주로서 명 성제와 태종은 국력 차이에도 불구하고 서로 비슷한 성격을 갖고 있었다. 이런 점 때문에 태종은 어떤 면에서는 누구보다 성제의 대외 정책을 쉽게 예상할 수 있었을지 모른다. 그래서 먼저 자세를 낮춰 몸을 사리고 외형적으로 '사대(事大)'를 견지했다. 4절 제목에서 '주도적'이라고 한 것은 이 점을 염두에 둔 것이다.

그러나 태종이 누구인가? 북방 개척에 일생을 보낸 아버지 이성계로부터 무인 기질도 이어받은 인물이다. 비록 자신이 척살하기는 했지만, 정도전이 품었던 요동을 향한 꿈은 곧 자기가 품은 꿈이기도 했다. 어렵사리 외교전을 통해 '여진 10처'를 확보해낸 것은 이런 맥락에서 살펴야 한다. 그러나 상대는 너무 강했고 영토 확장에 아주 적극적인 영락제였다.

뒤에 드러나지만, 정권을 안정시킨 영락제는 실제로 적극적인 대외 팽창에 나서 안남(安南-베트남)을 정복하고 정화(鄭和, 1371~1433년)[22] 함대를 이슬람권까지 파견했으며 여진족을 제압했다. 또 5차례에 걸쳐 직접 몽골 정복에 나서기도 했다. 그가 사망한 것도 다섯 번째 몽골 친정(親征) 도중이었다.

태종은 태종 3년(1403년) 6월에 성제의 여진 회유 정책을 간파하고 삼부 대신들로 하여금 이 문제를 논의케 했다.

삼부가 모여 여진 일을 토의했다. 황제가 여진의 오도리·올량합·올

---

22 회족(回族-무슬림)이다. 영락(永樂) 3년(1405년) 성조(成祖)의 명령을 받아 왕경홍(王景弘)과 함께 서양에 사신을 갔다. 선단은 소주(蘇州) 유가하(劉家河)에서 바다로 나갔는데, 200여 척으로 구성되어 있었다. 그중 가장 큰 보선(寶船)은 62척에 이르렀다. 인원만도 2만 7,800여 명에 이르렀다. 5년(1407년)에 귀국했다. 1차 원정부터 선덕(宣德) 8년(1433년)까지 28년 동안 전후 7차례에 걸쳐 대선단을 지휘해 동남아시아에서 서남아시아에 이르는 30여 국에 원정해 명나라의 국위를 선양하고 문화를 교류했으며, 무역상의 실리를 획득했다. 가장 멀리 간 것은 아프리카 동안(東岸)과 홍해(紅海) 유역이었다. 그가 지휘한 명나라 선단이 인도양에 진출한 것은 바스쿠 다가마(Vasco da Gama)의 인도양 도달보다 8, 90년이나 앞섰다. 7차 항해를 마치고 귀국하는 도중 죽었다.

적합 등을 초무(招撫-회유)하며 조공을 바치도록 명했는데 여진 등
은 본래 우리에게 속했기 때문에 삼부가 회의를 연 것이었다.

태종 5년(1405년) 1월 초부터 이런 성제와 여진족에 대한 지배
권을 두고 한 치 양보도 없는 신경전이 시작됐다. 여진족 부족 중
에서 명나라와 조선 사이에 끼어 문제가 된 3대 부족은 오도리·
올량합·올적합이었다. 그중에서도 가장 막강한 부족이 오도리였
고 이 부족을 이끌던 인물이 만호 동맹가첩목아(童孟哥帖木兒)다.
이 부족에서 훗날 청나라 황실이 나오게 된다.
　이때까지 동맹가첩목아는 일관되게 조선과의 유대를 지켜
왔다. 그런데 태종 5년(1405년) 1월 3일 북방 상황을 살피러 갔던
길주안무사로부터 긴급보고가 들어왔다. 명나라 사신이 오도리 만
호 동맹가첩목아를 회유하려다가 실패했다는 소식이었다. 그러면
서 이미 상당수 부족이 명나라에 조공을 약속했다고 덧붙였다. 이
에 조정에서는 즉각 대호군 이유(李愉)를 동북면 회령으로 보내
동맹가첩목아에게 비단옷을 선물했다. 더불어 올량합 만호 유파
을소(劉波乙所)에게도 선물을 보냈다. 조선을 버리지 말라는 뜻이
었다. 만호(萬戶)니 천호(千戶)니 하는 벼슬 자체가 태조가 조선 건
국 직후 내린 것이었다.
　4월 20일 북방 정세에 관한 보고가 들어왔다. 명나라 사신 왕
교화적(王敎化的)이 8일 여진 땅에 들어와 여진의 동맹가첩목아
와 파아손(把兒遜) 등을 회유하려 했다는 것이다. 이에 대해 두 사
람은 "우리들이 조선을 섬긴 지 20여 년이다. 조선이 명나라와 친
교를 형제처럼 하는데, 우리들이 어찌 따로 명나라를 섬길 필요가

있겠는가?"라고 말했다.

20년 동안 조선을 섬겼다는 것은 다름 아닌 이성계 영향이다. 그리고 이들은 아직도 명나라 황제에 대한 이해가 부족했기 때문에 이렇게 말할 수 있었는지 모른다. 심지어 14일에는 파아손·착화(着和)·아란(阿蘭) 등 세 만호는 왕교화적 부하에게 당당하게 "우리들이 조선을 섬기고 있는데, 너희들이 함부로 사신이라 일컫고 난잡하게 왕래하므로 거절하고 상대하지 않는 것이다"라고까지 말했다. 함부로 사신이라고 일컬었다는 뜻은 왕교화적이 여진 출신이면서 일종의 임시 사신이라는 것이다. 이들 세 만호는 회령으로 가서 동맹가첩목아를 만나 함께 "본래 뜻을 변치 말고 조선을 우러러 섬겨 두 마음을 갖지 말자"라고 맹세했다.

그러나 이미 8월이 되자 상황은 전혀 다르게 돌아가고 있었다. 성제 위력을 확인한 동맹가첩목아 등이 조선에서 벗어나 명나라에 복속되는 것은 애당초 시간문제였다. 그들이 명나라 조정으로 알현하러 간다는 것을 들은 조선 조정으로서는 속수무책이었다. 태종도 9월 3일 신하들과 이 문제를 논의하면서 10처에 대한 관할권을 인정받은 것만으로 만족할 수밖에 없다는 입장을 털어놓았다. 마침 그들이 명나라 조정에 알현하러 출발한 날이 바로 이 9월 3일이다.

9월 중순 명나라에서 돌아온 사신과 통사들이 연일 어두운 소식을 전했다. 그들은 명나라 황제의 정확한 의중도 모른 채 그전에 동맹가첩목아에 대한 조선의 관할권 인정을 요청했고 성제는 "11곳 중에서 한 곳을 우리가 관할하겠다는데 조선에서 왜 이리 난리냐"며 "열 번 잘 하다가도 한 번 잘못하면 아무짝에 쓸모가 없다"라며 협박까지 했다. 결국 동맹가첩목아는 조선이 부여한 관직인 '만호'를 버리고 '건주위 도지휘사'에 임명됨으로써 조선과의 인연을 끊었다. 태조 이성계가 시작한 여진 동화책을 통한 사실상 북진 정책은 일단 여기서 멈추게 된다. 두만강 유역까지 조선 국토에 포함하려면 세종 때를 기다려야 했다.

예로써 사신을 모시되…

태종 6년(1406년) 4월 황엄이 다시 사신으로 조선을 방문했다. 그달 20일 태평관에서 연회를 하는데 황엄은 함께 온 한첩목아(韓帖木兒)와 미리 짜고서 술이 취했다면서 먼저 자리를 떴다. 그러자 한첩목아는 태종에게 제주도 법화사(法華寺)에 있는 미타삼존불 동상은 원나라 때 양공이 만든 것이므로 우리 것이니 가서 갖고 가야겠다고 말한다. 태종은 이에 대해 외교적인 조크로 답한다.

"마땅하고 말고요. 다만 바다를 건너오다가 부처 귀에 물이 들어갈까 두렵소."

내키지 않음을 간접적으로 내비친 고단수 유머였다. 이미 낮에 신하들에게 보고를 들어 이번 사신의 중요 임무 중 하나가 그것이라는 사실을 알고 있었다. 이들은 불상이 아니라 제주도를 정탐하는 데 그 목적이 있었다. 그래서 태종은 미리 사람을 보내 법화사 불상을 전라도 나주에 갖다 놓으라고 지시를 내렸다. 그러면 이들이 굳이 제주도에 갈 필요가 없어지기 때문이다. 명나라가 제주도를 정탐하려 한 이유는 향후 일본을 칠 경우 필요한 교두보 확보 차원이었다.

25일 출발한 황엄 일행에 의정부 지사로 승진한 최측근 박석명(朴錫命)을 전라 제주 도체찰사로 임명해 동행하도록 했다. 일거수일투족을 감시하기 위함이었다. 그런데 환송 행사에 태종이 몸이 좋지 않아 나오지 않기로 했다는 말을 들은 황엄은 새벽녘에 환송식도 받지 않고 출발해버렸다. 환송 책임을 맡았던 지신사 황희는 헛걸음해야 했다. 눈에 보일 정도로 치열한 신경전이 태종과 황엄 사이에 오가고 있었다.

미리 사람을 보내 제주의 불상을 전라도에 가져다 두기로 했던 비밀 작전은 성공적으로 마무리되었다. 이 임무를 맡은 박모와 김도생이 불과 17일 만에 제주도에 가서 불상 3구를 싣고 해남에 갖다 놓았다. 이 일로 6월 27일 박모(朴模)와 김도생(金道生)은 각각 호군과 통례문 봉례랑으로 특진했다.

황엄 일행이 나주에서 불상 3구를 인수받아 돌아온 것은 7월 16일이다. 이때 다시 불상에 절하는 문제로 태종과 황엄이 일전을 벌인다. 태종은 황엄이 서울에 들어올 때도 몸이 불편하다며 마중을 나가지 않았다. 이틀 후 황엄 일행이 묵고 있는 태평관에 가니 황엄은 태종에게 불상에 예를 행할 것을 요청했다. 그러나 태종은 "내가 여기에 온 것은 천사(天使-명 사신)를 위한 것이지 불상을 위한 것은 아니오. 만약 불상이 중국에서 왔다면 내가 마땅히 절해 공경의 뜻을 표해야 옳겠지만, 지금은 그렇지 아니한데 절할 필요가 있겠소?"라며 단호하게 거부했다. 일의 이치[事理=禮]에 입각해 일을 처리하는 태종풍이다.

"나보다 명 사신이 더 두려운가?"

그런데 이 와중에 일이 묘하게 돌아간다. 태종은 지신사 황희로 하여금 의정부 의견을 묻도록 지시했다. 뜻밖에 정승들은 지금 황제가 불교를 숭상해 여기까지 와서 불상을 구하려고 하고 황엄은 사람됨이 난폭하다는 것을 세상 사람이 다 알고 있으니 임시방편으로 예불하는 게 좋겠다고 말했다. 이 말을 들은 태종은 전혀 다른 맥락에서 이 말을 받아들여 화를 낸다.

"내가 두 정승(-하륜과 조영무)을 믿고 불상에 절하지 않으려고 했는데 모두 말하기를 '절해야 한다'고 하니 무슨 까닭인가? 이번에 보니 나의 신하 중에 의(義)를 지키는 사람이 한 사람도 없다는 것을 알겠다. 여러 신하가 황엄 한 사람을 두려워함이 이와 같은데 하물며 의를 지켜 임금의 어려움을 구할 수 있겠는가? 고려 충혜왕이 원나라에 잡혀갔을 때 고려 신하 중에서 충혜왕을 구원하려 드는 자가 없었다. 내가 위태롭고 어려움을 당해도 역시 이와 같을 것이다."

태종 성품을 잘 아는 신하들로서는 등골이 오싹해지는 발언이었다.

그러면 태종의 이 말은 과민반응인가. 전후 맥락을 살펴보면 강한 왕권을 추구하는 태종 입장에서는 충분히 그럴 수 있었다.

명나라와의 관계에서 조선은 점차 밀리고 있었다. 북방으로의 전진은 더는 불가능했고 여진 주요 부족들은 하나둘 명나라에 투항하고 있었다. 국왕으로서 여간 자존심 상하는 일이 아니었다. 게다가 평생 북방개척에 몸 바친 아버지 이성계를 볼 낯도 없었다. 자신의 집권이 갖는 정통성의 중요한 기반 하나가 흔들리고 있었다.

이런 상황에서 믿었던 신하들마저 명나라 환관에 불과한 사신 눈치를 보는 상황을 태종으로서는 받아들일 수 없었다. 마침내 어전통사 이현을 불러 사신에게 "번국(藩國-조선)의 화복(禍福)은 천자의 손에 달려 있지 불상에 있는 것이 아니오"라며 예불하지 못하겠다는 최후통첩을 했다. 이 말을 전해 들은 황엄은 한참 하늘을 올려다보며 말이 없었다. 결국 태종은 예불하지 않았다. 그리고 황엄 일행은 7월 22일 불상을 갖고서 명나라로 돌아갔다.

태종 6년(1406년)에는 윤7월이 끼어 있었다. 따라서 황엄과의 신경전이 있고서 두 달 정도가 지난 8월 18일 1차 선위 파동이 일어났다. 태종이 의정부 의견을 듣고 나서 했던 말은 그래서 더욱 의미심장하게 읽힌다.

이듬해인 태종 7년(1407년) 1월 4일 명나라 사신이 귀국하는데 그에 앞서 태종은 황희를 불러 이렇게 말한다.

"사신들이 돌아갈 때 백관이 반송정에 차례대로 서서 지송(祇送)[23] 해온 지 오래되었다. 그러나 지난번 황엄이 불상을 가지고 돌아가던 날에 정승을 보고서도 말을 탄 채 그대로 지나쳤고 그 따르는 자들

---

23 예를 다해 전송하는 것을 말한다.

또한 말에서 내리지 않아 내가 심히 창피스러웠다. 이제부터 각사(各司)가 지송하는 것은 없애도록 하라. 사신이 설사 혹 예(禮)에 어긋났다고 화를 낸다 한들 장차 나에게 어찌하겠는가?"

그 무렵 대국 명나라의 횡포에 대한 소국 조선의 태종이 어떤 심정이었는지를 추체험해볼 수 있는 의미 있는 발언이다.

명나라에 대해 늘 조심했다

태종 17년(1417년) 8월 16일 자 실록이다.

일을 아뢰는 여러 경에게 음식을 제공했다. 여러 경이 모두 일어나서 앞으로 나와 하례해 말했다.
"상께서 지성으로 대국을 섬기어 국가에 일이 없으니 신민(臣民)의 복입니다."
상이 말했다.
"내가 부덕한 몸으로서 정성을 다해[極殫悃愊] 중국을 섬겼다. 지나
          극탄 곤핍
간 일은 이러했지만 오는 일이야 알기가 어렵다. 정성이 조금만 부족해도 흔단(釁端-틈이 생김)이 반드시 생길 것이니 두렵지 않겠는가?"

이 같은 태종 생각은 당연히 이듬해 왕위에 오르는 아들 세종에게도 전수되었을 것이고 세종은 재위 기간 내내 지성사대(至誠事大)를 실천에 옮긴다.

제 3 장

제가 정치학: 세자 외척에 대한
태종풍 제가의 겉과 속

1 —

명문 세가 딸에게 장가들다

세종 2년(1420년) 7월 10일 대비 민씨가 세상을 떠났다[薨]. 변
계량이 지어 올린 헌릉(獻陵) 지문(誌文)에 따르면 태종비 민씨는
1365년 7월 11일(을사년 정묘일) 개경 철동에서 태어났다. 아버지는
민제(閔霽), 어머니는 송씨(宋氏)다.

"날 때부터 맑고 아름다우시며[淑懿] 총명하시고 은혜로우심[聰惠]
이 보통이 아니었다. 장차 출가할 나이가 되자 배필을 고르시다가
우리 성덕신공(盛德神功) 상왕(-태종)의 빈(嬪)으로 들어오셨다. 상
왕께서는 젊어서부터 세상을 구제할 뜻[濟世之志]을 두시고 경사(經
史)에 마음을 쓰시고 집안일은 돌보지 않으셨다. 태후께서 살림하는
데 능숙하시고 집안일을 주관하는 데[主饋] 삼가시어 남편이 공을
이룩하도록 힘쓰셨다. 여러 아들을 가르쳐서 마땅한 데로 따르게 하

셨고 시첩들을 예로 대해 부인의 도리를 끝까지 다하셨다."

아버지 민제(閔霽)는 고려 말의 세족 여흥 민씨였다. 신라 때부터 재상지종(宰相之宗)이라는 말이 있었는데 이는 명문가 중에서도 왕실과 혼인이 가능한 유력 집안을 가리켰다. 당시 여흥 민씨는 바로 재상지종 중 하나였다.

총민(聰敏)했던 민씨는 1382년(우왕 8년) 이방원에게 출가했다. 이듬해 1383년 4월에 청년 이방원은 문과에 급제했다. 이방원은 민제와 사제(師弟) 관계이기도 했다. 『태종실록』 6년(1406년) 12월 10일 자 기사가 이를 알려준다.

여흥부원군 민제 집으로 행차하니 정비(靜妃)가 따르고 여러 왕자도 모두 따라가 술자리를 베풀었다. 제가 시 3편을 지어 올렸는데 그 첫째는 문정(文定)[1]하던 초기에 집안 살림이 곤궁했음을 서술한 것이요 둘째는 전하가 왕위에 즉위해 기뻐서 축하하는 마음을 서술한 것이며 셋째는 민씨 일문이 두텁게 은혜를 받은 사사로움을 서술한 것이었다. 상이 매우 즐거워해 서로 대하기를 잠저 시절처럼 했다. 제가 상을 선달(先達)[2]이라 칭하니 상도 민제를 사부라 불렀다. 술자리가 끝나자 제가 상을 전송하며 대문 밖에 서 있으니 상이 제에게 들

---

1   송정(送定)·납길(納吉)·하삽정(下揷定)이라고도 부르고 또 소빙(小聘)이라 부르기도 한다. 전통혼례의 삼서육례(三書六禮) 가운데 약혼 의식의 하나다.
2   문무과(文武科)에 급제하고 아직 벼슬에 나아가지 않은 사람을 가리킨다. 이방원과 민제가 처음 만날 무렵이 바로 이방원이 선달이었기 때문에 친근감의 표시로 이렇게 부른 것이다.

어가라고 청했으나 제가 황공함을 견디지 못해 말 앞으로 나아가서 서자 아들 무질이 말했다.

"아버님이 들어가셔야 상께서 마침내 말에 오르실 것입니다."

제가 말했다.

"네가 어찌 알겠느냐!"

두 손 모아 서서 물러가지 않았고 상은 10여 걸음쯤 걷다가 마침내 말에 올랐다.

사부(師傅)라는 말로 보아 청년 이방원은 민제 제자였다. 태종 5년(1405년) 12월 13일에도 태종은 민제 집에 행차했는데 이때도 말했다.

"내가 어릴 때 민씨에게서 자라면서 은혜와 사랑을 많이 받았다."

민제는 아들 민무구·무질이 유배 가고 조정에서 그들을 죽여야 한다는 요구가 비등하던 태종 8년(1408년) 9월 15일 세상을 떠났다. 그의 졸기다.

제(霽)는 자가 중회(仲晦)이고 호는 어은(漁隱)이며 여흥군 변(抃) 아들이다. 나이 19세에 (원나라) 지정(至正) 정유년(1357년) 과제(科第-과거)에 합격해 한림에 뽑혀 들어가 여러 벼슬을 거쳐서 상의 밀직(商議密直)에 이르렀다. 홍무 임신년(1392년)에 우리 태조가 개국하자 정당문학에 승진했고 무인년(1398년)에 여흥백에 봉해졌고 영예조사(領禮曹事-예조 영사)가 되었다. 젊어서부터 예(禮)를 잘 안다고 알려져 무릇 국가 전례(典禮)를 모두 상정(詳定)했다. 건문 기묘년(1399년)에 지공거(知貢擧)가 되었다. 경진년(1400년)에 상께서 세자가 되자 승진해 문하우정승에 제수되고 조금 뒤에 좌정승으로 옮겼다.

상께서 즉위하자 국구(國舅-임금의 장인)로서 다시 여흥백에 봉해졌다. 신사년(1401년)에 '순충동덕보조찬화공신(純忠同德補祚贊化功臣)'이라는 호(號)를 주고 부원군으로 고쳐 봉했다. 이때에 이르러 병이 심해졌으므로 상이 가서 보니 의관을 정제하고 말하는 바가 조금 평시와 같았는데 엿새 만에 죽었다. 향년 70세였다. 상이 슬퍼해 조회를 정지하고 친림했으며 시호를 문도(文度)라고 했다.

제는 타고난 자품이 온인청검(溫仁淸儉)해 경사(經史)에 마음을 두고 집안일은 일삼지 않았으며 이단을 배척하고 음사(淫祠-계통 없는 미신에 따른 제사)를 미워해 화공을 시켜 노복(奴僕-노비)이 막대기를 가지고 개를 불러 중과 무당을 쫓는 그림과 약으로 사람과 동물을 구제하는 모양을 벽에 그려놓고 보았다. 존귀와 영화가 극진했으나 조금도 부귀한 티가 없이 날마다 바둑판과 더불어 스스로 즐기고 시를 잘 평론해 담백하게 속세를 벗어나 있는 듯한 정취가 있었다. 평소에 늘 아들 무구 등에게 일러 말했다.

"너희들은 교만으로 가득하니 고치지 않으면 반드시 패망할 것이다."

이를 보면 이른바 그는 자식을 알아보는 사람[知子]이라고 할 것이다.

2 ——

제갑하는 공을 세우는
'고려 여인'

태종보다 2살 위였던 민씨는 전형적인 '고려 귀족 여인'이다. 총명하고 은혜를 베푸는 성품[聰惠]이었으며 위기마다 남편을 결정적으로 도왔다. 『조선의 왕비』(윤정란, 이가출판사, 1999)에는 상당히 흥미로운 일화가 실려 있는데 요약하면 이렇다.

세자 자리를 눈앞에서 놓친 정안군은 계모 신덕왕후 강씨 진영에서 정보를 입수하기 위해 강씨 여종과 관계를 맺었다. 그런데 그만 들통 나고 말았다. 강씨는 이성계에게 정안군 처벌을 요구했고 이성계는 의형제인 이지란에게 고민을 털어놓았다. 이지란은 강씨 조카사위이기도 했다. 마침 당시는 명나라와 갈등이 극에 달해 있던 때이고 명나라에서는 이성계 친아들을 사신으로 보내라고 압박했다.

이에 이성계는 정안군 아이를 가진 여종을 궐 밖으로 내쫓기로 한다. 강씨는 그 여종을 죽이려 했다. 이에 정안군은 부인 민씨에게 자초지종을 털어놓았다. 민씨는 여종을 살리기 위해 궁궐로 달려 갔다. 시어머니 강씨가 보는 앞에서 여종에게 침을 뱉으며 자신이 더 흥분한 척 펄펄 뛰었다. 이를 본 강씨는 마음을 돌려 민씨에게 여종을 내주었다. 이렇게 해서 그 여종은 목숨을 구할 수 있었다.

이 여종이 실록에도 등장하는 김씨다. 훗날 정안군이 왕위에 오르자 효빈(孝嬪)에 봉해졌다. 그녀는 앞에서 2차 왕자의 난 이야 기 때도 등장한 바 있다.

이때 목인해가 탔던 정안공 집 말이 화살을 맞고 도망쳐 와서 스스로 제집 마구간으로 들어갔다. 부인은 반드시 싸움에 패한 것이라 생각하고 스스로 싸움터에 가서 공과 함께 죽으려 해 걸어서 가니 시녀 김씨 등 다섯 사람이 만류했으나 그만두게 할 수 없었다.【김씨 (金氏)는 곧 경녕군 어머니다.】

실록에서 그냥 시녀라고 기록할 사람을 군이 '김씨'라고 성을 밝힌 이유는 경녕군(敬寧君, 1395~1458년)[3] 어머니이기 때문이다. 다행히 경녕군의 경우 출생 연도가 정확히 기록되어 있다. 1395년

---

3   이름은 이비(李裶)다. 천성이 어질고, 어려서부터 효도와 우애가 돈독했다. 태종·세종·문종·단종·세조의 5조에 걸쳐서 왕실과 국정에 어려움이 있을 때는 충성을 다해 해결하도록 노력했다. 세종 초에 기생 일점홍(一點紅)과의 염문이 문제되어 대간으로부터 여러 번 탄핵받았으나 세종이 비호해주어 무사했다. 1430년에 대광보국이 되어, 세조가 즉위하자 충주로 피해 여생을 마쳤다.

이다. 그런데 정안군이 명나라에 간 때는 1394년 6월이다. 시간상으로는 부절처럼 딱 들어맞는다. 상상은 여기까지다. 경녕군 출생 연도는 1402년설과 1403년설도 있기 때문이다. 그렇다면 이때 태어난 아이는 경녕군이 아닐 수 있다. 김씨 문제는 이 정도로 하고 본론으로 돌아가자.

1392년 조선이 세워지자 "스스로 싸움터에 가서 공과 함께 죽으려 했던" 민씨는 왕자 정안군의 부인으로서 정녕옹주(靖寧翁主)에 봉해졌다. 정(靖)은 정안군(靖安君)의 정(靖)이고 녕(寧)은 뜻이 같은 안(安)과 맞춘 글자다. 정녕옹주는 1차 왕자의 난에서 누구와도 비할 수 없는 큰 공을 세웠다.

1차 왕자의 난이 일어난 1398년 8월 26일 저녁 8시 무렵 이방원의 집은 대단히 분주했다. 이 시각 이방원은 경복궁을 벗어나와 집을 향해 달려오고 있었다. 그사이 부인 민씨는 얼마 전 사병혁파 때 몰래 집 안에 숨겨두었던 갑옷이며 무기들을 샅샅이 찾아내느라 정신이 없었다. 잠시 후 동생들인 대장군 민무구, 장군 민무질 등도 집에 도착해 각종 병기를 점검하며 '매형'이 돌아오기를 손꼽아 기다리고 있었다. 말을 타고 헐레벌떡 집에 돌아온 이방원은 거사를 앞두고 잠시 망설였다. 이때 말없이 갑옷을 입혀주며 [提甲] 결심을 촉구한 이가 민씨다.
제갑

조선 건국부터 이방원이 1·2차 왕자의 난을 주도할 때까지의 10년이 어쩌면 두 사람 사이가 가장 좋았던 기간인지 모른다. 4남 4녀 자식들도 대부분 이 기간에 낳았다. 사실상 특등 개국공신이었지만 공신목록에서 빠진 이방원은 '백수'에 불과했다. 권력은 계모 강씨와 정도전이 나눠 갖고 있었다. 태종이 집권 기간 내내 보여준 지나칠 정도의 외척 경계의식은 일차적으로는 태조 때 계모 강씨 때문으로 볼 수 있다. 아무래도 자기 집안보다는 뿌리가 훨씬 깊은 민씨 집안에 대한 콤플렉스도 없지는 않았을 듯하다. 여하튼 태조 재위 7년 동안 민씨 집안은 '백수' 이방원에게 누구보다 든든한 기댈 언덕이 되어주었다. 민제와 그 아들들은 이방원을 위해 사람을 모았다. 하륜을 이방원과 연결해준 장본인도 민제였다.

이런 점에서 1차 왕자의 난 '주도자'는 이방원이라기보다는 오히려 부인 민씨라고 해도 틀린 말이 아니다. 사병 혁파 때 민씨가 자기 목숨을 걸고 사병과 무기들을 친정집에 빼돌리지 않았더라면 이방원은 빈털터리 신세였다. 2차 왕자의 난 때도 결단하지 못하는 남편에게 말없이 갑옷을 입혀주어 거사 감행을 이끌었다. 정종 때 남편이 세자가 되자 정녕옹주도 세자 정빈(貞嬪)으로 칭호가 바뀐다. 결국 1400년 남편 이방원이 왕위에 오르자 민씨도 그토록 갈망하던 왕비 자리에 올라 정비에 봉해졌다. 얄궂게도 이 순간 두 사람 간 행복한 관계도 막을 내렸다.

왕비 책봉 때 권근이 지어 올린 책문(冊文)이다.

'임금이 백성을 교화시키는 기반은 반드시 집안이 바른 데서 시작하고, 집안 제사의 계통은 실로 배필의 존귀함에 달려 있다. 이에 이장(彛章)[4]을 거행해 현책(顯冊)에 그 내용을 실어 올린다.

---

4 상례(常禮), 즉 사람으로서 떳떳이 지켜야 할 예법을 말하지만, 일반적으로는 왕비를 맞이하는 예를 지칭한다.

아, 너 정빈 민씨는 그윽하고 여유로우며[幽閑] 곧고 고요하며[貞靜]
<small>유한</small> <small>정정</small>
열렬하고 한결같으며[誠一] 반듯하고 장엄하다[端莊]. 쪽을 찌고 함
<small>성일</small> <small>단장</small>
께 살게 된 이래로 일찍이 집안을 화목하게 하는 안주인다움을 훤
히 드러냈고 능히 계책을 정해 갑옷을 입혀줌으로써[提甲] 종묘사직
<small>제갑</small>
의 공로를 도와 이루었다. 이에 큰 계책을 잇게 된 것은 진실로 내조
에 힘입은 바가 크다. 드디어 지게미와 쌀겨를 함께 먹었던 오랜 정을
잊지 못해 유적(褕翟)[5]의 의례를 써서 높이는도다.

아아! 집안이 만년이 갈 수 있도록 태평한 복을 널리 펴고 뿌리와 가
지[本支]가 백세가 이어지도록 넉넉함을 드리울 수 있는 계책을 길이
<small>본지</small>
남기도록 하라.'

제갑(提甲)이란 갑옷을 입혀주었다는 뜻이다. 전형적인 고려
여인다운 모습이다. 훗날 상왕이 된 태종은 고려 역사를 보다가 세
종에게 말했다.

"너의 모후의 공은 (왕건의 부인) 유씨가 갑옷을 입혀준 것에 비하면
훨씬 더 크다."

여기서 잠깐 '고려 여인'에 대해 짚어보자. 무엇보다 조선 여인
과 달리 성리학의 굴레에서 자유로웠다. 고려에서 유학은 조정 관
리에게만 영향을 줄 뿐 가정이나 사사로운 영역에서는 자유분방

---

5 꿩의 깃으로 장식한 오채(五彩) 찬란한 예복으로 황후나 왕후가 입는데 그 자체로 왕
   비를 가리키는 말로 쓰이기도 한다. 유적(褕狄)이나 휘적(褘翟)도 같은 뜻이다.

했다. 고려 남자들은 대부분 처가살이를 했고 재산 상속 또한 남녀 균분이 원칙이었다. 부부 관계도 수평적이라 딱히 정조·순결에 대한 관념이 약했다. 이런 풍조는 조선 초에도 그대로 이어졌다. 심지어 고려 6대 왕 성종비 문덕왕후는 전남편과 사별하고서 재혼한 경우다. 다만 정치 사회적 제약은 관직 진출이 막혀 있는 정도였다. 당연히 민씨 또한 이런 사회 분위기에서 자랐기에 조선 중후기와 같은 맹목적인 순종(順從)을 여성이 가져야 할 덕목으로 여기는 그런 여성은 아니었음을 확인할 수 있다.

3 ___

제왕의 제가,
『대학연의』에서 배우다

『대학연의』는 『대학』 팔조목 '격물 치지 성의 정심(格物致知誠意正心) 수신 제가 치국 평천하(修身齊家治國平天下)'에서 제목만 따왔고 치국 평천하 두 조목은 아예 없다. 그것은 진덕수가 볼 때 남은 여섯 조목 중에서도 정심(正心)과 제가(齊家)만 되면 치국 평천하는 절로 되는 것으로 보았기 때문이다.

드디어 임금 자리에 오른 태종은 아무래도 제가(齊家)에 집중해서 볼 수밖에 없었다. 『대학연의』 「제가(齊家)」편은 왕비를 중하게 여김, 집안 다스림을 엄하게 함, 나라의 근본을 미리 세움, 친인척을 잘 가르침 네 항목으로 구성돼 있다. 특히 맨 마지막 친인척 항목은 두 절로 돼 있는데 하나는 '외척이 겸손하고 삼가는 복됨'이고 또 하나는 '외척이 교만하고 넘치는 재앙'이다. 이렇게 해서 『대학연의』는 제왕학을 끝맺는다.

여기서는 『대학연의』가 제시하는 바람직한 왕비상(像)을 알아
보자. 당연히 태종은 이 부분을 음미하고 또 음미했을 것이다. 그
렇다면 자연스럽게 태종이 왕비에게 어떤 기대를 걸었는지도 알
수 있다.

진덕수는 후한(後漢) 현종(顯宗)의 명덕(明德) 마(馬)황후⁶ 사
례를 『후한서』에서 인용한 다음 이렇게 평을 달았다.

신이 가만히 살펴보겠습니다. 명덕 마황후가 다른 사람들보다 뛰어
난 까닭은 5가지입니다.

첫째, 숙종이 자신이 낳은 아들이 아닌데도 온 마음을 다해 어루만
져 키운 것은 자신의 사사로움[己私]을 잊은 것입니다.
기사

둘째, 황제의 후사가 널리 퍼지지 못한 것을 걱정해 주위 사람들을
추천해 황제를 모시게 하면서도 마치 아직도 모자란 것처럼 걱정한
것은 질투와 시기심[妬忌]을 버렸다는 것입니다.
투기

셋째, 황제가 놀이를 위해 행차를 할 때마다 황후는 늘 풍한이 들지
않게 조심시켰고 또 초왕(楚王) 유영(劉英) 옥사 사건 때 많은 사람
이 무고로 인해 억울하게 잡혀 온 것을 걱정해 틈을 보아 황제에게

---

6   광무제 공신 복파장군 마원(馬援)의 딸이다. 광무(光武) 건무(建武) 28년(52년)에 뽑
    혀 태자유장궁(太子劉莊宮)에 들어갔는데, 그때 나이 13세였다. 음황후(陰皇后)를 잘
    섬겼고, 명제가 즉위하자 귀인(貴人)이 되었다. 자식이 없어 황자(皇子) 유훤(劉烜)을
    길렀다. 영평(永平) 3년(60년) 황후가 되었다. 겸손하고 공손했으며 근검절약해 오락이
    나 유희는 즐기지 않았다. 능히 『역(易)』을 암송했고, 『춘추(春秋)』와 『초사(楚辭)』를
    읽으면서 특히 『주관(周官)』과 동중서(董仲舒書)를 읽는 등 덕이 후궁 가운데 으뜸
    이었다. 황제가 죽었을 때 직접 『현종기거주(顯宗起居注)』를 지었다. 장제(章帝)가 즉
    위해 황태후로 높였다. 황제가 제구(諸舅-여러 외삼촌)에게 작위를 주고자 했으나 그녀
    가 허락하지 않았다.

그들의 억울함을 진술해 황제를 크게 감동시킴으로써 관용을 베풀게 한 것은 제대로 남편인 황제를 보좌한 것입니다.

넷째, 늘 평범하고 널따란 비단옷을 입은 것은 절약과 검소를 보여준 것입니다.

다섯째, 마씨 집안에 봉작을 주려는 것을 억제시킨 것은 친정을 사사로이 대하지 않았습니다.

따라서 마황후는 아주 빼어난 황후 중에서도 최고이며 후세에도 그런 인물은 나오지 않았습니다. 여기에 나온 일들을 거슬러 올라가 헤아려볼 때 마황후는 학문을 알았고 책 읽기를 즐거워한 때문이니 그렇다면 (후세의) 황후들이 배움에 나아가려 할 때 우선 마황후의 사례를 배우지 않아서야 되겠습니까?

진덕수 말대로 마황후는 중국 역사 전체를 통틀어 예외적 존재다. 그러나 태종은 마음속으로나마 정비 민씨가 마황후처럼 해주면 좋을 텐데라는 생각을 안 했을 리 없다. 스스로 지공(至公)을 지향했던 태종으로서는 어쩌면 한 번쯤 품어볼 수 있는 바람이라 하겠다.

4 ___

"이제 와서 나를 잊고
어떻게 이 지경까지 올 수 있습니까?"

정비 민씨는 의사 표시가 분명한 열혈 여성이었다. 태종이 왕위에 오르고 한 달여가 지난 1400년 12월 19일 자 『정종실록』에는 눈을 의심케 하는 기사 하나가 짤막하게 실려 있다.

중궁의 투기 때문에 경연청에 나와서 10여 일 동안 거처했다.

앞으로 빚어지게 될 태종과 정비 사이 갈등을 함축하는 전조(前兆)였다. 정비 책봉은 이 일이 있고서 열흘 후에 이뤄졌다.

정비는 왕비로서 권세를 누리고 싶었고 명실상부 최대 공신인 친정 식구들에게도 그럴 권리가 있다는 인지상정에 추호도 의심이 없었을 것이다. 그러나 동상이몽(同床異夢)이었다. 태종은 나라를 나라답게 세우고 싶었다. 두 사람은 왕에 대한 생각이 근본적으로 달랐기에 시작부터 어긋났다. 태종 2년(1402년) 1월 8일 실록은 이 점을 확연하게 보여준다.

예조와 춘추관영사 하륜, 춘추관지사 권근 등에게 명해 삼대(三代)[7] 이하 역대 군왕의 비빈(妃嬪) 수와 전조(前朝-고려)의 역대 비빈 시녀 수를 상고해 보고하게 했다. 예조에서 소를 올려 말했다.

'신 등이 삼가 「혼의(昏義)」[8]를 살펴보니 "제후는 한 번 장가들면 9녀(女)를 얻으니, 한 나라에 장가들면 다른 두 나라에서 잉첩을 보내는데 모두 조카나 동생을 따라가게 한다. 경대부는 1처 2첩이며 사(士)는 1처 1첩이니 이는 뒤를 이을 자손을 넓히고 음란함을 막기 위함이다"라고 했습니다. 전조 제도에는 혼례가 밝지 못해 적과 첩의 제한이 없어 많을 때는 정해진 수에 넘쳐 어지러움에 이르렀고 적을 때는 정해진 수에 못 미쳐 후사가 끊어지기에 이르렀습니다. 이와 같이 선왕(先王-옛 성군)의 법을 따르지 아니함으로써 대륜(大倫-큰 인륜)을 어지럽게 하는 것은 작은 일이 아니옵니다. 우리나라가 모든 일을 베풀 때 반드시 성헌(成憲-이뤄진 법)을 따라서 하는데 혼인 예절은 아직도 예전 폐단을 따르고 있으니 그 처음을 바르게 하는 도리[正始之道]_{정시 지 도}[9]가 아닙니다.

엎드려 바라건대 전하께서는 한결같이 선왕의 제도에 의거해 궁곤(宮壼-대궐 내 여인) 법을 갖추시고 경 대부 사에서도 진실로 선왕의

---

7 하·은·주 3대를 말한다.
8 『예기(禮記)』의 편 이름이다.
9 『시경』의 시 「관저(關雎)」를 풀이하면서 나오는 말이다. "(혼인은) 처음을 바르게 하는 도리이자 왕의 교화가 이뤄지는 기초[王化之基]_{왕화 지 기}다."

법에 따라 제도를 정하시어 후사가 끊어지지 않게 하시고, 정해진 수를 넘지 못하게 해 인륜의 근본을 바르게 하시고 만약 이를 어기는 자가 있으면 헌사로 하여금 규찰해 다스리게 하소서.'

이를 윤허했다. 이때 상이 즉위한 지 얼마 안 되어 빈첩이 아직 갖춰져 있지 않고 다만 평시 시녀만이 있을 뿐이었다. 정비는 성품이 투기가 심해 능히 아래에 이르지 못하자[未能逮下][10] 상이 빈첩을 갖추고자 했다.

미능 체하

태종이 즉위 초 열흘 동안 경연청으로 쫓겨나 거처해야 했던 촌극도 아마 시녀 김씨와의 관계 때문이리라고 추정해볼 수 있다. 두 달이 지난 3월 7일 태종은 드디어 후궁을 제대로 갖추기 시작했다.

성균 악정 권홍(權弘, 1360~1466년)[11] 딸을 별궁(別宮-후궁)으로 맞아

---

10 이르지 못하는 것의 주어가 정비인지 태종인지에 따라 해석이 달라질 수 있다. 정비일 경우에는 아래 시녀들을 아껴주지 않았다는 뜻이 되고 태종일 경우에는 정비의 투기로 인해 편안하게 아래 시녀들을 만나볼 수 없었다는 뜻이 된다. 이 문맥만으로는 어느 쪽인지 확정 짓기가 쉽지 않다.

11 1382년(고려 우왕 8년)에 문과에 급제, 간관(諫官)이 되었다. 정몽주(鄭夢周) 당파로 몰려 유배되었다가 1400년(정종 2년)에 좌보궐(左補闕)에 임명, 사헌시사를 거쳐 성균악정으로 있던 이때 딸을 태종 빈(嬪)으로 들여보내 영가군(永嘉君)에 봉군되고 1407년(태종 7년)에 진헌사(進獻使)로 연경(燕京-북경)에 갔다. 원래 그의 재종조모(再從祖母)는 원나라 황태자 비(妃)였는데 원이 망하자 명나라 병사에게 잡히니 목매어 자살했으므로 명 태조는 감탄해 홍을 매우 후대했다. 1415년(태종 15년)에는 판돈녕부사, 1423년(세종 5년)에는 영부사(領府事)에 이르러 은퇴했다. 성질이 온순하고 글씨에 능했다.

들였다. 애초에 대부인 송씨(宋氏)[12]가 정비(靜妃-민씨)에게 말했다.

"궁빈(宮嬪-후궁)이 너무 많아 그것이 점점 두렵다."

정비의 투기는 더욱더 심해만 갔다. 상이 권씨가 뛰어난 행실[賢行]
이 있다 해 예(禮)를 갖춰 그를 맞아들이려 한다는 소식을 듣고서
상의 옷을 붙잡고 말했다.

"상께서는 어찌해 예전의 뜻을 잊으셨습니까? 제가 상과 더불어 함
께 어려움을 지키고 같이 화란(禍亂)을 겪어내며 마침내 국가를 차
지했는데 이제 와서 나를 잊는 것이 어찌 이 지경에 이르셨습니까?"

울기를 그치지 아니하고 종종 음식도 들지 않으니 상이 가례색(嘉禮
色-혼례 준비 임시 기구)을 폐지하도록 명하고 환관과 시녀 각각 몇 사
람만으로 권씨를 별궁에 맞아들였다. 정비는 마음에 병을 얻었고 상
은 여러 날 동안 정사를 행하지 않았다.

원래는 후궁을 들이는 절차를 밟아 가례색을 두려 했다. 그러
나 정비 반대가 워낙 심해 가례색 설치는커녕 모양 빠지게 후궁을
들여야 했던 태종으로서는 체면이 상했다. 이 과정에서 민제와 하
륜 관계도 틀어졌다. 하륜 등이 역대 군왕들 비빈 수와 고려의 역
대 비빈 시녀 수를 보고하고 열흘쯤 지난 1월 17일 기사다.

검교 참찬 조호(趙瑚, ?~1410년)[13]는 여흥부원군 민제나 영사평 하륜

---

12 민제 부인으로 정비 친정어머니다. 여산(礪山) 세가(世家)로 정헌대부 군부판서 염
(琰) 증손이요, 광정원윤(匡正元尹) 혼(渾) 손자요, 중대광(重大匡) 여량군(礪良君) 선
(璿) 딸이다. 너그럽고 인자하고 근검했으며, 집을 법도가 있게 다스렸다.

13 1383년(우왕 9년)에 판사로 있을 때 전토(田土) 때문에 환자(宦者)와 싸운 죄로 수안

과 모두 사이가 좋았다. 제는 륜이 자주 시법(時法-당시의 법)을 변경하는 것을 꺼려 해 아들 무구·무질 등과 말했다.

"나라 사람들이 하륜을 도전(道傳-정도전)에 견준다. 사람들이 륜을 꺼려 함이 이와 같으니 환란을 입게 될 날도 머지않았다."

호가 이 말을 듣고 륜에게 말하자 륜이 말했다.

"죽고 사는 것은 하늘에 달린 것이오. 옛사람들도 곧은 도리[直道]_{직도}를 갖고 있었지만 제 명에 죽지 못한 사람이 있는가 하면 요행으로 죽음을 면한 사람도 있지요. 후세 사람들이 스스로 공론이 있을 것이니 내 어찌 두려워하리오?"

민제는 후궁 제도 도입이 하륜 생각이라고 의심했다. 1등 공신과 외척 세력 간 보이지 않는 알력이었다. 무심코 내뱉은 말이 곧바로 사위 태종 귀에도 들어갈 수 있다는 사실을 민제는 생각이나 했을까?

눈여겨봐야 할 대목은 하륜이 조호에게 말을 전해 듣고 보인 반응이다. 당시 민씨 집안 권세가 어느 정도였는지 미뤄 짐작할 수 있다. 하륜조차 두려워할 만큼 막강했던 것이다.

군에 장류(杖流)되었고, 1389년(공양왕 1년)에 밀직사로 복직되었지만, 또다시 김저(金佇) 옥사에 연루되어 유배되었다. 그 뒤 곧 복직되었으나 1392년(태조 1년) 강회백(姜淮伯)과 이숭인(李崇仁) 등 고려 구신들과 결당을 모의한 혐의로 직첩을 빼앗기고 먼 곳으로 유배되었다. 1401년(태종 1년) 예문관 태학사가 된 뒤 곧 검교참찬의정부사(檢校參贊議政府事)가 되었으나 사헌부를 모독한 죄로 탄핵을 받아 평주(平州)에 유배되었다가 이듬해 복직되었다. 1405년 소를 사취(詐取)해 나라에 바친 뒤 그 값을 돌려주지 않았다는 죄로 다시 평주에 유배되었다가 곧 풀려나서 적몰(籍沒)된 녹봉을 되돌려받기도 했다. 그러나 1409년 왕실에 대한 불충한 일을 도모하다가 승니(僧尼) 묘음(妙音)의 고발로 다시 수금되어 이듬해 4월에 옥사했다.

5 —

담장 위를 걸으면서도 깨닫지 못하는 민씨들

외척 문제에 대한 인식

태종 1년(1401년) 정월 초하루 신년 하례를 개경 강안전(康安殿) 터에서 거행했다. 이때 상장군 이응(李膺, 1365~1414년)[14]이 조정 반열에서 차례를 어겼다는 이유로 사헌부로부터 탄핵되었다. 태종은 이를 듣고 말했다.

---

14 1385년(우왕 11년) 문과에 급제했으며 1400년(정종 2년) 이방간의 난을 평정하는 데 기여한 공으로 1401년(태종 1년) 좌명공신 4등에 책록되고 영양군(永陽君)에 봉작되었다. 그 뒤 좌부대언·의정부 참지사를 거쳐 1410년 예조·호조 판서에 이르렀으며 1412년 지의정부사로 있다가 1414년 병조판서가 되어 마패법(馬牌法)을 제정했다. 그 해 6월 군사 훈련에 필요한 취각법(吹角法)을 제정하기도 했다. 일찍이 태종의 척불 정책(斥佛政策)을 크게 도왔으며 1403년에는 활자 주조에도 공헌했다.

"이는 분명 민무구(閔無咎, ?~1410년)¹⁵가 헌사를 부추겨 그렇게 한 것이다."

응(膺)은 무구, 무질(無疾-민무질)과 친분이 있어 그 덕으로 태종에게 총애를 얻은 자였다. 그 틈을 타 응이 무구 등을 읽러 "총애가 지극하시니 마땅히 저들을 눌러야 할 것입니다"라고 한 일이 있었다. 이에 태종이 무구 등을 불러 조심하라고 꾸짖은 일이 있었기에 태종은 무구가 이응에게 앙갚음하려 했다고 보았다. 재위 초부터 태종의 눈 밝음[明]이 드러나는 장면이다.

중군 총제로 병권을 맡고 있던 민무구는 한 달 후인 2월 18일 사직했다. 별도로 상세하게 살펴보겠지만 일단 민무구의 부침을 간략히 추적해보자. 1년 후인 태종 2년(1402년) 4월 19일 민무구에게 외갑사(外甲士)¹⁶를 거느리게 했다. 규모는 1,000명 정도였다. 또 같은 해 10월 15일에는 민무구를 승추부 참지사, 무질을 의정부 참지사로 임명했다. 즉 무구는 병권을, 무질은 정권을 다루는 요직에 배치했다고 볼 수 있다. 태종 5년(1405년)에는 무구에게 의정부 참찬을 맡겼다.

돌이켜보면 민무구는 모든 관직을 사양해야 했다. 무구를 비

---

15 1398년(태조 7년) 중군총제로서 1차 왕자의 난 때 공을 세워 정사공신(定社功臣) 1등에 책록되어 여강군(驪江君)에 봉해지고, 1402년(태종 2년) 승추참지사(承樞府參知事)에 승진되었다. 1407년 동생 민무질·신극례(辛克禮) 등과 어린 세자를 이용해 권세를 잡으려 했다는 죄목을 받았다. 이화(李和) 등의 탄핵으로 연안(延安)에 유배되었다가 다시 제주도로 유배되었으며 그곳에서 자진하라는 명을 받고 사사되었다. 동생 민무질도 함께 사사되었으며 6년 뒤 동생 민무휼과 민무회도 사사되었다.

16 조선 초 삼군부(三軍府)에 소속되어 서울 경비와 치안을 담당하던 갑사다.

256

롯한 4형제는 외척이면서 공신이었다. 게다가 미래 권력 세자가 그 집에서 자라 외삼촌들과 가까웠다.

이미 태종은 강한 왕권을 위해 외척과 공신을 힘없는 자리에 두려는 구상이 확고했다. 고려 정치와의 결별이자 새로운 나라 조선 정치를 새롭게 만들어내겠다는 결의로 가득 찼다. 주요 내용은 『대학연의』로부터 가져왔다고 봐야 한다. '최대 공신이자 세자를 낀 외척' 민씨 형제들은 태종에게 첫 경계 대상일 수밖에 없었다. 이는 일의 이치이자 일의 형세다.

그러나 정빈 민씨뿐 아니라 민씨 4형제는 태종이 품은 구상을 대수롭지 않게 여겼던 것 같다. 오히려 정면으로 맞서려 했다. 게다가 민제 또한 사위 생각에 관심을 두기보다는 그저 아들들을 소극적으로 말리는 수준에 그쳤고 본인도 임금 장인다운 삼가고 조심하는 처신을 보이지 못했다.

1차 선위 파동: 외척 민씨와의 권력 투쟁

태종 6년(1406년) 불혹(不惑)의 40세를 맞은 태종은 8월 18일 아침 최측근 인사들인 여흥부원군 민제, 좌정승 하륜, 우정승 조영무, 안성군 이숙번 등을 조용히 불렀다.

이 자리에서 태종은 세자 이제에게 왕위를 물려주겠다고 선언했다. 모두 깜짝 놀랐다. 말이 전해지자 의안대군 이화, 영의정 성석린이 백관과 원로를 이끌고 대궐에 나아가 지신사 황희로 하여금 대신 아뢰도록 했다.

"전하께서 춘추가 한창이고 세자가 아직 성년이 못 되었고 별다른 변고도 없는데 갑자기 전위하고자 하시니 신들은 그 이유를 알지 못해 황공해하고 있습니다."

태종은 물론 그런 사실은 잘 알고 있다며 "그러나 내 마음이 이미 결정되었으니 고칠 수 없다. 내가 전위하려는 까닭은 두 정승(-하륜과 조영무)이 이미 알고 있다"며 막무가내였다. 이조판서 남재와 좌정승 하륜이 간곡하게 만류했다. 두 사람은 "옛날에도 임금 명이 옳지 않으면 신하가 따르지 않은 적이 있었다"라며 전위하겠다는 뜻을 받들지 않겠다고 밝혔다. 사간원 지사 권정과 사헌부 장령 이계공도 연대해 전위불가론을 강도 높게 개진했다. 그러나 태종은 일단 "오늘 꼭 전위하려는 것은 아니다. 내 다시 생각할 터이니 경 등은 물러가는 것이 옳다"며 신하들을 물리쳤다. 이날 실록은 "도성 사람 가운데 이 말을 들은 사람은 모두 아연실색해 놀라워했다"라고 적고 있다. 그만큼 충격적인 결단이었다.

학계 연구도 그렇고 실록에서 이 같은 결정을 했을 때의 전후 맥락을 아무리 찾아봐도 확실한 단서를 발견하기는 어렵다. 어떤 특정 사건이 이런 결단을 초래했다고 보기는 어렵다. 그렇다고 일부 학자들처럼 처남 민무구·무질을 죽이기 위해 준비한 각본에 불과하다고 보기에는 지나치게 음모론적이다. 외척 제거 수단으로서는 '전위 결단'이 너무나도 충격적인 방법이기 때문이다.

우선 대체적인 정황부터 짚어볼 필요가 있다. 태종 6년(1406년) 8월이면 한양으로 재천도한 지 아직 1년도 되지 않았을 때다. 당초 태종이 우려한 대로 민심은 우호적이지 않았을 것이다.

그런 데다가 태종 자신이 언급한 대로 심한 가뭄이 계속되고 각종 재해가 일어났다. 태종으로서는 꺼림칙한 형편이었다. 한 달여 전인 윤7월 4일 좌의정 하륜이 사직을 청하기도 했다. 가히 하륜 때문이라는 익명 대자보가 종루를 비롯한 한양 시가지 곳곳에 붙자 책임을 지겠다는 차원이었다. 태종이 만류해 자리를 지키게 되었지만, 태종으로서는 흉흉한 민심을 피부로 느꼈을 것이다.

집권 6년 차에 접어드니 파당(派黨)이 형성될 기미가 보이고 있었다. 신하들이 국왕 대하는 태도가 예전과 달라지고 있었다. 민심이 흔들리면 신하들이 잡아주고 막아주어야 하는데 오히려 만만치 않게 임금을 압박해온다고 느끼게 만든 사건이 윤7월 중순과 하순에 발생했다.

태종이 이거이 말아들이자 자기 처남인 이저에게 관직을 주기 위해 고신을 돌려주자 윤7월 12일 사헌부에서 불가하다는 소가 올라왔다. 특히 대사헌 한상경 등은 직접 태종에게 "이저의 죄는 온 나라 사람이 아는 것이므로 신 등은 어명을 받들 수 없습니다"라고까지 말했다. 20일에는 의안대군 이화, 안평부원군 이서 등 개국·정사·좌명 삼공신이 이저에게 고신을 주지 말라고 청했다. 이런 가운데 태종은 다음날 이저를 서울로 불러들였다. 22일 곧바로 사헌부와 사간원이 합사해 글을 올려 태종을 비판하고 나섰다.

후세에 전하께서 '사사로운 은혜를 베풀기 위해 왕법(王法)을 폐했다'고 할까 염려되니 전하께서는 유의하소서.

이에 대해 아무런 답을 않자 이번에는 대간이 직접 태종을 찾아와 "이저를 복직시키는 것은 사은(私恩)으로 공도(公道)를 없애는 것"이라고 직격탄을 쏘았다. 이에 태종은 "아버지 죄가 아들에게 미쳐야 하느냐"고 답했다가 대간에게 거세게 역공당했다.

> "유배 보내던 그 당시에는 부자 모두에게 죄가 있다고 하셨는데 왜 오늘에 이르러서는 경중(輕重)을 가리십니까?"

태종으로서는 할 말이 없었다. 어쩌면 이런 비난이 나오리라고 이미 예상했을 것이다. 그럼에도 그가 이저를 불러들인 데는 자신과 세자로 이어지는 후계구도를 안전하게 뒷받침해줄 수 있는 인물을 종친 중에서 물색하려는 뜻이 있었던 듯하다. 이미 민씨 형제들은 야심이 큰 데다가 광망한 세자를 쥐고 흔들 가능성이 크다고 보았다. 민씨 형제를 견제하거나 아예 그들을 대신해서 세자를 지원할 수 있는 종친으로 이저를 생각했을 가능성도 있다. 게다가 이저 동생 백강은 자기 사위 아닌가?

대간을 물리친 태종은 비서실 식구들인 대언에까지 이렇게 말했다.

> "내가 되풀이해 생각해봐도 대간이 내 명령을 좇지 아니함은 대간만의 뜻이 아니라 바로 조정 신하들 뜻이다. 내가 덕이 없어 나라 임금으로 부당하므로 신하가 명령을 좇지 아니하니 내 감히 청정(聽政-정치)할 수 없다. 너희들은 모두 나가라."

내시 총책임자인 승전색 노희봉을 시켜 대언을 내쫓고 승정원

출입문까지 봉쇄해버렸다. 쫓겨난 인물 중에서 지신사 황희와 당직을 맡았던 윤향이 물러 나와 "왜 우리를 내치시는지 그 이유를 모르겠다"라고 말했다. 태종은 "너희들도 나를 가볍게 여기느냐?"고 말한다. 문무에 두루 능한 자신감의 화신(化身) 태종 입에서 이런 말이 나왔다는 것은 심상찮다. 당시 그는 거대한 무엇인가에 쫓기고 있었다.

이틀 후인 윤7월 24일 대사헌 한상경과 사간원 좌대부 윤사영이 "말이 행해지지 않는다"며 사직 의사를 밝혔다. 이에 태종도 밀리지 않고 한성부 판사 이귀령을 편전으로 불러 이저를 불러들이려 했던 속마음을 털어놓았다.

"이저는 내가 잠저에 있을 때부터 즉위할 때까지 그 공이 매우 커서 결코 잊을 수 없다. 아버지 이거이가 죄를 얻게 되자 공신과 대간이 '거이가 말을 했다면 저가 반드시 이를 알았을 것입니다'라고 하므로 내 어쩔 수 없이 그를 외방에 내쳤다. 금년 가을에 가뭄이 심하니 혹 무고한 사람이 의외의 횡액으로 죄벌에 걸려 원망을 일으켜 화기(和氣)를 상하지 않았나 해 중범죄자를 제외하고는 이미 모두 방면했다. 그러고 보니 내 마음 한구석에는 이저가 종친이 된 데다 큰 공도 있는데 지방을 떠돌면서 제자리를 얻지 못한 것을 볼 때, 이것도 화기를 상하게 하는 한 가지 일이라 생각했다. 이에 소환해 다시 고신을 주고자 했더니 대간이 함께 글을 올려 재삼 만류했다.
사헌부에서조차 내 명령을 따르지 아니함은 반드시 지휘자가 있어 한 것이리라. 이들을 모두 잡아 들여 그냥 물어서 승복하지 않거든 고문을 해서라도 그들을 철저히 조사하라."

"반드시 지휘자가 있어"라고 의심하고 있다. 그래서 이귀령이 조사 책임자가 되어 대사헌 한상경, 집의 이양, 장령 한옹 등을 국문했다. 한편 이날 태종은 대궐 경비 당직을 맡은 총제 이숙번을 불러 경비에 만전을 기하고 조정 신하라도 들어오지 못하게 막으라고 특명을 내렸다. 거대한 무엇인가에 대한 두려움 표출이었다.

다음날 좌정승 하륜 등이 완곡하게 태종을 설득했다. "거이가 말을 했다면 저가 반드시 이를 알았을 것"이라는 말도 태종 본인이 한 말이었다는 사실을 넌지시 환기시키면서 사헌부 관리들에게 장을 쳐 국문하면 두고두고 임금 명예에 먹칠하는 결과를 가져올 올뿐이라고 호소했다. 이에 태종은 한상경을 비롯한 3인을 석방했고 한상경은 이저 고신을 승정원에 바쳤다. 우대언 윤사수를 이저 집에 보내 고신을 돌려주었다. 태종은 이저에게 관직을 주지 않고 임진강변 별장으로 돌아가라고 명했다. 전위 표명 불과 20일 전 일이었다.

전위 결단은 민씨 형제 제거를 위한 음모였을까? 학계에서는 대부분 그렇게 본다. 그러나 음모론은 결과론에 불과할 뿐이다. 만일 그런 음모였다면 방금 위에서 살펴본 이저를 둘러싼 대간과의 극한 갈등은 연출된 이벤트로 폄하되어야 한다. 물론 여기서도 그는 배후, 즉 '지휘자'가 있다는 식으로 발언하기는 했다. 거대한 뭔가를 '지휘자'라고 지목하기까지 했다. 그렇지만 다시 쓰지도 않을 이저 문제로 대간과 과도하게 갈등을 빚는 모습은 평소 태종과는 결이 상당히 다른 것이었다. 마치 『연산군일기』 후반부를 보는 듯한 느낌이 들 정도다.

그동안 간과된 편이었지만 반드시 주목해야 할 한마디가 또 있다. 앞서 이화·성석린 등이 백관을 이끌고 와서 전위 표명 철회를 주청했을 때 던진 이 말이다.

"내가 전위하려는 까닭은 두 정승이 이미 알고 있다."

이런 궁금증들을 가지고 태종 6년(1406년) 8월 18일 전위 결단 이후를 추적해보자. 다음날 태종은 대대적인 인사를 단행했다. 세자 교육을 총책임지던 세자빈객 성석린·하륜·유창·이래·유관·조용을 모두 해임하고 권근·성석인·김첨 등을 추가해 모두 경연관으로 임명했다. 세자에게 전위할 경우 서연 폐지, 경연 개설에 대비하기 위함이었다. 전위 표명이 단순 제스처가 아님을 보여주려는 조치였다.

또 여성군 민무질에게서 병권을 빼앗고 김남수를 좌군 도총제로, 심귀령, 성발도를 중군 동지총제로, 아랫동서 노한을 좌군 동지총제로 하는 군부 핵심 인사를 단행했다. 민무회에게서도 군사 관련 관직을 박탈했다. 실록에 기록되지 않은 무엇인가가 있었다. 세자와 그 외삼촌들인 민씨 형제가 연결된 무엇이었다.

대사헌은 한상경을 이원으로 바꿨고 사헌부와 사간원 고위관리 인사도 단행했다. 이를 보면 대간들의 거센 반발과 세자 및 민씨 형제들에 대한 견제 사이에는 어떤 연관성이 있었을 가능성이 크다. 적어도 태종은 그런 개연성을 90% 이상 확신하고 이런 인사 개편을 했으리라 여겨진다. 왕위에서 물러나겠다는 사람이 바로 다음날 군부 핵심 인사를 단행한 것을 그 밖에 어떻게 이해할 수 있을까? 한마디로 이때 태종은 왕위를 건 심각한 권력 투쟁에서 분투 중이었다.

　한편 성석린과 하륜, 검교 영의정 권중화 등이 백관을 이끌고 나아가 태종에게 아뢰었다. 이유를 알지 못하니 배경 설명이라도 해달라는 청이었다. 이에 태종이 "다시 생각해보겠다"라고 하자 성석린은 어제도 그러시더니 오늘도 다시 생각해보겠다고 말씀하시는 까닭이 뭐냐고 따지듯 물었다. 태종을 누구보다 잘 아는 하륜은 한 걸음 더 나아가 "이와 같은 일은 태상왕에게 고하는 것이 마땅합니다"라며 백관을 거느리고 태상왕이 거처하는 덕수궁(-현재의 덕수궁이 아님)으로 나아갔다. 행렬이 덕성방을 지나고 있을 때 태종이 보낸 지신사 황희가 달려와 "경들은 너무 성급하게 부왕에게 고하지 말라. 나 또한 생각해보겠다"라는 말을 전했다. 그러자 하륜이 '다시 생각해보겠다'는 말씀은 생각을 바꾸겠다는 뜻이니 내일까지 기다려보자고 제안해 모두 물러갔다.

　한편 대궐에서는 이조판서 남재, 길창군 권근 등이 지신사 황희를 매개로 해 전위의사 번복을 간곡히 요청 중이었으나 태종은 여전히 요지부동이었다. 이번에는 성석린·정탁·조영무 등이 대궐로 돌아와 전위 철회를 청했다. 황희가 중간에서 오가며 전했고 태종은 황희에게 이렇게 말했다.

　　"전위하는 데 별 뜻이 있는 것이 아니다. 이미 세자에게 전위했다. 밖에서 사람들이 비록 말을 많이 한다고 하더라도 어찌 영향이 있겠는가! 말하지 않고 물러가는 것이 나을 것이다."

　그런데 바로 이때 좌정승 하륜과 우정승 조영무가 움직였다.

태종이 "내가 전위하려는 까닭은 두 정승이 이미 알고 있다"고 말했을 때 바로 그 '두 정승'이다. 실록은 이 두 사람이 발언할 때의 분위기까지 상세하게 전하고 있다. 왜 그랬을까? 실록 저자(들)는 이렇게라도 해서 진실을 전하려 했다고 볼 수밖에 없는 표현이다.

먼저 하륜은 '홀로 생각에 잠겨서 말을 하지 않고 있다가 이때에 이르러 아뢰기를' 자신이 좌의정 자리에 있는 한 절대로 교지를 받들지 않을 것이니 전위하는 예를 행할 수 없다고 말했다. 자리와 목숨을 걸고 전위를 막겠다는 뜻이었다. 이어 조영무도 "신 등은 비록 죽는다 하더라도 결코 명을 듣지 않을 것입니다"라고 말했다. '전위하는 까닭을 알고 있는 두 정승'이 오히려 가장 강한 어조로 반대한다? 뭔가 이상하게 돌아가고 있었다.

조영무는 이어 '황희에게 눈짓해 말하기를' 지신사 황희는 기어이 이런 명을 따르겠느냐고 다그쳤다. 실록은 왜 굳이 이 대목에서 '눈짓해 말했다'라고 표현했을까? 태종-하륜·조영무 등으로 이어지는 밀약을 후대에 전하려 했음이 아닐까? 지신사 황희와 승전색 노희봉이 이 말을 전하기 위해 태종이 머무는 궁궐 앞뜰에까지 들어가기는 했으나 '우물쭈물하면서 몸을 움츠리고 오래도록 감히 아뢰지 못했다'라고 한다.

이제부터 태종에게서 의문을 단번에 풀어줄 행동이 하나둘 나타난다. 태종은 황희와 노희봉을 보더니 전하려는 말을 듣기도 전에 "전위하기가 어려움을 내 이미 요량했다"라고 말했다. 이를 전해 들은 성석린 이하 백관은 "전하의 이러한 명은 바로 전위 철회 요청을 윤허하시는 것"이라며 노희봉에게 감사하는 뜻을 전하겠다고 밝혔다. 이 말에 태종은 '짐짓 웃으면서' "그러려무나"라며 농담하듯 말했다. 이미 상황을 즐기고 있었다.

　이때부터 신하들은 일종의 '충성서약' 이벤트를 벌였다. 하륜은 신하들을 자리에 서게 한 다음 큰 소리로 "계수(稽首) 사배(四拜)!"라고 외쳤다. 머리를 조아리며 네 번 절했다. 당시 분위기를 실록은 이렇게 전한다.

　"천세(千歲)를 세 번 부르니 소리가 궐정을 진동했고 또 네 번 절하고 이어서 정비전(靜妃殿)에 아뢰고 네 번 절해 사례했다. 여러 신하는 모두 기뻐하고 물러나면서 생각하기를 '상께서 정말로 윤허한 것이다'라고 했다."

　신하들은 상황종료로 여기고 모두 퇴궐했다. 그런데 태종은 또 이상하게 행동했다. 밤 이고(二鼓-밤 9시에서 11시 사이)쯤 된 시각에 몰래 노희봉을 시켜 국새(國璽-옥새)를 세자궁으로 보냈다. 국새 관리 책임을 맡고 있던 상서사(尙書司) 관원도 알지 못했다. 이런 시나리오를 어쩌면 하륜과 조영무는 알고 있었는지도 모른다. 국새를 받아든 세자는 어떻게 반응했을까? 심정은 또 어떠했을까?

　모르긴 해도 다음날, 즉 8월 20일 한양은 발칵 뒤집어졌음이 틀림없다. 특히 신하들은 말 그대로 대경실색(大驚失色)했을 것이다. 그런데 실록에 그날 기록은 없다. 아마도 전날 밤 태종이 은밀하게 국새를 세자에게 전한 사실이 퍼지면서 신하들은 삼삼오오 모여 각자 정보와 생각을 나누며 태종 의중을 파악하기 위해 머리를 짜냈을 것이다. 향후 정국 전망은 물론이었겠다.

하루가 지난 8월 21일 종친 원로 대소신료가 글을 올렸다.

전일(前日-19일)에 신 등이 예궐해 윤허를 받고서 온 나라가 기뻐했습니다. 그런데 중도에 변경해 국새를 동궁에 전하시리라고는 생각지도 못했습니다.

그 글에는 '전하께서 종사 대통(大統)을 세자에게 전하려면 주고받는 때에 마땅히 그 시작을 바로 해야 합니다. 그런데 비밀리에 내시를 시켜 몰래 서로 주고받았습니다. 나라의 대통은 종묘사직에 관계되는 것이요 국새는 천자(天子-명나라 황제)가 준 것이므로 전하께서 개인 물건처럼 여기시어 사사로이 세자에게 주는 것은 종묘와 사직을 가볍게 여기는 것이요 황제 명령을 가벼이 여기는 것입니다'라는 대목도 포함되어 있다. 그러면서 이들은 옥새를 다시 거두어달라고 청한다. 이어 사간원·사헌부도 같은 의견을 올렸다. 태종은 요지부동이었다.

성석린·하륜·이무·남재 등 최측근이 계속 설득했으나 태종은 편전 문도 열어주지 않고 버티었다. 세자도 국새를 인정전에 놓아두고 환관 노희봉으로 하여금 자신은 나이가 어리고 아는 것이 없으므로 감히 감당하지 못하겠다고 아뢰었다. 이것이 태종이 가장 듣고 싶었던 말이었을지도 모른다.

태종은 노희봉을 시켜 세자를 모시는 환관 황도에게 "네가 세자를 부추겼구나"라며 짐짓 꾸짖었다. 혹시 세자가 본심은 그렇지 않은데 환관이 조언해 국새를 사양하는 척하는 것 아니냐는 다그침이었다. 태종은 어느새 세자를 겨냥하고 있었다.

황도가 대답했다.

"국새가 세자궁에 이르니 세자께서는 놀라서 울었습니다. 한밤중이되어 서연관을 불러 묻기를 '내가 국새를 되돌리고자 하는데 어떠한가' 하니 서연관이 말하기를 '세자 뜻대로 행하실 뿐입니다'라고 했습니다. 세자께서 이렇게 하셨습니다. 종놈이 무엇을 알겠습니까?"

국새 사양이 세자 본심이라는 확실한 증언이었다. 태종은 그러나 이 정도만으로는 세자 혹은 세자를 둘러싸고 새로운 힘을 도모하는 세력에 대한 의심을 풀 수 없었던 듯하다.

그래서 이번에는 노희봉이 의안대군 이화, 검교 영의정부사 권중화, 성석린 등에게 받은 의견을 받아 전하러 편전에 들어오자 활로 노희봉을 쏘겠다는 시늉까지 했다. 태종은 당장 인정전에 있는 국새를 종 수십 명을 보내 편전으로 들여오라고 명했다. 신하들은 아연실색했다. 국새를 종들이 운반하는 것은 있을 수 없는 일이었다.

그런데 종들은 신하들에게 와서 "당장 가져오지 않으면 우리들을 모두 죽이시겠다고 합니다"라면서 당장 가져가겠다고 버텼다. 조영무가 성난 목소리로 이들을 꾸짖었다.

"종놈들이 감히 이럴 수가 있느냐?"

이어 국새를 담당하는 상서사 관원들로 하여금 국새를 지켜종들이 옮기지 못하도록 했다. 한편 태종 복심(腹心) 하륜은 세자에게 권했다.

"직접 들어가 뵈옵고 면전에서 사양하심이 옳겠습니다."

여기가 바로 사안의 핵심이다. 사건 진행 고비마다 하륜과 조영무가 방향을 잡아가고 있었다. 태종은 세자가 직접 들어와 사양하기를 기대했는지도 모른다. 이를 헤아릴 리 없는 데다가 뜻밖의 일로 겁에 질린 세자는 무서워서 못하겠다고 버텼다. 결국 하륜은 차선책으로 동궁 복귀를 권했다. 세자는 동궁으로 돌아갔다.

국새는 태종과 조영무·하륜 등이 밀고 당긴 끝에 다시 상서사 관원들이 정중하게 받들어 태종이 머무는 내전에 반입되었다. 그러나 또 태종은 신하들이 물러가자 국새를 저녁에 몰래 세자궁으로 보냈다. 애먼 세자는 또다시 시험에 들었다.

8월 24일 병으로 드러누워 있던 길창군 권근이 보다 못해 장문을 올렸다. 고사(故事)를 들어 전위 부당성을 논리정연하게 밝히는 글이었다. 실록은 이 글 말미에 "상이 비록 윤허하지는 않았으나 뜻은 약간 감오(感悟)되었다"라고 적고 있다. 권근 글이 가진 절절함이 조금 먹혀든 셈이다.

결국 이틀 후인 8월 26일 태종은 전위 명령을 거두었다. 이에 종친 원로 문무백관이 창덕궁에 나아가고 세자는 국새를 받들어 태종에게 올렸다.

그런데 갑자기 태종이 전위 번복에 대해 다소 엉뚱한 변명을 내놓았다. 전위의사 철회선언 직전에 태종은 측근 이숙번을 불러 비밀리에 이렇게 말했다.

"밤마다 꿈에 모후(母后-신의왕후 한씨)를 뵈었는데 우시면서 나에게 고하기를 '너는 나를 굶기려 하느냐?'라고 하시니 내 아직도 이것이 무슨 뜻인지 알지 못하겠다."

그 뜻을 모를 리 없는 이숙번은 다음과 같이 '해몽(解夢)'해 올렸다.

"전하께서 어린 세자에게 전위하시면 종사가 보전되지 못해 모후께서 굶으실 것입니다. 이것은 실로 모후께서 정녕 고하시기를 '전위하는 것은 불가하다'라고 하신 것입니다. 어찌 귀신과 사람이 모두 싫어하는 것이 아니겠습니까? 바라건대 세 번 더 생각하소서."
"내가 자식에게 전하는데 어찌해 이와 같은고?"

그 이후 태종 행태는 마치 노회한 마키아벨리스트를 보는 듯하다. 얼마 후 대신들을 불러놓고 이야기하다가 신하들이 전위불가를 강력하게 요청하자 태종은 이숙번을 칭하며 "다른 대신들까지 이렇게 말하는 것을 보니 이는 분명 경이 내 말을 누설했기 때문"이라고 말했다. 이에 이숙번도 숨기지 않고 "일이 종사에 관계되는 것이므로 감히 말하지 않을 수 없었습니다. 비록 신의 말이 아니더라도 진실로 굳게 청해야만 될 것입니다"라고 말했다. 태종은 "내 뜻이 벌써 정해졌으니 고칠 수 없다"라고 말했다. 태종풍 정치술을 누구보다 잘 아는 신하들은 이미 상황이 종료되었음을 알았다. 내전으로 물러난 태종을 이숙번이 찾아가자 태종은 "29일 인소전에 가서 점을 친 뒤에 최종 결정을 내리겠다"라고 말했다. 이에 하륜은 "인소전 점을 치기 위해서도 의례를 갖춰야 하고 그러려면 국새가 반드시 필요합니다"라고 사태를 종결짓는 말을 능청스럽게(?) 아뢰었다. 결국 상서사 책임자를 겸하고 있던 황희가 동궁에서 국새를 인수해 상서사에 가져다 놓았다. 이로써 1차 전위 파동은 사실상 끝났다. 세자는 목숨을 건졌다.

그러나 태종은 이미 세자를 넘어 세자를 끼고 돌던 외삼촌들을 향하고 있었다. 일은 끝난 것이 아니라 이제 막 시작일 뿐이었다.

세자와 황녀의 혼인 논란

태종 7년(1407년) 6월 8일 또 다른 큰일이 수면 위로 올라왔다. 태종은 윗동서 의정부 참찬사 조박을 비롯해 의정부 참지사 정구, 우군 동지총제 이현, 평강군 조희민, 검교 한성부윤 공부, 형조참의 안노생 등을 순금사 옥에 내리라고 명했다. 사안의 중대성을 감안해 이조판서 남재에게 명해 겸 순금사 판사 이숙번, 형조판서 김희선, 대사헌 성석인, 좌사간 최함 등과 함께 잡치(雜治)[17]하게 했다.

사건은 이름하자면 '세자와 황녀(皇女)의 혼인 논란'이다. 이 사건은 4년 전인 태종 3년(1403년)으로 거슬러 올라간다. 4월 8일 명나라 환관 황엄 등이 고명 인장을 싸 가지고 사신으로 왔다. 명나

---

17 합동으로 죄를 심문해 다스리는 것을 말한다.

라와 조선 관계가 공식적으로 정상화하는 역사적인 순간이었다. 황엄 일행은 5월 3일에 명나라로 돌아갔다. 이 기간에 대신들이 태종에게 말했다.

> "황엄은 총애를 받는 환관이니 만일 엄을 통해 황제께 청해서 세자가 황제 딸을 아내로 맞게 하면[尚]_상[18] 우리나라로서는 다행일 것입니다."

태종은 자못 그렇다고 여겼다. 이에 가만히 황엄에게 뜻을 전달하니 엄이 말했다.

> "얼마나 다행이겠는가? 얼마나 다행이겠는가?"

(그런데) 10월 27일 황엄이 다시 왔을 때 이 혼사에 대해 한마디도 비치지 않았다. 태종은 먼저 말을 꺼낸 일을 후회했다. 이윽고 세자를 전 총제 김한로 집안과 정혼했다.

시기적으로 그사이에 속하는 9월 16일에는 태종 둘째 딸 경정궁주가 명나라 황실과 통혼(通婚)하는 문제도 제기되었다. 이에 태종은 아예 서둘러 경정공주를 조준 아들 조대림에게 시집보내버렸다. 당시 조대림은 모친상을 당한 지 4개월밖에 되지 않아 사간원에서는 인륜에 맞지 않다고 비판했다. 태종은 지신사 박석명을 보내 명했다.

---

18 공주와 혼인하는 것을 상(尚)이라고 했다.

"간원에서 논한 바는 진실로 도리에 부합한다. 그러나 지난번에 온 사신 황엄과 지금 돌아온 성석린 등이 모두 말하기를 '황제가 우리와 결혼할 뜻이 있다'고 한다. 이는 내가 원하는 바가 아니기 때문에 그래서 이토록 급히 하는 것이다. 내 뜻이 이미 정해졌으니 마땅히 다시는 말하지 말라."

황실과의 연혼(連婚)에 대해 태종은 처음에는 "자못 그렇다고 여겼다." 그러나 황엄이 다시 왔을 때 그와 관련해 아무 말도 하지 않자 후회했다. 그러나 황엄이 다시 오기 직전 경정궁주 혼사 처리를 보면 이미 황실과의 연혼 문제에 대해 생각 자체가 부정적으로 바뀌었다고 봐야 한다. 그 이유는 차차 드러난다. 다시 태종 7년 (1407년) 6월 8일 자 실록으로 돌아가 보자.

이때에 이르러 엄이 또다시 오니 상이 이현을 시켜 전해 말했다.
"황제께서 신(臣)을 대접하기를 심히 두텁게 하시니 신이 친히 조회하고자 하나 다만 감히 국사(國事)를 버리고 갈 수 없고 세자가 나이 이미 조금 장성했고 또 이미 장가를 들었으니[19] 신을 대신해 조현하게 하려고 한다."
엄이 말했다.
"대단히 좋습니다."

---

19 앞서 정혼(定婚)했다는 것은 약혼했다는 뜻이지 혼례를 올렸다는 말은 아니다. 그런데 여기서 이미 장가를 들었다고 한 것은 분명 거짓말이다.

공부(孔俯, ?~1416년)[20]가 이 말을 듣고 몰래 현(玄)에게 말했다.

"세자가 지금 장차 조현하려 하는데 만일 먼저 길례(吉禮-혼례)를 행하면 아무래도 사리에 맞지 않을 것 같다. 지금 황제의 딸 중에 아직 출가하지 않은 자가 두셋이나 되니 만일 제실과 연혼하게 된다면 비록 북쪽으로 건주(建州)의 핍박이 있고 서쪽으로 왕구아(王狗兒)의 수자리[戍]가 있다 하더라도 무엇이 족히 두려우랴?"

현이 옳게 여겼다. 두 사람이 드디어 함께 여흥부원군 민제 집에 가서 그 계책을 말하니 제가 말했다.

"이것은 내가 알 바가 아니다."

부가 물러나서 조박과 안노생(安魯生, ?~?)[21]에게 의논하니 두 사람 모두 옳다고 여겼다. 현이 말했다.

"그렇다면, 내가 장차 천사(天使-명나라 사신)에게 고하기를 지난번에 일이 많기 때문에 전하의 말씀을 잘못 전했고 세자께서는 지금까

---

20 도교에 조예가 있어, 도교를 좋아하던 태종 총애를 받았고 1408년 10월 이후 서장관으로 여섯 번이나 중국에 다녀왔다. 당시 그는 소격전제조를 겸직하고 있었는데, 태종의 명에 의해 중국에 가서 도교의 초사(醮祀) 등 도교 의식을 배워왔고 또 동남동녀를 거느리고 광연루(廣延樓) 상림원(上林園) 등에서 기우제를 지냈다. 1413년 4월 태종은 부친상 중에 있는 그에게 수진(修眞-장생불로의 수련법)에 관해서 물어보기도 했다. 1416년 천추사(千秋使)로 중국에 갔다가 돌아오지 못하고 죽었는데 젊어서는 정몽주·이색 등과 교유했다. 세상에서는 그의 관대한 성품과 솔직함을 높게 평가해 팔청(八淸)의 우두머리라고 칭했다.

21 정몽주가 이방원에게 피살되었는데 안노생은 그 일파로 몰려 파직된 후 경상도 영해 도호부로 유배되었다. 조선이 건국되자 1399년(정종 1년)에 좌간의대부로 다시 등용되었으며 1400년(정종 2년)에는 집현전 제학 겸 지제교(知製教)로 중용되어 왕을 시종했다. 1401년(태종 1년) 1월에 경상도안렴사가 되어 중국의 균름(囷廩-창고) 제도를 모방해 경상도 주·부·군·현에 곡식 저장 창고를 지었다. 1403년(태종 3년) 7월 좌사간이 되었으나 사간원에서 지방 행정 조직 개편에 대해 건의한 것을 두고 사헌부와 갈등이 재현되어 탄핵을 받아 1404년 1월 진주목사로 좌천되었다.

지 아직 혼인하지 않았다고 하겠다."

이에 다시 제에게 고하니 제는 이번에도 응하지 않았다. 무구와 무질 또한 말했다.

"이 일은 내가 감히 아뢰지 못하겠다."

부 등이 계속 이야기를 하자 제가 박(璞-조박)을 시켜 그 의견을 하륜에게 고했다. 륜이 제에게 일러 말했다.

"만일 대국의 원조를 얻는다면 동성(同姓)이나 이성(異姓)이 누가 감히 난을 일으키며, 난신적자가 어떻게 생기겠습니까? 전조(前朝-고려) 때 원나라에서 공주를 (고려 임금에게) 하가(下嫁)시켜 100년 동안 내외에 근심이 없었으니 이것은 지난날의 경험입니다."

륜이 마침내 박과 구(矩-정구)를 시켜 영의정 성석린, 우정승 조영무에게 의견을 말했다. 석린이 말했다.

"내가 늙고 혼미해 국가 대의(大議)에 참여하지 않으니 지금 이 일에 어찌 감히 홀로 결단하겠는가?"

영무가 말했다.

"상의 뜻이 이미 정해졌으니 어찌 감히 다시 다른 의논이 있을 수 있겠는가?"

이로 말미암아 의견이 정해지지 못했다. 전 목사 황자후(黃子厚, 1363~1440년)[22]가 듣고 김한로에게 말하니 한로가 병조판서 윤저에

---

22 아들 황유(黃裕)가 태종 서녀 숙안옹주(淑安翁主) 남편이다. 태종과는 사돈인 셈이다. 태종 초에 성주목사를 거쳐 1412년(태종 12년) 인녕부사윤(仁寧府司尹)을 지내고, 이듬해 형조좌참의가 되어 호패법(戶牌法) 제정을 건의했다. 1431년 한성부윤을 거쳐 이듬해 중추원 부사가 되고, 1436년 동지중추원사, 이듬해 중추원사로 승진했다. 이무렵 침구(鍼灸)의 전문직을 둘 것을 건의했고 1438년 노령으로 은퇴했다. 의약(醫藥)에 정통해 항상 전의감의 제조를 맡았다.

게 고해 이숙번을 통해 상께 아뢰었다. 상이 노해 숙번 등에게 명해 국문하게 하고 이렇게 말했다.

"중국과 결혼하는 것은 나의 바람이지만 부부가 서로 뜻이 맞는 것은 인정상 어려운 일이고 반드시 중국의 사자가 끊이지 않고 왕래하는 바람에 도리어 우리 백성을 소요하게 할 것이 오히려 염려된다. 옛날에 (고려의) 기씨(奇氏)가 들어가 황후가 되었지만, 그 일문이 남김없이 살육되었으니 어찌 족히 보존할 수 있으랴? 임금과 신하가 한 몸이 된 연후에야 마침내 나라가 다스려져서 편안해지는 것이다. 지금 박 등이 사사로이 서로 모여 이 같은 큰일을 의논하고 과인으로 하여금 알게 하지 않으니 내가 누구와 더불어 다스리겠는가? 하물며 내가 엄에게 세자가 이미 장가들었다고 분명히 고했는데 오히려 뒤에 고칠 수 있겠는가?"

그러고는 눈물을 흘렸다. 숙번 등도 모두 땅에 엎드려 울었다. 상이 말했다.

"여흥부원군은 중궁 지친(至親)이고 하정승은 공신이며 수상(首相)이고 여강(驪江)과 여성(驪城) 또한 모두 공신이니 이에 그들을 추궁해 묻지 말라."

이에 좌정승 하륜은 나이가 늙고 아는 것이 어두워서 걸핏하면 비방이 일어나고 우정승 조영무는 재주가 없고 병들었다고 해 함께 사직을 청했다. 대간이 제와 륜 등 네 사람을 핵문하니 모두 대답했다.

"국가를 위해서이지 다른 뜻은 없었다."

구(矩)는 다만 하륜 말을 석린과 영무에게 전한 것뿐이고 처음부터 부(俯) 등의 토의에 참여하지 않았으며 또 국문할 때 하나하나 사실대로 말하고 숨기는 것이 없었기 때문에 먼저 풀어주었다. 박 등은 옥사(獄辭)²³가 서로 같지 않은 것이 있어 상이 옥관을 시켜 박에게 뜻을 전해 말했다.

"경은 공훈이 있는 친족이고 재상이니 만일 국가의 큰 토의가 있으면 과인에게 고하는 것이 직분이다. (그런데) 지금 마침내 사사로이 서로 도모해 토의했고 근거를 갖고서 묻는데도 오히려 숨기는 것이 있음은 어째서인가? 맹세한 말에 '일이 종사(宗社)에 관계되어 공(功)이 죄를 덮지 못하면 마땅히 법으로 논한다'고 되어 있는 것은 경이 아는 바이다."

현(玄)에게 일러 말했다.

"통사(通事)로서 2품의 제수를 받은 것은 근래에 없었던 일이다. 네가 총제가 된 것은 옛날에 나를 따라 황제께 들어가 조현했던 공로를 갚은 것이다. 할 말이 있으면 왜 직접 내게 말하지 않고 도리어 이렇게 시끄럽게 하는가? 네가 말을 고쳐 세자가 혼인하지 않았다고 말하려 했으니 만일에 과연 네 계략이 이뤄져서 상국과 결혼하게 된다면 우리나라에 이익될 것이 얼마나 되겠느냐?"

박이 대답했다.

"신은 민제 사위이므로 의리가 부자와 같습니다. 이번 이 논의에 제도 참여했습니다. 신이 감히 밝게 말하지 못한 것은 이 때문일 뿐입니다."

상이 말했다.

"임금과 아비는 하나이나 장인과 사위는 차이가 있다. 지금 경이 장인을 아비에게 비교하니 지나치지 않은가? 또 부원군도 나라를 근심

---

23 범죄 사실을 자백한 내용을 말한다.

할 책임이 있으니 근일에 의논한 것이 무엇이 의리에 해가 되기에 경이 숨기려고 하는가? 경이 이미 말하기를 '의리가 부자와 같다'라고 했는데 그렇다면 군신(君臣)의 의리는 폐기할 수 있는 것인가?"

박이 이에 굴복했다.

찬찬히 짚어보자. 당시 황엄이 한양에 도착한 시점은 5월 18일이다. 부처 사리(舍利)를 구해 오라는 황제 명을 전하기 위함이었다. 당시 영락제는 불교를 숭신(崇信)했다. 중국 전문가였던 공부는 태종이 세자를 명나라에 조현시키려 한다는 말을 듣고 통사(通事) 이현에게 명나라 황실과의 연혼을 추진해야 한다고 말했다. 나라의 안전을 보장받을 수 있다는 명분이었다. 여기까지만 해도 그냥 아이디어 차원으로 해볼 만한 이야기라 하겠다.

그런데 이 두 사람이 태종 장인 민제에게 먼저 이야기했다. 민제는 알 바가 아니라고 했다. 여기에 2가지 문제가 있다. 첫째, 왜 두 사람이 태종이 아닌 민씨 집안과 세자 혼인 문제를 가장 먼저 이야기했는가이고 둘째, 민제는 왜 이 사실을 곧바로 태종에게 알리지 않았는가이다. 일은 이미 여기서부터 어긋나기 시작했다. 여기에는 태종이 그토록 싫어하는 곧지 못함[不直] 문제가 고스란히
부직
들어 있다.

이번에는 두 사람이 물러나 조박과 안노생에게 말했는데 이현은 한술 더 떠서 황엄에게 "지난번에 일이 많기 때문에 전하 말씀을 잘못 전했고 세자께서는 지금까지 아직 혼인하지 않았다"라고 전하겠다고 했다. 태종 의사와 무관하게 신하들이 외교상 중대사를 두고 거짓말을 마구 하려 하고 있다. 다시 민제를 찾았고 민무

구와 무질에게도 말했으나 뒤로 물러섰다. 하지만 무구·무질 역시 이런 말을 들었으면 당연히 태종에게 보고했어야 했다. 그런데도 공부와 이현이 민제에게 여러 차례 청하니 민제는 조박을 시켜 하륜에게 전하라고 했다. 하륜도 큰 잘못을 저질렀다. 아마 이때까지만 해도 태종이 이미 뜻을 정한 줄 몰랐기 때문으로 볼 수 있지만, 평소 하륜과는 크게 다른 처신이었다. 하륜은 조박 등을 시켜 영의정 성석린과 우의정 조영무에게 전했다. 공교롭게도 이들 삼정승 중 아무도 태종에게 바로 고하지 않았다. 그것이 바로 임금과 신하 사이에 생겨난 틈[隙]이다.
극

그러나 황자후가 어딘가에서 듣고 장차 세자 장인으로 내정되어 있던 김한로에게 말했고 김한로는 윤저를 통해 이숙번에게 고했다. 결국 이숙번이 태종에게 아뢰었다.

이 과정에서 무엇보다 민제·하륜·민무구·무질이 고하지 않은 죄가 컸다. 문제는 하륜이 연루된 점이었다. 태종으로서는 하륜이 포함된 것이 큰 문제였다. 하륜 처벌은 태종식 정치 구도 전체가 무너지는 일이다. 조사가 진행되었고 결국 사흘 후인 6월 11일 이현 등은 옥에서 풀어주고 조박은 양주로 내쫓았다. 태종은 사건을 이렇게 정의했다.

"모계(謀計)는 비록 잘못된 것이나 그 실상을 캐보면 다만 나랏일을 위한 것일 뿐이고 간사한 꾀를 품은 것은 아니다."

사관은 "조박만 처음부터 숨기는 바가 있었기 때문에 상은 박이 곧지 않다[不直]고 여겨 양주(楊州) 전장(田庄)으로 내쫓았다"
부직

라고 평했다. 곧음과 곧지 않음으로 사람을 살폈던 태종에게 당연히 조박은 곧지 못한 자였다. 태종이 볼 때 윗동서 조박은 동서인 자기와 같은 편이 아니라 처가 민씨 집안 대리인이었다. 따라서 이 조치는 민씨 집안에 대한 마지막 경고라 할 수 있다. 어쩌면 태종은 마음으로는 이미 민무구·무질 형제를 제거하기로 한 상태였을 수 있다. 불과 한 달 후에 태종이 사주한 소 하나가 태종의 복심 중 복심 영의정 이화 손을 통해 올라왔다는 사실이 이를 시사한다.

6

불목이면 살려두겠지만 불충이라면 끊어야 마땅하지 않겠는가

태종 7년(1407년) 7월 4일 태종은 정승을 모두 교체했다. 좌의정 하륜, 우의정 조영무를 물러나게 하고 의안대군 이화를 영의정, 성석린을 좌의정, 이무를 우의정으로 삼았다. 조만간 어떤 일이 일어날 징조였다. 이 인사에 담긴 의도는 엿새 후인 10일에 드러난다. 이화 등이 소를 올렸다.

개국정사좌명공신(開國定社佐命功臣)[24] 영의정부사 이화 등이 소를 올려 민무구·무질·신극례 등의 죄를 청했다. 소는 이러했다.

'『춘추』의 법에 다른 사람의 신하 된 자[人臣]의 죄 가운데 금장(今
인신

---

24 개국·정사·좌명은 각각 개국과 1차 왕자의 난, 2차 왕자의 난에 따른 공신이다.

將)[25]보다 더 큰 것이 없으니 이는 간사한 마음을 막고 난의 근원을 방지하기 위함입니다. 여강군 민무구, 여성군 무질 등은 궁액(宮掖)[26]에 인연해 지나치게 성은을 입어 일가 형제가 모두 존영(尊榮)을 누렸으니 마땅히 조심하고 삼가고 두려워해 그 직책을 정성껏 지켜서 감히 교만하고 방자함이 없이 성은을 갚기를 도모해야 할 터인데 도리어 분수를 돌보지 않고 권병(權柄-권력)을 제 마음대로 하고자 생각해 속으로 금장(今將)의 마음을 품고 발호할 뜻을 펴보려 했습니다. 지난해 전하께서 장차 내선(內禪)을 행하려 할 때 온 나라 신민이 마음 아프게 생각하지 않는 이가 없었으나 무구 등은 스스로 다행하게 여겨 기뻐하는 빛이 얼굴에 나타났으며 전하께서 여망(輿望)을 굽어 좇으시어 복위하신 뒤에 이르러서는 온 나라 신민이 기쁘게 여기지 않는 이가 없었으나 무구 등은 도리어 슬프게 여겼으니 이는 대개 어린아이(-세자)를 끼고 위복(威福)을 마음대로 하고자 한 것으로 불충한 자취가 훤하게 드러나 여러 사람이 마음으로 함께 아는 바입니다.

또 그때를 당해 전하께서 종지(宗支)를 위해 영구토록 보전해 편안히 할 계책을 도모하고자 했으나 무구가 감히 말하기를 "도와서 이끌어줄 사람이 없다면 아직 이렇게 하는 것도 좋을 것입니다"라고 했습니다. 전하께서 그 말을 들으시고 깜짝 놀라 곧 무구에게 이르

---

25 『춘추공양전』에 이르기를 "임금의 친척에게는 장(將)이 없고 장(將)이 있으면 반드시 벤다"라고 했는데 『한서』「숙손통전(叔孫通傳)」을 보면 "인신(人臣)은 장(將)이 없어야 한다"라고 하고 그 주(注)에 "장(將)은 역란(逆亂)을 말한다"라고 했다. 그러므로 금장(今將)은 곧 역란(逆亂)의 마음을 품는 것을 말한다.

26 궁액(宮掖)은 궁문(宮門)의 좌우에 있는 소문(小門)이나 방사(旁舍)를 말하는데 여기서는 왕비(王妃)를 가리킨다.

기를 "예로부터 제왕은 적장자 외에 다시 다른 아들이 없는 것이 괜찮으냐?"라고 하셨습니다. 안암 이어소(移御所)에 이르러 전하께서 또 무구에게 이르기를 "임금이 반드시 아들 하나만 있어야 좋겠느냐?"라고 하니 무구가 대답하기를 "신은 일찍이 그런 뜻을 고했습니다"라고 했습니다. 무구의 뜻은 대개 종지를 제거하고자 한 것이니, 장래의 화가 헤아릴 수 없습니다. 하물며 무질은 지난날 전하께서 즉위한 지 오래되지 않았을 때 대접하고 위로하는 것이 특별하고 두터웠는데도 정승 이무 집에 가서 씩씩거리며 불만의 뜻이 있는 것처럼 말하기를 "전하께서 마침내는 나를 보전하지 아니할 것이니 장차 어떻게 해야겠소?"라고 하니 이무가 간절히 예의(禮義)로 타이른 뒤에야 스스로 설복되었습니다. 그 당시에는 애초에 염려할 만한 일이 없었는데 무질이 의심과 두 마음을 품고서 스스로 편안하지 못했으니 그 뜻이 무엇이었겠습니까? 가만히 듣건대 무구 등이 상께 아뢰기를 "세자 외에는 왕자 가운데 영기(英氣)가 있는 자는 진실로 없어도 좋습니다"라고 했다 하니 금장(今將)하려는 마음을 품은 것이 명백합니다. 또 일찍이 전하의 곁에 있을 때 감히 취산군 신극례를 부추겨 친남(親男)[27]이 먹 장난한 종이를 취해 찢게 하고 또 말하기를 "제왕의 아들 중에 영기가 있는 자가 많으면 난을 일으킨다"라고 했으니 이 또한 종지를 없애고자 한 것입니다. 전하께서 그 마음이 불충한 것을 환히 아시면서도, 훈친의 옛 정리를 생각해 반드시 보전하시려 해 굽어 은혜를 베풀고 용서하셨습니다. 무질이 또 구종

---

27 뒤에 드러나지만, 이는 충녕대군, 즉 훗날의 세종을 가리킨다.

지(具宗之, ?~1417년)[28]의 집에 이르러 말하기를 "전하가 우리들을 의심하고 꺼리신다"라고 했습니다. 또 전하더러 참소하는 말을 듣고 믿는다 해[29] 불손한 말이 여러 번 입에서 나왔습니다. 금장(今將)의 죄 중에서 이보다 더 큰 것이 없습니다. 엎드려 바라건대 전하께서는 대의로 결단하시어 무구·무질·극례 등을 유사(攸司-해당 부서)에 내려 그 실상을 국문하게 해 난의 근원을 막으시면 심히 다행이겠습니다.'

소를 대내(大內-대궐 안)에 머물러 두고 (유사에) 내리지 않았다.

자신들에 대한 소가 올라왔다는 이야기를 듣고 불안감을 느낀 민무질이 대질신문을 자청했다. 이에 따라 육대언(-훗날의 육승지로 비서실 전체라고 볼 수 있다), 의령군 남재와 철성군 이원, 사간원 사간 최함, 정언 박서생, 집의 이조 등이 심문관이 되고 병조판서 윤저, 의정부 참찬사 유량, 총제 성발도, 평강군 조희민, 칠원군 윤자당, 이조참의 윤향, 호조참의 구종지 등이 무질과 대질하게 되었다.

먼저 무질과 대질을 하게 될 몇몇 인물에 대한 약간의 이해가 필요하다. 병조판서 윤저(尹柢, ?~1412년)는 고려 말부터 이성계를

---

28 1416년 호조참판이 되었는데 아우 구종수가 왕명을 어기고 여색으로 세자를 자기 집에 유인해 향응을 베푸는 데 참석해 갖은 방법으로 아첨하며 세 형제의 뒷날을 부탁한 사실이 발각되어 이듬해 아우 구종유(具宗猷)·구종수와 함께 대역죄인으로 참수당했다.

29 임금이 참소를 듣고 믿는다는 것은 일에 밝지 못하다[不明]는 뜻이다. 이 말이 사실이라면 태종이 불명(不明)한 군주라고 말한 것이니 불경을 저지른 것이다. 이 말은 특히 태종이 싫어하는 말이다.

따랐으며 1392년 조선이 개국하자 상장군에 오르고, 1395년 형조 전서로 고려 왕족을 강화 나루에 수장하는 데 앞장섰다. 1397년 경상도 도절제사로 재임 중 박자안 옥사에 연루되어 투옥되었다 가 풀려나기도 했다. 태종 1년(1401년) 좌명공신 3등으로 칠원군에 봉해졌다. 그는 권완 등과 함께 민씨 형제와 라이벌이었던 이숙번 과 가까웠다. 훗날 우의정까지 지내게 되는 유량은 2차 왕자의 난 에 참여하는 등 태종의 측근이었다.

총제 성발도는 영의정을 지낸 성석린 아들이었고 조희민은 훗 날 민씨 형제 당파로 몰려 죽음에 이르게 된다. 윤향은 아들 윤계 동이 태종 사위가 됨으로써 사돈 관계를 맺게 되는 인물이다.

대질이 시작되었다. 맨 먼저 호조참의 구종지에게 "네가 민무 질에게 무슨 말을 들었느냐"고 물었다. 구종지는 자신이 지난해 8월 민무질 집에 갔다가 들은 이야기를 털어놓는다. 지난해 8월이 라면 바로 태종 선위 파동으로 정국이 시끌벅적하던 때다. 그때 민 무질이 "상당군(上黨君-이저)이 쫓겨난 뒤로, 항상 주상께서 나를 의심하고 꺼릴까 두려워했다. 이제 병권(兵柄)을 내놓으니 마음이 조금 편안하다"라고 말했다는 것이다. 또 자신은 그 말을 성발도에 게 전했다고 밝혔다. 성발도도 그런 말을 들었다고 인정했지만, 민 무질은 구종지를 노려보며 "내 입에서 이런 말을 내지 않았는데, 들은 자가 누구란 말이냐?"며 호통쳤다. 혐의 사실을 완강히 부인 한 것이다.

다음은 이조참의 윤향 차례였다. 윤향 이야기는 보다 최근 일 이었다.

"지난달 7일 민무질이 신의 집에 와서 말하기를 '듣건대 얼마 전 주상이 광연루에 나아가서 이숙번에게 이르기를 "지금 가뭄 기운이 없어지지 않는 것은 아래에 불순한 신하가 있기 때문이라" 하니 이숙번이 대답하기를 "불순한 신하는 제거하는 것이 가합니다"라고 했다고 하니 이 말은 나를 두고 하는 말인 듯한데 자네는 이 말을 들었는가?'라고 하기에 제가 말하기를 '그날 나는 중국에서 온 사신의 일로 마침 밖에 나가서 그 말을 듣지 못했습니다. 감히 묻자오니 무슨 일로 스스로 의심하는 것입니까?'라고 하니 민무질이 말하기를 '내가 의심하는 것은 이숙번이 주상께 하소연해 우리들을 해치고자 할까 하는 것이지 주상 때문에 말하는 것이 아니오'라고 했습니다."

이에 대해서는 민무질도 인정했다.

다음은 참찬사 유량 순서였다. 내용은 자못 심각했다. 윤저로부터 들었다며 선위 파동 때 민씨가 이미 비밀리에 향후 내각 멤버를 정했고 그중에 조희민도 포함되어 있었다고 밝혔다. 윤저도 자신은 윤자당에게 들었고 윤자당은 이간에게 들었다고 말했다. 그런데 그때 이간은 중국 사신을 맞기 위해 평안도에 가 있었기 때문에 더는 확인할 수 없었다. 그 자리에 있던 조희민은 벌벌 떨고만 있었다. 이리하여 공신들은 이 같은 조사 결과를 바탕으로 민무구·무질·신극례의 죄를 청했다.

이들이 받은 핵심 죄목은 다름 아닌 세자를 제외한 나머지 아들들을 제거하려 했다는 것이었다. 이에 태종은 "내가 장차 짐작해 시행하겠다"라고 말했다. 그리고 이틀 후인 7월 12일 이례적으로 신속하게 '민무구는 연안에, 무질은 장단에, 신극례는 원주에'

유배 보냈다. 신극례는 그해 10월 30일 세상을 떠났다.

공신·대간·백관·형조·의정부 등 거의 모든 신하가 연일 세 사람을 죽여야 한다는 소를 올리던 15일 태종은 핵심 중 핵심 영의정 이화, 정승 성석린과 이무를 광연루로 불러 술을 베풀고 조용히 말한다.

"민무구 등 세 사람의 죄는 다시 중하게 논하지 말라. 앞으로 서울로 불러들여 일을 맡기는 일은 결코 없을 것이고 지방에서 생을 마치게 할 것이니 경들은 마땅히 이 뜻을 본받아 감히 다시는 논하지 말라."

7월 29일에는 형조와 사헌부에서 또 세 사람 외에 조박 등 다른 사람이 연루된 사실을 소로 올렸다. 태종은 크게 화내며 형조와 사헌부 관리에 대한 국문을 명한다. 실록은 "이들을 부추겨 일을 크게 만들려는 세력이 있다고 (태종이) 생각한 때문"이라고 해설하고 있다. 실제로 한 달여가 지난 9월 18일 태종은 편전에서 정사를 본 후 병조판서 윤저, 참찬사 유량, 호조판서 정구, 육대언만 남고 나머지 신하들을 물러가게 했다. 민씨 다른 형제들인 민무휼·무회와 동서인 노한을 불러들인 다음 먼저 민씨 집안과 세자의 왕래를 끊은 이유를 설명했다.

"여흥부원군은 곧 중궁 아버지이고 세자는 그 외손인데, 지난번에 내가 부원군으로 하여금 세자전에 사람을 오가지 못하게 했다. 지금 들으니 부원군 부부가 실망이 커서 눈물을 흘린다고 한다. 세자는 본래 이 부원군 부부가 안아서 키웠다. (그런데) 지금 오가거나 문안하지 못하게 했으니 인정상으로 말하면 우는 것이 마땅하다. 그런데다가 지금 두 아들이 죄를 얻어 외방에 유배가 있으니 부모의 마음으로 보자면 분명 스스로 편안치 못할 것이다. 내가 세자에게 오가거나 문안하지 못하게 한 것은 이 때문이다."

이어 태종은 민무휼·무회를 돌아보며 민무구·무질 사건에 대한 자기 생각을 상세하게 설명한다. 다소 길지만, 태종이 무엇을 조심했는지 이해할 수 있는 중요한 대목이다.

"너희 두 형이 죄를 지어 외방에 귀양 가 있는데 그 마음에는 반드시 생각하기를 '내가 무슨 불충한 마음이 있는가?'라고 할 것이고 너희들도 또한 생각하기를 '우리 형들이 무슨 불충한 죄가 있는가?'라고 할 것이며 너희 부모의 마음 또한 그러할 것이다. 지금 내가 그 까닭을 자세히 말할 것이니 너희들은 마땅히 가서 부모에게 고하도록 하라. 대대로 불충(不忠)이라는 것은 한 가지가 아니다. 옛날 사람이 말하기를 '임금의 지친에게는 장차[將]가 없다'라고 했으니 장차가 있으면 이는 불충인 것이다. 이상(履霜)의 조짐[30]이 있어도 역시 불충이 되는 것을 면치 못하는 것이다. 만일 내가 정안군으로 있을 때 너희 형들이 나에게 쌀쌀하고 야박하게 굴었다면 이것은 불목(不睦)이 되는 것일 뿐 불충은 아니지만, 지금 내가 일국의 임금이 되었는

---

30 서리가 내리면 차가운 얼음이 이른다는 뜻으로 일의 조짐을 보고 미리 그 화(禍)를 경계하라는 말이다. 『주역(周易)』 곤괘(坤卦)의 "서리를 밟으면 단단한 얼음이 이른다"라는 말에서 나온 것이다.

데 저희가 쌀쌀하고 야박한 감정을 품는다면 이는 참으로 불충이다. 옛날에 이거이가 불충한 말을 했는데 그 아들 저도 아비의 죄 때문에 또한 외방으로 폄출되었다. 그때 의견을 내는 자들이 말하기를 '이거이의 말을 이저가 듣지 못했을 리가 없습니다'라고 했는데, 지금 너희 두 형의 죄가 또한 부원군에게 연루되는 것이 아니겠느냐? 을유년(乙酉年-1405년) 겨울에 창덕궁이 이뤄졌을 때 내가 작은 술자리를 베풀어 감독관을 위로하고 우리 아이[兒子] 아무개【금상(今上-세종)의 어릴 때 이름】가 글씨를 쓴 종이 한 장을 내어 돌려 보았더니 무구가 신극례에게 주고서 또 눈짓해 극례로 하여금 술취한 것을 빙자해 발광하게 했다. 이것이 불충이 아니고 무엇이냐?

내가 항상 아버지께 환심을 사지 못하는 것을 한스러워해 늘 덕수궁에 나아갔다가 물러나고 싶어 했으나 좌우 시종들이 많아서 내 마음을 이룰 수 없으므로 세자에게 전위하고 물러나 한가한 사람이 되고자 했다. 늘 단기(單騎)로 나아가고 물러나면서 혹은 시인방(寺人房)에도 들어가고 혹은 사약방(司鑰房-대궐 열쇠 담당)에도 들어가서 들어가 뵙든지 못 뵙든지 간에 항상 곁에 있으면 거의 환심을 사리라고 여겼다. 또 어느 날 밤에 한데[露地]에 침상을 놓고 소비(小婢) 두 사람을 시켜 앞뒤에서 모기를 쫓게 하고 잠이 들었는데 잠결에 들으니 어디서 곡소리가 심히 슬프게 들려왔다. 내가 이를 매우 괴이하게 여겨 임금의 자리를 사양하고 스스로 수성(修省)하고자 했었다. 하루는 무구가 이숙번과 함께 와서 알현하기에 내가 왕위를 사양하려는 연고를 말하니 숙번이 대답하기를 '주상이 이러한 뜻을 내신 것도 역시 하늘이 시킨 것입니다'라고 했고 무구는 성을 내면서 말하기를 '이게 무슨 말씀이십니까? 이게 무슨 말씀이십니까? 상께서 만일 사위(辭位)하신다면 신도 군무(軍務)를 사임하기를 청합니다'라고 했다. 내가 말하기를 '네 말이 지나치다. 어린 임금이 즉위하면 너희들이 군권을 맡아서 나를 따라 어린 임금을 돕는 것이 옳지 어찌해 군권을 사양하고자 하는가! 다만 나와 너희들은 우리 아이가 제대로 미치지 못하는 점을 서로 보살펴주어 나라의 명운이 이어지기를 기약할 뿐이다'라고 했다. 선위하려 했을 때 훈친과 백관이 모두 '불가하다'라고 했으나 나는 단연코 듣지 않았다.

하루는 무구가 나에게 말하기를 '정승들이 모두 신에게 말하기를 "상의 뜻이 이미 정해졌으므로 신 등이 감히 고집할 수 없으니 미리 선위할 여러 일을 준비해 상의 명령을 따르고자 한다"라고 했습니다'라고 했다. 내가 듣고 심히 기뻐했는데 조금 뒤에 정승들이 다시 백관을 거느리고 대궐 뜰에서 간쟁하길래 내가 무구에게 이르기를 '내가 경이 전날에 했던 말을 이미 여러 대언에게 말했는데 지금 정승들이 어찌해 다시 이렇게 하는가?'라고 하니 대답하기를 '신이 들은 것은 정승 중의 한 사람이 남몰래 한 말입니다. 전하가 어찌해 신의 말을 대언에게 누설하셨습니까?'라고 하기에 대답하기를 '네가 정승들이라고 말하길래 나는 반드시 여러 사람 의견이라고 생각했었다'라고 했다.

또 어느 날 밤에 산올빼미가 침전 위에서 울기에 그 이튿날에는 내가 다른 침실에서 잤는데 또 그 위에서 울기를 사나흘이나 계속하길래 내가 진실로 괴이하게 여겼다. 또 들으니 정비(靜妃)가 섬기는 신령스러운 무당이 귀신의 말을 전하기를 '내가 이미 전위하면 안 된다는 뜻을 서너 차례나 일렀는데 왕이 알아먹지를 못하는구나!'라고 했다 한다. 내가 듣고서 웃으며 말하기를 '누가 와서 일렀단 말인가? 무당 말은 믿을 만한 게 못 된다'고 했다. 그러나 되풀이해서 생각해보니 아마도 이것이 산올빼미 뜻인가 보다라고 여겼다. 이에 과연 선위하는 일을 실행하지 않았다. 여러 신하는 청한 것을 허락받았다고 기뻐하면서 모두 배하(拜賀)하고 물러갔는데 무구는 들어와 알현할 때 서운해하는 빛[慍色]이 있었으니 (당시에) 나는 그 뜻을 알지 못했다. 내가 어찌 임금 노릇 하기를 좋아했겠는가! 내가 세자에게 전위하고자 한 것은, 대개 몸이 구속받지 않고 혹은 덕수궁(德壽宮-이성계 궁)에도 가고, 혹은 인덕궁(仁德宮-정종 궁)에도 가고, 혹은 원야(原野)에도 유람하고, 혹은 매 놓는 것도 구경해 내 뜻에 맞게 살고자 한 것이다. 이것이 즐겁지 않겠는가! 옷이 아무리 많더라도 다 입을 수 없고 밥이 아무리 많더라도 한번 배부르면 그만이요 말이 아무리 많더라도 다 타지는 못한다. 내 어찌 임금의 자리를 즐겁게 여기겠는가!

또 하루는 무구가 곁에 있기에 그 뜻을 살펴보고자 해 말하기를 '네가 지난번에 군권을 사임하고자 했는데 지금 사임할 테냐? 내 사위 조대림도 군권을 해임시킬까 한다'라고 하니 무구가 매우 성을 내며 좋지 않은 기색으로 말하기를 '신을 만일 해임하면 전하 사위도 해임시켜야 합니다'라고 했다. 그 마음이 불경하고 말이 천박하기가 이와 같았다.

또 하루는 내가 무구에게 이르기를 '나의 자식 궁달(弓達)과 아무개【금상(今上)의 어릴 때 이름】는 모두 나이가 어려서 혼취(婚娶)할 때는 아니지만, 옛적에 당나라 태종이 지차(之次-장남을 제외한 아들) 아들을 궁중에 두고 의복과 거마(車馬)를 태자와 다름이 없게 하니 위징이 옳지 않다고 말했다. 이제 이미 세자를 봉해 별궁(別宮)에 두었는데 나머지 자식들을 모두 눈앞에 두면 혹 지나치게 사랑하는 잘못을 면하지 못할까 두려우니 장가를 들여 딴 집에 살게 하고자 한다'라고 했다. 무구가 대답하기를 '아무리 미리 방비하고자 하더라도 중간에서 난을 선동하는 신하를 금지하는 것만 같지 못합니다'라고 했다. 내가 이 말을 듣고서 움찔했다. 인생은 오래 살기가 어려운데 형이 국왕이 되어 그 아우들로 하여금 마음대로 출입도 못 하게 한다면 국왕 아우가 되는 것은 참으로 어렵지 않겠는가! 또 옛날 내가 무구에게 이르기를 '내가 장의동 본궁을 헐어 조순(曹恂)의 옛 집 터에다 고쳐 지어서 한 자식을 살게 하고 가까운 이웃 정희계(鄭熙啓) 집을 사서 한 자식을 살게 해 형제로 하여금 서로 따르고 우애하고 공경하게 하는 뜻을 돈독하게 하려 한다'라고 했다. 무구가 대답하기를 '그렇지만 반드시 그사이에 유액(誘掖-유인)하는 자가 없어야만 가합니다'라고 했다. 무구의 이 말은 대개 여러 아들이 난을 꾸밀 것을 염려해 제거하고자 한 것이니 세자에 대해서는 충성을 다하는 것 같으나 내게 대해서는 불충함이 이미 이와 같았다. 어찌 그 아비에게는 엷게 하면서 그 아들에게는 두텁게 할 수가 있겠는가!"

7 —

세자가 민씨 집안에 왕래하는 것을 끊게 한 까닭: '여장부' 정비 민씨의 경솔한 모의

이 단계까지 태종과 정비 간 갈등을 살펴보면 인간적 갈등 이전에 왕(王)이라는 권력에 대한 근본적인 견해차를 보게 된다. 태종은 고려 말을 겪으면서 강명한 군주상(像)에 절대 공감했고 오로지 지공(至公)을 향해 모든 것을 던지는 삶을 살아왔다. 임금이 되어서도 달라지지 않았다. 오직 강명한 군주, 한길이었다.

반면 정비는 남편이 품은 이 같은 구상을 받아들이지 못했다. 어쩌면 그녀는 남편이 구체적으로 무슨 그림을 그리는지에 별 관심이 없었는지도 모른다. 고려 권문세족 특유한 마인드를 버리지 못한 정비는 여전히 고려 말에 머물러 있었다. 민씨에게 권력이란 그저 귀족들이 나눠 갖는 것이었다. 아쉬운 것은 민제 역할이다. 물론 민제는 앞서 본 것처럼 아들들에게 종종 경고하기는 했다. 하지만 자신도 간혹 사위 태종과 충돌했고 결정적으로 세자가 된 집권 초기 우의정·좌의정 제안을 거절하지 않았다. 심지어 제자였던 전가식(田可植, ?~1449년)³¹을 시켜 태종이 후궁을 들이는 문제를 간접 비판하기도 했다.

정비의 경우 학식 수준을 확인해주는 사료가 없다. 그러나 민제는 태종을 가르치기도 했을 만큼 학식이 높았다. 태종 학문이 어느 정도이며 사위이자 왕이 무엇을 지향하는지 민제는 알 수 있었다. 그렇다면 무엇보다 자식들, 특히 정비를 자제시켜야 했다. 안타깝게도 그런 장면은 실록 어디에서도 찾을 수 없었다.

이런 가운데 태종 7년(1407년) 11월 10일 중대한 일이 터졌다.

정비전에 입번하는 내관 이용, 수문 내관(守門內官) 안순·박성부·김인봉과 사약(司鑰)³² 김의 등을 순금사 옥에 내리고 벌을 차등 있게 주었다.

전달에 상의 강무 행차가 있었는데 정비가 궁비 좌이를 시켜 민무질 처 한씨를 불러 미복(微服-평복) 차림으로 중궁에 들어와 자고 나갔다. 이때에 이르러 상이 알아차리고서 사헌부에 명해 조사해 실상을 알아내게 했다. 장령 탁신이 장(狀-보고서)으로 아뢰니 상이 말했다.

"내가 이미 순금사에 가두었으니 더 묻지 말라!"

---

31 1399년(정종 1년) 문과에 장원급제해 예조판서를 역임했다. 1401년(태종 1년) 상소해 말하기를 "검소한 풍토를 솔선할 것이며 안일과 탐욕을 경계할 것이며 간언을 받아들일 것이며 희노를 함부로 해서는 안 된다"라고 했다. 서장관과 정사로서 중국에 다녀왔다. 1449년(세종 31년) 84세로 세상을 뜨자 세종이 슬퍼하며 예관(禮官)을 보내 조상하게 했다.
32 궁궐 내 여러 문의 열쇠와 자물쇠를 맡아보았다.

순금사에서 이용 등의 옥사를 갖춰 율에 비추어 아뢰었다.

'전 검교 내시부 지사 김인봉은 공술하기를 "지난 10월 12일에 강무 행차가 있은 뒤인 14일 초저녁에 이르러 중궁께서 무수리[水賜] 좌이를 시켜 명을 전하시기를 '미미한 집안 여자가 들어오는 일이 있을 것이니 금하지 말라'고 하셨습니다. 김인봉이 이 명을 듣고 동판부사(同判府事-내시부 동판사) 이용에게 고하니 이용이 대답하기를 '중궁에서 명령이 있으면 금하지 말라'고 했습니다. 조금 있다가 좌이가 바깥에서 부인을 인도해 들어왔습니다. 이튿날 꼭두새벽 달이 지기 전에 궁문이 열리니 좌이가 또 그 부인을 데리고 나갔습니다"라고 했습니다. 이용은 공술하기를 "보통 사람 의복 차림을 하고 들어왔습니다"라고 했습니다. 김인봉은 또 말하기를 "중궁의 명이 있었던 까닭으로 그 출입에 대해 금하지 않았습니다"라고 했습니다. 위의 두 사람을 율에 준하면 임의로 궁문에 들어온 자는 장(杖) 60대에 도(徒-징역형) 1년이고, 문관(門官) 시위관으로서 고의로 놓아준 자는 각각 범죄한 사람과 죄가 같고 깨달아 살피지 못한 자는 3등을 감해 장 80대입니다.

검교 동지내시부사(檢校同知內侍府事) 안순은 공술하기를 "지난 10월 15일 파루(罷漏) 뒤에 검교 첨내시부사(檢校僉內侍府事-내시부 첨사) 박성부가 사람을 시켜 궁문을 열라고 전해 말하기에 내가 대답하기를 '때가 아니 되어 열 수가 없다'라고 했더니 박성부가 또 스스로 와서 말하기를 '중궁에서 명이 있으니, 빨리 숯불[炭火]을 들여가게 문을 열라'고 했습니다. 그러므로 평상시의 예보다 일찍 열었습니다"라고 했습니다. 박성부는 공술하기를 "한 시녀가 안에서 소리쳐 말하기를 '빨리 문을 열고 숯불을 가져오라'고 했습니다. 그러므로 이 말을 안순에게 고했습니다"라고 했습니다. 위의 두 사람의 죄를 율에 준하면 문금쇄약조(門禁鎖鑰條)에 이르기를 "황성 문을 때가 아닌데도 마음대로 여는 자는 교형(絞刑)에 처하고 왕지(王旨)가 있어서 문을 여는 자는 논하지 않는다"라고 했고, 명례(名例)에는 이르기를 "함께 죄를 범한 자는 생각을 낸 자가 수범(首犯)이 되고 수종(隨從)한 자에게는 1등을 감해 장 100대에 유(流) 3,000리에 처한다"라고 했는데 중궁 명으로 궁전 문을 여닫은 자에 이르러서는 율에 그런 글이 없습니다. 김의는 그날 저녁에 연고가 있어 입직하지 못했습니다.'

상이 이를 보고 위의 사람과 김의 등은 모두 장 60대에 처하고 이용은 늙고 병들었으므로 속(贖-보석금)을 거두도록 명했다. 상이 지신사 황희에게 일러 말했다.

"내가 일찍이 중궁에게 무구 등의 불충한 음모와 장래의 화를 되풀이해 깨우쳐 타일렀더니 중궁이 남김없이 모두 알고서 화가 나서 이를 갈며 절대로 구원하거나 보호할 생각이 없다고 하며 말하기를 '부모님 생전에나 목숨을 보전할 수 있으면 족하겠습니다'라고 했다. 그러나 아녀자의 어짊[婦人之仁=婦仁][33]으로 차마 갑자기 끊지 못하고 지금 강무하는 틈을 타 몰래 무질 아내를 불러 궁중에 출입하게 했다. 그사이 일의 실상[事狀]을 추측하기가 어려우니 어떻게 처리할까? 아무리 생각해도 그 묘안을 얻지 못하겠다. 한두 사람의 환자와 시녀로 하여금 공상(供上-물품 지원)만 끊기지 않게 해 그대

---

33 이는 사리 분별이 떨어지는 착한 마음이라는 뜻으로 지극히 부정적인 의미를 갖고 있다.

로 이 궁에 두고 나는 경복궁으로 옮겨 거처해 겉으로 소박하는 뜻
을 보여 뉘우치고 깨닫도록 하고자 한다. 그러나 폐해 내버릴 생각은
없다."

희가 대답했다.

"임금의 거동은 가볍고 쉽게 할 수 없습니다. 신의 어리석은 생각으
로는 심히 불가하다고 생각합니다."

상이 말했다.

"내가 다시 생각해보겠다."

드디어 (이에 대해서는) 다시 말하지 않았다.

실행에 옮기지는 않았지만 '폐비'라는 단어가 조선 역사에서
처음 거론되는 순간이었다. 태종은 세자 출입을 금지해 민씨 집안
과의 왕래를 끊은 바 있었다. 이제 정비와의 인연마저 끊어지려 하
고 있다.

8 ___

세자와 민씨 형제간
틈을 벌리려고 하는 태종

영의정 이화가 민무구·무질·신극례 처벌을 청하는 소를 올린
지 사흘 뒤인 7월 13일 세자가 김한로 딸과 혼례를 올렸다. 곧바로
명나라 조현(朝見) 문제가 논의되었다. 이 행차는 이천우·이무·이
래·맹사성이 수행하기로 했다. 조정에서는 민무구·무질·신극례
처벌 논란이 한창인 가운데 9월 24일 세자가 종묘에 나아가 조현
사실을 고했다. 다음날 세자는 명나라를 향해 출발했다. 통사는
앞서 문제가 되었던 이현이 맡았다. 그때로 들어가 보자.

상이 법복(法服-공식 복장)을 갖추고 표전(表箋-명나라에 보내는 외교
문서)에 절하고 나서 장의문으로 나가 세자를 영서역(迎曙驛)[34] 동쪽

에서 전송하고 일러 말했다.

"길이 험하고 머니, 마땅히 자애(自愛)해야 하느니라. 저부(儲副-세자)라는 것은 책임이 중하다. 오늘의 일은 종사와 백성을 위한 계책이니라."

세자가 울면서 하직 인사를 올리니 상도 눈물을 흘리고 좌우 신하들도 눈물을 흘리지 않는 이가 없었다. 드디어 궁으로 돌아왔다. 의정부·육조·삼공신은 가돈(街頓) 남교(南郊)에서 절해 작별했고 의안대군 화(和)는 종친을 거느리고 임진 나루에서 전송했다. 청평군 이백강, 의정부 참지사 박신, 내시부 첨사 김완을 보내 요동까지 호송하게 했다.

애초에 설칭(薛偁)이 오래도록 세자보덕으로 있었으므로 조현하는데 마땅히 수행할 것이라고 스스로 생각했고 조정 의논도 압물(押物-화물 담당 통역)로 삼았었는데 얼마 후에 수조(隨朝-조현에 수행함)하는 사람이 많기 때문에 태거(汰去-배제)되었다. 서장관인 우사간 신상(申商, 1372~1435년)이 헌부로부터 탄핵받게 되자 칭(偁)이 이래에게 부탁해 따라가기를 청했다. 이래가 떠날 때 임박해 아뢰었다.

"칭은 노성하므로 종관(從官)에 둘 만합니다."

상도 상(商)이 일찍이 말하기를 '세자가 민씨 가문에서 생장했으니 무구를 소외하거나 배척하기는 어렵다'고 했다는 말을 듣고 상을 좋아하지 않았던 터라 칭으로 대신하게 했다.

세자가 명나라에 가 있던 11월 11일 태종은 민무구·무질에게서 직첩을 거두었다. 서인(庶人)으로 삼았다는 뜻이다. 이날은 정비가 무질 처 한씨를 대궐로 불러들인 문제가 불거진 바로 다음날이었다.

한편 이날 중요한 기록이 하나 더 있다. 앞서 다른 문맥에서 살펴던 대목이다.

황희를 보내 하륜에게 뜻을 전했다.

"무구 등의 죄는 내가 사사로운 정리로 인해 능히 과감하게 결단하지 못하고 있다. 공신 대간에서 백관까지 모두 죄를 청한 지가 여러 달인지라 내가 어쩔 수 없이 이번에 다만 직첩만 거두고 목숨을 보전하도록 했다."

륜이 대답했다.

"이 무리가 세자를 제거하고자 했다면 죄가 말할 수 없지마는, 다른 여러 아들을 제거하려고 했으니 세자만큼 중하지는 않습니다. 빼어나신 사려가 마땅함을 얻으셨습니다."

희가 복명하니 상이 대신(大臣-하륜)이 앉던 자리를 가리키며 말했다.

"예전에 여기에 앉았던 이 공(公-하륜)이 일을 논한 것이 내가 듣기에는 한심한 말이다. 너는 마땅히 빨리 다시 가서 '이 말을 일찍이 다른 사람과 한 적은 없는가? 다시는 가볍게 말하지 말라!'고 하라."

또 희에게 말했다.

"이 말이 만일 새어나간다면 내가 아니면 네 입이다."

희가 이에 재차 륜의 집에 가서 뜻을 전하니 륜은 땅에 엎드려 가르침을 받고 손을 모아 대답했다.

"살길을 가리켜 보여주시니 몸 둘 바를 모르겠습니다."

희가 복명하자 상이 말했다.

"내가 아니면 보전하기 어렵다. 내(가 그를 살려두는 것은) 그의 충성
스럽고 곧음[忠直]을 아껴서일 뿐이다."

천하의 하륜이 아들들을 모두 보전하려는 태종 뜻을 잘못 헤
아려 자칫 목이 날아갈 뻔한 순간이었다.

한편 세자가 명나라에 머물던 이듬해 태종 8년(1408년) 2월
11일 셋째 아들을 충녕군(忠寧君)에 봉했다. 이때 그의 나이 12세
였다.

세자 일행은 4월 2일 한양에 돌아왔다.

9 ——

"너희를 다 살릴 수 있는 길은 무엇인가?"

아들들 미래에 대해 깊어가는 고민

서양에는 '다모클레스의 칼'이라는 유명한 고사가 있다. 다모클레스는 기원전 4세기경 지중해 시칠리섬에 있던 고대 도시 국가 시라쿠사의 왕 디오니소스 1세의 신하였다. 아첨에 능했던 다모클레스는 자신이 그렇게도 흠모하는 옥좌(玉座)에 한 번 앉아보는 것이 소원이었다. 그 자리에 오르면 세상에 부러울 것이 없을 것 같았고 못 할 게 없을 것이라고 생각했기 때문이다.

디오니소스 1세는 이를 간파하고 다모클레스에게 하루 동안 이 자리에 앉는 것을 허락했다. 대신 디오니소스 1세는 그의 머리 위에 가느다란 실로 칼을 매달아두었다. 그때서야 다모클레스는 최고 권좌가 얼마나 피 말리는 것인지 깨닫게 되었다.

태종 9년(1409년) 태종은 42세에 접어들고 있었다. 지금 나이로 보면 결코 많다고 할 수 없지만 여러 차례 죽을 고비를 넘기고 노회한 신하들에 둘러싸여 힘겹게 나라의 기반을 다지기 위해 힘써온 지 10여 년이 넘은 시점이었다. 지칠 만도 했다. 이미 1차례 선위 파동에서 보여주듯 이 무렵 태종은 극도로 스트레스에 시달려야 하는 국왕 자리를 벗어나고 싶은 심정과 주변을 돌아볼 때 어느 것 하나 마음 편할 만큼 준비되지 못한 현실 사이에서 갈등하고 있었다.

태종과 민씨는 그 점에서 각자 갈등하는 내용이 달랐다. 태종은 아비로서의 고민과 군왕으로서의 고민이 겹쳤다면 민씨는 다음 권력이 누구이며 그 시기를 가능한 한 당겨 고통에서 벗어나려고만 했다.

게다가 신하들은 다음 권력 탄생에 어떤 식으로든 개입해 지분을 확보하려는 데 관심이 가지 않을 수 없다. 문제는 태종이 민씨나 신하들의 이런 속을 꿰뚫어보고 있었다는 점이다.

새해 첫날 문소전에서 제사를 지낸 후 궁으로 돌아온 태종은 세자와 여러 왕자에게 음식을 내리고 대언에게 일렀다.

"내 아들 가운데 죽은 자[物故]가 여섯이고 지금은 다만 네 아들이
남아 같이 음식을 놓고 밥을 먹는구나. 부모 마음이 어떠하겠느냐?
내가 우애하는 도리를 가르칠 터이니 너희들은 그것을 알아야 할 것
이다."

태종이 새해 첫날부터 가족 이야기를 꺼낸 데 대해 실록은

"지난번에 민무구 형제가 여러 왕자를 제거할 뜻을 가졌던 것을 언짢게 여긴 까닭"이라고 풀이한다. 실제로 민무구 형제 사건은 외척에 대한 태종 생각을 근본적으로 바꿔놓는 계기가 되었다.

처음에는 누구나 생각하듯이 처남이자 세자 외삼촌인 민무구 형제에게 군권(軍權)을 맡기면 자신이 세상을 떠나더라도 세자를 지켜주리라 믿었다. 실제로 태종은 태종 7년(1407년)까지만 해도 민무구와 조대림에게 군권을 나눠서 맡겼다. 그러나 1차 선위 파동 때 보여준 민무구의 미심쩍은 태도에 불만과 불안을 느낀 그는 철저하게 외척을 배제하고 종친 위주로 군권을 유지하는 쪽으로 방향을 잡았다.

실제로 안정적인 후계구도 완성의 핵심은 군권 안정에 있었다. 어쩌면 목인해가 조대림을 모해하려 한 사건 이듬해인 태종 9년(1409년) 한 해는 이 문제를 고민하면서 다 보냈다고 할 수 있을 정도다. 그해 4월 1일 태종은 대신들과 함께 앞으로 군사 책임을 맡을 만한 자를 토의했다. 이에 이무는 송정(宋貞)을, 이숙번은 정초(鄭初)를, 유량은 신열(辛悅)을 추천했다. 다음날에는 사헌부 지평 조서로(趙瑞老, 1382~1445년)[35]가 소 2통을 올렸다. 하나는 민무구 형제를 죽여야 한다는 내용이었다. 또 하나는 조대림에게서 군권을 빼앗아야 한다는 내용이었다.

문제는 후자였다. 태종은 이를 왕실로부터 군권을 박탈해야 한다는 뜻으로 받아들였다.

---

35 1405년(태종 5년) 문과에 급제해, 이조좌랑·사헌부 지평(持平) 등을 역임했다. 형제로는 조서강(趙瑞康)·조서안(趙瑞安)이 있다.

"사람들이 말하기를 '왕자는 병권을 잡지 못한다'고 하니 효령과 충녕은 장차 세자에게 기식(寄食)할 것이다. 첫째 사위 청평군(-이백경)은 상당군(-귀양 가 있는 이저) 동생인지라 남에게 꺼림을 받고 있고 길천군(-권근의 아들인 권규)은 나이가 어리므로 내가 평양군(-조대림)에게 병권을 잡게 했다. 이는 왕실을 굳건히 하려는 것이다. 그런데 사헌부에서 그 병권을 내놓게 하려고 하는 것은 과연 무슨 뜻인가?"

어쩌면 태종은 "나보고 병권을 내놓으라는 뜻 아닌가"라고 묻고 싶었는지도 모른다. 이 점을 고려할 때 우리는 앞서 살펴본 조대림 문제를 처리하는 과정에서 저지른 맹사성의 작은 잘못에 대해 왜 태종이 그토록 분노했는지 정확하게 이해할 수 있다. 그의 구상은 처남이자 세자 외삼촌이 아니라 세자 매제가 군권을 맡도록 함으로써 세자 권력을 뒷받침하려는 것이었다. 그런 구도 아래에서 다른 왕자들은 '기식'하며 삶을 누릴 수 있으리라는 희망도 있었다.

5월 19일 태종은 세자 이제, 효령군 이보, 충녕군 이도, 막내 이종을 불러 형제간 화목에 관해 이야기를 마친 후 "눈물을 주르륵 흘렸다." 그러면서 옆에 있던 황희에게 "너는 구신(舊臣)이므로 나의 뜻을 미뤄 알 것이다"라고 말했다. 이에 네 아들도 함께 눈물을 흘렸다.

물러가는 황희를 세자를 시켜 전송케 하자 황희는 세자에게 "오늘 부왕께서 일깨워주신 뜻을 잊지 않으면 실로 만세의 복이 될 것입니다"라고 당부했다.

2차 선위, 결단을 내리다

　태종 9년(1409년) 8월 10일 오후 늦게 대대적인 인사조치가 발표되었다. 하륜은 진산부원군으로 일선에서 물러나고 영의정에는 이서, 우정승 겸 삼군 영사에는 조영무, 의정부 참찬사 겸 대사헌에는 유량, 병조판서에는 이귀령, 좌군 도총제에는 이간이 임명되었다.

　그중 이귀령(李貴齡, 1345~1439년)은 호조판서를 지내게 되는 이귀산 형으로 태조 때 동북면절제사 등을 지냈고 태종 때는 승녕부 판사를 거쳐 좌군도총제로 있다가 병조판서로 발탁된 케이스였다. 여기에는 그가 개국 및 좌명 원종공신이라는 점이 감안되었다. 그는 좌의정에까지 오르게 되고 94세까지 살았다.

　여기까지는 괜찮았다. 그런데 세자 장인 김한로가 광산군 작호를 받고 안등이 지신사가 되고 그동안 지신사를 맡아온 황희는 의정부 참지사로 일선에서 물러났으며 세자빈객 정탁·한상경·이래·조용 등 네 사람은 경연관으로 직함이 바뀌었다. 예문관제학 변계량은 경연 동지사로 임명되었다. 서연이 아니라 경연이라면 이것은 누가 봐도 세자에게 임금 자리를 물려주겠다는 강력한 의지 표명이었다. 데자뷔, 이미 3년 전에 보았던 장면 아닌가? 더불어 문서를 통해 "군려(軍旅-군사 관련) 중대사는 내가 전부 맡겠고 사람을 쓰는 일도 마땅히 친히 하겠다"라고 밝혔다. 뒷부분을 보면 3년 전 같은 시늉이 아니었다.

　조정은 다시 발칵 뒤집어졌다. 마침 하륜은 이무와 입궐하다가 황희로부터 이 소식을 전해 듣고 경악했다. 두 사람은 환관 노희봉을 시켜 세자가 어리고 주상도 아직 왕성한 나이이며 특히 중국에서 놀랄 것이라는 이유를 들어 결단 철회를 간곡하게 요청했다. 태종은 요지부동이었다. 또 두 사람은 불초한 무리가 세자를 선동할 가능성이 있다며 재고해달라고 했으나 소용없었다.

"밤이 깊었으니 물러가라."

다음날인 8월 11일 새로 영의정에 임명된 이서와 좌정승 성석린 등 백관이 소를 올렸으나 태종은 신임 지신사 안등을 통해 뜻은 불변임을 강조했고 오히려 계획을 실천에 옮겼다. 바로 계엄사령부 격인 삼군 진무소(鎭撫所)를 설치했다. 태종은 병조의 경우 모두 무신이기 때문에 군사를 지휘하기에 적절치 않다며 직접 병권을 통제하기 위한 기관을 신설했다. 최고사령관인 도진무에는 찬성사 이천우, 상진무에는 도총제 박자청, 부진무에는 풍산군 심귀령 등을 임명하고 그 밑에 진무 27명을 배치했다. 심귀령은 원래 한미한 집안 출신으로 활을 잘 쏘고 말을 잘 타서 일찍부터 정안공 집에 드나들었으며 1차 왕자의 난 때 이방원을 도와 정도전 세력을 제압하는 데 큰 공을 세운 군인 출신이고 2차 왕자의 난 때도 공을 세워 좌명공신 4등으로 풍천군에 봉해졌다. 1408년에는 왜구가 침략하자 도체찰사 박자안 아래 조선절제사가 되어 큰 공을 세웠다. 또 1411년에는 의흥부 지사로 진급하는 태종의 측근 무인이었다. 실록에 따르면, 무인 출신인데도 "능히 겸손해 선비를 대할 때는 예로써 임했다"라고 한다.

17일 후인 8월 28일 태종은 삼군진무소를 태조 때 의흥삼군부를 본떠 의흥부로 이름을 고친 다음 좌대언 김여지에게 말한다.

"예로부터 병권을 다루는 데 과인처럼 온 정성을 쏟은 인물은 없다."

군사에 대한 문민통제를 하겠다는 자신감을 드러낸 것이었다. 실제로 김여지는 이 말을 듣고 의흥부 설치의 의미를 정확하게 설명했다. 병권을 분산하되 핵심 권한은 왕실에 있도록 했다는 것이다. 즉 통상적인 무인 선발, 행정 등 군정(軍政)은 병조가 맡고 실제 작전권인 군령(軍令)은 의흥부가 맡되 다시 의흥부의 군사 작전은 병조가 감찰토록 정비했다.

태종에게 더욱 집중된 권력

1차 선위 파동 때와 달리 2차 선위 표명은 이렇다 할 명시적인 철회 표시도 없이 어느새 없었던 일이 되고 말았다. 길게 보면 1차 선위 파동 희생자가 민무구 형제였다면 2차 때는 이숙번이었다고나 할까?

앞서 본 대로 이숙번은 이때 태종에게 50세가 되어 물러나도 충분하다고 말했다. 실제로 태종이 50세가 되던 태종 16년(1416년) 이숙번은 정계에서 퇴출된다.

다만 간접적으로 선위 의사 철회를 시사하는 일이 8월 19일에 있었다. 이날 서연관을 불러 왜 요즘 세자가 공부하지 않느냐고 묻자 서연관은 세자의 서연을 맡았던 빈객 4명이 모두 경연용 직함을 받았기 때문에 빈객 자리가 비어서 그렇다고 답했다. 태종은 한상경과 정탁에게 다시 서연에서 진강하도록 명했다. 이로써 2차 선위 파동은 끝난 것이나 다름없었다.

실제로 8월 25일에는 세자 교육을 담당할 빈객을 다시 구축했다. 성석린은 세자부, 하륜은 세자사, 정탁과 조용은 좌우 빈객, 한상경과 이래는 좌우 부빈객으로 임명되었다. 경연이 서연으로 환원된 것이다.

이런 맥락에서 태종이 이때, 즉 이틀 후인 8월 27일 외척에게 제도적으로 군(君)을 봉하지 못하게 못 박는 제도 마련에 착수했다는 사실은 의미가 크다. 태종은 외척, 특히 왕후의 친족에게 봉군하는 일에 대한 가부(可否)를 토론에 부쳤다. 그런데 그에 앞서 태종은 치밀하게 중국 여러 제도를 고찰하고 "한나라 때는 '유씨(劉氏)가 아니면 왕이 되지 못하고, 공신(功臣)이 아니면 후(侯)가 되지 못한다'고 했다"라고 말했다. 이 일은 태종이 숙지하고 있던 『한서』에 실린 유방(劉邦)의 말이다.

태조 때 강씨가, 본인 때 민씨가 봉군을 얻은 일은 역사적 근거가 없다고 미리 말했다. 토론 방향을 미리 지시한 셈이다. 게다가 태종 본인이 워낙 중국 고사에 밝아서 신하들이 오히려 대적하지 못할 지경이었다.

오죽했으면 실록은 이 기사 말미에 "주상은 천성이 총예(聰睿)하고 경사(經史)를 널리 보았기 때문에 여러 신하가 일을 아뢸 적에 만일 상이 묻는 것이 있으면 신하들이 모두 제대로 대답하지 못했다"라고 적고 있다. 9월 9일 태종은 최종적으로 외척 봉군을 법으로 금하라는 명을 내렸다.

10 ___

미미한 시작이 대참사로 커지다

태종에 대한 노골적인 비판

외척 봉군 금지법 발효 하루 전인 태종 9년(1409년) 9월 8일 원평군 윤목(尹穆, ?~1410년)[36]과 한성소윤 정안지(鄭安止, ?~1421년)가 순금사에 구금되었다. 그에 앞서 이 두 사람과 관련된

---

36 1400년(정종 2년) 전중군장군(前中軍將軍) 때, 이방간(李芳幹)의 난을 평정하고 태종이 왕위에 오르는 데 기여한 공으로 1401년(태종 1년) 익대좌명공신(翊戴佐命功臣) 4등에 책록되었다. 그해 4월 이무(李茂)의 추천으로 지합주사(知陜州使)로 임명되었으나 불만을 품고 임지로 떠났다. 임지인 합주에서 몽계사(夢溪寺) 백종법회를 금지하고 많은 양곡을 빼앗아버린 죄로 탄핵을 받았다. 1403년 태종 즉위에 협력한 공으로 원평군(原平君)으로 봉작되었다. 1405년 9월에 천추사(千秋使)가 되어 명나라에 갔다 왔고, 1407년 평양부윤이 되었다. 1409년 9월 사은부사로 명나라에 갔다 왔다. 그해 10월 민무구(閔無咎)·무질(無疾) 옥사에 관련되어 사천으로 유배되었다가, 다음 해 유배지에서 처형되었다.

중대 사건이 진행되어왔음을 알 수 있다. 그 사건은 외척 봉군 금지 문제와도 직결되어 있었다.

원래 두 사람은 이지숭(李之崇, 1367~1419년)[37]이 사은사로 북경에 갈 때 동행했다. 한양을 출발해 요동으로 가는 길에 윤목이 정안지에게 "회안군(–이방간)은 그 공이 심히 크고, 여강군(–민무구)·여성군(–민무질) 또한 왕실에 공이 있는데, 주상과 국가에서 그들을 대우하는 바가 잘못되었소"라고 직격탄을 날렸다. 아무리 국경 바깥이라고는 하지만 정안지와 여간 절친한 사이가 아니고서는 쉽게 입에 담을 수 없는 말이었다.

정안지는 데면데면 마지못해 대꾸해주었고 윤목은 태종에 대해 계속 불만을 터뜨렸다. 국경을 벗어났다는 안도감 때문일까? 태종의 영원한 후원자 이화(李和) 장남 사은사 이지숭은 말 위에서 꾸벅꾸벅 졸며 일부러 못 들은 척했다. 그는 심양 숙소 회동관에 들어가자마자 정안지에게 길에서 있었던 일을 숨기지 않겠다는 다짐을 받아냈다. 사신들이 북경을 다녀오는 데 3~4개월이 걸리는 점을 감안하면 이 일이 생긴 시점은 그해 봄쯤이었다. 북경에서 돌아오자마자 이지숭은 태종에게 직접 보고했고 태종은 참찬사 유량, 지신사 안등, 좌대언 김여지 등에게 이지숭이 하는 말을 기록하게 했다. 이윽고 의정부에서 정안지를 불러 사실 여부를 물었으나 정안지는 "들은 바 없다"라고 답했다. 승정원에서 다시 물었으

37　이때인 1409년(태종 9년) 은사(恩賜)를 사례하고 흰 꿩[白雉]이 나타난 상서(祥瑞)를 하례하기 위해 원평군(原平君) 윤목(尹穆)과 함께 명나라 북경에 다녀왔다. 1410년(태종 10년) 태종은 이지숭이 윤목의 말을 고한 것에 대한 상으로 노비 10구와 전지(田地) 50결을 내려주었다.

나 결과는 마찬가지였다. 이에 윤목·정안지 두 사람에 대한 국문이 시작되었다.

문초가 시작되고 나흘째 되던 9월 12일 한두 사람씩 관련자 이름이 나오기 시작했다. 특히 정안지는 처음 입장을 바꿔 사실을 '실토'하기 시작했다. 태종이 극도로 싫어하는 곧지 않음[不直]이 _{부직} 었다. 처음에 사실대로 이야기하지 않은 이유는 북경 왕복 여정에서 윤목이 자신을 자식같이 대해주어서였다고 밝혔다. 관련자 이름이 나오면서 태종은 점점 고민이 깊어졌다.

'어떻게 해야 하나?'

다시 자기 처남들 문제가 불거질 것이 뻔했기 때문이다. 윤목 입에서 나온 연루자 이름은 10여 명이었다. 대간 의정부 등에서는 연일 윤목을 비롯한 관련자들을 색출해 엄단해야 한다고 목소리를 높였다. 태종은 일단 두고 보자는 입장을 취했다.

호조판서 이빈, 평강군 조희민을 가두다

윤목이 본격적으로 입을 열자 사건은 급속도로 커지기 시작했다. 중심에는 민무질이 있었다. 9월 19일 윤목은 지난해(1408년) 가을 호조판서 이빈(李彬, ?~1410년)[38] 집에 갔다가 이빈으로부터

---

38 1388년(우왕 14년) 동북면부원수로서 요동 정벌에 참가했다가 이성계를 따라 회군했다. 그 뒤 동지밀직사사(同知密直司事-밀직사 동지사)가 되었으나 정몽주 일당으로 몰려 다시 탄핵을 받았다. 조선이 개국한 뒤에 곧 원종공신에 올랐다. 1393년(태조 2년) 경기우도관찰출척사에 임명되고, 1395년 중추원 판사가 되었으나 다음 해 축

들은 말이라며 털어놓았다. 이빈은 상을 치르는 중에 2차례 무질을 만났는데 무질은 자신에게는 죄가 없다고 말했다는 것이었다. 또 이빈으로부터 들은 말이라며, 단산부원군 이무가 이빈에게 "나와 같은 대신은 있으나 마나다. 민씨 죄를 빨리 청하지 않는다 하여 유량에게 모욕을 당했다. 내가 주상 앞에서 변명하고자 했으나 감히 못 했다"라고 말한 사실을 털어놓았다. 모두 다 사실이라면 죄 없는 민씨 형제를 태종이 의도적으로 몰아세운 셈이 될 뿐이었다.

호조판서 이빈은 직접 들은 바를 그대로 털어놓았고 이무는 대궐에 나와 "윤목은 집안 조카이기는 하지만 일찍부터 사사로운 감정이 있었으니 내가 직접 옥에 나가 변명하겠다"라고 자청했다. 그러나 태종은 그냥 집으로 돌아가 있으라고 명했다. 윤목은 또 전라도 병마도절제사 강사덕과 개성에 머물고 있던 전 총제 김첨도 언급했다. 당장 두 사람을 잡아들였고 이날 삼척에 유배 중이던 무질도 이빈과의 대질신문을 위해 한양으로 압송되었다.

"남의 죄를 짜서 만들었다."

일주일 후인 9월 26일 대사헌 이문화와 우사간 박습 등이 함

성제조(築城提調)로서 공사 감독을 소홀히 했다는 이유로 삭직되어 영해부로 유배되었다. 이해 민무질 사건에 관련된 윤목의 옥사에 연루되어 장형(杖刑)을 받고 유배되었다가 사형당했다.

께 글을 올려 6가지 죄목으로 이무를 탄핵했다. 이 글에서 윤목은 이무 외조카로 되어 있다. 그렇다면 이무가 민무질 처족임을 고려할 때 윤목과 민무질도 먼 인척 관계가 된다. 애초부터 이무나 윤목은 무질 편이었다. 6가지 죄목도 대부분 이무가 무질을 알게 모르게 도와주고 편들었다는 내용이었다. 예를 들면 무자년(1408년) 여름에 이빈과 이야기하면서 "민무질이 유배된 것은 참으로 아깝다. 지금 비록 유배되었다 하더라도 두텁게 하지 않을 수 없다"라고 말했다는 식이었다.

태종은 '소(疏)' 내용이 잘되었다고 칭찬하면서 말했다.

"간악함이 환하게 드러났다."

태종은 돌아가는 사정을 이미 소상하게 파악하고 있었다.

실제로 그 후 아주 흥미로운 상황이 벌어진다. 이 소를 썼던 대사헌 이문화가 느닷없이 "남의 죄를 짜서[羅織] 만들었다"라고 말한 것이다. 검찰총장이 실컷 수사 결과를 발표한 뒤에 "이번 수사는 조작"이라고 말한 것이나 마찬가지였다. 그 바람에 이문화는 대간에게 탄핵받고 면직당했다.

그런데 이문화가 한 말은 무에서 유를 조작했다는 뜻은 아니었다. 만일 그런 뜻이었다면 이문화는 당연히 목숨을 부지할 수 없었다. 2년 후 복직되어 개성부 유수를 거쳐 의정부 참찬사를 지냈다. 다만 그가 볼 때는 친인척 간에 있을 수 있는 사담(私談)을 너무 세게 다스리려다 보니 무리수가 있었다는 의미였다. 어쩌면 이 정도가 실상에 가까웠는지 모른다.

태종을 위한 변명이 필요하다. 겉으로 드러난 실상은 거기까지였다고 하더라도 일이 앞으로 어떻게 전개될지를 판단하는 문제는 당시 살았던 인물 간 역학 관계에 따라 달라진다. 물론 태종은 막강한 힘을 갖고 있었다. 태종과 민무구 형제 간 충돌은 당대 문제가 아니라 아직 오지 않은 미래에 대한 주도권 문제였다. 태종은 당장 보기에는 죄가 아닌 것 같아도 조선이 지향해야 하는 미래 그림을 해치는 결과를 초래한다면 죄라는 논리였다.

태종은 '현재 하는 꼴을 보아하니 얼마 안 가서…'라는 심정으로 일을 밀어붙이고 있었고 민무구 당파는 '지금 당장 우리가 뭘 했다고…'라는 억울한 심정으로 당하고 있었다. 한편 이날 서성군 유기(柳沂, ?~1410년)[39]도 순금사에 갇혔다. 윤목이 그의 이름을 불었기 때문이다.

'좌명공신 1등 이무'와 대질한 태종

태종은 태종 9년(1409년) 10월 1일 창덕궁 인정전으로 의정부 관리와 삼공신을 불렀다. 태종과 이무가 대질하는 자리임과 동시에 태종이 이무에게 사형선고를 내리는 자리이기도 했다. 이무는

---

39 1400년(정종 2년) 태종이 이방간의 난을 평정하고 왕위에 오르는 데 협력한 공으로, 1401년(태종 1년) 익대좌명공신 3등에 책록되었다. 1402년에 봉상경(奉常卿)에서 대언(代言:-승지)으로 승진되었다. 그해 9월에 서성군(瑞城君)으로 봉작되면서 전라도관찰사로 임명되었다. 1409년 부사로 정사 김로(金輅)와 함께 명나라에 다녀왔다. 그해 10월 민무구·무질 옥사에 관련되어 해남으로 유배되었다가, 다음 해인 1410년 2월 유배지에서 처형되었다. 아들 유방선(柳方善)이 한명회(韓明澮)의 스승이다.

물론이고 참관했던 신하들도 온몸에 소름이 끼쳤을 상황이다. 태종은 진선문 앞에 이무를 불러 세워두고 단도직입적으로 이야기를 시작했다.

이무와의 첫 만남

"무인년(1차 왕자의 난이 일어난 1398년)에 부왕(-태조)의 병환이 위독해 오래 끌 때, 내가 형제들과 경복궁에서 시병(侍病-병 수발)하고 있었는데 그때는 내가 이무라는 이름만 들었을 뿐이지 서로 몰랐다. 이에 이무가 민무질을 통해 나와 교분을 맺었다. 하루는 내게 고하기를 '남은과 정도전이 주상의 병환이 위독한 것을 엿봐 정적(正嫡-신의왕후 한씨의 아들들)에게 불리하게 하기를 꾀하니, 공은 미리 도모하라'라고 했다. 5, 6일 뒤에 다시 와서 내게 말하기를 '오늘 저녁에 정도전 등이 거사하려고 하니 이때를 놓칠 수 없다'라고 했다. 내가 말하기를 '그대가 먼저 그들이 모인 곳에 가서 그 계획을 늦추도록 하라'고 했다."

1차 왕자의 난 때 이무의 행적

"드디어 정도전이 모여 있는 곳에 갔는데, 길에 모여 있는 10여 인을 만났다. 마천목(馬天牧)이 쏘라고 청해, 화살 네다섯 대를 쏘고 모인 곳에 들어가니 정도전 등이 이미 도망했다. 이에 마음이 놀라고 두려웠었는데 길에서 이무와 박포를 만났다. 이무가 말하기를, '어째서 약속을 어기었소? 내가 화살을 맞았소!'라고 했다. 내가 대답하기를

'이미 내 병사들에게 "이무와 박포의 이름을 들으면 쏘지 말라"고 했는데 어찌해 "나는 이무"라고 소리치지 않았는가?'라고 하고 박포를 시켜 조준을 청해 오게 했다. 그러나 오래되어도 돌아오지 않고 밤은 거의 새벽이 다 되고 군사는 또 약했다. 조금 뒤에 박포가 이르러 말하기를 '조준이 오지 않을 것 같으니 친히 가서 청하는 것이 좋겠다'라고 했다."

대치 중 드러난 기회주의 행태

"이때에 궐내에서는 박위(朴葳)가 병사들을 지휘하고 있었기 때문에 사람을 보내어 세 번이나 불렀으나 나오지 않았다. 내 군사가 오히려 그쪽보다 적었다. 이무가 바로 내 뒤에 있었는데 우리 형세가 약한 것을 보고 거짓말로 말 위에 엎드려 내게 말하기를 '정신이 몽롱하니 군(君)은 나를 구제해주시오'라고 말했다. 내가 급히 사람들을 시켜 이를 부축해 말에서 내려놓게 했다. 조금 뒤에 조온과 이지란이 궐내에서 나와 우리 쪽에 붙으면서 우리 쪽 병사들이 훨씬 많아졌다. 이무가 곧 다시 왔기에 내가 말하기를 '그대 병이 급한데 왜 갑자기 왔는가?' 하니 이무가 말하기를 '장국물을 마셨더니 곧 나았다'라고 했다. 이무가 중립을 지키며 변(變)을 관망하고 2가지 마음을 품은 것이 여기에서 드러난 것이다."

이무는 이방원 세력이 불리해 보이니 꾀병으로 자리를 피해 관망하면서 세력이 우세해짐을 알고 다시 나와 붙는 기회주의 행태를 보였던 것이다.

세자 옹립 주도

"내가 정권을 잡은 뒤에 그를 공신 1등으로 정하자 한두 사람이 말하기를 '이무가 무슨 공이 있느냐?'고 했으나 내가 그 체력과 풍채가 볼 만하기 때문에 듣지 않았다. 뒤에 또한 나타난 큰 허물이 없기 때문에 드디어 정승에 이르렀다. 임오년(壬午年-1402년)에 내가 종기가 나서 매우 위독하니 민씨 네 형제와 신극례가 민씨 사가(私家)에 모여 어린 자식을 세우자고 의논했는데 그 꾀가 실상은 이무에게서 나왔다."

이건 또 무슨 일인가?

이미 태종 2년(1402년)에도 민씨 네 형제와 신극례가 태종을 몰아내고 양녕을 세우려고 모의했는데 그 꾀가 이무로부터 나왔다는 말이다. 태종 2년 9월 19일 태종 본인 말로 보아 건강상 위험했던 때였던 것은 사실이다.

"내가 지금 서른여섯인데 그전에는 창종(瘡腫) 병인지 알지 못했다. 그런데 금년에는 종기가 열 번이나 났다."

이 말을 하고 며칠 뒤 26일 황해도 평주 온천으로 탕목을 떠났다가 사흘 후인 29일에 돌아온다. 그해 온천행 기록은 이뿐이다. 만일 그런 의논이 있었다면 이때였을 것이다. 그런데 두 달 후 조사의의 난이 일어났기 때문에 11월 17일 민무질과 신극례는 함께 군사를 거느리고 난을 진압하러 동북면으로 향했다. 태종은 이무가 저지른 왕좌 교체 모략을 일단 묻어두었다.

이무는 "무인년 일은 정말 정신이 몽롱해 말에서 떨어졌다가 장국물을 마시고 조금 나았으므로 억지로 일어난 것"이라고 변명했지만 소용없었다. 오히려 태종은 "네 말이 맞다면 내 말이 틀렸다는 뜻 아니냐"고 면박을 주었다. 결국 이무는 다시 옥에 갇혔다.

중국 고사에 능한 태종은 공신들을 돌아보며 한탄했다.

"한나라(를 세운) 고조는 공신을 보전하지 못하고 (후한을 세운) 광무는 능히 보전했다. 그래서 나는 어떻게든 공신들을 보전하려고 했는데 일이 이 지경에 이르렀다."

이무를 죽이겠다는 결심을 밝힌 발언이었다. 태종은 방법까지 제시했다.

"자고로 대신은 사사(賜死-사약을 내리는 것)해야지 육욕(戮辱-능지처참이나 참수처럼 신체를 절단하는 사형법)은 불가하다."

이 방법은 지켜지지 않았다. 태종이 이무에 대해 가졌던 감정이 그만큼 좋지 않았다. 이 상황에서 하륜이 정확히 무슨 말을 했는지가 실록에는 나오지 않지만 "하륜이 본래 민씨(-민제)와 사귀었기 때문에 그가 하는 말이 이무를 비호하는 듯했다"라고 되어 있다. 워낙 총애하는 하륜의 말이어서 그랬는지 태종은 점잖게 경고했다.

"이무 처리 문제는 왕자와 종실 문제를 어떻게 할 것인지와 직결되어 있다."

하륜은 두려워 식은땀만 뻘뻘 흘리면서도 다시 한번 이무를 죽이지 말아달라고 건의했다. 태종은 말이 없었다.

이무를 목 베다

이무 사형으로 방향이 잡히면서 사건은 한고비를 넘고 있었다. 다음날인 2일 윤목·이빈·강사덕·조희민·유기 등이 곤장을 맞은 후 먼 지방으로 유배를 떠났다. 다음은 순금사에서 최종적으로 올린 보고서다.

'윤목이 평양에 있을 때 이무가 명나라 수도 금릉으로 가는 세자를 따라 지나다가 윤목에게 이르기를 "너는 잘 있으니 좋지만, 민무구·무질은 죄를 얻었다"라고 했고 이빈이 서곡에 있을 때 이무가 윤인계를 시켜 이빈에게 뜻을 전달해 민무질에게 후하게 했고 이빈도 후일을 생각해 자주 가서 만나보았습니다. 이빈이 상제를 마치고 서울에 도착하니 이무가 이빈에게 이르기를 "민무질이 내게 향하는 것이 어떻더냐?" 하니 이빈이 말하기를 "은혜를 감사히 여깁니다" 했고 또 이빈에게 이르기를 "민무구 형제가 비록 귀양 중에 있으나 반드시 후하게 대접하라"라고 했습니다. 또 조희민이 윤목에게 이르기를 "여강군과 여성군은 그 공이 사직에 있는데 하루아침에 몰락했으니 애석한 일이다. 그러나 국가에서 죄를 논해 죽는 데 이르지 않는다면 후일에 등용될 운명은 알 수 없는 일이다"라고 했고 강사덕은 윤목을 보고 탄식하기를 "민무질이 외방에 귀양 가 있으나 혹시 만일 다시 서울로 돌아오게 된다면 늙기 전에 더불어 함께 놀겠다"라고 했습니다. 이무가 유기에게 이르기를 "근일에 부산하게 민씨 죄를 청하는데 나는 그 의미를 알지 못하겠다. 안순 등의 무리가 붕당을 맺어 매번 민씨의 일을 선동해 죄를 가하려고 하는데 상감께서 이를 어찌 알겠는가?" 하니 유기가 대답하기를 "공은 어찌해 이런 말을 하는가? 조심해 다시는 말하지 말라"고 했으니 실상은 친구의 정으로 민씨가 죄를 당하게 된 것을 불쌍히 여긴 것입니다. 위의 이무 등 여섯 사람은 사사로이 서로 도모하고 의논해 사직을 위태롭게 하기를 꾀했으니 주범 종범 나눌 것 없이 마땅히 능지처참해야 합니다.'

태종은 이들을 사형에서 한 등 감해 '장 100대, 유배 3,000리'를 명했다. 윤목은 사천으로, 이빈은 장흥으로, 강사덕은 영해로, 조희민은 광양으로, 유기는 해남으로 쫓겨났다. 같은 날 수사 기밀을 누설한 유용생은 부여에, 구종수는 울진에, 구성량은 울주에 장류(杖流-장형을 받은 후에 유배를 가는 것)되었다. 그 밖에 이무 아들 이간·이승조·이공효·이공지·이탁 등도 전국 각지로 유배되었고 셋째 아들 이공유만은 시각 장애자라는 이유로 형 집행이 면제되었다. 이날 민무질은 일단 목숨은 건진 채 유배지 삼척으로 돌아갔다. 그러나 이무가 죽으리라는 것은 명약관화했고 자기 목숨도 결국 시간문제임을 알았을 것이다.

3일과 4일 의정부·삼공신·대간·문무백관 등이 이무와 민씨 형제, 이들에게 붙었던 윤목 등을 모두 사형시켜야 한다고 다투어 소를 올렸다. 이미 이무는 3일 유배지 창원으로 출발한 뒤였다. 그런데 생각할 시간을 달라던 태종은 결국 5일 사람을 보내 이무를 목 베었다. 민무구·무질 형제는 제주도로 유배지를 옮겼다. 제주도 유배는 당시 가장 강도가 센 유배형에 해당했다. 그다음은 사형뿐이었다.

일단 피바람은 멎은 듯했다. 태종은 분위기 쇄신 차원에서 엿새 후인 10월 11일 개각을 단행했다. 영의정 이서가 물러나 안평부원군 봉작을 받았고 그 자리를 하륜이 이어받았다. 하륜도 드디어 영상(領相) 자리에 올랐다. 그 밖에 호조판서 이응, 예조판서 서유, 형조판서 함부림, 좌군도총제 심귀령 등이 새롭게 떠올랐다. 서유(徐愈, 1356~1411년)는 정종 때 우부승지로 있다가 2차 왕자의 난에 기여한 공으로 좌명공신 4등에 책록되었는데 한직에 머물다가 이때 예조판서로 발탁되었다. 함부림은 개국공신 3등으로 의정부 참지사, 대사헌 등을 거쳐 형조판서에 올랐다.

여전히 남아 있는 불씨

이무가 참수당하고 해가 바뀌어 태종 10년이 되었으나 민무구 형제와 관련자들에 대한 사형을 요구하는 소는 그치지 않고 더 격하게 올라왔다. 학계에서는 이를 태종이 부추겼다고 보기도 한다. 그랬을 가능성도 크다.

1월 22일 태종은 소를 올린 대간을 불러 술자리를 베풀고 직접 이야기를 나누었다. 이런 경우는 대개 태종이 속마음을 털어놓는 이벤트다. 태종은 "경들 말이 옳으나 내가 차마 못 하겠다"라고 말했다. 이튿날에는 사헌부와 사간원 관리들을 불렀다. 정종의 '원자'였던 불노(佛奴) 처벌까지 함께 청한 때문인지 포괄적으로 말했다.

"무구 등의 죄는 이미 교서(敎書)에 나타났으니 대개 곧음으로 원망을 갚은 것이다[以直報怨].[40] 무구 등이 이미 나를 저버렸으니 내가
<small>이 직 보 원</small>
어찌 사사로운 은혜를 돌아보겠는가? 다만 노모가 있기 때문이다. 윤목 등의 무리는 괴수가 이미 죄에 처해졌으니 다시 논할 것이 없다. 그리고 불노는 상왕께서 이미 자식으로 여기지 않았으니 지금 만일 죽인다면 이는 후인(後人)의 의심을 빚어내는 것이다."

『논어』를 인용했다는 것은 태종이 마음을 굳혔다는 뜻이다. 시기 문제만 남았을 뿐이다.

얼마 후에는 의정부·삼공신·대간 등이 합동으로 소를 올렸다. 민무구 형제와 윤목 등 유배 간 5인 아들들까지 극형에 처해야 한다는 주장이었다.

심지어 새로 대사헌에 임명된 김한로도 '민무구와 무질, 이무 아들 이간·이승조·이공유·이공효·이공지·이탁, 조희민 아들 조

---

40 『논어』「헌문(憲問)」편에 나오는 말이다. 어떤 이가 물었다. "덕으로써 원한을 갚는 것은 어떻습니까?" 공자가 말했다. "그러면 덕은 무엇으로써 갚을 텐가? 원한은 곧음으로써 갚고[以直報怨] 덕은 덕으로써 갚아야 한다."
<small>이직 보원</small>

금음·조동가·조벌과 그 아비 조호, 유기 아들 유방선(柳方善-한명회 스승)·유방경·유선로·유막동·유효복과 그 아비 유후, 윤목 아들 윤주남·윤소남, 강사덕 아들 강대·강말동 등을 율에 따라 벌해야 한다'고 소를 올렸다. 김한로는 세자 장인이다. 이에 그치지 않고 김한로는 민무구 형제는 제주도에 두어도 위험하다며 조치를 취해야 한다고 건의했다. 태종은 처음에는 "제주도에 유배를 보냈는데 어디로 보낼 수 있다는 말인가"라고 묻지만 이내 무언가 생각이 있다는 듯 "알아서 하겠다"고 말했다. 태종의 이 말은 곧 결단이 임박했다는 뜻이다.

3월 17일 태종은 상왕 정종에게 문안 인사차 개경에 행차 중이었다. 이때 성석린·김한로·조영무 등이 연일 민무구 형제 사사(賜死)를 건의했고 심지어 세자까지 상소 대열에 참여하기도 했다. "3~4년을 미뤄온 결심을 어떻게 하루아침에 하라고 하느냐"며 버티던 태종은 결국 '재가'했다. 민무구와 무질은 사약을 받고 세상을 떠났다.

조선의 화신(化身)이고자 했던 태종에게도 인간적 연민이 없을 수는 없었다. 잠재적 위협 세력일 수밖에 없었던 민무구 형제를 죽이기는 했지만, 처남이자 혁명 동지였던 그들에 대한 애틋함이 없을 수 없었다. 그러나 감상에 젖어 있기에는 조선 내외 사정이 급박하게 돌아가고 있었다.

11 ___

폐비 위기에 빠지는
정비 민씨

태종 11년(1411년) 9월 4일 자 실록 속으로 들어가 보자.

상이 일찍이 밤에 지신사 김여지를 소침(小寢)[41]으로 불러 사람을 물리치고 말했다.

"부부란 사람의 대륜(大倫)인데 지금 정비가 민무구 등의 일 때문에 속으로 불평을 품고 여러 번 불손한 말을 했다. 지난날(~1402년)에 내가 창병(瘡病-등창이나 종기)이 몹시 크게 났을 때 무구 등이 가만히 여시(女侍-여자 시종)와 결탁해 병세를 엿보고 드디어 이무와 더

---

41 편전(便殿)을 말한다. 임금의 거소(居所)를 침(寢)이라 하는데 중앙에 있는 정전(正殿)을 노침(路寢)이라 하고, 그 동서 양쪽에 있는 편전(便殿)을 소침(小寢)이라 했다. 연침(燕寢)이라고도 한다.

불어 불궤(不軌-반역)를 음모했으니 이것이 실로 무구의 죄였다. 정비가 이는 돌아보지 않고 사사로운 분한(忿恨)함을 품으니 내가 폐출해 후세를 경계하고자 하나 조강지처임을 생각해 차마 갑자기 버리지 못하겠다."

여지가 대답했다.

"정비께서는 이미 정적(正嫡)이고 국본(國本-세자)의 어머니이며 또 자손이 많으니 가볍게 움직일 수 없습니다. 바라건대 깊이 생각하소서."

상이 말했다.

"나도 가볍게 폐하고자 하는 것이 아니다. 다시 내사(內事-집안일)를 대신해 주장할 만한 자를 선택해 들이고자 한다."

드디어 여지에게 명해 초안을 잡게 했다.

"부인이 남편의 집을 안으로 하고 부모를 밖으로 하는 것은 고금에 통하는 의리다. 정비가 무구의 원망을 끼고 여러 번 불손한 말을 했으니 장차 폐출하고자 했으나 다만 예전의 뜻을 생각해 스스로 새로워지기를 기다리겠다. 정부는 훈구(勳舊) 집안과 충의(忠義) 가문에서 내사(內事)를 잘 보살필 수 있는 여자를 선택해 아뢰라."

핵심을 찌르는 말이었다. 정비가 남편이 아니라 친정을 앞세웠다는 뜻이다. 폐비시켜야 마땅하지만, 중궁을 대신해 왕실 안방 살림을 책임질 후궁을 뽑는 선에서 넘어가겠다는 뜻이었다. 사실상 폐비 효과를 노린 것이다. 구상이 서자 후궁 선발은 일사천리로 진행되었다. 1명도 아니고 동시에 3명을 뽑았다. 10월 27일 통례문 판사 김구덕(金九德) 딸을 맞아 빈(嬪)으로 삼고 전 제학(提學) 노구산(盧龜山)과 전 성주지사(城州知事) 김점(金漸) 딸을 각각 맞아 두 잉(媵)으로 삼았다. 잉이란 고대 중국 제도로 빈을 따라오는 여성을 말한다. 이들도 넓은 의미에서 후궁이었다. 11월 20일에 김씨를 봉해 명빈(明嬪)으로 삼고, 노씨는 소혜궁주(昭惠宮主), 김씨는 숙공궁주(淑恭宮主)로 삼았다.

다시 실록이다.

상이 구덕에게 벼슬을 제수하고자 하여 지신사 김여지 등에게 일러 말했다.

"판각(判閣)이나 근시(近侍) 벼슬은 빈(嬪)의 아비로 시킬 수 없을까?"

대답했다.

"전례로는 마땅히 군(君)에 봉해야 합니다."

상이 말했다.

"옛적에 한나라에서 유씨(劉氏)가 아니면 왕이 되지 못했으니 이것이 비록 사정(事情)은 다르나 군에 봉할 수 없다. 또 후세에 예로 삼으면 안 될 일이다."

외척에 대한 봉군 금지는 태종의 확고한 뜻이었다. 이처럼 외척 견제 명분으로 태종이 들인 후궁은 공식적으로 11명이다. 하지만 민씨가 스스로 불러들인 불행은 여기서 끝이 아니었다. 정비 민씨 속이 어떠했을지는 쉽게 추측해볼 수 있다.

12 ___

세자의 거듭된 배신으로
완전히 무너져 내리다

염치용 노비 소송 사건

조선 초에는 양인 노동력 확보 차원에서 억울하게 노비가 된 사람들을 대대적으로 풀어주는 노비 변정 재판이 한창이었다. 특히 태종은 양인 확대 차원에서 이를 적극적으로 추진했다. 이 과정에서 권문세가들은 노비 1명이라도 더 확보하기 위해 다양한 루트로 로비를 벌이곤 했다. 염치용(廉致庸) 노비 소송 사건도 해마다 수천 건에 이르던 그런 소송 중 하나일 뿐이었다.

일은 태종 15년(1415년) 4월 9일에 터졌다. 형조와 사헌부에서 황해도 황주목사를 지낸 염치용에게 속한다고 판결한 노비가 태종이 내린 재심 명령으로 다시 내섬시(內贍寺)에 속하게 되었다. 염치용이 억울한 마음에 공안부윤(恭安府尹) 민무회 집에 찾아가서 한 거짓말이 발단이었다. 염치용은 일찍부터 민씨 형제들과 가까운 사이였다. 염치용은 민무회에게 거짓으로 이렇게 말했다.

> "종 서철 등은 큰 부자인데 뇌물로 은정(銀釘-은전)을 혜선옹주(惠善翁主) 홍씨(洪氏)[42]에게 상납하고 또 좋은 말을 영의정 하륜에게 주고서 이를 인연으로 삼아 상께 계청(啓請-아룀)해 내섬시에 속하게 되었습니다."

이 말은 곧 태종이 노비에게 뇌물을 받은 후궁과 신하 말만 듣고 노비를 내섬시에 귀속시켰다는 뜻이다. 다시 말해 사노비가 공노비로 신분을 전환하기 위해 태종을 상대로 로비를 시도했고 그 로비가 성공했다는 말이나 마찬가지였다. 태종이 가장 싫어하는 불명(不明) 문제였다.

문제는 민무회가 저지른 경솔한 행동이었다. 실상을 가려보지도 않은 채 며칠 후 이 말을 충녕대군에게 전했다. 충녕은 즉시 태종에게 알렸다. 태종은 진노했다. 태종이 가장 싫어하는 말, 즉 귀 밝음이 없다[不聰]는 말이 돌고 돌아 태종 귀에 들어간 것이다. 태종은 승전환관 최한을 시켜 승정원에 말했다.

> "내가 부끄러운 말[慙愧之言]을 들으니 도리어 경들 보기에 부끄럽다."

---

42 기생 출신 후궁이다. 기생 관명은 가희아(可喜兒)이며, 경상도 보천(-지금의 예천) 출신으로 가무에 능한 무기(舞妓)로 기록되어 있다.

여러 신하를 불러 일을 풀어갈 방향을 제시했다.

"내가 듣건대 치용은 나더러 대신 하륜과 시첩 가이 말을 듣고 내섬시에 소속시켰다고 했다. 그렇다면 내가 아무 일[某事]에 있어서 대신과 시첩 말을 듣고서 일을 부당하게 처리했다는 말인가? 마땅히 치용에게 물어야겠다."

염치용은 황송해 제대로 대답하지 못했다. 태종은 염치용과 민무회 등 관련자들을 불러들여 직접 심문했다. 그 자리에서 염치용이 한 말이 거짓이었음이 드러났다. 염치용은 즉시 의금부에 하옥되었고 민무회는 일단 석방되었다. 그러나 탄핵이 이어졌다. 대간에서는 민무회 죄가 민무구·무질에 버금간다고 연일 글을 올렸다. 태종은 장모 송씨가 아들 걱정 때문에 식음을 전폐하고 있다며 아무 대답도 하지 않았다.

또 13일에는 "무회 죄가 무구나 무질에 비할 바가 아니다"라며 처벌 명령을 내리지 않았다. 그러나 대간이 요구하는 처벌 강도는 나날이 세졌다.

17일에는 직첩(職牒-관직 자격증)을 거두었다. 그래도 신하들은 연일 더 강도 높은 처벌을 요구하는 소를 올렸다.

6월 5일에는 지신사 유사눌에게 의미심장한 말을 던졌다.

"크게 가무는 재앙에 대해 그 단서를 알 수가 없어 매우 두렵다. 이것은 특히 원망과 탄식의 소치일 뿐 아니라 반드시 음흉하고 사특한 기운이 아래에서 막히고 뭉쳐서일 것이다."

최측근에게 앞으로 무언가 일이 있을 예정임을 시사하는 태종 특유 어법이다. 속내를 알아챈 유사눌이 말했다.

"앙앙불락해 분한 마음을 품은 자를 없애면 거의 비를 오게 할 수 있을 것입니다."

뜻을 흘린 태종은 일단 이 정도로 마무리했다.

"아무런 도움이 되지 않는 말이다."

그러나 바로 다음날 일이 확대되었다. 대간과 형조에서 일제히 무회뿐 아니라 형 무휼까지 탄핵하고 나섰다.

일의 전말은 이렇다. 6월 초 어느 날 태종이 편전에서 세자를 비롯한 세 아들과 이런저런 이야기를 나누고 있었는데 갑자기 세자가 2년 전인 계사년(癸巳年-1413년) 4월 일을 끄집어냈다.

당시 중궁 민씨는 와병 중이었다. 대궐에서 세 아들이 병 수발을 하고 있는데 민무휼과 무회가 병문안을 왔다. 마침 효령과 충녕은 어머니에게 약사발을 올리기 위해 중궁전에 들어갔고 대궐 뜰에는 두 민씨와 세자만 있었다. 막내 외삼촌 무회가 오랜만에 만난 조카에게 민씨 집안은 이제 패망하게 생겼다고 말했다. 그러자 세자는 두 민씨에게 "외삼촌 댁 가문은 깨끗하지 못합니다"라며 반박했다. 이에 민무회는 억울하다는 듯이 반문했다.

"세자는 우리 가문에서 자라나지 않으셨습니까?"

못마땅한 표정을 짓는 세자를 보고 일이 잘못되었음을 알아차린 무휼은 세자에게 간청했다.

"잡담이니 잊어버리시기 바랍니다."

왜 세자는 꺼져가는 불꽃이나 다름없는 두 외삼촌을 사지로 몰아넣을 것이 뻔한 이야기를 태종 앞에서 했을까? 이때 세자는 22세였으므로 세상 물정을 모를 수는 없었다.

태종은 즉시 민무휼과 무회를 불러 사실 여부를 따졌다. 두 사람은 처음에는 모르는 일이라고 잡아뗐다. 태종이 가장 싫어하는 곧지 못한[不直] 대응이었다. 물론 실제로 없었던 일일 수 있었다. 그런 말을 한 사실이 있지만 대수롭지 않게 생각해 잊어버렸을 수도 있었다. 세자가 꾸며낸 이야기를 했을지도 모른다. 결국 두 사람에 대한 조사가 시작되었다.

신하들은 앞다퉈 두 사람을 국문해 처벌해야 한다고 주장했다. 태종은 이들의 '범죄' 사실을 기정사실화하면서도 두 사람 어머니, 즉 장모를 생각해 결정하기 어렵다는 말만 반복했다. 이는 사실상 처리 방향이 정해졌다는 의미다. 무휼은 끝내 "잡담이니 잊어버리시기 바랍니다"라는 말을 한 적이 없다고 주장했다. 그런데 태종이 직접 환관을 통해 심문하자 말을 바꾸었다. 이 역시 태종이 극도로 꺼리는 부직(不直)의 전형이다. 7일 자 실록 속으로 들어가 보자.

환관 최한을 시켜 무휼에게 물었다.

"너는 육조·대간과 나를 모두 어리석고 미혹하다 하여 사실대로 대답하지 않는가? 너는 심문을 해도 스스로 말하지 않겠는가?"

무휼이 대답했다.

"다시 생각해보니 '잡담이니 잊어버리기 바랍니다'고 한 것은 신의 말입니다."

이에 가르침을 전해 말했다.

"너는 무슨 마음을 품었길래 이런 말을 했는가?"

무휼이 대답했다.

"그때 헤어져야 했기 때문에 신이 말하기를 '잡담이니 잊어버리기 바랍니다'라고 하고 각자 돌아갔을 뿐입니다. 무슨 다른 마음이 있어서 이런 말을 하겠습니까?"

상이 말했다.

"내가 평상시에 항상 너희들을 경계함에 있어 왕도(王導)[43]와 왕돈(王敦)[44], 주공(周公)[45]과 관(管)·채(蔡)[46]의 일들을 인용하기까지 하면서 간절하게 말했는데 너는 아직도 살피지 못하고 묻는 일에 대해 사실대로 고하지 않는단 말이냐?"

무휼이 다시 대답했다.

---

43 진(晉)나라 명제(明帝) 때의 중신(重臣)이다. 자는 무홍(茂弘), 시호는 문헌(文獻)이다. 승상(丞相)이 되어 조야에서 중부(仲父)라고 부를 정도로 신망을 얻고 뒤에 태부(太傅)가 되었다.

44 진(晉)나라 명제(明帝) 때의 권신(權臣)이다. 왕도의 중형으로서 부마가 되어 공(功)을 믿고 권세를 부리다가 마침내 난을 일으켰다.

45 주(周)나라 성왕(成王) 때의 명신(名臣)이다. 문왕(文王)의 아들로서 형 무왕(武王)을 받들어 은(殷)나라 주왕(紂王)을 치고 성왕을 도와 주(周) 왕실의 기초를 다졌다.

46 관숙(管叔)과 채숙(蔡叔)이다. 주공 형제들로서 중앙 정부에 반감을 품고 마침내 은(殷)나라 반경(盤庚)과 더불어 삼감(三監)의 난을 일으켰다.

"헤어질 때 '잡담이니 잊어버리기 바랍니다'라고 한 말은 각자 집으로 돌아갈 때 한 말로서 그냥 한 말일 뿐이니 무슨 마음이 있어서 그런 말을 냈겠습니까?"

육조와 대간이 아뢰어 말했다.

"잠깐 동안에 처음 전한 말과 두 번째 전하는 말이 서로 다르니 만약 3, 4일만 지난다면 반드시 다른 꾀가 나올 것입니다. 청컨대 오늘 안에 초사(招辭-죄상을 자백받은 글)를 받아 성안하고, 대부인 병환이 뜸하기를 기다리소서."

상이 말했다.

"더위가 한창 심한 데다가 몸도 좀 불편하니 내일 조계 때 내가 친히 결단하겠다."

6월 8일 태종은 무휼에게서 직첩을 거두게 했다.

같은 달 25일에는 두 사람에게 낮은 단계 유배형인 지방 자원 거주(自願居住)를 명했다. 이날 두 사람에게 내린 말이 섬뜩하다.

"내가 만약 편안히 있게 되면 너희들은 마땅히 근심이 없으려니와, 내가 만약 편안치 못하면 너희들의 화단(禍端-재앙의 실마리)은 더욱 빠를 것이다. 내가 특별히 늙은 어미를 염려해 국론을 군이 거부하고 너희들에게 죄주지 않는다."

자신에게 무슨 일이 생길 경우 두 사람에 대한 조치가 바로 내려질 수 있다는 통보였다. 두 사람은 이미 죽은 목숨이나 다름없었다.

7월 1일 무휼과 무회는 경기도 해풍에 안치되었다. 12일 두 사람의 어머니 송씨는 아들들을 보살피겠다며 유배지를 향해 떠났다.

그런데 그해 12월 15일 태종은 새로운 문제를 제기했다. 속칭 '이비(李褙) 참고 사건(慘苦事件)'이다. 무려 13년을 묵혀둔 일이었다. 중궁 민씨를 시중들던 가비(家婢) 김씨(-훗날의 효순궁주 김씨)와 태종 사이에 태어난 원윤(元尹) 이비(李褙-훗날의 경녕군, 1402~1458년)가 출생을 전후해 겪은 고초와 관련된 이야기였다. 태종은 변계량을 불러 왕지(王旨)를 짓게 하고서 춘추관에 내리도록 했다. 바로 승정원에 내리지 않고 춘추관에 내렸다는 것은 우회 전략을 쓰겠다는 뜻이었다. 먼저 사건 개요를 담고 있는 왕지다.

'임오년(壬午年-1402년) 여름 5월에 민씨 가비로 본래부터 궁에 들어온 자가 임신해 3개월이 된 뒤에 나가서 밖에 살고 있었다. 민씨가 행랑방에 두고 그 계집종 삼덕(三德)과 함께 있게 했다. 그해 12월에 이르자 산삭(産朔-산달)이 되어 이달 13일 아침에 태동해 배가 아프기 시작했다. 삼덕이 민씨에게 고하자 민씨가 문 바깥 다듬잇돌 옆에 내다 두게 했으니 죽이려 한 것이다. 그 형인 이름이 화상(和尙)이라는 자가 불쌍히 여겨 담에 서까래 두어 개를 걸치고 거적으로 덮어 겨우 바람과 해를 가렸다. 진시(辰時)에 아들을 낳았는데 지금의 원윤 비(褙)다. 그날 민씨가 그 계집종 소장·금대 등을 시켜 부축해 끌고 아이를 안고 숭교리 궁노 벌개 집 앞 토담집에 옮겨 두고 또 사람을 시켜 화상이 가져온 금침·요 자리를 빼앗았다. 종 한상좌란 자가 있어 그 추위를 무릅쓰는 것을 애석하게 여겨 마의(馬衣)를 주어 7일이 지나도 죽지 않았다. 민씨가 또 그 아비와 화상으로 하여금 데 려다 소에 실어 교하 집으로 보냈다. 바람과 추위의 핍박과 옮겨 다 니는 괴로움으로 인해 병을 얻고 또 유종이 났으니 그 모자가 함께 살아난 것은 단지 천행일 뿐이다. 내가 그때는 알지 못했다. 지금 내 가 늙었는데 가만히 생각하면 참으로 측은하다. 핏덩어리가 기어 다 니는 것을 사람이 모두 불쌍히 여기는데 여러 민씨가 음참(陰慘)하 고 교활해 여러 방법으로 꾀를 내 반드시 사지에 두고자 했으니, 대 개 그 종지(宗支-왕자)를 제거하기를 꾀하는 생각이 마음에 쌓인 것 이 오래되었으므로 그 핏덩어리에 하는 짓이 또한 이와 같이 극악 했다. 그러나 천도가 밝고 어그러지지 않아서 비록 핏덩어리가 미약 함에도 보존하고 도와서 온전하고 편안하게 한 것이 지극했다. 어찌 간사하고 음흉한 무리로 하여금 그 악한 짓을 이루게 하겠느냐? 이 것이 실로 여러 민가의 음흉한 일이다. 내가 만일 말하지 않는다면 사필(史筆)을 잡은 자가 어찌 능히 알겠는가? 참으로 마땅히 사책(史 冊)에 상세히 써서 후세에 밝게 보이어 외척으로 하여금 경계할 바 를 알게 하라.'

이를 춘추관에 내림으로써 마치 직접 죄를 묻지 않고 역사에 만 기록할 것처럼 보이게 했다. 그러나 그 의도를 모를 신하들이 아니었다. 그날 이숙번과 하륜은 다르게 반응했다.

왕지가 이미 내려지자, 지관사(知館事-춘추관 지사) 이숙번이 왕지를 적어 대간에 이문(移文)하고자 했다. 영관사 하륜이 지체했다. 숙번이 위태한 말로 륜을 공동(恐動-겁줘서 움직이게 함)하니 륜이 감히 어기지 못했다.

대간으로 넘어가는 순간 역사 문제가 아니라 정치 현안으로 비화된다. 바로 다음날부터 두 사람에 대한 소가 빗발쳤다.

18일에는 무휼·무회를 유배지에서 잡아 와 의금부에 가두었다. 처음에는 둘 다 당시에는 알지 못했고 뒤에 알게 되었다고 말했다. 그러나 국문 중에 무회가 "형들이 죄 없이 죽었다"라고 말했던 사실이 드러났다. 무휼 또한 비슷한 말을 털어놓았다. "형들이 본래 모반한 것이 없으니 죽은 것이 애석하다"라고 했다는 자백이었다. 이로써 이미 그들 생명은 끝났다. 처남이라 하더라도 왕의 피가 섞인 이비를 죽음으로 내몬 행위는 태종으로서는 용서할 수 없는 죄였다. 게다가 그 주모자는 중전이었다.

그해 12월 23일 민무휼은 원주로, 무회는 청주로 유배지를 옮겼다. 경기도보다 더 먼 강원도와 충청도로 옮겼다는 것은 두 사람에 대한 태종의 분노가 더 심해졌다는 뜻이었다. 중궁 민씨는 따질 힘도 없었다. 그저 울면서 항의성으로 단식할 뿐이었다. 결국 두 사람은 태종 16년(1416년) 1월 13일 각각 자진(自盡)함으로써 세상을 떠났다.

그나마 중궁 민씨에게 마지막으로 남은 위안은 친정에서 자란 세자가 왕이 되리라는 기대 하나뿐이었다. 그러나 그마저 2년 후인 태종 18년(1418년) 6월 3일 폐세자로 인해 물거품이 되어버렸다.

세종 즉위년(1418년) 8월 11일 세종이 즉위하자 정비는 대비에 올랐다. 통상 대비는 임금보다 오래 살았기 때문에 종종 다음 왕을 정하는 데 역할을 하곤 했다. 그러나 대비 민씨는 그런 권한조차 쓸 기회가 없었다.

세종 2년(1420년) 몸이 쇠할 대로 쇠한 대비 민씨는 심한 병마에 시달렸다. 7월 8일 병이 중해지자 상왕 태종은 허조와 원숙을 불러 관곽(棺槨) 등 장례 준비를 명했다. 이틀 후인 7월 10일 대비는 영욕(榮辱)의 삶을 마쳤다.

상왕이 원숙을 불러 말했다.

"대비 병환이 이미 위급하다. 전일에 점쟁이가 해가 없겠다고 하더니, 이제 와서 이처럼 되니, 점괘의 말을 진실로 믿지 못할 것이다."

낮 오시에 대비가 별전에서 훙(薨)하니 춘추가 56세요 중궁에 정위(正位)한 지 21년이다.

모든 범절을 한결같이 고례(古禮)에 좇아, 상이 옷을 갈아입고, 머리 풀고, 발 벗고, 부르짖어 통곡했다. 상왕이 거적자리[苫次]에 나아가
_{점차}
마음을 전했다. 이때 상이 음식을 올리지 않은 지 이미 수일이라, 상왕이 눈물을 흘리며 울면서 권했다.

민씨보다 2살 아래였던 상왕 태종은 2년 후에 세상을 떠났다. 세종은 모후를 잃은 지 약 두 달 뒤인 9월 14일 원경(元敬)이라는 존호를 올렸다.

시호법에 따르면 마땅함을 세워 다음을 행하는 것[立義行德]
_{입의 행덕}
을 원(元)이라고 하고 아침저녁으로 삼가고 조심하는 것[夙夜儆戒]
_{숙야 경계}
을 경(敬)이라고 했다.

이중 잣대: 외척은 안 되고 종친은 되는 까닭

태종 15년(1415년) 한 해가 민무휼·무회 때문에 시끄러웠다면 태종 14년(1414년) 한 해는 종친 이양우 때문에 요동쳤다. 그런데 민무휼·무회는 이듬해 초 자진해야 했지만, 이양우는 목숨을 건졌다.

이양우(李良祐, 1346~1417년)는 이성계 백형(伯兄-맏형) 이원계(李元桂) 장남이자 이천우 형이다. 태종에게는 족친 형님이다. 태종 12년(1412년) 10월 26일 자 실록은 우리에게 중요한 정보를 제공한다.

『선원록(璿源錄)』[47], 『종친록(宗親錄)』[48], 『유부록(類附錄)』[49]을 만들었다. 상이 일찍이 하륜 등과 토의하고 이때에 이르러 이숙번·황희·이응을 불러 그들에게 비밀리에 말했다.

"이원계와 이화는 태조 서형제다. 만약 혼동해 『선원록』에 올리면 후사는 어찌하겠는가? 마땅히 다시 족보를 만들어 이를 기록하게 하라."

곧 3록(三錄)으로 나눠 조계(祖系)를 서술한 것은 '선원'이라 하고 '종자(宗子)'를 서술한 것은 '종친'이라 하고 종녀(宗女)와 서얼을 서

---

47 목조(穆祖)·익조(翼祖)·도조(度祖)·태조(太祖) 등 조상(祖上)의 내계(來系)를 기록한 책이다.

48 왕실(王室)의 전범(典範) 안에 들어 있는 종실 자손[宗子]을 기록한 책이다. 다만 적실(嫡室)은 남자 자손에만 제한했다.

49 종실의 여자[宗女]와 서얼(庶孽) 자손을 따로 기록한 책이다.

술한 것은 '유부'라 해 하나는 왕부(王府)에 간직하고 하나는 동궁(東宮)에 간직하게 했다. 원계와 화는 모두 환왕(桓王) 비첩 소생이었다. 원계는 아들 넷을 낳았는데 양우(良祐)·천우(天祐)·조(朝)·백온(伯溫)이었고 맏딸은 장담(張湛)에게 시집갔고 둘째는 변중량에게 시집갔다가 다시 유정현에게 시집갔고 막내는 홍로(洪魯)에게 시집갔다가 다시 변처후(邊處厚)에게 시집갔다. 화는 아들 일곱을 낳았는데 지숭(之崇)·숙(淑)·징(澄)·담(湛)·교(皎)·회(淮)·점(漸) 등이었고 1녀는 고려 종실 왕 아무개[王某]에게 시집갔다가 다시 최주(崔宙)에게 시집을 갔다.
  왕모

한 가지 눈길을 끄는 대목은 "둘째는 변중량에게 시집갔다가 다시 유정현에게 시집갔고"이다. 양우·천우는 유정현 처남들이다. 게다가 변중량 부인이 다시 유정현 부인이 되었다는 사실도 흥미롭다. 고려 풍습이 아직 남아 있었기 때문일 것이다. 이 때문에 태종은 유정현을 '집안사람'이라고 칭하곤 했다.

이양우는 1차 왕자의 난 때 아우 천우와 함께 이방원·이방간을 도와 정사공신 2등에 책록되고 영안군에 봉해졌다. 2차 왕자의 난 때는 중립적으로 처신했다. 문제의 1414년에 양우는 전주에 있던 방간으로부터 선물을 받은 일이 드러나 격렬하게 탄핵받았다. 4월 26일 자 실록이다.

사헌부에서 소를 올려 양우의 죄를 청했는데 대략 이러했다.
'신 등이 양우가 범한 바는 불충에 관계되었으므로 글을 올려 죄를 청했으나 아직 그대로 하라는 윤허를 받지 못했습니다. 가만히 엎드려 생각건대 양우가 범한 바는 종묘사직과 관계되는 바가 있으니 전하께서도 사사로이 처리하실 수는 없습니다. 옛날에 양(梁)나라 무제(武帝)가 깊이 석씨(釋氏-불교)를 믿어 자애(慈愛)에 지나쳐서 사람이 법을 범해도 모두 용서해 풀어놓아 주었습니다. 심지어 종실에 반역자가 있어도 울면서 용서해 바른 덕(德)으로 돌아가도록 했으나 후경(侯景)의 난[50]을 가져왔으니 이것이 귀감이 될 수 있을 것입니다. 바라건대 그대로 윤허함을 내려주시어 그 연유를 자세히 문초하고 법대로 밝게 처리해야 할 것입니다.'

사간원에서 소를 올려 말했다.

'신 등이 듣건대 남의 신하 된 자에게는 "장차[將][51]"가 없어야 하니
<small>장</small>
장차가 있으면 반드시 베는 것이 『춘추』의 법입니다. 회안대군 방간은 종사(宗社)에 득죄했으므로 온 나라 신하와 불공대천의 원수인데도 양우가 훈척대신으로서 사사로이 서로 사람을 보내 당여(黨與)를 맺고자 했으니 금장(今將-장차를 도모함)의 마음이 있지 아니한 자가 어찌 감히 이같이 하겠습니까? 엎드려 바라건대 전하께서는 헌사(憲司-사헌부)의 청을 따라서 장차 양우를 유사에 내려 그 고신(告身)을 거두고 그 연유를 국문해 그 죄를 바로잡아야 할 것입니다.'

상이 모두 따르지 않고 이렇게 말했다.

"모반한 흔적[反狀=叛狀]이 아직 나타나지 않았는데 형을 가하는
<small>반상   반상</small>

---

50 양나라 무제 때 후경이 일으킨 반란이다. 하남왕(河南王) 후경이 모반해 건강(建康)을 포위하고 대성(臺城)을 함락시켜 무제가 굶어 죽었다.

51 『춘추공양전(春秋公羊傳)』에 말하기를 "임금의 친척에게는 장(將)이 없고, 장(將)이 있으면 반드시 벤다"라고 했는데, 『한서』 「숙손통전(叔孫通傳)」에 "장은 역란(逆亂)을 말한다"라고 했다. 한마디로 미래를 도모하는 것을 말한다.

것이 의리상으로 어떠하겠는가? 속히 양우 집에 수직(守直-혐의가 있
는 사람의 집에 관리를 보내 지키는 것)한 것을 풀고 아울러 오래 갇힌
자를 면해주라."

무구·무질·무휼·무회에게 적용되었던 "장차가 없어야 한다"
는 논리가 이양우에게는 전혀 적용되지 않았다. "모반한 흔적" 유
무도 민씨 형제들에게 훨씬 가혹하게 적용되었다. 드러난 사실만
따져봐도 양우가 더 심각했다. 그러나 오히려 양우를 탄핵하는 대
간을 외방에 유배 보낸 직후인 7월 13일 태종은 이렇게 말했다.

상이 한상경에게 일러 말했다.
"대간의 직무는 바른 도리를 지키고 법을 바로 잡아 줘서 임금이 잘
못하는 바가 없도록 하는 것이 좋다. 이제 그렇게 하기는커녕 구차스
레 한 가지 단서를 얻으면 일의 시비를 묻지도 않고 반드시 이를 말
해 종간(從諫-간언을 따르게 함)을 보고자 한다. 근일에 완원군(完原
君-이양우) 일은 망령되게 죄를 얽어 맞추어서 나를 불의(不義)의 땅
에 반드시 두고자 했으니 이것은 무슨 마음인가? 이러한 풍토가 고
쳐지지 않는다면 후세에 반드시 사정(私情)을 끼고 착한 사람을 모
함하고 밖으로 공의(公義)를 칭탁하고 그 욕심을 풀려는 자가 있을
것이다. 마땅히 돈중(敦重-도탑고 진중함)하고 근후(謹厚-조심하고 두
터움)한 자를 골라서 그 책임을 맡겨야 한다."

그 후에도 탄핵이 이어졌지만, 오히려 9월 21일 태종은 오히려
그의 작질을 완원부원군(完原府院君)으로 회복시켜주었다.

양우를 서얼로 몰기는 했지만, 태종 입장에서는 왕실 사람이 외척보다 중요했다. 왕실 사람은 왕권 강화에 도움이 되지만 외척은 곧바로 왕권을 약화시킨다. 민씨 형제들은 외척에다 공신이기까지 했다. 그리고 미래 권력 세자는 그들과 너무 가까웠다. 과연 세자는 왕이 되어 외가 어른들이 고려 때처럼 권력을 휘두르지 못하게 제압할 실력이 있었을까? 20세 넘도록 세자가 보여온 행적만 놓고 본다면 부정적이다. 그래서 태종이 사전에 세자를 위해 제거하려는 구상을 했던 것은 부인할 수 없다.

반면 태종은 방석과 방번도 살리려 했고 실제로 자신을 제거하려 했던 형 방간을 끝까지 살렸다. 이 점은 그동안 간과되어 왔다. 외척과 종실을 전혀 다른 각도에서 바라보는 왕권 강화론자 태종이었기에 처남인 민씨 네 형제와 이복형제 이양우를 전혀 다른 길로 가게 만든 것이다. 그런 점에서 '형제들을 죽인 잔혹한 인간'이라는 태종에 대한 평은 이 점을 놓친 그릇된 인상 비평이라 하겠다.

제 4 장

태종풍 말하기

1 —

제왕의 말하기

『주역』에서 배우다

제왕학을 종횡(縱橫)으로 정리해보려 한다. 종적으로는 임금과 신하 관계이고 횡적으로는 최고 임금부터 중간 임금을 거쳐 최악 임금까지다.

먼저 종적 제왕학을 향한 첫걸음은 무엇일까? 그것은 한 몸으로서 천하만사에, 또 한 몸으로써 천하만사에 대응해야 하는 것이다[以一身 應天下萬事]. 그러면 어떻게 해야 하는가? 아무리 자기가 제왕이라 하더라도 스스로 한 몸임을 인정해야 하는 것이 첫째다. 그것이 '한 몸으로서'의 의미다. 겸(謙)해야 한다. 한 몸이지만 스스로 쓸 수 있는 자원을 극대화해야 하는 것이 둘째다. 그것이 '한 몸으로써'의 의미다. 중(中)해야 한다.

이것이 임금과 신하들이 함께 시작하는 출발점이자 원형(原形)이다. 임금은 일(一)이고 신하는 다(多)다. 이는 『주역』에서도 발견하게 된다. 예를 들면 ☱는 태괘(兌卦)라 하는데 이는 음(陰)괘일까 양(陽)괘일까? 음은 하나이고 양은 둘이다. 그렇다. 이 괘의 음양을 결정하는 것은 많은 쪽이 아니라 적은 쪽이다. 음효가 하나, 양효가 둘이니 괘는 음이다. 적은 쪽이 임금이기 때문이다.

지금 『주역』 이야기를 하려는 것이 아니다. 하나가 다수를 잘 다스려 태평으로 가려면 어떻게 해야 할 것인가를 고민하고자 한다.

답은 분명하다. 하나가 말 잘하기와 일 잘하기를 극대화해야 한다. 문제는 '어떻게'이다.

임금이니까 무조건 따라야 한다? 그런 것은 옛날에도 없었다. 따를 만하면 따르고 떠나야겠으면 떠나는 것이 인지상정(人之常情)이다. 이런 인지상정에서 출발하는 것이 바로 제왕학이다. 위력(威力)이 아니라 일의 이치[事理=禮]에 따라 말하고 일해[言行] 신하를 통솔하고 백성을 편안케 하는 방법이 제왕학이다. 말과 일이 관건이다.

오리엔테이션은 이 정도로 하고 실전으로 들어가자. 유향은 『설원』「군도(君道)」편에서 먼저 한 가지 사례를 든다.

진(陳)나라 영공(靈公)은 일하는 것[行事]이 편벽되고 말[言語]에 잘못이 있었다. 설야(泄冶)라는 사람이 말했다.

"진나라는 분명 망할 것이다. 내가 서둘러 임금에게 간언했지만, 임금은 내 말을 듣기는커녕 갈수록 더욱 위엄을 잃고 있다. 무릇 윗사람이 아랫사람을 교화하는 것은 마치 바람이 풀을 눕게 하는 것과 같다. 동풍이 불면 풀은 서쪽으로 눕게 마련이고 서풍이 불면 동쪽으로 고개를 낮추기 마련이다. 바람이 어디에서 부느냐에 따라 풀을 눕는다. 이 때문에 임금 된 자는 행동을 조심하지 않으면 안 된다.

또 굽은 채 심은 나무가 어찌 곧은 그림자를 드리울 수 있겠는가? 마찬가지로 임금이 되어 그 행동이 올바르지 못하고 그 언어가 공경스럽지 못하면서 제왕의 이름을 보존해 그 이름을 후세에 드날린 자는 아직 보지 못했다.

역(易)에 이르기를 '군자가 자기 집에 머물며 그 말을 내는 바가 좋으면 천 리 밖에서도 그것에 호응하는데 하물며 가까이에 있는 사람임에랴. (반대로) 자기 집에 머물며 그 말을 내는 바가 좋지 못하면[不善] 천 리 밖에서도 멀어져가는데[遠] 하물며 가까이에 있는 사람임에랴. (다스리는 자의) 말은 (자기 한) 몸에서 나와 백성에게 가해지며 (다스리는 자의) 행동은 가까운 곳에서 시작돼 먼 곳에서 나타난다. (이처럼) 말과 행동은 군자의 중추[樞機=中樞]이니 이런 중추가 어떻게 나타나느냐가 바로 영예와 치욕[榮辱](의 갈림)을 주관한다. 말과 행동은 군자가 하늘과 땅을 움직이는 방법이니 조심하지 않아서야 되겠는가?'라고 했다. 하늘과 땅이 움직이면 만물 만사가 달라지게 된다는 뜻이다."

영공이 이 소식을 듣고 설야는 요언(妖言)하는 자라 여겨 죽여버렸다. 그 뒤에 과연 영공은 징서(徵舒)에게 시해당해 죽고 말했다.

여기서 말한 역(易)을 좀 더 파고들어 보자. 이는 흔히 명학(鳴鶴-우는 학)이라고 하는데 『주역』 64괘 중에서 61번째 중부괘(中孚

卦, ☱) 밑에서 두 번째, 즉 붙어 있는 양효(一)에 대해 주공(周公)이 "우는 학이 그늘에 있는데 그 새끼가 화합한다. 내가 좋은 술잔이 있으니 내 그대와 함께 나누고 싶다[鳴鶴 在陰 其子和之 我有好爵 吾與爾靡之]"라고 효사(爻辭)를 달았고 공자가 그것을 다시 상세하게 풀어낸 것이 설야 말에 나오는 것이다.

군자라고 했지만, 군주의 말과 행동[言行]에 관한 이야기다. 여기서 행동은 단순한 행실이 아니라 행사(行事), 즉 일을 행하는 것이다. 말 또한 사사로운 이야기가 아니라 공적인 일에 대해 하는 말[言事]이다.

이제 횡적 제왕학, 즉 제왕 유형론을 짚어보자. 모든 임금은 결국 왕자(王者)와 일부(一夫) 사이에 있는 어느 한 유형이 된다. 왕자(王者)는 흔히 성군(聖君)으로 불리는데 자기를 비우고[虛己] 천하 일을 자기 일로 여기는 임금이다. 이렇게 하는 것이 바로 친민(親民)이다. 백성을 내 몸과 같이 여긴다는 말이다. 그다음이 현군(賢君) 혹은 명군(明君)이다. 성군만큼은 안 되어도 아랫사람에게 묻기를 좋아하는[好問=好學=不恥下問] 임금이다. 그다음은 중간쯤 되는 임금, 즉 중주(中主)다. 역사 속에서 가장 많이 나오는 임금 유형이다. 그다음은 암군(暗君) 혹은 혼군(昏君)으로 스승 같은 신하나 벗 같은 신하를 두지 않고 어떤 일이든 독단으로 처리하는 것을 좋아한다. 최악은 지극한 암군[至暗]이라 하는데 나라를 망하게 하는 임금이다. 이들은 공통으로 뛰어난 이는 벌주고 멀리하며 도적 같은 신하는 상주고 가까이한다.

제왕 유형론은 현대 사회에도 여전히 유효하다고 여긴다.

그래서 임금다운 임금은 신하와 틈이 없어 일심동체가 되는데 반해 암군이나 어두운 군주는 신하와 단절되어 결국 일개 사내로 전락하게 된다. 이것이 맹자가 말한 일부(一夫)다. 『맹자』「양혜왕하(梁惠王下)」다.

제(齊)나라 선왕(宣王)이 물었다. "탕왕이 걸왕을 내쫓고 무왕이 주왕을 정벌했다고 하는데 실제로 그런 일이 있었는가?"

맹자가 대답했다. "옛 서적에 그런 내용이 있습니다."

왕이 물었다. "신하가 자신의 임금을 시해하는 일이 있을 수 있는가?"

맹자가 답했다. "인(仁)을 해치는 자는 일러 적(賊)이라고 하고 의(義)를 해치는 자를 일러 잔(殘)이라 하며 또 이 둘을 함께 행한 잔적(殘賊)을 일러 일부(一夫)라 하니, 일부에 지나지 않는 은나라 왕 주(紂)를 베었다는 말은 들었어도 임금을 시해했다는 말은 듣지 못했습니다."

일부는 독부(獨夫)라고도 한다.

이제 말하기와 일하기 중에서 특히 말하기에 초점을 둔 공자의 『주역』풀이를 살펴볼 차례다.

절괘(節卦, ䷻) 맨 아래 양효(陽爻)에 대해 공자는 '문밖의 뜰에 나가지 않지만 통함과 막힘[通塞]은 알아야 한다'라고 풀었다. 원래 그 효에 대한 주공 효사는 이렇다.
<small>통색</small>

'문밖의 뜰에 나가지 않으면 허물이 없다[不出門戶 无咎].'
<small>불출 문호　　무구</small>

절제해야 하는 때가 시작되는 맨 처음에 있는 초구(初九-맨 아래에 있는 양효)의 처지를 보면 양강(陽剛-양효라는 말이다)의 자질로 양강(陽剛)한 자리(-홀수 자리, 즉 밑에서 첫째, 셋째, 다섯째가 모두 양의 자리다)에 있으니 바르고(-양의 자리에 양효가 오면 바르고 음효가 오면 바르지 않다.) 바로 위에 있는 구이(九二)와는 친하지 않지만(-서로 같은 양효로 친하지 않음) 육사(六四)와 양과 음으로 호응하고 있다.[1] 이 효에 대해 공자는 직접 지은 「계사전(繫辭傳)」에서 명백하게 풀어 밝히고 있다.

> '문밖의 뜰에 나가지 않으면 허물이 없다. 공자가 말하기를 "어지러움[亂]이 생겨나는 것은 언어가 사다리[階=階梯]가 된다. 임금이 주도면밀하지 못하면 (좋은) 신하를 잃게 되고[君不密則失臣] 신하가 주도면밀하지 못하면 몸을 잃게 된다[臣不密則失身]. (특히) 기밀을 요하는 일[幾事]을 하면서 주도면밀하지 못하면 해로움이 이뤄지니 이 때문에 군자는 신중하면서도 주도면밀해[愼密=縝密] 함부로 말을 입 밖에 내지 않는다"라고 했다.'

'호정(戶庭)'은 말을 하는 입을 비유한 표현임을 알 수 있다. 이는 『논어』 「학이(學而)」편의 "군자(혹은 군주)는 일은 주도면밀하게 하고 말은 신중하게 해야 한다[敏於事而愼於言]"나 「이인(里仁)」편의 "군자(혹은 군주)는 말은 어눌하게 하려 하고 행동은 주도면밀

---

1 서로 음양으로 엇갈리면 호응 관계가 있다고 본다. 호응 관계는 1과 4, 2와 5, 3과 6 사이에서 판단한다.

하게 하고자 해야 한다[欲訥於言而敏於行]"와 직접 통한다. 제13절
태종풍 일하기에서 보게 되겠지만 민(敏)은 '민첩하게'보다는 '빈
틈없이 주도면밀하게'라고 봐야 한다.

이렇게 되면 공자가 '문밖의 뜰에 나가지 않지만 통함과 막힘
[通塞]은 알아야 한다'라고 풀이한 말은 입은 다물되 일의 시작과
끝, 진행 과정을 치밀하게 꿰뚫어보고 있어야 한다는 뜻이다. 더불
어 일과 관련된 말이 새어 나가서는 안 된다는 뜻이기도 하다. 일
의 이치[事理]와 일의 형세[事勢]를 손바닥 보듯이 하지 않고서는
이런 일을 떠맡을 수 없다.

태종은 하륜을 가리켜 "저 사람 귀에 들어간 것은 쉬이 입으
로 나오지 않는다"고 했다. 태종 16년(1416년) 11월 6일 그의 졸기
중 일부다. 하륜은 일을 알았고 신하답게 말하는 법까지 겸비한
보기 드문 재상이었다.

> 정승이 되어서는 되도록 대체(大體)를 살리고 아름다운 모책과 비밀
> 의 의논을 계옥(啓沃-건의)한 것이 대단히 많았으나 물러 나와서는
> 일찍이 남에게 누설하지 않았다.

앞서 보았던 군진(君陳)의 충(忠)이 바로 그것이다.

『논어』에서 배우다

공자 말하기는 이렇게 요약할 수 있다.

'할 말은 반드시 하고 불필요한 말은 단 한마디도 하지 않는 말하기.'

말 대신에 글을 집어넣어도 똑같다. 거기에 가장 제대로 된 글쓰기 정의(定義)가 담겨 있다.

'할 말은 반드시 쓰고 불필요한 말은 단 한 구절도 쓰지 않는 글쓰기다.'

말과 글은 이처럼 깊이 얽혀 있다. 말이든 글이든 한마디로 간절함 혹은 절절함[切]이 본질이다. 권근이 쓰는 글은 절직(切直)하다고 할 때 그 절(切)이다.

옛날에는 군신 관계가 일반적이었으나 지금은 사장과 부하 직원 관계가 더 흔하니 그에 맞게 풀어보자. 사장의 말과 글이 부하의 말과 글과 같을 수 있을까? 둘 다 절절해야 한다[切]는 점에서는 같겠지만 지향점은 다르다. 사장이 부하에게 말하고 글 쓸 때는 자기가 원하는 방향으로 부하들이 '몸'을 움직이게 하는 데 초점을 맞추게 된다. 반면 부하가 사장에게 말하고 글 쓸 때는 사장의 '마음'을 움직이는 데 맞춰질 수밖에 없다. 물론 사장이든 부하든 사사로운 상황에서 가족이나 친구들과 한담(閑談)하거나 사사로이 편지 쓰고 하는 등은 별개다.

옛날 임금과 신하가 서로에게 하는 말도 다르지 않다. 임금은 일을 시키거나 승인하는 사람이고 신하는 임금 명에 따라 일을 이뤄내는 사람이다. 임금은 말을 통해 신하의 몸을 움직이고 신하는 말을 통해 임금의 마음을 움직인다.

공자는 『논어』에서 이와 관련해 2가지를 언급했는데 둘 다 같은 답을 준다. 「학이(學而)」편 "(군자는) 말은 신중하게 해야 한다

[愼於言]"와 「이인(里仁)」편 "(군자는) 말은 어눌하게 하려고 해야
한다[欲訥於言]"이다.
<small>신어언</small>
<small>욕눌어언</small>

어눌하게 하려고[欲] 하라는 것은 일부러 말을 어눌하게 하라
<small>욕</small>
는 뜻이 아니다. 천천히 하려고 노력하라는 말이다. 그러면 불필요
한 말을 덜 하게 된다. 템포를 늦추는 사이에 좀 더 절절한 말들을
생각해낼 수 있다.

여기서 군자란 곧 군주를 가리킨다. 임금이 명(命)을 내리면서
실행과 관련짓는 말하기를 잘 한다면 리더로서 최상급 역량을 지
녔다고 볼 수 있다. 일과 무관한 말은 줄이고 최대한 명료하게 압
축적으로 말해야 한다는 지침을 얻을 수 있다. 리더가 하는 말이
그 반대인 경우를 상상해보라. 임금이 하는 말은 아무리 사소해
도 전부 다 명(命)이다. 일단 아랫사람들이 지시로 받아들이기 때
문이다. 리더가 먼저 자기가 하는 말에 민감하고 조심해야 하는 이
유다. 당연히 말을 신중하게 해야 하고 천천히 하면서 깊이 생각을
담아 말을 해야 한다. 그러다 보니 다소 어눌하게 보일 수 있다.

한편 신하도 할 말은 반드시 하고 해서 안 되는 말은 한마디도
말아야 한다. 「계씨(季氏)」편에서 이를 제대로 못 하는 신하를 공
자는 세 유형으로 나눠서 보여준다.

"윗사람을 모심에 있어 (아랫사람들이 흔히 저지르는) 3가지 허물이 있
으니, (첫째, 윗사람의) 말씀이 미치지 않았는데 먼저 말하는 것을 조
급함[躁]이라 하고, (둘째, 윗사람의) 말씀이 (어떤 주제에) 미쳤는데도
<small>조</small>
(끝내 아무것도) 말하지 않는 것을 의뭉스러움[隱]이라 하고, (셋째, 윗
<small>은</small>
사람의) 안색을 보지도 않고 (제 할 말만) 말하는 것을 눈뜬장님[瞽]
<small>고</small>

이라 한다[侍於君子有三愆 言未及之而言 謂之躁 言及之而不言 謂之隱
시 어 군자 유 삼건   언 미급 지 이 언   위지조 언급 지 이 불언   위지은
未見顏色而言 謂之瞽]."
미견 안색 이 언 위 지 고

뒤로 갈수록 더 나쁜 유형이다. 태종은 이를 읽으면서 바로 신하를 판단하는 잣대로 받아들였을 것이다.

말은 간결하게

태종은 그 점에서 '할 말은 꼭 하고 불필요한 말은 한마디도 하지 않는' 군주였다. 그가 대간에게 요구했던 말하기도 바로 이것이었다.

조선 시대 몇몇 임금이 경연(經筵)에서 보여준 모습과 비교함으로써 조금 다른 각도에서 태종풍 말하기를 살펴보자.

태종은 앞서 보았듯이 경연에서 꼭 필요한 말만 물어본다. 스스로 공부와 현장 경험이 하나로 녹아 있었기 때문이다. 간결한 태종풍 말하기는 이미 충분히 살펴보았다.

세종은 재위 기간이 길어 시기별로 다른 모습을 보였다. 세종은 일 경험은 없어도 공부는 갖춰져 있었다. 그 갭은 시간이 갈수록 좁혀졌다. 세종 또한 그다지 길게 말하는 스타일이 아니었다. 세종 10년(1428년) 7월 15일 경연에서 세종은 사마천 『사기』를 읽고 있다.

사마천의 『사기』를 강(講)하다가 한 고조(漢高祖-유방)가 미앙궁(未

央宮)을 지나치게 잘 지은 소하(蕭何)를 책망한 대목에 이르러 말했다.

"고조가 소하를 책망한 뜻은 매우 좋다. 소하가 (대궐을 지은 자기의) 공로를 너무 표시한 것은 잘못이었다. 그런데 이어서 '후손으로 하여금 이보다 더 좋게 짓지 말게 하십시오'라고 했으니 이는 일에 있어 잘못한 것이고 또 말에 있어 잘못한 것이다."

이는 「고조본기」에 나오는 이야기다. 한왕(漢王) 8년(기원전 199년) 아직 한신(韓信) 군대와 싸움이 진행되던 중이었다. 그런데 소하는 "천자는 천하를 집으로 삼으니 궁전이 웅장하고 화려하지 않으면 위엄을 세울 수가 없습니다"라면서 저 말을 했던 것이다. 이에 고조는 기뻐했다고 한다. 세종은 이런 소하가 저지른 일과 말의 잘못을 함께 지적했다. 세종도 일과 말 차원에서 역사를 읽고 있었다.

태종 못지않게 말이 간결했던 임금은 숙종이었다. 태종과 어깨를 나란히 할 수 있는 강명(剛明) 군주인데 좀 더 강(剛)에 기울어진 군주라 하겠다. 반면 선조는 소강다명(少剛多明)한 군주였다.

이제 신하의 스승임을 자부했던 정조의 경연 장면을 보자. 대화 양상은 거의 비슷하니 정조 1년(1777년) 11월 3일 자 하나만 보자.

주강(晝講-낮 경연)했다. 동지경연사(同知經筵事-경연 동지사) 김종수가 말했다.

"신이 서연에서 전하께 앙망하는 바가 진실로 크고도 원대했는데 과

연 사복(嗣服-왕위를 이음)하신 처음에 성학(聖學)[2]이 날로 진보되고 치도(治道)가 아름답고 청명해졌기에 진실로 흠앙하는 마음을 견딜 수가 없었습니다마는 더러는 정치해가는 사이와 조치를 취해가는 즈음에 또한 바뀌는 아름다움을 보지 못했습니다. 삼가 바라건대 전하께서 입지(立志)를 근본으로 삼고 매양 성찰하는 공부에 조금도 간단히 없게 하시고 의리의 당연히 할 곳에서는 결연한 의지로 행하기를 마치 강하(江河)를 터놓은 듯하게 하신다면 자연히 고명한 경지에 이르게 되실 것입니다."

상이 말했다.

"경들이 나에게 바라는 것이 너무 지나치지 않느냐? 내가 학문하는 면에 유의(留意)하지 않는 것은 아니나 과연 입지를 확고하게 하지 못하는 한탄이 있다. '입지(立志)' 두 글자는 곧 백천만 가지 일의 근본이 되는 것이다. 비유컨대 집을 지을 적에 반드시 먼저 기초를 닦는 것과 같은 것이니 만일에 뜻이 견고하지 못하면 시들해 진취하지 못하게 되는 근심이 생김을 면치 못하는 것이다. 돌아보건대 나의 입지가 이미 견고하지 못한 데다가 더구나 온갖 폐단을 당한 나머지 진실로 다스림이 뜻과 맞지 않게 되는 한탄이 많게 된다. 과거 제도만 하더라도 하나의 절목에 관한 일에 지나지 않는 것인데 당초에는 경장하려고 해놓고도 인순(因循-답습)하느라 과단스럽게 하지 못하고 있다. 옛적부터 임금들이 처음에는 함이 있을 듯하다가도 끝에는 그만 진작하지 못했는데 대체로 시작만 있고 끝맺음이 없음을 면치

---

2   원래는 제왕학이어야 하는데 주자학에 의해 변형되어 신하들의 주장을 잘 받아들여
     주는 임금에 관한 표준상으로 의미가 바뀌었다.

못하니 모두 입지가 견고하지 못한 소치에 연유한 것이다. 내가 매번 자신을 점검해보건대 비록 함양하는 공부에는 힘을 들이고 있지 못하지마는 성찰하는 공부에서는 내가 항시 온 힘을 다하고 있다. 그러나 더러 맑은 밤잠이 들지 않은 때나 나 자신만 홀로 알고 있고 남은 알지 못하고 있는 자리에서는 일찍이 스스로 부끄러워하는 한탄을 하지 않을 때가 없으니 이는 성찰하는 공부가 독실하지 못하기 때문이 아닐 수 없다."

상이 또 일러 말했다.

"(『논어』에서) '사람들이 자기를 알아주지 않음을 근심하지 않는다[不患人之不己知]'와 첫 편에 '사람들이 알아주지 않아도 서운해하지 않는다[人不知而不慍]'는 학문하는 사람의 조예(造詣)로 말할 적에 그 천심(淺深)의 정도가 어떻게 되는가?"

검토관 남학문(南鶴聞)이 말했다.

"'불환(不患)'과 '불온(不慍)'은 천심의 정도를 말할 것이 없을 듯합니다"라고 하니, 상이 일러 말했다.

"그렇지 않다. 사람들이 알아주지 않아도 서운해하지 않는 것은 곧 전일한 마음으로 오로지 자신의 몸을 닦는 것을 오로지해서, 다만 자신에게 달려 있을 뿐이다. 사람들이 알아주고 알아주지 않는 것이 마음속으로 들어오지 않기 때문이다. 이는 군자의 위기(爲己-자기를 위하는 학문)하는 학문에서야 그친다. 사람들이 자신을 알아주지 않는 것을 근심하지 않는다는 것은 곧 초학(初學)들을 권면하고 경계하는 일이다. 대개 사람들이 자기를 알아주지 않음을 근심하지 않는 것도 노여워하지 않는 군자가 될 수 있는 일이기는 하나, 온(慍)자의 의의는 자기 자신에 있는 것이고 환(患)자의 의의는 다른 사람들에게 있는 것이다. 이에서 성덕(成德)과 초학(初學)의 천심(淺深)이 있음을 볼 수 있다. 자세히 한편의 어의(語意)를 추구해보건대 수장(首章)에서는 이미 '노여워하지 않음[不慍불온]'을 말했고 이편에서 또 '근심하지 않음[不患불환]'을 말했으니 곧 철상철하(徹上徹下)의 교훈인 듯하다."

늘 이런 식이었다. 이것이 신하를 제압하는 군주의 모습인가, 신하들 앞에서 군주의 위의(威儀)를 자랑하다가 신하들로부터 외면을 당하는 모습인가. 따로 묻지 않아도 될 사안이다. 경연은 학술 토론장이 아니다.

그런데도 우리 학계 일부에서는 이런 장면들을 끌고 와서 '정조의 학술' 운운하고 정조의 위대성을 찬양하는 근거로 삼는다. 잘못되어도 한참 잘못된 접근이라 하겠다.

2 ___

사태의 본질을 찔러
미래를 읽어내는 말하기

『이한우의 태종 이방원 상』제1장에서 우리는 태종이 청년 시절 전리정랑(典理正郎)이었을 때 이성계가 회군을 행하자 친모 한씨와 계모 강씨를 비롯해 가족들을 이끌고 함흥으로 가던 도중에 강원도 이천에서 머물며 변고에 대비하는 장면을 살폈다.

"최영은 일을 제대로 알지 못하는 사람[不曉事之人]이니 반드시 능히 나를 뒤쫓지는 못할 것이다. 비록 오더라도 나는 두려워하지 않을 것이다."

이 한마디 말이 필자로 하여금 지난 15년에 걸쳐 태종을 향한 순례(巡禮, Pilgrim)에 나서게 했는지 모른다. 그만큼 이 한마디에는 많은 의미가 함축되어 있다.

먼저 효사(曉事)라는 말이다. 이는 일이나 사리에 밝다는 뜻이다. 즉 지사(知事), 일을 잘 안다는 말인데 이를 옛날에는 암련(諳鍊)이라고도 표현했다. 한 글자로는 예(睿)다. 모두 '일에 밝다'라는 말이다. 서(諝)도 '사리에 밝다'라는 뜻이라 옛날에는 누가 재주가 있고 일의 이치에 밝을 때 재지(才智)가 있다고 하거나 재서(才諝)가 있다고 말했다.

태종은 최영이 일을 제대로 알지 못하는 사람이니 자신을 쫓아오지 않을 것이라고 말했다. 최영이 일을 안다면 회군 소식을 듣자마자 이성계 가족부터 인질로 삼아야 했다. 그러나 자기를 비롯한 두 부인까지 그대로 도망칠 수 있었을 정도로 방치한 것을 볼 때 최영은 일을 제대로 알지 못하는 사람이라는 태종 판단은 정확했다.

그리고는 덧붙였다.

"비록 오더라도 나는 두려워하지 않을 것이다."

이는 가족을 책임진 자기에 대한 다짐임과 동시에 미래 상황에 대한 자신감을 드러낸 말이다. 미래 기획형 리더 태종의 싹을 보게 되는 장면이다.

과연 이 말이 아무래도 일에 대한 경험치가 아직 부족할 수밖에 없는 22세 청년 입에서 나올 수 있는지 믿어지지 않을 정도로 본질적이고 예리하다. 아무리 옛날에는 고전 공부 수준이 오늘날보다 깊었음을 감안한다 해도 청년 입에서 쉽게 나올 수 있는 말인지 놀라울 뿐이다.

앞서 다양한 인용을 통해 이미 태종이 사태 본질을 꿰뚫는 말하기 사례를 충분히 보았다.

이제 일의 이치에 입각해 미래를 판단하는 말을 하는 태종의 모습을 보자. 태종 10년(1410년) 2월 13일 자 실록이다.

> 유정현·서유(徐愈, 1356~1411년)[3] 등이 (명나라) 경사(京師-북경)에서 돌아왔다. 정현 등이 북경에 도착하니 제(帝)가 본국(本國-조선)에서 정마(征馬-원정용 말) 1만 필을 바쳤다는 말을 듣고 대우하는 바가 특별했다. 또 정현이 현인비(顯仁妃) 권씨(權氏)[4]와 한집안이 된다는 말을 듣고 황엄을 시켜 권씨의 명을 전하게 하고 따로 채단(綵段) 2필, 견(絹) 10필, 초(鈔-화폐) 500장, 안마(鞍馬-안장 달린 말)를 주었다. 하직하고 돌아오려 할 때 제가 말했다.
>
> "너희들이 본국에 돌아가거든 국왕에게 보고해 역환마(易換馬)를 보내기를 밤낮을 가리지 말고 서둘러 보내게 하라."
>
> 정현이 상에게 아뢰어 말했다.
>
> "황제가 2월 15일에 친히 달단(韃靼)을 정벌하려고 제로(諸路)의 군사를 뽑는데, 제로의 성(城)에는 남자 중에서 남아 있는 장정이 없고 노약자와 부녀자도 성 밖으로 나오지 못합니다. 금병(禁兵-경호부대)은 시위하면서 선 채로 밥을 먹고, 바깥 군사는 수레를 끌며 (전쟁 물자를) 운반하고 있었습니다."

---

3   1400년(정종 2년) 우부승지로 있을 때 일어난 2차 왕자의 난에 기여한 공으로 1401년 (태종 1년)에 좌명공신 4등에 책록되었다. 그 뒤에 예조판서가 되었으며 1410년 이성군(利城君)에 봉해졌다.

4   조선에서 보낸 영락제의 후궁이다.

상이 물었다.

"달단이 먼저 와서 침략한 것이냐? 아니면 황제가 먼저 가서 치려고 하는 것이냐?"

정현이 말했다.

"달단이 와서 침노했다는 말은 신 등이 듣지 못했고 다만 듣건대 기국공(沂國公)이 금병을 거느리고 적에게 패했기 때문에[5] 황제가 그 수치를 씻으려고 장차 정벌하려는 것이라 했습니다."

상이 말했다.

"저들이 와서 나를 침노하면 마지못해 응하는 것이 있을 수 있겠지만 내가 먼저 백성을 수고롭게 해 궁벽한 곳에 가서 치는 것이 어찌 있을 수 있겠는가? (그랬다가) 만일 이기지 못하기라도 한다면 반드시 천하의 웃음거리가 될 것이다."

태종이 마지막에 한 말이 핵심이다. 태종은 '정벌'이라는 일의 이치, 즉 사리(事理)를 아예 풀어서 말하고 있다.

---

5   태종 9년 8월 23일 자에 "기국공(沂國公) 구승(丘勝)이 군사 20만을 거느리고 북정(北征)에 나섰습니다"라는 기사가 있다.

3 —

미래 상황을 만들어내는 말하기

태종 시대 대형 정치사건이 어떻게 터져 나오는지를 보면 일정한 패턴 하나를 발견하게 된다. 아무개의 언행 등 심증을 대부분 수년 이상 묵혀두었다가 어떤 시점에 태종이 누군가 적격자를 불러 앞으로 일어날 상황을 예상해 우려하면서 일이 시작된다. 민무구·무질 사건이 전형적이다. 이런 태종식 정적 제거 술수를 여주대학교 박현모 교수는 재미있게 '묵은지 전술'이라고 표현했다.

태종 7년(1407년) 7월 4일 특이한 인사가 단행된다. 좌의정 하륜, 우의정 조영무를 뒤로 물리고 의안대군 이화(李和, 1348~1408년)를 영의정, 성석린을 좌의정, 이무를 우의정으로 삼았다. 권진(權軫)을 사헌부 대사헌, 최함(崔咸)을 좌사간대부로 삼았다. 중추 요직을 다 바꿨다.

이화가 누구인가. 위화도회군에 참여하고 개국공신 1등, 정사공신 1등, 좌명공신 2등으로 한결같이 태종 이방원과 노선을 함께 한 인물이다. 태종이 그를 영의정으로 삼은 속내는 엿새 후인 7월 10일 이화가 우두머리가 되어 올린 소(疏)에서 드러난다. 태종이 이화에게 내려준 지침에 따라 쓴 소라고 봐야 한다. 이에 대해서는 앞서 살펴본 바 있다. 『춘추공양전』에 나오는 금장(今將) 문제를 언급하고 있다. 또 태종을 눈 밝지 못한[不明] 임금으로 몰아세우는 문제 또한 지적하고 있다.

불명

7월 15일 영의정부사 이화, 정승 성석린과 이무를 불러 광연루(廣延樓)에서 술자리를 베풀었다.

상이 조용히 일러 말했다.

"무구 등 세 사람의 죄는 거듭해서 중하게 논하지[重論] 말라. 결국

중론

에는 서울로 불러 돌아오게 하되 일은 맡기지 않고 천년(天年-천수)을 마치게 할 것이다. 경들은 마땅히 이 뜻을 본받아 감히 다시는 논해 아뢰지 말라."

본심이 아니었다. 완급 조절하는 척하는 말이었다. 의정부에서 불을 붙였으니 사헌부나 사간원에서 얼마나 섶을 가져다 붓는지 지켜보겠다는 말이다. 그것은 동시에 대간 관리들의 충성도 테스트도 겸하고 있었다. 이때 태종은 이미 단순히 외척 민무구·무질뿐 아니라 이 두 사람을 중심으로 형성된 민씨 당여(黨與)를 소탕하기로 하고 마침내 칼을 뽑아 든 것이었다.

그런 점에서 이화와 같은 날 대사헌이 된 권진(權軫, 1357~1435년)을 눈여겨봐야 한다. 권진은 공신은 아니고 훗날 세종

때 우의정에까지 오른다. 그의 강직함은 젊어서부터 유명했다. 1377년(우왕 3년) 21세 나이로 문과에 급제해 촉망을 받았다. 당시 권세가인 염흥방(廉興邦)이 자기 조카딸과 혼사를 맺고자 했으나, 권세가와 혼인하기를 거절해 염흥방에게 미움을 사 여러 해 동안 벼슬길에 나가지 못했다. 태종은 이때 권진의 이 같은 '강직함'과 '이해관계 없음'이 필요했다.

사간원을 책임지는 좌사간대부를 맡고 있던 최함(崔咸, ?~?)은 그보다 한 달 전에 황제 딸과 세자 혼인 문제로 이에 관계했던 하륜·민제·민무구·무질 등을 탄핵하려 한 인물이다. 이를 미리 알아낸 태종은 최함을 불러 이렇게 말했다.

> "대간의 직책이 (이렇게 하는 것은) 참으로 옳다. 외척과 대신을 탄핵해 기강(紀綱)을 떨치고자 하는 것을 과인은 즐겁게 듣는다만 그러나 이강(釐降)[6]에 대한 모책은 본래 우리나라를 이롭게 하고자 한 것이지 어찌 다른 뜻이 있겠느냐?"

권진과 최함은 세도가들한테도 꼿꼿한 캐릭터여서 소에 중립성을 더하는 효과가 있었을 것이다. 대사헌에는 권진, 사간원에는 최함을 배치해두고서 이화로 하여금 소를 올리게 하고서 완급 조절에 들어간 것이다. 이 싸움은 앞서 본 것처럼 3년 가까이 지나서 끝나게 된다.

---

6 황제 딸이 제후(諸侯)에게 하가(下嫁)하는 것을 말한다.

4

경사를 녹여내는 말하기

태종은 상황에 맞게 고전과 역사 사례나 인물을 끌어들여 감정이나 의도 표현을 대신했다. 태종풍 말하기가 유달리 압축적이었던 비결이다. 이 점은 당시 특별히 중요했다. 사대부 공통 교양, 즉 의미를 공유했던 콘텐츠였던 경(經)과 사(史)를 자유자재로 적기적소에 활용해 신하들과의 소통에 활용함으로써 대화가 간명하면서도 묵직했다. 물론 정조의 경우에서 보았듯이 경전 독서 자랑으로 이어지면 신하들에게 외면을 받게 된다.

사헌부·사간원에서 태종을 가장 많이 비판한 사안을 들자면 아마도 사냥 문제일 것이다. 태종은 이 문제에 대해 참으로 다양한 대응 방식을 보였다. 어떤 경우에는 기꺼이 받아들였고 어떤 경우에는 마지못해 받아들였으며 또 어떤 경우에는 받아들이는 척했다가 사냥을 감행하기도 했다. 또 어떤 경우에는 정면으로 반박

했다. 태종 3년(1413년) 10월 1일 자 기사는 태종의 노련함이 크게
돋보인 사례라고 할 것이다.

> 김첨에게 명해 사냥해서[蒐狩]⁷ 종묘에 올리는 의례를 상정(詳定)⁸하
> 도록 했다. 상이 (사헌부) 장령 이관을 불러 말했다.
> "지난날에 너희들이 (내가) 사냥하는 것을 불가하다고 했다. 그렇다
> 면 임금은 사냥해서는 안 되는 것이냐?"⁹
> 관이 대답했다.
> "신 등이 불가하다고 한 것은 장차 종묘에 아뢰려 하면서도 사냥을
> 하려는 때문일 뿐이지 임금이 사냥해서는 안 된다는 것은 아니었습
> 니다."¹⁰
> 상이 말했다.
> "그런데 종묘를 위해 사냥하는 것은 예문(禮文)에 실려 있는 바가

7　『이아(爾雅)』「석천(釋天)」에서 봄 사냥은 수(蒐), 여름 사냥은 묘(苗), 가을 사냥은 선
　(獮), 겨울 사냥은 수(狩)라고 했다.

8　상정에는 크게 2가지 의미가 있다. 첫째는 의례나 예법을 옛 기록에 입각해 현재에
　맞도록 규정하는 것을 말한다. 지금이 그런 경우다. 둘째는 지방이나 중앙 관청에서
　필요한 세액이나 공물액 등을 심사해 결정하는 것을 말한다. 예를 들어 조선 후기 숙
　종 때 공물(貢物)에 대한 민폐(民弊)를 없애기 위한 조치로 대동법(大同法)을 제정·실
　시했으나, 각 지방 사정에 의해 일률적으로 대동법을 시행하기 어려웠으므로 특정 지
　역은 특별히 세율을 상정하고 이를 상정법이라 했다. 결국 상정법이란 대동법 내용을
　그 지방의 인문·지리적 특수성에 따라 그에 알맞도록 수량을 조정한 세규를 지칭하
　는 것이다.

9　그때도 태종은 조금 과할 정도로 불씨의 도 운운하면서 신하들 주장을 다소 어긋나
　게 해석한 바 있다. 이럴 경우 태종은 다분히 의도적인 도발을 할 때가 많다. 여기서
　도 그의 본마음은 조금 후에 본격적으로 드러난다.

10　이관을 비롯한 사헌부 관리들은 사냥을 놀이로만 보았기 때문에 재계에 방해가 된다
　는 점만 인식하고 있었다.

아닌가? '천자가 사냥감을 죽이면 큰 기[大綏]를 내리고 제후가 사

냥감을 죽이면 작은 기[小綏]를 내린다'[11]는 것과, '상질로 잡은 것

[上殺]은 변두(籩豆-祭器)에 채우고[12], 하질로 잡은 것[下殺]은 빈객

(賓客)을 대접하는 데 채운다'[13]는 것은 무엇을 말하는 것인가? 또

나는 구중궁궐에서 태어나 자란 사람이 아니다. 비록 거칠게나마 시

서(詩書-시경과 서경)를 익혀 어찌어찌 유자(儒者)라는 이름을 얻었으

나 무가(武家) 자손이다. 어려서부터 오로지 말을 내달리고 사냥하

는 것을 일삼았는데 지금 이 지위에 있으면서 할 수 있는 것이 없다.

(그래서) 일찍이 경사(經史-경전과 역사)를 보았더니 정말로 재미가 있

어 일찍이 하루도 손에서 책을 놓지[釋卷] 못했다. 이는 근신(近臣)

들이 다 아는 바다. 다만 조용하고 편안한 겨를에 어찌 놀며 구경하

고 싶은 뜻이 없겠는가? 요새 교외에 기러기 떼가 많이 온다고 들었

고 때가 마침 매를 놓기에 좋다. 내가 생각할 때 '이는 의장(儀仗)을

갖추어 행할 수 없고 또 많은 수의 말로 대낮에 행할 수도 없다'고 여

겨 이에 새벽에 나가 매를 놓고 돌아왔다. 너희들과 간원(諫院-사간

원)이 서로 잇달아 소를 올렸기에 곧바로 아뢴 대로 따랐다. 대개 내

가 사냥을 하는 것은 심심하고 적적한 것을 달래기 위함일 뿐이다.

---

11 『예기(禮記)』 「왕제(王制)」편에 나오는 말이다.

12 사냥과 제사에 올리는 천신이 직접 연결된 것임을 말하고 있는 내용이다.

13 고대의 예법에 사냥감을 어떻게 쏘아 맞혔느냐에 따라 단계를 나눴다. 상살(上殺)이
    란 짐승을 죽이는 최상의 방법으로 화살로 짐승의 왼쪽 표(髈-넓적다리의 앞살)를 쏘
    아 오른쪽 어깻죽지로 관통하는 것을 말한다. 그리고 오른쪽 귀 부근을 관통한 것을
    중살(中殺)이라 하여 빈객(賓客)을 대접하는 데 썼으며 왼쪽 비(脾), 즉 넓적다리뼈에
    서 오른쪽 연(腸), 어깨뼈로 관통한 것을 하살(下殺)이라 해 포주(庖廚-주방)에 충당
    했다.

너희들은 옛 (뛰어난) 사람들 글을 읽고 그것을 강구(講究)해 반드시 익혔을 것이니 어찌 「무일(無逸)」[14]의 글을 알지 못하겠는가?"

드디어 직접 (진덕수의) 『대학연의』를 집어 들고서 관에게 보이며 읽으라 했다. 관은 제대로 떼어 읽지 못하니 상이 말했다.

"오랫동안 책을 읽지 않다 보면 참으로 읽기가 쉽지 않겠지만 큰 뜻은 알 수 있을 것이다."

마침내 '유관(遊觀-놀며 구경하는 것)은 기운과 몸을 기르는 것이다'라는 구절을 골라 스스로 그것을 읽으며 말했다.

"이것이 진정 사냥을 금하는 말인가? 옛사람들도 역시 금하지 않았고 다만 지나치게 즐기는 것[過逸]이 안 좋다는 것일 뿐이다. 내가 지나치게 즐긴 바가 있는가? 있거든 바로 말해보라."

관이 대답하지 못했다. 상이 말했다.

"지금 하는 말은 너를 힐난하는 것이 아니라 내 뜻을 말하는 것이다."

관이 말했다.

"신들도 역시 전하께서 사냥하시는 것을 말리는 것이 아니라 장차 종묘에 아뢰려 하고 또 언덕과 웅덩이가 험난한 것을 걱정해서였습니다."

상이 말했다.

"그렇다면 관은 물러가도 좋다."

상이 말했다.

---

14 『서경』 편명(篇名)이다. 주공(周公)은 큰 성인으로서 게으름이 없도록 해야 한다는 뜻의 「무일(無逸)」 한 편을 (조카인) 성왕(成王)에게 올려 그를 경계토록 했다.

"관은 참으로 겁이 없는 자다."

그리고는 김첨과 김과 등에게 명해 말했다.

"『문헌통고』[15]에서 제왕이 사냥하는 예를 밝게 상고해 아뢰라."

과가 대답했다.

"전하께서 종묘에 일이 있는데도 결국 거행하지 않은 것은 대간들이 잘못 간언한 때문이오나 바깥사람들은 모두 말하기를 '전하께서 분명 사냥을 좋아하는 마음이 있다'라고 합니다. (그런데) 지금 신들을 시켜 사냥하는 예를 강구해 밝히라 하시니 신은 불가하다 여깁니다."

상이 말했다.

"전일에 한양에 갈 때 내가 만일 재계(齋戒)하는 7일 사이에 매를 놓았다면 대간의 말이 옳지만, 마침내 내 마음은 알지 못한 채 간언했다. 그러나 임금의 잘못을 말하는 것이 바로 그들의 직책이고 그 마음이 어찌 함부로 간언한 것[妄諫]이겠는가? 그 때문에 내가 내버려 두고서 따로 논하지 않았다. (그런데) 지금 너희들을 시켜 사냥하는 예를 강구하고 상고하게 하는 것은 전일에 대간이 내가 잘못이라고 했기 때문에 그래서 내가 그 예(禮)를 알고자 하는 것일 뿐이다. 네가 어째서 (내 마음속을) 거슬러 짚어서[逆探] 말하는 것인가!"

첨에게 물었다.

"너희들은 예제를 상정하는 일을 맡았는데 사냥해 종묘에 천신하는

---

15 중국 고대로부터 남송(南宋) 영종(寧宗) 시대까지의 제도와 문물에 관해 기록한 책이다. 중국 송나라 말, 원나라 초의 학자 마단림(馬端臨)이 편찬했고 총 348권이다. 당나라 두우(杜佑)의 『통전(通典)』, 송나라 정초(鄭樵)의 『통지(通志)』와 함께 3통(三通)으로 불린다.

의례에 이르러서는 어째서 상정하지 않는가?"

첨이 대답했다.

"사시제(四時祭)[16]에는 모두 마땅히 미리 사냥해 제사에 쓰지만, 어찌 바야흐로 제사 지내려 하면서 사냥할 수 있습니까?"

상이 말했다.

"그러니 네가 상정하라."

상하 관계를 엄격히 했던 태종 입장에서 볼 때 정말 역탐(逆探)을 했다면 큰 문제가 아닐 수 없다. 『세종실록』에 따르면 역탐(逆探)을 했을 경우 참형(斬刑)에 해당하는 죄라는 말까지 나온다. 그러나 태종이 명시적으로 이 말을 함으로써 그런 죄에 해당하지 않는다는 것을 드러낸 것이라 할 수 있다.

이 문제는 『논어』 「헌문(憲問)」편에서 공자가 이야기한 것이다.

"남이 나를 속일까 봐 이미 알아내려 하지 말고 또 남이 나를 믿어주지 않을까 봐 억측하지 말아야 하나, 역시 그것을 미리 알아차리는 사람이야말로 현명하다고 할 것이다[不逆詐 不億不信 抑亦先覺者 是賢乎]."

역탐(逆探)은 곧 역사(逆詐)다. 신하가 임금이 하는 말을 그대로 받아들이지 않고 넘겨짚어 혹시 나를 떠보는 것은 아닌가라고

---

16 사시제는 기제를 모시는 고조 이하의 조상에게 주인(장손 장남)이 사계절의 중월(仲月)에 지내는 제사다.

여기고서 간을 보는 말을 하는 것이 바로 역사이자 역탐이다.

태종 15년(1415년) 6월 7일에는 갑자기 세자가 두 외삼촌 민무회·무휼이 지은 허물을 폭로한다. 무회는 그런 일이 있었던 것 같다며 자복한 반면 무휼은 끝까지 그런 적이 없다고 버텼다. 태종은 이렇게 반응했다. 다른 맥락에서 살펴본 바 있는 태종의 말이다.

"내가 평상시에 항상 너희들을 경계함에 있어 왕도(王導), 주공(周公)의 일들을 인용하기까지 하면서 간절하게 말했는데 너는 아직도 살피지 못하고 묻는 일에 대해 사실대로 고하지 않는단 말이냐?"

태종의 역사 이해가 어느 단계에 이르렀는지를 볼 수 있는 대목이기도 하다. 특히 태종 10년(1410년) 8월 19일 기사는 태종의 깊은 역사 이해와 현실 적용을 생생하게 보여준다.

좌정언 어변갑(魚變甲, 1381~1435년)[17]에게 집에서 죄를 기다리라고 명했다. (그에 앞서) 변갑(變甲)이 소를 올렸다.

---

17 1399년(정종 1년) 생원이 되고 1408년(태종 8년) 문과에 장원한 뒤에 교서관부교리(校書館副校理) 성균관주부를 거쳐, 좌정언(左正言) 우헌납(右獻納) 등을 지냈다. 충주판관일 때 아버지 어연은 하양현감이있는데 부자의 직책을 바꿔달라 상소해 태종은 어연의 직급을 올려주었다. 1420년 집현전이 발족되자 응교(應敎)로서 지제교(知製敎) 경연검토관(經筵檢討官)을 겸임하고 1424년에는 집현전 직제학이 되었다. 늙은 어머니 봉양을 위해 관직을 버리고 함안으로 돌아갔다. 조정에서 어변갑의 행동과 의리를 아껴 사간 등의 벼슬을 내렸으나 취임하지 않고 세상을 마쳤다.

'근래에 묘당(廟堂-정승) 대간 대소신료가 연장누독(連章累牘)[18]해 상당군 이저(李佇, 1363~1414년)[19]의 죄를 청하기를 심히 부지런히 했으나 전하께서는 모두 굳게 물리치고 윤허하지 않으시니 신은 진실로 전하께서 하고자 하시는 바를 알지 못하겠습니다. 만일 죄가 없다고 하신다면 어째서 전일에 폄출하기를 그같이 하셨으며, 만일 죄가 있다고 하신다면 어째서 오늘날 총애하고 귀하게 하기를 또 이같이 하십니까? 그러나 신은 진실로 전하께서 친애하시고 차마 못 하시는 정을 압니다.

(그런데) 전하께서 순임금[大舜]과 주공(周公)을 어떤 사람이라고 생각하십니까? (부모와 형제의) 나쁜 것을 숨겨준 이로 위대한 순임금 같은 이가 없지마는 사흉(四凶)[20]의 죄악을 제거했고 (형제들을) 제 몸과 같이 여겨 아껴주기[親愛]로 주공(周公) 같은 이가 없지마는 삼숙(三叔)[21]의 변을 처리했습니다. 그러나 천하가 모두 복종하고 후세

---

18 연편누독(連篇累牘)이라고도 하는데 연이어 상소하는 것을 말한다.
19 이거이 아들로 뒤에 이름을 이애(李薆)로 고쳤다. 태조의 맏딸인 경신공주 남편이다. 1398년(태조 7년) 아버지와 함께 이방원을 도와 1차 왕자의 난에 참여해 정사공신 1등에 책록되어 상당후(上黨侯)가 되었고, 영완산부사(領完山府事)로 있으면서 사병을 모으고 부도(不道)한 언동을 한 죄로 1400년(정종 2년) 사장(私莊)에 안치되었다가 풀려났다. 1401년(태종 1년) 이방간 난을 평정하는 데 협력해 좌명공신 1등에 책록되었다. 1402년 겸판승추부사(兼判承樞府事)·의정부찬성사가 되었고, 1404년 아버지 이거이의 죄로 이애도 함주로 유배되었다. 이듬해에는 이천·임강(臨江) 등지로 옮겨졌다가 고향인 진주(鎭州-충청북도 진천)에 살도록 자원안치되었다.
20 요순(堯舜)시대 4사람의 악인(惡人)이라고 하는데 공공(共工)·환도(驩兜)·삼묘(三苗)·곤(鯀)을 말한다.
21 주나라 문왕 아들이며 무왕 및 주공과 형제 사이인 관숙(管叔)·채숙(蔡叔)·곽숙(霍叔)을 가리킨다. 이들은 은나라를 멸망시킨 무왕이 주왕(紂王) 아들인 무경(武庚)을 은의 고토(故土)에 봉(封)해 조상의 제사를 받게 할 때 함께 나아가 그를 감독했다. 그 후에 주공이 성왕의 자리를 차지할지 모른다고 유언비어를 퍼트리며 변란을 일으

에 간언(間言-비판하는 말)이 없는 것은 진실로 관계되는 것이 커서 사세가 그렇게 하지 않을 수 없었기 때문입니다. 근년 이래로 악한 싹이 틈을 타서 일어났다가 곧 주멸되고 폐출된 것은 모두 전하께서 명철하게 간사한 것을 보시고 기미(幾微)에 응해 사물에 대한 선견 지명이 있으신 때문이나 두세 사람의 대신이 충심으로 상을 보좌해 도모한 것이 윤허를 입은 효과입니다. 지금 말하는 것이 어찌 또한 공허하고 근거가 없이 하는 말이겠습니까? 전하께서 어찌해 지난 일을 징계하고 후래(後來)를 경계해 조기에 분변하지 않으십니까?

신은 또 가만히 생각건대 예로부터 만기(萬機)의 결단을 엿보는 자가 지극히 많았습니다. (옆에서 그냥) 보고 듣고 한가로이 말하는 [遊談] 자의 입장에서 본다면 반드시 말하기를 "죄가 있고 죄가 없는 것은 대개 임금의 마음에 있다. 이것은 아무개가 실로 죄가 없는데, 여러 신하가 질투해 죄를 꾸며 만들어 굳게 청하는 것이다"라고 할 것이고 그렇지 않으면 반드시 말하기를 "큰 사람 작은 사람 할 것 없이 모두 '불가하다'라고 하니 이것은 아무개가 실로 죄가 있는데 전하께서 우유부단하고 고식적이어서 이를 덮어주고 차마 못 하는 것이다"라고 할 것입니다. 신은 두렵건대 우유(優游-우유부단)나 고식(姑息-임시변통)이란 이름이 어찌 문명(文明)한 성덕(盛德-성대한 다움)에 누가 되지 않겠으며 질투나 나직(羅織-죄를 짜냄)이란 이름이 어찌 간궤(奸軌)와 화란(禍亂)의 싹을 만들지 않겠습니까? 만일 불궤(不軌-역모)한 사람이 이것을 빌미로 구실을 삼아 여러 불령(不逞)한 무리를 꾀기를 "아무개가 죄가 없는 것은 주상께서 아시는 바인

컸다가 주공의 단죄를 받았다.

데 두세 사람의 꺼리고 미워하는 사람이 이것을 꾸미고 속이어 모함해 그러한 것이다"라고 하면 이들이 군사를 일으켜 난(亂)을 도와 "임금 곁을 숙청한다"라고 이름해 원소(袁紹, ?~202년)[22]나 동탁(董卓, 139~192년)[23] 같은 무리가 장차 이로부터 생기지 않는다고 어찌 장담할 수 있겠습니까?

신이 바라건대 전하께서 여러 신하가 주청(奏請)하는 때를 맞아 사실의 본말(本末)을 개진해 타이르시고 여러 신하가 일을 말하는 것이 모두 옳은데 상의 마음에 결단하기 어려운 것이 있으시면 말씀하기를 '아무개가 비록 죄가 있으나 훈친(勳親)의 은혜로 감히 차마 할 수 없고 익대(翊戴)의 노고를 잊을 수 없다'라고 하시어 예정(睿情)을 펴서 말씀해 감히 숨김이 없도록 하셔야 할 것입니다. 그러면 신 등도 공이 죄를 상쇄할 수 있고 사(私)가 의(義)를 멸할 수 있는 일을 알 것이오니, 어찌 감히 공경스럽게 이어받지 않겠습니까? 만일 사가 의를 멸할 수 없어 자문(子文)[24]의 다스림으로도 구제하기 어렵고 공이 죄를 상쇄할 수 없어 난염(欒黶)[25]의 악한 것이 이미 나타났다면,

---

22 후한(後漢) 영제(靈帝) 때 좌군 교위(佐軍校尉)다. 영제가 죽자 하진(何進)과 공모해 환관(宦官)을 주살(誅殺)하려다가 일이 발각되어 하진이 죽으니 곧 동탁(董卓)의 군사를 끌어들여 환관을 주멸했다.

23 후한(後漢) 영제(靈帝) 때 전장군(前將軍)이다. 영제가 죽자 군대를 이끌고 들어가 소제(少帝)를 폐하고 헌제(獻帝)를 세워 전횡하다가 주살당했다.

24 춘추(春秋) 시대 초(楚)나라 사람 투누오도(鬪穀於菟)의 자(字)다. 성왕(成王) 때 영윤(令尹)이 되어 자기 집을 헐어 그 가재(家財)로 초나라의 어려운 재정을 구하고, 첫 새벽에 조정에 들고 밤늦게 귀가하며, 아침에 저녁 일을 생각하지 않아 그 집에는 끼니거리가 없었다. 3번 벼슬했으나 기뻐하지 않고, 3번 관(官)에서 물러났으나 언짢아하지 않았다고 한다.

25 춘추(春秋) 시대 진(晉)나라 사람이다. 공족(公族) 대부(大夫)로서 하군수(下軍帥)가 되어 진(秦)을 칠 때, 순언(荀偃)이 전횡하는 것을 미워해 군대를 버리고 돌아왔다. 그

전하께서 비록 덮어두려고 하셔도 종사(宗社) 생령(生靈)이 어찌 용납하겠으며 여러 신하가 아무 말 없이 어찌 그 변을 앉아서 보기만 하고 근심하지 않겠습니까?

하물며 거이 같은 자의 마음은 길 가는 사람도 아는 바인데 그 자식 된 자가 뻔뻔스러운 낯으로 그 자리에 있으면 어찌 편안하겠습니까? 또 그 성명(姓名)이 이미 공신 재서(載書)에서 삭제되었고 그 명호(名號)가 태조의 비음기(碑陰記)에 오르지 않았으니 신명(神明)과 종사(宗社)가 밝게 포열해 계시어 속일 수가 없습니다. 바라건대 전하께서는 사은(私恩)을 버리시어 정법(正法)을 살리시고 대간(臺諫)에 명해 그 직임을 회복시켜 언로를 넓히심으로써 사람 사람으로 하여금 밝게 선악(善惡)이 있는 곳을 알게 해야 할 것입니다. 그리고 장소(章疏)를 물리쳐 간당(姦黨)으로 하여금 옆에서 엿보고 충언으로 하여금 아래에서 울결(鬱結)하게 할 것이 아닙니다. 신은 천위(天威)를 범하오니 황송함을 이기지 못하겠습니다. 역린(逆鱗)[26]에 부닥치고 기휘(忌諱)에 저촉되는 것에 이르러서는 진실로 어리석은 신이 생각할 겨를이 없습니다. 엎드려 성재(聖裁-임금의 결재)를 바랍니다.'

상이 소를 보고 기분이 나빠 승정원을 시켜 변갑에게 힐문해 말했다.

"소 가운데 말한 두세 사람의 질투하는[媢嫉] 자란 누구인가?"
모질

대답해 말했다.

아우 침(鍼)이 진군(秦軍)에게 죽은 것은 범앙(范鞅)이 소환(召還)한 때문이라고 여겨, 범앙을 무고해 쫓아냈다. 뒤에 진(秦)에 망명했던 범앙이 돌아와 이를 멸망시켰다.

26 임금의 노여움을 뜻한다.

"가정해서 한 말이고 누구를 지적한 말은 아닙니다."

상이 말했다.

"네가 어찌 그 사람을 알지 못하고 문득 말했겠느냐? 또 네가 거이의 죄를 아느냐?"

변갑이 대답해 말했다.

"두셋[二三]이란 말은 세속에서 일정하지 않다는 말입니다. 신이 만일 갖춰 안다면 어찌 감히 아뢰지 않겠습니까? 거이의 죄는 신이 비록 정확하게 알지는 못하지만 그를 폐해 방치하기를 저와 같이 하셨으니 어찌 그 연유가 없겠습니까?"

상이 말했다.

"네 상소에서 말하기를 '거이 같은 자의 죄는 길 가는 사람도 아는 바'라고 했으니 네가 어찌 알지 못하고 말했겠느냐? 상소 가운데 끌어들인 원소와 동탁은 어느 때 사람이냐? 그리고 임금의 옆을 숙청한다고 명분을 삼는다는 것은 무슨 일이냐?"

변갑이 대답해 말했다.

"원소와 동탁은 한나라 때 사람으로 임금의 곁을 숙청한다고 명분을 삼아 난을 꾸민 자입니다. 그 사실은 신이 제대로 알지는 못합니다."

상이 말했다.

"소에 이르기를 '여러 불령한 무리를 모아 임금 곁을 숙청하기를 원소·동탁과 같이 하는 자가 장차 이로부터 생기지 않겠느냐?'라고 했는데 너는 이저가 누구에게 군사를 청하리라 생각하는가? 네가 장원급제를 했으니 어찌 그 사람이 어느 황제 때 사람이며 그 일의 끝이 마침내 어떻게 되었는가를 알지 못하겠느냐?"

변갑이 대답해 말했다.

"신은 이저가 아무개에게 군사를 청해 난을 꾸민다고 말한 것이 아니라 장래를 염려한 말입니다. 원소와 동탁의 일은 신이 지난날 들은 것을 기억해 인용한 것일 뿐입니다."

상이 말했다.

"예전에 어떤 사람이 당 태종에게 간언하기를 '만일 이 역사(役事)를 그치지 않는다면 걸(桀) 주(紂)[27]와 같이 될 뿐입니다'라고 했으나 태종은 끝내 죄주지 않았다. 너는 왜 분명히 말하지 못하는가! 그렇다면 이 소는 다른 사람이 초 잡은 것[所草]이다. 만일 거이가 죄가 있다면 왜 함께 베기를 청하지 않느냐?"
<small>소초</small>

변갑이 대답해 말했다.

"신이 비록 일을 생각하기를 자세히 하지는 못했으나 장소(狀疏)야 어찌 감히 남에게 붓을 빌었겠습니까?"

상이 좌대언 김여지에게 일러 말했다.

"원소가 한나라 말년에 하진(何進)과 더불어 환관을 베려고 꾀하다가 그 일이 누설되어 하진이 죽임을 당하자 원소가 분하게 여겨 밖에서 동탁을 불러들여 환관을 모조리 죽이고 적(嫡)을 폐하고 서(庶)를 세웠다. 그 일이 작은 것이 아니므로 말하지 않겠다."

마침내 변갑을 집으로 돌아가라고 명했다. 이튿날 일을 아뢰는 여러 신하에게 일러 말했다.

"거이는 민씨에게 미움을 받았기 때문에 그런 말을 한 것이지 내게 불충한 마음을 품은 것은 아니다. 그러나 그가 말한 것이 종사(宗

---

27 중국 하(夏)나라 걸왕(桀王)과 은(殷)나라 주왕(紂王)이다. 모두 폭군(暴君)으로 나라를 망친 자들이다.

社)에 관계되기 때문에 그를 폐해 서인을 만든 것이다. 저(佇)는 일찍이 추호도 내게 다른 마음을 품은 바가 없었다. 비록 다른 마음을 품었다 하더라도 자기에게 다른 마음을 품었다 해 이를 벤다면 아름다운 일이 아니다. 비록 100명 대간이 말하더라도 어찌 끝내 폐할 수 있겠는가? 내가 즉위한 이래로 간신(諫臣)이 유폄(流貶)된 자도 있고 혹은 형을 받은 자도 있는데, 만일 하나하나 그 실정을 찾는다면 모두 스스로의 잘못으로 인한 것이다. 무릇 대간이 대신의 의논을 두려워하고 혹은 여론의 비등으로 인해 그 사람이 죄가 없는 것을 분명히 알면서 오히려 간쟁하는 것은 대개 전조(前朝-고려) 폐단을 인습한 것이다. 내가 이를 금한 지가 이미 오래되었으나 아직도 그 폐단이 남아 있다. 어제 어변갑이 글을 올려 저를 논했는데 원소·동탁을 인용하기까지 했다. 내가 원소·동탁 일을 물으니 알지 못한다고 대답했다. 만일 알고서도 말하지 않았다면 이것은 임금을 속인 것이고 만일 알지 못하고 말했다면 제가 지은 소가 아니라 반드시 남이 꾀고 부추긴 것이다. 내가 그 글을 의정부와 순금사에 내려 신문하려 했으나 신료들에게 비난을 당할까 염려해 그 때문에 행하지 않았을 뿐이다."

이렇게 태종은 신하가 곧은지 곧지 않은지를 알아냈다.

앞서 태종 12년(1412년) 12월 4일 실록에서 살펴본 바 있는데 대언 한상덕이 사병 혁파 이후 실시한 부병제(府兵制)에 대해 일부 신하들이 불편함을 말하면서 다시 장수들이 각도의 군사를 주관하는 쪽으로 돌아가야 한다고 주장하고 있으니 이를 따라서는 안 된다고 비밀리에 말하자 태종은 짧게 한마디로 일갈했다.

"경의 말이 옳다. 이것이 바로 당나라 분양왕 곽자의(郭子儀, 697~781년)의 법이다."

즉, 사병을 혁파한 후에 실시한 부병제가 바로 곽자의의 법이라는 말이다.

다음은 세종 1년(1491년) 9월 25일 대마도 정벌을 성공적으로 마친 후 연회 자리다.

상왕이 박은·이원 등에게 말했다.

"수강궁(壽康宮)은 송나라 광종(光宗, 1147~1200년)[28]의 궁 이름이다. 지금 이름을 취해서 우리 궁의 이름으로 한 것은 무엇 때문인가."

은 등이 아뢰었다.

"(『서경』)「홍범(洪範)」에 수(壽)라고 하고 강(康)이라고 한 글자가 들어 있다는 것만을 알고 있었을 뿐이고 그런 일이 있었다는 것은 몰랐습니다."

상왕이 말했다.

"광종이 격분한 끝에 병이 나서 수강궁에 6년 동안 피해 있다가 붕(崩)했다. 이 일은 『송감(宋鑑)』에 나와 있다."

은 등이 아뢰었다.

"대신 노릇을 하는 자는 마땅히 글을 널리 알아야 하는데 신들이 배우지 못한 탓으로 이 지경에 이르렀습니다. 예조로 하여금 자세히 연구해 고치도록 해야 할 것입니다."

---

28 송나라의 황제로 효종(孝宗) 셋째 아들이다. 6년 동안 재위했다.

상왕이 말했다.

"고친다면 기국(氣局-그릇)이 좁아지는 것이니 고칠 것 없다."

앞서 본 대로 태종은 당시 생존해 있던 영락제에 대해서도 일의 관점에서 평가를 서슴지 않았다. 마지막 문장은 태종이 스스로 자의식이 얼마나 강했는지 단적으로 보여준다.

5 ___

겸손한 말하기

『태종실록』 총서에 따르면 태종은 젊어서부터 선비들에게 자신을 낮췄다[下士]. 그에게서는 거들먹거리는 모습은 발견할 수 없다. 자기를 내세우는 경우도 드물다. 이는 공자가 『논어』에서 말한 불벌(不伐), 즉 자랑하지 않는 문제와 직결되어 있다. 불벌은 임금이든 신하든 모두에게 요구되는 덕목이다. 앞서 보았던 『설원』에서 바른 신하 두 번째 사례로 양신(良臣)을 들었다.

"마음을 비우고 그 뜻을 깨끗이 해[白意] 선(善)으로 나아가 도리를 믿으면서 임금을 일의 마땅함[體誼]으로 면려(勉勵)하고 임금을 깨우쳐 장구한 계획을 세우도록 하며 장차 그 미덕은 순종토록 하고 그 악(惡)은 고치고 구제해 공을 세우고 일을 성취시킨 다음에 그러한 공은 모두 임금에게 돌리고 감히 혼자서도 자신의 공로를 자랑하지 않는 것[不敢獨伐其勞]이니 이런 자가 양신(良臣)이다."
불감 독벌 기로

여기서 우리가 주목해야 할 부분은 마지막에 있는 "감히 혼자서
도 자신의 공로를 자랑하지 않는 것[不敢獨伐其勞]"이다. 『논어』에
불감 독벌 기로
바로 '공로가 있어도 자랑하지 않는' 불벌(不伐) 문제가 나온다. 이
때 벌(伐)은 내세우거나 자랑한다는 뜻이다. 「공야장(公冶長)」편이다.

안연(顔淵-안회)과 계로(季路-자로)가 시중을 들고 있을 때 공자가 말
했다.
"어째서 각기 너희들의 뜻을 말하지 않는가?"
자로가 (먼저) 대답했다.
"저의 바람은 수레와 말, 가벼운 갖옷 입는 것을 친구들과 함께 사용
함으로써 해지더라도 유감이 없게 되는 것입니다."
안연이 대답했다.
"저의 바람은 자신의 뛰어남을 자랑하지 않고[無伐善] 자신의 공로
무 벌선
를 내세우지 않는 것입니다[無施勞]."
무 시로

가장 뛰어난 공자 제자 안회가 도달하고자 했던 경지가 바로
자기 공로를 자랑하지 않는 단계였던 것이다. 이를 이해할 때 우리
는 왜 「학이(學而)」편 맨 앞 세 번째에 '남들이 알아주지 않아도
조금도 서운해하지 않는다면 군자가 아니겠는가!'가 나왔는지를
알아차릴 수 있다. 둘은 정확히 같은 뜻이다. 정조식 횡설수설은
이 말에 담긴 핵심을 놓친 것이다.
세조는 조부 이방원에게서 겸(謙)을 물려받지는 못했다. 세조

3년(1457년) 3월 15일 양녕대군 이제가 "신숙주는 서생(書生)이지만 현명하고도 재능이 많습니다"라고 하자 세조는 말했다.

"다만 서생일 뿐 아니라 곧 지장(智將)이니 신숙주는 곧 내 위징(魏徵)이다."

세조 5년(1459년) 8월 26일에도 이와 비슷한 이야기를 하다가 스스로에 대해 이렇게 말했다.

상이 여러 종친과 재신(宰臣)에게 일러 말했다.
"나에게 신숙주는 요제(堯帝)와 순제(舜帝)에게 후직(后稷)과 설(契)이 있는 것과 같고 당 태종에게 위징이 있는 것과 같은데 경 등은 어떻게 여기는가?"
"진실로 상교(上敎-상의 가르침)와 같습니다."
상이 말했다.
"한 고조(高祖)는 도량이 크고 큰 계략이 많았으며 당 태종은 한 고조에 비하면 조금 나았지마는 당나라 태종은 (신하 중에) 친구로 사귄 사람이 적었으니 이것은 나만 못하다. 내가 경 등을 대우하는 것은 당 태종이 진왕부(秦王府-당 태종이 제위에 오르기 전의 관부) 요속(僚屬)을 대우하는 것과 같다."

자신은 신하들을 벗처럼 여기는 임금이라는 말이다. 좋게 보면 스스로 한 고조나 당 태종에 비견하는 호방함이라 하겠다. 그러나 태종의 겸사(謙辭-겸허한 말)에서는 생각도 할 수 없는 표현이다.

참고로 태종 3년(1403년) 5월 11일 자 실록은 태종이 명나라로부터 국가 승인을 받은 공(功)을 하륜 등에게 돌리고 있는 모습을 전한다. 억지 연출이 아니라 진심이어서 큰 감동을 받는다.

좌정승 하륜, 의정부지사 이첨, 의정부 참찬사 조박에게 교서(敎書)를 내려주었다. 륜에게 준 글은 이러했다.

'생각건대 경은 도리가 크고 다움이 넓으며[道大德博] 본 것이 높고
도대 덕박
아는 것이 밝아[見高識明] 지난번 위란(危亂)한 때를 당했을 때 몸의
견고 식명
위험을 잊고[忘身] 의로움을 떨쳐 사직을 바로잡고[定社]²⁹ 천명을
망신 정사
도와[佐命]³⁰ 그 공이 맹부(盟府)³¹에 보존되어 있다. 지금 천자가 새
좌명
로 보위에 올라 사신을 보내 알려왔으니 돌아보건대 (우리와 명나라 사이에) 도적 떼가 그치지 않고 도로는 많이 막혀 한 나라 신료들이 그 때문에 의심하고 두려워해 표문(表文)을 받들고 가서 칭하(稱賀)하기에 그 적임자를 찾기 어려웠는데 경은 앞장서 몸을 던져 나라를 위해 온 힘을 다하고[許國]³² 두 번 세 번 굳이 청해서 만 리 길을
허국
달려가서 친히 천일(天日)³³을 우러러보고 용지(龍墀)³⁴에 하례를 올

---

29 1차 왕자의 난을 가리킨다.
30 2차 왕자의 난을 가리킨다.
31 중국에서는 원래 나라 도서관이었다. 그곳에 공신들 명부를 보관했다. 조선 시대에는 정1품 아문(正一品衙門)으로 공신(功臣)들 관부(官府)다. 1392년(태조 1년) 설치한 공신도감(功臣都鑑)을 1414년(태종 14년) 충훈사(忠勳司)로 고쳤다가 세조 때 충훈부(忠勳府)로 고친다.
32 기존 번역은 그냥 직역해서 "나라에 허락하고"라고 되어 있다. 직역이라기보다는 오역이다. 허(許)에는 허락하다 외에 바치다[獻]라는 뜻이 있는데 그 뜻을 취해야 한다.
헌
33 하늘의 해란 천자를 가리키는 존칭이다.
34 대궐의 섬돌[陛] 위를 가리킨다. 지(墀)란 계단을 다 올라가서 평평한 곳을 뜻한다.
폐

렸다. 그리고 나서 하정사(賀正使) 의정부참찬사 조박, 부사[副介]³⁵
_{부개}
의정부지사 이첨과 더불어 상의해 말하기를 "천자가 이미 천하와 더
불어 다시 시작했으니[更始] 우리 임금의 작명(爵命-고명)과 인장(印
_{경시}
章)만 홀로 예전 것을 그냥 이어받을 수 없다" 하여 이에 예부에 의
견을 올려 신청(宸聽)³⁶에 전달하니 천자께서 때를 알고 변화에 적응
하는 것을 아름답게 여겨 총애하고 대접하는 것이 넉넉하고 두터워
마침내 고명과 인장을 정신(廷臣)³⁷ 도지휘사 고득(高得)과 좌통정
(左通政) 조거임(趙居任)에게 주어 이들이 와서 명을 내렸으니 처음
부터 끝까지 공을 세운 바를 진실로 대대로 잊기 어려울 것이다. 그
래서 밭 100결(結), 종 10구(口)를 내려준다. 오직 성의만 기억할 것
이니 어찌 물건이 귀한 것이겠는가? 나의 지극한 뜻을 몸으로 간직
해 영원토록 그것을 전하라.'

박과 첨에게 교서와 밭 각각 60결, 종 각각 6구를 내려주었다. 서장
관 조말생·이적(李迹, ?~?)³⁸과 압물(押物)³⁹ 방사량(房士良), 통사(通

---

35 개(价) 혹은 개(介)를 보좌하는 직책으로, 부개(副介)는 전권을 지닌 대표 정사(正使)
　혹은 전개(專价)를 보좌한다고 해 찬개(贊价)라고도 불렀다.

36 천총(天聰)과 같은 말로 임금의 귀 밝음을 뜻한다.

37 실록에서 그냥 조정(朝廷)은 곧 중국 조정을 가리킨다. 여기서도 조정 신하라는 뜻이
　니 명나라 조정 신하를 말한다.

38 대제학을 지낸 이행(李行) 아들이다. 생원시에 이어 1401년(태종 원년) 증광문과에 을과
　2등으로 급제해 경기감사를 지냈다. 세종 때 대사헌을 지내다 역학(易學)에 전념하기
　위해 사직하고 지금의 경기도 가평군 상면과 하면에 해당하는 조종현(朝宗縣)에서 만
　년을 보냈다. 세종이 연로한 그를 부르지 않고 신하를 보내어 『주역』에 대한 의문점을
　묻고는 했는데 이때 이적은 나무 밑에 의자를 가져다 앉아서 『주역』을 풀이했다. 사람
　들이 이 나무를 '주역을 강의하는 정자'라는 뜻으로 강역정(講易亭)이라고 불렀다.

39 외국에 사신(使臣)이 갈 때 수행해 조공(朝貢)하는 물건과 교역(交易)하는 물건들을
　맡아 관리하는 관원으로 이들도 통역을 맡았다. 말을 담당하는 관원은 압마(押馬)라

388

事) 조사덕·매원저·강방우·선존의 등에게 각각 밭 15결을 내려주었다. 박석명을 시켜 그들에게 명해 말했다.

"경들 공은 처음부터 끝까지 갚기가 어려워 밭과 종 약간을 주는 것이고 이것으로 그 공을 갚기에 족하다고 여기지 않는다."

륜 등이 사양해 말했다.

"이번 고명과 인장은 모두 주상 덕입니다. 신 등이 어찌 거기에 끼어들겠습니까? 또 신 등의 오늘 일은 신하의 일입니다. 어찌 감히 내려주신다 하여 받겠습니까?"

상이 말했다.

"경들이 (명나라 조정에) 들어가 천자께 아뢰어 내 자손만대에 끝없는 아름다움[休]을 남겨주었으니 경들에게 밭과 종을 주어 자손에게 전하게 하는 것이다. 내가 천자로부터 비상(非常)한 명령을 받았으니 감사한 마음을 무엇으로 나타내겠는가? 경들이 굳이 사양하면 내가 부끄럽다."

륜 등이 마침내 받았다.

이 기사에서 백미는 "경들이 굳이 사양하면 내가 부끄럽다"라는 한마디다. 태종 18년(1418년) 8월 8일에는 세종에게 임금 자리를 물려주고서 지난 18년을 회고하는 말이 나온다.

상이 세자에게 국보(國寶)를 주고, 연화방 옛 세자궁으로 이어(移御-임금이 거처하는 곳을 옮김)했다.

고 했다.

이에 앞서 상이 내선(內禪)의 거조(擧措-결단)를 행하고자 경회루 아래에 나아와서 지신사 이명덕, 좌부대언 원숙, 우부대언 성엄 등을 불러 말했다.

"내가 재위한 지 지금 이미 18년인데 비록 덕망은 없으나 의롭지 못한 일을 행하지는 않았다. 그런데도 능히 위로 천의(天意)에 보답하지 못해 여러 번 수재(水災)·한재(旱災)와 충황(蟲蝗)의 재앙이 찾아왔다. 또 묵은 병이 있어 근래에 더욱 심하니 이에 세자에게 전위하려고 한다. 아비가 아들에게 전위하는 것은 천하고금에 늘 있는 일[常事]이니 신하들이 의견을 내거나 간쟁할 수 없는 것이다.

임신년(壬申年-1392년 정몽주 살해)·무인년(戊寅年-1398년 1차 왕자의 난) 일은 모두 경들이 아는 바인데 그중에서도 무인년 일은 죽음을 면하고 살고자 해서 한 일이다. 지금 돌이켜 생각하면 그 사직을 정하는 것이 어찌 사람 힘으로 되겠는가? 하늘이 실로 정한 것이다. 나의 상(像)과 모습은 임금 상이 아니다. 위의(威儀)와 동정(動靜)이 모두 임금에 적합하지 않다. 「무일(無逸)」을 가지고 상고한다면, 재위한 것이 혹은 10년이요 혹은 20년이다. 20년이면 나라를 누린 것이 장구한 임금이니 나의 경우 나라를 누린 지 오래다. 그간에 태조께서 매우 귀여워하던 두 아들을 잃고 상심하던 것을 생각해도 비록 내 몸이 영화로운 나라의 임금이 되었지만, 어버이를 뵙지 못하니, 혹은 백관을 거느리고 전에 나아갔다가 들어가 뵙지 못하고 돌아올 때는 왕위를 헌신짝 버리듯 버리고 필마로 관원 하나를 거느린 채 혼정신성(昏定晨省)⁴⁰해서 나의 마음을 드러내고자 생각했다. 마침내 병술

---

40 조석(朝夕)으로 부모의 안부를 물어서 살피는 것으로, 저녁에는 잠자리를 챙겨드리고

년(丙戌年-1406년) 세자에게 전위하려 했으나 백관이 중지하기를 청하고 모후(母后)의 영혼이 눈물을 흘리면서 꿈에 나타났고 양촌(陽村-권근)이 사연(辭緣)을 갖추어 글을 올리고 민씨 사건이 비로소 일어나 대간에서 굳게 간언했으므로 실행에 옮기지 못했다."

그 어디에도 내세워 자랑함이 없다[不伐]. 특히 주목할 점은
불벌
자신의 재위 18년을 주공이 조카 성왕(成王)을 위해 지은 「무일(無逸)」편을 거울삼아 돌아보고 있다는 점이다.

또 같은 달 11일에는 신하들이 태상왕(太上王) 존호를 올리겠다고 하자 정중하게 사양한다. 그 장면을 보자.

상이 지신사 이명덕으로 하여금 부왕에게 아뢰게 했다.

"존호를 태상왕이라 올리고, 이참에 대언 세 사람으로 하여금 날을 바꾸어 시측(侍側)하게 해 공상(供上-토산물 진공)을 보살피게 하기를 바랍니다."

부왕이 말했다.

"상왕을 태상왕으로 하고 나를 상왕으로 하는 것이 마땅하다. 내가 감히 겸덕(謙德)해서가 아니라 천륜의 차서(次序)다. 주상이 나에게 효도하고자 하거든 모름지기 나의 말을 따라야 한다. 그러나 내가 내 임의로 하는 것은 아니니 마땅히 재상의 여러 의견을 따르도록 하라. 또 주상이 대언 세 사람으로 하여금 내 옆에서 시중들게 하려고 하나 주상이 새로 즉위해 일을 바꾸지 말 것을 너희들은 어찌 말

아침에는 문안을 드리는 일을 말한다.

하지 않는가? 부왕의 뜻이 만일 진실로 주상의 말과 같다고 한다면 이는 나라에 두 임금이 있는 것이니 옳지 않다."

이명덕이 반명(反命-복명)하니 상이 말했다.

"부왕이 나에게 효도하라는 가르침은 따르지 않을 수 없다. 그러나 그것을 정부·육조로 하여금 토의해 아뢰게 하라."

명덕이 명을 받아 정부·육조에 물으니 유정현·박은·이원·박습·조말생 등이 말했다.

"상왕이 비록 먼저 즉위했으나 부왕의 공덕이 깊고 무거운데 하물며 주상께서 왕위를 부왕에게서 받은 경우이겠습니까? 마땅히 가까운 데서부터 먼 데 미쳐야 하니 마땅히 부왕을 높여 태상왕으로 삼아야 할 것입니다. 상왕은 그대로 상왕이 되는 것입니다."

변계량·정역·참판 탁신·이적·이지강·한상덕·대언 원숙 등이 말했다.

"후사가 되는 것은 아들이 되는 것이니 마땅히 즉위한 선후(先後)로써 논해야 하며 공덕(功德)으로써 논할 수가 없습니다. 마땅히 상왕을 높여 태상왕으로 하고 부왕을 상왕으로 해야 할 것입니다."

명덕이 여러 의견을 가지고 아뢰었다. 얼마 있다가 상왕도 사람을 보내 말했다.

"태상이란 두 글자는 내가 감당할 바가 못 되며 실로 지나침이 있다."

마침내 상왕에 대해 태상왕 존호를 올리려던 일을 중지했다.

세종 2년(1420년)에도 다시 태상왕 칭호를 올리려 했으나 "태상(太上)이란 가장 높은 명칭이라 제후로서는 사용할 수 없는 것

이니 나는 받을 수 없다"며 사양했다. 신왕과 신하들 주청(奏請)이
계속되자 마침내 이듬해 세종 3년(1421년) 9월 12일 태상왕이라는
칭호를 받았다.

제 5 장

태풍풍 일하기

1 ——

경은 주도면밀

민어사(敏於事)와 민어행(敏於行), 이는 『논어』 「학이(學而)」 편에서 말한 "(군자는) 일은 명민하게 해야 한다[敏於事]"와 「이인 (里仁)」편에서 말한 "(군자는) 일을 행할 때는 명민하게 해야 한다 [敏於行]"이다. 결국 같은 뜻이다. 여기서 행(行)은 흔히 잘못 이 해하듯이 도덕적 행실이나 행동이 아니라 행사(行事), 즉 일을 행 한다는 뜻이다. 그동안 주자학에서는 말만 중시하고 일[事]의 중요 성을 간과했기에 그런 식으로 오역했다.

그렇다면 '명민(明敏)하게'란 무슨 뜻일까? 그 실마리 역시 『논 어』에 있다. 「학이」편에 나오는 "일을 주도면밀하게 해서 신뢰를 얻 으라[敬事而信]", 「자로(子路)」편에 나오는 "일을 집행할 때는 주도 면밀해라[執事敬]", 「계씨(季氏)」편에 나오는 "일을 할 때는 주도면 밀함을 먼저 생각해야 한다[事思敬]" 등이다. 모두 일과 연결돼 있고 공통점은 바로 경(敬)이다.

오늘날 우리는 경(敬)이라고 하면 마냥 마음가짐을 조심한다는 뜻으로만 알고 있다. 하지만 실제로 공자가 말한 경(敬)은 어떤 사람이 일할 때 주도면밀한 모습을 가리킨다. 주도면밀(周到綿密)은 일 처리에 빠뜨리는 것이 없는 상태를 뜻한다. 즉 실전에서 놓치거나 잊어버리거나 소홀하게 대충대충 하는 법이 없는 상태다. 「옹야(雍也)」편에 나오는 거경(居敬)의 경(敬)은 오늘날의 조심하거나 삼감에 가깝다. 삼가는 마음가짐에 머무른다는 뜻이기 때문이다.

김충렬(金忠烈)[1] 교수에 따르면 경(敬)에 대한 위 2가지 해석은 모두 가능하다. 그런데 송나라 때부터 성리학(性理學)이 지배적인 패러다임이 되면서 일과 관련된 경(敬) 본래 의미는 퇴색하고 주로 마음가짐과 관련된 경(敬)만이 과도하게 강조되어왔다. 김 교수는 전자를 주사(主事), 후자를 주심(主心)이라고 불렀다. 전자는 일을 위주로 했고 후자는 마음을 위주로 했다는 뜻이다.

공자가 중시했던 주사(主事)적인 경(敬), 즉 치밀하고 주도면밀하게 일을 한다는 개념 없이 주희식 성리학을 따라 주심(主心)적인 경(敬)만 가지고 보면 태종이 '일하는 방식'에 접근할 길은 막혀버린다.

조선 초에는 성리학이 들어오기는 했어도 아직 대세는 아니었고 태종이 공부한 유학은 주심(主心)이 아닌 주사(主事)를 위한 유학에 가까웠다. 따라서 주희식 왜곡을 벗어나야만 태종의 정신세계로 가까이 그리고 온전히 다가갈 수 있다.

---

1   유고집 『한국유학사상사 3』(원주시 발간)에 경(敬) 개념사가 상세하게 실려 있다.

"쉬우면[易] 알기 쉽고 간략하면[簡] 따르기 쉽다. 알기 쉬우면 친밀함이 있고 따르기 쉬우면 성공함이 있다. 친밀함이 있으면 오래갈 수 있고 성공함이 있으면 크게 이룰 수 있다. 오래갈 수 있는 것은 뛰어난 이의 다움[德]이요 크게 이룰 수 있는 것은 뛰어난 이의 일[業]이다."

『주역』에 관한 총괄적 해설 「계사전(繫辭傳)」에서 공자가 건(乾)괘와 곤(坤)괘를 합쳐 풀이한 대목이다. 임금에 해당하는 건괘는 쉬움을 우선으로 하고 신하에 해당하는 곤괘는 간략함을 우선으로 한다. 공자는 일이 오랫동안 크게 이뤄질 방법을 이야기했다. 쉽다는 것은 임금의 명이 쉽다는 말이다. 명이 복잡하고 여러 갈래가 되면 신하들은 어느 것을 따라야 할지 알기 어렵다. 신하가 백성에게 일을 시킬 때도 마찬가지다. 그러려면 임금이나 신하 모두 말을 쉽고 간결하게[易簡] 해야 한다.

일에 대한 공자의 이 같은 생각은 이미 『논어』에 충분히 나타나 있다. 태종이 체화한 『논어』에는 일[事]과 관련된 지침들이 가득하다. 임금이 신경 써야 할 일을 직접적으로 언급한 대목 하나만 더 살펴보자.

"(천자국이 아닌) 제후국이라도 잘 다스리려면 먼저 주도면밀하게 일을 해서 백성의 믿음을 얻어내고 이어 재물을 아껴 백성을 사랑하고 때에 맞게 백성을 부려야 한다[道千乘之國 敬事而信 節用而愛人 使民以時]."

중요한 것은 그중에서도 가장 먼저 나오는 '주도면밀하게 일을 해서 백성의 믿음을 얻어내라[敬事而信]'다. 임금이 백성으로부터 신뢰를 얻어내는 방법을 제시했다. 그런데 국내 번역서 대부분은 경사(敬事)를 "일을 공경하라"라고 옮긴다. 이 정도로 현실 감각은 물론 기본적인 논리력마저 상실한 번역은 일에 임해서 구체적으로 어떻게 해야 하는지에 대한 아무런 지침이나 지혜도 전달해주지 못한다. 이는 마치 책을 높이라는 말을 듣고 마냥 책을 머리 위에 들고 있는 것과 같은 촌극과 다를 바 없다. 책은 머릿속에 넣어야 하듯 일은 제대로 해야 한다. 제대로 함은 빠뜨리거나 소홀히 함이 없음, 즉 주도면밀함이다. 그런 사람을 가리켜 일머리가 있다고 한다. 일머리 있는 사람은 일을 시작하기에 앞서 일하기 전과 후에 대한 전체적 윤곽을 금세 파악해 밑그림부터 그린다. 그리고 예상되는 중요 변수를 통제하거나 대비할 방법을 찾아낸다. 모책(謀策)이다. 『논어』「술이(述而)」편에 나오는 대목이다.

> 자로가 말했다. "만일 스승님께서 삼군(三軍)을 통솔하신다면 누구와 함께하시겠습니까?"
> 공자가 말했다. "맨손으로 호랑이를 때려잡고 맨몸으로 강을 건너려해[暴虎馮河] 죽어도 후회할 줄 모르는 사람과 나는 함께할 수 없을 것이니, 반드시 일에 임해서는 두려워하고 계책을 잘 세워 일을 이뤄내는 사람과 함께할 것이다."[2]

---

2   원문은 다음과 같다. "子路曰 子行三軍則誰與. 子曰 暴虎馮河 死而無悔者 吾不與 也 必也臨事而懼 好謀而成者也."

자로는 적어도 용맹을 갖춘 사람[勇者]이었다. 그런데 공자는
이때 일을 언급하면서 계책을 잘 세워[好謀] 일을 성공으로 이끌
사람과 함께할 것임을 말하고 있다. 수제자 안회를 염두에 둔 말
이다. 태종 눈으로 보자면 이방간이나 박포가 자로였다고 하겠고
안회에 해당하는 신하는 하륜·조준·권근 등이라 할 수 있다.

여기서 한 단어를 짚고 넘어가자. 호사가(好事家)가 그것이다.
그냥 풀이하면 일을 좋아하는 사람이다. 그러나 정확한 의미는 일
벌이기를 좋아하는 사람, 좀 더 구체적으로는 앞뒤 재보지 않고
일 벌이기를 좋아하는 사람이니 호모(好謀)하는 것과는 전혀 다
르다.

일 문제를 이야기할 때 조선 임금 중 가장 먼저 떠오르는 인물
은 태종 이방원이다. 태종은 사람과 일의 문제에 관한 한 가장 탁
월했다. 지극히 주관적인 견해이지만 그가 중국에 태어났다면 황
제의 자리에 오르고도 남았을 것이다.

태종이 애독한 『대학연의』도 마찬가지였다. 이 책에는 삼감
[敬]이란 몸과 마음을 닦는 데도 필수적이지만 일을 함에도 필수
적임을 요임금과 순임금 사례로 설명하는 대목이 나온다. 요임금
은 신하들에게 일을 맡기면서도 "삼가라[寅]!"고 했고 두 딸을 순
임금에게 시집보내면서도 "삼가라[欽]!"고 했다. 순임금도 형벌을
쓰거나 관리를 임명할 때 "삼가라[敬]!"고 했다. 진덕수는 "요임금
과 순임금의 삼감은 단지 몸을 닦는 데서만 그렇게 한 것이 아니
고 일에 임해서도 그렇게 했던 것"이라고 강조했다.

1차 왕자의 난 때 희생된 정도전에 대해 우리는 용의주도한 전

략가 이미지를 갖고 있다. 그런데 실제로 정도전은 몸을 던져야 하는 '거사'를 통해 자기 실력을 보여준 적은 없다. 오히려 이방원과의 긴장이 극히 고조되던 1차 왕자의 난 직전에 자신을 따르던 남은과 그의 첩 집에 가서 술판을 벌인 사실을 어떻게 이해해야 할까? 누가 뭐래도 그가 일에 임하는 데 삼가거나 조심하고 두려워했다고 할 수는 없다. 정도전은 마음을 놓아버렸다[放心]. 반면 이방원은 열세인 군사력으로 수적 우위를 점한 관군과 대적해야 하는 지극히 불리한 상황에서도 치밀한 사전 준비로 일을 성사시켰다. 이것이 경사(敬事)다. 어쩌면 두 사람 사이에 승부는 일에 임하는 준비 태세에서 이미 끝났는지도 모른다.

자기 손으로 왕 4명을 세운, 세계사에도 유례가 없는 태종의 성공은 주도면밀 관점에서 볼 때 그 의의가 분명하게 드러난다.

하륜이 태종으로부터 명받아 설계한 새로운 관제(官制)에서도 주도면밀함의 정수를 발견할 수 있다. 새로운 관제 중 백미가 오늘날 장관·차관·차관보에 해당하는 명칭, 판서(判書)·참판(參判)·참의(參議)다. 지금 문화부 장관을 문화부 판서로 개칭하자고 하면 시대착오적이라며 놀림감으로 전락하겠지만 과연 그럴까?

참의(參議)란 의(議)에 참여한다는 뜻이다. 의(議)란 국회의사당(國會議事堂)이 보여주듯 '의사(議事)'하는 의(議)다. 일에 관한 의견을 낸다는 뜻이다. 의(議)는 논(論)과 구별된다. 논(論)은 말에 관한 것이므로 책임이 뒤따르지 않는다. 반면 의(議)는 일에 관한 것이므로 책임 있는 결단이 수반되는 경우에 쓴다.

이제 참의(參議)부터 보자. 참의(參議)란 일에 관한 의견 개진에 참여할 수 있다는 뜻이다. 예를 들어 이조참의는 새로운 인물을 추천할 때 후보군 명단을 정리하는 일을 맡는다. 그 이상 개입할 권한은 없다. 왜냐하면 참판(參判), 즉 누구는 좋고 누구는 나쁜지를 참여해 가리는 일은 참판의 몫이다. 관명(官名) 자체가 이미 일[事]을 규정하고 있다. 의견을 내는 데만 참여하는 직책이라서 참의다. 판서(判書)는 말 그대로 판단하고 결단해서 서명함으로써 책임을 지는 자리다.

비교해보자. 우리는 장관·차관·차관보라는 명칭만 가지고 기본적인 업무 분장과 책임 있는 궁정이 가능하겠는가. 그저 서열만 알 수 있을 뿐이다.

이처럼 명칭 하나 정하는 일도 '사안의 본질에 적중해 주도면밀하면[敬事]' 두고두고 일로 혜택을 드리울 수 있다. 바로 공자가 말한 정명(正名)[3]이다. 정명은 일의 출발점이다.

태종이 단행한 관제개혁이야말로 여러 가지 점에서 태종풍 일하기를 제대로 보여주는 핵심 사례라 하겠다.

---

3 『논어』「자로(子路)」편에 나오는 말이다. 여기서도 정명(正名)은 곧 일의 문제로 이어진다. 자로가 물었다. "위나라 군주가 스승님을 기다려 정치에 참여시키려고 하니 선생님께서는 정치를 하시게 될 경우 무엇을 우선시하시렵니까?" 공자는 말했다. "반드시 이름부터 바로잡겠다[正名]." 이에 자로가 말했다. "이러하시다니! 스승님의 우활하심이여! (그렇게 해서야) 어떻게 (정치를) 바로잡으시겠습니까?" 이에 공자는 말했다. "한심하구나, 유여! 군자는 자기가 알지 못하는 것은 비워두고서 말을 하지 않는 법이다. 이름이 바르지 못하면 말이 순하지 못하고 말이 순하지 못하면 일이 이뤄지지 못하고[事不成] 일이 이뤄지지 못하면 예악이 흥하지 않고 예악이 흥하지 못하면 형벌이 알맞지 못하고 형벌이 알맞지 못하면 백성이 손발을 둘 곳이 없게 된다. 고로 군자가 이름을 붙이면 반드시 말할 수 있고, 말할 수 있으면 반드시 행할 수 있는 것이니 군자는 그 말에 있어 구차히 함이 없을 뿐이다."

2 ——

시작할 때 끝마침을 먼저 그리다

신시이경종(愼始而敬終)을 태종식으로 풀어보자. 태종풍 신시(愼始)는 '일을 시작할 때는 끝마침을 먼저 머릿속에 그리는 것'이었다.

태종 시대 정치 사건마다 전개 양상을 보면 태종풍 신시에서 벗어난 경우가 하나도 없다고 해도 과언이 아니다. 그랬기에 태종은 왕권을 위협하는 정치 투쟁에서 대부분 승리를 거두고 왕권 강화라는 끝마침에 이를 수 있었다. 결과론적인 시선으로 매사 태종이 특정 의도로 왕권을 휘둘러 뜻을 관철해낸 뻔하디 뻔한 스토리로 봐서는 태종 시대 실상에 제대로 접근할 수 없다. 결과만을 갖고서 의도와 과정까지 윤색해버리는 태도로는 다른 시대도 올바르게 이해할 수 없다. 사람이 빠진, 사건 중심 역사 해석이 지배하는 강단 사학이 드러내는 병폐도 바로 여기에 있다.

우리가 이미 윤곽을 알고 있는 민무구·무질 사건을 좀 더 세밀하게 들여다보자. 단계마다 태종이 보여준 언급을 통해 그가 외척 공신 문제에 대처한 태도를 추체험해볼 수 있다. 이는 이거이 부자 제거나 조대림 사건 직후 대간에 대해 취한 공세에서도 그대로 확인할 수 있다.

1단계: 민무구·무질과의 공존

태종에게 처남 민무구·무질은 외척이면서 공신이다. 두 사람은 1차, 2차 왕자의 난 때 목숨을 걸고 매형 정안군을 도왔다. 두 사람은 태종 즉위 초 총제나 도병마사를 맡아 군직(軍職)을 주관했고 민무질은 2차례나 명나라에 다녀오는 등 공신으로 위세를 누렸다.

태종은 속마음이 어땠을까? 앞서 본 대로 태종 1년(1401년) 1월 1일 상장군 이응이 조회에서 실수했다는 이유로 사헌부 탄핵이 들어오자 태종은 곧바로 "이는 반드시 민무구가 사헌부를 사주해서 한 일"이라고 단정했다. 그리고 민무구를 불러 꾸짖기까지 했다. 얼마 안 가서 같은 해 2월 18일에 민무구는 병을 핑계로 중군총제에서 물러나겠다고 했는데 실록은 그 이유가 "성만(盛滿)"이라고 밝히고 있다. 성만이란 집안 세력이 너무 넘쳐났다는 뜻이다. 통상 이렇게 사직을 청하면 임금은 관행적으로 반려한다. 그런데 태종은 즉각 사직을 수리했다. 하지만 태종 2년(1402년) 민무구는 다시 승추부 참지사가 되어 군권에 관여했다. 여기서는 태종의 사직 수리가 그의 속마음이었다. 하지만 그런 속마음을 읽지 못한 민무구는 태종이 미끼처럼 던진, 군사를 다루는 승추부 벼슬을 또 받았다.

2단계: 민씨 당여 문제로의 확전에 제동을 걸다

태종 7년(1407년) 7월 10일 의안대군 이화가 전격적으로 민무구·무질·신극례의 죄를 청하는 소를 올렸고 이들은 이틀 후 자원 안치라는 낮은 단계 유배에 처해진다. 그럼에도 같은 날 공신 등이 또 글을 올려 제대로 처벌해야 한다고 주장하자 바로 민무구를 연안, 민무질을 장단, 신극례를 원주라는 더 먼 곳에 강제로 안치한다. 하루 사이에 유배 등급이 높아졌다.

태종 2년(1402년)부터 7년(1407년) 사이에 무슨 일이 있었기에 이들은 갑자기 유배형에 처해졌을까? 하나는 1차 선위 파동이었고 또 하나는 세자와 명나라 황녀와의 혼인 논란이었다. 민무구 형제는 두 사건에 모두 관련되어 있었다. 1차 선위 파동 때는 태종이 선위한다고 했을 때 기뻐하다가 선위를 번복하자 싫은 내색을 했다는 죄목이었다. 황녀와의 혼인 논란에서는 민씨 외척이 세자를 끼고 명나라 황녀를 며느리로 맞이해 세자를 중심으로 뭉쳐 태종에게 맞서려 했다는 죄목이었다. 또 여기에 훗날 세자를 제외한 다른 아들들을 제거하려고 모의했다는 죄목까지 추가되었다. 특히 혼인 논란은 불과 한 달여 전 일이라 민씨 형제 유배와 혼인 논란은 깊이 연관되어 있었다고 볼 수밖에 없다.

그런데 이들을 유배 보낸 지 사흘 만인 7월 15일 태종은 이화, 좌정승 성석린과 우정승 이무를 불러 광연루에서 술자리를 베풀고 말했다.

"무구 등 세 사람의 죄는 더는 무겁게 논하지 말라. 결국에는 서울로 불러 돌아오게 하되 일은 맡기지 않고 천년(天年-천수)을 마치게 할 것이다. 경들은 마땅히 이 뜻을 본받아 감히 다시는 논해 아뢰지 말라."

특유의 완급 조절에 들어간 말이었다. 적어도 당시 태종은 이 정도로 민씨 형제 문제를 마무리하려고 했는지 모른다. 아직은 태종 본인이 늙지 않았고 언제라도 그들을 제거하면 '민씨 당여(黨與)'는 자연스럽게 해체되리라는 자신감이 있었을 만하다. 시간이 걸릴 수밖에 없는 문제였다.

그런데 7월 29일 형조판서 이지, 대사헌 권진, 좌사간 최함 등이 공동으로 올린 글에 처음으로 '민씨 당여' 이름이 대거 등장했다. 사건이 확대되려 하고 있었다.

평원군 조박은 두 사람이 어린 임금을 끼고 권세를 오로지해 종지(宗支-세자를 제외한 왕자들)를 잘라내고자 할 즈음에 마음을 같이해 함께 모의하고 악한 짓을 같이해 서로 보조를 맞추려 했습니다. 또 전 총제 김첨과 평강군 조희민은 두 사람과 더불어 몸은 다르나 마음을 같이해 당을 만들고 한 패거리가 되어 내선하려 할 때 홀로 반열에서 나와 금지한 바를 따로 의논해 몰래 두 마음을 품은 정상이 밝게 드러났습니다. 서령군 유기(柳沂)와 반성군 박은은 두 사람에게 아부한 지가 이미 오래되어 이제 삼공신이 연일 소를 올려 함께 두 사람이 불충한 죄를 청하는데도 도리어 병을 칭탁하고 뒤로 물러나 한 번도 참여하지 않았으니 그 불충을 당호(黨護-당여를 보호함)한 자취가 참으로 숨기거나 가릴 수 없습니다. 청컨대 조박 이하 다섯 사람에 대해 모두 직첩을 거두고 율에 의거해 논죄해야 할 것입니다.

태종은 이렇게 반응했다.

"너희들 말은 모두 사실이 아니고 남의 죄를 억지로 끌어모아 만드니 마땅히 국문을 가해야겠다."
곧바로 명해 이들을 순금사에 내리고 좌대언 윤사수로 하여금 가서 국문하게 했다.
또 말했다.
"말이 곧지 않거든[不直] 마땅히 곤장을 때려 신문하라."
_{부직}

정황으로 보아 '민씨 당여'들 이름을 드러낸 소는 태종 사주에 의해서가 아니라 형조와 대간의 독자적 움직임이었다. 태종은 광연루에 나아가 정승 성석린, 이무, 부원군 하륜·조영무를 불러 말했다. 핵심 실세들에게 하는 말이니 본심이었다.

"오늘의 무구 등이 곧 내일의 경들일 수 있다. 죄 있는 자가 몇 사람이나 되기에 그 죄를 얽어 만들어 다른 사람들에게까지 연루시키려 하는가? 무질 등은 이미 불충하다는 죄명을 받아서 내가 이미 외방에 내쳤다. 조박 같은 사람은 무슨 범한 죄가 있기에 대간에서 죄주기를 청하며 또 경들은 금하지 않는가? 바깥 사람들이 들으면 반드시 세자에게 변동이 있다고 의심할 것이니 이는 심히 상서로운 일이 아니다."

물론 태종은 민씨 당여에 대한 경계를 늦추지는 않았다. 어쩌면 싸움은 이제 시작인지 모른다고 여겼을 것이다. 태종 7년 (1407년) 9월 25일에 지신사 황희에게 한 말을 통해 알 수 있다.

"너와 박석명이 매번 허조가 쓸 만하다고 천거했다. (그런데) 지금 내가 비록 중궁의 친속이라 하여 사은(私恩)에 끌려서 곧바로 과감하게 결단하지 못하고 있지만 대소 신민이 분노해 무구 등의 불충한 죄를 분주하게 언급하는데 조는 (사헌부) 집의가 된 지 여러 날이 지나서 사신으로 명나라를 향해 출발할 때까지도 마치 못 들은 것처럼 하고서 침묵을 지키며 한마디 말도 하지 않았다. 그 마음에는 반드시 무구 등의 근거를 뿌리 뽑기 어려우며 만약 그 죄를 말했다가는 후환이 있을까 두려워한 것이니 그 아부하는 것이 분명한데 이는 간사하지 아니한가! 너희들은 조에 대해서뿐 아니라 마땅히 (다른 사람도) 그 사람의 충사(忠邪)를 살펴 천거해 써야 할 것이다. 나는 두렵건대 당부(黨附)하는 자가 많으면 마침내 무구 등의 술책에 빠지게 될 뿐이다. 너희들은 마땅히 더욱 조심해야 할 것이다."

태종은 허조마저 '민씨 당여 눈치를 보는 것은 아닌지'라고 의심하고 있었다. 같은 해 10월 29일 대사헌 안원, 좌사간대부 강회

중 등이 함께 무구 등 세 사람의 죄를 청했다. 태종은 소를 대궐 내에 그냥 두고 다음날 두 사람을 불러 말했다.

"경 등이 전날 대간의 청을 답습해 다시 청하기를 마지않는데 무구 등이 이미 불충하다는 이름이 있어 공신녹권을 회수하고 외방에 있게 했으니 이미 그 죄에 적당하다. 극례는 의리를 알지 못하는 미혹한 사람인데, 다만 작은아이가 먹 장난한 종이를 찢은 것뿐이니 불공(不恭)이라고 말하는 것은 괜찮지만 불충(不忠)이라고 하는 것은 안 된다."

불공과 불충은 생사를 가르는 말이다. 마침 이날(10월 30일) 신극례가 양주에서 죽었다. 이로써 민무구·무질 문제는 잦아드는 듯했다. 민씨 형제 문제가 민씨 당여 문제로 확산하는 것은 태종에 의해 제어되었다.

3단계: 이무 사건이 기폭제가 되어 민무구·무질 제거로 이어지다

태종 8년(1409년) 9월 장인 민제가 위독해지자 태종은 유배지에 있던 민무구·무질을 한양으로 불러 아버지를 만나보게 해주었다. 9월 15일 민제는 세상을 떠났고 21일에 민무구·무질은 유배지로 각각 돌아갔다. 그런데 바로 다음날 우정승 이무가 사직서를 올렸다. 그날 실록이다.

애초에 무가 몰래 (의정부) 사인 이명덕을 시켜 (사헌부) 집의 이관(李灌, 1372~1418년)[4]에게 일러 말했다.

"지금 무구와 무질이 서울에 이르렀는데 자식이 아비에게 대하는 효심은 한가지다. 대개 듣건대 주상께서 머지않아 대간에게 출사를 명한다고 하니 거동진퇴(舉動進退)를 가벼이 하지 말고 만일 나와서 일을 보게 되거든 부디 (무구·무질에게) 각박하게 하지 말라."

관이 이미 (관직에) 나와 일을 보게 되자 글을 올렸다.

'신이 사직하고 집에 있을 때 사인 이명덕이 천기를 누설하고 또 연락해 대간의 진퇴를 지휘했으니 실로 마땅하지 못합니다. 청컨대 직첩을 거두고 실상과 연유를 국문해야 할 것입니다.'

소를 궁중에 머물러 두고 내리지 않았다. 지신사 황희를 이무 집에 보내 뜻을 전했다.

"이 일은 아이들 장난에 가까우니 피혐하지 말고 일을 보라."

이무는 민무구·무질 편에 서서 대간을 사주했다. 이것이야말로 태종이 극도로 싫어한 언행이다. 의정부와 대간에서는 민무구·무질 처벌 요구 소를 계속 올렸으나 오히려 그해 11월 21일에는 두 사람을 불쌍히 여겨 쌀을 내려주기도 했다. 태종 8년(1408년) 말에는 또 조대림 사건까지 일어나 조정이 이래저래 뒤숭숭했다.

해가 바뀌어 태종 9년(1409년)에는 두 사람에게 경작할 토지

---

4 1408년 종부시령(宗簿寺令)으로 충청도경차관으로 나가 도망간 군인들을 추쇄(推刷)
  했다. 이어 사헌부 집의·대언을 지내고 1413년 지신사를 지냈다. 1417년 경기도관찰
  사를 지냈으나 이듬해 도량형을 바르게 하는 것을 규찰하지 않았다 하여 파직되었다.
  곧 함길도 도관찰사를 거쳐 이조참관이 되었으나 강상인 옥사에 연루되어 죽었다.

를 내려주게 하고 대신 서울에 있는 그들의 집을 헐어 각각 동평관(東平館)과 서평관(西平館)을 짓게 하고 값도 주도록 명했다. 태종 생각으로는 이 정도 선에서 민무구·무질 문제를 끝내려 했을 것이다.

태종 9년(1409년) 8월에 2차 선위 파동이 일어났다. 그러나 이번에는 1차 때와 달리 보름쯤 지나서 흐지부지되고 말았다. 다만 선위 의사를 거둔 지 이틀 후인 8월 27일 외척 봉군 금지법이 발의되었다. 이는 외척에게는 군(君)을 봉작하지 않는 제도였다. 2차 선위 파동 또한 외척, 즉 민씨와 연관된 일임을 짐작하게 하는 대목이다.

그런데 이 법이 발효되기 하루 전인 9월 8일에 원평군 윤목(尹穆, ?~1410년)이 흔단(釁端), 즉 큰일이 터지게 하는 실마리를 던졌다. 『이한우의 태종 이방원 하』 제3장 10절에서 살펴본 대로 윤목은 민무구·무질뿐 아니라 회안군 이방간까지 두둔하는 발언을 했다. 이 사건은 곧바로 불똥이 이무와 민씨 형제에게까지 튀어 이무는 10월 5일 처형되고 민무구·무질은 제주도로 유배지를 옮겼다가 결국 자진(自盡)하게 된다. 결국 이무 제거 단계까지 와서야 태종은 민무구·무질 주살을 결심하게 되었다고 봐야 한다.

이때부터 두 사람이 자진하게 되기까지의 사이에 태종이 했던 말 하나만 짚어보자. 그사이에도 의정부·공신·대간 등은 연일 두 사람을 주살해야 한다고 청했다. 딱 한마디다.

"경들 말이 옳지만 단지 내가 차마 할 수 없기[不忍] 때문이다."(태종 10년 1월 22일)

이미 태종은 마음을 굳혔다. 다만 장모 송씨 때문에 실행을 못할 뿐이었다. 3월 17일 마침내 결행하며 하는 말이다.

"내가 이 일을 결단하지 못한 것은 어린 아녀자의 작은 정[兒女之小情_{소정}]으로 처갓집 마음을 상하게 할까 두려워함에서였을 뿐인데 지금이라면 결단할 수 있다."

태종이 말한 '어린 아녀자의 작은 정'이란 아녀자의 어짊[婦仁=婦人之仁]을 가리킨다. 사적인 인정에 얽매여 큰일을 결단하지 못하는 경우를 말한다. 부인지인(婦人之仁)이란 표현은 사마천 『사기』에 나온다. 옛날에는 필부지용(匹夫之勇)과 나란히 많이 쓰이던 표현이다. 필부지용이란 쓸데없는 데서 남을 의식해 용력을 과시하거나 나서는 것을 말한다.[5]

---

5 『사기』「회음후전(淮陰侯傳)」에서 관련 부분을 점검해보자. 한신(韓信)이 제수(除授-대장군 벼슬을 받음)의 예를 마치고 자리에 오르자 한왕(漢王-유방(劉邦))이 "승상(丞相-소하(蕭何))이 장군을 자주 이야기했소. 장군은 무엇으로써 과인에게 계책을 가르치겠소?"라고 물었다. 한신이 감사의 인사를 하고 바로 한왕에게 "지금 동쪽으로 향해 천하의 대권을 함께 다툴 자는 어찌 항왕(項王)이 아니겠습니까?"라고 물었다. 한왕은 "그렇소"라고 대답했다. 한신이 말하기를 "대왕께서 스스로 생각하시기에 용감하고 사납고 어질고 군세기가 항왕(項王-항우)과 견주어 누가 낫습니까?"라고 하자, 한왕이 오랫동안 대답하지 않고 있다가 말하기를 "내가 항왕보다 못하오"라고 했다. 한신이 두 번 절하고 축하하며 말했다. "저도 그렇게 생각합니다. 저도 대왕께서 항왕보다 못하다고 생각합니다. 그러나 신이 일찍이 그를 섬긴 적이 있으니 항왕의 사람됨을 말씀드리겠습니다. 항왕이 성내어 큰 소리로 꾸짖으면 천 사람이 모두 엎드리지만, 뛰어난 장수를 믿고서 병권을 맡기지 못하니, 이는 단지 필부의 용맹[匹夫之勇_{필부지용}]일 뿐입니다. 항왕이 사람을 대하는 태도는 공경스럽고 자애로우며 말씨도 부드럽습니다. 누가 병에 걸리면 눈물을 흘리며 음식을 나눠줍니다. 그러나 부리는 사람에게 공로가 있어 마땅히 봉작해야 할 때 이르러서는, 그 인장이 닳아 망가질 때까지 차마 내주지 못합니다. 이것이 이른바 아녀자의 어짊[婦人之仁_{부인지인}]일 뿐입니다."

사소한 일부터 주도면밀을 요구하다

"경이 금중(禁中-대궐 내)에서 시위하는 것을 내가 매우 중하게 여긴다. 그러나 강원도는 본래 거진(巨鎭-큰 진영)이 없고 주군을 맡고 있는 자는 거의 모두 우활(迂闊)한[6] 서생(書生)들이어서 무비(武備)가 엉망이 되고 해이해졌다. 강릉부사는 비록 서생은 아니라 하더라도 정사는 잘하나 무사(武事)가 허술하다. 지금 왜구가 침략해 백성의 우환이 되고 있으니 내가 몹시 근심해 경을 강릉 등지의 조전 병마사로 삼는 것이다. 경은 행장(行裝)을 서둘러 기병 10인을 데리고 내일 역마를 타고서 가도록 하라."

태종은 본인이 늘 주도면밀했던 만큼 신하들에게도 같은 태도를 요구했다.

태종 3년(1403년) 7월 30일 좌군 첨총제(左軍僉摠制) 신유정(辛有定, 1347~1426년)[7]을 강원도 조전병마사(助戰兵馬使)로 삼고 명한 말이다.

8월 1일 임지로 떠나는 신유정을 다시 불러 대궐에서 기르는

---

6 말만 거창하고 현실을 잘 모른다는 뜻이다.

7 용맹이 뛰어났다. 조선 태조가 즉위하자 태조를 시종한 공으로 원종공신이 되어 크게 총애받았다. 1397년(태조 6년) 이산진 첨절제사가 되었고 1400년(정종 2년) 세자 이방원 추천으로 봉상시판관이 되었다. 이어 공조·예조·형조전서를 지냈으며 1403년(태종 3년) 강원도에 침입해 약탈을 자행하는 왜구를 크게 무찌른 공으로 좌군 동지총제가 되었다. 1407년 의주도병마사가 되었고 1410년에 야인 올적합이 경원에 침입하자 좌군도총제로 부원수가 되어 도원수 조연과 함께 출정해 이를 토벌했다. 1415년에 병으로 사임했다.

말 1필과 활·화살을 내려주면서 이렇게 당부했다.

유정이 대궐에 나와 하직 인사를 하자 상이 말했다.

"사람들이 모두 경더러 가볍고 조급하다 한다. 이는 장수라면 크게 경계해야 할 바다. 경은 나의 말을 잘 들어 늘 신중하고 가볍게 나아가서는 안 될 것이다. 비록 공을 이루고자 하는 것이겠지만 혹 그러다가 해를 입을 수 있다."

유정이 대답했다.

"적과 마주했을 때 사졸들이 머뭇거리고 흩어져서 형세가 궁하고 일이 급박한데 어느 겨를에 이것저것 돌아보고 생각할 수 있겠습니까? 이 때문에 종종 몸을 잊고 돌격하는 것일 뿐입니다."

상이 다시 가르쳐 말했다.

"내 말을 소홀히 하지 말라."

음식을 먹였다.

작은 일 하나도 허투루 지나치지 않았다. 태종 3년(1403년) 10월 20일 권근이 태종 친모 한씨 제릉(齊陵) 비문 초안을 지어 올렸을 때다.

김과에게 명해 말했다.

"권근이 제릉 비문을 지었는데 간혹 한두 자가 상례(常例)와 다른 것이 있다. 모두 내가 직접 본 일들이고 글의 뜻이 흡족해 한번 보면 분명하나 만일 일의 내용을 알지 못하고서 읽으면 반드시 세 번은 되풀이한 뒤라야 글 뜻이 통할 것이다."

과를 시켜 근에게 일깨워 말했다.

"이번에 고명(誥命)을 받은 일을 아울러 비문에 싣는 것이 참으로 좋지 않겠는가? 일단 새긴 뒤에는 고치기가 어려우니 마땅히 정승과 함께 잘 다듬은 연후에 내가 마침내 태상왕과 상왕께 받들어 아뢰겠다."

근이 말했다.

"고명을 받은 일은 반드시 비문에 실어야 합니다. 신은 겨우 초(草)를 잡아서 올린 것일 뿐이니 어찌 감히 이것을 바로 비(碑)에 새기겠습니까?"

태종 말을 보면 먼 미래에 비문을 읽을 누군가까지 생각하지 않고서는 나올 수 없는 말이다. 결국 이런 지적들이 다 반영된 제릉비가 이듬해인 태종 4년(1404년) 2월 18일에 세워졌다.

태종 17년(1417년) 6월 29일 자 실록에는 아주 흥미로운 사례가 실려 있다.

평안도 숙천·중화 등지에서는 황색·백색·흑색 황충(蝗蟲-메뚜깃과 곤충)이 곡식을 해치고, 풍해도 황주 지방에서는 청색·황색·흑색 황충이 곡식을 해쳤다. 이에 호조에 뜻을 내려 말했다.

"평안도·풍해도에서 보고한 황충을 제때에 잡게 하라. 만약에 황충이 너무 많아 인력으로 다 잡을 수 없다면[未能] 그만이지만 인력으로 할 수 있는 일[所能]을 각 고을 수령이 마음을 써서 잡지 않아 곡식을 해치는 데 이르게 한 것은 왕지부종(王旨不從-왕의 뜻을 따르지 않음) 율(律)로 논죄하라."

대체로 왕지는 승정원에서 짓는 것이지만 지금 왕지 안에 '미능(未能)·소능(所能)' 4글자는 상이 친필로 고친 것이다. 승정원에 뜻을 전해 말했다.

"장원한 인재라도 어디에다 쓰겠는가?"

이때 지신사 조말생이 을과(乙科) 제1인이었기 때문이다.

고려 문과 급제 임금과 조선 문과 장원급제 신하 간 대화였다. 조말생이 문과 장원급제자였기 때문에 유머를 섞어 말한 대목이다. 태종은 글자 하나하나에도 온 정성을 쏟았다. 이는 쓸데없이 자구를 따지는 것이 아니다. 일에 임해 최선을 다하는 모습이다. 경사(敬事)란 바로 이런 것이다.

3 ___

불치하문

불치하문(不恥下問), 즉 아랫사람에게 묻기를 조금도 부끄러워하지 않는다는 것은 『논어』「공야장(公冶長)」에 나오는 말이다. 이는 묻고 배우기를 정말로 좋아하는 사람이라는 뜻이다. 그래서 호학(好學)과 호문(好問)은 같은 뜻이다. 이런 사람에게 주는 시호가 문(文)이다. 공자는 이를 중시했기에 흔히 중문경도(重文輕道)라고 한다. 반면 주희는 도(道)를 중시하고 문(文)을 깎아내렸기에 중도경문(重道輕文)이라고 한다. 그만큼 공자와 주희는 정신세계가 전혀 다르다.

태종은 묻기를 좋아했다. 태종이 묻는 경우는 크게 2가지다. 하나는 정말로 몰라서 묻는 경우이고 또 하나는 신하들 마음속을 살피기 위해 묻는 경우다. 스승 같은 신하[師臣]로 여기던 하륜이나 권근에게 물을 때는 대부분 전자에 속한다. 이런 물음들을 통해 태종 제왕학 연마 수준과 관심사를 엿볼 수 있다. 반면 어떤 정치적 사건이 발생했을 때 하는 질문은 질문받는 신하 속내를 알아내기 위함이었다. 이럴 때 신하들은 긴장하지 않을 수 없다.

우선 전자 몇 가지를 살펴보자. 태종 3년(1403년) 8월 21일 실록이다.

> 의정부 사인을 좌정승 하륜 집에 보내 (명나라에) 예물을 진헌할 일을 토의하게 했다.
>
> 사인 이회에게 가르쳐 말했다.
>
> "지금 진하사를 보내는 길에 예물까지 아울러 바치려고 한다. 이는 절일이나 정조(正朝)에 비할 바는 아니니 예물을 바치는 것이 예(禮)에 있어 어떠하겠는가? 이번에 처음 바치게 되면 (중국) 조정에서는 으레 있을 것으로 생각하겠지만 새 황제가 즉위해 존호를 추상(追上)하고서 사신을 보내어 알려온 것이 어찌 해마다의 일상사이겠는가? 이에 륜과 상의해 아뢰라."
>
> 회가 륜에게 가르침을 전하니 륜이 대답했다.
>
> "이번 하례는 비록 상례는 아니나 마땅히 예물을 바쳐야 할 것입니다. 비록 예에 부합하지는 못하더라도 (그런 잘못은 예를) 두텁게 함에 있어서의 잘못입니다.[8]"
>
> 상이 옳다고 여겼다.

---

8 즉, 잘못이 아니라는 말이다. 애매할 경우 엷게 하는 쪽보다는 두텁게 하는 쪽이 예에 가깝다는 논리다. 따라서 "후한 것은 잘못입니다"라는 기존 번역은 失於厚矣라는 문장의 문법과도 일치하지 않는 정반대의 오역이다.
   실 어 후 의

부연하면 태종도 예에 밝은 편이었지만 외교, 특히 상국 명나라 관련 예대(禮待) 문제가 생기면 십중팔구 하륜에게 물어서 결정했다. 하륜은 자잘한 형식에 얽매이는 예법이 아니라 일의 이치와 형세를 살펴 알맞게[中] 대응하는 예에 밝았기 때문이다.

세세한 사항들에 대해서도 태종은 수시로 질문을 던졌다. 태종 4년(1404년) 9월 21일 자 실록이다.

하륜·이거이·성석린·조준·이무·이서를 불러 정사를 토의했다. 상이 말했다.

"중국의 사신이 오면 반드시 금강산을 보고 싶어 하는데 이는 어째서인가? 속담에 말하기를 '중국인에게는 "고려라는 나라에 태어나 직접 금강산을 가보는 것이 소원이다"라는 말이 있다'라고 하는데 정말 그러한가?"

륜이 나아와 말했다.

"금강산이 동국에 있다는 말이 『대장경』에 실려 있다 보니 그렇게 말하는 것일 뿐입니다."

상이 말했다.

"그렇다."

상이 말했다.

"옛날 당나라 태종이 손에 작은 매를 받쳐 들고 있다가 위징이 오는 것을 보고 이에 그 매를 소매 속에 감추었는데 징은 이를 알고서 일부러 스스로 오래 머무니 매가 마침내 (질식해서) 죽었다고 한다. 어찌 (태종이) 징을 두려워함이 이처럼 심했던 것인가?"

준이 나아와 말했다.

"이것은 위징이 뛰어난 것이 아니라 바로 태종이 뛰어난 것입니다."

상이 말했다.

"그렇다."

조준은 태종 눈높이에서 사리에 맞고 수준 높은 답변을 해줄 수 있는 단골 질문 상대 중 한 명이었다. 다른 맥락에서 검토한 바 있는 태종 4년(1404년) 9월 11일 자 실록이다.

> 기유일(己酉日-11일)에 성석린·조준·이무·조영무·이직·권근 등을 불러 정사에 관해 의견을 나눴다. 상이 말했다.
>
> "대체로 백성의 마음은 어짊이 있는 이[有仁=有仁者]를 마음에 품는 것인데 건문(建文)⁹은 너그럽고 어진데도[寬仁] 망했고 영락(永樂)은 형살을 많이 행했는데도 흥한 것은 어째서인가?"
>
> 준이 대답했다.
>
> "다만 너그럽고 어진 것만 알았을 뿐 기강을 세우지 않았기 때문입니다."¹⁰
>
> 상은 그렇다고 여겼다.

---

9 명나라 두 번째 황제 혜제(惠帝)인데 연호인 건문으로 부르고 있다. 영락도 성조(成祖) 인데 마찬가지다. 물론 혜제나 성조는 묘호이기 때문에 성조는 특히 아직 그런 시호 가 없을 때다.

10 『서경』「우서(虞書)·고요모(皐陶謨)」편에서 고요는 순임금에게 9가지 다움[九德]을 강조했는데 그중 2가지가 여기에 해당한다. 첫 번째가 관이율(寬而栗), 즉 너그러우 면서도 장엄해야 하고 두 번째가 유이립(柔而立), 즉 유순하면서도 꼿꼿해야 한다는 것 이다.

국가 경영에 있어 기강 문제를 강조한 것이다.

태종에게 자문 요청을 하륜 다음으로 많이 받았던 신하는 권근이다. 하륜에게는 정치 현안이나 명나라 외교를 위한 실무적인 대안을 주로 물었다면 권근에게는 학술 관련 질문을 많이 했다.

권근은 글로 태종 마음을 움직였다. 권근이 써서 올린 의견 중 받아들여져 시행된 바가 많았다. 실록에는 권근이 글을 올리면 "그대로 따랐다[從之]"는 언급이 수없이 나온다. 태종 1년(1401년) 1월 14일 문하부 참찬사 권근이 다스리는 도리[治道] 6조목을 올렸는데 그중 하나가 정몽주 복권과 절의(節義) 현창 문제였다. 그 글에서 김약항(金若恒)과 길재(吉再) 현창도 함께 주장해 태종으로부터 동의를 끌어냈다. 글 중에서 정몽주 관련 부분만 맛보자. 글은 아주 조심스럽게 시작한다.

남몰래 살펴보건대 지난 왕조의 시중 정몽주는 본래 한미한 유자[寒儒]로 오로지 태상왕께서 천거하고 뽑아준 은혜를 입어 정승에 제배되었으니 그 마음이 어찌 태상께 두터이 갚으려 하지 않았겠습니까! 또 재주와 식견의 밝음이 있는데 어찌 천명과 인심이 돌아가는 곳을 알지 못했으며, 어찌 왕씨의 위태로워 망해가는 형세를 알지 못했으며 자신의 몸이 보전되지 못하리라는 것을 알지 못했겠습니까! 그런데도 오히려 섬기던 곳에 마음을 오로지하고 그 절조를 바꾸지 않아 목숨을 잃는 데 이르렀으니 이것이 이른바 '큰 절조에 임해 그것을 빼앗을 수 없다[臨大節而不可奪]'[11]라는 것입니다.

---

11 『논어』 「태백(泰伯)」편에 나오는 증자(曾子) 말이다. "6척의 어린 임금을 부탁할 만하

422

한통(韓通)[12]은 주나라를 위해 죽었지만 송나라 태조가 그를 추증(追贈)했고, 문천상(文天祥)[13]은 송나라를 위해 죽었지만 원(元)나라 세조가 또한 추증했습니다. 몽주는 고려를 위해 죽었는데 홀로 오늘날에 와서 추증할 수가 없겠습니까?

태종은 본인이 높이 평가하는 신하들이 말하면 기꺼이 귀를 기울여 들었다. 물론 태종은 원칙적으로 친소(親疏)에 따라서가 아니라 공도(公道)를 척도로 삼았음은 두말할 필요도 없다.

묻기를 좋아함은 일반 신하들이라고 해서 예외가 아니었다. 태종 3년(1403년) 8월 20일 자 실록이 이를 잘 보여준다.

달이 필성(畢星)[14] 자리의 큰 별을 가렸다. 서운관판사 장사언을 불러 물었다.

"월엄(月掩)이니 월범(月犯)이니 월입(月入)이니 월수(月守)니 하는 것을 어떻게 구별하는가? 또 달이 필성을 가리면 그 응험은 어떠하냐?"

사언이 대답했다.

"달이 별에 가까우면 범(犯-범하다)이라 이르고 별을 막으면 엄(掩-가

고, 백 리 되는 제후국의 흥망을 맡길 만하며, 국가의 위기 상황에 임해서는 (그 절개를) 빼앗을 수 없다면 군자다운 사람일까요? 군자다운 사람입니다[可以託六尺之孤 可以寄百里之命 臨大節而不可奪也 君子人與 君子人也].

12 후주(後周) 무인이다.

13 남송(南宋) 말 충신이다.

14 이십팔수(二十八宿)의 열아홉째 별자리를 가리킨다.

리다)이라 이르고 별이 달에 들어갔다가 바로 나오면 입(入-들어가다)이라 이르고 별이 달에 들어가서 오래 있으면 수(守)라고 이릅니다. 만일 달이 필성을 가리면, 그 응험은 군사가 일어나는 것입니다. 그러나 어젯밤에 달이 필성을 가린 땅은 유방(酉方-정서 쪽을 중심으로 한 15도 안의 방위) 지역이니 우리나라 안은 아닙니다."

사언이 물러간 뒤에 내수(內豎-어린 내시)에게 명해 서책을 내다가 보니 달이 필성을 가리는 응험이 과연 사언이 말한 바와 같았다. 상이 말했다.

"하늘이 재이로써 꾸짖어 경고하니 스스로를 닦고 살피지 않을 수 없다. 모름지기 교서를 반포해 구언(求言)해서 신료들과 더불어 두려워하고 조심하려 한다."

여기서 눈여겨볼 점은 장사언이 물러간 다음이다. 태종은 곧바로 어린 내시를 시켜 관련 서적을 통해 들은 내용을 직접 확인했다. 적어도 장사언이 제대로 알고 말했는지 직접 확인하는 치밀함이다.

태종은 중요한 일을 할 때는 여러 루트를 통해 반드시 실상과의 합치 여부를 확인했다. 그것이 아마도 곧음[直]을 실천하는 방법이었을 것이다.

제 6 장

태종풍 정치술

1 —

조선판 마키아벨리스트

태종은 철저한 현실주의자다. 권력(權力, Power)에 관한 한 태종은 마키아벨리스트라는 말이다. 태종은 권력이란 병권(兵權)에서 나온다고 믿었다. 태종 9년(1409년) 8월 28일 삼군 진무소를 의흥부로 고치고 주요 권한을 병조에게 넘긴 뒤 좌대언 김여지에게 일러 말했다.

"예로부터 병권의 연혁(沿革-내력)에 대해 과인만큼 마음을 쓴[用心]_{용심} 자가 없다."

그는 군신 관계를 파워 게임이라고 보았기에 재위하는 내내 조금도 긴장을 늦추지 않았다. 오히려 종종 신하들이 한순간 방심했다가 봉변당하곤 했다. 이 점에 관한 한 그는 심온 처리에서 보듯 무자비한 쪽에 가까웠다. 여러 신하에게 옛날이야기를 무심코 툭 던지는 듯이 연기(?)한 다음 관련 인물 처벌 요구를 끌어내는 방식이 전형적이다. 최측근을 불러 옛날이야기를 몰래 한 다음 그 사람으로 하여금 탄핵을 주도하도록 하고 자신은 완급(緩急) 조절을 하는 방식도 비슷한 버전이다.

이를 두고 '잔인', '가혹' 운운은 정치를 모르는 유치한 반응일 뿐 아니라 태종이 살던 시대가 혁명적 격동기였음을 망각한 한가한 반응이다. 토머스 홉스 말대로 '만인에 대한 만인의 투쟁(Bellum omnium contra omnes, The war of all against all)'을 전제로 할 때라야 우리는 태종풍 정치술이 보여준 실상과 본질에 보다 가깝게 다가갈 수 있다.

세종에게 왕위를 물려주고 세종 장인 심온까지 제거한 지 몇 달이 지난 세종 1년(1419년) 3월 25일 실록이다.

상왕이 상과 더불어 동교에 나아가 해청(海靑-매) 사냥을 구경했는데 하도 날래서 놓아주자마자 곧바로 새들을 잡아 오니 상왕이 무척 신기하게 여겼다. 낙천정에서 술을 마시는데 종척(宗戚-종친)과 대신들이 차례로 잔을 올렸다. 상왕이 조말생과 원숙을 불러들여 앞으로 나아오게 하고 말했다.

"을미년(乙未年-1415년)에 서쪽을 순행하려 하는데 허조가 '아뢸 말씀이 있으니 옆 사람을 물리쳐달라'고 하고서 눈물을 흘리며 말하기를 '서쪽에 가실 일을 정지하고 노이(盧異)를 써주시옵소서'라고 했다. 그의 지극한 충성이 말과 얼굴에 나타나기에 나는 서쪽 순행을 정지하겠다고 했으나 중론이 '지공(支供-지원)하는 범절(凡節-절차)이 이미 준비되어 있으니 중지할 수 없다'라고 해 마침내 따르지 못했고 노이 일은 내가 그 자상한 내용을 말했더니 허조 역시 수긍했다.

애초에 노이가 정언이 되었을 적에 좌중에다 말을 펼치며 나를 남의 처첩이나 빼앗는 사람으로 만드니 사간(司諫) 안성이 듣고 와서 아뢰므로 나는 '내가 만약 그런 일이 있었다면 저 하늘에 있는 해가 굽어볼 것이다'라고 말한 일이 있었다."

좌의정 박은·곡산군 연사종 등이 아뢰어 말했다.

"신들은 이런 일을 지금에야 들었습니다. 그 연유를 문초해야 하겠습니다."

상왕이 말했다.

"무슨 소린가? 오늘 이런 말을 한 것은 다름 아니라 말을 날조해낸 자를 알아내고 노이를 쓰려는 때문이다. 그때 박석명으로 하여금 문초한 결과 노이는 죄를 시인했지만, 반드시 말을 날조해낸 자가 있었을 것이다. 그렇다면 노이 죄가 아니다. 내가 즉위한 이래로 좋은 사람이 있다는 말을 들으면 반드시 썼는데 노이나 이양명은 사람들이 다 선하다고 칭하는데도 등용하지 못했으니 이 일은 나에게 평생토록 한이다. 마땅히 불러서 사유를 들어봐야 하겠는데 노이는 지금 어디에 있으며 그때 낭사(郎舍)[1]는 누구던가?"

조말생이 대답해 말했다.

---

1 고려와 조선 초에 문하성(門下省)·첨의부(僉議府)·도첨의사사(都僉議使司)·도첨의부(都僉議府)·문하부(門下府) 등에 소속되어 간쟁(諫諍)과 봉박(封駁)에 관한 일을 맡아보던 부서 또는 그 부서의 관원을 말한다.

"노이는 지금 합천에 있고 그때 낭사는 신효·안성·조휴·박초 등이었습니다."

상왕이 또 말했다.

"이양명이 헌납으로 있던 시절에 이지직·전가식 등이 민씨에게 부탁을 받아 말을 펼치되 나에게 '응견(鷹犬)·성색(聲色-음악과 여색)을 좋아한다'라고 하며 '장차 간언해야겠다'라고 했다. 이에 이양명은 말하기를 '부모님께서 내려주신 몸을 각각 스스로 아껴야 하는 것이니 마땅히 먼저 언관은 죄주지 않는다는 법부터 마련한 다음에 간언해야 한다'라고 했다. 그 생각이 만약 간언한다면 반드시 시비도 가리지 않고 바로 형벌을 가할 것으로 안 것이니 이는 나를 마치 북방 야인처럼 여긴 것이다. 어찌 임금을 사랑하는 뜻이 있다고 하겠는가? 내 집안이 대대로 활쏘기를 익혔지만, 나는 나이 25세 때야 비로소 매사냥을 알았을 뿐이오 개나 성색은 내가 좋아하는 바가 아니다. 다만 그때 새로 권 궁주(權宮主)를 들여 앉힌 일 때문에 민씨가 이지직 등을 사주해 간언하게 했던 것이다. 전가식을 대질 심문한 결과 '민무구 등에게 사주를 받았다'라고 하므로 나는 그 실정을 알게 되었다.

이지직은 사람됨이 비록 순량하나[良] 죄가 전가식과 같으므로 쓰지 않았고 이양명은 마음씨가 비록 굽었지만[曲=枉] 내가 써서 벼슬이 4품에 이르렀다. 이양명은 지금 어디에 있는가?"

원숙이 대답했다.

"행주에 있습니다."

상왕이 말했다.

"불러오라. 내가 장차 다시 물어보겠다."

430

이 정도면 누구라도 상왕 태종이 진정으로 노이나 이양명을 용서하고 다시 기용하려는가 보다라고 생각할 수밖에 없다. 좀 더 추적해보자.

같은 달 27일 이양명이 오자 상왕이 말했다.

"전날 범죄에 대해 해명할 수 있다면 숨김없이 다 말하라."

이양명이 아뢰었다.

"신은 해명할 것이 없습니다."

상왕이 말했다.

"잘 대접해 보내라."

일단 이양명은 여기서 끝났다. 그런데 한창 대마도 정벌 준비로 바쁘던 그해 5월 22일 사헌부와 사간원이 합동으로 노이와 이양명뿐 아니라 이지직·전가식·신효 등을 모두 처벌해야 한다고 주장했다.

'인신(人臣-남의 신하 된 자)이 저지른 불경죄는 법에서 용서하지 못하는 것입니다. 엎드려 살펴건대 전 참의 이지직·전 도사(都事) 전가식 등이 일찍이 간관이 되어 민씨가 사주한 바를 듣고 감히 없는바 과실을 들어 거짓말로 글을 올려 성덕(聖德-임금의 임금다움)을 더럽혔으니 그 불경함이 어찌 이보다 더 심하겠습니까? 그때 정부와 대간이 함께 글을 올려 법대로 벌줄 것을 청했으나 전 사예 이양명이 그때 마침 간신(諫臣)으로서 청죄하려는 마음은 없고 도리어 불경한 무리와 당을 지어 말을 꾸며서 아뢰되 그 죄를 면하게 하라고 청했습니다. 불경한 죄는 같고 전 정언 노이는 불순한 말을 만들어 사사로이 지존(至尊)을 헐뜯었으니 그 불경스러움이 막심하며 전 교수관 신효는 같은 때 정언으로서 그 말에 조력해 (왕의 없는 허물을) 드러나게 했습니다. 죄 또한 중하거늘 특히 상왕에게 지극히 어진 다움을 입어 각각 목숨을 보전해 오늘에 이른 것이니 불경한 죄를 징계할 바 없습니다.

바라건대 전하께서 지직과 가식·양명·노이·신효를 유사에 맡겨 법대로 죄주어 그 불경함을 징계함으로써 신민의 바람을 터주신다면 지극히 다행할 것입니다.'

상왕은 단 한 차례도 보류하거나 소를 물러두지 않고 기다렸다는 듯 바로 그날 전가식·이양명·노이에게 직첩을 거두어 서인으로 삼고 다른 사람들은 논하지 말라고 명을 내렸다.

애초에 태종이 말을 꺼낸 뜻은 노이와 이양명 재기용이 아니라 그들이 재기할 씨앗을 밟아버리는 데 있었다고 봐야 한다. 민씨 집안과도 관련된 사안이었기 때문이다.

이런 정치술도 어쩌면 태종풍 어신지술(馭臣之術) 중 하나다. 이런 식으로 태종은 신하로부터 자신을 지켰는지 모른다.

정치술을 긍정이나 부정 양자택일적 시각으로 볼 필요는 없다. 어차피 임금과 신하 모두 파워 게임 참여자다. 물론 얼핏 보면 군주제에서는 임금이 일방적으로 유리하게 보일 수 있다. 그러나 임금은 1명이고 신하는 다수임을 감안한다면 꼭 그렇지 않다. 조선 중후기 군신 관계를 살펴보면 얼마든지 신하들이 임금을 흔들 수 있음을 알게 된다. 때로는 태종이 종종 구사한 몇 년씩 기다리는 지연 전술은 오히려 보다 명확한 물증을 잡고 참소(讒訴)를 피하는 전술이라는 점에서는 대표적인 태종풍 정치술로 평가할 수 있다. 이제 본격적으로 그가 재위하면서 보여준 태종풍 정치술로 들어가 보자.

2 —

4년간 묵혀야 했던
이거이 부자 역모 사건

1등 공신의 배신

이거이(李居易, 1348~1412년)는 고려 말 형부상서 이정 아들이다. 이거이는 고려 말 문과에 급제했고 아들 이저가 태조 이성계 큰딸 경신공주와 결혼하면서 조선 왕실과 깊은 인연을 맺었다. 그 덕에 태조 때 병마도절제사, 문하부참찬사, 한성부 판사 등 요직을 두루 거치면서 실력자로 성장했다.

1·2차 왕자의 난에서 아들 이저와 함께 이방원을 도와 큰 공을 세워 부자가 나란히 1등 공신에 책록되었다. 그러나 이방원이 세자가 되자마자 단행한 사병 혁파에 노골적으로 반기를 들었다가 자신은 계림부윤으로, 아들 이저는 완산부윤으로 쫓겨났다.

정종 2년(1400년) 11월 13일 태종 즉위 당일 태종은 이거이를 다시 불러들여 좌정승에 임명했다. 이거이가 그렇게도 원했던 '정승' 자리였다. 그러나 4개월 만인 윤3월 1일 이거이는 쫓겨났다. 그 정치적 배경은 세월이 한참 지난 태종 4년(1404년) 10월 18일 이거이 부자 탄핵이 이뤄지면서 드러나게 된다.

특이하게도 종친·공신·삼부·대간·형조가 합동으로 이거이 부자가 역모를 꾀했으니 국법에 따라 처단해야 한다는 소를 연일 올렸다. 종친이나 삼부는 이런 문제에 거리를 두는 게 관례였기 때문이다. 이거이 부자 역모란 4년 전인 태종 1년(1401년)에 있었던 정종 복위 기도를 가리켰다. 이 이례적인 집단 상소를 태종은 반려했다.

> "무인년(戊寅年-1차 왕자의 난)의 공은 오로지 이저에게 있고 경진년(庚辰年-2차 왕자의 난)의 공은 오로지 이거이와 이저에게 있다. 또 사사로운 정으로 말하자면 이거이의 또 다른 아들 이백강은 내 사위다. 그대들이 청하는 것이 비록 간절하고 지극하나 내가 들어주지 않을 것이다."

이 말은 사실이다. 태종은 이저와 처남 매부 사이다. 이거이와는 사돈 관계다. 그런데 무인년의 공, 즉 1차 왕자의 난에서 공이 '오로지' 이저에게 있고 경진년의 공, 즉 2차 왕자의 난에서 공이 '오로지' 이거이와 이저에게 있다는 말은 대체 무슨 뜻일까? 다시 한번 1398년 8월 26일과 1400년 2월 28일로 돌아가서 확인해보자.

1398년 8월 26일 정안군 형제들이 아버지 이성계가 위독하다는 전갈을 받고 경복궁 내 행랑방에 모였을 때 그 자리에 상당군 이저도 태조 사위 자격으로 함께 있었다. 정안공이 낌새가 이상하다고 느껴 뒷간에서 나와 말을 타고 집으로 도망칠 때 이저도 함께 달렸다. 집에는 이거이를 비롯해 민무구 형제·이숙번·신극례·조영무 등 심복이 대기하고 있었다. 정안공이 남은 첩의 집을 기습해 정도전·심효생 등을 척살하고 광화문 앞에서 대치할 때 줄곧 정안공 곁을 지킨 인물도 이저였다.

1400년 2월 28일에도 이저는 아버지 이거이와 함께 경상도 시위패를 지휘해 시가전에서 결정적인 공을 세웠다. 그러니 이거이 부자에 대해 태종이 가진 부채 의식은 상당할 수밖에 없었다. 태종이 주도한 사병 혁파 때 이거이 부자가 조영무 등과 함께 노골적으로 반발했어도 지방으로 내치는 정도로만 조처한 이유도 그 때문으로 보인다. 태종이 이거이 부자는 공이 크고 인척이라 처벌할 수 없다는 말을 끝내자 대사헌 유량이 정면으로 비판하고 나섰다.

"법이란 천하 만세에 함께하는 것이요 전하께서 사사로이 할 수 없는 것입니다. 이제 특히 이거이 죄에 관대하시니 그로 인해 신은 사직이 위태로워질까 두렵습니다. 『춘추(春秋)』 법에는 난신적자(亂臣賊子)는 (임금이 아닌) 다른 사람이라도 벨 수 있고 또 먼저 처벌하고 뒤에 아뢰는 뜻도 있습니다. 전하께서 만약 끝내 들어주지 않으면 신은 마땅히 옛 법을 따르겠습니다."

『춘추』를 들먹이며 나섰다. 유량(柳亮, 1354~1416년)은 고려 우왕 때 문과에 급제해 전라도 안렴사 등을 지냈고 이성계와 친분이 두터워 개국하자 원종공신에 녹훈되었다. 태조 6년(1397) 계림부윤으로 부임했고 다음 해 왜구가 침입해 오자 이를 크게 무찔렀다. 2차 왕자의 난 때 이방원을 지지해 좌명공신 4등에 오른 그는 그 후 동북면순문사를 거쳐 대사헌, 형조판서, 예문관 대제학 등을 지냈다. 바로 이 무렵이다. 훗날 그는 이조판서, 의정부 참찬사를 거쳐 1415년 우의정에 오른다. 시시비비를 가릴 때 궤변을 쓰거나 남 눈치를 보지 않고 당당해 태종에게 큰 신뢰와 총애를 받았다. 그런 유량이 직접 이거이 부자를 죽이고 자기 책임을 뒤에 묻도록 하겠다고 나왔다. 깜짝 놀란 태종은 "경이 하는 말을 들으니 이러다가는 내 몸도 보전하기 어렵겠구먼"이라며 "이거이 부자를 진주(鎭州-충청도 진천)에 유배하겠다"라고 답한다.

태상왕의 뜻

이거이 부자에 대한 미온적 조치 배경에는 태종 본인이 가졌던 부채 의식과 함께 태상왕 뜻도 크게 작용했다. 이거이 부자를 죽여야 한다는 상소가 빗발치는 가운데 태종 4년(1404년) 10월 20일 태종은 태상왕에게 부름을 받는다. 여러 차례 잔이 오간 다음 태종은 이거이 부자 문제를 어떻게 처리하면 좋겠느냐고 의견을 구했다. 태상왕은 하늘을 한참 쳐다본 다음 말했다.

> "네 마음으로 이미 결정을 내렸으리라고 본다. 그러나 회안(懷安-넷째 이방간)이 이미 쫓겨났고 익안군(益安君-셋째 이방의)은 이미 죽었고 상왕(上王-둘째 이방과)은 출입하지 않으니 친척 가운데 살아 있

는 자가 몇 사람이냐? 일이 이뤄질 때는 돕는 자가 많지만 일이 낭패할 때는 돕는 자가 적다. 사생지간에 돕는 자 중에 친척만 한 것이 없다. 네가 그들을 보전하면 국가에 재앙이나 천변(天變)·지괴(地怪)가 적어질 것이다. 이 일은 큰 것인데 나는 장차 큰 근심이 있을까 두렵구나.”

생사를 넘나드는 전장을 평생 누빈 노장다운 조언이었다. 태종은 한참 눈물을 쏟다가 물러 나왔다. 태상왕이 가진 우려는 실제로 태종 본인 생각과 크게 다르지 않았다.

그런데 이날 대간과 형조는 의정부찬성사 남재 탄핵 후 태종 지시도 없이 남재를 가택 연금해버렸다. 남재가 이거이 부자 당파라는 이유였다. 진노한 태종은 다음날 삼성(三省-사헌·사간·형조) 담당자인 사헌부 장령 이치와 형조정랑 조말생, 사간원 정언 탁신을 순군옥에 가두었다. 남재는 앞서 보았듯이 태종이 크게 아끼던 신하다.

뜻밖에 태종이 궁지에 몰렸다. 대사헌 유량이 삼성 관리 13명을 거느리고 와서 세 사람을 풀어주지 않으면 순군옥에 제 발로 들어가겠다고 버텼다. 더욱이 유량은 이거이와 남재가 가깝게 지냈다고 처음 발설한 인물은 자신이니 자기부터 처벌해달라고 청했다. 결국 태종은 이치·조말생·탁신을 풀어줄 수밖에 없었다. 그 후 태종은 공신들에게 넋두리처럼 말했다.

“예전(-태종 1년 초)에 있었던 일은 다름 아니라 공신들 가운데 길이 같지 않은 자가 있어 서로 당파를 나눠 의심하고 시기해 난(亂)을 꾸미기를 좋아했기 때문이다. 만약 그것이 지금의 일이라면 이거이가 어찌 나를 미워하고 또 어찌 우리 아이들을 싫어했기 때문이겠는가? 다만 그가 어리석고 미련해 말을 하다가 우연히 국가에 간범(干犯)되었던 까닭이다.

바라건대 여러 공신은 이제부터 경계해 이와 같이 하지 말 것이며 마음을 같이하고 덕을 같이해[同德] 왕가를 좌우에서 도와준다면 참으로 크게 다행스럽겠다."
동덕

여기서 4년 전 이거이 부자가 꾸미려 했던 난이 어떤 것이었는지 그 성격이 조금 드러난다. 당시 이거이 부자는 태종과 그 왕자들을 제거하고 정종을 다시 세우려는 음모를 꾸몄다. 이를 알면서도 태종은 이거이를 좌정승에서 내쫓는 정도로 마무리 지었다. 이거이 부자 탄핵 논란은 한참 뒤늦게 터진 셈이다.

결국 10월 24일 태종은 양쪽 모두 벌하는 방식으로 문제를 해결했다. 유량을 비롯한 삼성 실무자들을 자리에서 내쫓았고 이거이와 이저는 서인으로 강등시켰으며 본인 사위이자 이거이 아들인 이백강·이백관·이백신·이현 등 4명도 모두 서인으로 강등시켜 지방으로 유배 보냈다. 대간에서는 이백강과 정순공주를 이혼시켜야 한다고 했지만, 태종은 이혼은 안 된다며 정순공주도 남편 유배지에 함께 가라고 명했다.

이로써 끝나지 않았다. 이거이 사위인 신중선과 경지 중에서 신중선은 처벌을 면했지만, 경지는 파직당했다. 이거이 친척 중에서는 최원준·최안준·허권·박영·홍제·민설·이곤륜 등이 유배되었다. 한집안이 몰락하는 순간이었다.

3 ___

정종 복위 운동

정종을 따르는 신하들

이거이가 좌정승에서 쫓겨난 것은 태종 1년(1401년) 윤3월 1일이다. 그는 태종과 왕자들을 제거하고 정종을 복위시키려 했다. 이거이 부자 입장에서는 정종이나 태종이나 다 같은 인척인 데다가 태종은 사병을 혁파해버린 '원흉'이기도 했다. 조정 신하 중에는 정종이 선위한 것이 아니라 선위당한 것이라고 보는 사람들이 많았다.

그에 앞서 2월 2일 사헌부에서는 정종을 따르는 구신(舊臣) 31명을 지목해 직첩을 거두고 유배 보내야 한다는 소를 올렸다. 소 내용을 봐서는 구체적이고 조직적인 반란 움직임이 있었던 심각한 상황은 아니었던 듯하고 아마 정종 선위 이후 자신들이 누리던 권세가 하루아침에 날아가자 삼삼오오 모여 불만을 토로하다가 발각된 듯했다.

우선 이들 면면을 살펴보자. 공안부 판사 정남진, 검교 문하부 참찬사 김인귀, 공안부윤 조진, 전 밀직제학 노구산, 호조전서 배중륜, 예조전서 노필, 전 전서 이신언, 사복시 판사 정점, 수령부 사윤 황간·윤사례, 전 판사 지청·박유손·박의, 전 대장군 노원식, 사농경 이지실, 전 감(監) 엄유온·최수안, 전 소감 황상, 전 장군 장인열·최석, 전 판사 박원부, 공안부 소윤 이원상, 장군 차승하·박득년, 전 장군 함식·조현·이중량·원윤·정윤·손흡·박인찬 등 31명이다. 대부분 전직이고 현직이라야 정남진·배중륜·노필 정도인데 핵심 자리도 아니다. 일을 꾸밀 만한 인물은 없었다.

소에서도 이들이 구체적인 행동에 들어갔다는 말은 없고 다만 "불만을 토로하고 이간질하고 있으니 이대로 두면 장차 큰일이 생길지 모른다"라는 지적뿐이다. 처벌 수위도 대역죄에 해당하는 사형감이 아니라 유배감이라고 주장하는 것으로 미리 문제를 일으킬 수 있는 싹을 제거하자는 차원이었다.

흥미롭게도 태종은 그중에서 정남진·조진·노필·지청·이지실 등 5명은 문제 삼지 말고 나머지만 유배 보내라고 지시했다. 태종이 당시 사람들 동태와 됨됨이를 속속들이 알고 있었다는 뜻이다.

영안군 이양우 무고 사건

그 직후인 2월 9일 서울시장 격인 한성부윤 변남룡(卞南龍)과 아들 변혼(卞渾)이 저잣거리에서 효수당했다. 사람들은 뭔가 역모와 관련되었을 거라고 웅성거렸다. 실록이 전하는 사건 전모에는 석연찮은 구석이 대단히 많다.

어느 날 완천군 이숙 집에서 이성계 이복형 이원계 아들인 영안군 이양우와 완산군 이천우 등 3명이 밤늦도록 술을 마셨다. 이때 이양우가 술에 취해 "천재지변이 잦은 것은 무슨 까닭인가? 이래서야 사직이 오래갈 수 있겠는가? 우정승 하륜은 삼군부 판사 이무와 서로 좋아하고 이무는 아들이 많은데 그중 한 아들에게 비상한 운명이 있다"라고 말했다. 이 말을 변남룡 사위인 봉유지와 동생 봉유도가 함께 들었다. 그래서 즉각 장인 변남룡에게 가서 전했다. 이숙과 변남룡은 처남 매부 사이였다. 이를 전해 들은 변남룡은 큰일이라고 생각해 외가 친척이기도 했던 우정승 하륜에게 고했다.

"양우와 천우가 이숙 집에서 '공(公-하륜)과 이무가 마음을 같이하니 변(變)이 있을까 두렵다. 그러나 우리들이 태상왕을 끼고 나오면 누가 감히 당하겠는가' 했다 합니다."

이양우가 원래 했다는 말과는 약간 다르다. 태상왕 부분은 처음에 없었다. 하륜은 바로 달려가 태종에게 고했다. 태종은 변남룡 부자를 직접 불러 자세하게 문초했다. 태종은 다음과 같이 결론 내렸다.

"양우와 천우가 비록 태상왕을 끼고자 하나 태상왕께서 어찌 좇으시겠는가? 이것은 반드시 변남룡이 거짓말을 꾸며 공을 세워 부귀를 얻고자 함이리라."

결국 변남룡 부자는 저잣거리에서 참수당했고 봉유지·봉유도 형제는 장 100대씩을 맞고 먼 곳으로 유배 가야 했다.

눈여겨봐야 할 대목은 이양우와 이천우에 대해 태종이 각기 다르게 보여준 미묘한 입장이다. 이양우는 특히 2차 왕자의 난 때 중립을 선언했던 인물이다. 태종은 두 사람이 그런 마음을 품었을 가능성은 별로 의심하지 않고 다만 '태상왕이 동의하지 않을 것'임을 강조했다. 실제로 당시 종친인 이양우와 이천우도 사병 혁파로 힘을 잃은 뒤 불만이 팽배해 있었다. 그런데도 두 사람은 아무런 조치를 당하지 않았다. 말을 잘못 전한 변남룡 부자만 애꿎게 목숨을 잃었다. 뒤에 태종은 너무 서둘러 죽였다고 후회했다. 사간원 전신인 문하부 낭사에서도 변남룡 부자 처형 다음날인 2월 10일 소를 올려 이 문제를 지적했다.

'당나라 태종이 말하기를 "사람 생명은 한 번 잃으면 진실로 다시 살릴 수 없는 것이다"라고 했으니 그 살리기를 좋아하는 다움[好生之德]은 곧바로 하늘과 땅이 만물을 창조해낸 마음[生物之心]과 더불어 위아래가 되어 함께 흐르니 진실로 고금에 통하는 격언이라 하겠습니다. 근일에 변남룡 부자가 망령되이 엄청난 말[大言]을 해 여러 사람 귀를 현혹시켰습니다. 그 실상을 신문하고 죄명을 찾아내 극형에 처하도록 하는 것에는 의심할 바가 없습니다. 그러나 그들을 국문하고 처결하는 일이 다 하루 사이에 있었으니 옛날에 거듭해서 살펴 아뢰던[覆奏] 전례와 어긋남이 있습니다. 바라건대 지금부터는 안팎에서 아뢰는 사형의 죄는 반드시 의정부에 내려 다시 토의하도록 해 지극히 마땅한 논[至當之論]을 찾아내야 합니다. 전하께서도 마땅히 마음을 비우시고 생각을 정밀하게 하시어 반찬 가짓수를 줄이고 풍악을 물리치신 연후에야 마침내 형을 집행하게 하시어 대소 인민으로 하여금 그 사람 죄가 결코 용서할 수 없는 것임을 훤하게 알게 하신다면 삼가며 불쌍해하는 뜻[欽恤之意]이 그사이에 행해지고 거듭해 살펴 아뢰는 법[覆奏之典]이 헛된 법조문이 되지 않아 형벌을 남용하는 잘못이 없게 될 것입니다.'

실록은 이어 "상은 뉘우치면서 그것을 윤허했다"라고 밝히고 있다.

분열하는 공신들

이래저래 정국이 뒤숭숭해지자 태종은 태종 1년(1401년) 2월 13일 2차 왕자의 난 공신들을 모아놓고 삽혈동맹(歃血同盟)을 맺는다. 삽혈동맹이란 피를 나눠 마시거나 입에 피를 바르고 거사 당시 초심으로 돌아가 단결을 맹세하는 의식이다. 통상 '공신 회맹' 이라고 하는 이런 행사에 주인공은 참여하지 않는 게 관례인데 이때 태종은 직접 그 자리에 나왔다. 의안대군 이화, 상당군 이저, 완산군 이천우, 좌정승 이거이, 우정승 하륜, 삼군부 판사 이무 등이 대거 참석했다. 관련 인물 상당수가 포함되어 있다. 2월 25일에는 북정에서 좌명공신에게 잔치를 베풀고 의안대군 이화 등 47인을 불러 손수 교서와 녹권, 사패(賜牌)를 하사했다. 공신들이 거사 당시 마음 그대로 한결같이 자신을 받들어주기를 바라는 마음을 담았음은 물론이다.

3월 28일 우정승 하륜이 사직하고자 했다. 표면상으로는 천재지변이 잇따르니 그에 대한 책임을 진다는 핑계였지만 자신과 좌정승 이거이를 함께 관직에서 파면해달라고 요구하는 일종의 물귀신 작전이었다. 태종과 하륜 사이에 교감이 있었던 것은 물론이다. 이무도 하륜을 지원 사격했다. 결국 다음날인 윤3월 1일 이거이는 4개월 만에 좌정승 자리에서 쫓겨났다. 실록은 태종이 이거이를 좌정승으로 시켰던 이유가 "그 마음을 기쁘게 하려는 것이요, 오래 맡기고자 한 것은 아니었다"라고 적고 있다.

이거이라는 사람됨이 태종에게 부담만 안겼기 때문이기도 하다. 이거이는 자기 공로를 앞세워 태종에게 지분을 요구할 뿐 태종을 위한 신하가 될 생각이 없었다. 강한 왕권 체제를 구상하던 태종으로서는 받아들일 수 없는 태도였다. 태종에게는 이제 공신이 아니라 사직지신이 필요했다. 그러나 이거이는 이 점을 놓친 채 사(私)에 머물며 공(公)으로 나아가지 못했다.

4 ──

태상왕과의 갈등과 조사의의 난

아들에게 등 돌리는 태조 이성계

이 무렵 누구보다 태종을 힘들게 했던 인물은 다름 아닌 아버지 이성계다. 이거이가 좌정승 자리에서 쫓겨나던 윤3월 1일 태상왕 이성계는 새 도읍 한양으로 행차했다. 태종도 임진강까지 나가서 전송했다. 행차 목적은 흥천사(興天寺) 불사를 베풀기 위함이었다. 당시 이성계가 불사를 베풀던 인물들은 태종 세력에 의해 희생된 이방번 형제와 강씨, 사위인 이제 등이었다. 사실상 태종에 대한 항의 표시였다.

그런데 윤3월 11일 한양 방문을 마친 태상왕은 개경으로 돌아오지 않고 곧장 금강산으로 행차했다. 이 소식을 들은 태종은 어떤 마음이었을까? 그나마 나흘 후인 15일 삼군부 참판사 박자안과 첨서사 이첨이 명나라 예부 자문을 갖고 돌아와 정종에서 본인 에로의 선위를 명나라에서 승인했다는 기쁜 소식을 태종에게 전했다.

4월 10일 태상왕은 고향 근처인 안변부에 머물고 있었다. 태종은 이날 도승지 박석명을 안변부로 보내 문안 인사를 올리도록 했다. 16일에는 상왕(-정종)을 찾아 술을 마시고 있는데 박석명이 안변에서 돌아와 좋지 않은 소식을 전했다. 태상왕이 안변과 함주에 각각 정자(-요즘 식 정자는 아니고 별궁에 가까운 것이다)를 지으라고 명했다며 "아무래도 오래 머무르실 뜻이 있는 것 같습니다"라는 보고였다. 태종과 상왕은 눈물을 흘리며 자리를 파했다.

함흥차사의 유래와 진실

함흥차사(咸興差使)란 조선 초 함흥으로 간 이성계를 모셔오기 위해 태종이 보낸 사자를 말한다. 이때 태종이 아버지가 품은 노여움을 풀고자 함흥으로 여러 번 차사(差使)를 보냈으나 그때마다 이성계가 사신들을 잡아 가두고 돌려보내지 않았다고 해서 생긴 말로 요즘에는 임무를 띠고 갔다가 아무 소식이 없을 때를 가리키는 말로 쓴다. 태종은 바로 모친상을 당해 관직에서 물러나 있던 창녕부원군 성석린을 태상왕 행재소(行在所-임시 거처)에 파견했다. 기록상으로는 첫 함흥차사인 셈이다. 길을 떠나는 성석린에게 태종은 "태상왕께서 본래 경을 중하게 여기시니 경이 하는 말은 반드시 따르실 것이다. 바라건대 문안드린 끝에 은근한 말로 잘 아뢰어 회가(回駕)하시도록 하라"고 당부했다.

성석린이 떠난 지 열흘 후인 4월 26일 태상왕이 돌아오기로 했다는 희소식이 전해졌다. 성석린이 도착하자 태상왕은 기뻐하며 "일찍이 문안하는 자를 봐도 실로 기쁘지 않았는데 이제 경을 보니 반갑고 기쁘기 그지없다"라며 반겼다. 이 말로 보아 성석린 이전에도 함흥차사가 있었음을 알 수 있다.

술이 얼근하게 취하자 성석린은 조심스럽게 개경으로 돌아와 달라고 아뢰었고 태상왕은 웃으며 "경이 돌아가자고 청하기 전에 나는 이미 돌아가려고 작정하고 있었다"며 "경이 먼저 가라. 그러면 내가 뒤를 따르겠다"라고 했다. 때를 놓칠세라 성석린이 "주상께서 날마다 돌아오시기를 바라고 있다"라고 하자 태상왕은 선뜻 "그렇다면 마땅히 경과 함께 돌아가겠다"고 해서 함께 출발한 것이었다. 희소식을 들은 그날부터 태종은 태상왕을 맞기 위해 함흥에서 개경으로 오는 길목인 마이천(麻伊川)에 나아가 임시 천막집을 짓고 기다렸다. 여기서 종친 대신들과 함께 이틀을 기다려 4월 28일 안변에서 돌아오는 태상왕을 영접했다.

소요산에 머물며 몽니 부리는 태상왕

한 달이 지난 5월 28일 덕수궁에 머물던 태상왕을 문안한 태종은 곤란한 요구를 듣게 된다. 사실상 유배 보낸 회안대군 이방간을 개경으로 불러들이면 안 되냐는 것이었다.

태종은 즉각 답했다.

"저도 전부터 가지고 있던 마음입니다. 명대로 하겠습니다."

실제로 6월 4일 태종은 이방간을 불러들이라고 명했다. 조정은 발칵 뒤집혔다.

모든 신하가 반대하고 나섰다. 삼사 영사 하륜, 좌정승 김사형, 우정승 이서 등 20여 명이 연명으로 불가론을 펼쳤다. 다음날에는 의정부 판사 조준 등이 같은 내용으로 소를 올렸고 대사헌 유관은 한술 더 떠 "지금 이방간이 머무는 익주는 완산과 몹시 가까운데 완산은 예로부터 군사와 말이 강력해 반란 위험이 있으니 섬으로 옮겨 여생을 마치도록 해야 합니다"라고 주장했다. 실록은 "상이 이럴까 저럴까 결단하지 못했는데 정부와 백관이 극력 불가하다고 말리어" 방간을 그대로 두게 했다고 적고 있다.

태상왕은 실망이 컸다. 다시 한번 태종에 대한 배신감을 느꼈다. '신하들 핑계로 나의 청을 거절하는구나!'라고 생각했을 것이다. 얼마 후 태상왕은 다시 금강산으로 가버렸다.

8월 21일 태상왕은 금강산 순행을 마치고 동북면(-함흥)으로 가려고 했지만, 곧 명나라 사신이 온다는 이유로 행차 중지를 건의하자 받아들여 개경으로 돌아왔다. 그러나 이미 마음은 태종으로부터 멀리 떠나 있었다.

11월 26일 태상왕 이성계는 한밤중에 아무도 모르게 소요산으로 갔다. 태종이 뒤늦게 이를 알고 전송하기 위해 달려갔으나 이미 출발한 뒤였다. 어쩌면 태종은 이때 자신을 외면하는 아버지에 대해 한없이 서운했을지 모른다.

그 후 이성계는 소요산을 좋아해 계속 머물고 있었다. 다음

해인 태종 2년(1402년) 1월 8일 태종은 직접 가려다가 몸이 아파 지신사 박석명을 대신 문안 보냈다. 박석명은 돌아와 태상왕이 "이 절에 명사(名師)가 있으니 절 아래에다 집을 짓고 거처하고자 한다"고 말했다고 전했다. 20일 후인 1월 28일 태종은 종친과 성석린 등 공신들을 대동하고 소요산을 찾아갔다. 술잔이 돌고 태상왕과 태종이 술이 거나하게 취해 시를 읊고 서로 화답했다. 종친과 성석린 등이 기회를 틈타 개경 복귀를 간곡하게 청하면서 "염불하고 불경을 읽는 일을 꼭 소요산에서만 해야 합니까?"라고 묻자 태상왕은 기다렸다는 듯이 외쳤다.

"그대들의 뜻은 내가 이미 알고 있다. 내가 부처를 좋아하는 것은 다름 아니라 내 두 아들과 한 사위를 위함이다."

또 허공에 대고 큰소리로 외쳤다.

"우리들도 이미 서방 정토로 향하고 있다."

태종에게는 폐부를 찌르는 말이었다. 모두가 이미 죽은 목숨인데 왜 이리 아등바등 사느냐는 질책이기도 했다. 다음날에도 연회가 열렸다. 태상왕이 일어나 춤추고 태종도 따라서 춤추었다. 이후 태상왕은 소요산에 남고 나머지 일행은 개경으로 돌아왔다. 3월 9일 태상왕은 소요산에 별전을 지었다. 태종은 다시 3월 19일부터 24일까지 소요산에 가 태상왕과 북방 일도 의논하고 사냥을 하기도 했다. 4월 28일 잠시 한양으로 나왔던 태상왕은 5월 1일 소요산으로 돌아갔다.

조정 단합을 꾀해야 했던 즉위 초의 태종으로서는 아버지가
보여주는 이런 기행에 애가 탔지만 다른 방법이 없었다. 그저 묵묵
히 지켜보고 따를 뿐이었다.

안변부사 조사의가 일으킨 난에 태상왕은 관계가 없다: 1402년 판

태종 2년(1402년) 11월 5일 대호군 안우세(安遇世)가 동북면에
서 돌아와 급보를 전했다. 안변부사 조사의(趙思義)가 군사를 일으
켰다는 소식이었다. 실록은 조사의가 현비 강씨 족속으로 '강씨의
원수를 갚기 위해' 반란이 시작되었다고 적고 있다. 그러나 이는 이
성계와도 연결된 거사였다. 초반 기세는 무서우리만치 거셌다. 순식
간에 함경도와 평안도 지방을 점령했다. 문제는 더 커졌다. 그로부
터 나흘 후인 11월 9일 태상왕이 반란 본거지 함주를 향해 출발했
기 때문이다. 이 시점에 왜 이성계는 함주를 향해 떠난 것일까?

조심스럽기는 하지만 이 무렵 태상왕 이성계를 면밀하게 관찰
하면 약간은 정신이 나간 듯하다. 좌절과 고독으로 인한 정신질환
이었을지 모른다. 그 무렵 이성계는 고기를 먹으면 다음 세상에서
머리 없는 곤충으로 태어난다며 육식을 거부하기도 하고 자신을
부처님처럼 모신다면 태종을 용서하겠다는 등 엉뚱한 소리를 해
대기도 했다. 또 반란군을 어느 정도 제압해가던 12월 2일에는 평
양에 머물면서 "왜 내가 동북면에 있을 때나 평양에 머물 때 사람

을 보내지 않느냐? 임금이 나에게 안 좋은 감정이 있기 때문 아니냐?"며 떼를 쓰기도 했다. 이로 보아 태상왕이 직접 반란을 지시했을 가능성은 별로 없지만, 반란 소식을 듣고 뭔가 힘을 실어줄 요량으로 함흥으로 갔다가 다시 평양으로 이동했다고 볼 수 있다. 이때 태조 나이 68세로 70을 바라보고 있었다.

실록에는 주목해야 할 중요한 기록이 있다. 12월 3일 태상왕을 모시는 승녕부 당상관 정용수(鄭龍壽, ?~1412년)[2]와 신효창(申孝昌, ?~1440년)[3]이 순위부에 체포되었다. 태상왕을 호종해 동북면에 가서 조사의 역모에 가담했다는 죄목이었다. 그러나 이는 태상왕의 뜻이었을 것이다.

반란은 초반에 어려움이 있었지만 뜻밖에 쉽게 진압되었다. 11월 11일에는 호군(護軍-정4품 무관직) 송유(宋琉)가 명을 받고 함주에 이르렀다가 피살되었다. 11월 20일에 이천우가 조사의 군사와 맞붙어 대패했고 아들 이밀과 10여 명이 겨우 포위망을 뚫고

---

2 1392년 이성계가 왕위에 즉위할 때 배극렴·정도전·조준 등과 대비의 선교(宣敎)를 받아 국새를 바쳤다. 개국과 더불어 사복시 판사가 되었고 태조를 보좌해 왕위에 추대한 공으로 개국공신 2등에 녹훈되었다. 1412년(태종 12년) 장성군(長城君)에 봉해졌다. 이보다 앞서 1402년 조사의의 난에 연루되어 탄핵을 받았으나 개국공신인 관계로 사면받았다.

3 조선 개국 당시 음관으로서 사헌시사(司憲侍史)에 올랐으며, 상장군에 천거되었다. 1394년(태조 3년) 호조전서의 직책을 맡았고, 1396년(태조 5년) 대사헌이 되고 태조가 북행할 때 동행했다. 1403년(태종 3년) 중추원 동지사, 1404년(태종 4년) 충청도 도관찰사를 역임했다. 충청도에서 1년간 있으면서 사욕을 버리고 선정을 행해 칭송이 자자했다. 1405년(태종 5년) 동지총제 직을 받아 서울로 돌아왔고 1418년(태종 18년) 봄에는 좌군도총제를 역임했다. 그러나 그해 겨울 탄핵받아 삭직되어 무주로 귀양 갔다. 7년간 유배 생활을 마치고 1425년(세종 7년) 서울로 돌아왔다. 손녀가 왕자와 결혼하게 되자 고신(告身)을 환수받았다.

살아왔다. 하지만 11월 27일 조사의 군대는 다시 파견된 진압군 규모에 놀라 스스로 궤멸했고 반란은 제압되었다. 12월 18일 체포된 조사의·강현·조홍(=조사의 아들)·홍순·김자량·박양·이자분·김승·임서균·문중첨·한정 등은 모두 복주되었다.

이때 실록은 난과 태상왕 사이의 관계를 거의 보여주지 않았다. 그것은 실록 편찬자들이 태종 의중을 반영한 결과로 보인다.

안변부사 조사의의 난에 태상왕은 관계가 있다: 1418년 판

세월이 한참 지나고 나서야 사건 성격을 드러내는 태종 스타일은 조사의의 난에서도 그대로 반복되었다. 태종 18년(1418년) 3월 24일 태종은 선위를 염두에 두고 예전에 내쳤던 인물을 하나둘 불러올리고 있었다. 이날 오래 내버려 두었던 신효창을 좌군도총제에 임명했다. 좌군도총제면 군직으로서는 핵심 고위직이다.

"내가 관안(官案)[4]을 보았으니 경이 산인(散人-실직을 맡지 못한 사람)이 된 것을 알지 못한 것은 아니다. 다만 여러 해 병으로 누워 있었기 때문이다. 근래에 또 듣건대 제생원 제조가 되었다는데 이제 총제로 삼는 것은 일조일석(一朝一夕)의 생각이 아니다."

---

4   벼슬아치의 이름을 적은 문안(文案)이다. 관리(官吏)의 성적을 매겨 포폄(褒貶)의 참고 자료를 만들기 위한 것이다.

박은과 유정현 등이 나서서 신효창은 죽은 정용수와 더불어 죄주어야 하니 좌군도총제를 맡겨서는 안 된다고 연일 주장했다. 다소 애매하기는 하지만 태종은 두 사람이 태상왕을 호종한 이유는 자신이 시켜서였다고 밝혔다. 그러자 신하들 말도 "태조를 따라가 동북면 변란을 꾸며 일으키는 데 두 사람이 참여했다"로 바뀌었다. 특히 4월 11일 사헌부에서 두 사람에게 죄주기를 청하는 소를 올리자 태종은 특유의 『한서』 교양을 동원해 응수했다.

"이 사람들 죄가 종묘사직에 관계된다면 내가 어찌 고식적으로 처리하겠는가? 만약 그 실상에 의심스러운 점이 있다면 내가 어찌 헌부·대신의 청이라고 하여 갑자기 이를 따르겠는가? 내가 생각건대 박만(朴蔓)은 그때 수장(首將)이었으니 진실로 그 죄를 면하기가 어려우나 용수·효창은 사세에 핍박당한 것뿐이다. 당초에 내 명을 받들고 따라갔을 때 어찌 변란이 불측한 데서 일어날 줄 알았겠는가? 변란이 비록 생각지도 않은 데서 일어났으나 그들이 태조를 버리고 올 수 있었겠는가? 더군다나 위의 사람들은 문득 사건의 기밀을 나에게 몰래 통보해 마침내 국가를 보전할 수 있게 했으니 나는 국가에 공이 없었던 것이 아니라고 생각한다. 옛날 한나라 문제 때 회남여왕(淮南厲王-한나라 고조의 아들 유장(劉長))이 교만하고 사치해 법을 범하니 문제가 이를 폐해 촉(蜀)에 유배시키자 원앙(袁盎, ?~기원전 148년)[5]이 간언하기를 '신은 폐하께서 동생을 죽였다는 이름을 얻

5   원앙(爰盎)이라고도 불린다. 처음에 낭중(郎中)이 되었다. 원래 직간(直諫)을 잘해 이름이 조정에 알려졌다. 제상(齊相-제나라 상국)과 오상(吳相)을 역임했다. 오왕이 특히

454

게 될까 두렵습니다'라고 했다.

이제 효창의 일이 종묘사직에 관계되어 내가 만약에 죄를 물을 뜻을 내린다면 대소신료들이 반드시 한목소리로 죽이고자 할 것이요 원앙의 설(說)은 듣지 못할 것이다. 이것이 내가 망설이고 결단하지 못하는 까닭이다. 효창 등이 과연 죽일 만한 죄가 있는지 알지 못하겠다."

태종은 신효창의 직(職)만 파직할 것을 명했다. 하지만 그치지 않고 5월 15일에도 좌의정 박은이 앞장서 신효창 처벌을 요구했다. 태종은 본인이 두 사람에게 태상왕을 따라가게 했다고 거듭 밝혔다.

"의정 말이 옳다. 그러나 그때 태조가 마음이 피로하셨으므로 내가 효창·용수로 하여금 떨어지지 말고 시위하게 해 여러 곳에 배행해 태조 마음을 너그럽게 하게 했다. 이미 내 명을 받고 갔으니 무슨 죄가 있겠느냐? 그때를 당해 안우세로 하여금 나에게 통기(通奇-통보) 하게 한 것도 이 두 사람뿐이었다. 지난번에 이미 죄가 없다고 이를 용서하고 지금 또 죄가 있다고 벌주면 한 번은 옳고 한 번은 그르니,

---

그를 후대했다. 평소 조조(晁錯)와 사이가 좋지 않았다. 경제(景帝)가 즉위하자 조조가 어사대부가 되었는데 관리를 시켜 그가 오왕 뇌물을 받아먹었다고 엮어 넣도록 해 서인(庶人)이 되었다. 조조가 주장한 삭번(削藩) 정책으로 오초(吳楚)가 반란을 일으키자 황제에게 조조를 죽여 오나라에 사과하라는 건의를 했다. 오초가 격파된 뒤 초상(楚相)으로 있다가 등용되지 못하자 병을 핑계로 사직했다. 나중에 양효왕(梁孝王)을 황제의 후사로 결정하는 일을 중지하라고 간언을 올렸다가 안릉(安陵) 곽문(郭門) 밖에서 양효왕이 보낸 자객 손에 죽임을 당했다.

그때는 혼주(昏主-사리에 어두운 임금)가 되나 지금은 명주(明主-사리에 밝은 임금)가 되는 것이요 지금은 혼주가 되나 그때는 명주가 되는 것이다. 한 몸으로서 한 가지 일을 처리하는데 어찌 앞뒤가 서로 다르겠느냐?"

논란은 이 정도 선에서 종결되었다. 그러나 이 논란을 통해 조사의의 난이 태상왕과 깊은 연관이 있었음은 확인할 수 있다.

즉 태종은 아버지가 난을 준비 중임을 알고 있었고 당시 신하들에게는 이 부분이 드러나지 않게 하고 싶었다. 대신 신효창·정용수를 보내 태상왕 동태를 살피며 비밀보고를 받았다. 태종으로서는 조사의의 난과 태상왕이 연결되는 모습을 다른 신하들에게 보이고 싶지 않았던 것이다.

『태종실록』 2년 기록에서 태상왕과의 연결 부분이 거의 생략된 것도 그 때문일 것이다.

5 ——

조대림 역모 사건 혹은 목인해의 난

1차 선위 파동 다음 해인 1408년, 즉 태종 8년(1408년)은 태종 집권 18년 중에서 가장 힘들고 비극적인 해였는지 모른다. 그해 2월 16일 셋째 아들 충녕군(-세종)이 심온 딸과 혼인한 일을 제외하고는 집안에 안 좋은 일들이 잇따랐기 때문이다. 세자는 실덕·실행이 갈수록 심해졌다. 5월 24일에는 마지막까지 자신을 따뜻하게 받아들여주지 않았던 아버지 이성계가 세상을 떠났다. 8월 6일에는 평생 후원자가 되어주었던 작은아버지 이화마저 세상을 떠났다.

자칫 왕실 안위가 위태로워질 수 있다는 불안이 엄습할 만했다. 조선 왕실 운명은 이제 본인 어깨에 달려 있었다. 나이는 42세였다. 또 대간에서는 정권의 축이었던 하륜과 박은을 탄핵해야 한다는 소를 그치지 않았다. 태종은 측근에 대한 연이은 소를 자신에 대한 정면도전으로 받아들이고 대간을 처벌했다. 그 탓에 선비 사이에 여론도 극도로 나빠졌다. '폭군'이 될 조짐을 우려하는 말까지 나올 정도였다.

사위 조대림, 순금사에 가두다

위기의 태종 8년(1408년)이 끝나가던 12월 5일 밤 태종은 조준 아들이자 둘째 사위 조대림을 반역 혐의로 순금사에 가두도록 명했다. 이때 조대림의 나이 21세였다. 조대림은 원래 지금의 서울특별시 중구 소공동에 있던 남별궁에 살았다. 소공동은 부인 경정공주를 당시 사람들이 소공주라고 불러서 생긴 이름이다.

얼마 후 밝혀지지만, 그가 순금사에 갇히게 된 이유는 목인해(睦仁海)가 모함해서였다. 목인해는 원래 김해 관노 출신으로 애꾸눈이었는데도 활을 잘 쏘았다. 원래 태종 매형 이제(李濟) 가신이었다. 이제가 1차 왕자의 난 때 죽자 정안공 사람이 되어 호군에 올랐다.

부인은 조대림 집의 종이었다. 그래서 목인해는 늘 조대림 집을 드나들었고 조대림도 목인해를 가족처럼 대해주었다. 그런데 목인해는 '대림이 나이가 어리고 어리석으니 모함하면 부귀를 도모할 수 있을 것'이라고 생각해 나름 시나리오를 꾸몄다.

목인해는 이성계 부마(駙馬-임금의 사위)로 군권을 갖고 있던 이제 휘하에 있을 때의 경험을 이야기하며 "뜻밖의 변이 일어나면 다른 사람들은 문제가 없지만, 공은 군사에 익숙하지 못하니 미리 대처하는 방법을 익혀야 한다"고 꾀었다. 그리고 "설사 변을 일으키는 자가 있더라도 내가 힘을 다해 공(公)을 돕겠소"라고 다짐했다.

한편 목인해는 은밀하게 이숙번을 찾아가 "평양군(-조대림이 아버지 작호를 1406년 이어받았다)이 두 마음을 품고 군사를 일으켜 공(公)과 권규(權跬-권근 아들이자 태종 셋째 사위), 마천목(馬天牧, 1358~1431년)⁶을 죽이고 역모를 꾀하려고 하오"라며 거짓으로 밀고했다.

이숙번은 즉각 태종에게 아뢰었다. 태종은 직접 목인해를 불러 믿을 수 없다며 "대림이 나이 어린데 어찌 감히 그렇게 하겠느냐? 만일 네 말이 사실이라면 반드시 주모자가 있을 것"이라고 말했다. 목인해는 즉각 조대림에게 달려가 "곧 무장한 군사 수십 명이 경복궁 북쪽 으슥한 곳에 모여 공을 해치려고 하니 공은 마땅히 거느리고 있는 병마로 이를 잡으소서"라며 덫을 놓았다. 병사를 몰고 경복궁 쪽으로 간다는 것은 사정을 모르는 사람이 보면 곧 쿠데타이기 때문이다.

조대림은 처음에는 이숙번과 이야기해야겠다, 태종에게 알려야겠다며 어찌할 바를 몰랐다. 목인해는 상황이 급하니 먼저 군

---

6 1398년(태조 7년) 1차 왕자의 난 때는 정안군을 도와 공훈을 세웠고, 1399년(정종 1년) 상장군에 올랐다. 이듬해 2차 왕자의 난이 발생하자 다시 정안군의 선봉이 되어 크게 공헌했다. 1401년(태종 1년) 좌명공신 3등에 녹훈되었다. 회령군(會寧君)에 책봉되어 동지총제로 승진했다. 마천목에게 내려진 공신 녹권과 교서가 현재까지 전해지고 있다. 1408년 11월에는 회령군 겸 중군총제를 역임했다. 이듬해 9월 감순청(監巡廳) 재직 중 전리(典吏) 고을귀(高乙貴)를 죽인 사건으로 사헌부 청죄(請罪)를 받았으나 태종의 배려로 곡성 유배에 그쳤다.

사를 출동시키고 나서 알려도 늦지 않다고 유인했다. 조대림도 이를 옳다고 여겨 우선 목인해 뜻을 따르기로 했다. 한편 뭔가 이상하다고 생각한 태종은 조대림에게 사람을 보내 소격전에서 제사를 지내라고 명했다. 그런데 조대림은 자신이 범염(犯染-초상집에 다녀옴)을 했기에 불가능하다고 답했다. 그 바람에 태종도 조대림을 의심하게 되었다.

목인해의 구상은 의외로 치밀했다. 목인해는 조대림 집에 와서 "위아래 친분이 있는 사람이 누구냐"고 물었다. 이에 조대림은 조용(趙庸)밖에 없다고 말했다. 조용은 정몽주 문인으로 성균관 대사성을 지낸 덕망 있는 학자였다.

조대림이 조용을 불러 침실에서 은밀하게 자기가 아는 전후 사정을 이야기했다. 조용은 당장 "주상께 아뢰었소?"라고 물었다. 조대림이 "아직 아뢰지 못했소"라고 답하자 조용은 낯빛이 바뀌며 "신하가 되어 이런 말을 들으면 곧 주상께 달려가 고하는 것이 직분인데 하물며 부마는 더 말할 게 뭐가 있겠소?"라며 야단치듯 말하고 자신이 직접 고하겠다고 대궐을 향해 나섰다. 당황한 목인해는 조용을 길에서 붙잡아 억류한 다음 이숙번에게 달려갔다.

"조용이 지금 평양군 집에 있습니다. 이 사람이 모주(謀主)입니다. 평양군이 만일 거사하면 내가 백마를 타고 그를 따를 것이니 만약 대인의 군사와 만나거든 군사를 경계시켜 나를 알게 하소서. 그러면 내가 칼을 뽑아 평양군을 베겠습니다."

그런데 이 틈에 조용이 탈출해 태종에게 진상을 낱낱이 보고

했다. 태종은 다 듣고는 "내 이미 알고 있었다"라고 답했다. 목인해를 잡아들이는 일만 남았다.

한편 전후 사정을 모르는 조대림은 해가 저물자 대궐로 태종을 찾아갔다.

"듣건대 경복궁 북쪽에 도적이 있다 하니 신이 이를 잡고자 합니다. 바라건대 신에게 마병(馬兵)을 주소서."

"네가 어떻게 잡겠느냐?"

"신이 능히 잡을 수 있습니다."

아마도 태종은 속으로 터져 나오는 웃음을 참았는지 모른다. 그는 모른 척하고 좋다고 말했다. 조대림은 당직 중이던 총제 연사종(延嗣宗)에게 병사를 빌려달라고 요청했고 미리 태종에게 밀지를 받은 연사종은 23명을 내주었다.

한편 태종은 이숙번에게 "조대림이 만약 군사를 발동하면 향하는 곳이 있을 것이니 경의 집에서 조천화(照天火-일종의 조명탄)를 터뜨려라. 내가 나발을 불어 응하겠다"라고 일러두었다. 지신사 황희에게는 시치미를 뚝 떼고 "들으니 평양군이 모반하고자 한다니 궐내를 요란하고 시끄럽게 하지 말라"고 말했다. 이에 황희가 주동자가 누구냐고 묻자 "조용이다"라고 답했다. 그러자 황희는 "조용은 사람됨이 아비와 임금을 죽이는 일은 따르지 않을 것입니다"라며 의아해했다.

어둠이 깔리자 목인해는 조대림을 재촉했다. 조대림은 갑옷을 입고 말에 오르면서 "도적이 어디에 있느냐?"고 물었다. 목인해는 남산 마천목 총제 집 옆에 있다고 답했다. 조대림이 남산을 향해 집을 막 나서는 순간 이숙번이 조천화를 쏘았고 태종은 궐내에서 직접 나발을 불었다. 궐에서 나는 나발 소리는 변고가 생겼다는 신호였다. 조대림은 군사들에게 어디로 가야 하느냐고 물었고 군사들은 하나같이 "나발 소리를 들으면 궐문에 모이는 것이 군령입니다"라고 대답했다. 이에 맞서 목인해는 "곧장 남산으로 가야 한다"고 우겼다.

만일 여기서 조대림이 목인해 말을 따랐다면 그것으로 죽은 목숨이었다. 그러나 조대림은 대궐을 향했다. 목인해는 당황했다. 엎질러진 물이었다. 먼저 대궐로 들어가 "평양군이 갑옷을 입고 군사를 발동해 대궐로 향했다"라고 소리쳤다. 태종은 총제 권희달을 시켜 조대림을 체포케 해 순금사에 가두었다.

잔인할 정도로 상황을 즐기는 태종

이미 상황을 정확하게 파악하고 있는 태종이었다. 굳이 조대림을 순금사에 가둘 필요는 없었다. 그에 앞서 굳이 조대림이 남산으로 갈지 대궐로 갈지 선택의 기로에 놓이게 할 필요도 없었다. 만에 하나 사위를 죽음에 몰아넣을 수도 있는 상황이었다. 그런데 태종은 이럴 때마다 냉혹한 권력자로서의 면모를 유감없이 보여주었다.

태종은 찬성사 윤저, 대사헌 맹사성, 형조참의 김자지, 좌사간 유백순, 승전색 박영문, 동순금사 겸판사 이직 등에게 조대림이 군사를 일으킨 까닭과 주모자를 국문하게 했다. 3번이나 물어도 조대림은 말할 바를 알지 못했다. 실제로 조대림으로서는 할 말이 없었다.

오히려 그는 자신을 문초하던 부사직 최규를 통해 목인해와 대질케 해달라고 태종에게 간청했다. 태종은 이렇게 지시했다.

"조 정승(-조준)은 개국 원훈이므로 내가 그 아비를 중하게 여겨 그 아들을 부마로 삼은 것이다. 어찌 일찍이 매 한 대 맞고 자랐겠느냐? 대림이 만일 꾀한 바가 있다면 비록 형벌을 가하지 않더라도 그 사실을 고하지 않겠느냐? 만일 고하지 않거든 억지로 형벌해 공초(供招)를 받는 것이 어찌 마음에 쾌하겠느냐? 목인해와 적당히 대질해 묻고 곤장을 가할 것은 없다. 그러나 잠시 형장(刑杖)을 가해 반드시 그 사실을 털어놓게 하라."

적당히 시늉만 하라는 뜻이었다. 그런데 태종은 최규가 오해하기 좋을 만한 이야기를 조대림에게 전하라고 시켰다.

"네가 이미 내게 불효했으니 내가 어찌 너를 아끼겠느냐? 네가 비록 죽더라도 명예는 나쁘지 않게 해야 하겠으니 주모자를 스스로 밝히라."

이 말을 들은 최규로서는 조대림이 정말로 역모를 꾀했다고 생각할 수밖에 없었다. 결국 조대림은 억울하게도 장 64대나 맞아야 했지만, 기어코 결백을 주장했다. 한편 지신사 황희가 직접 심문한 목인해는 불과 장 10여 대를 맞고 자신이 조대림을 모함했다는 사실을 털어놓았다. 그때야 조대림은 "어제 나발을 분 것은 나를 살리기 위함이었구나" 하고 깨달았다. 조대림과 조용은 풀려났다.

그런데 이는 새로운 파란의 시작이었다. 당시 태종 마음은 목인해가 실상을 털어놓은 직후 한 말에서 충분히 짐작할 수 있다.

"옛날에 병길(丙吉)은 한나라 선제(宣帝)가 무고함을 알고 마침내 보호했는데 지금 (왕실 사람) 대림이 곤장을 맞는데도 어찌 한 사람도 그 실상을 제대로 살피는 자가 없는가?"

병길은 무제 증손 선제를 구원했던 인물이다. 엎친 데 덮친 격으로 6일에는 잠저에 있을 때 "가장 친했던" 윗동서 조박이 세상을 떠났다.

죽음의 문턱에 이른 맹사성

순금사에서 목인해 조사 결과를 올렸다. 결론은 능지처참이었다. 길거리에서 즉각 시행토록 지시했는데 대간에서 집행을 중지한 채 모두 몰려와 아뢰었다. 요지는 목인해 능지처참은 당연하나 조대림이 처음부터 사정을 태종께 아뢰지 않은 점이 여전히 미심쩍으니 더 조사해야겠다는 것과 조박이 죽었으니 형 집행을 일시적으로 연기하자는 것이었다. 특히 다시 한번 목인해와 조대림을 대질시켜 주범과 종범을 가려보자는 대목이 태종의 역린(逆鱗)⁷을 건드렸다. 그러나 태종은 일단 대간들 뜻이 그러하다면 따르겠다고 말했다. 재차 대질에서 목인해가 더는 다른 말을 하지 않고 원래 진술을 그대로 인정했다. 마침내 태종은 눌렀던 분노가 폭발했다. 그 대상은 사헌부 대사헌 맹사성이었다. 조대림을 석방해 집으로 돌려보낸 태종은 그 자리에서 대사헌 맹사성, 좌사간 유백순, 지평 이안공, 정언 박안신 등을 순금사에 가두도록 명했다. 측근인 완산군 이천우, 병조판서 남재, 의정부 참지사 박은에게 이들이 사형을 늦추고자 한 까닭을 국문하도록 지시했다. 다른 한편으로 자기 뜻을 잘못 전해 사위 조대림을 죽기 일보 직전까지 때리게 만든 최규와 조대림에 대한 지나친 형벌을 제지하지 못한 승전색 박영문까지 체포하게 했다.

다음날인 9일 목인해는 저잣거리에서 온몸이 갈기갈기 찢기는 환열형을 당했고 자식들도 교살(絞殺)되었다. 더불어 우사간 서선, 지사간 박고, 우정언 이안유 등도 순금사에 갇혔다. 사헌부와 사간원 핵심 간부 전원이 옥에 갇히는 신세가 되었다. 태종은 조사 방향까지 직접 지시했다. 그들로부터 왕실 약화를 도모했다는 뜻인 '모약왕실(謀弱王室)' 네 글자를 받아내라면서 "만일 승복하지 않거든 모질게 때려 신문하고 그들의 죽음을 아낄 필요가 없다"라고까지 말했다.

결국 매를 견디지 못한 맹사성·서선·이안유·박안신 등은 모

---

7 용의 목에 거꾸로 난 비늘이라는 뜻으로 군주의 분노 또는 군주가 분개할 만한 그의 약점을 가리킨다. 『한비자(韓非子)』 「세난(說難-유세의 어려움)」편에서 유래한 말이다.

두 '승복'했다. 이제 죽음만이 그들을 기다리고 있었다. 태종은 맹사성 아들이자 감찰인 맹귀미(孟歸美)까지 잡아들여 함께 죽이려고 했다. 맹귀미는 이무 사위다. 이판사판 심정이 된 박안신은 맹사성에게 "서로 얼굴이나 보고 한마디 말이나 하고 죽자"라고 제안했다. 이에 맹사성은 작은 쪽지에다가 '충신이 그 직책으로 인해 죽는 것은 임금의 은혜를 저버리지 않는 것이요, 조종(祖宗)을 저버리지 않는 것이다'라고 점잖게 썼다. 반면 박안신은 '죽는 것은 기꺼이 받아들이겠으나 임금이 간신(諫臣)을 죽였다는 오명을 얻게 될 것이 염려될 뿐'이라는 시를 감옥 벽에다 크게 써 붙였다. 병조판서 남재에게는 "어째서 우리의 구명을 다시 아뢰지 아니해 우리 임금의 아름답지 못한 이름을 만세(萬世)에 남기게 하오. 만일 다시 아뢰지 않는다면, 내가 죽어서 귀신이 되어서라도 공의 자손들을 학살하겠소"라고 저주를 퍼부었다.

하륜·이숙번이 맹사성을 살리다

이틀 후인 11일 이천우 등이 맹사성 등의 죄목을 아뢰자 태종은 "맹사성·서선·박안신·이안유와 맹사성 아들 맹귀미를 모두 극형에 처하라"라고 명했다. 그것도 저잣거리에서 형을 집행하라며 환관들을 보내 재차 독촉했다. 태종은 평상심을 잃고 있었다. 오죽했으면 실록은 "나라 사람들이 모두 서로 돌아보며 얼굴빛을 잃었다"라고 당시 분위기를 기록했겠는가.

당시 분위기를 정확히 느끼기 위해 12월 11일 실록 속으로 들

어가 보자. 태종이 매우 불안정해 보이는 장면이다. 대부분 화를
낼 때도 연출 차원이었던 때와는 전혀 달랐다.

또 백관이 시가(市街)에 모여 형의 집행을 감독하라고 명하고 다시
중관(中官-환관)을 보내 독촉하니 나라 사람들이 모두 서로 돌아보
며 낯빛을 잃었다. 안성군 이숙번이 아뢰어 말했다.
"사성이 수범과 종범을 분간하자고 한 말은 곧 목인해와 진원귀를
가리킨 것이고 직책이 언관에 있어 국가를 위한 것뿐이니 어찌 다른
마음이 있겠습니까? 이 대륙(大戮-크게 나쁜 일)에 연루되었다고 어
찌 말할 수 있겠습니까?"
상이 노해 말했다.
"경은 대신이니 마땅히 초연해 사사로움이 없어야 할 것인데 어째서
남의 지도를 받고 이런 말을 하는가?"
숙번이 대답했다.
"신은 젊어서부터 전하를 따랐으니 전하께서는 신의 마음을 아실 것
입니다. 신은 지도를 받은 일도 없고 두려워하는 것도 없습니다."
상이 말했다.
"(그렇다면) 경이 마땅히 이 대사를 처리하라."
숙번이 대답했다.
"전하께서 일찍이 신 등에게 이르시기를 '모진 매 밑에서 무엇인들
구해 얻지 못하랴?'라고 하셨습니다. 사성이 심한 고문을 받고 그 고
통을 참지 못해 '모약왕실(謀弱王室)'이란 초사(招辭)에 승복한 것입
니다. 지금 이것으로 극형을 가하는 것이 가합니까?"
상이 지신사 황희를 꾸짖어 말했다.

"낮지 않은 재상이 이와 같은 말을 아뢰는데 어찌 제지하지 않았는가?"

숙번이 순금사 사직 김이공에게 일러 말했다.

"임금이 말을 해 스스로 옳게 여기면 경대부가 감히 그 그른 것을 바로잡지 못하는 것은 예전 사람이 경계한 바이다. 남 판서, 박 참지(-박은)는 모두 도리를 아는 재상인데 어째서 다시 아뢰지 않고 모두 뜻에만 아첨해 이 옥사를 이루는가? 그대도 사류(士流)인데 어째서 이같이 하느냐?"

눈물을 흘리며 탄식해 말했다.

"주상께서 만일 이 사람들을 반드시 사형하려고 하신다면 나는 머리를 깎고 도망갈 것이다."

권근 또한 병든 몸으로 여(輿-가마)를 타고 달려와 고하니 이에 영의정부사 하륜, 좌정승 성석린, 영삼군사(領三軍事) 조영무 등이 대궐 뜰에 나아왔다. 륜이 아뢰었다.

"사성은 모반한 것도 아니고 무고한 것도 아닙니다. 다만 공사(公事)에 실수한 것으로 극형을 당하면 어찌 정리(情理)에 맞겠습니까?"

석린이 아뢰었다.

"죄 없는 사람을 죽이느니보다는 차라리 법을 굽혀 살리기를 좋아하는 덕[好生之德]으로 민심을 흡족시키는 것이 신들의 소원입니다."

영무가 아뢰었다.

"신이 사성을 사랑하는 것도 아니며 소사(所司-해당 기관)를 구원하는 것도 아닙니다. 다만 전하의 임금다움을 돕고자 하는 것뿐입니다."

상이 륜을 꾸짖어 말했다.

"경이 나더러 잘못이라고 하는 것인가? 공사를 어찌 실수할 수 있는가?"

륜이 대답했다.

"예전에 임금이 형벌을 결단하려면 반드시 삼복주(三復奏)와 오복주(五復奏)를 기다렸습니다. 옛날에 한나라 선제(宣帝)가 양운(楊惲, ?~기원전 54년)[8]을 죽였는데, 식자들이 위상(魏相)과 병길(丙吉)이 정승으로 있고 우정국(于定國)이 정위(廷尉)로 있으면서도[9] 이를 간언해 저지하지 못한 것을 기롱(譏弄-비판)했습니다."

드디어 통곡하며 말했다.

"신이 동방에 오늘날 같은 임금은 있지 않았다고 생각했는데 이런 일이 있을 줄은 미처 알지 못했습니다."

상이 말했다.

"내가 사람을 죽이기를 좋아하지 않는 것은 경들이 아는 바이다. (하지만) 반복해 생각해봐도 사성의 죄는 죽여야 마땅하다. 그러나 경들이 이렇게까지 간언하니 내가 우선 생각해보겠다."

---

8 사마천 외손이다. 『사기』를 익혀 세상에 널리 전파했다. 선제 때 좌조(左曹)에 임명되어 곽씨(霍氏) 음모를 고발해 평통후(平通侯)에 봉해졌고 중랑장이 되었다. 신작(神爵) 원년(기원전 61년) 제리광록훈(諸吏光祿勳)에 올랐다. 관직에 있는 동안 청렴해 재물을 경시하고 의로움을 좋아했다. 그러나 각박하고 남의 나쁜 비밀 등을 들추어내기를 좋아해 사람들의 원한을 많이 샀다. 태복(太僕) 대장락(戴長樂)과 사이가 나빴는데 대장락이 고발당하자 그가 시킨 것으로 잘못 알아 평소 언어가 불경하다고 소를 올림으로써 면직당해 서인이 되었다. 직위를 잃고 집에서 일하며 집안을 일으켜 그 재산으로 생애를 즐겼다. 친구 손회종이 편지를 주고받으면서 충고했지만 대답하지 않았다. 편지에 원망하는 내용이 많았는데 선제가 이것을 읽고 미워한 데다가 참소와 중상모략을 당해 대역 무도죄로 요참형(腰斬刑-허리를 자르는 형벌)을 당했다.

9 위상·병길·우정국은 모두 뛰어난 신하라는 평가를 받았던 인물들이다.

모두 대답했다.

"각사(各司)가 이미 시가에 모였으니 만일 일찍 그대로 윤허하지 않으시면 구제하지 못할 것입니다."

상이 말했다.

"사체(事體)가 지극히 중대하고 내 뜻이 이미 결정되었으니 가볍게 바꿀 수 없다. 그러나 임금이 혼자서만 국가를 다스릴 수 없고 경들도 어찌 나를 불의(不義)에 빠뜨리고자 하겠는가? 경들 말을 따르겠다. 경들도 왕실이 약해지지 않도록 도모하라."

하륜 등이 모두 울며 사례하고 물러갔다.

태종은 신하들이 하는 말을 들으며 자신이 지나쳤음을 인정했다. 공자가 말한 과즉물탄개(過則勿憚改), 허물이나 잘못이 있으면 그것을 고치기를 꺼리지 말라는 교훈을 실천한 셈이다.

태종 11년(1411년) 11월 22일 태종은 편전에서 신하들과 정사를 이야기하던 중 3년 전 조대림 사건을 떠올리며 말했다.

"예전에 평양군 조대림을 하옥했을 때 순금사에서 조대림은 무겁게 추문하고 목인해는 가볍게 핵실한다는 것을 듣고 내 마음이 아프고 상해, 한나라 병길이 옥(獄)의 원통한 것을 잘 살핀 말을 생각하고 순금사가 반드시 틀린 것이리라 여겨 내관 박유(朴輶)를 보내 감문(監問)(-죄인을 심문(審問)할 때 임금이 따로 사람을 보내어 문초하던 일)하게 했는데 유도 역시 대림을 장차 중형(重刑)에 처하려고 했다. 내가 유를 꾸짖기를 '감문하는 때에 밝지 못한 것이 이와 같으니 너와 같은 자는 비록 열 사람이 죽어도 가하다'라고 하고 마침내 유를 가

두고, 다시 지신사 황희를 보내 감문해 그 사실을 알아내 목인해가 주형(誅刑)을 당했다. 만일 조대림이 (사위가) 아니었다면 반드시 죄를 잘못 당했을 것이다. 내가 이 일을 겪고 나서 더욱더 옥송을 자세히 살피지 않을 수 없다는 것을 알았다. 그 일은 곧 대림에게는 불행이었으나 뒷사람들에게는 다행한 일이다."

마지막 문장이 바로 태종풍(太宗風) 말하기다.

6 ——

20년 만에 불거진 이색 비문 사건

사소한 발단

태종 11년(1411년)은 여러모로 태평(太平)한 기운이 퍼져가던 때였다. 실제 여러 신하가 창고가 가득 차고 나라가 편안해 태평에 접어들었노라고 말하고 있다. 5월 1일 좌정승 성석린과 태종은 태평성대를 주제로 짧은 대화를 나눈다.

좌정승 성석린이 나아와 말했다.
"지금은 사방이 무사해 나라에는 남은 곡식이 있고 백성은 업(業)을 잃는 자가 없으나 염려해야 할 바는 편안할 때 위태로움을 잊지 않는 것입니다. 노신(老臣)은 마음과 생각이 망연해 어찌할 바를 알지 못하오나 다만 바라건대 상께서 생각하시기를 처음과 끝을 한결같게 하시기[終始惟一]를 바랄 뿐입니다."
종시 유일

상이 말했다.

"편안할 때 위태로움을 잊지 아니함은 옛사람이 경계한 바이다. 그러나 반드시 일의 기미[事機]를 기다려야 하는 것이니 미리부터 도모할 수는 없는 것이다."
사기

성석린은 태평한 시대를 말하면서도 신시이경종(愼始而敬終)을 말했고 태종은 『주역』「계사전(繫辭傳)」에 나오는 말로 받아서 "편안할 때 위태로움을 잊지 않아야 함을 알고 있다"라고 답했다.

모처럼 태평해지던 그해 중반쯤인 6월 29일 호조참의 이종선(李種善, 1368~1438년)이 어떤 일로 경상도 동래로 유배를 떠났다.

이는 격랑을 예고하는 미미한 흔단(釁端–틈이 생기는 실마리)에 불과했다. 태종보다 1살 아래인 이종선은 이색 아들로 고려 우왕 8년(1382년) 문과에 급제한 뒤 좌랑·정랑 등을 지내다가 조선이 건국되자 정몽주 일파로 몰려 유배 갔다. 태조 때 복직되어 병조참의가 되었고 태종 때는 언관(言官)을 지내기도 했다. 이때 호조참의를 맡고 있다가 유배 갔다. 이색의 다른 아들들은 죽거나 큰 고초를 겪은 데 비해 상대적으로 조용한 삶을 살아오던 이종선에게 뭔가 일이 생긴 것이다.

명나라 사신 축맹헌과 조선 역관 임군례가 사통하다

늘 큰 사건은 사소하거나 엉뚱한 데서 시작된다. 훗날 대역죄를 범해 세종 3년(1421년) 환형(轘刑)을 당하게 되는 통사 임군례가 명나라에 갔다가 비명(碑銘) 하나를 갖고 와서 태종에게 올렸다. 태종 초 사신으로 조선에 오기도 했던 태복 소경 축맹헌(祝孟獻)으로부터 선물로 받은 그 비명은 이색의 문덕(文德)을 찬양하는 내용으로 우리 성균관에 해당하는 명나라 국자 조교(國子助敎) 진련(陳璉)이 썼다고 했다.

당연히 태종으로서는 의문이 들지 않을 수 없었다. 조선에 와 본 적이 없는 진련이라는 중국인이 어떻게 이색 비문을 쓸 수 있는가?

"진련이 어떻게 이색 행적을 알기에 그가 지은 것이 이와 같음에 이르렀는가?"

신하들은 축맹헌이 사신으로 왔을 때 이색이 지은 시문(詩文)을 구해서 돌아갔을지도 모른다고 답했지만, 말이 안 되는 소리였다. 게다가 태종이 누구인가.

태종은 "나도 이색 시문을 보았지만, 진련이 어떻게 시문만 보고 이색 행장(行狀-일종의 약전(略傳))을 이렇게 소상하게 쓸 수 있단 말인가"라며 다시 따졌다.

신하 중 일부는 전후 사정을 어느 정도 알고 있었던 듯하다. 빈틈없는 태종식 다그침이 이어지자 신하들은 권근이 지은 행장이 있는데 아마도 진련이 그것을 보고 지은 것 같다고 사실을 조금씩 털어놓았다. 특히 지신사 김여지는 임오년(壬午年-1402년)에 축맹헌이 사신으로 왔을 때 대언 유기(柳沂)가 축맹헌과 사이가 좋았고 유기가 이색 아들 이종선 사위인 것을 감안할 때 "유기가 축맹헌에게 이색 행장을 명나라에서 지어줄 것을 부탁했을 것"이라고 밝혔다. 일단 태종은 임군례를 불러 명나라 관리들과 사통해 나라 간에 틈이 생기는 일이 없도록 하라고 엄중 경고하는 선에서 마무리하려 했다.

그러나 좌정승 성석린은 "이색 자손이 중국과 사통해 비명을 지어달라고 청했으니 마땅히 죄를 내려야 합니다"라고 진언했다. 사간원에서도 이색 집안에서 청을 받아 비명을 써가지고 왔으면서 열흘 동안 숨기고 있다가 뒤늦게 태종에게 보고한 임군례 잘못이라고 지적했다. 더불어 저간 사정을 알고 있었을 이색 아들 이종선도 처벌해야 한다고 소를 올렸다. 일이 점점 커지고 있었다.

여기에 2가지 잘못이 있었다. 하나는 나라 사신이 사사로운 청탁을 들어 행한 것이고 또 하나는 임군례가 바로 보고하지 않고 열흘 동안이나 지체했다는 것이다. 평소 태종이라면 용납하지 않았을 사안이다.

그런데 태종은 아들이 아버지를 찬미하려는 마음은 인지상정이니 문제 삼을 게 없고 임군례도 몸은 열흘 전에 들어왔으나 짐이 늦게 도착해 열흘 늦게 보고한 것이니 큰 문제가 안 된다고 했다. 그러나 태종은 원래 권근이 지었다는

이색 행장을 다시 꼼꼼히 읽어보고 느낀 문제점을 지적한다. 이색은 권근이 과거에 급제할 때 좌주(座主)다. 이미 권근이 세상을 떠난 마당에 이 문제를 파고들어 봐야 딱히 도움 될 일도 없다고 판단한 태종은 이 정도로 사건을 덮으려 하면서 말했다. 전형적으로 상황을 조절하는 말이다.

"목은(牧隱-이색의 호)은 천하의 큰 유학자[大儒]이니 중국을 통해 그 아름다움을 칭찬하는 것은 괜찮다. 그러나 양촌(陽村-권근의 호)이 지은 행장을 지금 자세히 보니 국체(國體-나라의 체통)를 돌보지 않고 오직 목은만 찬미해 그 문사(文辭)가 사사로운 은혜[私恩]로써 (공적인) 마땅함을 가린 곳이 없지 않다. 이것으로 본다면 목은 제자와 우리 태조 신하가 각기 병립하는 것이다. 그러나 행장을 축맹헌에게 부탁한 유기(柳沂)는 지금 이미 죽었으니 누구를 증인으로 삼아 물어보겠는가? 그리고 종선은 그 아비를 찬미코자 했으니 이는 남의 자식 된 자[人子]의 마음으로 당연한 일이다. 또 임군례는 몸은 먼저 왔으나 치중(輜重)[10]이 이르지 않은 까닭에 보고가 늦은 것이니 무슨 죄가 있겠는가?"

이색 제자와 태조 신하를 대등하게 보고 있다는 지적은 그만큼 권근이 잘못임을 태종도 인정했다는 뜻이었다. 하지만 태종으로서는 더는 밀고 가봐야 실익이 없었다고 미리 판단했다. 그렇다고 여기서 멈추기도 불가능한 일이었다. 일이 점점 예상치 못한 방향으로 굴러갈 조짐이었다. 주목할 지점은 사안을 다루는 태종식 처치술이다. 다른 사안들은 대체로 태종이 방향을 잡고 주도했지만, 이번 일은 성격이 전혀 달랐다. 어디서 무엇이 터져 나올지 모르는 상황이었다.

태종은 태조 때 정치에서 배제됐던 이색 제자들을 대부분 품

---

10 원래는 군대의 군수물자를 가리키는 말인데 여기서는 말이나 수레에 실은 짐을 뜻한다.

어 안았다. 그러니 자칫 큰 파벌 싸움으로 확대될 수도 있었다.

역사 바로 세우기와 역사 왜곡

다음날 태종은 의령군 남재를 비롯해 개국을 둘러싼 정황을 잘 알고 있는 공신들을 불렀다. 이 자리에서 태종은 권근 글에서 문제가 되는 대목들을 조목조목 지적했다. 조선 건국을 부정한 이색 입장에 선다는 것은 곧 이성계를 부정하는 행위였다. 게다가 이색은 고려 말 청년 이방원을 볼모로 삼아 남경(南京)까지 데리고 갔던 인물이다.

태종은 공신들에게 "권근 글은 누구나 읽어볼 수 있는데 어찌 공신이란 사람들이 '사실을 날조한 부분들'을 보았다면 (그사이에) 문제 삼지 않았느냐"고 호통쳤다. 실록은 "모두 두려워했다"라고 적고 있다. 이는 굉장히 중요한 문제다. 권근이 지은 행장 정도는 이미 다 읽어보았으면서 그동안 왜 아무런 문제를 제기하지 않은 채 입을 닫고 있었느냐는 강한 책망이었다. 태종은 모두에게 다시 읽어보라고 시켰다.

공신들은 진련 글과 권근 행장을 함께 읽어본 뒤 말했다.

"이것은 모두 허사(虛事)입니다."

그러면 어떻게 할 것인가. 태종은 불과 20여 년 전 일도 이처럼 사실과 다르게 기록되어 전해지는 실정이니 그답게 앞으로 과

연 역사가 어떻게 바로 서술될 수 있겠느냐고 통탄했다. 보기에 따라서는 왕조 입장에서 역사를 서술하려는 시각 표출일 수 있다. 남재 등은 권근 행장을 없애자고 건의했다. 태종은 일단 "하륜과 권근 시문 중에서 이와 관련된 부분만 제거하라"라고 지시했다.

하륜이 갑자기 거론된 이유는 하륜도 이색 문인으로 그를 위한 비명을 지었기 때문이다. 그런데 그 내용이 권근이 지은 행장과 대동소이(大同小異)했다. 하륜은 이때 영의정이었다. 곧바로 사간원과 사헌부는 하륜을 처벌해야 한다는 소를 올렸다. 특히 이때 대사헌 황희는 세상을 떠난 권근도 어떤 식으로든 처벌해야 한다고 주청했다. 황희와 하륜은 서로 배척하는 사이였다.

자칫 10년간 어렵사리 구축한 태종식 정치 구도가 무너질 위기였다. 그래서인지 태종은 하륜만큼은 반드시 보호하기로 했다. 해법 지침은 '하륜 보호'였다. 곧장 김여지를 하륜에게 보내 "경의 글은 권근 글을 모방해 지은 것이라 한다"고 말했다. 사태를 풀어갈 방향을 미리 하륜에게 암시한 것이다. 사돈이기도 한 권근은 이 세상 사람이 아니었고 하륜은 그의 글을 모방했을 뿐이라고 치부해 문제 삼지 않겠다는 뜻이었다. 태종은 이런 식으로 하륜에게 살아날 길을 일러주었다. 이것이 태종풍 일하기다.

태종식 하륜 구출 작전

이색 행장과 하륜이 지은 비명에서 특히 문제 된 대목은 이성계 세력이 창왕을 내쫓고 공양왕을 추대할 때 일이었다. 이때를 묘

사하면서 행장이나 비명 모두 '일을 주도하는 자[用事者]가 공(公-
이색)이 자기를 따르지 않는 것을 꺼려해 장단으로 내쫓았다'라고
적고 있다. 재상을 다소 비하하는 의미가 담긴 용사자(用事者)라는
표현이 문제였다. 역사서에서는 흔히 권력을 제 마음대로 휘두르
는 권간(權奸)을 가리킬 때 이 표현을 썼다.

하륜은 태종에게 "용사자는 태조가 아니라 정도전과 조준을
가리킨 것"이라며 "그 시절(-공양왕 시절) 태조는 나라를 세울 생각
이 없었고 정도전이나 조준 무리가 태조 뜻과 달리 자기 마음대로
주륙을 행했기 때문에 그렇게 쓴 것"이라고 해명했다. 물론 이는
거짓이다. 두 사람 글에서 '용사자'는 두말할 것도 없이 이성계였다.

이색은 태조 5년(1396년) 세상을 떠났다. 권근 행장이나 하륜
비명이나 그 직후에 작성되었을 것이다. 그때만 해도 태종이 왕위
에 오르리라고는 생각도 못 할 시점이고 정도전이 권세를 부리고
있었다. 그래서 하륜은 다소 비장한 마음으로 이런 글을 썼을 것
이다.

그러나 태종이 누구인가. 하륜이 한 말을 김여지가 듣고 그대
로 보고하자 "태조께서 나라를 얻었기 때문에 이같이 말할 뿐이
지 만일 나라를 얻지 못했다면 의당 조준·정도전 등과 같이 비교
했을 것이다"라고 일갈했다. 하륜의 변명을 받아들일 수 없다는
뜻이었다. 아마도 태종은 하륜에게도 일정 범위에서 경고하고 싶
었는지 모른다.

그런데 며칠 지난 7월 1일 태종은 전혀 다른 모습을 보였다.
삼공신, 그중에서도 주로 개국공신들은 공양왕 즉위 때 태조 이성
계가 좌시중에 오른 사실을 거론하며 권근·하륜이 말하는 용사

자는 바로 태조이기 때문에 두 사람 죄는 그냥 불경도 아니고 대불경(大不敬)에 해당한다고 말했다. 이에 대한 태종 해명이 흥미롭다.

"하륜과 권근은 모두 나의 충신이다. 어찌 우리 태조를 비방했겠는가? 이색이 본래 조준·정도전과 틈이 있었고 하륜과 권근 둘 다 이색 문인이기 때문에 (조준과 정도전에게) 보복하려고 생각한 것일 뿐 본심에서 나온 것이 아니다. 또 사직에 관계된 일도 아니다. 다만 그런 식으로 보복하는 것은 대신이 취할 도리가 아니다. 권근은 이미 죽었으니 죄줄 수 없고 하륜은 이미 집에 머물며 국정에 참여하지 않으니 경들은 더는 문제 삼지 말라."

중도(中道)를 제시한 것이다. 그러나 사헌부와 사간원은 하륜과 권근이 이색 문인으로 정몽주 편에 서서 태조 추대를 반대했던 인물들이라는 급소까지 찌르면서 처벌을 주장했다. 태종으로서도 논리상으로 두 사람을 옹호하기란 더는 불가능해졌다.

그럼에도 태종은 하륜에 대한 총애를 유지했다. 그는 하륜 아들 총제 하구를 불러 "근래에 삼공신과 대간에서 경 아비 죄를 청했는데, 내가 좇지 않았다. 아비에게 두려워하지 말라고 하라"고까지 말했다.

다음날에도 공신과 대간에서 두 사람을 처벌해야 한다고 말씀을 올렸지만, 태종은 평소와 달리 논리적 반박은 하지 않고 "모든 일은 적당하게 하고 그만두는 것이다. 지금 이미 하륜으로 하여금 정사에 참여하지 못하고 집에 있게 했으니, 이것으로도 족한 것이다"라며 보다 솔직하게 말했다. 이런 식으로 말하기는 태종이 논리가 막혔을 때나 볼 수 있다.

> "하륜과 권근이 처음에는 비록 태조에게 두 마음이 있었더라도 지금은 나의 충신이 되었다. 너희들도 역시 나의 신하이니 나의 말을 따르라."

그로서도 더는 논리적으로 반박하기 어려웠다.

하륜에 대한 태종의 본심

하지만 남재·조온 등 개국공신과 대간도 이번에는 한 치도 물러설 생각이 없었다. 개국공신과 1·2차 왕자의 난 공신 간 대충돌로 이어질 수도 있었다. 그러자 태종은 화를 내며 대간들에게는 파직하겠다고 협박했다. 그리고 지신사 김여지를 은밀하게 불러 분을 참지 못하는 목소리로 속을 털어놓았다. 태종이 신하를 보는 관점을 엿볼 수 있고 시세(時勢)에 대한 한탄도 느낄 수 있는 대목이다.

> "하륜은 고금에 통달하고 충성을 다하니 이 같은 명신은 역사책에서도 많이 보지 못하는데 공신과 대간이 반드시 쫓아버리고자 하니 무슨 심보인가? 저자들은 각사(各司) 공사(公事)를 가지고 아뢰어도 단 한 가지 내 뜻에 맞는 것이 없는데 하륜은 보익(補益-보필)하는 것

이 크고 많으니 우리나라에 이러한 신하가 있다는 것이 빛나지 않느냐?

너는 어째서 내 뜻을 여러 경에게 전해 말하지 못하느냐?

맹세가 비록 어린아이 장난이라 하더라도 너희들이 하늘을 가리켜 맹세한다면 너희들 마음에 하륜이 정말 죄가 있다고 하겠느냐? 너희들 마음에 반드시 죄가 없다고 할 것이나 내 앞에서 감히 곧게 말하지 못하는 까닭은 밖에 나가면 꾸짖는 자가 있음을 두려워하기 때문이다.

내가 옛날에 대간과 지방 수령을 맡아보지 못했기 때문에 그 폐단을 알지 못했는데 오늘에 이르러서야 알았다. 임금이 아무개가 그르다고 하면 온 나라가 따르고, 한 재상이 아무개가 그르다고 하면 역시 그와 같이 한다. 고려 말기에 손바닥 뒤집듯이 패란(敗亂)이 서로 잇따른 것은 곧은 말을 하는 신하가 없었기 때문이다.

너희들이 무능해서 도리어 하륜을 해치고자 하니 부끄럽지 않으냐? 나라를 다스리는 도리가 임금이 말을 하면 신하가 그 그른 것을 바로잡지 못하고 뇌동(雷同)해 물결치는 대로 따라가는 것이 옳겠느냐? 사풍(士風)이 퇴폐하고 쓸린 것이 한결같이 이에 이른 것은 무슨 까닭인가?"

태종이 한 이 말에 대해 실록은 "많은 사람이 하륜과 권근 글을 알면서도 고하는 자가 없다가 임금 뜻을 듣고 나서야 뇌동해 서로 두 사람에게 죄를 청하기를 마지않았기 때문에 탄식한 것"이라고 정확하게 해석하고 있다.

한편 하륜은 이날 무려 4차례나 소를 올려 무죄를 주장했지

482

만, 태종은 귀찮다며 보지도 않고 모두 돌려보냈다. 저울추는 하륜 쪽으로 기울고 있었다. 하륜을 살리되 하륜에 대한 경고 또한 잊지 않으려는 태종식 처사였다.

맞불 전략: 이에는 이, 역사에는 역사

왕이 아무리 만류하고 경고해도 공신과 대간은 하륜 탄핵을 그치지 않았다. 태종은 자칫 자기가 그동안 다져온 정치적 기반이 허물어질 수 있다는 위기감을 느꼈을 것이다. 하륜 문제는 태종 정권이 태생적으로 지닌 딜레마라고도 할 수 있다. 태종은 태조 정권을 전복하고 일어섰다. 태조를 세운 정도전·남은·심효생 등에 대립했던 인물들이 있었기에 태종은 권력을 잡을 수 있었다. 조준은 예외적인 경우였고 하륜은 그 전형적인 사례였던 데다 태종에게는 복심 중 복심이었다.

정도전계를 비롯한 범(凡)태조 세력이 하륜을 몰아세우고 있다고 판단한 태종은 극약처방을 쓰기로 했다. 하륜 처벌 상소가 이어지던 7월 2일 태종은 느닷없이 20년 전 일을 끄집어냈다. 역시 태종풍 일하기 방식이 발동된 것이다.

조선 개국 직후 태조는 즉위 교서에서 반대파 56명 처벌을 명시한 바 있었다. 개국 후 열흘쯤 지나 발표된 즉위 교서 맨 마지막 항목이다.

유사(有司)가 말씀 올리기를 '우현보·이색·설장수 등 56인이 고려 말기에 도당(徒黨)을 결성해 반란을 모의해 맨 처음 화단(禍端)을 일으켰으니 마땅히 법에 처해 장래의 사람들을 경계해야 할 것입니다'라고 했으나 나는 오히려 이들을 가엾이 여겨 목숨을 보전하게 하련다.

그중에 우현보·이색·설장수 등은 그 직첩(職帖)을 회수하고 폐해 서인으로 삼아 해상(海上-해변)으로 옮겨서 종신토록 같은 계급에 끼지 못하게 할 것이다.

우홍수·강회백·이숭인·조호·김진양·이확·이종학·우홍득 등은 그 직첩을 회수하고 장 100대를 집행해 먼 지방으로 유배 보낼 것이다.

최을의·박흥택·김이·이래·김묘·이종선·우홍강·서견·우홍명·김첨·허응·유향·이작·이신·안노생·권홍·최함·이감·최관·이사영·유기·이첨·우홍부·강여·김윤수 등은 그 직첩을 회수하고 장 70대를 집행해 먼 지방으로 유배 보낼 것이다.

김남득·강시·이을진·유정현·정우·정과·정도·강인보·안준·이당·이실 등은 그 직첩을 회수하고 먼 지방에 방치할 것이다.

성석린·이윤굉·유혜손·안원·강회중·신윤필·성석용·전오륜·정희 등은 각기 본향(本鄕)에 안치할 것이며, 그 나머지 범죄한 모두 사람은 일죄(一罪-사형에 해당하는 죄)로서 보통의 사유(赦宥-사면)에 용서되지 않는 죄를 제외하고는, 이죄(二罪-일죄 이외의 죄) 이하의 죄는 홍무 25년(1392년) 7월 28일 이른 새벽 이전으로부터 이미 발각된 것이든지 발각되지 않은 것이든지 모두 이를 사면할 것이다.

그중 이숭인과 이종학은 '장 100대에 먼 지방 유배'라는 형을 받았는데 정도전 등이 내린 지시로 몽둥이에 맞아 죽거나 교살당한 일이 있었다. 이 일을 문제 삼고 나선 것이었다.

이 명단에는 성석린 이래 유정현 등 태종 정권에서 중요한 역할을 하게 되는 인물들이 다수 포함돼 있었다.

하륜에 의해 재론된 이숭인 살해 사건

이날 태종은 승정원에 "이숭인·이종학을 곤장 때린 뒤에 살해했다고 말하는 사람이 있는데 너희들이 들었는가?"라고 물었다. 이숭인은 이색 제자이고 이종학은 이색 아들이다. 이숭인은 태종에게 성균시 은문(恩門)이기도 했다. 실록에 따르면 이런 말을 한 사람은 다름 아닌 하륜이었다. 하륜이 은밀하게 저간 사정을 기록해 밀봉해서 올렸던 것이다.

김여지는 정확히 알지 못한다고 말했고 한상덕은 그렇게 말하는 사람들이 많다며 이종학이 남긴 시를 볼 때 제 명대로 죽지 못한 것이 분명하다고 말했다.

또 『태조실록』 편찬에 참여한 바 있던 조말생은 "사관이 쓰기를 '임금(-태조)이 이숭인·이종학 등 12인의 죽음을 듣고 크게 노해 이에 관련된 사람을 꾸짖었다'라고 했습니다"라고 보고했다. 태종은 당시 관련자들을 찾아내 진실을 낱낱이 밝히라고 의정부에 명했다.

태종은 이제껏 이런 일을 몰랐다면서 만일 사실이라면 국법을 무시하고 권신(權臣-정도전)이 내린 사적인 지시에 따라 사람을 죽였으니 큰 문제라고 덧붙였다. 정말 몰랐는지 아니면 그냥 묻어두려 했다가 이색 비문 문제가 하륜에게까지 불똥이 튀는 바람에 새삼 문제 삼았을 뿐인지는 태종 본인만이 알 것이다. 한 가지 분명한 사실은 전형적인 태종식 일하기 중 하나인 맞불 전략이었다는 것이다.

신하들도 잘 알고 있었다. 사간원 좌정언 금유가 올린 글은 이색 비문과 이숭인 장살(杖殺) 사건 재론이 밀접하다는 사실을 단적으로 보여준다.

'지금 의정부로 하여금 이숭인과 이종학을 잘못 형벌한 사실을 조사하게 하셨습니다. 신 등이 생각건대 만일 잘못 죽였다면 태조의 탁월한 눈 밝음으로 어찌 그 사실을 알지 못했겠으며 또 이숭인과 이종학 자손이 어찌 보복하려고 하지 않았겠습니까? 지금 하륜과 권근을 죄주기를 청하자 이런 명이 있으시니 신은 그것이 옳은지 알지 못하겠습니다. 정지하시기를 청합니다.'

정곡을 찌른 소였다.

물론 이 소는 하륜을 압박하려는 반대파가 사주한 방해 공작이었을 수 있다. 이 글이 태종에게 전해질 경우 일어날 파문은 쉽게 예상할 수 있었다. 결국 대언들은 "주상의 이번 명은 진정이시니 만일 지금 아뢴다면 주상이 반드시 노할 것"이라며 이 소를 태종에게 전달하지 않았다.

태종 대언들은 이처럼 태종이 어떤 명을 내렸을 때 말 그대로인지 다른 지향이 있어서인지를 가려내느라 전전긍긍해야 했다.

실상이 드러나다

조사가 진행되는 가운데 아주 의미심장한 일이 일어났다. 7월 20일 박은이 하륜을 적극 옹호하고 나섰다. 이색은 박은 외삼촌이었다.

"용사자(用事者)라는 것은 조준 등을 가리킨 것이 분명하고 이숭인·이종학 죽음은 권신(-정도전)이 한 짓이다."

이에 사헌부는 박은을 불러 조사했고 박은은 2가지 사실 모두 하륜에게서 들었다고 밝혔다. 다시 하륜을 불러 조사하자 하륜은 이종학 아들에게서 들었다고 실토했다. 분명 무엇인가가 있었다.

7월 27일 사헌부는 조사 결과를 보고했다. 아직 풍해도 신은현에 살아 있던 손흥종이 "남은과 정도전이 만일 이종학에게 곤장 100대를 쳐서도 죽지 않거든 교살하라고 했기 때문에 내가 교살했다"라고 실토했다. 황거정은 다소 애매했다. 당시 이숭인에게 가한 장형은 나주에서 이뤄졌다.

황거정은 "장 이외에 다른 형벌은 가하지 않았는데 그전에 이숭인에게 병이 있었기 때문에 장으로 인해 죽은 것"이라고 밝혔다. 그러나 당시 장형에 참가했던 사람들을 찾아내 확인한 결과 장을 일부러 허리에 치도록 했다는 것이 드러났다.

태종은 손흥종과 황거정을 즉각 잡아들이라고 명했다. 그리고 태종이 한 말도 아주 흥미롭다.

"남의 신하 된 자로서 어찌 군상(君上)의 명령도 없는데 임의로 죽일 수가 있겠느냐? 의령군 남재는 그때 참여해 들었고 철성군 이원도 임신년에 전라도 안렴사였으니 어찌 알지 못했겠는가? 모두 알지 못한다고 대답하니 참으로 잘못됐다. 개국하던 처음에는 내가 일에 참여하지 않았던 것이 없었지마는 그 뒤로는 (정치에 참여하지 못해 함흥에 가 있었기에) 내가 알지 못했다. 그러므로 사람들이 이숭인·이종학 죽음을 말했지만 장사(杖死)한 것으로 생각했는데 이제야 임의로 죽인 것을 알겠다. 마땅히 고략(拷掠-고문)해 물으라."

더불어 이숭인·이종학 재조사 흐름 속에서 태종이 어릴 때 스승이자 태조와 정도전 반대편에 섰다가 고초를 겪은 우현보 아들 우홍수 재조사도 지시했다. 실록에 따르면 우홍수 아들 우승범이 글을 올렸다고 한다. 우현보야말로 전형적인 반(反)태조였다가 2차 왕자의 난 때 이방간 쪽 거사 움직임을 미리 포착해 제자이자 태종 문과 동기였던 이래를 통해 당시 정안공 이방원에게 알려준 태종 즉위 1등 공신이었다.

이어 8월 2일 태종은 이색 비문 사건과 이숭인·이종학 살해 사건을 절묘하게 연결했다. 논리는 간단했다. 이색 사람들이라고 할 이숭인과 이종학을 태조가 죽이라고 한 것이 아니라 정도전 일파들이 독단적으로 한 것을 봐도 '용사자'라는 표현은 태조가 아닌 정도전 일파를 가리킨 것이라는 논리였다. 즉 태조와 권신들은 따로 놀고 있었다는 근거로 하륜을 구했다. 이렇게 되면 이성계는 시종 신하들에게 놀아나는 임금이었다는 부담이 있었지만, 태종은 현재 하륜을 구하는 것이 그만큼 시급한 정치 현안으로 여졌다. 이로써 태종 11년(1411년) 7월 한 달을 뜨겁게 달구었던 이색 비문 사건은 일단락되었다.

사건이 마무리되자 태종은 8월 2일 하륜을 영의정에 다시 앉혔다. 이 인사가 갖는 정치적 의미는 대단히 크다. 하륜과 박은을 중심으로 정국을 운영하는 구도가 다시 제자리를 찾았기 때문이다. 이런 우여곡절 끝에 정국은 겨우 안정시켰지만, 집안이 곪아가고 있었다. 처남 2명을 사형에 처했으니 집안이 온전했다면 그게 비정상이다.

정리되지 않은 조선 개국 과정

정도전 등 개국 초 권신들을 태조에게서 분리하는 일은 태종으로서는 자신을 둘러싼 모순 해소를 위한 결정적 실마리였다. 아버지를 향한 쿠데타로 집권한 태종으로서는 거사 명분을 권신 제거에 두면 아버지 권위를 그대로 유지할 수 있었기 때문이다. 그러나 말처럼 쉽지는 않았다. 크게 보면 개국공신과 정사공신이 충돌할 수 있었고 개인적으로는 두 사건에 관련된 인물들과 맺었던 복잡한 인간관계로 인해 적과 동지 구분이 불분명하기도 했다.

총애했던 남재가 대표적으로 그랬다. 8월 2일 태종은 남재를 불러 이런저런 이야기를 나누었다. 이종학 사건 당시 남재는 대언이었다. 당연히 사건을 알 수 있는 자리다. 그런데도 남재는 그 일은 몰랐다고 잡아뗐다. 태종은 더는 캐묻지 않고 1차 왕자의 난 때 죽은 남재 동생 남은을 동정적으로 회고했다. 개국한 공은 남은이 컸다는 이야기였다. 반면 정도전 평가는 대단히 인색했다.

> "정도전은 개국할 때도 일찍이 한마디 말도 없었고 그 뒤에 적서(嫡庶) 문제(이방석에게 왕위를 물려줄 때의 일)를 분변할 때도 한마디 언급하지 않았으며 고 황제(高皇帝-명나라 주원장)에게 죄를 얻었을 때는 굳이 피하고 가지 않아 사사로움을 끼고서 임금을 속였고 이숭인 등을 함부로 죽였으니 죄가 공보다 크다."

8월 11일 이숭인·이종학 사건을 마무리하면서 태종은 손흥종·황거정과 더불어 정도전도 서인으로 삼고 그 자손들의 관직 진출을 금하면서도 남은은 문제 삼지 말라고 명했다. 그런데 좌사간 이명덕이 반발했다. 남재는 남은 친형인데 이숭인과 이종학을 죽이려 했던 정도전과 남은의 모의를 몰랐다는 말은 임금을 기만하는 것이니 당장 의금부에 내려 국문해야 한다는 주장이었다. 태종의 변명이 다소 궁색하다.

> "남재 형제가 평소에 우애하지 못한 것은 사람이 다 아는 것이다. 어찌 남재가 알고서 사실대로 고하지 않았겠는가? 다시는 묻지 말라."

반발하는 개국공신

의정부에서는 연일 황거정과 손흥종은 그 정도로 끝나서는 안 되고 사형으로 다스려야 한다고 압박했다. 이는 정말로 사형시켜야 한다는 의견이라기보다 태종에 대한 간접적인 압박이었다. 태종이 사형을 거부하자 바로 의정부에서 올라온 의견은 정반대였기 때문이다.

"황거정과 손흥종은 정도전과 남은 계책을 따랐을 뿐입니다. 그리고 정도전과 남은도 사감으로 그렇게 한 것은 아니었습니다."

태종이 말한 "사사로움을 끼고서"를 걸고 나왔다. 갈등이 위험 수위를 넘고 있었다. 그런데 이종학과 이숭인은 고려 잔당이었기 때문에 당연히 정도전 등은 조선 사직을 위해 그들을 해치지 않을 수 없었다며 "외형상 임금을 속인 부분이 있지만, 속마음은 이 나라 사직을 호위하기 위한 것"이라고 주장했다. 태종 생각에 대한 정면 반박이었다. 태종은 진노했다.

"임신년(1392년) 7월에 대업이 이미 정해졌는데 어찌 피차의 당이 있겠는가? 정도전 등이 방자하게 무군(無君-임금을 무시함)하는 마음을 자행했는데 어째서 사직을 호위했다고 말하는가? 처음 이 말을 낸 자가 누구인가?"

태종은 명이 어디서 나와야 하는지를 문제 삼고 있는데 그들은 고려에 대한 한풀이를 핑계 삼고 있었다.

드디어 개국공신이 나섰다. 우정승 조영무, 한천군 조온, 홍녕군 안경공, 청성군 정탁, 옥천군 유창, 서천군 한상경, 평성군 조견이 연대해서 소를 올렸다.

"남은과 정도전 무리가 없었다면 태조가 누구와 더불어 개국했겠습니까? 이것을 가지고 저것을 미워하는 것은 이치가 진실로 그러한 것이니 (그들을 죽인 것은) 정도전의 사사로운 원망이 아닙니다. 그 마음을 쓴 것은 공정한 데서 나왔으니 이것은 용서할 만합니다. 신 등이 또한 개국에 참여했으므로 감히 이 청을 드리는 것입니다."

개국공신이 보여준 뜻밖의 강도 높은 반발에 태종도 아차 싶었는지 "웃으면서" 자기 입장을 밝힌다. 웃었다는 것은 그의 '진노'가 연출된 것임을 인정하는 행위다. 자기가 두 사람을 법에 따라 죄주려 했으나 공신들 뜻이 그러하면 다시 생각해보겠다는 것이었다. 그러면서도 태종은 계속 정도전 처벌 입장을 견지했다. 이에 8월 18일 개국공신 좌정승 성석린, 우정승 조영무, 찬성 이천우 등이 농성을 벌였다. 그들은 특히 대간이 자신들을 비판한 점을 문제 삼았다. 간접적으로 태종이 대간을 통해 자신들에게 압력을 가하지 않았느냐는 시위였던 셈이다. 결국 태종이 한 걸음 물러섬으로써 갈등은 봉합되었다.

태종으로서는 이미 하륜 문제는 해결한 상태에서 정도전 처벌을 압박하다가 유보했으니 잃을 것이 없는 싸움이었다. 이보 전진 후 일보 후퇴였기 때문이다.

정도전은 이미 저세상 사람이었다. 태종은 개인적으로 정도전을 싫어했지만, 조선 건국에 미친 정도전의 지대한 공은 굳이 개국공신이 역설하지 않아도 태종 자신이 잘 알고 있었다. 비록 자기 입으로 정도전 공은 남은에 비하면 4, 5등 정도라고 말하기는 했지만, 이성계가 정몽주와 더불어 '양정(兩鄭)'이라며 아꼈던 인물

이다. 다만 거기에 정몽주가 포함된 데서 알 수 있듯이 이는 '개국'
과 관련된 사안은 아니다. 정도전은 1388년 밀직부사로 대사헌 조
준과 함께 전제개혁안을 추진했고 1389년에는 창왕을 폐위하고
공양왕을 옹립해 좌명공신에 봉해졌다. 위화도회군부터를 개국의
시작으로 본다면 정도전 공을 폄하할 수 없다. 그러나 1392년 봄
정도전은 정몽주·김진양 등 고려 수호 세력으로부터 반격을 당해
보주(甫州-지금의 경상도 예천) 감옥에 투옥됐다. 그가 감옥을 나올
수 있었던 것은 이방원이 정몽주를 격살했기 때문이다. 이방원이
정도전을 살려준 것이나 마찬가지였다. 태종이 볼 때 1392년 봄이
개국의 결정적 시기였다면 그 기간에 정도전은 이렇다 할 행위가
없었다. 태종이 정도전을 이중 감정으로 보았던 것은 그 때문이다.

　이색 비문 사건 발발에서 이숭인 장살 사건을 거쳐 정도전 처
벌 논란으로 종결된 태종 11년(1411년) 여름은 태종 권력이 더욱
강해지면서 지나갔다.

7 ___

고려 왕씨 몰살을 마침내 중단시키다

태조 3년(1394년) 4월 왕씨 몰살을 명하다

그 많던 고려 왕씨(王氏)는 어디로 갔을까? 당시 통계가 남아 있지 않아 정확히 알 수는 없지만 500년 가까이 이어진 고려였기에 조선 건국 당시 왕씨 인구는 대단히 많을 수밖에 없었다.

조선 건국 4일 차였던 1392년 7월 20일 태조 이성계는 대사헌 민개(閔開)가 올린 건의를 받아들이는 형식으로 고려 왕조 제사를 받들 극소수를 제외한 모든 왕씨를 강화도와 거제도에 옮겨 살도록 명했다.

이성계는 물론이고 신하들도 왕씨의 존재에 대해 극도로 불안을 느끼고 있었다. 새 왕조는 아직 명나라로부터 제대로 인정받지 못한 단계였다. 국내외적 불안정 요인이 컸다. 태조 3년(1394년)

1월 21일 사헌부·사간원·형조 등 3개 기관이 합동으로 왕씨를 제거해야 한다고 주장한 일도 그런 불안감 때문이다. 이성계는 처음에는 윤허하지 않았다. 자칫 민심을 완전히 잃을 수도 있는 중대사안이었기 때문이다. 신하들은 물러서지 않았다. 무려 10여 차례에 걸쳐 끈질기게 왕씨 제거를 주장했다.

실상은 분명치 않지만, 왕씨들이 연루된 이런저런 모반 사건이 연이어 터졌다. 이성계는 강화도 등에 거주하는 왕씨들에 대한 철저한 경계를 사헌부에 명하기도 했다.

왕씨 제거를 주장하는 신하들 주청은 4월이 되어서도 여전했다. 결국 4월 14일 이성계는 도평의사사에 왕씨 문제 토의를 지시했다. 고려 왕씨의 운명이 바뀌는 순간이었다. 일부는 섬에 유배 보내는 정도로 그치자고 했지만, 소수파였고 절대다수는 왕씨의 완전 제거를 역설했다. 결국 왕씨 제사를 담당해야 하는 공양왕 동생 왕우 삼부자를 제외한 모든 왕씨를 살해하기로 했다. 왕우 딸이 이성계 아들 이방번과 결혼해 이성계와 왕우는 사돈이었으므로 목숨을 겨우 부지할 수 있었다. 우리 역사에서 이보다 참혹한 순간이 또 있었을까?

이렇게 해서 왕씨 박멸 작전이 개시되었다. 당시 왕씨들은 강화도와 거제도 외에 삼척에도 집단으로 거주하고 있었다. 중추원 부사 정남진과 형조의랑 함부림을 삼척에, 형조전서 윤방경과 대장군 오몽을을 강화에, 형조전서 손흥종과 첨절제사 심효생을 거제도에 보냈다. 모두 개국에 큰 공을 세웠던 이성계의 최측근이었다. 좀 더 정확하게는 당시 정사를 주도하던[用事] 정도전과 남은 측근들이다.

작전은 전격적으로 이뤄졌다. 바로 다음날 윤방경 등은 왕씨를 모두 색출해 강화나루에 수장(水葬)시켰다. 거제도 작전은 4월 20일에 이뤄졌다. 마찬가지로 수장이었다. 여기서 그치지 않았다. 이들은 주로 왕족이었고 나머지 다른 왕씨들에 대한 대대적인 색출을 전국적으로 진행해 "모두 목 베었다"라고 실록은 기록하고 있다. 심지어 왕씨 서얼들까지 잡히는 대로 목 베었다.

이어 이성계는 고려 때 왕씨 성을 하사받은 경우에는 본래 성으로 돌아가도록 하고 왕족이 아닌 경우라도 왕씨 성은 모두 어머니 쪽 성으로 바꾸도록 엄명을 내렸다. 왕씨 관직 진출 금지는 말할 필요도 없다.

그러나 아직은 행정력이 미비한 상태였으니 살아남은 왕씨도 적지 않았을 것이다.

태종, 왕씨에 대한 태도를 바꾸다

태종 때도 왕씨 제거 방침은 승계되었다. 태종 13년(1413년) 11월 15일 태종은 의정부에 "사찰에 있는 중 가운데 나이 15세 이상 40세 이하의 경우 출생지와 조상 계통을 샅샅이 조사해 보고하라"고 명했다. 아무래도 사찰은 불교 국가였던 고려에 동조하리라고 본 때문이다.

하지만 어떤 계기로 태종은 생각을 바꾼다. 당시 왕씨 후손 1명이 체포되었는데 신하들은 당연히 그를 죽여야 한다고 나섰다. 11월 21일 태종은 뜻밖의 답변을 내놓았다.

"역사책을 살펴보니 역성혁명을 하고서도 전조(前朝) 후손들을 완전히 멸망시킨 경우는 거의 없었다. 그것은 임금이 행할 도리가 아니다. 앞으로 나는 왕씨 후예를 보전하겠다."

아버지 이성계가 했던 조치를 뒤집는 발언이었다. 신하들은 벌떼처럼 일어났다. 태종은 신하들을 나무랐다. 내 목숨 구하자고 고려 왕실을 박멸하는 모습이 부끄럽지 않냐고 따져 물었다. 물론 아버지를 위한 변명도 덧붙였다.

"태조가 개국했을 초기에 전 조정 후손이 보존받지 못한 것은 본래 태조 뜻이 아니었고 한두 대신이 생각하기를 '이제 초창(草創)하는 때를 당해 인심이 안정되지 않으니 그 후예를 제거시켜 여러 사람의 뜻을 하나로 하는 것이 마땅하다'라고 했다. 그때는 내가 어렸고 고전(古典)을 알지 못해[11] 그 의논을 중지하도록 능히 청하지 못한 것이 지금까지 한이 된다."

또 말했다.

"이씨가 도리가 있으면 100명의 왕씨가 있다 하더라도 무얼 걱정하겠는가? 그렇지 않고 이씨가 도리를 잃으면 왕씨가 아니라도 천명을

---

11 굳이 고전을 언급한 이유는 주나라를 세운 무왕 사례를 염두에 둔 것이다. 『논어』 「요왈(堯曰)」편에 나오는 말이다. "주나라 무왕이 멸망한 나라를 일으켜주고[興滅國] 끊어진 대를 이어주고[繼絶世] 숨은 사람을 등용하자[擧逸民] 천하 민심이 돌아왔다."

받아 일어나는 자가 없겠는가?"

현실주의자 태종다운 발언이었다. 이어 태종은 "예전에 태조가 왕씨를 제거한 것은 태조 본의가 아니었다"라는 말로 아버지와의 충돌 가능성을 없앴다. 그러나 20여 년 가까이 왕씨들은 온갖 수모를 겪은 후였다. 성을 전(全)이나 옥(玉)으로 바꾼 사람도 많았다.

고려 왕씨 처리 방법에 대해 태종은 이미 적어도 3년 전부터 문제의식이 있었다. 태종 10년(1410년) 1월 22일 실록이다.

"전조(前朝-고려) 왕씨 자손의 경우 살육이 어린아이에까지 미쳤으니 어찌 마음이 아프지 않겠는가! 집에 간쟁하는 자식[諍子]이 있어야 한다는 것[12]은 옛날 격언인데 내가 간언해 말리지 못했으니 지금까지도 한(恨)이 된다."

재위 13년에 했던 "그때는 내가 어렸고 고전을 알지 못해 그 의논을 중지하도록 능히 청하지 못한 것이 지금까지 한이 된다"는 말과 이때 했던 "집에 간쟁하는 자식[諍子]이 있어야 한다는 것은 옛날 격언인데 내가 간언해 말리지 못했으니 지금까지도 한(恨)이 된다"는 말은 당시 태조와 신하들을 말릴 만한 논거를 배우지 못한 본인 탓이라는 자책이다. 아버지는 스스로 그럴 사람이 아닌데

---

12 이는 옛 중국 격언으로 "임금에게 간쟁하는 신하가 있으면 그 나라는 망하지 않고 아버지에게 간쟁하는 자식이 있으면 그 집안은 패망하지 않는다"고 했다.

무지한 자식을 두는 바람에 불인(不仁)한 허물을 짓게 되었을 뿐이었다는 것이다. 임금이 이렇게 말하면 당시 말리지 못했던 신하들은 할 말이 없어지게 되고 왕이 잘못을 고쳐 바르게 돌아가자는데 신하들로서는 반대할 명분이 사라진다. 전형적인 태종풍 말하기라 하겠다.

태종 13년(1413년) 위 명이 있은 이후에야 마침내 왕씨 살육은 공식적으로 중단되었다. 그러나 관직 진출은 여전히 막혀 있었다. 단종에게 사약을 들고 간 의금부 도사 왕방연(王邦淵)이 그나마 당시 최고위직에 오른 인물이었을 것이다. 이후 세월이 흘러 최초의 왕씨 문과 급제자로 1453년 왕희걸(王希傑, ?~1553년)[13]이 나왔다. 그는 이름 그대로 대단히 보기 드문 인재였다. 문장과 글씨 등에 두루 정통한 그는 홍문관 부제학까지 올라갔다. 아마도 왕희걸을 바라보는 당시 왕씨 집안 사람들은 감회가 남달랐을 것이다.[14]

---

13 1543년 문과에 급제했다. 예문관검열을 거쳐 1545년(명종 즉위년) 홍문관정자가 되었으며 1546년(명종 1년) 경성판관, 1550년 비변사 낭청이 되었다. 일찍이 이황(李滉)·노수신(盧守愼)·홍섬(洪暹) 등 당대의 명유와 교유했으며, 문장·글씨·그림에 모두 뛰어났다.

14 왕희걸이 역사적 사건과 관련을 맺는 것은 명종 때 을사사화다. 당시 그는 함경도 어사로 있었다. 이때 문정왕후와 윤원형은 계림군을 역모로 얽어매려 했는데 계림군이 함경도 쪽으로 도망을 쳤다. 왕희걸의 조사 결과 중 보우(普雨)가 황룡사·석왕사 등지에 계림군을 숨겨주었다는 보고서를 올렸지만, 보우의 뒤에는 문정왕후가 있었기 때문에 별다른 문제가 되지 않았다. 그러나 명종 20년(1565년) 문정왕후가 세상을 떠난 후 보우는 승적을 박탈당하고 제주도로 유배되었다가 제주목사 변협에게 피살되는데 보우의 승적을 박탈할 때 핵심 근거가 된 것이 바로 왕희걸의 장계였다. 흥미로운 것은 왕씨에 대한 이 같은 탄압에도 불구하고 고려 왕실에 대한 제사는 줄곧 이어졌다는 점이다. 그런데 선조 때 오면 그마저 사람이 별로 없어 제사를 주관할 사람이 없었다. 선조 22년(1589년) 7월 4일 조정에서는 50년 가까이 왕씨가 아닌 다른 성

태종의 국량

태종이 왕씨를 살리기로 결단하기 1년 전인 태종 12년(1412년) 5월 17일 실록은 태종이 고려를 어떻게 바라보았는지 알게 해 준다.

의정부에서 전 사헌 장령 서견(徐甄)[15]을 힐문할 것을 청하니 묻지 말라고 명했다. 견(甄)은 금주(衿州-서울특별시 금천구)에 살고 있는데 이런 시를 지은 일이 있었다.

'천 년 신도(新都)가 한강을 사이에 두었는데

충량(忠良)들이 성대하게 몰려와 밝은 임금을 돕도다.

삼한을 하나로 통일한 공이 어디에 있는가!

도리어 전조 왕업이 길지 못했던 것이 한스럽도다.'

의 사람이 제사를 주관해온 것은 문제라며 새롭게 왕씨 중에서 주사자(主祀者)를 선정하는 문제를 놓고 선조와 신하들이 격론을 벌인다. 그것은 왕훈이라는 사람의 호소가 있었기 때문이다. 논란의 핵심은 종손 계통에서 고를 것인지, 벼슬이 높았던 계통에서 고를 것인지였다. 종손의 경우 지방의 말직 정도를 지낸 것이 전부였다. 벼슬이 높았던 계통으로는 당연히 왕희걸 후손이 거론되었다. 결국 왕씨 제사 문제를 최초로 제기한 왕훈이 숭의전 제사를 모시기로 했다. 왕훈은 종손 계통이었다. 숭의전은 왕건을 비롯한 고려 왕들의 위패를 모신 사당이다. 조선 500년 역사를 통틀어 왕씨를 중용하겠다고 공개적으로 밝힌 인물은 흥선대원군이다. 그의 뜻은 고종에게 그대로 이어졌다. 고종 8년(1871년) 3월 6일 고종은 왕건의 현릉에 행차했다가 동부승지 왕정양에게 이렇게 말했다. "왕씨가 전조 후손으로서 오랫동안 벼슬에 오르지 못하고 파묻혀 있는 것은 실로 가슴 아픈 일이다. 이제부터는 공부에 힘써 이름을 날리도록 하라." 즉 조선이 망하기 일보 직전에야 제대로 벼슬길이 열린 것이다.

15 안향(安珦) 문인으로 1391년(공양왕 3년) 사헌장령이 되어 대사헌 강회백 등과 함께 조준·정도전을 탄핵했다가 정몽주가 살해되자 간관 김진양 등과 함께 장류(杖流)되었다. 조선 개국 후 풀려나 청백리에 녹선되었으나 금천(衿川)에 은거하며 벼슬하지 않았다.

한스럽다[恨]는 글자를 탄식한다[嘆]는 글자로 고쳐 전가식(田可植)에게 보이니 가식(可植)이 참찬 김승주(金承霍)에게 고했다. 승주(承霍)가 정부에 말하니 견을 붙잡아 이런 시를 지은 뜻을 물을 것을 청했다. 상이 말했다.

"전조 신하가 전조를 잊지 못하는 것은 당연한 마음이다. 옛적에 장량(張良, ?~기원전 186년)[16]이 한(韓)나라를 위해 원수를 갚았는데 군자가 옳게 여기었다. 우리 이씨도 어찌 능히 천지와 더불어 무궁할 수 있겠는가? (혹시 이씨가 망했을 때) 만일 이씨 신하 중에 이 같은 사람이 있다면 아름다운 일이다. 마땅히 내버려 두고 묻지 말라."

그 뒤에 광연루에서 정사를 보는데 좌우를 돌아보며 말했다.

"서견이 지은 시는 캐물을 필요가 없다."

대사헌 유정현이 대답했다.

"신 등은 캐묻고자 합니다."

상이 물었다.

---

16 할아버지와 아버지가 연이어 한(韓)나라 재상을 지냈다. 진(秦)나라가 조국 한나라를 멸망시키자 자객을 시켜 박랑사(博浪沙)에서 진시황을 암살하려 했지만 실패했다. 그 후 성명을 고치고 하비(下邳) 땅으로 달아나 살았는데 흙다리 위에서 황석공(黃石公)이란 노인을 만나 태공망(太公望)의 병서(兵書) 『태공병법(太公兵法)』을 전수받았다고 한다. 진2세(秦二世) 원년(기원전 209년) 무리를 모아 진승(陳勝)의 반란에 호응했다. 나중에 유방(劉邦)의 모신(謀臣)이 되었다. 유방이 군대를 이끌고 함양(咸陽)에 진군했을 때 번쾌(樊噲)와 함께 유방에게 궁실의 부고(府庫)를 봉하고 패상(覇上)으로 철군할 것을 권했다. 홍문연(鴻門宴)에서 기지를 발휘해 유방을 위기에서 구해냈다. 초한(楚漢) 전쟁 때 여섯 나라가 공존할 수 없음을 제시해 영포(英布)와 팽월(彭越)과 연대하고 한신(韓信)을 등용하는 등 계책을 올렸다. 또 항우(項羽)를 공격해 완전히 궤멸시킬 것을 건의했는데 모두 유방이 채택했다. 고조(高祖) 6년(기원전 201년) 유후(留侯)에 봉해졌다. 뜻을 이룬 뒤 속세를 벗어나 벽곡(辟穀)을 해 신선술을 익히며 여생을 보냈다고 한다.

"서견이 전조의 신하로서 추모해 시를 지었으니 이는 정말로 좋지 않은가?"

사간 이륙이 나와서 말했다.

"서견이 비록 전조의 신하이나 몸은 아조(我朝)에 있으니 묻지 않을 수 없습니다."

"서견이 북면(北面-신하가 됨)해 나를 섬기지 않으니 어찌 우리 신하라고 할 수 있겠는가? 경 등이 반드시 묻고자 한다면 (주나라를 섬기지 않았던) 백이(伯夷)[17]의 도리를 그르다고 한 뒤에야 물을 수 있을 것이다."

대언 한상덕이 나아와 말했다.

"이 시 위 구절은 비록 아조를 아름답게 여겼으나 아래 구절은 전조를 사모해 지은 것입니다."

상이 말했다.

"서견이 전조에서 벼슬이 장령에 이르렀는데 지금은 쓰이지 못했으니 추모하는 것이 무엇이 불가한가? 만일 서견을 죄준다면 길재는 바야흐로 관직을 제수했는데도 가버렸으니 이것도 또한 불가한가?"

일이 드디어 잦아들었다.

---

17 백(伯)과 숙(叔)은 장유(長幼)를 나타낸다. 묵태씨(墨胎氏)로, 백이는 이름이 윤(允)이고, 자는 공신(公信)이다. 본래는 은나라 고죽국(孤竹國) 왕자였는데 아버지가 죽은 뒤 서로 후계자가 되기를 사양하다가 끝내 두 사람 모두 나라를 떠났다. 그 무렵 주나라 무왕(武王)이 은나라 주왕(紂王)을 토멸해 주 왕조를 세우자 무왕의 행위가 인의(仁義)에 위배되는 것이라 해 주나라의 곡식을 먹기를 거부하고 수양산에 몸을 숨기고 고사리를 캐어 먹고 지내다가 굶어 죽었다. 유가(儒家)에서는 이들을 청절지사(淸節之士)로 크게 높였다.

여기서도 태종은 장량이나 백이처럼 사안에 정확히 들어맞는 역사 모델을 끌어들인 논리로 신하들을 제압했다. 이런 논리면 신하로서는 반박하기 쉽지 않다.

한편 이 일로 인해 서견은 고려를 대표하는 충신으로 칭송받게 된다. 연산군 10년(1504년) 9월 18일 연산군은 신하들에게 『삼강행실』을 내리며 말했다.

> "고려 때 서견이나 진(晉)나라 혜소(嵆紹, 253~304년)[18]는 모두 충신이다. 이 같은 사람을 만나 쓰게 된다면 나라 다스리는 데 무슨 어려움이 있겠는가!"

태종의 이 같은 결단은 후대에도 전해졌다. 특히 이 결단이 갖는 의미를 정확하게 평가하는 말이 인종 1년(1545년) 4월 9일 정순붕(鄭順朋, 1484~1548년)이 아침 경연인 조강(朝講)에서 인종에게 한 말에 드러난다. 그는 말년에 권간(權奸)이 되기는 했으나 공자 말대로 사람이 안 좋다고 해서 그가 한 좋은 말까지 버릴 필요는 없으리라 본다.

---

18 혜제(惠帝) 영안(永安) 원년(304년) 동해왕(東海王) 월(越)이 혜제를 끼고 업(鄴)을 공격했다. 성도왕 영이 석초(石超)와 함께 탕음(蕩陰)에서 격파하고 혜제를 사로잡았다. 그는 조칙을 받들어 행재소(行在所)에 이르러 반란군을 만나 의연히 싸웠다. 황제를 호위하다 결국 적의 화살에 맞아 황제의 곁에서 숨을 거두었고 이때 그의 피가 황제의 어복(御服)을 물들였는데, 천자가 이를 몹시 애도했다. 반란이 평정된 뒤 좌우의 신하들이 어복을 빨 것을 청했는데, 황제가 "이것은 혜 시중의 피이니 없애지 말라"고 명했다 한다. 이때부터 충신의 대명사로 일컬어졌다.

"그때 대간이 죄주고자 했으나 태종께서 '서견은 전조의 신하로서 본국을 위해 이 시를 지었다. (혹시 이씨가 망했을 때) 만일 이씨 신하 중에 이 같은 사람이 있다면 아름다운 일이다'라고 하셨습니다. 그 후사(後嗣-세종)에게 규모(-그릇이나 국량)를 보이신 방법이 이처럼 크므로 세종 때 이르러 인재가 쏟아져 나와 성대하게 나라의 빛이 되었으니, 이것은 바로 오늘날 본받아야 할 것입니다."

선조 8년(1575년) 2월 2일 선조는 "서견이 두 왕조를 섬기지 않았으니 절의가 가상하다"며 서견을 대사간에 추증했다. 즉 조선시대에 서견은 절의(節義)를 상징하는 인물이었다. 태종이 보여준 스케일, 즉 국량(局量-큰 그릇)이 아니었더라면 아마도 일어나지 않았을 결과라 하겠다.

8 —

재위 16년에
다음 왕을 위한 길을 닦다

세자를 염두에 둔 외척 정리

태종 11년(1411년)에 접어들면서 지금의 함경도 지방을 둘러싼 명나라와 조선 사이 갈등도 어느 정도 봉합되고 양국 관계는 안정기에 접어들었다. 명 성조(영락제)는 1405년 환관 정화에게 대규모 함대를 주어 남해 원정에 나서게 한 이래 1407년 2차 원정, 1409년 3차 원정, 1413년 4차 원정, 1417년 5차 원정을 보내는 등 시야를 남방으로 돌리고 있었다. 두 나라 사이에 이렇다 할 현안은 거의 없었다.

국내 정치도 안정되면서 각종 제도 개편과 민생 정책들이 광범위하게 시행되었다. 학교 제도도 정비되어 보다 많은 사람이 교육 혜택을 받을 수 있었다. 1412년 4월에는 경회루가 완공되었고 다음 해에는 서북면을 평안도, 동북면을 영길도로 바꾸는 행정 구역 개편도 단행했다. 1414년에는 관제 개편에 이어 경기좌우도를 합쳐 경기도로 통합했고 대대적인 공무원 감축도 이뤄졌다. 반면 화통군 400명을 증원해 군사력을 강화했다. 1415년에는 억불(抑佛) 차원에서 연등 행사를 폐지했다. 주자소에서는 연일 금속활자로『대학연의』를 비롯한 각종 국내외 서적들을 찍어 보급했다. 거북선 제작도 1413년 일이었다. 아마도 이 무렵 태종에게 걱정거리라면 유일하게 세자뿐이라고 해도 과언이 아니었다.『주역』에서 통즉궁(通則窮)이라 했다. 태평은 그리 오래가지 않았다. 태종 15년(1415년) 4월 한편에서는 비극적 사건이 싹트고 있었다.

다름 아닌 민무휼·무회 사사(賜死) 사건이다. 이에 대해서는 염치용 노비 소송 사건부터 시작해 자세히 살핀 바 있다. 결국 남아 있던 민씨 형제는 태종 16년(1416년) 1월 13일 각각 유배지인 원주와 청주에서 자진했다.

맹목에 가까웠던 하륜 총애

민무회·무휼 형제가 자진하던 날 같은 죄목으로 이지성(李之誠)도 목이 날아갔다. 이지성은 좌정승 하륜 처조카였다. 의금부·사헌부 합동 조사에서 이지성이 했던 말이 정국을 뒤흔들기 시작한 게 발단이었다. 이지성은 세자에게 "민무구 등은 죄가 없다"라고 말했다가 뒤늦게 발각되어 투옥되었다. 조사관들이 발언 경위를 묻자 뜻밖에도 그는 "고모부 하륜이 일찍부터 민무구 등은 죄가 없다고 말했다"라고 말했다. 이지성 조사 결과 보고 시 의금부 제조 이천우, 대사헌 이원, 형조판서 성발도, 우사간 조계생 등은 하륜 조사 필요성을 건의했다. 성발도는 오랫동안 영의정을 지낸 성석린 아들이고 조계생은 동생 조말생과 함께 태종·세종 시대 명신이다.

원래 태종은 이들에게 이지성 처벌만으로 일을 마무리하도록 지시한 바 있었다. 그런데 조사 과정에서 하륜 이름이 튀어나오자 원래 계획을 뛰어넘는 조사가 이뤄졌다. 태종은 하륜 조사 지시는 커녕 그를 적극적으로 변호했다. 모두 이지성 계략에서 나온 것일 뿐 하륜에게 임금을 업신여기는 마음[無君之心]이 있었을 리 없다는 변론이었다. 다시 한번 하륜에 대한 무한 총애가 발휘되는 순간이었다.

이원·성발도·조계생 등은 반발했다. 거짓이든 사실이든 일단 진술이 나왔기 때문에 하륜을 조사하지 않을 수 없다는 것이다. 그러나 태종은 단호했다. 이지성을 처형하기로 했으니 이 문제는 더는 묻지 말라는 주장이었다. 신하들이 물러가자 태종은 지신사 유사눌을 불러 하륜에게 보냈다. 전달 내용은 2가지, 이지성이 그런 말을 했으니 알고 있으라는 것과 자신은 죄를 물을 생각이 없으니 안심하라는 것이었다. 태종은 평생을 함께한 하륜에게 적어도 반심(叛心)은 없다고 확신했다.

바로 다음날 이지성을 목 베도록 지시했다. 의금부·형조 등에서는 아직 이지성과 하륜 대질신문 등이 이뤄지지 않아 곤란하다고 했으나 막무가내였다. 결국 이지성은 목이 달아났고 하륜은 이색 비문 사건 때에 이어 다시 한번 태종의 배려로 목숨을 건졌다.

민무휼·무회를 해풍으로 유배 보낸 직후인 태종 15년(1415년) 7월 12일 일을 보면 태종이 하륜을 어떻게 다루고 있는지 잘 알 수 있다. 이날 관직에서 물러나 있던 진산부원군 하륜이 태종에게 밀봉한 글을 올렸다. 좋게 말하면 인재 추천이었고 실은 인사 청탁이었다.

'윤회는 경사(經史)를 널리 통해 대언이 될 만하고 김첨은 고금을 널리 통해 판서가 될 만하고 박제는 노성해 관학(館學) 소임을 맡을 수 있고 이의륜·이신전·최유항·최명달·강비도 모두 쓸 만합니다.'

실록에 따르면 모두 하륜과 가까운 사람들이었다. 이를 본 태종은 크게 실망해 지신사 유사눌에게 그 글을 보여주며 이렇게 말한다.

"김첨은 내가 쓰기 시작해 몇 해 안 되어 재상으로까지 발탁했다. 그런데 민무구·무질에게 붙어 아부하다가 불충한 죄로 사헌부에서 형벌을 받은 사람이라는 것을 누구나 아는 일인데 하륜이 몽롱하게 천거했다. 남의 신하가 된 자가 어찌 이럴 수 있는가? 그러나 그의 공훈을 생각해 책망하지는 않겠다. 이 말을 누설하지 말라."

그러면서 하륜이 추천한 사람 중 이의륜만 충주목사로 임명했다. 이 정도에 기가 눌릴 하륜이 아니었다. 조카 이지성 참수가 있은 지 100일도 안 된 태종 16년(1416년) 4월 17일 자 기사는 눈을 의심하게 한다. 하륜에 대한 총애가 거의 '맹목(盲目)' 수준에 이른 것 아닌가 하는 느낌이 든다.

이날 세자 교육과 지원을 맡고 있던 경승부윤 변계량은 집현전 전신이라 할 수 있는 수문전 제학에, 예문관직 박희중은 지제교 겸 춘추관 기주관에 임명되었다. 제학이나 지제교 모두 당대 최고 문장가임을 인증해주는 직함이다. 문제는 두 사람이 이 영광스러운 직함을 겸하게 된 까닭에 있었다.

좌의정 하륜은 사적으로 변계량에게 자기 조상묘 비문을 짓게 하고 박희중으로 하여금 글을 쓰게 했다. 변계량과 박희중 두 사람은 자기 문하였다. 여기까지는 그럴 수 있다. 문제는 그다음이다. 하륜은 이 비석은 영구히 남는데 비문 지은 자와 쓴 자 직함이 훌륭하지 못하니 "변계량에게는 관각(館閣-홍문관·예문관·규장각 등 국가 문서를 담당하던 기관) 직을 내리고, 박희중에게는 자급(資級-품계를 높임)을 가하소서. 더불어 지제교 겸 관각(知製敎 兼 館閣)의 직함을 띠게 하소서"라고 청했다. 사사로운 청탁이었지만 태종은 두말하지 않고 받아들여 주었다.

하륜이 이처럼 할 수 있었던 것은 그의 탁월한 능력 이외에 어쩌면 그 어떤 신하보다도 태종이 좋아하는 것과 싫어하는 것을 정확하게 알고 있었기 때문인지 모른다. 역으로 태종은 하륜의 어떤 점을 높이 샀을까?

세종 2년(1425년) 5월 8일 세종과의 술자리에서 상왕 태종은 이미 세상을 떠난 하륜을 이렇게 회고했다.

"하 정승 륜은 사람됨이 남이 잘하는 것을 되도록 돕고 남이 잘못하는 것은 되지 아니하도록 말리어 충직하기가 견줄 사람이 없다."

여기서도 태종은 『논어』 「안연(顔淵)」편에 있는 공자 말을 끌어들여 하륜이 군자였음을 세종에게 전하고 있다.

"군자는 남들의 좋은 점을 이뤄주고 남들의 나쁜 점은 이뤄주지 않는데 소인은 이와 정반대로 한다[君子成人之美 不成人之惡 小人反
군자 성 인지미   불성 인지악   소인 반
是]."
시

하륜은 태종 16년(1416년) 11월 6일 세상을 떠났다.

그보다 6개월 전인 태종 16년(1416년) 5월 25일은 여러 가지로 의미 있는 날이었다. 이날 하륜은 역사 무대에서 물러났고 그 빈자리를 차지하게 될 박은이 우의정에 올랐다. 이런 거대한 변화의 수레바퀴에는 늘 흐름을 잘못 읽어 희생당하는 인물이 있게 마련이다. 공신 중의 공신인 이숙번이 바로 그다.

이날 태종은 하륜을 좌의정에서 물러나게 하고 남재를 영의정, 유정현을 좌의정, 박은을 우의정, 박신을 의정부 찬성, 윤향과 심온을 의정부 참찬, 민여익을 공조판서, 이원을 병조판서, 구종지를 한성부윤으로 교체하는 개각을 단행했다. 어디에도 이숙번이라는 이름은 없었다.

하륜은 1347년생으로 이때 정확히 70세였다. 하륜은 그에 앞서 옛 법을 근거로 70세가 되면 관직에서 물러나 여생을 한가롭게 보내는 것을 하나의 관례로 삼자고 건의한 바 있었다. 태종은 처음에는 하륜을 계속 곁에 두고 싶었다. 그러나 지신사 조말생이 필요할 때면 언제든지 불러서 의견을 물을 수 있으니 하륜 제안대로 하는 것이 좋겠다고 해 하륜 건의를 받아들였다.

명나라 사신 황엄, "전하의 충신은 박은뿐"

1차 왕자의 난 때 박은은 춘주지사였다. 아마도 그가 집정 정도전에게 쫓겨나지 않았더라면 거사에 보다 깊이 관여할 수 있었을지 모른다. 실록은 그가 "지방 군사를 동원했다"라고 적고 있다. 이숙번의 안성 군사 동원과 비슷한 맥락이었을 수 있다. 그러나 큰 역할은 하지 못했던 듯하다. 1차 왕자의 난 때 공을 세운 정사공신 명단에 박은 이름은 빠져 있다.

권력은 정안공 이방원 손에 들어왔고 정안공은 다시 춘주(-춘천)로 돌아가려는 박은을 사헌 중승 자리에 임명해 곁에 두었다. 이어 박은이 형조지사로 있을 때 2차 왕자의 난이 일어나자 그는 다시 한번 정안공 편에 섰다.

마침내 그는 좌명공신 3등에 책봉되어 반남군 작호를 받았다. 반남은 그가 태어난 전라도 지명이다.

이때부터 그의 관운에 거칠 것은 없었다. 태종 1년 호조전서, 병조와 이조의 전서 겸임, 태종 2년 강원도 관찰사, 태종 3년 한성부 윤에 올랐다. 이때 박은 나이 불과 33세였다. 태종 6년 전라도 관찰사로 있을 때 앞서 본 명나라 사신 황엄(黃儼)이 제주의 불상을 구하기 위해 나주를 찾았다.

이때 다른 도 관찰사들은 위세에 눌려 온갖 횡포에 굴복했지만 박은은 규정대로만 사신을 대접했다. 엄포를 놓고 기세등등하던 황엄도 당당한 박은 기개에 눌려 더는 방자하게 굴지 못했다. 한양으로 돌아온 황엄은 태종에게 "전하의 충신은 오직 박은뿐"이라고 말했다.

천하의 하륜에 맞서다

태종은 하륜 못지않게 박은을 깊이 총애했다. 아니 총애하지 않을 수 없었다. 황엄으로부터 이 말을 전해 들은 태종은 곧바로 박은을 중앙으로 불러 처음으로 군부 요직인 좌군 동지총제에 임명했다. 2년 후인 태종 8년(1408년) 그는 드디어 의정부 참지사가 되어 대사헌을 겸임하게 된다. 이때 세상은 민제가 "요즘 사람들이 하륜을 정도전에 비긴다"라고 할 만큼 좌정승 하륜이 쥐락펴락하고 있었다. 실록은 "하륜이 좌정승이 되어 모든 일을 혼자서 결재하고 우정승 이하는 다만 서명할 따름이었다"라고 적고 있다. 오직 박은만이 옳지 않다고 생각하는 일이 있으면 하륜에게 직접 나아가 역설했고 자기 의견을 받아주지 않으면 서명하지 않았다. 당시 인사 문제는 대사헌 결재가 반드시 필요했다. 요즘 신원 조회에 해당하는 일이었다.

박은은 행정 달인이었다. 지방관을 두루 거쳤고 중앙 요직도 맡지 않은 게 없을 정도였다. 태종은 곧바로 박은을 형조판서, 서북면 병마도절제사로 임명하고 태종 10년(1410년)에는 평양성을 쌓는 특수 임무를 맡기기도 했다. 이어 그는 병조판서·대사헌·호조판서를 두루 맡았다. 실록은 이런 박은에 대해 "식견이 밝고 통달하며 활발하고도 너그러우며, 의견이 확실했다"라고 평했다.

그가 죄수를 다루는 순금사 판사로 있을 때 일이다. 그때만 해도 장형 수가 일정하지 않았다. 그에 따른 부정부패는 말할 것도 없고 형벌이 공정하지 못했다. 억울한 희생자가 많을 수밖에 없었다. 그러나 이때 박은은 처음으로 태종에게 글을 올려 장형 1차례당 30대씩 하는 법을 건의했고 태종은 이를 받아들였다. 실록은 "사람들이 많은 덕을 보았다"라고 평하고 있다. 그랬던 박은이 마침내 종1품인 숭정대부에 올라 이조판서를 지내고 태종 16년(1416년) 3월 우군도총제부 판사로 있다가 이때 47세로 우의정에 오른 것이다. 이를 당시에는 소년입각(少年入閣)이라 불렀다. 하륜 시대가 가고 마침내 박은 시대가 개막되었다. 공신 시대가 가고 엘리트 관료 시대가 열린 것이다. 당연히 이 또한 태종 구상 속에 있던 것이다. 불과 6개월 후인 11월 박은은 이조판서를 겸하는 좌의정에 올랐다.

원한의 고리를 풀다

재위 16년 차 태종은 양위(讓位)를 염두에 둔 조처를 하나둘씩 완결하고 있었다. 마지막 남은 민씨 형제 제거나 이숙번 유배 등은 그가 밝힌 그대로다. 왕위를 잇게 될 아들의 앞길을 평안하게 열어주기 위함이었다.

그것이 미래 준비였다면 다른 한편으로는 역사 화해도 함께하고 있었다. 과거 원한으로 얽혔던 사람들에 대한 해원(解冤) 조치도 단행했다. 본인 시대에 맺힌 원망과 원한은 본인 손으로 끝내겠다는 치밀한 계산이자 역사에 대한 책임 의식이었다.

이숙번이 한창 대신들로부터 탄핵을 받고 있던 6월 10일 태종은 정도전과 황거정 자손들에게 내려졌던 금고(禁錮-관직 진출을 금지함)를 풀어주라고 명했다. 태종 11년(1411년) 이색 비문 사건으로 재론된 이숭인 장살 사건 책임을 물어 태종은 정도전과 황거정 후손들에게 금고를 내린 바 있었다. 이런 조치 덕분에 유일하게 살아남은 정도전 아들 정진은 벼슬길이 열렸고 세종 때 한성부윤까지 올라 청계천 준설 작업을 주도하게 되었다.

또 7월 12일에는 1차 왕자의 난으로 정사공신 1등에 책록되었다가 이방간과 연루된 혐의로 공신록에서 빠지고 평생 유배 생활을 해야 했던 손위처남 조박 아들 조신언(趙愼言)에 대해 "관직에 등용하지는 않더라도 쌀을 주고자 하는데 어떻게 생각하느냐"고 신하들에게 물었다. 조신언은 이방간 사위이기도 했다. 신하들이 결사반대하자 태종은 "내가 굳이 쓰지는 않겠다"라며 대신 쌀을 보내도록 조치했다. 공신이자 동서인 조박과의 화해이자 2차 왕자의 난을 일으켰던 회안대군 방간에게 내민 화해의 손길이기도 했다.

그해 11월 30일에는 형조좌랑 박경무를 방간이 유폐되어 있던 전주로 급히 보냈다. 세자 문제 등으로 어수선한 가운데 신하들이 방간 문제를 거론하고 있는 상황을 감안해 혹시라도 "도망가거나 목매어 죽을까 두려워해" 결단코 그런 일은 없을 것임을 보장하기 위해서였다. 박경무는 이방간 사위였다. 굳이 사위를 보낸 까닭은 일반 신하를 보내면 사약이 내려왔다고 여겨 방간이 놀랄까 봐였다고 한다. 세심한 일 처리, 이 역시 태종풍 일하기다.

제 7 장

태종풍 지공의 완성: 폐세자와 택현

1 ——

태종 정치를 압축하는 한마디, 지공

태종은 아버지 태조를 자기 손으로 세우고 자기 손으로 내쫓은, 어떻게 보면 비극적 인물 그 자체다. 하지만 그는 아버지로부터 물려받은 대업(大業)인 화가위국(化家爲國)을 역사상 누구보다 성공적으로 마무리해 인생을 해피엔딩으로 맺을 수 있었다.

태종은 재위 기간 내내 화가위국 네 글자를 잊지 않았다. 태종에게 화가위국이란 사가(私家)를 공국(公國)으로 바꾸는 일이었다. 이를 위해서는 오로지 공(公), 그것도 지공(至公)만이 유일한 길이었다. 지공을 놓치는 순간 모든 역정이 한순간에 권력을 탐한 추악한 행위로 전락할 운명임을 누구보다 잘 알고 있었다.

지공(至公) 혹은 지공무사(至公無私)란 과연 무슨 뜻일까? 지공 사례가 풍부한 『설원』 권14(卷十四)는 태종이 걸어온 길과 가야 할 길을 홀로 점검해볼 기회가 되었을 것이다. 여기서 유향은 지공 혹은 대공(大公)을 정의했다. 먼저 『서경』에 나오는 말, "치우치지도 않고 작당하지도 않으면 왕도가 탕탕하리라[不偏不黨 王道
蕩蕩]"를 인용하고서 요(堯)임금이 제위(帝位)를 아들이 아닌 순
(舜)임금에게 물려준 일이 바로 지공이라고 말했다. 즉 천하 버리기를 헌신짝 버리듯 했다는 뜻이다. 요임금이 아니고서 과연 누가 그렇게 할 수 있겠는가? 그를 이은 순임금 역시 자식에게 물려주지 않고 치수에 큰 공로를 세운 신하, 즉 우(禹)을 골라서 제위를 물려주었다.

이런 뜻을 감안해보면 태종 최후의 지공은 스스로 상왕으로 물러나며 세자 충녕을 왕위에 올린 일이었다. 이 일을 위해 선행한 지공이 바로 패덕(悖德)한 세자를 폐위하고 충녕을 세자로 올린 일이었다.

태종은 지공(至公)이라는 말을 직접 쓴 적이 없다. 다만 태종 9년(1409년) 8월 12일 2차 선위 파동 와중에 선위 결단이 바로 요임금이 순임금에게 제위를 넘긴 일과 일맥상통함을 언급한 바 있다.

상이 허락하지 않고 말했다.
"예전에 제요(帝堯-요임금)가 순(舜)으로 하여금 섭정(攝政-대리청정)케 했으니 과인 같은 사람이 어찌 감히 요순에 비할 수 있겠는가마는 일은 같다."
이서 등이 아뢰어 말했다.
"요가 순에게 줄 때 요 나이가 90이고 순 나이 또한 60이었습니다. 전하께서는 춘추가 아직 왕성하시고 세자가 어리니 어떻게 마땅히 비교할 수 있겠습니까?"

상이 말했다.

"요는 늙었기 때문이라면 과인은 병이 있기 때문이요 순은 뛰어난 [賢] 때문이나 세자는 대를 잇기 위한 때문이니 때와 세상은 비록 다르나 그 도리는 한 가지다."

그는 자기 시대를 함께 만든 정승 하륜과 조영무, 그리고 자기가 일하는 관료로 키워낸 박은과 유정현에 대해서도 사사로움이라고는 거의 없이 대했다. 태종 시대에는 이렇다 할 간신(奸臣)이나 유신(諛臣-아첨하는 신하)이 없다. 근원적으로 지공무사한 마음을 한결같이 유지한 데서 비롯되었다고 할 수 있다. 바로 『대학연의』에서 강조하는 임금의 바른 마음[正心]이란 이런 경우를 가리킨다.

외척과 공신을 겸했던 민씨들을 지공무사한 마음으로 제거했고 지공무사를 견지했기에 원경왕후 민씨와의 갈등을 감수하고 이거이·이숙번 등 공신들마저 내치며 종묘사직을 튼튼히 해 후사(後嗣) 세종에게 태평한 나라를 전할 수 있었다. 지공무사가 아니었다면 왕좌를 차지했어도 그 모든 정치 투쟁에서 승리를 거둔다는 것은 불가능했을지 모른다.

하지만 조선을 반석 위에 올려놓겠다는 구상을 측근이라고 해서 다 이해했던 것은 아니다. 앞서 본 바와 같이 하륜조차 종종 태종의 의중을 잘못 읽어 죽음 문턱까지 간 적이 여러 차례다.

진정으로 지공을 지향하는 리더가 가는 길은 숙명적으로 절대 고독의 길이다. 태종은 처음부터 끝까지 한순간도 긴장을 놓지 않고 지공해지는 길을 선택한 군왕이다. 그러면서도 그는 눈물은 자주 흘리되 나약과 감상에 빠지지 않았다.

　태종이 신시이경종(愼始而敬終)할 수 있었던 비결도 한마디로 지공하려는 마음을 잃지 않았기 때문이라 하겠다. 재위 말 태종은 버려야 할 신하는 자기 손으로 정리했다. 그리고 꼭 써야 할 신하와 황희나 이직처럼 내쳤지만 돌이켜보아 사왕(嗣王)에게 도움이 될 만한 신하들은 다시 불러올려 적재적소에 배치했다. 4년 동안 신왕에게 제왕 훈련을 완벽하게 마친 다음에야 태종은 세상을 버렸다.

2 ——

만화의 근원, 세자 이제

태종은 아버지 이성계와 달리 일찍부터 유학적인 세계관을 받아들이며 성장했다. 그에게 적장자 상속은 불변의 법칙과도 같았다.

본인이 2차례나 정변을 일으켜 권력을 잡았기 때문에 마치 보상심리 같은 동기였을까 장자 승계에 대한 집착은 더욱 컸다. 장자 승계로 자기 정통성 문제도 상당 부분 해결되리라 생각했을 것이다. 세자가 저지른 여러 가지 패덕에도 불구하고 태종 스타일에 맞지 않게 세자에게 쩔쩔매는 모습을 자주 보여준 것도 이와 연결해볼 때 쉽게 이해가 간다.

태종은 아버지로서 자식에 대한 사랑이 극진한 편이었다. 본인이 젊을 때까지는 아버지 사랑을 한 몸에 받다가 정몽주 척살 이후 점점 멀어지고 2차례 난을 거치면서는 아버지로부터 원수에 가깝게 대접받아야 했던 태종으로서는 자연스레 진한 자식 사랑으로 안타까움을 달래려 했는지 모른다.

원자 학궁을 세우다

제(禔)는 태조 3년(1394년) 시련의 세월을 보내고 있던 정안공 이방원과 민제 딸 민씨(-훗날 원경왕후) 사이에서 태어났다. 이때 이방원은 27세였으므로 당시로는 늦게 본 아들이었다.

세자는 어린 시절을 외가에서 보냈다. 외조부모였던 민제와 송씨에게 지극히 사랑받으며 자랐다. 외삼촌과 이모들 사랑을 독차지했음도 물론이다.

태종이 1차 왕자의 난을 주도할 때 세자 나이 네다섯이었다. 태종 즉위 시점에는 갓 6세를 넘기고 있었다. 태종 2년(1402년) 4월 18일 태종은 8세 된 장남 이제를 원자(元子)로 삼았다.

원자 교육에 태종이 쏟은 정성은 남달랐다. 이미 그 전해 8월 22일 지신사 박석명과 함께 7세가 된 원자 교육 대책을 논의했다. 본인이 어려서 고려 말 원주 각림사에서 공부한 경험이 있어서인지 태종은 처음에 절에서 공부시키면 어떻겠냐고 물었다. 박석명은 고려 말에는 학교 제도가 무너져 어쩔 수 없이 그렇게 했을 뿐이니 지금은 성균관에 별도로 학당을 지어 학문을 익히게 하면 좋겠다고 답했고 태종은 이를 받아들였다. 원자를 위한 학궁은 태종 2년(1402년) 5월 6일 완공되었다.

세자에 오르다

태종 4년(1404년) 8월 6일 원자 이제를 왕세자로 올리는 교서를 내렸다. 이때 원자는 11세였다. 좋은 말만 담기 마련인 교서에 세자 결함을 지적하는 말이 포함되어 있어 눈길을 끈다.

"원자 이제는 적장자 지위에 있고 남보다 빼어난 자질이 있다. 그러나 예의와 겸양을 알지 못하니 장차 어찌해야 어진 이와 친하겠으며 [親仁] 고훈(古訓-옛글, 즉 인문 교양)을 익히지 못했으니 실로 어찌해야 정치를 보필하겠는가?"

이듬해인 태종 5년(1405년) 8월 19일 자 실록에 나오는 부자간 대화를 엿보자.

상이 일찍이 세자에게 걸(桀)[1]과 주(紂)[2]가 독부(獨夫)[3]가 된 뜻을 물

---

1 하(夏)나라 마지막 군주다. 역사상 유명한 폭군으로 문무를 겸비했지만 황음무도(荒淫無道)해 제후들과 백성의 원성이 자자했다. 이에 말희(妹喜)와 상(商)나라 대신 이윤(伊尹)이 은밀히 계책을 짜서 하나라를 멸망시켰다.

2 상(商)나라 마지막 군주다. 궁전과 정원을 호화롭게 장식하고 간사한 무리를 가까이하며 조세와 형벌을 가혹하게 하니 민심과 제후들 마음은 선정을 베풀어 융성하던 제후국 주(周)나라 문왕(文王)에게로 쏠렸다. 문왕 아들 무왕(武王)이 제후들과 군사를 일으켜 상나라를 멸망시켰다.

3 조선 초 문신 변계량은 이렇게 말했다. "순임금과 우임금은 필부이고 걸과 주는 천자였지만 어질면 필부이면서도 천하를 소유할 수 있고 어질지 못하면 천자라도 도리어 독부가 됩니다." 이를 통해 볼 때 독부라는 말은 권력을 다 잃은 평범한 일개 남자라는 뜻임을 알 수 있다. 맹자(孟子)는 같은 맥락에서 일부(一夫)라는 말을 썼다. 『이한우의 태종 이방원 하』 제4장 1절에서 이를 살펴보았다.

으니 세자가 대답했다.

"사람들의 마음[人心]을 잃은 때문입니다."
          인심
상이 말했다.

"걸과 주는 천하의 군주가 되어서도 사람들의 마음을 잃어 하루아
침에 독부가 되기에 이르렀다. 하물며 (천자가 아닌 제후에 불과한) 나
와 네가 만일 사람들의 마음을 잃게 되면 반드시 하루아침도 이 자
리에 있지 못할 것이다. 혹시라도 소홀히 할 수 있겠느냐?"

태종식 과정지교(過庭之敎)다. 그런데 한 달 후인 9월 14일 자
기사를 보면 12세의 세자는 애당초 공부에는 뜻이 없는 아이였다.
태종이 세자에게 글을 외워보라 하니 외우지 못했다. 화가 난 태종
은 환관 두어 명을 불러 종아리를 때렸다. 그만큼 태종은 마음이
바빴다.

이 무렵 세자가 태종을 모시고 식사할 일이 있었다. 태종이 주
의 깊게 살펴보니 식사 예절이 완전히 엉망이었다.

"내가 젊었을 적에 편안히 놀기만 하고 배우지 않아 거동에 절도가
없었다. 지금 임금이 되어서도 백성 기대에 제대로 부합하지 못하
니 마음속에 스스로 부끄럽다. 네가 비록 나이는 적으나 그래도 세
자다. 언어와 거동이 어찌 이렇게 절도가 없느냐? 서연관이 일찍이
가르치지 않더냐?"

두려움과 부끄러움은 혼날 때뿐이었다. 거의 한 달에 한 번꼴
로 세자 행실이 문제가 된다. 11월 18일에는 태종이 직접 서연관을

불러 "세자가 복습한다는 핑계로 정상적인 일과를 거부하고 있다고 들었다. 앞으로는 절대 그렇게 하지 말라"고 명했다. 세자는 두려움 속에서도 어떻게든 꾀를 부렸다.

서연 제도 정립

태종은 조선 시대 500년간 계승되는 세자 교육 기관 서연(書筵) 시스템을 갖춘 장본인이다. 조선 시대 후계자는 대략 2~3세에 원자로, 8세 무렵에 세자로 책봉되었다. 세자 이제는 8세에 원자가 되고 11세에 세자가 되었으니 조금 늦은 편이지만 체제 정비 초기였던 점도 작용했을 것이다.

앞서 본 대로 태종은 즉위 첫해에 지신사 박석명이 낸 의견을 받아들여 고려 관습을 따르지 않고 학궁을 지어 유생들로 하여금 원자를 교육시키게 했다. 문제는 그때까지는 아무런 제도가 마련되어 있지 않았다는 데 있었다. 그해 8월 대사헌 이원이 소를 올려 주나라 모델을 추천했다.

먼저 '사(師)', '부(傅)', '빈객(賓客)'을 두고 이 자리는 각각 삼정승이 맡도록 했다. 일반적으로 사는 영의정, 부는 좌의정이나 우의정 중에서 1명이 겸임했고 '두 번째 사'라는 뜻인 '이사(貳師)'는 종1품 찬성이 겸임하기도 했다. 이들은 전반적인 교육 방향을 제시하고 현장 경험을 세자에게 전하는 임무를 맡았다. 제왕학 전공 학과장 격이라 하겠다. 빈객은 정2품이 겸임하는 좌빈객과 우빈객, 종2품이 겸임하는 좌부빈객과 우부빈객이 있어 이들은 지도교수

역할을 맡았다. 이어 그 밑으로 전임강사 격인 종3품 보덕(輔德), 정4품 필선(弼善), 정5품 문학(文學), 정6품 사경(司經) 등이 강의를 전담했다. 전임강사들은 30~40대 문과 급제자 중에서 훗날 대정치가나 석학이 될 자질을 보이는 관리 중에서 선발했다. 먼 훗날 세자가 왕위에 올라 함께 정치할 후보군이기도 했다.

3 ──

선위 파동에 휘말린 세자

'미래의 권력' 세자

앞서 본 대로 태종 6년(1406년) 8월 18일 태종은 1차 선위 파동을 일으켰다. 세자보다는 세자를 둘러싼 세력, 즉 민무구·무질 형제와 이무를 중심으로 한 세력들이 위협적인 단계에 이르고 있다는 정치적 판단과 위기에서였다. 다행히 세자는 당시 주변 사람의 조언을 들어 자세를 낮춤으로써 일단 폐세자 위기를 넘겼다. 특히 환관 황도의 도움이 컸다.

그런 큰일을 겪어보고도 세자는 달라진 게 없었다. 오히려 더 안 좋은 방향으로 자꾸 비뚤어져갔다. 이는 태종 7년(1407년) 2월 3일 세자를 담당하는 경승부 책임자인 세자좌필선 김주 파직 사건이 명확하게 보여준다.

사간원에서 올린 소에 따르면 김주는 내시와 결탁해 늘 술에 취해 흥청거리고 시강할 때도 세자에게 아부하고 오로지 세자 비위를 맞추는 것을 기쁨으로 삼으며 세자가 조그마한 착한 일이라도 하면 반드시 칭찬해 유교 교육에서는 금기시하는 교만한 마음을 키웠다고 한다. 또 쓴소리하는 선비를 은근히 견제했고 어렵사리 공부에 취미를 붙인 을유년(乙酉年-1405년) 가을 세자가 『맹자』를 읽으면서 날마다 50여 편씩 외우자 김주는 "그 뜻만 알면 비록 한 번만 읽더라도 되니 이처럼 부지런히 할 것이 있겠습니까?"라며 오히려 배움을 말리기까지 했다. 이미 아부하는 사람들이 몰려들기 시작했다는 사실만큼 미래 권력의 실존감(實存感)을 잘 보여주는 것도 없다.

4 ___

다시 기대를 저버리다

세자, "허 문학이 또 왔다."

태종 7년(1407년) 9월 세자는 명나라 황제 알현을 위해 금릉에 갔다가 이듬해 4월 돌아왔다. 비교적 무난하게 다녀와서인지 태종은 다시 기대를 가졌다. 4월 22일 당대 최고 석학 권근을 사부로 임명했고 5월 1일에는 한성부윤 맹사성을 우부빈객에, 내섬시 판사 허조를 우보덕에 겸직하도록 발령냈다. 그런데 일찍이 문학으로서 세자를 깐깐하게 교육한 바 있던 허조가 또 보덕에 임명되었다는 소식에 세자는 크게 실망하며 말했다.

"허 문학(許文學)이 또 왔다."

태종보다 2살 아래였던 허조(許稠, 1369~1439년)는 일찍부터 성리학적 세계관으로 무장한 전형적인 유학자로 태종조차 쉽게 대하기 어려운 됨됨이의 소유자였다. 훗날 상왕 태종은 세종에게 허조를 가리켜 "이 사람이야말로 참 재상이며 나의 주석(柱石) 같은 신하"라고 극찬했다. 실제로 세종은 매번 관리 등용 여부를 그에게 물어 결정했다. 허조는 본인 생각에 괜찮은 인물이라면 자기 인척이라도 추천을 서슴지 않았다. 이는 『이한우의 태종 이방원 상』 제4장 6절에서 보았던 『논어』「자로(子路)」편에 나오는 옛사람들의 용인술(用人術) 중 하나다.

　　이런 허조를 보덕에 임명한 태종 뜻은 분명했다. 무엇보다 세자 '행실'을 바로잡아주려는 것이었다. 그러나 세자는 태생적으로 국왕 자리에 어울리지 않는 인물이었다. 머리가 나쁘다기보다는 행실에 문제가 있었다. 그가 임금에 올랐다 해도 잘해야 고려 말 우왕 정도나 되었을까 싶기도 하다.

색에 빠지는 세자

　　세자 나이도 점차 성인에 가까운 17세에 이르고 있었다. 태종 10년(1410년) 11월 3일 세자가 은밀하게 기생 봉지련을 궁중에 불러들였다가 들통났다. 원래 중국 사신을 접대하던 날이었는데 봉지련을 보고 첫눈에 반한 세자는 내시 2명을 시켜 봉지련을 궁중으로 불러오게 했다. 이를 알게 된 태종은 화가 머리끝까지 나서 내시들에게는 곤장을 치고 봉지련은 가둬버렸다.

1년이 지난 태종 11년(1411년) 10월 4일 빈객 이래와 조용이 태종에게 세자가 서연에 나오지 않는다고 호소했다. 10여 일이 지난 10월 17일 실록에는 "그가 군친(君親)을 공경하지 않고 허물을 고치기를 꺼리는 것이 이와 같았다"며 세자를 정면으로 비판하는 대목이 나온다. 은아리와 오방이라는 사람은 각각 무재(武才)와 음악에 뛰어났는데 은밀하게 세자궁을 드나들다 좌사간 정준에게 탄핵당했다. 지신사 김여지는 즉각 두 사람을 불러 꾸짖었다. 이 말을 들은 세자는 정준을 불러 "그런 일로 임금께 고하지 말라"고 말했다. 사관이 보기에도 세자는 문제가 많았다.

　같은 날 우빈객 이래는 태종에게 직접 진언했다. 세자가 색과 음악에 빠져 있고 사냥을 일삼는다는 고발이었다. 이에 대해 세자는 먼저 "그런 일 없다"라고 잡아뗐다. 그러나 이래가 전혀 물러설 기미를 보이지 않자 그때서야 "사냥할 때 쓰는 매는 오늘 당장 주인에게 돌려보낼 것이며 거문고도 효령군 것인데 더는 타지 않겠다"라고 다짐했다.

　태종 12년(1412년) 11월에는 여색에 빠져 밤을 새우는 일이 잦고 사냥을 위해 매를 키운다는 이야기까지 태종 귀에 들어갔다. 이에 관련자들이 곤장을 맞는 등 난리가 이어졌다. 그런데도 개선될 기미는 전혀 보이지 않았던 듯하다.

　결국 12월 5일 세자 교육을 8년 동안 맡아온 우빈객 이래도 포기하고 손들어버렸다. 이래는 세자궁을 대전 가까이에 지어 늘 임금이 가까이에서 관찰토록 하면 사정이 나아질 것이라고 건의했다. 태종은 성인이 된 세자를 너무 가까이 감독하다 보면 부자간에 불미스러운 일이 생길 수 있다며 반대했다. 그래도 태종은 세자를 감싸고돌았다. 실은 쩔쩔맸다고 봐야 한다. 부자간 은의(恩意)에 손상이 가는 것을 걱정한 때문이다.

과연 실행과 실덕을 거듭하는 세자에 대한 태종 마음은 어떠했을까? 태종 13년(1413년) 2월 초 사냥에 세자가 따라가겠다고 하자 태종은 불허했다. 그런데 안 좋아지는 세자 인상을 본 태종은 얼른 결정을 고쳤다. 아비로서 마음이 약해져서였을 터다. 2월 28일 태종은 매사냥을 말리던 내시들에게 세자가 화를 내고 채찍질했다는 말을 듣고 지신사 김여지와 서연관 김자지를 불러 고민을 털어놓았다. 김여지와 김자지는 형제다.

"그동안 세자의 매 사육 때문에 종친과 대신, 대간까지 고초를 겪었다. 그러나 내가 세자를 징계하지 않아 일이 이런 지경에 이르렀는가?"

결국 태종은 자칫 부모 자식 사이에 의가 상할까 봐 엄한 조치를 못 내렸다. 유독 세자에 대해서는 평소 태종답지 않은 우유부단한 처사가 반복되었다. 이를 필자는 '쩔쩔맴'이라고 표현한다. 이는 세자를 더욱 비뚤어지게 방치한 결정적 요인이 아닐 수 없다.

폐세자 일보 직전

결국 5개월 후인 태종 13년(1413년) 8월 13일 내시 박유와 유문의가 세자 문제로 인해 장형을 받고 먼 지방으로 유배되었다. 사건 발단은 그리 심각한 일이 아니었다. 세자가 몰래 작은 매를 궁중에서 키운다는 이야기를 듣고 부아가 치민 태종은 세자에게 "매나 개 같은 애완물을 궁궐에서 키우는 것을 내가 일찍이 금했는데 어찌해 아버지 임금의 명령을 따르지 않는가?"라며 따끔하게 꾸짖었다.

이때 태종은 고질병인 풍질 등을 앓고 있어 몸이 좋지 않았다. 세자는 태종이 화난 데 놀라 자신도 병이 났다는 핑계로 예궐하지 않았다. 이에 보덕 권우 등이 "부모가 노해 매를 때려 피가 흐르더라도 감히 미워하거나 원망하지 않고 거듭 공경하고 효도하는 것이 자식 된 도리입니다. 더군다나 이제 상감마마 옥체가 편찮아 대소 신료들이 모두 예궐해 문안드리는데 저하만 홀로 빠질 수가 있겠습니까?"라며 여러 차례 독촉했다. 세자는 요지부동이었다.

내시 박유와 유문의가 두들겨 맞고 유배 가게 된 연유는 이렇다. 두 사람은 각각 어린 내시를 양자로 두었는데 강민과 한용봉이었다. 이들은 세자 측근에서 매사냥을 부추겨 세자에게 환심을 얻으려 했다는 이유로 각각 자기 집으로 내쫓겼다. 그런데 이들은 다시 몰래 궁중을 드나들며 세자에게 아첨하다가 태종에게 발각되었다. 그 죄로 양부였던 박유와 유문의가 처벌을 받은 것이다. 이미 4월부터 벌어진 일이었으므로 태종은 4월부터 궐문을 지킨 병사들을 모두 찾아내 매를 때리게 했다.

문제는 이때부터였다. 세자는 불식(不食), 즉 단식으로 맞섰다. 그동안 태종은 세자가 단식할 때마다 유야무야 넘어가 주었다. 그러나 이번에는 달랐다. 이틀 후인 15일 세자이사 유창, 빈객 한상경·조용·변계량 등이 서연 관리들을 거느리고 태종을 찾아와 세자의 불식과 예궐 거부의 심각성을 호소했다. 태종은 놀랍게도 폐세자 가능성까지 언급하며 단호하게 말했다.

"세자가 벌이는 단식은 그 분함을 이기지 못해서이니 어찌 잘못에 대한 뉘우침이 있다고 하겠느냐? 경 등은 모두 대체(大體)를 아는 사람들이니 한나라 신하 사단(史丹)이 했던 말을 나타내어 그 허물을 면하고자 하나 지금 세자 허물은 그것과는 다르다. 옛날 중국에서 세자를 폐한 것은 모두 환관이나 빈첩들이 행한 참소로 말미암아서였다. 나는 이와는 다르다. 세자 마음은 반드시 그 자리를 족히 믿고 있기 때문이다. 만약 끝내 뉘우치지 않는다면 왕실에 어찌 적당한 사람이 없겠는가? 지난번에 매와 개의 오락 때문에 문책을 당한 사람이 여럿이었다. 지금 또 이와 같으니 이것이 경 등이 가르친 효과냐? 경 등은 물러가라."

세자와 세자를 책임진 사람들 전부에 대한 분노였다. 곧 서연을 폐지하고 경승부 관리들도 집으로 보내버렸다. 세자를 떠받치는 양대 기구 중 하나인 경승부 폐지나 마찬가지였다. 지신사 김여지에게는 "감히 세자 일을 말하는 자가 있으면 마땅히 비상한 진노가 있을 것"이라며 더는 신하들이 세자 문제를 입에 담지 못하게 봉쇄해버렸다. 보름 후인 9월 1일 화가 좀 식었는지 태종은 서연과 경승부 복구를 명했다. 일단 이로써 처음으로 제기된 폐세자 가능성은 없었던 일이 되었다. 이는 그저 세자에게 기회를 준 데 불과했다. 여전히 마음속에서는 세자에 대한 불신이 컸다. 9월

9일 좌보덕 권우 등을 불러서 한 말에 드러난다.

"학문을 부지런히 하고 행실을 닦은 연후에야 세자를 다시 보겠다."

열흘 후인 9월 20일 태종은 지금의 전라북도 지방으로 사냥을 떠났다.

떠오르는 충녕대군 이도

태종 13년(1413년) 9월 20일 세자는 일대 위기를 맞았다. 태종이 전라북도 지방으로 사냥을 떠날 때 인사라도 하겠다는 세자 요청을 태종은 단호하게 거부했다. 위기감을 느낀 세자는 갑자기 공부에 전념하는 듯한 모습을 보였다. 세자가 되고 처음 있는 일이었다. 하루에 5장, 많을 때는 7, 8장씩 읽어내려가 마침내 『대학연의』 공부를 끝마쳤다. 시작한 지 6년 만이었다. 서연관과 신하들은 세자가 일찍부터 이렇게 열심히 했다면 얼마나 좋았을까라며 아쉬움을 금치 못했다.

그럼에도 태종은 마음의 문을 열어주지 않았다. 그해 태종이 세자를 만나주었다는 기록은 더는 나오지 않는다.

그해 12월 30일 서연관에서 병풍을 만들어 『효행록(孝行錄)』에서 뽑아 그림을 그려 넣고 이제현과 권근이 지은 글을 덧붙였다. 세자가 병풍을 충녕대군에게 보이며 뜻풀이를 주문하자 충녕은 즉석에서 이를 술술 해석했다. 반면 세자는 이틀 후인 태종 14년

(1414년) 1월 2일에도 몰래 장인 김한로 집에 있는 말을 이용해 기생을 궁궐에 데리고 들어오다가 발각되었다.

같은 해 10월 26일 대군들이 자신들 매형이자 태종 사위 청평군 이백강 집에서 연회를 마련했다. 아버지 이거이 상을 마친 이백강을 위로하기 위함이었다. 세자도 기생 초궁장을 끼고 참석해 늦게까지 술을 마시고 놀았다. 그 자리에서 세자는 이백강 부인 정순공주에게 "충녕은 보통 사람이 아니다"라고 말했다. 이 말을 공주가 아버지 태종에게 전하자 태종은 기뻐하지 않고 주의를 주었다.

"세자는 여러 동생과 비할 바가 아니다."

아직 세자에 대한 미련을 버리지는 않았다는 뜻이다. 그럼에도 큰일이 다시 터질 조짐이 나타나고 있었다. 태종 15년(1415년) 1월 28일 태종은 세자빈객 이래와 변계량을 따로 불러 질책과 당부를 했다. 사람 보는 데 밝았던 태종이 세자를 어떻게 보고 있는지 명확하게 드러나는 대목이다.

세자빈객 이래와 변계량을 경연청에 불러 만나보고 사람들을 물리치고 가르쳐 말했다.

"근래에 세자를 보면 사사로이 간사한 소인들을 가까이하던데 경 등은 직책이 보도(輔導)에 있는데 어찌 간언해서 말리지 못했는가? 사우(師友-임금의 스승과 붕우)를 설치한 것은 바로 덕성을 함양하고 효제충신(孝悌忠信)하는 도리를 배우게 하고자 함이었는데 이 4가지

가운데 과연 하나라도 있는가?

전(傳)에 이르기를 '다움이 재주보다 나은 것을 군자라 이르고, 재주가 다움보다 나은 것을 소인이라 이른다[德勝才 謂之君子 才勝德謂之小人]'[4]고 했다. 세자는 타고난 자질이 괴위(魁偉-남달리 재주가 크고 뛰어남)해 단순히 나와는 같지 않으니 불미(不美)하다고 할 수는 없으나 학문 함양의 경우에는 도무지 아무런 공효가 없으니 경 등이 마땅히 잘 생각해야 할 일이 아니겠는가? 서연에 참여한 소유(小儒-잔챙이 유학자) 등이 생각하기를 '장차 임금이 될 것이다'라고 해 두렵고 위축되어 간언하지 못하고 대간 또한 그렇다. 경 등은 이미 재상이 되었건만 무엇을 꺼려해 감히 바른길로 보필해 인도하지 못하는가?"

래 등이 황공해서 드디어 이사 유창과 빈객 민여익과 함께 서연관을 거느리고 동궁으로 나아가 상의 명을 두루 알리고 그 참에 전후해서 실덕(失德)한 것들을 낱낱이 들어 말하고 창이 땅에 엎드려 눈물을 흘리며 슬픔을 스스로 이기지 못했다. 세자가 말했다.

"근일에 내가 아무것도 한 것이 없는데 상께서 화가 난 이유를 아직 자세히 모르겠다."

래가 말했다.

"이것이 바로 저하의 병근(病根)입니다. 저하 뱃속에 가득 찬 것은 모두 사욕입니다. 저하께서는 벌써 적장자로서 바로 동궁에 자리 잡으신 지도 이제 여러 해가 되었으니 밤낮으로 깊이 생각해 위로는 전하의 뜻을 받들고 아래로는 백성의 소망을 붙들어야 마땅할 것입니다. 효도 가운데 큰 것은 이보다 더한 것이 없는데 지금은 그렇지

---

4 사마광이 『자치통감』에서 한 말이다.

못해 자주 과실로 인해 상에게 견책을 당하셨습니다. 그 자리는 참으로 어려운 자리인데 어찌 동궁의 지위를 반석과 같이 평안하게 여기는 것이 옳겠습니까? 전하 아들이 단지 저하뿐입니까? 용렬하고 어리석은 신이 서유(書帷-서연)에서 모신 지 14년이 되었으나 보도를 잘 하지 못했습니다. 이제 교지를 받드니 땅속으로 들어가고 싶은 마음뿐입니다. 그래도 잘못을 뉘우치고 스스로 새로워지지 않으신다면 신은 감히 보양(輔養)하는 직에 있을 수 없습니다. 그러나 뜻하는 바를 크게 하시어 빼어난 사람이 될 것을 잘 생각해야 할 것입니다.

바라건대 종묘를 받들고 전하를 섬기는 도리가 되는 도리를 생각해 여자와 환관을 멀리하고 바른 선비를 친근하게 함으로써 마음을 씻고 생각을 고치면 종묘와 사직에 심히 다행하겠습니다.”

눈물과 콧물이 마구 턱으로 흘러내리며 말씨가 서글프고 간절했다. 여익·계량과 좌우에 있던 사람들까지 감격해 울지 않는 사람이 없었다. 세자도 멍하니 부끄러워하며 사과했다.

이 역시 그때뿐이었다.

그해 12월 30일에는 아주 상징적인 사건이 일어났다. 불과 1년 전 세자가 충녕을 칭찬했다는 말을 전해 듣고 불쾌한 표정을 지었던 태종이다. 그런데 이날 충녕대군이 의령부원군 남재를 방문해 연회를 베풀었는데 남재가 여러 사람이 있는 가운데 대놓고 충녕에게 말했다.

“옛날 주상께서 잠저(潛邸-왕이 되기 전에 살던 집)에 계실 때 내가 학문을 권하니 주상께서 '왕자는 (정사에) 참여할 데가 없으니 학문은 해서 무엇하겠느냐?' 하기에 내가 말하기를 '군왕의 아들이면 누가 임금이 되지 못하겠습니까?'라고 했는데 지금 대군이 학문을 좋아 하시니 내 마음이 기쁩니다."

남재가 한 말을 전해 들은 태종은 화를 내기는커녕 크게 웃으면서 "과감하도다, 그 늙은이!"라고 말하고 넘어갔다. 그전 같았으면 있을 수 없는 반응이었다.

이례적인 일이 또 있었다. 열흘 후인 태종 16년(1416년) 1월 9일 사치스러운 복장을 한 세자가 주변 사람들에게 폼 재며 "어떤가?"라고 묻자 옆에 있던 충녕대군이 평소와 달리 "먼저 마음을 바로잡은[正心] 뒤에 용모를 닦으시기 바랍니다"라며 사실상 면박을 주었다. 실록은 "세자가 매우 부끄러워했다"라고 적고 있다.

여기서 충녕이 한 말은 매우 중요하다. '마음을 바로잡다[正心]'라는 개념을 강조한 책은 다름 아닌 『대학연의』이기 때문이다. 이미 충녕대군은 제왕학(帝王學)을 공부하고 있었던 듯하다. 그때 충녕 나이 20세였다.

한 달 후인 2월 9일 태종은 충녕을 데리고 사냥을 갔다. 잠시 휴식하던 중 아마도 비가 내렸는지 태종은 "집에 있는 사람은 비가 내리면 반드시 길 떠난 사람의 수고로움을 걱정한다"라고 말한다. 이때 충녕대군은 절묘하게 "『시경』에 이르기를 '황새가 언덕에서 우니 부인이 집에서 탄식한다'라고 했습니다"라고 받았다. 태종은 기뻐하며 "세자가 따를 바가 아니다"고 극찬했다.

이에 앞서 어느 날 다방면으로 압박(?)해오는 동생이 부담스러윘던지 세자는 태종 앞에서 문무(文武)를 논하다가 "충녕은 용맹하지 못합니다"라고 말했다. 자신은 무인 기질이 있으니 임금을 맡을 만하다는 은근한 과시였다. 그러나 무인의 용맹과 진정한 용기는 별개다. 부왕은 핵심을 찔러 답했다.

"비록 용맹하지 못한 듯하나 큰일에 임해 대의(大疑-크게 의심나는 일)를 결단하는 데[臨大事而決大疑]는 당대에 더불어 견줄 사람이 없다."

태종이 어느 쪽으로 기울고 있는지 확연히 보여주는 한마디다. 이 대답은 고스란히 『논어』 「술이(述而)」편 자로(子路)와 공자의 대화를 떠오르게 한다.

공자가 제자 안연(顔淵-안회)에게 말했다. "(인재로) 써주면 행하고 버려지면 도리를 안으로 품고서 담담히 지내는 것을 오직 너하고 나만이 갖고 있구나!"
이에 (질투심을 느낀) 자로가 물었다. "만일 스승님께서 삼군을 통솔하신다면 누구와 함께하시겠습니까?"
공자가 말했다. "맨손으로 호랑이를 때려잡고 맨몸으로 강을 건너려 해 죽어도 후회할 줄 모르는 사람을 나는 함께할 수 없을 것이니, 반드시 일에 임해서는 두려워하고[臨事而懼] 모책을 잘 세워 일을 성공으로 이끄는 사람[好謀而成者]과 함께할 것이다."

이때부터 충녕은 상승 곡선을 그리고 있었고 세자는 하강 곡선을 그리고 있었다. 과연 언제 두 곡선은 교차점에서 만나게 될 것인가. 미리 말해두자면 태종 마음속에서 그 교차 시점은 태종 18년(1418년) 2월 28일이다.

같은 달 2월 4일 성녕대군(誠寧大君) 이종(李褈)이 14세의 나이로 병에 걸려 세상을 떠났다. 그런데 같은 달 28일 세자는 활쏘기를 즐겼다.

세자가 보덕 조서로에게 일러 말했다.

"내가 표적을 쏘고자 하는데 어떠한가?"

서로가 말했다.

"대군 상(喪)이 이미 삼칠(三七-21일)을 지났으니 쏠 수가 있습니다."

세자가 내사복문 밖으로 나가서 230여 보를 쏘았다.

아무리 삼칠일을 지났다고 해도 죽은 동생에 대한 애정이라고는 전혀 없는 행동이었다. 반면 바로 앞에서 본 태종과 충녕 간 대화는 세자가 보이던 행동과는 정반대 의미를 담고 있다.

처음에 필자는 충녕이 그냥 태종이 먼저 한 말에 해당하는 『시경』 구절을 암기해서 답할 정도로 공부벌레였다는 뜻으로 알았다. 필자는 태종이 "세자가 따를 바가 아니다"라는 말을 공부 실력 칭찬으로 이해했다. 즉 세자는 공부 실력이 충녕을 못 따라간다고 여긴 것으로 보았다. 그러나 깊이 살펴보니 방점은 '숨은 뜻'에 있었다. '부인이 황새 울음을 듣고서 집 떠나 먼 곳으로 간 남편을 걱정하는 마음을 품는다'란 남을 진심으로 사랑하는 마음[愛人], 즉 어진 마음[仁]을 가리킨다. 세자에게는 그런 마음이 아예 없었고 충녕에게는 그런 마음이 깊었다. 그간 쉽게 포기하지 못했던 세자가 군주로서 불가결한 자질을 완전히 결여한 인물임을 확신하게 된 태종은 이때부터 확 달라진다.

물론 태종이 최종 결단을 내리는 시점은 이 교차 시점보다 조금 뒤다. 개경에 가 있던 태종이 한양에 있던 세자가 활을 쏘며 놀았던 사실을 알게 되는 시점은 5월 10일경이다. 아마도 활 쏘던 날 바로 보고되었다면 폐세자는 훨씬 당겨졌을지 모른다.

마지막 기회: 세자를 정사에 참여시키다

태종 16년(1416년) 세자는 22세를 넘고 있었다. 그는 천성이 게으르고 끈기가 없고 놀기를 좋아해서 그렇지 머리가 나쁜 사람은 아니었다. 어쩌면 머리를 과신해 학문을 등한시했는지 모른다. 이런 사람일수록 권력에 동물적으로 반응할 수 있다. 힘이 점차 동생 쪽으로 기운다고 느낀 세자는 나름대로 노력했던 것 같다. 그 결과 세자는 6월 11일 드디어 국정에 참여하는 기회를 얻게 되었다. 대리청정까지는 아니고 참관하는 수준이었다. 어쩌면 태종이 세자에게 준 마지막 기회였는지 모른다.

세자가 계사(啓事-일을 보고함)에 참여하는 동안 태종은 수시로 옛글을 인용하며 사람을 쓸 때 항상 주의해야 한다고 강조했다. 주목할 일이 7월 18일 경회루에서 일어났다.

경복궁에 행차해 상왕을 받들어 맞이해 경회루에서 술자리를 베풀었는데, 세자·종친이 잔치를 모셨다. 갑사와 방패(防牌)⁵로 하여금 막대기를 가지고 서로 싸워 방패가 이기지 못했고 또 혹은 수박(手搏-손으로 쳐서 승부를 냄)하고 혹은 경주하고 혹은 말 타고 쏘도록 명해 능하고 능하지 못한 것을 살펴보았다. 상으로 정포·면포·저화를 차등 있게 내려주었고 그 참에 재보(宰輔) 여러 신하에게 잔치를 내려주니 다투어 연구(聯句)를 바치며 심히 즐겼다. 노성한 사람을 버릴 수 없다는 데 말이 미치자 충녕대군이 말했다.

"『서경』에 이르기를 '기수준(耆壽俊-나이 들고 경험 많은 뛰어난 인재)이 궐복(厥服-그 직무)에 있다'⁶라고 했습니다."

상이 그 학문이 방향을 통한 것을 감탄하고 세자를 돌아보며 말했다.

"너는 학문이 어찌 충녕만 못하냐?"

대가를 따르는 신료들에게 술을 내려주고 어두워지자 마침내 마쳤다.

충녕대군은 형 주변에 늘 유혹하는 무리가 끊이지 않는 광경을 못마땅하게 지켜본 것 같다. 두 달여 후인 9월 19일 세자는 충녕에게 불쾌한 훈계를 들어야 했다.

---

5 조선 초기 병종(兵種)의 하나다. 방패를 무기로 했으나 군사적 기능보다는 주로 역사(役事)에 동원되었다. 태종 15년(1415년) 대장(隊長)·대부(隊副)와 관리들의 근수(跟隨), 토목 역사에 종사하는 장정 1,000명을 뽑아 만들었다. 번을 나눠 시위하게 했으며 후에 팽배(彭排)라는 명칭으로 개칭되어 『경국대전(經國大典)』에 수록되었다.
6 『주서(周書)』 「문후지명(文侯之命)」에 나오는 말이다.

세자가 흥덕사(興德寺)에 가서 신의왕후 기신(忌晨)에 소향(燒香)하고 바둑 두는 자 2, 3인을 불러서 바둑을 두었다. 충녕대군이 말했다.

"세자께서는 지존(至尊)이시니 아래로 간사한 소인배와 놀이를 하는 것도 이미 안 될 일인데 하물며 기신에 있어서이겠습니까?"

세자가 말했다.

"너는 관음전(觀音殿)에 가서 잠이나 자라."

이는 대개 꺼려한 때문이다. 대군이 항상 세자가 근신하지 못하는 것을 간언해 말했다.

"조물주가 (들짐승에게는) 이빨을 주고 (사람한테서는) 뿔을 없애고 (날짐승에게는) 날개를 붙이고 (사람에게는) 두 발을 주는 차이가 있게 해 성인군자와 야인의 분수를 밝혔으니 각각 마땅한 법칙이 있지 않음이 없어 어지럽힐 수 없는 것입니다. 어찌 미세한 사람과 더불어 시시한 오락을 즐길 수 있습니까?"

세자가 매우 불쾌해했다.

닷새 후인 9월 24일 궁궐 토목 공사 등을 책임지는 선공감 부책임자 구종수(具宗秀)와 악공 이오방(李五方) 등이 "세자에게 잘 보여 후일을 도모하고자" 대나무 다리를 만들어 궁궐 담을 넘나들면서 술을 마시고 때로는 세자를 자기 집으로 맞아 잔치를 벌이거나 여자를 바치고 매까지 선물하다가 들통났다. 다음날 구종수는 장 100대를 맞고 지금의 함경도 경성군으로 유배 갔고 이오방은 원래 소속되어 있던 공주 관노로 쫓겨났다.

실은 이들은 사형감이었다.

무엇보다도 궁궐을 넘나든 죄는 극형에 처해질 수밖에 없었다. 이날 태종은 먼저 찬성 이원을 불러 의논했다. 구종수를 극형에 처해야 한다고 말했다.

또 얼마 후 황희를 불러 구종수가 저지른 죄목과 세자 행실을 상의했는데 뜻밖에 황희는 구종수와 세자를 두둔했다. 구종수가 한 짓이라고는 매를 선물한 것뿐이고 세자는 아직 어리다는 이유였다. 특히 황희는 "매와 개의 일에 지나지 않습니다"라며 강변했다. 태종은 황희의 변론에 부정적이었다. 이는 1년 후 폐세자 때 황희에게 화를 부르는 빌미가 된다. 그렇게 오랫동안 신뢰와 총애를 받아온 황희도 태종 속뜻을 잘못 읽었다.

같은 날 내전에 하륜이 찾아왔다. 내전에서 하륜을 맞았다는 것은 그만큼 둘 사이가 막역했기 때문이기도 했다. 이미 사건 전말을 다 알고 온 하륜은 눈물을 흘리며 "세자는 장차 종사(宗社)를 주관할 터인데 지금 거칠고 음란한 것이 이 지경에 이르렀으니 어찌하겠습니까? 어찌하겠습니까? 마땅히 구종수를 베어 후대를 경계하고 대궐 방어를 더욱 강화해 난(亂)의 근원을 근절하소서"라고 말했다.

실록은 "임금이 그 말에 감동했다"라고 적고 있다. 이게 하륜과 황희 차이다.

의금부는 궁성을 넘은 죄는 교형에 해당한다고 보고했다. 형 집행 시기에 대해 논란이 있었으나 형조판서 안등은 죄가 크기 때문에 즉각 집행해야 한다고 주장했고 태종도 동의했다. 구종수 목숨은 끝난 것이었다.

그러나 세자와 관련된 일이었다. 자칫 구종수를 사형시킬 경우 세자에게도 부정적 영향이 미칠 수 있다는 생각이 든 태종은 일단 감형해주기로 하고 구종수를 경성군으로 유배 보냈다. 다음 날인 26일에는 구종수 사건과 연루된 세자전 내시와 관리들도 내쫓았다.

5 ——

폐세자 결단

어리 간통 사건

태종 17년(1417년) 1월 1일 신년 축하 잔치가 창덕궁 인정전에서 크게 열렸다. 신하들이 모두 취해 즐겁게 춤추며 놀았고 태종도 무척 기뻐했다. 세자도 참석해 신하들에게 돌아가며 잔을 주었다. 태종 옆에서 춤추고 있던 좌의정 박은이 술을 받을 차례가 되자 박은은 세자 앞에 꿇어앉아 울면서 호소했다.

"세자께서는 앞으로 임금에 오르실 큰 직책인데 어찌 국왕 명을 따르지 않습니까?"

어찌 보면 옆에 있던 태종을 의식한 제스처였을 수 있다. 그러나 세자에게 쉽게 할 수 있는 말도 아니었다. 지켜보던 태종이 세자에게 말했다.

"들었느냐? 이 말은 대신의 충언이다."

물론 애당초 이런 말을 새겨들을 세자가 아니었다. 한 달여가 지난 2월 15일 온 조정을 떠들썩하게 만든 세자 간통(혹은 강간) 사건이 터졌다. 사건 발단은 두어 달 전인 태종 16년(1416년) 12월경이었다.

처음에 세자는 악공 이오방에게서 전 중추 곽선(郭璇, ?~?) 첩 어리(於里)의 미모와 재예(才藝)에 관해 이야기를 들었다. 세자는 즉각 이오방에게 어리를 데려오라고 명했다. 곽선은 고려 말 무인으로 이름을 날렸던 인물로 이때는 관직에서 물러나 있었다.

이오방은 곽선 조카사위 권보(權堡)를 찾아가 세자 뜻이라며 도움을 청했다. 처음에 곽선은 처삼촌인데 자신이 어떻게 그럴 수 있느냐고 버티다가 결국은 "세자 명이니 따르지 않을 수 없다"라며 동참했다. 먼저 자기 첩 계지(桂枝-계수나무 가지)를 시켜 어리에게 의사를 알아보았으나 부정적이었다. 이에 또 다른 악공 이법화가 세자에게 "선물을 보내는 게 좋을 듯합니다"라고 아뢰어 세자는 어린 내시를 시켜 수를 놓은 패물 주머니를 어리에게 보냈다. 어리는 이번에도 거절했다. 게다가 어리는 이 일을 곽선 양자 이승(李昇)에게 전하고 이승 집에 머물렀다. 이를 안 이법화는 즉각 세자에게 달려가 "이 기회를 놓치면 안 됩니다"라며 재촉했다.

세자는 대궐 담을 넘어 걸어서 이오방 집에 들러 이오방과 함게 이승 집에 '쳐들어'갔다. 어리가 어디 있냐고 찾으니 이승은 처음에는 모른다고 버텼다. 그러나 상대가 누구인가. 장차 임금이 될 세자였다. 결국 이승은 어리가 있는 곳으로 안내했고 세자는 어리를 이법화 집으로 데리고 가서 동침했다. 그래도 부족했던지 세자는 어리를 아예 궁중으로 데리고 갔다. 이상이 사건 전말이다.

이를 알게 된 태종은 부끄럽기도 하고 화가 치밀어 어찌할 바를 몰랐다. 먼저 사건에 연루된 권보·이승·이오방·이법화 등을 중죄로 다스리라고 명했다. 이어 신하들을 물리치고 조말생과 이원만 남게 했다. 태종은 폐세자를 염두에 둔 듯 이렇게 물었다.

"세자의 행실이 이와 같으니 태갑(太甲)⁷을 내쫓던 고사를 본받고자 하는데 어떠한가?"

두 사람은 세자를 모시는 사람들을 정직하고 바른 사람들로 골라 가르치게 한다면 개과천선할 수 있다며 반대했다. 태종은 일단 수용했다. 그러면서 곧장 사인(舍人-의정부 비서실장 격으로 임금과 정승 사이를 오가며 말을 전하는 관리) 심도원(沈道源, 1375~1439년)⁸을 정승 박은 집에 보내 관련자 처벌에 대한 의견을

---

7 성탕(成湯) 손자이자 태정(太丁) 아들이다. 중임(仲壬)을 이어 즉위했다. 즉위한 뒤 법을 어기고 방탕 포악하게 생활해 재상 이윤(伊尹)에 의해 쫓겨났다. 3년 뒤 자기 잘못을 반성하자 이윤이 다시 맞아들여 복위시켰다. 복위한 뒤 정치에 힘써 제후들이 상나라로 귀의했고, 백성도 안정을 되찾았다.

8 1차 왕자의 난 때 이방원 세력에 의해 죽은 심효생(沈孝生) 아들이다. 1396년(태조 5년) 문과에 급제한 뒤 집의·좌사간을 거쳐 이조와 호조 참의를 지내고 동지총제에 올랐다. 다시 이조·호조·예조 참판과 경기·강원·전라 관찰사를 역임했으며, 1428년

구했다. 이는 일이 생겼을 때 신하들 의견을 묻고 듣는 태종 특유의 일을 풀어가는 방식이기도 하다. 정권 초중반기에는 주로 지신사 박석명이나 황희를 조준·하륜 등에게 은밀하게 보내 의견을 구했고 말년에는 이처럼 박은에게 의견을 구했다. 박은은 단호했다. 애당초 구종수를 죽였다면 오늘과 같은 일이 없었을 것이며 이번 관련자들도 능지처참해야 옳다고 말했다. 심도원이 돌아와 말을 전하자 태종은 의미심장하게 "그럴 줄 알았다"라고만 말했다. 아직은 너무 심한 처벌이라고 생각했을까? 아니면 세자 처벌 강도와 맞춰 수위 조절이 필요하다고 본 때문일까? 아마도 후자에 가까웠던 것 같다. 그와 별개로 '폐세자'에 대한 생각은 점점 굳어져갔다.

이틀 후인 2월 17일 태종은 세자를 궁궐에서 내쫓아 장인 김한로 집에 머물게 했다. 신하들은 마지막으로 한 번만 더 세자에게 기회를 달라고 간청했고 태종은 이를 받아주었다. 빈객 변계량·탁신 등이 세자와 궁리한 끝에 세자가 종묘에 반성문을 올리기로 타협안을 찾았다. 세자는 22일 총 8개 항목에 걸쳐 본인 잘못을 열거한 다음 개과천선하겠다고 다짐하는 글을 올렸고 동시에 태종에게도 비슷한 내용으로 된 글을 올렸다. 두 글 모두 빈객 변계량이 대신 지었다.

태종은 세자를 대궐로 돌아오라고 명했다. 신하들은 "세자가 허물을 뉘우쳤으니 기쁘다"라고 인사했고 태종은 "앞으로 세자를

(세종 10년) 정조부사(正朝副使)로 명나라에 다녀오고, 이듬해 한성부윤이 되었다. 그 뒤 함길도 도순찰사·도체찰부사·도순무사를 거쳐, 이조참판으로 진하사(進賀使)가 되어 명나라에 다녀와서 호조판서에 올랐고, 중추원사·함길도순검사를 지냈다.

더는 보지 않으려고 했으나 이제 자기 허물을 뉘우쳤으니 나도 기쁘다"라고 답례했다. 그러나 태종의 속마음은 달랐다.

이때부터 세자 행실은 더 나빠졌다. 태종이 지방 순회를 떠나는 데 아프다는 핑계로 전송도 하지 않고 활쏘기를 하는가 하면 온갖 여염집 여인들을 건드려 연일 문제가 되었다. 게다가 수시로 서연을 중단했다. 이런 가운데 태종 17년(1417년) 한 해가 지나갔다.

폐세자 앞당긴 성녕대군 죽음

태종 18년(1418년) 2월 4일 태종이 충녕 못지않게 아꼈던 넷째 아들 성녕대군이 14세의 나이로 사망했다. 실록에 따르면 "총명하고 지혜로웠고 용모가 단정하고 깨끗했고 행동거지가 공순했으므로 상과 정비가 끔찍이 사랑해 항상 궁중에 두고 옆에서 떠나지 못하게 했다." 성녕이 병을 앓는 동안 충녕은 늘 옆에서 지키며 간호했다.

성녕 죽음으로 태종이 받은 충격은 이루 다 말할 수 없었다. 이틀 후인 6일 태종은 애통함을 씻어보고자 개경으로 가겠다며 서운관에 출발 날짜를 골라 보고하라고 지시했다. 음식을 멀리하며 슬픔을 삭이던 태종은 13일 한양을 떠나 이틀 후 개성에 도착했다. 뭔가 심상치 않았다. 태종은 전에도 중대 결단 전에 개성을 찾았다. 태종은 개성에서 자랐기 때문에 마음의 고향 같은 장소였으리라. 눈치 빠른 신하들은 개성 행차가 무엇을 의미하는지 이미 알아차렸을지 모른다.

분위기를 감지한 세자 장인 병조판서 김한로는 2월 28일 세자를 개성에 보내겠다는 글을 올렸으나 태종은 단칼에 거부했다. 이날은 세자가 죽은 성녕 삼칠일(三七日-21일)이 지났다며 활 230여 보를 쏘았던 그날이다.

3월 3일 태종은 동부대언 성엄을 진관사(津寬寺)에 보내 성녕대군을 위한 수륙재(水陸齋)[9]를 베풀게 하면서 교서를 내려주었다. 이어질 폐세자 결단을 제대로 이해하려면 성녕 죽음이 태종에게 준 정신적 충격을 제대로 이해하지 않으면 안 된다. 이 교서에는 비통한 태종 마음이 그대로 담겨 있다.

'아아! 오래 살거나 일찍 세상을 떠남이 가지런하지 못한 것은 천명을 받은 것이라 바꿀 수 없고, 부모 자식의 지극한 은정(恩情)은 하늘의 본성에 뿌리를 둔 것이라 그칠래야 그칠 수가 없다. 이는 마침내 사람의 마음이 본래 갖고 있으나 사람 사람마다의 길흉화복에 앞서 이미 정해져 있도다.

생각건대 네가 태어난 해가 을유년(乙酉年-1405년)이었으니 지금 14세라, 일찍이 단 하루라도 내 곁을 떠난 적이 없었다. 내가 수라를 들려고 하면 네가 반드시 먼저 맛보았고 내가 활 쏘는 것을 구경하고자 하면 네가 반드시 수행(隨行)해 모든 일상 활동을 반드시 너와 함께했도다. (그런데) 지금은 그만 끝나버렸으니 무엇을 내 마음으로 삼겠는가!

아아! 슬프고 괴롭도다. 모습이 늘 단정하고 깨끗해 아무런 흠결도

---

9 죽은 사람 영혼을 위로하기 위해 지내는 불교 의식의 하나다.

없었고 총명(聰明)하고 온아(溫雅)하며 효도하고 공손함이 너의 행실이었다. 글을 읽어 늘 익히고 활쏘기를 배워 여러 번 과녁에 적중했었지. 장가를 들이고 또 대군으로 봉해주었으니 이는 장차 어른이 되어 나의 쇠로(衰老)함을 위로하리라 여겼도다. 아아! 이제 그만 끝났으니 이를 어찌해야 한다는 말인가?

네가 처음 병들었을 때 어린아이들에게 늘 있는 일이라 여겼다가 병이 이미 위독해졌으니 후회한들 어찌 어쩔 수가 있었겠는가? 혹시 기도를 제대로 하지 않아서인가? 혹시 의료가 잘못되었음인가?

눈부시게 흰 너의 얼굴 그대로 눈앞에 있고 낭랑해 곱디고운 너의 목소리 아직도 귓전에 그대로 있다.

아아! 슬프고 괴롭도다. 나와 중궁(中宮), 너의 죽음을 통곡하나 이 또한 이제 그만이구나. 너는 효성스러운 마음으로 죽음에 임해서도 어버이를 걱정했으니 한스러움을 삼키는 것을 구천(九泉) 지하에서라도 그만둘 수 있으랴!

너는 나의 아들이 되어 이미 효도하고 또 재주가 있어 자식의 직분을 싫어하지 않았지. 목숨이 길고 짧은 운수는 실로 하늘에서 나오고 너의 죄는 아니니 네가 어찌 그것을 한스러워하랴!

나는 네 아비가 되지만 염(斂)할 때 의금(衣衿-옷과 이부자리)을 볼 수 없었고, 빈(殯)에서 네 관을 어루만져보지 못하고 하관할 때도 그 구덩이에 반드시 임석(臨席)할 수 없단다. 천승(千乘-제후)의 군주라면서 도리어 필부의 자식 사랑함만도 못하도다. 내가 정을 잊어서가 아니라 형세상으로 그러한 것일 뿐이다. 내가 한스러워하는 것이 어찌 그것으로 끝이겠는가!

아아! 슬프고 괴롭도다. 이에 유사(攸司-해당 부서)에 명해 너의 직질

(職秩)을 높이고 너에게 시호를 내려주어 은수(恩數)의 융성함을 상례(常例)보다 다르게 하려 한다. 이제 근신을 보내 진관사에서 수륙재를 두어 네 명복을 빌고 또 치부(致簿)하고 전(奠)을 드려 말로써 권하며 흠향하게 하련다.

아아! 말에는 끝이 있으나 정에는 끝이 없는데 너는 그것을 아는가? 어찌 그것을 알지 못하는가?'

변계량이 지은 글이다. 양전(兩殿)의 슬퍼함과 애통함이 지극해 무릇 성녕대군을 천도(薦度)하는 일이라면 하지 않은 바가 없었다. 상이 교서를 읽다가 반쯤 이르러 자신도 모르게 흐느껴 우느라 차마 끝까지 읽지 못하고 마침내 그것을 물리치며 말했다.

"나의 속마음과 뜻을 남김없이 다 드러냈도다."

같은 날 실록에는 짧게 "지금 중궁이 편찮다"라는 태종의 말을 짧게 싣고 있다.

태종이 서울로 돌아가지 않고 계속 개성에 머물자 4월 2일 사헌부는 서둘러 귀경해주기를 청하는 소를 올렸다. 이에 신하 사이에서는 환도 속행 여부에 대해 일대 논전이 벌어졌다. 태종은 지켜보다 말했다.

"내가 이 도읍(-개성)에 온 지 50여 일인데 아직 눈물을 거둔 날이 없었으니 비록 한경(-서울)에 이르더라도 무엇이 다르겠는가? 내가 돌아가고 싶은 생각이 많이 있으나 경들이 모두 나더러 여름을 지내게 하고자 하니, 내가 만약 여름을 지내고 난다면 (그때는) 번거롭게 하지 말라."

그만큼 성녕 죽음을 떨쳐내지 못하고 있었다. 5월 1일 그동안 금지했던 세자 알현을 허용하고 오랜만에 세자를 개성에서 만났다. 그러나 불과 열흘 후인 5월 10일 또 사건이 터졌다. 세자가 어리에게 아이를 갖게 한 사실, 성녕이 죽었을 때 세자가 활쏘기를 했던 일 등이 이날 뒤늦게 태종 귀에 들어갔다. 태종은 은밀하게 좌의정 박은을 불러 상의했다. 그 내용은 실록에 나오지 않는다. 아마 맥락으로 볼 때 박은에게 폐세자 문제를 의논했을 것이고 박은은 평소 소신대로 폐세자를 건의했을 듯하다. 그 후 진행 과정을 보면 이후의 시나리오도 협의했다는 것을 쉽게 알 수 있다.

밀담이 끝난 후 태종은 좌대언 이명덕에게 세자빈객 변계량을 불러오도록 명했다.

"지난번에 세자가 곽선 첩 어리를 빼앗아 궁중에 들였으나 내가 즉시 쫓아버렸다. 지금 들으니 김한로 어미가 숙빈을 만나볼 때 어리를 데리고 몰래 들어가 아이를 가지게 했고 또 세자전에 들어가 데리고 바깥으로 나와 아이를 낳게 하고 도로 세자전 안으로 들였다. 한로 등이 나에게 충성하고 사직을 위하는 계책인가? 아니면 세자를 사랑해서 하는 짓인가? 또 들으니 세자가 성녕이 죽었을 때 궁중에서 활 쏘는 놀이를 했다니 동모제(同母弟) 죽음을 당해 부모가 애통하는 때 하는 짓이 이와 같다면 사람의 마음이라고 할 수 있겠느냐? 내가 변중량(卞仲良, ?~1398년)[10]은 마음가짐과 행실이 부정하다고

---

10 변계량 형이며 태조 이성계 백형인 이원계 사위다. 정몽주 문인이기도 하다. 1차 왕자의 난 때 정도전 일파로 몰려 참살되었다.

했으나 아우 변계량의 마음가짐은 곧다[直]고 해서 세자 빈사 자리
에 있게 했다. 아비가 능히 자식을 가르칠 수 없는데 스승이 어찌 능
히 가르치겠는가마는 세자로 하여금 이 지경에 이르게 했으니 책임
이 없을 수 없다."

"이와 같다면 사람의 마음이라고 할 수 있겠느냐?"란 세자에
게 어진 마음[仁心]은커녕 사람의 마음[人心]도 없다는 최종 평가
였다.

태종은 변계량을 불러 호통을 친 다음 찬성 이원을 불렀다.

"옛날 이무를 처벌할 때 구종수가 의금부 도사가 되어 공사(公事)를
누설했고 그 후 궁의 담장을 뛰어 넘어가 세자전에 출입했다. 일이
발각되자 내가 이를 싫어해 경과 황희에게 물으니 경은 그 죄를 묻자
고 청했으나 황희는 말하기를 '매와 개의 일에 지나지 않습니다'라고
하고 더는 죄를 청하지 않았다. 경은 그 일을 잊어버렸는가?"

이원은 이미 무슨 일이 일어나려는지 알아차리고 "신은 잊
지 않았습니다"라고 답했다. 황희의 문제점을 확인해두려는 말이
었다. 그러면서도 태종은 정반대로 "장자 장손에게 나라를 전하는
것은 고금의 법칙이니 나로서는 다른 마음은 없다"라고 덧붙였다.
권도(權道)보다는 상도(常道)를 따르겠다는 의사를 표명해두었다.

얼마 후 박은과 이원이 함께 들어와 황희 국문을 청했다. 시나
리오가 작동하기 시작했다. 이미 태종은 박은과 밀담할 때 황희가
했던 발언을 상세하게 이야기했고 이를 들은 이원으로 하여금 다

시 한번 확인을 받아놓은 다음에 박은과 이원이 자신에게 국문을 청하는 형식을 유도했다고 볼 수 있다. 태종풍 일하기다. 국문 요청에 대해 태종은 에둘러 말했다.

두 사람은 태종풍 일하기와 말하기에 숨겨진 의도를 충분히 알았다. 박은과 이원은 재차 처벌을 요구했고 태종은 마지못한 듯이 의금부도사 김상녕에게 한경에 가서 항쇄(項鎖-목에 칼을 씌우는 것)하지는 말고 황희를 잡아 오라고 명했다. 더불어 며느리 숙빈에 대해서도 "부인은 지아비 부모를 중하게 여겨야 한다. 숙빈은 비록 지아비 뜻을 따랐으나 나의 뜻은 어찌 알지 못했는가? 어리를 몰래 들인 것을 내가 심히 미워한다"라며 대궐에서 내쫓아 친정집, 즉 김한로 집으로 내보냈다. 전날 한경으로 갔던 김한로도 급히 불러들이도록 명했다.

동년 장원이자 사돈인 김한로를 살려주다

개경으로 급히 돌아온 김한로에게 태종은 묻는다.

"세자가 다시 어리를 불러들여 아이를 가진 사실을 알았는가?"

김한로는 몰랐다고 잡아뗐다. 태종은 또 물었다.

"경이 알지 못한다고 하면 그만이지만 국론(國論)이나 나의 마음으로서는 경이 실로 알지 못했다고 생각하겠는가?"

김한로도 "정황으로 보자면 주상 마음이나 국론에서는 반드시 신이 알고 있다고 할 것입니다"라고 답했다. 태종은 김한로에게 등골이 오싹해질 만하게 경고했다.

"내가 세자에게는 마치 새끼를 키우는 호랑이와 같이 엄하게 하고자 했다. (그런데) 경은 사위를 아껴서 그녀를 살도록 허락하고 양식과 간장을 주었으니 경은 과연 덕(德)이 있다. 지난번에 경에게 명해 숙빈에게 세자 잘못을 고하지 않은 허물을 가르치게 하니 대답하기를 '과연 잘못이 있습니다'라고 해놓고 이제 다시 전과 같이 나의 명을 따르지 않은 것이 시아비를 중하게 여기는 짓이냐? 지금 이미 사람을 보내 경의 집으로 내쫓았다. 내가 용렬한 자질로서 나라의 임금이 되어 외척에게 변고가 있었고 골육을 상하게 해 부왕에게 죄를 지은 것을 나는 심히 부끄러워한다. 그러나 모두 내가 그리한 것은 아니다. (그런데) 이제 또 아들의 처가 친척들에게 감히 불선(不善)한 일을 행하고자 하겠는가? 나와 경은 어릴 때부터 교제가 두터웠고 또 한집안을 이루었다. 경 나이가 61세이니 나와 경이 사생(死生)의 선후(先後)를 대개 알지 못하는데 세자로 하여금 뛰어나게[賢] 만들어야 경이 그 부귀를 평안히 누릴 것이다. (그런데) 지금 경은 어버이에게 효도하고 형제에게 우애하는 것을 가르치지 않고 그로 하여금 불의(不義)한 짓을 하게 했으니 이씨 사직은 어찌 되겠느냐? 경이 한 짓을 만약 바른대로 진술하면 죄의 경중을 내가 마땅히 처리할 것이며 어찌 꼭 유사에 내려 이를 묻겠는가?"

김한로는 갈팡질팡하며 말을 여러 차례 바꾸면서도 그 사실만은 몰랐다고 답했다. 태종은 집으로 돌아가라고 명한 다음 대언들을 불러 의견을 들었다. 대언들은 김한로 안색을 보니 거짓말을 하고 있다며 의금부에 내려 국문해야 한다고 말했다. 태종은 다시 김한로를 불렀다. 집에 갔다가 다시 불려온 김한로는 자신이 방금 집에 가서 계집종에게 물어보니 그런 일이 있었다고 했다며 자신은 당시에는 전혀 몰랐다고 밝히면서 지금이라도 알았으니 그에 준해 벌을 받겠다고 자청했다. 태종은 일단 집으로 돌아가라고 명했다. 여기서도 만약 김한로가 잡아뗐다면 그는 죽었을지 모른다. 태종이 혐오한 부직(不直)에 해당하기 때문이다. 직(直)과 부직(不直)은 태종풍 정치에서 죽느냐 사느냐의 경계선이었다.

어리가 세자 아이를 출산한 사실은 누가 밀고했을까

다음날인 11일 태종은 세자에게 혼자서 한양으로 돌아가라고 명했다. 동시에 한양에 남아 있는 병조 진무소에 특명을 내려 세자가 세자전에 들어가지 못하도록 했다. 세자는 고립무원에 떨어지고 있었다.

절망 속에 혼자 말을 타고 한양으로 향하던 세자는 도중에 대자암(大慈庵)에서 불사(佛事)를 하고 개성으로 돌아오던 충녕대군 일행과 마주쳤다. 이때 대화가 의미심장하다. 세자가 화를 내며 "어리 일을 분명 네가 아뢰었을 것"이라고 하자 충녕은 아무런 대답도 하지 않았다. 그리고 두 사람은 각자 자신의 길을 갔다.

한양을 향해 5리쯤 갔을 때 세자는 갑자기 뒤에서 빠르게 달려오는 말소리를 들었다. 태종이 다시 그를 불러서였다. 다시 개성으로 돌아간 세자를 태종은 또 한 번 크게 책망했다. 실록은 "세자가 물러 나왔다가 분이 몹시 나서 다시 들어가 하소연하고자 했으나 말투가 부도(不道)했으므로 충녕대군이 볼 때 부자지간에 불상사가 생길 것을 두려워해 힘써 만류했다"라고 적고 있다. 그래도 세자는 막무가내였고 충녕은 소매까지 붙잡으며 말렸다. 결국 한양으로 돌아간 세자는 분노와 억울함을 고스란히 담은 글을 태종에게 올렸다.

한편 같은 날 태종은 황희를 심문했다. 태종은 구종수 사건을 거론하면서 "구종수가 한 짓은 매와 개의 일에 지나지 않습니다. 만약 세자의 잘못이라면 나이가 어린 탓입니다"라고 말한 이유를 따졌다. 리얼리스트답게 태종은 황희가 지신사로 있으면서 민무구·무질 제거에 앞장서는 바람에 민씨 집안과 원수가 되었으므로 세자에게 아부해 미래를 도모하려 했던 것 아니냐고 직격탄을 날렸다.

황희는 세자 나이가 어리다고 한 말은 기억나는데 매와 개에 관한 언급은 기억할 수 없다고 답했다. 미리 이원을 불러 확인해두었던 까닭이 바로 여기에 있었다. 태종은 "내가 이원을 불러 증인으로 삼겠다"라고 협박했다. 그리고 황희에게 마지막으로 솔직하게 쏘아붙였다.

"남의 임금 된 자는 신하와 변증하는 말을 하지 않는다. 그러나 경이 기억하지 못한다고 대답하니 내가 이원을 증인으로 삼겠다. 경은 어찌해 숨기는가? 잘못은 경에게 있다. 마땅히 유사에 내려 국문해야 하나 나는 인정을 끊어버릴 수가 없으므로 불러서 묻는 것일 뿐이다. 당초에 경이 했던 말을 들은 뒤에 전(殿)에 앉아 정사를 볼 때 경이 서쪽에 있었는데 내가 경에게 눈짓해 말하기를 '지금의 인심은 대체로 옛것을 버리고 새것을 따르는데 만약 옛것을 버리고 새 것을 따른다면 노인은 생활하기가 어려울 것이다. 자손을 위한 계책을 누가 하지 않겠는가마는 늙은 자를 버리고 돌아보지 않는다면 또한 어찌 옳겠는가?'라고 했다. 경은 그때 반쯤 몸을 굽혀 얼굴을 숙이고 바깥을 향하며 이를 들었다. 내가 그날의 말을 너를 위해 발설하는 것이다. 옛날에 어떤 대신(大臣-하륜)이 너를 가리켜 간사하다고 했다. 네가 이조판서를 거쳐 공조판서로 (사실상 좌천)되었다가 공조판서를 거쳐 평안도 관찰사로 나간 것은 너의 간사함을 미워한 때문이다. 그 임기가 차서 형조판서에 임명했으나 육조는 조계(朝啓-조회)의 임무가 있으므로, 내가 너의 얼굴을 보기를 싫어해 한성부판사에 임명한 것을 너는 어찌 알지 못하는가? 너의 죄를 마땅히 법대로 처치해야 하나 내가 오히려 차마 시행하지 못해 논죄하지 않는 것이다. 너는 전리(田里)로 물러가 살되 네 뜻대로 거주하며 종신토록 어미를 봉양하도록 하라."

황희는 모든 것을 잃고 교하로 돌아갔다. 다음날 태종은 "직첩을 거두어 서인으로 만들고 자손을 공직에 쓰지 말라"고 명했다. 태종이 중죄를 내린 이유는 섭섭함이었다. 당초 태종은 '내가 죽는 날에 황희가 따라 죽기를 원할 것이다'라고 여러 차례 할 만큼 그에게 지극한 총애를 보냈었다. 그러나 이 일을 겪으면서 태종은 '황희가 민씨 형제들을 척살할 때 지신사로 있으면서 사실상 주동자 역할을 했던 것이 부담스러워 민씨 형제와 가까운 세자가 왕이 되면 위험에 빠질 것을 두려워해 세자에게 아부하고 있다'라고 생각했다. 즉 황희가 자기보다는 세자를 더 두려워한다고 보았다는 뜻이다.

두 마음을 품었다[貳心]고 여긴 것이다. 두 마음 품는 것은 전형적인 곧지 못함[不直]이다.

폐세자

5월 30일 세자는 마침내 직접 글을 써서 내시 박지생을 보내 부왕에게 전했다.

한마디로 아버지는 시녀들을 궁중에 들이면서 왜 나는 안 되냐고 따져 묻는 내용이었다. 또 장인을 유배 보낸 것은 부당하다고 주장했다. 코너에 몰린 세자로서는 마지막 승부수였다. 그러나 승부수는커녕 마지막 발악(發惡)에 가까웠다.

'전하 시녀들은 다 궁중에 들이는데, 어찌 다 중하게 생각해 이를 받아들입니까? 가이(加伊)를 내보내고자 하시나 그가 살아가기가 어려울 것을 불쌍히 여기고 또 바깥에 내보내 사람들과 서로 통하게 하면 성예(聲譽-명예)가 아름답지 못할 것이므로 이 때문에 내보내지 않았습니다.

지금에 이르러 신의 여러 첩을 내보내 곡성(哭聲)이 사방에 이르고 원망이 나라 안에 가득 차니 어찌 스스로에게서 반성해 구하지 않으십니까? 책선(責善)[11]한다면 이별해야 하고 이별한다면 상스럽지 못함이 너무나 클 것입니다. 신은 이와 같은 일이 없었던 까닭으로 악기 줄을 끊어버리는 행동을 차마 할 수가 없었고 장래 성색(聲色-음악과 여색)을 마음대로 할 계책을 오로지 뜻에 따르고 정(情)에 맡겨서 지금에 이르렀습니다.

한나라 고조가 산동에 머물 때 재물을 탐내고 색을 좋아했으나 마침내 천하를 평정했고, 진왕(晉王) 광(廣)이 비록 뛰어나다고 칭송받았으나 그가 즉위함에 이르러서는 몸이 위태롭고 나라가 망했습니다.

전하께서는 어찌 신이 끝내 크게 효도하리라는 것을 알지 못하십니까? 이 첩 하나를 금하다가 잃는 것이 많을 것이요 얻는 것이 적을 것입니다. 어찌해 잃는 것이 많다고 하느냐 하면 능히 천만세 자손의 첩을 금지할 수 없으니 이것이 잃는 것이 많다는 것이요 첩 하나를 내보내는 것이 얻는 것이 적다는 것입니다.

왕자(王者-임금다운 임금)는 사(私)가 없어야 하는데 신효창은 태조를 불의에 빠뜨렸으니 죄가 무거운데 이를 용서했고 김한로는 오로지 신의 마음을 기쁘게 하기를 일삼았을 뿐인데 포의지교(布衣之交-벼슬하지 않을 때의 사귐)를 잊고 이를 버려서 들판에 내버리시니 공신들이 이로부터 위험해질 것입니다. 숙빈이 아이를 가졌는데 일체 죽도 마시지 아니하니 하루아침에 변고라도 생긴다면 보통 일이 아닙니다. 바라건대 이제부터 스스로 새사람이 되어 털끝만큼이라도 상의 마음을 동요시키지 않을 것입니다.'

---

11 부모나 친구가 착해지라고 꾸짖는 것을 말한다.

이를 읽어본 태종은 진노했다. 태종은 이를 육대언과 변계량에게 내어 보이며 말했다.

"이 말은 모두 나를 욕하는 것이니 이른바 '당신께서는 바름에 입각해 행하지 않으시는가[夫子未出於正]'[12]라는 말인데 내가 만약 (스스로) 부끄러움이 있다면 어찌 감히 이 글을 너희들에게 보이겠느냐? 모두 망령된 일을 가지고 말을 하니 내가 변명하고자 한다."

이로써 모든 것은 끝났다. 세자에게 글을 내려 "만약 한 번만 더 김한로 무죄를 청하면 그를 죽여버리겠다"고 엄포를 놓았다. 드디어 6월 2일 의정부·삼공신·육조·삼군도총제부 각사(各司) 신하가 소를 올려 세자를 폐해야 한다고 청했다. 바로 다음날(6월 3일) 태종은 폐세자 결단을 내리고 세자를 경기도 광주로 내쳤다.

다음 문제는 누가 세자 자리를 잇는가였다. 당초 태종이 요청한 바는 "세자에게 두 아들이 있는데 장자는 5살이고 둘째는 3살이니, 나는 세자 아들로 대신시키고자 한다. 장자에게 문제가 생기

---

12 『맹자』「이루상(離婁上)」에 나오는 말이다. 공손추가 물었다. "군자가 자식을 (직접) 가르치지 않는 것은 어떤 이유에서입니까?" 맹자가 말했다. "형세상으로 그렇게 해서는 안 되기 때문이다. 가르친다는 것은 반드시 바름으로 행해야 한다. 그런데 바름으로 가르치는데도 (자식이 그 가르침을) 행하지 못하면 (부모는) 이어서 화를 내게 되고 (이처럼 부모가) 이어서 화를 내게 되면 도리어 (자식의 감정을) 상하게 된다. (자식이 생각하기를) '당신께서는 바름으로 저를 가르치면서 정작 당신께서는 바름에 입각해 행하지 않으시는가'라고 한다면 이는 아버지와 자식이 서로 (감정을) 상하게 하는 것이다. 아버지와 자식이 서로 (감정을) 상하면 그것은 나쁜 것이다. 옛날에 (군자들은) 자식을 서로 바꿔서 가르쳤다. 아버지와 자식 사이에는 선한 쪽으로 이끌기 위해 나무라지 않는다. 그런 식으로 나무라다 보면 서로 멀어지게 되고 서로 멀어지게 되면 이보다 좋지 못한 일도 없다."

면 그 동생을 세워 후사로 삼을 것이니 왕세손이라 칭할는지 왕태손이라 칭할는지 옛 제도를 상고해 의논해서 아뢰어라"였다.

우의정 한상경을 비롯한 신하들은 세자 아들이 좋다고 했지만, 영의정 유정현이 홀로 "지금은 뛰어난 사람을 고르는 것이 마땅하다"라며 택현론(擇賢論)을 제시했다.

> "신은 배우지 못해 고사(故事)를 알지 못하지만, 일에는 권도와 상경이 있으니 뛰어난 사람을 고르는 것이 마땅합니다."

좌의정 박은도 이에 동의했다. 그러자 일부 신하들도 이에 동의했다. 상도보다는 권도가 맞다는 의견이었다.

문제는 태종의 결정이었다. 태종은 중전과 의논했다. 중전은 "형을 폐하고 아우를 세우는 것은 화란(禍亂)의 근본이 됩니다"라고 말했다. 중전은 누구보다 첫째를 예뻐했다. 또 비슷한 일을 부부가 함께 겪었으므로 그런 일이 반복되지 않기를 바랐을 수 있다. 처음에는 태종도 중전 의견이 옳다고 생각했다. 하지만 결국 "이번에는 뛰어난 사람을 고르는 것이 마땅하다"라고 결심을 굳히고 신하들에게 누가 뛰어난지 골라 보고하라고 명했다. 상도에서 권도, 정(正)에서 중(中)으로 선회하는 순간이다. 태종은 이미 충녕대군으로 마음을 굳힌 상태였지만 신하들에게 공을 던졌다. 태종 의도를 뻔히 아는 신하들은 "아버지이자 군왕인 전하만큼 잘 아는 사람이 누가 있겠냐"며 결정을 태종에게 미뤘다.

남은 아들이래야 효령과 충녕 둘이었다. 태종은 못 이기는 척 "충녕대군이 대위(大位)를 맡을 만하니 나는 충녕으로 세자를 정하겠다"라고 밝혔다.

"옛사람들이 말하기를 '나라에 훌륭한 대군[長君]이 있으면 사직의
복이 된다'라고 했다. 효령대군은 자질이 미약하고 또 성품이 너무 고
지식해서[直] 개좌(開坐)[13]하는 것이 없다. 내 말을 들으면 그저 빙긋
이 웃기만 할 뿐이므로 나와 중궁은 효령이 항상 웃는 것만을 보았다.
충녕대군은 천성이 총명하고 명민하며[聰敏] 자못 배움을 좋아해
비록 몹시 추운 때나 몹시 더운 때를 당하더라도 밤새도록 글을 읽
으니 나는 그가 병이 날까 봐 두려워 항상 밤에 글 읽는 것을 금지시
켰다. 그러나 나의 큰 책은 모두 청해 가져갔고 또 치체(治體)를 알아
서 매번 큰일에 헌의(獻議-건의)하는 것이 진실로 합당하고 또 일반
사람들이 할 수 있는 생각 밖에서 나왔다. 예컨대 중국 사신을 접대
할 적이면 신채(身彩)와 언어 동작이 두루 예(禮)에 부합했고, 술 마
시는 것이 비록 무익하나, 중국 사신을 대해 주인으로서 한 모금도
능히 마실 수 없다면 어찌 손님을 권해서 그 마음을 즐겁게 할 수 있
겠느냐? 충녕은 비록 술을 잘 마시지 못하나 적당히 마시고 그친다.
또 그 아들 가운데 장대한 아이가 있다. 효령대군은 한 모금도 마시
지 못하니, 이 또한 불가하다. 충녕대군【휘(諱)】은 대위를 맡을 만하
니 나는 충녕을 세자로 정하겠다."

유정현 등 신하들은 "신들이 뛰어난 이를 고르고자 한 것도
충녕대군을 가리킨 것"이라며 반겼다. 태종은 기뻐할 수만은 없

---

13 자세하게 조목조목 일을 처리한다는 말이다.

었다. 어찌 보면 그에게는 심장 한쪽을 도려내는 순간이었다. 그는 한동안 목멜 정도로 통곡하며 흐느꼈다. 이윽고 마음을 추스른 태종은 "이런 큰일은 시간을 끌면 반드시 사람을 상하게 된다"며 즉각 충녕대군을 세자로 책봉하는 예를 거행토록 지시했다.

6월 17일 세자에게 내린 책문(冊文)이다.

'저이(儲貳)[14]를 세우는 것은 인심에 관계되므로 실로 큰 전장(典章)이 되니 원량(元良-으뜸으로 훌륭한 인재)을 골라 나라의 근본을 바로잡는 것은 오직 지극한 공정함[至公]에 달려 있다. 이에 융성한 명위(名位)[15]를 바로잡아 봉숭(封崇)하는 예식을 거행하노라.

아아! 너 충녕대군【휘(諱)】은 관홍장중(寬弘莊重)[16]하고 효제겸공(孝悌謙恭)하다. 사랑과 공경으로 어버이를 섬기고 도리를 지켜 공경하고 삼갈 줄 안다.

귀 밝고 눈 밝으며 배우기를 좋아해[聰明好學] 오직 날마다 부지런히 했다.

나랏일을 부탁함이 마땅하고 신민들이 촉망하므로 이 때문에 너를 책봉해 왕세자로 삼노라.

아아! 하늘은 밝은 다움[明德]이 있는 자에게 복을 주고 귀신은 지극한 정성을 흠향하도다. 제사를 주장하고 종사(宗社)를 계승하되 오히려 지워진 짐이 어렵고도 큰 것을 생각해 깊은 못에 임해 얇은

---

14 세자를 가리키는 말인데 그 밖에도 저부(儲副), 동궁(東宮) 등도 자주 쓰인다.
15 관명과 관위를 말한다.
16 이를 사덕(四德)이라고 한다. 4가지 다움을 갖고서 어떤 사람을 나타내는 것이다. 너그럽고 그릇이 크며 장중하고 진중하다는 뜻이다.

얼음을 밟는 듯이 함으로써[臨深履薄]¹⁷ 길이 복록의 평안을 누릴지
임심이박
어다.'

태종은 효령과 충녕 중에서 누가 뛰어난지도 생각했겠지만,
과연 누구라야 나머지 형제들을 다 살릴 수 있을 것인가도 고민
했다. 아비로서 태종은 효령이 "자질이 미약하고 또 성품이 너
무 고지식해서 개좌(開坐)하는 것이 없다. 내 말을 들으면 그저 빙
긋이 웃기만 할 뿐이므로 나와 중궁은 효령이 항상 웃는 것만 보
았다"라고 평했다. 이래서는 폐세자 양녕이나 아우 충녕을 끝까지
보호할 수 없으리라는 전망은 합리적이었다.

이 문제는 세종 본인 입을 통해서도 확인할 수 있다. 세종
32년(1450년) 무렵에 미리 죽음을 예감한 세종은 세자(-훗날의 문
종)와 수양대군(首陽大君-훗날의 세조)을 불러 유언하듯 말했다. 이
발언은 『세조실록』 총서에 실려 있다.

"내 이제 너희 두 사람에게 말하거니와 대개 신하들이란 임금이 죽
는 그날로 즉시 그 형제들의 허물을 공격하는 법이다. 내가 죽는 날

---

17 『시경』 「소민(小旻)」에 나오는 말로 늘 두려워하고 조심하는 모습을 말한다. 이렇게 함
  으로써 부모가 물려주신 몸을 잘 간수해 걱정을 끼쳐드리지 않아야 한다는 말이다.
  『논어』 「태백(泰伯)」편에서 증자는 심한 병에 걸리자 문하 제자들을 불러 이렇게 말
  했다. "이불을 걷어내고서 나의 발과 손을 보라. 『시경(詩經)』에서 말하기를 '두려워하
  고 또 두려워하며 조심하고 또 조심해[戰戰兢兢] 마치 깊은 연못가에 임한 듯하고 얇
  전전긍긍
  은 얼음을 밟는 듯이 하라[如履薄氷]'고 했는데 (내 그 뜻에서 크게 벗어나지 않으며 살
  여리박빙
  았기에) 이제야 나는 (형륙이나 신체 훼손을) 면하게 되었다는 것을 알겠도다. 제자들
  아!"

에는 너희 형제의 허물을 말하는 자가 반드시 많을 것이니 너희들은 모름지기 내 말을 잊지 말고 항상 친애하는 마음을 위주로 하면 밖의 사람들이 능히 이간질하지 못할 것이다. 만약 부득이해서 비록 죄주더라도 두 번 세 번 생각하고 그 정리(情理)를 익히 헤아려서 속을 도려내는 듯한 아픔을 느껴야 옳을 것이다. 내가 처음 즉위했을 때 효령대군 등을 공격하는 자가 많았는데 내가 아니었던들 능히 보전하지 못했을 것이다."

뜬금없이 이 발언이 『세조실록』에 실려 있는 까닭은 무엇일까? 형제간 우애를 강조하기 위함이 아니라 세종이 병들자 수양대군이 닷새 동안 음식을 먹지 않다가 세종이 회복된 후에야 다시 음식을 먹었다는 효심을 강조하기 위해서였을 것이다. 어쨌거나 우리 입장에서는 매우 소중한 정보라 하겠다. 역시 태종이 예상한 대로 역사가 흘러갔다는 사실을 확인할 수 있기 때문이다.

이렇게 해서 6월 3일에 세자 이제를 폐해 광주(廣州)에 추방하고 충녕대군 이도(李祹)를 왕세자로 삼았다. 5일에는 세자에게 관교(官敎-일종의 임명장)를 내려주었다. 그리고 심씨를 봉해 경빈(敬嬪-세자빈)으로 삼고 제를 강봉(降封)해 양녕대군(讓寧大君)으로 삼았다.

'양'자로 폐세자 양녕대군을 봉인하다

폐(廢)세자는 6월 3일부터 대군 이제(李禔)가 되었고 5일에 군호로 양녕(讓寧)을 받았다. 이 군호는 그에 대한 봉인(封印)이다. 봉인은 더는 부활하지 못하게 한다는 뜻을 담고 있다.

태종이 아들에게 내린 군호 중에 녕/령(寧) 자(字)는 공통이니 한 글자만 정하면 되었다. 이날 처음으로 양(讓)자가 우리 역사에 등장했다. 실록에는 누가 양(讓)자로 정했는지 나오지 않는다. 결정은 태종이 했지만, 이 일은 그 특성상 정승보다는 변계량과 협의했을 가능성이 크다.

태종이 고른 글자는 양(讓)이었다. 이는 『논어』에서 지극한 다움[至德]을 다루는 「태백(泰伯)」편에서 가져온 글자임을 알아야 태종의 깊은 뜻을 느낄 수 있다.

유가에서 지인(至仁)이란 자식이 아니라 다움이 뛰어난 사람을 찾아 왕위를 물려준 요임금 같은 경우를 말한다. 지덕(至德)이란 앞서 본 주나라 태백이나 오나라 계찰처럼 임금에 오를 수 있는데도 스스로 사양하는 경우를 말한다. 지공(至公)은 스스로 왕위를 내려놓는 경우를 말한다.

> 공자가 말했다. "태백은 참으로 지극한 다움을 갖춘 사람이라고 부를 만하다. 세 번 천하를 사양[三讓]하고도 백성이 그 다움을 칭송할 수 없게 했구나!"

태백은 은나라 때 봉국 중 하나인 주나라 태왕(太王) 세 아들 중 장남이다. 둘째는 중옹(仲雍), 셋째는 계력(季歷)이다. 주나라는 태왕 때 국력이 강해진 반면 천자 나라인 은나라는 쇠락의 길에 접어들고 있었다. 태왕은 상나라를 치려 했다. 그런데 장남인 태백이 반대했다. 결국 태왕은 셋째 계력 아들 창(昌)이 군왕의 자질을 갖추었다는 점을 감안해 왕위를 계력에게 넘겨주기로 한다. 이를 알게 된 태백은 아우 중옹과 함께 남쪽 나라인 형만(荊蠻)이란 곳으로 도망을 치고 왕위는 결국 계력을 거쳐 창으로 이어지게 된다. 그가 바로 주나라 문왕(文王)이다.

이 점 때문에 양(讓)은 지덕(至德)과 연결된다.

『논어』「태백」편에 담긴 깊은 의미를 잘 이해하고 있던 태종은 양녕이 스스로 물러난 것은 아니지만 『논어』로라도 그를 봉인해버림으로써 새 세자 앞길을 망칠 가능성을 차단하려 했다.

숙종(肅宗) 때인 1707년(숙종 33년) 대신들이 올린 건의로 양녕대군 사당이 조성되었는데 그 사당 이름이 지덕사(至德祠)다. 조선 사람들은 유자라면 마땅히 양(讓)과 지덕의 밀접한 관계를 알고 있었다는 뜻이다.

한편 영조(英祖) 때인 1736년(영조 12년) 효령대군 사당이 건립되는데 그 사당 이름은 청권사(淸權祠)다. 역시 『논어』「미자(微子)」편에서 가져온 개념이다.

> 공자가 우중(虞仲)과 이일(夷逸)에 대해서는 다음과 같이 평했다.
> "숨어 살면서 말을 함부로 했으나 몸은 깨끗함에 맞았고 벼슬하지 않음은 권도에 맞았다[身中淸 廢中權]."
> <small>신 중청 폐 중권</small>

여기서 청(淸)과 권(權)을 따와 청권사(淸權祠)라고 이름 지은 것이다. 우중이 바로 중옹이니 당시 사람들은 효령대군을 그에 준한다고 보았음을 알 수 있다.

제 8 장

태종이 오직 두려워한 3가지,
종묘사직·백성·역사

1 ——

왕권 강화 첫걸음,
종묘사직과 왕실의 존엄

종묘사직의 실체와 상징

종묘(宗廟)와 사직(社稷)은 일차적으로는 특정 장소를 가리킨다. 장소로서의 종묘는 역대 임금과 왕비의 신주(神主)를 모시는 공간이다. 장소로서의 사직은 토지신 사(社)와 곡식신 직(稷)을 제사하는 곳이다.

동시에 종묘사직은 가장 추상적인 의미에서 국가를 의미하기도 한다. 뿌리내리고 살아갈 수 있는 땅과 먹고살 식량은 국가가 존립하는 기반이다.

역대 임금 계통인 종묘는 국가 공동체를 지탱하는 상징적 지주다. 태종은 임금에 오르기 전부터 종묘사직 개념을 확고히 갖고서 스스로를 무장하고 있었다.

태조 3년(1394년) 6월 1일 태조가 갑자기 정안군 이방원을 불러 명나라에 가줄 것을 명했을 때 그가 했던 딱 한마디도 종묘사직이었다.

"종묘와 사직의 큰 계책을 위하는 일인데 어찌 감히 사양하겠습니까?"

이때 그의 나이 28세였다.

동양에서 임금은 종묘사직과 민생에 대한 책임을 한 몸으로 감당해야 했다. 태종 4년(1404년) 2월 18일 태종은 권근을 시켜 친모 신의왕후 한씨 제릉(齊陵) 비문을 짓게 했는데 그 글에도 1차 왕자의 난과 관련해 태종이 "종묘와 사직을 편안케 했다"라고 찬양하는 대목이 나온다. 공신 칭호도 사직을 안정시켰다는 뜻을 가진 정사공신(定社功臣)이다.

종묘사직은 황천상제(皇天上帝) 및 산천백신(山川百神)과 더불어 나라를 지켜주는 수호신 같은 의미도 가졌다. 철저하게 비(非)종교적이고 이성적이어서 오히려 현대인 심성에 가까운 느낌마저 주는 태종이었지만 가뭄이 심할 때 신하들이 청하면 기꺼이 종묘사직에 나아가 비를 빌었다. 태종이 종묘사직에 나아가 기우제를 올렸다는 기사는 유난히 많다.

이성주의자 태종은 빌거나 수성공구(修省恐懼)한다고 해서 비가 내리는 것은 아니라는 사실을 잘 알고 있었다. 그럼에도 종묘사직 행사는 단 한 번도 게을리하지 않았다.

왕실 존엄을 건드리면 추호도 용서치 않다

앞서 본 대로 목인해가 조대림을 무고한 사건 때 태종은 정말로 맹사성을 죽이려 했다. 맹사성이 모약왕실(謀弱王室), 즉 왕실을 약화시키려 한다고 판단한 때문이다. 태종 5년(1405년) 5월 11일 이원계 아들 이백온이 살인을 저지르자 문과 동년이기도 한 대사헌 이래 등이 소를 올려 백온을 사형에 처해달라고 청했다. 이원계는 이성계 이복형이다. 상왕 태종은 이때를 회상하며 말했다. 세종 1년(1419년) 3월 25일 자 실록이다.

> "이래가 대사헌이 되었을 때 이백온이 살인을 하니 이래는 소유(所由-사헌부 소속 하급 관리)로 하여금 옷을 벗겨 잡아 오게 했다. 백온은 왕의 지친인데 나에게 아뢰지도 않고 갑작스레 욕을 보였기에 나는 그 무례한 행동이 미워 그 사무를 관장한 지평 이흡을 포박해 옥에 가두었다. 이는 내 평생 부끄럽고 한 되는 일이다."

스스로도 지나침이 있었음을 뒤늦게나마 후회하는 모습이다. 젊은 시절 태종은 왕실 존엄에 관한 한 편집증에 가까울 만큼 철저했다. 이런 철저함은 상왕 때라고 달라지지 않았다.

세종 2년(1420년) 10월 28일 전의감 정(典醫監正) 정종하를 의금부에 내려 목을 벴다.
일찍이 의원 원학이 상왕전에서 시종했는데 상왕이 종하가 의술에 매우 능하다는 말을 들었고 양홍달이란 의원이 너무 늙었으므로 종하로 하여금 원학과 더불어 번갈아 입직하게 하고자 원학을 보내 종하를 불렀다. 종하가 상왕이 강명(剛明)함을 꺼려 가까이 모시기를 원하지 않고 자신할 만한 경험이 없다 해서 나아가지 않으니 원학이 다시 사람을 보내 불렀으나 또 가지 않았다. 곧장 의금부에 내려 신문하니 종하가 말했다.

"상감께서 명철하신데 만일에 방서(方書-의학서)를 물으시면 어찌 대답하오리까? 그래서 가지 못했습니다."

드디어 대역(大逆)으로 논죄해 참형에 처하고 그 가산을 적몰했다.

왕실 존엄 문제를 배제하고 본다면 이 처사는 누가 봐도 지나쳤다고 할 만하다. 그러나 상왕 건강은 곧 왕실 존엄과 직결되는 문제라는 점에서 정종하도 대역죄로 몰린 것이 원통할 명분은 없었다.

태종 17년(1417년) 9월 2일에는 다소 기이한 일이 발생했다.

사헌부에 명해 전 춘천군 지사 이속(李續)을 전옥(典獄)에 가두었다. 애초에 상이 점치는 자 판수[盲人] 지화에게 정해년 이전에 출생한 남자의 팔자(八字)[1]를 구해서 추산해 아뢰라고 명했다. 화가 속의 집에 가서 속의 아들 팔자를 물으니 속이 말했다.

"무슨 까닭으로 묻는가?"

화가 말했다.

---

1   출생(出生)한 연(年)·월(月)·일(日)·시(時)에 해당하는 간지(干支) 여덟 글자다. 이것으로 사람의 화(禍)·복(福)·생(生)·사(死)를 판단했다.

"이는 왕명을 받드는 것이다."

속이 말했다.

"길례(吉禮-혼례)가 이미 끝났는데 또 궁주가 있는가? 만일 권 궁주 딸이 결혼한다면 내 자식이 있지만 만일 궁인 딸이라면 내 자식은 죽었다. 나는 이런 연혼(連婚)은 하고 싶지 않다."

화가 속이 한 말을 전해 아뢰니 상이 말했다.

"속 가문이 본래 바르지 못하니[不正] 나도 연혼하고 싶지 않다. 그러나 속이 한 말이 심히 공손치 못하다."

마침내 그를 옥에 내려 물었다. 이에 앞서 속의 매부 하형(河迥)의 딸은 금화현감 유복중(柳復中)의 아내인데 5촌숙 김사문과 사통했기 때문에 가문이 바르지 못하다는 가르침이 있은 것이다. 속이 사람됨이 거만하고 탐하고 포학해 모든 언사와 거동이 남들에게 미움을 받았다.

이에 사헌부에서는 이속이 거짓으로 자식이 죽었다고 천총(天聰-임금의 귀 밝음)을 속였으니 형벌을 가해 국문해야 한다고 청했다. 태종은 처음에 "이속이 사실대로 말했는데 무슨 형벌을 하겠는가?"라며 소극적 입장이었다. 본인으로서도 매우 민망한 일이 아닐 수 없었다. 왕실 체통이 여지없이 무시당했기 때문이다. 그러나 같은 날 생각을 바꾼 태종은 신하들을 불렀다.

"한쪽은 비록 천하지만 한쪽은 임금인데 속이 왕실과 관계하지 않으려고 하는 마음은 무엇인가? 그러므로 사헌부에 명해 추문한 것이다. 여러 경이 대답하기를 '크게 불충하다'라고 하니 남의 신하가 되어 이러한 자가 있으리라고는 생각지 못했다."

왕실 존엄 문제를 언급하고 있다. 태종은 일단 장 100대를 때리고 폐해 서인으로 삼으라고 했다. 그러나 같은 날 사헌부와 사간원이 나란히 이속을 반역죄로 다스려달라고 하자 결국 처벌 수위를 높여 먼 지방 유배형을 내렸다. 처벌 강도가 세진 것이다. 그 후에도 거듭해 목 베야 한다고 했지만, 태종은 윤허하지 않았다.

흥미롭게도 얼마 후인 9월 21일 파평에 유배 중이던 윤향(尹向)을 서둘러 한양으로 불렀다. 그가 자기 아들과 그 문제의 궁인 딸과 혼인시키겠다고 했기 때문이다. 윤향은 2년 전 위화도회군 공신들을 가리켜 "자기 임금을 배신하고 한나라 유방을 도운 정공(丁公) 같은 자들"이라고 말했다고 파평에 유배 갔다.

그러나 임금과 사돈을 맺어 닷새 만에 고신과 과전을 돌려받고 그해 12월 3일 한성부 판사로 복귀했다. 이듬해 1월 11일에는 형조판서가 됐다. 태종 18년(1418년) 1월 26일 자 실록에는 왕녀 혼인 소식을 싣고 있다.

왕녀가 형조판서 윤향 아들 계동(季童)에게 시집갔으니 곧 신녕옹주 신씨 소생이다.

이속 문제로 다시 돌아가자. 사건 두 달 후인 태종 17년(1417년) 11월 5일 마침내 이속을 창원부 관노로 삼고 가산을 적몰했다. 왕실 존엄을 높이려는 태종 심기를 건드린 대가는 컸다. 패가망신이었다.

다시 봐도 이속은 말이 지나쳤다. 입이 화(禍)를 부른 결과다.

세자 방석과 이방번을 죽인 이거이 부자에게
분노한 '진짜' 이유

시간과 장소를 돌려 태조 7년(1398년) 8월 26일 1차 왕자의
난이 일어났던 경복궁으로 잠깐 돌아가 보자.

도당에서 방석을 내보내줄 것을 청하니 상이 말했다.
"이미 주안(奏案)을 윤허했으니 나가더라도 무엇이 해롭겠는가?"
방석이 울면서 하직하니 현빈(賢嬪)이 옷자락을 당기면서 통곡했고
방석이 옷을 떨치고서 나왔다. 애초에 방석을 먼 지방에 안치하기로
의결했는데, 방석이 궁성 서문을 나가니 이거이·이백경·조박 등이
도당에서 토의해 사람을 시켜 도중에서 죽이게 했다. 도당에서 또
방번을 내보내기를 청하니 상이 방번에게 일렀다.
"세자는 끝났지마는 너는 먼 지방에 안치하는 데 불과할 뿐이다."
방번이 장차 궁성 남문을 나가려 하는데 정안군이 말에서 내려 문
안에 들어와 손을 이끌면서 말했다.
"남은 등이 이미 우리 무리를 제거하게 된다면 너 또한 마침내 면할
수가 없는 까닭으로 내가 너를 부른 것인데 너는 어찌 따르지 않았
는가? 지금 비록 외방에 나가더라도 얼마 안 되어 반드시 돌아올 것
이니, 잘 가거라. 잘 가거라."
장차 통진에 안치하려고 해 양화도(楊花渡-양화나루)를 건너 도승관

(渡丞館)에서 유숙하고 있는데, 방간이 이백경 등과 더불어 또 도당에서 토의해 사람을 시켜 방번을 죽였다. 정안군이 방석과 방번이 죽었다는 말을 듣고 비밀리에 숙번에게 일렀다.

"유만수도 내가 오히려 그 생명을 보전하고자 했는데 하물며 형제이겠는가? 이거이 부자가 나에게는 알리지도 않고 도당에서만 토의해 나의 동기를 살해했다. 지금 인심이 안정되지 않은 까닭으로 내가 속으로 견디어 참으면서 감히 성낸 기색을 보이지 못하니 그대는 이 말을 입 밖에 내지 말라."

왕자 이복형제를 자기 마음대로 처리하는 이거이 부자에 대해 정안군이 보여준 분노는 꾸밈이 아니라 본심이었음을 쉽게 알 수 있다. 그런 맥락에서 이방간을 끝내 살려둔 조치도 단순한 형제애라기보다는 이 같은 왕실 존엄 의식에서 나왔다고 볼 수도 있다.

원경왕후 민씨와 갈등을 빚게 된 원인인 후궁 들이는 문제를 태종은 어떻게 생각했을까? 상왕으로 물러난 세종 즉위년(1418년) 11월 29일에 한 말이라 어떤 행위에 대한 변명이라기보다는 왕실 존엄에 대해 태종이 가졌던 솔직한 생각이 담겼다 볼 수 있다.

상왕이 유정현·박은·이원·조말생·허조·하연을 불러 가르침을 전해 말했다.

"한나라 고조는 영명한 임금이다. 혜제(惠帝)에게 재위를 전했는데 혜제 천성이 인자(仁慈)하면서도 유약해 인체(人彘)²를 보고는 병을

---

2 인간 돼지라는 말이다. 한나라 여후(呂后)가 척부인(戚夫人)의 손과 발을 잘라 뒷간에

얻어 마침내 여씨(呂氏)의 난을 빚어내게 했다. 만약 주발(周勃)이 아니었다면 한나라 국운은 어찌 되었을지 알 수 없었을 것이며 혜제에게는 또 후사가 없었으므로 국운이 심히 위태로웠다. 임금의 계사(繼嗣-후사)는 많이 두지 않으면 안 될 것이니 내가 지난해에 예관(禮官)이 올린 청으로 인해 3, 4명의 빈과 잉첩을 들였다. 그들 아버지인 권홍·김구덕·노구산·김점 등이 왕실을 향하는 마음이 반드시 다른 신하와는 달랐다. 한편으로는 계사를 많이 두고 한편으로는 여러 사람에게 도움을 얻게 되며 또 옛날에 한 번 혼인에 아홉 여자를 취한다는 뜻에도 맞는다. 지금 주상이 정궁(正宮-정비)에 아들이 셋이지만, 많으면 많을수록 좋을 것이다."

유정현이 대답했다.

"예로부터 제왕은 자손이 번성하는 것을 귀하게 여겼으니 빈과 잉첩 2, 3명을 들이기를 청합니다."

상왕이 말했다.

"이 일은 주상이 알 바가 아니니 내가 마땅히 주장(主掌)할 것이다."

그 참에 예조에 명해 가례색(嘉禮色) 제조·별좌를 선임해 아뢰게 했다.

왕실 후사 문제를 왕실 존엄을 높이는 차원에서 접근했음을 알 수 있다.

두고 이를 인체(人彘)라고 불렀다.

2 ——

친민·애민·안민,
백성을 내 몸과 같이 여기다

사서의 하나인 『대학』 첫 구절은 "밝은 다움을 밝히고 [明明德] 백성을 내 몸과 같이 여기고[親民] 지극히 좋음에 오래 머물러라[止於至善]"이다. 이를 삼강령(三綱領)이라 한다. 기존 번역들은 친민(親民)을 "백성과 친하게 지내라"라고 옮기지만 그렇게 해서는 이 말에 담긴 깊은 의미를 제대로 잡아낼 수 없다.

임금이 백성을 제 몸과 같이 여기는 출발점은 다름 아닌 『논어』 「학이(學而)」편에 나오는 공자의 말, 즉 절용이애인(節用而愛人)이다. 막연한 관념적 사랑이 아니라 백성을 힘들게 해서 거둬들이는 물자를 절약한다는 구체적 실천이다.

절검(節儉)과 관련된 3건이 나란히 실린 태종 16년(1416년) 5월 1일 자 실록 속으로 들어가 보자.

(첫째) 상의원 제거(提擧) 심서를 가두라고 명했으나 이윽고 중지했다. 원에서 가는 베 버선[細布襪]을 바치니 상이 노해 심서를 옥에 내리려 하다가 끝내 실행하지는 않았다.

_{세포 말}

"이제부터는 가는 베를 쓰지 말라."

(둘째) 상이 말했다.

"거친 명주를 써서 석자(席子-돗자리) 선을 두르라는 명이 이미 있었는데 어찌해서 아직도 가는 명주를 쓰는가? 누에 치고 베 짜는 공력이 매우 어려우니 이제부터는 목면(木綿-무명)으로 대신하라."

호조에서 아뢰었다.

"각전(各殿) 자리 선은 붉은 명주를 없애고 압두록(鴨頭綠-오리 목의 빛과 같은 짙은 녹색)의 7승(七升) 목면을 사용하고, 차일(遮日)과 많은 사람의 자리 선은 파랗게 물들인 정5승포(正五升布)를 사용하고, 경중(京中)의 각사와 외방(外方)의 각 고을의 자리 선은 아울러 5승포(五升布)를 사용하고, 대궐 안의 어욕(御褥-임금의 이부자리) 외에는 붉은 명주 요를 일절 금지하소서."

그것을 따랐다.

(셋째) 사헌부에서 제용감(濟用監)[3]이 긴요하지 않은 물건을 무역한 죄를 청하니 상이 말했다.

---

3 왕실에서 쓰는 각종 직물·인삼의 진상과 국왕이 사여하는 의복 및 사(紗)·나(羅)·능(綾)·단(緞)·포화(布貨)·채색입염(彩色入染-색을 입히고 물감을 들임)·직조 등에 관한 업무를 관장했다.

"이는 호조에서 명을 게을리한 소치다."

그 참에 절검할 도리를 논하며 말했다.

"지난번에 제용감에서 바친 돗자리를 보니 네 모서리에 모두 금선 (金線-비단실)을 썼는데 금선은 원래 본국에서 나는 것이 아니다. 이 또한 긴요하지 아니한 허비다. 즉시 사용을 금지하도록 하라. 중궁이 이르기를 '가는 명주로써 지의(地衣)⁴에 선을 두르겠다'라고 했으나 이 또한 쓸데없는 낭비다. 즉시 목면으로 바꾸라고 하라. 대체로 내 가 절용하는 까닭은 환관과 궁첩을 위한 것이 아니요 자손의 계책을 위한 것도 아니고 장차 부지런히 노동하는 사람들을 대우하려는 것 이다."

태종이 절검이야말로 곧 백성 사랑임을 잘 알고 있었다는 사 실은 마지막 문장이 명확하게 보여준다. 그의 백성 사랑은 조금도 연출이나 과장이 아니었다. 그랬기에 태종은 어느 임금보다 적극 적으로 억울한 노비를 줄이고 양민을 늘리는 문제에 나섰다.

노비를 줄이고 양민을 늘리다

태종은 집권 내내 여말선초에 억울하게 노비로 전락한 사람들 을 1명이라도 더 양민으로 되돌리기 위해 애썼다. 노비변정도감(奴

---

4 가장자리를 헝겊으로 꾸민 제사 때 쓰는 돗자리를 말한다.

婢辨正都監)⁵을 설치해 신속하고 철저하게 재판을 진행해갔다. 양
민 인구 확대는 건전한 국가 재정 확보, 군사력 확충, 활력 있는 나
라 만들기 차원에서 신생국 조선으로서는 핵심 과제였다. 노비 재
판이 자칫 귀족이나 권문세가와 힘없는 노비 간 민사 소송 대결로
전락한다면 양민 수는 늘어나기 힘들었을 것이다. 다시 말해 노비
변정도감 설치는 국가가 직접 개입해 약자를 보호하겠다는 뜻이
었다. 이와 비슷한 노력은 고려 공민왕 때도 있었지만 이렇다 할 성
과를 거두지는 못했다.

　조선 초 노비변정도감은 모두 5차례 설치되었다. 태조 4년부
터 정종 1년까지의 제1차 노비변정도감, 정종 2년부터 태종 1년
까지의 제2차 노비변정도감, 태종 5년의 제3차 노비변정도감, 태
종 14년의 제4차 노비변정도감, 성종 12년의 노비단송도감이 그
것이다. 이 중에서도 태종 14년(1414년) 노비변정도감이 규모나 성
과 면에서 가장 크고 성공적이었다. 이 한 해에만 관원 100여 명이
동원되어 1만여 건의 억울한 노비를 양민으로 바꿔놓았다.

5　고려 때인 1269년(원종 10년) 전민변정도감을 설치한 이후 충렬왕·공민왕·우왕 때도
　설치했고, 1391년(공양왕 3년) 인물추변도감을 설치해 불법으로 빼앗은 노비를 본 주
　인에게 환원시키거나 노비의 신분·상속 관계가 잘못된 것을 바로잡아주는 일을 담당
　했다. 그러나 이듬해 폐지되었고 담당 업무는 형조 소속 도관(都官)으로 이관되었다.
　이러한 노비변정사업은 조선 초기에도 계속되어 1395년(태조 4년)·1400년(정종 2년~
　태종 1년)·1405년(태종 5년)·1414년에 노비변정도감을 설치하고 노비의 결송정한법
　(決訟定限法)·중분결절법(中分決絶法)·오결관리처벌법(誤決官吏處罰法)을 제정하는
　한편, 오결사(誤決事)를 처리했다. 소속 관원은 일정하지 않고 설치할 때마다 달랐는
　데 1414년에는 호조판서 한상경, 금천군 박은, 호조판서 박신 등 3인을 제조(提調)로
　삼고 예하에 15방(房)을 두었다. 그리하여 태종 말년까지 노비변정사업이 어느 정도
　마무리 지어졌으며 이후 형조 도관에서 이를 맡았다가 1467년(세조 13년) 전담 관서
　로 장례원(掌隷院)을 설치했다.

여기서 흥미를 끄는 사실은 5건 중 4건이 태종과 관계가 있고 태종 1년, 태종 5년, 태종 14년은 공교롭게도 태종이 왕권을 강화하기 위해 대대적 관제개혁을 단행했던 해와 정확하게 일치한다는 점이다.

　　이것은 우연이 아니다. 전제 왕조의 경우 적어도 권신 견제에 관한 한 국왕 입장은 일반 백성과 이해가 일치했다. 성군이라는 세종도 재위 기간 중 3차례나 노비변정을 시도했으나 대신들의 결사반대로 뜻을 이루지 못했다. 태종은 친민(親民) 사상을 현실로 구현할 정치력을 갖춘 군주였다.

종부법으로 노비를 줄이고 양민을 늘리다

　　종부법(從父法)이란 양인남자(良人男子)와 천인처첩(賤人妻妾) 사이에서 난 자녀가 부계를 따라 양인이 되게 하는 법이다. 고려 이래 전통적으로 천인의 혼인은 동색혼(同色婚-같은 천인끼리의 혼인)만 인정하고 양천교혼(良賤交婚)은 금지했으며 이를 어기고 양천이 결혼했을 경우 소생은 모두 천인 계통을 따라 천인으로 규정했다. 이렇게 되면 납세와 군역 의무가 없는 노비 인구는 급격하게 늘어날 수밖에 없다.

　　양역(良役-양인들의 요역과 부역)을 부담하는 양인 수가 갈수록 줄어들자 조선은 태조 초부터 국방 정책과 관련해 대책을 자주 논의했다. 그러나 딱히 해법을 찾지 못한 채 태종 시대로 넘어왔다. 태종 14년(1414년) 6월 27일 실록이다.

처음으로 공사 비자(公私婢子-공사 여자 노비)가 양부(良夫-양인 남편)에게 시집가 낳은 소생은 아비를 따라 양인으로 삼으라고 명했다. 예조판서 황희가 아뢰었다.

"천첩 소생을 방역(放役-요역에서 일시적으로 면제되는 것)하는 법은 따로 다른 의견이 있을 수 없고 아비가 양인이면 자식도 양인이 되는 것이니 종부법(從父法)이 좋습니다."

상이 말했다.

"경의 말이 심히 옳다. 이같이 한다면 비록 방역의 법이 없더라도 자연적으로 역이 없어질 것이다. 재상의 골육을 종모법에 따라 역사(役使)시키는 것은 심히 미편(未便)하다."

뜻을 내려 말했다.

"하늘이 백성을 낼 때는 본래 천구(賤口-노비)가 없었다. 전조(前朝-고려) 노비법은 양천이 서로 혼인해 천인을 천시하는 일을 우선으로 해 천자는 어미를 따랐기 때문에 천구는 날로 늘어나고 양민은 날로 줄어들었다. 영락 12년 6월 28일 이후 공사 비자가 양부에 시집가서 낳은 소생은 아울러 모두 종부법(從父法)에 따라 양인으로 만들고 전조(-고려) 판정백성(判定百姓)의 예에 의거해 속적(屬籍)해 시행하라."

정부의 의견을 따른 것이다.

이 의견은 의정부에서 처음 나왔고 실무 제안자는 예조판서 황희임을 알 수 있다. 특히 태종이 "하늘이 백성을 낼 때는 본래 천구(賤口)가 없었다"라는 말이 인상적이다. 이는 그냥 던진 말이 아니다. 3년 후인 태종 17년(1417년) 6월 27일 태종이 영의정 유정현과 나눈 대화를 보자.

장획(臧獲-노비)의 폐단을 토의했다.

상이 말했다.

"우리 조정에서 장획을 상송(相訟)하는 폐단은 비단 원(元-원고)·척(隻-피고) 사이에 원망을 줄 뿐 아니라 결송한 관리에게도 원망을 맺게 한다. 관리된 자가 혹 친구의 청탁에 구애되어 법을 굽혀 오결함으로써 원망에 이르게 되면 그 원망이 온 나라에 뻗치게 된다. 내 일찍이 생각건대 윤향(尹向)은 여러 대를 내려오는 벌열(閥閱) 자손이니 마음가짐이 공정할 것이라고 여겼다. 얼마 전에 향(向)에게 명해 황단유(黃丹儒)의 노비를 함께 추고하게 했더니 향이 말하기를 '박신(朴信)의 아들은 제 사위입니다. 비록 형적(形迹)의 혐의가 없다 하더라도 박신과 함께 추고한다면 자구지단(藉口之端-핑곗거리)이 되지 않을까 두렵습니다'라고 했다. 내가 말하기를 '상관없다. 가서 청리(聽理)하도록 하라'고 했다. 그러나 향에게 먼저부터 가지고 있는 사심을 무엇으로 바로 하겠는가? 풍속이 순박하지 못함이 여기에 이르렀다. 만약 사예(私隸-사노비)를 모조리 혁파한다면 이 같은 폐단은 반드시 없어질 것이다. 우리 태조께서도 이 폐단을 깊이 알고 혁파하고자 한 지 오래되었다."

영의정 유정현이 말했다.

"동방의 고사(故事)이므로 갑자기 혁파함은 안 됩니다."

이야기가 여기서 그친 점은 아쉽다. 이어서 보겠지만 태종 같은 정치력으로도 저화 제도 정착을 포기하다시피 한 점도 국가적

활력 증진 기회를 놓친 셈이 되었다는 점에서 안타까운 일이다.

문제는 세종 14년(1432년) 종부법이 폐지되고 다시 종모법으로 회귀한 사실이다. 간단한 사안이 아니므로 관련 연구를 참조하기 바란다.

한 해도 거르지 않은 가뭄:
"비록 나더러 삭발하라 해도 마땅히 따르겠다."

태종 16년(1416년) 5월 20일 태종은 가뭄을 걱정해 구언(求言-신하들에게 좋은 의견을 구함)했다. 이런 구언은 가뭄이 해마다 그치지 않아 연례행사가 되다시피 했다. 그런데 이때는 재위 말년이 되어서 그런지 더욱 간절했다. 실록 속으로 들어가 보자.

"내가 부덕한 사람으로 하늘의 꺼림과 노여움을 만나 가뭄의 재이가 자주 견고(譴告-경고)를 보여주니 밤낮으로 걱정하고 두려워하면서도 구제할 바를 알지 못해 하루라도 스스로 편안할 적이 없고 하룻밤이라도 편안하게 잠잔 적이 없는 것을 그 누가 알겠는가? 내 어찌 의복의 아름다움을 구해 임금이 되었겠으며 음식의 진미(珍味)를 즐기고자 임금이 되었겠는가? 의복이 단벌이면 춥고 음식이 떨어지면 굶는 것이니 이것이 가난한 것이다. 옷이 있어 몸이 춥지 않고 먹을 것이 있어 배를 주리지 않고 편안히 베개를 베고 뜻을 펴고서 평생을 지내는 사람이야말로 얼마나 다복(多福)한가? 흠선(欽羨-선망)해 마지않는다.

내가 하루아침에 아예 꼼짝 않고 잠이나 내내 들었으면 하는 마음이 벌써부터 많았으나 감히 실행하지 못한 것뿐이다. 나의 이 말은 반드시 몸소 겪어본 자라야 마침내 알 수 있으리라. 또 천둥이란 임금을 상징하는 것이지만 평안하지 못하고 선(善)하지 않는데 자주 사람과 물건에 벼락 치니 그 변고가 심하다. 그러나 옛사람이 이르기를 '천심(天心)은 인군(人君)을 사랑하고 아껴 먼저 재이를 내어 경고한다'[6]고 했으니 하늘이 어찌 나를 끊어버리겠는가? 마땅히 공구수성(恐懼修省)해 시정(時政)을 개혁해야 할 때이니 대신들로 하여금 각각 재이를 가라앉힐 대책을 진언하게 하라."

상이 처음부터 끝까지 대언고성(大言高聲)으로 슬프게 우니 눈물과 콧물이 턱 사이에 범벅되어 제대로 말을 하지 못했다. 마침내 두 대군에게 명해 여러 대신에게 뜻을 전해 말했다.

"대신들은 내가 들어주지 않는다고 생각지 말고 모조리 품은 생각을 진달하라. 비록 나더러 삭발하라 해도 마땅히 따르겠다."

좌의정 하륜 등이 명을 듣고 놀라고 두려워해 "이게 무슨 말씀입니까?" 하고는 바로 함께 토의해 아뢰었다. 그리고 나서도 태종은 "가뭄은 오로지 나의 임금답지 못함[否德] 때문이다"라고 말했다.

같은 달 24일에도 태종은 정사를 마치면서 "내가 선정(善政)을 못 해 가뭄이 너무 심하다"라고 자책했다.

가뭄 문제는 태종이 세종에게 왕위를 물려준 다음에도 두고두

---

6   한나라 학자 동중서(董仲舒)가 한 말이다. 그는 천인감응설을 내세웠다.

고 한(恨)으로 남았다. 왕위를 물려준 직후인 세종 즉위년(1418년) 8월 15일 자 실록이다.

상이 장천군 이종무·우대언 김효손과 환관 김용기를 보내 시위케 하고 주찬을 바치게 하니 상왕이 행제(行祭)를 마치고 돌아올 때 들에서 어가를 멈추고 김효손에게 명해 술자리를 차리게 했다. 상왕이 매우 즐거워하며 말했다.
"봄 이후로 이제 비로소 근심을 풀게 되었다. 오늘 내가 눈물을 세 번 흘렸으니 그것은 나의 자식들이 적지 않건만 다 내 눈앞에 함께 있지 못하니 첫째 한이요, 전일에는 효령과 충녕이 조석으로 드나들며 혼정신성(昏定晨省-문안 인사)했는데 지금 충녕이 국왕이 되어 자주 볼 수 없음이 둘째 한이요, 나의 재위 19년 동안 홍수나 가뭄의 재앙이 없는 해가 없었으니 셋째 한이다."

저화 시행을 끝내 거둔 까닭

저화(楮貨)란 고려 말 조선 초에 시행된 일종의 지폐다. 고려 말 화폐 제도가 문란해져 물가는 오르고 모리(謀利) 행위가 극에 이르렀다. 통용되던 동전은 일찍부터 기능을 상실했고 대용 화폐인 은병(銀瓶)은 은 부족 및 도주(盜鑄-몰래 주조함) 등으로 인해 가치가 떨어져 화폐로서 기능하지 못했다.

한편 교환 수단으로 쓰이던 오승포 역시 이승포·삼승포로 질이 떨어지면서 화폐 기능을 발휘하지 못했다. 이에 공양왕 3년

(1391년) 3월에 동전과 저화 병용론이 나오고 자섬저화고(資贍楮貨庫)라는 기구를 설치해 저화를 통용시키려 했다. 그러나 이듬해 문하시중 심덕부, 수시중 배극렴 등의 반대로 무산되고 말았다.

태종 1년(1401년) 4월 6일 태종은 하륜 의견을 받아들여 사섬서(司贍署)를 설치하고 야심 차게 초법(鈔法)[7]을 시행했다. 즉위 직후 시행했다는 사실은 그만큼 사안이 심각했음을 보여준다. 그것은 곧 민생 안정과 직결되는 문제였다.

저화 1장 가치를 상오승포(常五升布) 1필, 쌀 2말[斗]로 정하고 시작부터 강하게 밀어붙였다. 조정 신하들에게 녹봉 일부를 저화로 지급해 국가가 보유한 현물과 민간이 보유한 잡물(雜物)을 상호 교역하도록 권장하고 상거래 시 저화 이용을 강제했다. 저화 지위를 확고히 하기 위해 그해 5월 공사(公私) 공통으로 오승포 사용을 일절 엄금했다. 제대로 준비가 안 된 상태에서 강하게 추진하다 보니 폐단이 없을 수 없었다.

같은 해 10월 21일에 사헌부는 시행 6개월 동안 일어난 각종 폐단을 언급하며 저화를 폐지하고 사섬서도 혁파하자고 주장했다. 아예 없었던 일로 하자는 이야기였다.

소는 대략 이러했다.

'우리 동방은 옛날부터 저화를 쓰지 않고 포화(布貨)를 익숙하게 써 왔기 때문에 사람마다 저화를 싫어합니다. 바라건대 저화 만드는 역사(役事)를 정지하고 사섬의 관직을 없애야 합니다.'

7　지폐(紙幣)를 발행해 유통시키는 법을 가리킨다.

대사헌 이지와 장령 박고를 불러 명해 말했다.

"경들이 백성을 이롭게 하는 일[利民之事]로 말을 올렸으니 나는 진
실로 기뻐한다. 저화가 쓰기에 가볍고 편리해 내가 시행하고자 하는
데 경들은 상국(上國-명나라)에 알릴 수 없다는 이유로 말했다. 그러
나 저화는 다만 우리나라 안에서 행하는 것이니 상국이 설사 안다
고 한들 무슨 죄가 있겠는가?"

고가 대답했다.

"신들이 어찌 감히 백성에게 이롭지 못한 일로써 말하겠습니까? 백
성이 중하게 여기는 것은 쌀과 포뿐입니다. 전하께서 저화법을 행하
고자 하시어 오승포 사용을 금하시고 또 경상·전라 두 도에서 바치
는 포를 모두 쌀로 바꾸니 백성이 겪는 폐단이 이보다 더 클 수 없습
니다. 신들은 알지 못하거니와 저화로 재물을 만들어내는[生財] 문
을 삼은 연후에야 국가의 재용이 어찌 넉넉하겠습니까?"

상이 말했다.

"경들 말이 옳다. 비록 그렇더라도 그것을 오래 지속하면 저화법이
행해질 것이다. 만일 저화법을 시행해 백성에게 폐단이 있다면 내가
(신하들의) 말을 기다리지 않고[不待言] 그것을 고칠 것이다."

지신사 박석명에게 명해 지와 고에게 음식을 대접하도록 했다.

태종의 관심사는 오직 새로운 제도가 "백성을 이롭게 하는 일
[利民之事]"인지 여부에만 있었다. 그러나 새로운 화폐는 자리 잡
지 못했고 정책마저 오락가락하면서 화폐 지위를 점차 잃었기에
그에 비례해 백성 사이에 원망이 커갔다. 태종 3년(1403년) 9월
10일 태종은 단안을 내렸다.

사섬서를 없앴다. 애초에 대사헌 이첨 등이 두 번이나 소를 올려 초법(鈔法) 회복을 청했는데 상이 윤허하지 않았다. 이때에 이르러 세 번째 소를 올려 말했다.

'관(官)을 고쳐 설치하지 않고 법(法)을 고쳐 세우지 않는다면 민심이 정해지지 않습니다. 만일 초법을 시행할 수 없다면 사섬서를 혁파해 백성 뜻을 정해야 합니다.'

상이 박석명에게 말했다.

"저화를 시행하려 한다면 사섬서를 혁파하지 않는 것이 옳고 저화를 시행하지 않는다면 쓸데없는 관사[冗官]가 되니 혁파하는 것이 옳다. 나는 저화를 시행하지 않으려고 하니 만일 나라에 이득이 있다면 내가 죽은 후[身後=死後]를 기다려 다시 사섬서를 세워도 진실로 어렵지 않을 것이다. 백성에게 원망을 들어가며 나라에 이득이 되게 한다면 이는 진실로 무슨 유익함이 있겠는가? 지금 이후로는 크게 나라에 이익이 있고 백세라도 변치 않을 일이 아니면 신법을 세우지 말라. 왕안석(王安石, 1021~1086년)[8] 일을 거울삼아야 할 것

---

8 송나라 인종(仁宗) 경력(慶曆) 2년(1042년) 진사가 되어 첨서회남판관(簽書淮南判官)이 되었다. 7년(1047년) 은현지현(鄞縣知縣)이 되어 수리 시설을 개선하고 주민들에게 양곡을 대여하면서 행정 제도를 엄수해 빛나는 치적을 쌓았다. 서주통판(徐州通判)과 상주지주(常州知州)를 역임했다. 그렇게 강남 지역 지방관으로 근무하면서 이재(理財-관리로서의 재주)의 능력을 인정받았다. 가우(嘉祐) 3년(1058년) 입조해 삼사탁지판관(三司度支判官)이 되었는데, 1만 언(言)에 이르는 글을 올려 변법 개혁(變法改革)과 인재 양성을 주장했지만 채택되지는 못했다. 지제고(知制誥)로 옮겼다가 어머니상을 당해 사직했다. 신종(神宗)이 즉위하자 강녕부(江寧府)를 맡았다가 얼마 뒤 불려와 한림학사겸시강(翰林學士兼侍講)이 되었다. 휘녕(熙寧) 2년(1069년) 참지정사(參知政事)가 되어 변법을 강력하게 주장한 것이 신종 뜻과 일치해 역사적으로 유명한 파격적인 개혁 정책을 실시하게 되었다. 삼사조례사(三司條例司)를 설치해 재정과 군사 제도를 정비하면서 부국강병(富國强兵) 방안을 모색했다. 청묘법(靑苗法)과 시역법(市易法), 모

이다. 하늘의 변고[天變]가 위에서 움직이고 땅의 이변[地變]이 아래_{천변} 에서 움직이니 내 수명이 길지 짧을지 알 수가 없다. 오늘날 민심으로 살펴본다면 다시 저화를 시행하는 것은 크게 불가하다. 경은 이 말로 정승에게 자세하게 고하라."

또 스스로 탄식해 말했다.

"애초에 저화를 만든 것은 나의 허물이다. 오히려 누구를 탓하랴?"

상서소윤 김과에게 명해 말했다.

"초(鈔)를 쓴 이래로 원망이 자꾸 일어나고 있다. 지난번에 대간이 올린 청에 따라 초를 없애고 다시 포를 썼는데 중외 백성은 여전히 초법이 부활될까 두려워한다. 사섬서를 혁파해 백성에게 믿음을 보이고자 한다. 너도 이것을 하륜에게 고하도록 하라."

륜이 말했다.

"초법을 시행한 것은 신충(宸衷)[9]에서 나와 백관까지 토의해 모두 좋다고 한 연후에 정했으니 가벼이 고칠 수 없습니다. 우리나라가 땅은 척박하고 백성은 가난해 국가 재용이 늘 넉넉지 못한 것을 근심하니 비록 공(功)과 상(賞)(을 줄 일)이 있더라도 무엇으로 대우하겠습니까? 하물며 이권이 백성에게 있는 것은 안 될 말입니다. 초법이

역법(募役法), 보갑법(保甲法), 보마법(保馬法)을 실시했다. 다음 해 동중서문하평장사(同中書門下平章事)가 되었다. 과거(科擧)와 학교 제도를 개혁했다. 7년(1074년) 사마광(司馬光)과 문언박(文彦博), 한기(韓琦) 등의 강력한 반대에 부딪혀 재상 자리를 사직하고 강녕부로 옮겼다. 다음 해 다시 복직했지만, 다음 해 다시 파직되어 강녕부로 나갔다. 원풍(元豊) 3년(1080년) 형국공(荊國公)에 봉해지고 시호는 문(文)이다. 그의 신법은 국가 재정의 확보와 국가 행정의 효율성 증대 등에서 일정한 실적을 거두었지만 원래 취지인 농민과 상인 구제라는 면에서는 결과적으로 세역(稅役) 증대, 화폐 경제 강요 등으로 영세 농민층 몰락을 가속화시킨 문제점도 있었다.

9   임금의 뜻을 가리킨다.

공사(公私)에 모두 이익이 되는 것은 전해 들은 일이 아니라 중국에서 이미 행하고 있어 신 등이 눈으로 직접 본 것입니다. 어찌 한두 신하가 한 말로 가볍게 국가에서 이미 이뤄진 법[成法]을 바꿀 수가 있습니까?"

바로 앞에서 신법이라는 말을 사용했고 다시 왕안석을 열거한 데서 알 수 있듯이 여기서 태종은 신법과 구법의 논쟁 중 구법을 선택했다. 저화법은 하륜 의견을 받아들여 시행한 것이었지만 실패에 대해 태종은 "애초에 저화를 만든 것은 나의 허물이다. 오히려 누구를 탓하랴?"라며 자책했다. 하륜은 초법 시행은 임금이 결정했으니 쉽게 바꿔서는 안 된다고 말하고 있다. 하륜은 저화가 경제 '선진화'에 필수라고 확신했다.

결국 혁신을 포기하고 과거로 회귀했으니 폐단도 그대로일 것은 뻔했다. 7년 후인 태종 10년(1410년) 5월 15일 의정부에서 저화 재통용을 건의했다. 의정부에서 올린 의견을 보면 저화를 다시 통용할 것을 주장한 이유를 어느 정도 알 수 있다.

"호조 첩정(牒呈-보고서)에 의거하면 '화폐를 쓰는 법이 시대마다 각각 같지 않습니다. 양한(兩漢) 때는 동을 부어 전(錢)을 만들고 가죽을 제조해 폐(幣)를 만들었으며 당나라 저권(楮券)과 송나라 교자(交子-지폐의 일종)는 그 쓰인 바가 비록 다르나 백성을 이롭게 한 뜻에서는 한가지였습니다. 전조 때 능(綾)·나(羅)·병(瓶)을 화(貨-화폐)로 삼았는데 후세에 포화(布貨)로 대신했으니 이는 옛 법도에 어긋날 뿐 아니라 길쌈의 공력과 운반의 무거움을 어찌 생각지 않을 수 있습니까? 하물며 지금 상국(上國-중국)에서는 바야흐로 초법을 행하고 있는데 오직 우리나라에서만 전조 말류의 폐단에 구애되어 그대로 추포(麤布)를 사용하고 있으니 매우 불편합니다. 마땅히 상고(上古)를 모방하고 상국 제도에 따라 저화법을 통행(通行)하소서'라고 했습니다. 이에 본부(本府)에서 의득(議得-의견을 모음)하기를 임오년(壬午年-1402년) 비로소 사섬서를 세우고 저화법을 맡게 해 서울과 지방에서 거의 성행할 뻔했습니다. 그런데 습속이 이미 오래되어 민심이 처음에 해괴하게 여기므로 마침내 중지하고 행하지 못했습니다. 청컨대 호조가 올린 첩정 내용에 의거해 다시 거행함으로써 국용(國用-나라 재정)을 넉넉하게 해야 할 것입니다."

신하들 의견을 수렴해 마침내 7월 1일 저화법을 복구시켰다. 의정부 사인 김효손(金孝孫)에게 뜻을 전했다. 즉 의정부에 전해 저화를 다시 통용시키라는 명이었다. 그런데 여기에도 자기 탓이 들어 있다.

"저화는 옛날의 아름다운 법인데 중간에 폐기하고 시행하지 않은 것은 나의 잘못이다. 사섬고로 하여금 전적으로 출입을 맡게 하고 양부(兩府-의정부와 중추부)를 제조관 감찰로 삼아 이를 감독하라."

그리고 영을 내려 인출(印出)해 반행(頒行)하게 했다. 그러나 화폐는 곧 신용이다. 한 번 실패해 신용을 잃은 제도를 재차 시행하기란 그만큼 더 어려운 일일 수밖에 없었다. 그래서인지 6년 전보다 더욱 강력한 조치를 취했다. 태종은 수시로 명을 내려 저화 확대 시행을 명했다. 서울·개경에 화매소(和賣所)를 설치, 국가 보유 현물과 저화 교환을 도모하고 장 100대 이하 유죄자에 대한 저화수속법(楮貨收贖法) 채택, 공장세(工匠稅)·행상세(行商稅)·노비신공(奴婢身貢) 등과 같은 일부 세목(稅目)의 금납화(金納化)를 시도했다.

그러나 실질 가치를 선호하는 일반 백성의 성향과 저화 크기·지질에 따른 사용상의 불편, 소액 거래에 도움을 줄 수 없는 명목 가치 책정, 아울러 국가 보유 현물 교역이 영속적이지 못한 점 등으로 저화 가치는 계속 떨어졌다. 사실상 또다시 실패였다.

비록 실패로 끝났지만, 이 과정에서 짚어야 할 사항은 2가지다. 하나는 태종이 저화 시행을 강행한 이유는 백성을 이롭게 하는 일[利民之事]을 하려 했다는 점이고 또 하나는 정책 실패에 대한 책임을 남에게 돌리지 않았다는 점이다.

"책임은 내게 있다!"

태종 3년(1403년) 5월 5일 쌀 1만여 석을 실은 경상도 조운선(漕運船)[10] 34척이 바다에서 침몰해 1,000여 명이 익사하는 참사가 터졌다.

---

10 삼남 지방(충청·전라·경상)의 세곡(稅穀)을 서울까지 운반할 때 사용했던 선박을 조선(漕船)이라고 하는데 이를 또 다른 표현으로 조운선(漕運船)이라고도 했다. 일반적으로 경상도와 전라도 남부 지방의 세곡을 이 조운선에 싣고서 한양의 한강 하류에 있는 서강(西江)으로 운반한 후, 경창으로 납곡(納穀)을 하게 된다.

경상도 조운선 34척이 바다 가운데 침몰되어 죽은 사람이 대단히 많았다. 만호(萬戶)가 사람을 시켜 수색하니 섬에 의지해 살아난 한 사람이 이를 보고 도망쳤기에 쫓아가 붙잡아 그 까닭을 물었다. 그가 대답했다.

"도망쳐서 머리를 깎고 이 고생에서 벗어나려고 한다."

상이 듣고 탄식하며 말했다.

"책임은 곧 나에게 있다. 만인을 내몰아 사지로 나가게 한 것 아닌가? 닷샛날은 음양 학설에 따르면 수사일(受死日)이고 또 바람의 기운이 대단히 심해 행선(行船)할 날이 아니다. 바람이 심한 것을 알면서도 배를 출발시켰으니 이는 실로 백성을 몰아서 사지로 나가게 한 것[驅民而就死地]이다."

구민 이 취 사지

좌우에게 물었다.

"죽은 사람은 얼마이며 잃은 쌀은 얼마인가?"

좌우가 대답하지 못했다.

상이 말했다.

"대략 얼마인가?"

좌우가 대답했다.

"쌀은 1만여 석이고, 사람은 1,000여 명입니다."

상이 말했다.

"쌀은 아무리 많더라도 아까울 것이 없지만 사람 죽은 것이 너무나도 가련하다. 그 부모와 처자 마음이 어떠하겠는가? 조운하는 고통이 이와 같으니 선군이 그 고통을 견디지 못해 도망쳐 흩어지는 것은 마땅하다."

우대언 이응이 말했다.

"육로로 운반하면[陸轉] 어려움이 더 심합니다."

상이 말했다.

"육로로 운반하는 어려움은 겨우 우마(牛馬)의 수고뿐이니 사람이 죽는 것보다는 낫지 않겠느냐?"

『논어』「향당(鄕黨)」편에 태종이 한 말을 떠올리는 대목이 등장한다. 마구간에 불이 나 전소되자 마침 조정에 갔다가 퇴청한 공자는 "사람이 상했느냐?"고 묻고는 마구간에 있던 말에 대해서는 일절 묻지 않았다. 태종은 이 구절을 이미 체화하고 있었다.

태종은 백성 굶주림을 구제할 때도 이중 삼중으로 점검했다. 태종 16년(1416년) 2월 26일 자다.

호조참의 이명덕을 보내 경기에서 기근을 진제하는 상황을 고찰하게 했다. 상이 경기에서 굶는 사람들을 진제하는 데 주밀(周密-주도면밀)하게 하지 못할까 걱정해 감찰 최윤복과 박소 등을 따로 보내 수령의 근만(勤慢-근태)을 살피게 하고 호조에 명해 경창(京倉-서울 창고) 쌀을 경기로 수송해 진제하게 했는데, 다시 명덕에게 명해 순찰하게 한 것이다.

호조에서 아뢰었다.

"노약과 질병으로 능히 스스로 관가에 와 진제받을 수 없는 자에게 수령들이 죽미(粥米)와 염장을 가지고 여리(閭里-동네)로 친히 다니면서 인구를 계산해 직접 주게 하고 행대 감찰로 하여금 척간(擲奸-간사한 자를 규찰함)하게 하고 만약 진휼하는 데 즐겨 마음을 쓰지 않아 혹 한 사람이라도 굶어 죽는 일이 있다면 수령과 감사를 보고해 죄를 논하게 하소서."

그것을 따랐다.

이것이 태종풍 관리 다루기다. 관리가 해이해지면 백성이 고통을 받는다. 태종은 책임의식으로 솔선수범하면서 동시에 관리들에 대한 관리 감독을 이중 삼중으로 했다. 그것이 나라 기강을 세우는 첫걸음임을 태종은 잘 알고 있었기 때문이다.

3 ——

역사를 두렵게 여기다

태종의 3가지 역사

종묘사직을 높이는 일, 백성을 내 몸처럼 여기는 일, 이제 살펴
볼 역사에 대한 두려움은 태종이 평생 간직한 지공(至公)하는 마
음이 표출되는 3대 영역이다. 태종뿐만이 아니라 훌륭한 임금이
라면 누구나 마땅히 그래야 했다. 민주 사회 운운하는 지금이라고
다르지 않을 것이다.

태종에게 역사는 3가지 의미였다.

첫째는 통치술의 보고(寶庫)이자 통치를 비추는 거울[鑑]로서
의 역사다. 다시 말해 제왕이 통치하는 도리를 배우고 익히기 위한
역사다. 그는 역사를 통해 권도(權道)를 배우고 정치를 익혔으며
자기 통치를 되돌아보았다. 대표적인 것이 『한서』다. 태종은 실록

에 드러난 것으로만 보자면 사마천 『사기』는 읽지 않았다. 따로 읽었는지는 모르겠다.

둘째는 역사 기록으로서의 역사다. 그는 우리 역사를 기록하려 노력했다. 제1호 실록인 『태조실록』 편찬 장본인도 태종이다.

셋째는 자신에 대한 기록으로서의 역사다. 그는 이 역사를 가장 두려워했다. 당대에 펼친 자신의 노력이 과연 제대로 기록되어 후대에 전해질지에 대해 극도로 민감했다. 그로 인해 종종 사관(史官)이나 대간(臺諫)과 충돌을 빚기도 했다.

제왕 수업을 위한 역사에 대해서는 이미 진덕수업(進德修業)을 다루면서 살펴보았다. 여기서는 둘째와 셋째 의미의 역사에 대한 그의 행적을 살펴보자.

다시 쓰는 『고려사』

태조는 건국 3개월 만인 1392년 10월 정도전과 정총(鄭摠, 1358~1397년)[11]에게 『고려사』 편찬을 지시했다. 2년 3개월 만인

---

11 조선 개국공신 정탁(鄭擢) 형이다. 1376년(우왕 2년) 문과에 장원급제해 19세로 춘추관검열이 되고, 대간·응교·사예를 거쳐 대호군에 이르고 1389년(공양왕 1년) 병조판서에 승진되었으며 1391년 이조판서를 거쳐 정당문학에 이르렀다. 당시 중국에 보낸 표전문(表箋文)은 대부분 그가 지었다. 조선 개국 후 개국공신 1등에 서훈되고 중추원 첨서사로서 서원군(西原君)에 봉해졌다. 1394년(태조 3년) 정당문학이 되고 다시 예문춘추관 태학사가 되어 정도전과 같이 『고려사』를 편찬하고 그 서문을 썼다. 1395년 태조 이성계의 고명(誥命) 및 인신(印信)을 줄 것을 청하러 명나라에 사신으로 파견되었다가 때마침 명나라에 보낸 표전문이 불손하다 해 명나라 황제에게 트집잡혀 대리위(大理衛)에 유배 도중 죽었다.

1395년 1월 25일 삼사판사 정도전과 정당문학 정총은 37권으로 된『고려사』를 지어 올렸다. 아마도 태종이 집권하지 않았다면 이 책이 고려사 정본(正本)이 되었을지 모른다.

역사는 승자가 편찬하는 기록이다. 승자 정도전은 다시 이방원에게 패했다. 이제 역사를 쓰는 붓을 이방원 쪽이 잡았다. 태종 2년(1402년) 6월 태종은 하륜과 권근에게 명해『삼국사(三國史)』를 짓도록 했고 다음 해 8월에는『동국사략(東國史略)』을 짓게 하는 등 이 땅에서 일어난 역사에 깊은 관심을 보였다. 태종 9년(1409년) 하륜에게『태조실록』편찬을 명해 1413년에 완성된다. 이색 비문을 둘러싼 논쟁이 터진 시점은 이『태조실록』편찬이 한창일 때였다.

이 과정에서 태종은 여말선초 기록을 자기 입장에서 분명하게 정리해둘 필요성을 느꼈다.

원래 태종은 즉위하자마자 고려 역사를 편찬할 구상이 있었다. 태종 1년(1401년) 4월 25일 춘추관 감사 하륜에게 명해『고려사』를 바치게 했다.

그때 조박에게 한 말이다.

"내가 전조 역사를 보고서 권계(勸戒-반성의 거울)로 삼으려고 하는데 어떤가?"
조박이 대답했다.
"참으로 그리하셔야 합니다."

이때 태종이 본 것은 정도전과 정총이 쓴『고려사』다. 아마도 읽으면서 많은 문제점을 발견한 것으로 보인다. 결국 태종 14년 (1414년) 8월 7일 역사 서술을 책임지는 기관 춘추관 영사 하륜, 감사 남재, 지사 이숙번 변계량에게 『고려사』 개수(改修)를 명했다. 방향도 분명하게 제시했다.

> "공민왕 이후 일은 사실이 아닌 것이 많으니 마땅히 다시 바로잡아라."

즉위 초에 읽었던 『고려사』를 염두에 둔 비판이다. 그런데 1416년 하륜이 사망하면서 『고려사』 개수 작업도 중단되어버렸다. 태종이 얼마나 이 문제에 관한 한 하륜 시각에 의존했는지를 분명하게 보여주는 사건이다.

『고려사』 개수는 태종을 이어받은 세종 손으로 넘어갔다. 왕위에 오른 1418년(세종 즉위년) 12월 25일 세종은 경연에서 "『고려사』에 공민왕 이하 사적은 정도전이 들은 바대로 더 쓰고 깎고 해 사신(史臣)이 쓴 초고와 같지 않은 곳이 매우 많으니 어찌 뒷세상에 전할 수 있으랴. 없는 것만 같지 못하다"라고 말했다. 상왕 태종이 가진 시각을 그대로 이어받은 말이다. 변계량과 정초(鄭招, ?~1434년)[12]도 『고려사』 개수 재개를 청했다.

---

12 1405년(태종 5년) 문과에 급제하고 1407년 중시에 합격했다. 이조판서·대제학을 지냈다. 세종 초 과학 사업에 중요한 소임을 맡아 정인지(鄭麟趾)·정흠지(鄭欽之)와 함께 대통통궤(大統通軌)를 연구해 『칠정산내편(七政算內篇)』을 편찬하고 간의대(簡儀臺)를 제작, 설치하는 일을 관장했다. 그 밖에도 왕명에 의해 『농사직설(農事直說)』·『회례문무악장(會禮文武樂章)』·『삼강행실도』 등을 편찬했다.

세종은 1419년 9월 20일 유관과 변계량에게 『고려사』 개수를 명했고 1년 반 후인 1421년 1월 30일 변계량은 개수 작업을 완료했다고 보고한다.

상왕 태종이 지켜보고 있을 때였다.

이때부터 역사 공부를 본격적으로 시작했던 세종은 다시 1423년 12월 유관과 윤회에게 재개수를 지시했고 1424년 드디어 『고려사』가 편년체로 완성되었다. '이씨 왕조' 정당화를 위한 내용적인 수정은 이것으로 끝났다.

중국의 역사서 『자치통감』, 『자치통감강목』 등을 달달 외우다시피 했던 세종은 서술 방식이 마음에 들지 않는다며 1449년 2월 춘추관에 『고려사』를 기전체(紀傳體)로 전면 개편하라고 명했다. 김종서·정인지 등이 주도해 2년 반이 지난 1451년 8월 『고려사』 139권이 완성되기에 이른다. 이것이 오늘날 우리가 아는 『고려사』다.

이어 김종서 등은 1452년 별도로 편년체 『고려사절요』를 펴냈다. 장장 60년에 걸친 『고려사』 편찬은 이로써 마무리되었다.

세종이 남긴 가장 큰 업적 중 하나가 이 고려 역사 정리다. 태종이 정치적·제도적 조선을 뿌리내리게 해 신하와 백성 사이에 고려로 되돌아가려는 회귀 움직임이 생겨날 수 없게 만들었다면 세종은 역사 쓰기를 통해 소프트파워를 강화해 문화적 조선을 더욱 튼튼하게 만들었다.

그에 비하면 대한민국은 우리 역량으로 정리한 『조선사』 하나도 아직 펴내지 못하고 있다. 좌우 이념 탓을 하기도 하지만 그에 앞서 역사 저술 능력 부재 때문이라고 봐야 하지 않을지.

608

하륜에게 『태조실록』을 편찬케 하다

태조 이성계가 세상을 떠나고 1년 3개월이 지난 태종 9년 (1409년) 8월 28일 『태조실록』 편찬을 두고 논쟁이 벌어졌다. 먼저 편찬 시점이 문제가 되었다. 태종이 착수 지시를 내리자 하륜은 담당 사관을 불러 1392년부터 1400년까지의 사초(史草)를 가져오라고 했다. 이에 말단 사관인 기사관(記事官)이 제동을 걸었다.

"예전 사기(史記-역사 기록)를 가만히 보건대 모두 3대 후에 이뤄졌습니다. 전조(前朝) 때도 역시 그러했습니다. 『태조실록』을 어찌 오늘날에 편수할 수 있습니까? 본관(本館-춘추관)에서 왜 소를 올려 정지하기를 청하지 않습니까?"

이에 하륜이 반대했다. 그러나 다시 기사관 송포 등이 맞섰다.

"태조 구신(舊臣)으로서 『태조실록』을 찬수하면 후세 의논이 어떻게 여기겠습니까?"

하륜이 얼굴을 붉히며 말했다.

"태조 때 일을 한때 사관이 어떻게 다 갖춰 기록했겠소? 족히 사실로 삼을 수 없소! 마땅히 노성한 신하가 죽지 않았을 때 본말(本末)을 갖춰 기록해 실록을 만들어야 하오. 이것이 마땅히 할 일이오. 지금 대간의 신하들이 사람들 과실(過失)을 말하는 것도 꺼리지 않는데 하물며 서법(書法)으로 사람을 포폄(褒貶)하는 것이겠는가? 예전 사람들이 문헌(文獻)이라고 말하는데 문(文)은 사기(史記)이고 헌(獻)은 노성(老成)한 사람을 말함이오. 나는 (지금 편수해서는) 불가하다는 것을 알지 못하겠소."

9월 1일에는 송포 등이 태종에게 소를 올렸다. 논리 정연한 소를 읽어본 태종은 소에 담긴 뜻이 진실로 옳다며 경연 사관 우승범에게 질문을 던졌다.

상이 경연사관(經筵史官) 우승범에게 일러 말했다.

"소의 뜻이 진실로 옳기는 하지만, 대(代)가 가까운데도 사기를 편수했다는 것은 어느 대 어느 사람을 가리킨 것이냐? 왕씨 일을 이씨가 편수하고 이씨 일을 후대에 편수하는 것이냐?"

승범이 우물쭈물하며 능히 대답하지 못하니 상이 말했다.

"너를 속여서 묻는 것이 아니다."

승범이 대답했다.

"이른바 대라는 것은 성을 바꾼 것[易姓]을 가리킨 것이 아니고 조
                                            역성
종(祖宗) 자손(子孫)이 서로 잇는 멀고 가까운 것을 말하는 것입니다. 태조로부터 성상(聖上)에 이르기까지 비록 3대라고는 하나 겨우 18년 동안 일이니 어찌 이대(異代)라고 할 수 있습니까? 또 수찬을 맡은 신하가 어찌 자신에 대한 일이 없겠습니까? 같은 때 신하로서 당세(當世-당대) 인물을 논하는 것은 모두 불가합니다."

상이 좌대언 김여지를 시켜 송포에게 '대가 가까운데도 사기를 편찬한 자'를 물으니 포 등이 대답했다.

"송나라 조정에 있었으나 오늘날에 본받을 것은 못 됩니다."

상이 말했다.

"내가 마땅히 생각해보겠다."

상이 좌우에 일러 말했다.

"요임금 일을 우(虞)나라 사관(史官)이 편수했고 순임금 일을 하(夏)

나라 사관이 편수한 것이 분명하나 한나라·위(魏)나라 이후에 이르러서는 그렇지 않다. 또 공자가 『춘추(春秋)』를 찬수한 것이 정공(定公)·애공(哀公) 세상에 있었던 일인데 정공·애공 때 일을 아울러 썼으니 이것으로 본다면 실록을 편수하는 것이 의심될 만할 것이 없다. 역대 사기에 간혹 임금을 죽이고 왕위를 빼앗았어도 이를 휘(諱-기피)하지 않은 것이 있는데 만일 그 아들로 하여금 보게 했다면 반드시 산삭(刪削-깎아냄)했을 것이다. 그러나 이를 기록하고 산삭하지 않은 것을 보면 오랜 뒤에 사기를 편수했다는 사실을 가히 알 수 있다."

태종이 가졌던 역사에 대한 깊은 조예가 드러나는 순간이다. 황희가 대답했다.

"사초는 반드시 3대가 지난 뒤에 나오는 것이니 지금 이 거사는 실로 미편합니다."[13]

신하들은 두려워한 것 같다. 9월 8일에도 논쟁이 이어졌는데 예조판서 이응이 신하들 입장을 솔직하게 대변했다.

"같은 때 사람이 같은 때 일을 찬수(撰修)하면 어느 누가 갖춰 쓰고 곧게 써서 눈앞의 화(禍)를 당하려 하겠습니까? 신 또한 하지 못하겠습니다."

---

13 미편하다는 것은 사리에 맞지 않는다는 말이다.

태종은 일단 "그러면 내가 진산부원군과 다시 토의하겠다"라
고 답했다. 실은 자기 손으로 실록을 쓰겠다는 의지였다.

해가 바뀌어 태종 10년(1410년) 1월 11일 『태조실록』 편찬에
착수해 3년 후인 태종 13년(1413년) 3월 22일 총 15권으로 완성되
었다. 그러나 『태조실록』을 직접 읽어보면 허소(虛疏)한 느낌을 지
울 수 없다. 어째서일까? 편찬에 착수하던 날 실록에 살짝 그 실마
리가 들어 있다.

춘추관영사 하륜, 춘추관 지사 유관, 춘추관 동지사 정이오·변계량
이 비로소 『태조실록』 편찬을 시작했다. 춘추관[14]에서 아뢰었다.

"지난해 9월에 전하의 판지(判旨)를 받기를 '임신년(壬申年-1392년)
7월 이후 경진년(庚辰年-1400년) 11월 이전 각년(各年) 수찬관 이하
의 사초를, 서울은 10월 15일까지, 외방은 11월 초 1일까지 기한을
정해 바치도록 독촉하라'고 했는데 지금까지 바치지 않은 자가 매
우 많으니 빌건대 상국에 사신 간 자를 제외하고 금년 정월 안에 바
치지 않는 자는 소사(所司-해당 부서)에 이문(移文)해 논죄하고 끝내
바치지 않는 자는 전조 판지(判旨)에 의거해 자손을 금고하고 은(銀)
20냥을 물려야 할 것입니다."

---

14 조선 시대 정3품 아문(正三品衙門)으로 정사(政事)를 기록하는 일을 관장했다. 조선
   초에는 예문춘추관이라 하다가 1401년(태종 1년) 예문관과 분리해 춘추관으로 독립
   했다. 1894년(고종 31년) 폐지했다. 춘추관 관원으로는 영사(領事-정1품) 1명으로 영
   의정(領議政)이 겸직하고, 감사(監事-정1품) 2명으로 좌·우의정이 겸임하고, 지사(知
   事-정2품), 동지사(同知事-종2품) 각 2명이며, 수찬관(修撰官-정3품), 편수관(編修官-
   정3품·종4품), 기주관(記注官-정·종5품), 기사관(記事官-정6품~정9품)으로 구성되어
   있다. 모두 문관을 임용하며 타관이 겸직한다.

그것을 허락했다. 기주관 조말생·권훈·윤회와 겸 기사관 신장이 낙점으로 이에 참여했고 참외 사관(參外史官-7품 이하 실무를 맡은 사관)은 오직 우승범·이심 두 사람뿐이고 그 나머지는 모두 참여하지 못했다. 사관이 륜에게 고했다.

"우리들은 직필을 잡고 시사(時事)를 기록하는 자입니다. 하물며 지금 수찬하는 것이 고례에 의거하지 않고 당대에 수찬하며 또 사관으로 하여금 다 참여도 못 하게 하니 두렵건대 후인들이 더욱 의심할까 합니다."

륜이 말했다.

"이 일은 비밀이어서 여덟 한림(翰林)[15]과 함께할 수 없고 또 내지가 있기 때문이오. 지금 두 한림이 참여한 것은 낭청(郎廳-각 관청의 당하관)이 부족하기 때문일 뿐이오."

내지가 있었다면 결국 『태조실록』이 이처럼 허소하게 된 이유는 태종과도 관련이 없을 수 없다. 이 점은 세종 7년(1425년) 경연에서 세종과 변계량 간에 오가는 말을 통해서도 알 수 있다.

지신사 곽존중에게 일러 말했다.

"『태조실록』은 다만 한 책만 썼기 때문에 만약 후일에 유실된다면 안 될 것이다. 또 한 책을 더 베껴서 춘추관에 납본하고 한 책은 내가 항상 볼 수 있도록 춘추관에 전교하라."

---

15 예문관 관원 중 정7품 봉교(奉敎) 이하 정9품 검열(檢閱)까지를 통칭해 한림(翰林)이라 하고 사신(史臣)이라고도 했다.

지관사(知館事-춘추관 지사) 변계량이 아뢰어 말했다.

"『태조실록』에는 비밀로 해야 할 일이 많습니다. 신과 하륜이 알고 있을 뿐이고, 다른 사람은 알지 못합니다. 또 한 책을 베껴서 여러 사람으로 하여금 알게 하는 것은 불가합니다. 청하건대 좋은 날을 받아서 사고(史庫)에 넣게 하소서."

그것을 따랐다.

재위 초 사관을 꺼리다

편전(便殿)이란 왕이 공식 집무를 보는 곳이라기보다는 독서도 하고 신하들과 정사를 논하기도 하는 다소 편안한 공간이다. 경복궁에서는 근정전이 정전이라면 사정전이 편전이다. 창덕궁은 인정전이 정전이고 선정전이 편전이며 창경궁은 명정전이 정전이고 문정전이 편전이다. 개경에 있을 때는 보평전(報平殿)이 편전이었다.

태종 1년(1401년) 3월 23일 문하부 낭사에서 소를 올려 사냥을 중단하고 경연을 열어야 한다고 청했다. 태종이 책은 보지 않고 사냥에 몰두했다는 뜻이다. 태종은 즉시 편전에 다섯 승지와 시독관 김과를 불러 "어제 사냥할 때 사관은 왜 따라왔는가?"라고 물었다. 이에 승지들과 김과는 임금 행차는 당연히 기록해야 하기 때문이라고 답했다.

김과는 설사 사관 입시를 막더라도 다섯 승지가 모두 춘추관을 겸하고 있어 임금의 일거수일투족을 다 쓰게 되어 있다고 말한다. 이때 태종 반응이 재미있다. 자신은 그동안 그런 줄 몰랐다며 깜짝 놀라는 기색을 보였다. 실록은 "상이 처음에는 그런 것을 알지 못하고 항상 가까이 하기 때문에 자못 소홀히 여겼는데 이때부터 언동을 더욱 조심했다"라고 적고 있다.

태종은 낭사에서 나오는 잔소리가 마음속으로 대단히 불편했다.

상이 또 말했다.

"내가 비록 매일 경연에 나아가 여러 대신과 함께 강론하지는 않지만 늘 너와 함께 독서를 하니 배움을 좋아한다[好學]는 면에서는 한가지다."

김과가 대답했다.

"그렇기는 하지만 해서는 안 되는 것이 있습니다."

상이 말했다.

"뭔가?"

(과가) 대답했다.

"신은 전하께서 배우기를 좋아하심[好學=好問]을 알고 있습니다만 여러 뛰어난 신하[賢臣]와 함께 강론하지 않으시고 오직 소신하고만 책을 읽으신다면 경연의 법은 장차 폐지될 것이고 후세 자손 중에서 반드시 그것을 본받는 자가 나올 것입니다. (이리되면) 혹시 어둡고 용렬한 임금이 있어 아첨하는 신하가 날마다 깊은 궁중에 들어와 못하는 짓이 없고 밖에 나와서는 사람들에게 말하기를 '상께서는 글 읽기를 좋아하신다'고 한다면 안 될 일이 아니겠습니까? 이는 모범으로 삼을 수 없는 것입니다. 그러니 (후세 임금들이) 전하께서 배우기를 좋아하심과 같이 해서는 어려운 것입니다."

김과는 두 번 다 후손을 끌어들여 사관 입시를 허용하고 경연에 나아가야 함을 간곡하게 설득했다. 김과는 태종이 무엇을 두려워하는지 일찍부터 알고 있었다 할 것이다. 후세 임금을 언급한 때문인지 마침내 태종은 본궁이 수리되는 대로 경연에 나가겠다고 밝힌다. 실제로 윤3월부터 그는 경연에서 『대학연의』를 강독한다.

기개 넘치는 사관 민인생

4월 25일 태종이 보평전에서 정사를 보는데 사관 홍여강이 들어왔다. 환관을 시켜 내쫓게 하고 도승지 박석명에게 명했다.

"무일전 같은 정전에는 사관이 마땅히 들어와야 하겠지만 이곳은 내가 편안히 쉬는 곳이고 승지들이 모두 사관 직책을 겸했으니 사관이 반드시 들어와야 할 것은 없다."

4일 후인 29일 사관 민인생(閔麟生)은 굳이 들어오겠다고 버텼다. 박석명이 가서 만류했지만 고집스럽게 밀고 들어왔다. 태종은 다시 한번 "편전에는 들어오지 말라"고 말했다. 민인생은 쉬운 사람이 아니었다. "비록 편전이라 하더라도 대신이 일을 아뢰는 것과 경연에서 강론하는 것을 신 등이 들어오지 못한다면 어떻게 제대로 기록하겠습니까?"라며 버텼다.

태종은 웃으면서 "이곳은 내가 편히 쉬는 곳이니 들어오지 않는 것이 좋겠다"라며 "사필(史筆)은 곧게 써야 한다. 비록 편전 밖에 있더라도 어찌 내 말을 듣지 못하겠는가?"라고 점잖게 타일렀지만, 민인생은 지지 않고 "신이 곧게 쓰지 않으면 하늘이 그냥 두겠습니까?"라고 맞섰다.

5월 8일 무일전 경연에서는 태종이 동지사 이첨, 참찬관 승지 박신, 시강관 조용, 시독관 김겸, 사농경 김과 등과 함께 『대학연의』를 강독하고 신하들과 활발히 토론하는 장면이 펼쳐졌다. 경연 직후 주연에도 참석한 민인생은 "지금 여러 신하와 더불어 강론하심이 매우 정밀하고 온화한 말씀이 친밀하시니 바라건대 전하께서 비록 편전에 앉아 정사를 들으실 때라도 사관으로 하여금 입시케 해 아름다운 말을 기록하게 하소서"라고 청을 올렸다. 이에 태종은 신하들끼리 이 문제를 토론해보라고 했다. 이첨·박신·조용·김과 등은 한결같이 "우리들도 창왕이나 우왕 때 사관이었지만 편전 정사에 들어오려고 하지는 않았다"라며 민인생을 몰아세웠다. 그러자 민인생은 "임금이 밝으면 신하가 곧은 것입니다. 어찌 감히 고려 때와 지금을 비교할 수 있습니까"라며 조금도 물러서지 않았다. 결국 이 문제는 결론을 내리지 못했다.

얼마 후 7월 8일 태종이 편전에서 정사를 보는데 민인생이 창밖에서 엿듣다가 발각되었다. 태종은 드디어 화가 났다.

"앞으로 사관이 날마다 예궐하는 것을 금지하라!"

결국 7월 11일 민인생은 변방으로 유배되었다.

"절대 사관이 알게 하지 말라!"

태종 3년(1403년) 3월 3일 사간원에서 시무소(時務疏)를 올려 경연 문제를 다시 지적하고 나왔다. 편전에서 하는 글 읽기가 아닌 공식적인 경연이 옳다는 주장이었다. 그런데 문제는 엉뚱한 데서 터졌다. 이 소에는 대간이 알 리 없는 비밀스러운 내용이 포함되어 있었다. 태종은 진노했다. 분명 사관들 소행이라고 보았다. 즉시 사관의 대궐 입시를 금지하라고 명했다. 그러나 얼마 안 가서 태종은 3월 27일 다시 사관 입시를 허용하라며 시독관 김과에게 은밀하게 속내를 드러냈다.

> "지난번에 두세 종친과 더불어 청화정에서 활을 쏘았는데 간원에서 소를 올려 말하기를 '날마다 무신과 더불어 과녁을 쏜다'라고 했다. 종친이 들으면 어찌 마음에 불쾌함이 없겠는가? 그렇게 되면 문무 사이에 틈이 생길 것이다. 내가 이러한 뜻으로 인해 사관 입시를 금한 것이다. 이것은 유생을 무마하고 문무의 사이에 틈을 방지하자는 것이지 사관을 꺼려서가 아니다."

태종은 사냥을 좋아했다. 원래 고대 중국에서도 임금이 하는 사냥, 즉 강무(講武)는 일정한 예법의 하나로 존중되었다. 게다가 태종은 문무겸전(文武兼全)한 인물이었기에 오랫동안 사냥을 하지 않으면 몸이 쑤시는 사람이었다.

태종 2년(1402년) 6월 11일 예조에서 올린 사냥하는 법을 살펴보자. 임금은 사냥에도 법도가 있다.

'천자와 제후는 일이 없으면 한 해에 세 번씩 사냥한다. 일이 없어도 사냥하지 아니함은 불경(不敬)이라 하고 사냥을 예(禮)로써 하지 않는 것을 포진천물(暴殄天物-하늘이 내려준 물건을 탕진함)이라 한다.'

1년에 3차례 근교 사냥을 범례(範例)로 삼자는 이야기였다. 그러나 정작 사냥 가겠다고 하면 대간은 민폐를 이유로 말렸고 사관은 사냥터까지 따라가서 기록하겠다며 견제했다. 때로는 간언을 물리치고 그들 몰래 사냥을 다녀오곤 했지만, 태종은 혹시라도 이런 모습이 역사에 기록되어 자신이 마치 사냥하며 놀기 좋아한 임금으로 그려질까 노심초사했다.

태종 4년(1404년) 2월 8일 자 실록 기사다.

(상이) 직접 활과 화살을 가지고 말을 달려 노루를 쏘다가 말이 거꾸러져 떨어졌으나 다치지는 않았다.

좌우를 돌아보며 말했다.

"절대 사관이 알게 하지 말라."

그 와중에도 사관이 알까 신경 쓰는 모습에 살짝 웃음이 나기도 한다. 그러나 사관이 알게 되었기에 이처럼 기록된 것이리라.

태종이 사냥을 나설 때마다 늘 반복되는 패턴이 있다. 태종 16년(1416년) 1월 20일 태종은 충청도 강무를 계획하고 있었는데 사간원에서 반대했다. 그러자 처음에 태종은 강무란 천하에 두루 통하는 법이라며 강행할 뜻을 비쳤다. 이에 다음날 대사헌 이원이 아주 완곡하게 태종 약점을 살짝 건드렸다.

"강무는 바로 고전(古典)인데 그것을 누가 정지시키겠습니까? (다만) 전하께서 숨기고 반포하지 않으시다가 그때 닥쳐서야 명령을 내리시기 때문에 신민이 가는 곳을 알지 못합니다. 만약 일찍 정한다면 호종하는 사람들도 알고 대비할 수 있을 것입니다. 또 지금 백성은 농사에 실패해 혹은 굶주리거나 곤궁한 자도 있을 것이니 만약 먼 곳으로 행차한다면 사필은 반드시 이르기를 '때가 흉년이었는데 멀리 거둥했다'라고 할 것이니 이것은 안 될 일입니다. 가을이라면 멀리 행차해도 좋을 것이니 바라건대 시종하는 자와 일수를 줄이고 구군(驅軍-몰이꾼)을 준비해 잠시 행차했다 돌아오소서."

잠시 망설이며 강행할 뜻을 비치기도 했던 태종은 얼마 후 결국 뜻을 접었다.

"내가 충청도에서 강무하지 않겠다. 조치(趙菑)가 간 지 벌써 18일이나 되었다. 내가 듣건대 관찰사가 치(菑)와 함께 곶(串) 안으로 들어갔다니 반드시 사장(射場)[16]을 준비하고 있을 것이다. 사장을 준비하고 사냥을 하다가 사책에 기록되면 후세에 웃음거리가 될 것이다. 내가 활쏘기와 말타기에 유능하다고 할 수는 없지만, 알지 못한다고 할 수도 없다. 그러나 임금이 정사를 잘하면 되지 활쏘기와 말타기를 잘한다 해서 무엇에 쓰겠는가? 내 나이 50인데 어찌 한두 마리 노루를 쏘아 이름을 얻고자 하겠는가?"

---

16 임금이 사냥하는 곳을 말한다. 사장에서는 사렵(私獵)이 금지되었을 뿐 아니라 밭 갈고 나무하는 것까지 금지되었다.

사필을 끌어들이자 바로 통했다. 태종이 사필을 두려워하는 까닭을 직접 밝히는 대목도 많다. 간관이 본인 허물을 듣게 되면 글로 써서 올리기보다는 제발 직접 와서 말로 해달라는 것이었다. 그렇게 되면 아무래도 본인 입으로 하는 변론도 같이 기록될 것이므로 역사에 덜 나쁘게 기록되리라 생각했기 때문이다. 태종 16년(1416년) 3월 20일 사헌부 관리들에게 말했다. 10년도 더 전이었던 태종 2년(1402년) 이지직에게 들은 간언, 태종 4년(1404년) 노이에게 들은 간언 등을 언급한 다음이다.

"경 등은 들은 것이 있으면 모름지기 곧장 와서 직접 아어 규간(規諫-법도에 따른 간언)하는 직책을 다하는 것이 좋겠다. 옛날에 위징(魏徵)이 말하면 태종(太宗-당 태종)이 받아들여 정관지치(貞觀之治)를 이루었으니 반드시 노이나 이지직처럼 임금 허물을 포양(布揚-퍼트리고 드러냄)한 뒤에야 언관 직책을 다하는 것은 아니다."

왜 태종이 이 두 사람을 내쳤는지 정확한 이유를 밝힌 것이다. 두 사람은 태종 허물을 정면으로 간언했다가 쫓겨난 경우다.

태종을 위한 변명

우리는 『이한우의 태종 이방원 상』 제6장 4절에서 유붕자원방래(有朋自遠方來) 불역낙호(不亦樂乎)에 담긴 정확한 의미를 추출해낸 바 있다. 그것은 임금 입장에서 신하의 바른 간언을 정말 기쁜 마음으로 받아들이라는 것이었다.

『주역』에는 반대로 신하가 임금에게 간언하는 도리를 담고 있는 괘 효사가 있다. 중수감괘(重水坎卦, ䷜)[17] 밑에서 네 번째 음효에 대해 주공은 이렇게 계사(繫辭)했다.

"육사(六四)는 한 동이 술과 두 그릇의 밥을 질그릇에 담고 마음을 결속시키기를 남쪽 창문을 통해서 하면 끝내는 허물이 없다[樽酒 簋貳 用缶 納約自牖 終无咎]."

일단 공자 도움을 받아야 한다.

공자는 이렇게 풀었다.

(육사(六四)의) 한 동이 술과 두 그릇의 밥이란 굳셈과 부드러움[剛柔]이 교류하는 것이다[樽酒 簋貳 剛柔際也].

몇 차례 『주역』 풀이를 통해 알아차렸겠지만 굳셈과 부드러움이 교류한다는 말은 임금과 신하가 교류한다는 말이다. 이제 본격적으로 풀어보자.

이는 신하가 임금이 처한 어려움을 풀어주어야 하는 대단히 위험한 상황[坎=陷]과 관련되어 있다. 어려움이 겹쳐 있는 매우 미묘하면서도 중대한 사안에 대해 신하가 어떻게 간언해야 하는가의 문제를 다루고 있는 것이다. 여기서 자칫하면 신하는 목숨

이 날아갈 수 있고 높은 지위를 잃고 적어도 정치 생명을 잃을 수 있다. 그렇다고 침묵하는 것은 신하 된 자가 취할 도리가 아니다. 정이천 풀이가 참으로 명문이다.

"육사는 음유한 자질로 밑에서 도움을 줄 수 있는 사람이 없으니 [無應]¹⁸ 천하의 큰 위험을 구제할 수 있는 자는 아니다. 그런데 이런 사람이 높은 자리(네 번째 자리)에 있으니 이는 신하 된 자로서 위험에 대처하는 도리[處險之道]를 말하고 있다. 대신이 위험과 어려움이 거듭되는 때 직면했을 경우에는 오직 지극한 열렬함으로 임금에게 믿음을 보이고 군자와의 사귐을 튼튼하게 해 틈이 생겨서는 안 되고 능히 임금 마음을 열어 밝혀야[開明] 가히 허물이 없는 상태를 보존할 수 있다. 무릇 윗사람으로부터 두터운 신임을 바란다면 오로지 그 질박한 진실함[質實]을 다할 뿐이다. 허례허식을 많이 하고 꾸밈을 요란하게 하는 데는 음식을 잘 차린 잔치만 한 것이 없으므로 그래서 잔치를 갖고서 비유한 것이다. 이는 마땅히 요란하게 꾸미지 말고 오직 질박한 진실함만으로 군주를 대해야 함을 말한 것이다. 즉 한 동이 술과 두 그릇의 밥만 사용하되 다시 소박한 질그릇을 집기로 사용하는 것은 질박함이 지극한 것이다.

그 질박함이 이와 같고 모름지기 '마음을 결속시키기를 창문을 통해서' 해야 한다. 마음을 결속시킨다는 것은 군주에게 나아가 군주 마음을 결속시키는 방도를 말한다. 남쪽 창문[牖]이란 열어서 빛을 통

---

18 4효는 초효와 호응하는데 초효도 같은 음효다. 음양일 때 호응이 있는데 같은 음효라 호응이 없다.

하게 하는 것이다. 방은 어두워 남쪽 창문을 두어 빛을 통하게 해서 밝힌다. 남쪽 창문을 통해 한다는 것은 빛이 통하는 밝은 곳으로부터 먼저 한다는 말이니 군주의 마음이 밝은 곳을 비유한 것이다.

남의 신하 된 자가 진실한 믿음[忠信]과 좋은 도리[善道]로 군주 마음을 결속시키려 할 때는 반드시 군주가 밝게 알고 있는 곳에서부터 먼저 하면 쉽게 이해시킬 수 있다. 사람 마음이란 가려져 막힌 곳이 있고 쉽게 통할 수 있는 곳이 있다. 가려져 막힌 곳이 어두운 부분이고 쉽게 통할 수 있는 곳이 밝게 알고 있는 부분이다. 마땅히 그가 밝게 알고 있는 부분을 취해서 설명하고 이해시켜 신임을 구한다면 쉽다. 그래서 '마음을 결속시키기를 남쪽 창문을 통해서' 한다고 한 것이다. 이렇게 한다면 설사 위험하고 어려운 때 처하더라도 끝내는 허물이 없을 수 있다. 또 군주 마음이 환락에 빠져 가려져 있다면 그것은 마음이 가려졌기 때문일 뿐이다. 그런데 강력하게 그 환락이 잘못됨만을 비판해 군주가 진심으로 반성하지 않는다면 어찌겠는가? 반드시 가려져 있지 않은 일에서부터 차근차근 미뤄 헤아려 가려진 부분을 언급한다면 그 마음을 깨칠 수가 있다."

이렇게 해서 임금 마음을 바꾼 사례로 정이천은 한나라 유방이 척희(戚姬)¹⁹를 아껴 척희 아들로 태자를 바꾸려 했을 때 그 마

---

19 척부인(戚夫人)을 가리킨다. 고조(高祖)의 총희(寵姬)로 조왕(趙王) 여의(如意)를 낳았다. 고조가 태자를 폐하고 조왕을 세워 태자로 삼으려고 했다. 여후(呂后)가 장량(張良)의 계책을 써서 상산사호(商山四皓)를 불러 태자의 빈객으로 삼으니 결국 태자를 바꾸지 않게 됐다. 고조가 죽자 여후가 조왕을 짐살(鴆殺)하고 척부인을 투옥한 뒤 수족(手足)을 모두 자르고 눈알을 뽑고 귀에 뜨거운 김을 불어 넣었으며, 벙어리 약을 먹여 화장실에 던져두었다. 그런 뒤 인체(人彘)라 불렀다.

음을 바꾼 사호(四皓-4명의 현인) 이야기를 듣는다.

『한서』「장량전(張良傳)」이다.

한나라 12년 상이 나아가 포(布)의 군대를 쳐서 깨트리고 돌아왔는데 병이 더 심해지자 더욱더 태자를 바꾸고 싶어 했다. 장량(張良)이 간언했으나 들어주지 않자 장량은 병을 핑계로 정사를 돌보지 않았다. 숙손태부(叔孫太傅)는 고금의 일을 끌어들여 설득하며 죽음을 무릅쓰고 태자를 위하는 간쟁을 했다. 상은 거짓으로 그러겠노라고 했지만, 오히려 어떻게든 바꾸고 싶어 했다. 연회가 열려 술자리를 마련했는데 태자가 상을 모시게 됐다. 네 사람은 태자를 시종했는데 나이가 모두 80여 세였고 수염과 눈썹이 은빛으로 희었으며[晧白] 의관이 몹시 훌륭했다.

상이 이들을 괴이하게 여겨 "저들은 무엇을 하는 자들인가?"라고 하자 네 사람은 앞으로 나아가 대답하며 각자 자신의 이름과 성을 말하기를 동원공(東園公), 녹리선생(角里先生), 기리계(綺里季), 하황공(夏黃公)이라고 했다.

이에 상은 크게 놀라며 말했다.

"내가 그대들을 찾은 것이 여러 해인데 그대들은 나를 피해 달아나더니 지금은 그대들이 어찌 스스로 내 아이를 따르며 교유하고 있는가?"

네 사람 모두 말했다.

"폐하께서는 선비를 하찮게 여기고 욕도 잘하시니 신들이 욕을 먹지 않을까 걱정했습니다. 그래서 두려운 마음에 달아나 숨었던 것입니다. 남몰래 듣건대 태자께서는 사람됨이 어질고 효성스러우며 공

손하고 삼가면서[仁孝敬恭] 선비를 아끼시니 천하에서는 목을 빼고
　　　　　인 효 경 공
서 태자를 위해 죽으려고 하지 않는 자가 없을 정도이므로 그 때문
에 신들이 온 것일 뿐입니다."

상이 말했다.

"번거롭겠지만 그대들은 잘해서 끝까지 태자를 보살피며 지켜주시
오."

네 사람이 축수를 이미 마치고 총총히 떠나가자 상은 그들을 멀리
보이지 않을 때까지 전송하면서 척부인을 불러 네 사람을 가리키며
말했다.

"내가 태자를 바꾸고자 했으나 저 네 사람이 태자를 보좌해 태자의
우익(羽翼-보필할 사람)이 이미 성장했으니 그 지위를 바꾸기 어렵겠
소. 여후(呂后)는 진정으로 그대 주인이오."

척부인이 눈물을 흘리자 상이 말했다.

"나를 위해 초나라 춤을 추면 나도 초나라 노래를 부르리라."

노래의 가사다.

'큰 기러기와 고니가 높이 날아 단번에 천 리를 날아가네.

날개가 이미 자라서 사해를 가로질러 날아다니는구나.

사해를 가로질러 날아다니니 마땅히 어찌하겠는가!

비록 짧은 화살이 있다고 할지라도 오히려 어디에다 쏠 것인가!'

노래를 몇 차례 부른 다음 마치고서 척부인은 한숨을 내쉬며 눈물
을 흘렸다. 상이 일어나 가버리자 술자리는 끝났다. 결국 태자를 바
꾸지 못한 것은 근본적으로 장량이 이들 네 사람[20]을 불러온 덕분이

---

20 이 네 사람은 섬서성(陝西省) 상산(商山)에 은거했다 하여 상산사호(商山四皓)라고 부

었다.

　어쩌면 이것이 태종이 생각했던 바람직한 간언이었을지 모른다.

른다.

제 9 장

신왕에게 병권을 가르치고 떠나다

1 ___

신왕 장인
심온을 제거한 까닭

예고된 참극

태종이 전격적으로 세자 도(裪)에게 선위하겠다는 뜻을 밝힌 날은 태종 18년(1418년) 8월 8일이다. 이날 "큰비가 내렸다[大雨]"고 실록은 적고 있다. 태종은 "18년 동안 호랑이를 탔으니 실로 이미 충분하다"라며 세자와 신하들이 극구 반대함에도 이를 완전히 무시하고 국새(國璽)를 세자에게 넘겼다. 이틀 후인 10일 내선 받은 세자는 경복궁 근정전에서 즉위했다. 같은 날 상왕이 된 태종은 박은 등에게 말했다.

"주상이 장년이 되기 전까지 군사(軍事)는 내가 친히 들어 결정할 것이다."

왕위를 전하는 교서(教書)에서도 공식적으로 밝혔다.

"이미 영락 16년(1418년) 무술 8월 8일에 친히 대보(大寶-옥새)를 주
어 기무(機務-주요 정무)를 전적으로 맡아보게 했고, 다만 군국의
중요한 일만 내가 직접 듣고 결단하겠다[聽斷]."
                                              청단

　태종을 잘 아는 신하들조차 이 말을 흘려들었다. 왕위에 오른
새 임금만 눈앞에 보였을 것이니 '군사'라는 두 글자를 가벼이 여
겼을지 모른다. 그러나 "군국의 중요한 일만 내가 직접 듣고 결단
하겠다"라는 말은 당시 상왕이 털끝만큼도 양보할 수 없는 마지노
선이었다.

　같은 날인 10일 박습(朴習)이 병조판서가 되었다. 박습은 상왕
과 고려 문과 동년이다. 신왕 장인 심온(沈溫)은 한 달여 전인 7월
8일 의정부 참찬에, 강상인(姜尙仁)은 병조참판에 발탁되었다. 장
차 일은 강상인에서 박습을 거쳐 심온으로 번지게 된다.

　태종이 대위(大位)를 신왕에게 전한 1418년 8월 8일로부터 보
름 남짓 지난 8월 25일 일이 터지기 시작한다.

　임인일(壬寅日-25일)에 상왕이 병조참판 강상인과 좌랑 채지지(蔡知
止, ?~?)[1]를 붙잡아 의금부에 가두라고 명했다.

───────

1　1405년(태종 5년) 문과에 급제했다. 감찰을 거쳐 병조좌랑으로 재직하고 있던 1418년
　(세종 즉위년) 강상인 옥사에 관련되어 직첩을 회수당하고 1424년 7월에 외방종편되
　기까지 7년간 고부(古阜)에 유배당했다. 그 뒤 1439년 우헌납이 되었고 1455년(세조
　원년) 원종공신 3등에 녹훈되었다.

이때 상(-신왕 세종)은 장의동 본궁(本宮-사저)에 있었는데 병조는 매번 군사에 관한 일을 상왕에게 아뢰지 않고 먼저 상에게 아뢰었으므로 상은 그때마다 이를 물리치면서 말했다.

"어찌해 부왕께 아뢰지 않느냐?"

상왕이 이 사실을 알고 그가 어찌하는지를 시험해보고자 상인에게 물었다.

"상아패(象牙牌)와 오매패(烏梅牌)는 장차 어디에 쓰려고 한 것인가?"

상인이 대답했다.

"이것으로 대신들을 부르는 데 씁니다."

상왕이 이 말을 듣고 곧장 상아패와 오매패를 꺼내 상인에게 주며 말했다.

"여기서는 소용이 없으니 모두 왕궁으로 가져가라."

상인은 곧 이를 받들고 주상전으로 가지고 가니 상이 물었다.

"이것은 어디에 쓰는 것이냐."

상인이 말했다.

"이는 밖에 나가 있는 장수를 부르는 데 쓰는 것입니다."[2]

상이 말했다.

"그러면 여기에 두어서는 안 된다."

곧바로 상인으로 하여금 다시 가지고 가서 도로 바치게 했다. 상왕은 상인이 거짓을 꾸며 면대해 속이는구나 여기고 곧장 우부대언 원숙과 도진무 최윤덕을 불러 상에게 선지(宣旨-상왕이나 대비의 뜻)해

2　상왕과 상에게 한 대답이 다르다.

말했다.

"내 일찍이 교서를 내려 군국의 중요한 일은 내가 친히 듣고 결단하겠다고 말했다. 그런데 지금 상인 등이 모든 군국의 일을 다만 상에게만 아뢰고 나에게는 아뢰지 않았다. 또 전일에 상인에게 명해 '벼슬 시킬 만한 사람을 적으라'고 했더니 자기 아우 상례(尚禮)를 더 적어 상에게 아뢰어 사직(司直) 벼슬을 내리게 하고는 나에게 와 사례하기를 '상께서 신의 아우 상례를 사직으로 삼으십니다'라고 했으니 이는 임금을 속인 것이다[欺君=欺君罔上].
  기군   기군망상"

상왕이 강상인에게 "상아패와 오매패는 장차 어디에 쓰려고 한 것인가?"라고 물은 까닭은 하루 전날 신왕이 상의원(尚衣院)[3]에 명해 상아원패(象牙圓牌) 12개와 오매패 30개를 더 만들게 했기 때문이다. 이는 강상인이 요청한 바였다. 신왕은 곧장 상왕에게 아뢰었고 이에 상왕은 강상인을 시험대에 올렸다.

상아패는 무엇이고 오매패는 무엇인가? 패란 일종의 어명(御命) 인증서다. 임금이 패 오른쪽을 갖고 대신이나 장수는 왼쪽을 갖고 있다가 임금이 그들을 부를 때 오른쪽을 같이 보내 선소(宣召) 표식으로 삼았다. 강상인은 상왕이 물었을 때 "이것으로 대신을 부르는 데 씁니다"라며 장수를 빼버렸고 반대로 신왕이 물었을 때는 "이는 밖에 나가 있는 장수를 부르는 데 쓰는 것입니다"라고 답했다. 상왕이 극도로 싫어하는 곧지 못한 행동[不直]이었다. 상왕은 환관 최한을 의금부에 보내 강상인 신문을 명했다. 이 명에
                                        부직

---

3 임금 의복을 진상하고 대궐 안 재물과 보물 일체의 간수를 맡아보던 관서다.

는 흥미로운 사실 하나가 추가되어 있다. 이미 개경에 머물 때 상왕이 세자에게 전위할 뜻을 밝히며 한 말이었다.

> "너는 장차 나의 근심을 물려받게 될 것이다. 내 비록 임금다움은 없으나 오래 왕위에 있어 아는 사람이 많으니 군국의 중요한 일은 내가 친히 청단하겠노라."

"오래 왕위에 있어 아는 사람이 많으니"에 주목해야 한다. 상왕의 큰 걱정은 신왕이 아직 군사와 관련해 장군들에 대해 아는 바가 없다는 것이었다. 군국 중대사를 당분간이라도 돌봐주어야 할 책임이 자신에게 있다고 생각했다. 이는 얼마 후 대마도 정벌 때 군정(軍政) 문제로 명백히 드러나게 된다. 정(政)이란 곧 인사(人事)와 재정(財政)에 대한 권한을 말한다. 상왕은 불과 하루 만에 정벌군 인사를 마무리한다.

강상인 신문은 곧바로 진행되었다. 일이 터진 다음날인 26일 병조판서 박습을 비롯해 병조 실무 책임자 6명이 잡혀 와서 의금부에 내려졌다. 27일 강상인과 낭청 6인을 모두 고문했으나 "일의 이치를 잘 살피지 못했던 때문"이라는 변명밖에 건지지 못했다. 박습 고문 요청에 대해 상왕은 일단 "박습은 재임한 날짜가 얼마 안 되니 그냥 두라"면서도 강상인에 대해서는 "단단히 고문하되 죽지 않을 정도까지만 하라"고 방향을 일러주었다. 강상인은 상왕이 잠저(潛邸-임금이 되기 전에 살던 집)에 지낼 때 가신이었다. 즉위 후 발탁해 등용했다가 다시 본궁(本宮-원래 살던 집)으로 보내 사재(私財) 관리를 맡겼던 인물이었다. 어찌 보면 측근이다. 상왕이 이

때 그에게 던진 말이다.

"너는 30년간이나 나를 따라 지내다가 오늘에 와서 이렇게 되었다. 나는 오히려 옛날을 생각해 큰 죄를 주지 않는 것이니 너는 스스로 반성함이 마땅하다."

확대되는 옥사

전혀 엉뚱한 곳에서 다른 일 하나가 불거지고 있었다. 8월 13일 상왕이 전위한 사실을 명나라에 보고할 사은 주문사(謝恩奏聞使)로 한성부 판사 김여지를 임명했다. 그런데 열흘 후인 23일 상왕은 "사은사는 반드시 친척을 보내야 한다"며 생각을 바꿨다. 사안이 중대함을 감안한 것이다. 이에 조선을 자주 찾던 사신 황엄과 친분이 깊은 심온을 사은 주문사로 임명했다. 강상인이 의금부에 내려진 시점은 그로부터 이틀 후였다. 아직은 두 사건이 평행선처럼 진행되고 있었다.

9월 3일에는 심온을 영의정으로 승진시켰다. 돌이켜보면 심온은 만인지상(萬人之上) 영의정 자리만큼은 받지 말았어야 했다. 심온은 권력욕 때문인지 사려 깊지 못하게 그 자리를 덥석 물었다. 민씨네가 권력에 너무 가까이 가려다가 멸문당한 일을 새까맣게 잊은 듯했다.

같은 달 8일 심온은 명나라를 향해 떠났다. 그날 풍경을 태종 눈높이에서 관전해보자.

"온은 임금 장인으로 나이 50이 못 되어 수상(首相-영의정) 지위에 오르게 되니 영광과 세도가 혁혁해 이날 전송 나온 사람으로 장안이 거의 비게 되었다."

14일 형조·사헌부·사간원에서 연명으로 소를 올려 박습·강상인 등을 법대로 처치해야 한다고 청하자 일단 유배형을 내렸다. 강상인은 함경도 단천의 관노로 삼았고, 박습은 경상도 사천으로, 이각은 전라도 무장으로, 김자온은 경상도 양산으로, 양여공은 경상도 함안으로, 이안유는 경상도 경산으로, 채지지는 전라도 고부로, 송을개는 경상도 칠원으로, 이숙복은 평안도 강동으로 유배 보냈다. 박습은 유배 대상에서 빠졌지만, 그사이 병조판서는 조말생으로 바뀌었다.

10월 한 달은 조용히 지나갔다. 11월 3일 상왕은 일을 크게 키운다. 편전에서 조말생·원숙·장윤화·하연에게 자초지종을 설명했다. 태종 특유의 향후 일 처리 방향 지시가 담긴 말하기였다.

"전날에 강상인 일을 말하다가 다 마치지 못했으니 다시 경들과 이를 말하려 한다. 상인이 생원에서 참판에 이르렀으니 특별히 은혜로 대우한 것이건만 일찍부터 감사할 줄은 모르고 도리어 딴마음을 품고 군무(軍務)를 (상왕인 나에게) 아뢰지도 않고 다만 각 시간[更]경마다 사고가 없다고만 아뢰었으며 또 주상이 왕위에 오른 지 3일 만에 와서 말하기를 '각 도에서 매[鷹]응를 바쳐서 마땅히 부왕에게 올려야 할 것입니다'라고 하므로 주상도 옳다고 여겨 즉시 상인으로 하여금 선지(宣旨)를 받들어 공문을 보내도록 했는데 상인은 4, 5일

동안이나 늦추어 두고 실행하지 않았다. 다시 공문을 보내게 했더니 그제야 아뢰기를 '왕지(王旨)를 받들어 공문을 보내는 것이 옳겠습니다'라고 하므로 내가 그 말을 따랐다. 또 (충청도) 홍주에 안치한 김국진(金國珍)[4]을 부르게 했으나 상인이 이 또한 받들어 실행하지 않았다. 만약 우리 부자를 차별 없이 사랑했더라면 어찌 이런 일을 할 수 있겠는가? 이런 일을 벌인 것은 장차 뒷날을 준비하려는 것이다. 그 마음을 깊이 살펴보면 그가 용렬하고 악한 것[庸惡]이 심했다. 다시 국문해 만약 반역할 마음이 없는데 이를 죄준다면 실로 원통하고 억울할 것이니 마땅히 이를 용서해야 할 것이다. 그러나 만약 진실로 반역할 마음이 있었다면 신하가 유독 상인뿐만이 아니고 임금도 다만 지금 이때뿐만이 아니니 어찌 왕법(王法-임금다운 도리에 따르는 법)으로 이를 다스리지 않을 수 있겠는가? 그때 행수(行首)인 해당 관원도 마땅히 심문해야 할 것이다."

유배 간 죄수들을 다시 불러들였다. 13일에는 박습 등을 국문하게 하고 말했다.

"전위 교서에 '군국의 중대한 일은 내가 친히 듣고 결단한다. 또 병조는 항상 전문(殿門-대궐 문) 안에 있게 하라'고 했는데도 너희들은 군무와 관련된 의견을 아뢰지 않았으니 반드시 다른 꿍꿍이가 있을 것이다."

박습이 아뢰어 말했다.

---

4   내시위 호군으로 있으면서 2차 왕자의 난 때 이방간 쪽에 섰다가 유배를 갔다.

"어찌 감히 다른 계획이 있겠습니까? 다만 새로 판서에 임명되어 사무를 알지 못할 뿐이었습니다. 또 강상인이 말하기를 '갑사에게 휴가를 주는 등 모든 군무는 마땅히 예(例)에 의해 주상전께 아뢰라'라고 했습니다. 제 생각으로 상인은 원래 잠저 때부터 옛 신하이며 오랫동안 병조에 있었으므로 다만 상인 말만 따랐을 뿐이오, 감히 이의(異議)를 제기하지 못한 것입니다. 김국진 일은 제가 일찍이 알지 못한 것이고 매에 관한 일은 상인이 말하기를 '마땅히 왕명으로 공문을 보내야 할 것이다'라고 하기에 제가 감히 어기지 못했습니다. 채지지가 말한 것은 (병조참의) 이각(李慤)이 제 유배지를 지나며 '나는 상인에게 군사는 마땅히 상왕전에 아뢰어야 할 것이라고 했으나 상인은 빙긋이 웃으면서 대답하지 않았다'라는 것입니다."

의금부에서 상세히 아뢰니 상왕이 말했다.

"박습이 더는 이의를 제기하지 않으니 죄가 없을 수는 없지만, 강상인과는 죄과(罪科-죄의 종류)가 다르니 차마 고문할 수는 없다."

허지가 아뢰어 말했다.

"박습이 10살짜리 아이가 아니고 스스로 장관이 되었는데 어찌 대체(大體)를 알지 못하는 사람이라서 그저 상인 말만 따랐겠습니까? 마땅히 국문을 더 해야 할 것입니다. 죄가 반드시 더는 이의를 하지 않는 것에만 그치지 않을 것입니다."

고문 방법으로 참혹한 압슬형(壓膝刑)[5]이 동원되었다. 국문

---

5 조선 시대에 죄인을 자백시키기 위해 행하던 고문이다. 죄인을 기둥에 묶어 사금파리를 깔아놓은 자리에 무릎을 꿇게 하고 그 위에 압슬기나 무거운 돌을 얹어 자백을

8일째였던 21일 마침내 압슬형을 견디지 못한 강상인이 "내 마음에 국가의 명은 마땅히 한곳에서 나와야 한다고 생각했으므로 상왕에게 아뢰지 않은 것이다"라고 털어놓았다. 또 박습을 끌어들여 "내가 박습과 의논하면서 '군사는 한곳에서 나오는 것이 어떠냐'고 하니 박습 또한 옳다고 하므로 아뢰지 않았다"라고 말했다. 이른바 한곳이란 주상전(主上殿)을 가리켰다. 이제 박습도 올가미에 걸려들었다. 이날 실록은 의미심장한 사실 하나를 덧붙인다. 강상인이 잡혀 온 이유다.

병술년(丙戌年-1406년)에 상왕이 내선하고자 하니 강상인이 울부짖고 절박해함이 매우 심하므로 그때 상왕이 이를 즉시 알았다. 무술년(戊戌年-1418년)에 내선할 때 많은 신하가 모두 가슴을 치고 목놓아 슬피 울었으나 상인은 말과 얼굴빛이 도리어 많은 신하에게도 미치지 못하니 상왕 또한 이를 즉시 알았다.

이 일은 민무구·무질이 죽음에 이르게 된 근본적 이유를 떠올리게 한다. 평소 사소한 행적을 관찰해 그 사람 마음속 깊은 곳을 살피는 공자식 성기사(省其私)가 이번에도 작동했다. '그 사사로움을 살핀다'라는 공자식 사람 보는 법의 핵심은 무의식중에 드러나는 것이 바로 그 사람이 품고 있는 본심이라는 것이다. 상왕이 성기사를 통해 강상인 속마음을 읽어내지 않았다면 강상인은 아마도 신문 과정에서 털어놓은 대로 "내가 새 임금의 덕을 입기를

강요했다.

바란 것" 정도의 죄목으로 끝났을지 모른다.

그런데 설상가상 다음날인 22일 강상인은 압슬형 때문인지 더 민감하고 중대한 사실을 털어놓았다. 조정을 뒤흔들 만큼 충격적 내용이었다.

"날짜는 기억하지 못하지만, 영의정 심온을 상왕전 문밖에서 만나 보고 의논하기를 '군사를 나눠 소속시키는데 (주상을 지키는) 갑사는 수효가 적으니 마땅히 3,000명으로 해야 하겠다'라고 하니 심온도 옳다고 했습니다. 그 후에 또 의논할 일이 있어 날이 저물 때 심온 집에 가서 '군사는 마땅히 한곳으로 돌아가야 한다'고 했더니 심온 또한 옳다고 했습니다. 또 장천군(長川君) 이종무에게 '군사는 마땅히 한곳으로 돌아가야 한다'고 했더니 종무가 빙긋이 웃으면서 수긍했습니다. 또 우의정 이원을 대궐 문밖 길에서 만나 '(지금) 군사를 나눠 소속시키는 것이 어떠하냐'고 했더니 답하기를 '이를 어찌 말할 수 있느냐'고 했습니다."

'독 안의 쥐' 신세가 된 임금 장인 심온

23일 의금부 보고를 받은 상왕은 기다렸다는 듯이 지시했다.

"과연 내가 전일에 말한 바와 같이 그 진상이 오늘날에야 드러났구나. 마땅히 대간(大姦)을 제거해야 할 것이니 이를 잘 살펴 문초하라!"

물론 대간이란 심온을 가리킨다. 함께 언급된 이종무나 정승 이원은 애당초 상왕이 그린 그림에는 없었다. 이종무와 이원은 형식상 확인 정도를 거쳐 혐의를 벗었다. 아마도 이때 처벌받았다면 대마도 정벌로 유명하게 되는 장수는 이종무가 아니었을지 모른다.

한편 같은 날 신왕은 장인이 대역(大逆) 혐의를 받고 있다는 사실을 환관 김용기를 통해 전해 들었다. 바로 상왕에게 달려가 변론했으나 상왕은 차갑게 답했다.

"내가 들은 바는 그와는 다르다. 과연 주상 말과 같다면 무슨 죄가 있겠는가?"

상왕은 좌의정 박은에게 이번 사건 전개 과정을 제대로 이해할 수 있게 해주는 중요한 말을 전했다. 이 그림에 따라 처벌하라는 명이었다.

"애초에 상인의 죄는 대간(臺諫)과 나라 사람[國人]⁶이 두 번이나 청했는데 내가 그 정상(情狀-실상)을 모르는 것은 아니나 일단 윤허하지 않고 다만 외방(外方-지방)으로 내쫓기로만 했다. 그런데 그 후에 생각해보니 나의 여생은 많지 않고 본 바가 많으므로 이 같은 대간(大姦)을 제거하는 것이 마땅하므로 다시 그 일을 신문해 이와 같은 사태에 이른 것이다. 심온이 군사가 한곳에 모여야 한다는 말을 듣고

───────
6 말 그대로 나라 백성을 말하는 것이 아니라 조정 관리를 말한다.

대답하기를 '군사는 반드시 한곳에 모이는 것이 옳다'고 했다 하니 경은 이를 알아야 할 것이다."

이로써 심온은 이미 죽음이 정해진 것이나 마찬가지였다. 다만 여기서 상왕이 말한 "본 바가 많으므로"가 무엇인지 실록에서 찾아내는 일이 남았다. 이는 심온 옥사를 전체적으로 조망하는 후반부에서 살펴보기로 하고 다시 사건으로 돌아가 보자.

24일에는 압슬형 고통을 이기지 못한 박습이 마침내 털어놓았다.

"강상인·이관·심온이 모두 '병사는 나눠 두 곳에 소속시킬 수 없으니 마땅히 한곳에 합쳐야 할 것이다'라고 하므로 (모두) 이 두서너 사람 말을 들었기 때문에 모든 군사는 상왕전에 아뢰지 않았습니다."

다음날 상왕은 좌의정 박은, 우의정 이원, 병조판서 조말생 등을 불러 일을 토의하고 술자리를 했다. 이원은 혐의를 벗고 이 자리에 참석하고 있다. 박은과 이원이 이구동성으로 "두 전하는 일체(一體)이신데 험악하고 편협한 간신들이 두 길로 갈라서 일을 꾀하고 있습니다. 이 무리는 모두 임금 은혜를 특별히 입었는데도 그 범죄가 이와 같으니 상의 마음이 어찌 믿으시겠나이까? 신 등이 모두 분하게 여기는 바입니다"라고 하자 상왕이 짤막하게 답했다.

"내가 두 정승 마음을 아니 6척 고아를 부탁할 만하다[可托六尺之孤]."

이제 낯익은 이 말은 『논어』 「태백(泰伯)」편에 나온다. 어린 자식이 임금이 되었을 때 보좌를 믿고 맡길 만한 충성스러운 신하라는 뜻이다. 태조에게는 정도전과 남은이 그런 신하였으나 세자 방석을 지켜내지 못했고 문종에게는 김종서(金宗瑞, 1383~1453년)와 황보인(皇甫仁, ?~1453년)이 그런 신하였으나 역시 단종을 지켜내지 못했다. 주군에 대한 충성심과 주군을 지켜낼 능력을 겸비할 때라야 "6척 고아를 부탁할 만한 신하"가 될 수 있다. 주나라 때 어린 조카 성왕(成王)을 끝내 지켜준 주공(周公)이 바로 6척 고아를 부탁할 만한 신하다.

상왕은 옥사가 한창 진행 중일 때 본심을 드러냈다. 관련해 음미해야 한다.

"내가 병권을 내놓지 않는 것은 왕위를 마음에 두어 잊지 못하는 것이 아니고 주상을 위해 무슨 위급한 일이 있을 경우에 후원하고자 하기 때문일 뿐이다. 예로부터 지친(至親)을 이간시키는 것은 여러 소인 무리로부터 말미암음이니 어찌 크게 징계해 뒷세상 사람을 경계하지 않을 수 있겠는가?"

이제 남은 일은 북경에서 돌아올 심온과 강상인·박습 간 대질 뿐이었다. 26일 상왕은 박은·조말생·이명덕·원숙을 불러 말했다.

"강상인은 죄가 중하니 지금 마땅히 죽일 것이요 박습은 상인에 비하면 죄가 가벼운 듯하다. 괴수(魁首) 심온이 돌아오지 않았으니 아직 남겨두었다가 대질시키는 것이 어떠한가? 그렇지 않으면 인심(人

心)과 천의(天意)에 부끄러움이 있지 않겠는가?"

태종이 말하는 스타일[言風]을 감안한다면 이는 대질을 하지
말자는 뜻이다. 나쁘게 보면 자기는 좋은 역할을 하고 신하들에게
는 악역을 떠넘기는 것이다. 상왕 속뜻을 헤아린 박은은 즉시 "심
온이 범한 죄는 사실 증거가 명백하니 어찌 대질할 필요가 있겠습
니까?"라고 말했다. 앞서 본 대로 박은은 췌마(揣摩)에 능했다. 의
금부도 조속한 형(刑) 집행을 청하자 상왕은 즉시 강상인과 박습
사형을 명했다.

훗날 상왕이 세상을 떠난 후 변계량은 이때 일과 관련해 세종
에게 박은이 가혹했음을 증언했다. 이 발언은 그러나 1418년(세종
즉위년) 11월 26일 자에 실려 있다. 실록 편찬자들이 훗날 증언을
이때로 당겨와 이 사건이 가혹했음을 간접적으로라도 증언하려
함일 것이다. 실록에는 종종 이 같은 필법이 사용되곤 했다.

"무술년 옥사 때 신이 의금부 제조로 있었는데 허지가 여러 제조에
게 말하기를 '마땅히 박습에게 압슬형을 써야 할 것이다'라고 하니
여러 제조가 좋다고 해 이에 압슬형을 쓰자 곧 자백했습니다. 상왕
께서도 박습 죄에 대해서는 의심을 하고 계셨는데 박은이 다시 청해
이에 목 베었습니다."

상왕이 의도한 옥사에 박은이 앞장섰다는 뜻이다. 사행 임무
를 마치고 의주에 도착한 심온이 한양으로 붙잡혀 온 날은 12월
22일이다. 일이 터진 8월 25일로부터 4개월이 되어가던 시점이다.

박습과 강상인 사형 사실을 몰랐던 심온은 의금부 신문에서 그들과 대질을 요구하기도 했다. 그에게도 압슬형이 가해졌고 얼마 안가 죄를 털어놓았다.

"상인 등 여러 사람이 아뢴 바와 모두 같습니다. 신은 무인인 까닭으로 병권을 홀로 잡아보자는 것뿐이었고 함께 모의한 자는 상인 등 여러 사람 외에 다른 사람은 없습니다."

일사천리(一瀉千里)였다. 다음날인 23일 진무 이양(李揚)에게 명해 수원으로 압송해 자진(自盡)하게 했다.

언제부터 상왕은 심온을 제거하기로 했을까

25일 이양이 돌아와 심온 사망 사실을 보고했다. 이날 실록에는 심온이 죽음에 이른 이유를 알려주는 중요한 사실들이 고스란히 들어 있다.

첫째, 충녕대군이 아직 세자가 되기 전, 즉 하륜이 살아 있을 때 일이다. 평소 심온이 하륜과 뜻이 서로 맞지 않았는데 어느 날 심온이 사위 충녕대군에게 말했다.

"하륜이 빈객들과 많이 교통하고 뇌물을 많이 받아들이며 대낮에 첩의 집에 드나드니 추잡한 행실이 이와 같습니다."

장차 밀계(密啓)하고자 해 상이 상왕에게 상세히 아뢰니 상왕이 말했다.

"신하가 밀계하는 것은 좋은 일이 아니며 또 바깥 사람들 의심을 초래하게 될 것이다."

마침내 불러 보지 않았다.

상왕이 볼 때 심온은 대군 장인이라는 자기 신분을 믿고 임금이 가장 신임하는 재상을 꺾으려 한 자였다. 상왕이 심온을 간사(奸邪)하다고 한 이유다.

둘째, 세자가 실덕(失德)해 신하들의 여망이 점점 충녕대군에게 옮겨갈 때 일이다. 당시 상왕은 심온을 경계시키며 감히 그와 관련된 일을 공공연히 말하지 말라고 주의시키며 말했다.

"사인(士人)들을 널리 접촉하지 말고 조심해 법도를 지키라."

구종수 일이 발생하자 종수 형 종지가 의금부에 고해 말했다.

"전날에 심 판서(沈判書)가 나에게 '네가 신자(臣子-신하)가 되어 동궁과 교통하는 것이 옳으냐' 하고 책망했다."

양녕도 말했다.

"종수가 일찍이 나에게 말하되 '심 판서는 내가 동궁에 출입하는 것을 알고 일찍이 꾸짖어서 내가 심히 두려워했다'라고 하더라."

의금부에서 이를 갖추어 아뢰니 상왕이 상에게 일러 말했다.

"내가 심온에게 그처럼 경계시켰는데도 이런 사람들과 교통하고 또 말하는 바가 이와 같은 것은 어찌 된 까닭인가?"

심온이 구종수 무리를 가까이하고 대궐 내 일에 대해 언급한 행위 자체가 왕이 내린 경고를 정면으로 어긴 것이었다. 신왕으로서도 달리 변호할 방법이 없었다.

셋째, 신왕이 세자로 있을 때 일이다. 심온이 세자에게 말했다.

"지금 사대부들이 나를 보면 모두 은근한 뜻을 보내니 내가 심히 두렵습니다. 마땅히 손님을 사절하고 조용히 여생을 보내야겠습니다."
상이 즉시 이 말을 아뢰었더니 상왕이 심히 옳게 여겼다.

세종은 이미 장인을 마뜩잖게 여기는 부왕 마음을 알아챘다. 이 말을 아뢴 것도 그런 부왕을 누그러트리려는 세종 나름의 구원 노력이었다. 그러나 심온은 태종이 마치 미끼처럼 던진 영의정 자리를 덥석 물었다. 독배(毒杯)였다.

그렇다면 심온은 어떻게 처신했어야 목숨을 부지할 수 있었을까? 충녕대군이 세자가 된 시점은 태종 18년(1418년) 6월 3일이다. 이때 심온은 공조판서였는데 이틀 후 이조판서가 되고 한 달 후인 7월 8일 의정부 참찬으로 자리를 옮겼다. 한 달 후에는 의정부 찬성이 되었고 또 같은 달에 청천부원군(靑川府院君)이 되었다.

하루에도 아홉 번 승진한다는 일일구천(一日九遷)이란 말 그대로였다. 권세가 높아지는 속도에서 아무런 신호를 느끼지 못했을까? 심온은 일찍부터 단호하게 자리를 사양해야 했다. 그러나 당시 40대였던 심온은 야심가였다. 주는 자리를 다 받았다. 급기야 9월 3일 영의정 자리까지 덥석 물었다. 태종 마음은 영의정을 준 9월 3일 이미 끝났다고 봐야 한다.

심온은 신하로서 임금 장인이 된 데다 조정 최고 자리인 영의정에 올랐다.

건괘(乾卦)가 임금 괘라면 앞서 본 듯이 곤괘(坤卦, ☷)는 신하 괘다. 괘에는 효가 모두 6개 있는데 아래부터 신진 인사, 중간 관리, 판서, 정승이나 세자, 임금, 상왕에 해당한다. 물론 곤괘는 신하 괘이기 때문에 맨 위 두 효는 임금과는 무관하다. 그렇다면 밑에서부터 네 번째 음효(陰爻)가 심온이 마음속 깊이 새겨두고 실천했어야 할 효였다고 하겠다. 주공(周公)은 이 효에 대해 이렇게 계사했다[繫辭].[7]

　　"육사(六四)는 주머니(주둥이)를 묶으면 허물도 없고 기림도 없다[括囊 无咎无譽]."

이에 대해 공자는 "주머니(주둥이)를 묶으면 허물이 없다는 것은 조심해서 해롭지 않다는 것이다[括囊无咎 愼不害也]"라고 부연했다. 신하가 신하로서 가장 높은 자리에 이르렀을 경우에는 오로지 이렇게 처신하지 않으면 안 된다. 참고로 건괘 네 번째 양효 효사는 '혹 (못에서) 뛰어오르거나 그냥 못에 있으니 허물이 없다[或躍在淵 无咎]'이다. 곤괘 네 번째 음효와 달리 여러 기회가 열려 있다.

주공은 곤괘 육사(六四)도 자신의 지혜 숨기기를 마치 주머니 주둥이를 동여매듯이 해 숨긴다면 허물이 없다고 했다. 그 반대로 하면 해롭다는 뜻이다. 대신 자기 재능을 감추고 숨어 지낸다면

7　계사(繫辭)란 말을 단다는 뜻이다.

당연히 칭송을 받을 일도 없다[无譽]. 따라서 헛되게 칭송을 바라
서도 안 될 자리다.

실록은 평소 심온이 "성품이 인자하고 온순해 물정(物情)에 거
슬리지 않았다"라고 긍정적으로 평했다. 그러나 그는 주머니를 꽉
묶어야 했을 때 그러지 못했다.

2 ―――

기해동정

정벌 결단이 신속했던 이유

'대마도 정벌'로 알려진 1419년(세종 1년) 5~6월 대마도 정벌에 대한 역사적 명칭은 기해동정(己亥東征)이다. 1418년 연말 장인 심온을 잃은 신왕(新王-세종)이 겨우 충격에서 벗어나려 할 즈음이었다.

시작은 5월 5일 올라온 전라도 도절제사 보고다.

'왜선 39척이 명나라에 가서 도적질하고 오는 길에 우리와 가까운 섬에 머무르고 있으니 영광 경계에 둔병(屯兵)해 방비하고 있습니다.'

오는 길[來]이라고 했지만, 그 후 진행 방향을 보면 가는 길이
었다.
　5월 7일에는 충청도 관찰사 정진이 비보(飛報-급보)했다. 정진
은 정도전 아들이다.

　'이달 초5일 새벽에 왜적 배 50여 척이 갑자기 (충청도) 비인현(庇仁
　縣) 도두음곳(都豆音串)에 이르러 우리 병선을 에워싸고 불살라 연기
　가 자욱하게 끼어 서로를 분별하지 못할 지경이었습니다.'

　이때부터 모든 명은 상왕으로부터 나왔다. 보고받은 상왕은
즉시 충청도 시위별패(侍衛別牌)와 하번갑사(下番甲士)와 수호군(守
護軍)을 징집해 당하영선군(當下領船軍)과 함께 엄격히 방비하도록
했다. 총제 성달생(成達生)을 경기·황해·충청 수군 도처치사(都處
置使), 상호군 이각(李恪)을 경기 수군 첨절제사, 이사검(李思儉)을
황해도 수군 첨절제사, 전 총제 왕인(王麟)을 충청도 수군 도절제
사에 임명하고, 해주목사 박영(朴齡)에게는 황해도 병마도절제사
를 겸하게 했다. 왜인 평도전(平道全)을 충청도 조전병마사(助戰兵
馬使)로 삼고 같은 왜인 16명을 거느리고 가게 했다. 평도전은 조
선에 귀화한 왜인이었다. 반나절도 걸리지 않아 전광석화처럼 충청
도 방어 지휘 체계가 구축되었다. 우리가 눈여겨봐야 하는 대목은
이 군 인사 능력이다. 그것을 군정(軍政)이라 한다. 앞서 본 심온 사
건은 태종이 군령(軍令)의 엄격함을 보여준 일처다. 당연히 군사
를 모르는 신왕을 가르치려는 목적이 컸다. 이제 우리는 군정에 주
목해야 한다.

사흘 후인 10일에는 충청좌도 도만호 김성길(金成吉)이 복주(伏誅-죄에 엎어져 주살됨)되었다. 당시 왜적은 배 수십 척을 이끌고 전라도를 지나 충청도와 황해도를 거쳐 명나라 절강(浙江) 등지로 가던 중이었다. 김성길은 전라도 감사에게서 왜적이 경내(境內-나라 안)를 지나간다는 정보를 사전에 전달받고도 방비하지 않다가 패전한 죄였다. 12일에는 황해도 감사 권담(權湛, ?~1423년)[8]이 급히 보고했다.

'왜적 7척이 해주에서 도적질했습니다.'

다음날 황해도 감사가 적선 38척이 해주 연평곶 근처를 노략질한 사실을 또 급보했다. 상왕은 곧바로 대호군 김효성(金孝誠)을 경기·황해도 조전 병마사, 전 예빈소윤 장우량(張友良)을 황해도 경차관(敬差官-각도에 파견된 특명관)으로 각각 명해 그날 즉시 현장으로 보냈다. 또 이지실(李之實)을 황해도 조전병마도절제사, 김만수(金萬壽)를 평안도 병마도절제사로 삼았다. 황해도뿐 아니라 평안도까지 염두에 둔 지휘 체계였다. 바로 이날 양상(兩上-상왕과

---

8 1374년(공민왕 23년) 공민왕 시역 사건에 관계한 권진(權瑨) 일족이라 해 한때 원주(原州)에 유배되었다. 1380년(우왕 6년) 문과에 급제했다. 1389년(공양왕 1년) 사헌장령이 되어 우왕을 옹립한 변안열(邊安烈) 죄를 논할 때 이에 가담한 이경도(李庚道)를 국문했다. 이듬해 남원부사가 되고 곧 간관(諫官)이 되었으나 이초(彛初)의 옥에 연루되어 간관 진의귀(陳義貴)·정습인(鄭習仁)·맹사성(孟思誠) 등과 함께 멀리 유배되었다. 그러나 곧 사면되고 조선(朝鮮)이 건국된 뒤에는 다시 중용되어 1402년(태종 2년) 우사간을 거쳐 1412년 공주목사, 1419년(세종 1년) 황해도관찰사, 1423년 전주부윤 등 외직(外職-지방직)을 두루 역임했다.

주상)은 박은·이원·조말생·이명덕을 대궐로 불러 허술한 틈을 타 대마도를 섬멸한 뒤에 물러나 적의 반격을 맞을 계책을 밀의하고 밤늦게야 마쳤다. 정벌 전략 회의였다.

이때 박은은 좌의정, 이원은 우의정, 조말생은 병조판서, 이명 덕은 병조참판이다. 조말생·이명덕은 둘 다 최근까지 지신사를 지 낸 근신 중 근신이다.

이 기록만 보면 이미 상왕은 결심을 끝냈다. 5일 전라도 도절 제사 보고를 기준으로 보더라도 채 열흘도 되지 않은 시점에 내린 정벌 결단은 여느 때와 달리 매우 신속했다.

고려 말부터 조선 초까지 왜구는 늘 해변 지역을 침략했다. 38~39척이면 그다지 큰 규모는 아니었다. 그런데 왜 상왕은 정벌 을 서둘렀을까? 이런 의문을 가지고 다음날 토의 장면으로 들어가 보자.

무오일(戊午日-14일)에 양상이 명해 유정현·박은·이원·허조 등을 불러 허술한 틈을 타 대마도를 치는 것의 가부를 토의하니 모두 말 했다.

"허술한 틈을 타는 것은 안 될 일이고 마땅히 적이 (명나라에 갔다가) 돌아오는 것을 기다려 치는 것이 좋겠습니다."

조말생만이 홀로 말했다.

"허술한 틈을 타 쳐야 합니다."

상왕이 말했다.

"금일 토의가 전일에 계책한 것과 다르다. 만일 물리치지 못하고 항 상 침노만 받는다면 한나라가 흉노에게 욕을 당한 것과 무엇이 다르젰는가? 그러므로 허술한 틈을 타 쳐부수는 것만 못하다.

그래서 그들 처자식을 잡아 오고 우리 군사는 거제도에 물러 있다가 적이 돌아옴을 기다려 요격해 그 배를 빼앗아 불사르고 장사하러 온 자와 배에 머물러 있는 자는 모두 구류(拘留)하고 만일 명을 어기는 자가 있으면 베어버리고 구주(九州-일본 규슈)에서 온 왜인만은 구류해 경동(驚動)하는 일이 없게 하라. 또 우리가 약함을 보이는 것[示弱]은 안 될 일이니 (만일 그렇게 한다면) 후일의 우환이 어찌 다 함이 있으랴."

삼정승과 예조판서 허조까지 반대했지만, 병조판서 조말생 한 사람 지지에 힘입어 적이 허술한 틈에 공격하기로 했다. 이런 경우는 십중팔구 상왕에게 구상이 있었다고 봐야 한다.

이번 정벌은 그 밖에도 왜구가 명나라 지역을 약탈할 경우 명나라에서 응징을 명분으로 조선에 원정로를 길을 열어달라고 [征倭假道] 요구할 가능성을 뿌리부터 뽑자는 목적도 있었다. 그는 맹목적 사대주의자는 아니었다. 며칠 후 삼군도통사 유정현을 현지로 내려보내면서 "이 조그마한 왜놈들이 가만히 해도(海島)에 있으면서 벌처럼 덤비고 개미처럼 우글거리며 화심(禍心)을 속에 품고 상국(上國-명나라)을 능멸하게 여기도다"라고 한 말로 봐도 알 수 있다.

이런 신속한 결정이 가능했던 또 다른 중요한 배경으로 태종 재위 18년간 이룩한, 자기 나라를 지킬 만한 부국강병(富國强兵)을 들 수 있다.

다시 말해 군사력과 군수 지원이 가능한 생산력이 있었다.

처음부터 정벌 방향과 목표를 제어하다

결단을 내린 14일 즉시 장천군 이종무를 삼군도체찰사로 임명해 중군(中軍)을 맡게 했다. 총사령관 격인 이종무는 전라도 장수 사람으로 어려서부터 말타기와 활쏘기에 능해 아버지와 함께 왜구 토벌에 많은 공을 세운 명장이었다.

우박(禹博)·이숙묘(李叔畝)·황상(黃象)을 중군 절제사, 유습(柳濕)을 좌군 도절제사, 박초(朴礎)·박실(朴實)을 좌군 절제사, 이지실(李之實)을 우군 도절제사, 김을화(金乙和)·이순몽(李順蒙)을 우군 절제사로 임명해서 경상·전라·충청 3도 병선 200척과 하번 갑사(下番甲士), 별패(別牌), 시위패(侍衛牌) 및 수성군 영속(守城軍營屬)을 맡기고, 재인(才人) 화척(禾尺-백정) 한량인민(閑良人民) 향리(鄕吏) 일수양반(日守兩班) 중에서 배를 잘 타는 군정(軍丁)을 모아 왜구가 돌아오는 길목을 지키게 했다.

다가오는 6월 8일에 각도 병선들이 모두 견내량(見乃梁)에 모여 기다리기로 약속했다.

이윽고 20일에는 조정과 전장을 연결하며 전쟁 방향을 정할 상층 전략지휘부도 구성했다. 모든 주도권은 당연히 상왕이 쥐고 있었다.

상왕이 영의정 유정현을 삼도 도통사, 참찬 최윤덕을 삼군 도절제사, 사인(舍人) 오선경과 군자정(軍資正) 곽존중을 도통사 종사관(都統使從事官), 사직(司直) 정간과 김윤수를 도절제사 진무(都節制使鎭撫)로 삼았다.

5월 25일 출정 준비를 마친 유정현이 현지로 출발했다. 상왕은 신왕을 데리고 한강정(漢江亭) 북쪽에 행차해 도통사 유정현을 전송했다.

6월이 되자 최윤덕이 경상도 진해 인근 내이포(乃而浦)에 이르렀고 다른 장군과 병사들도 속속 거제도 주변으로 모여들었다. 삼군 도체찰사가 거느린 병력은 전함 227척, 군졸 1만 7,285명이었다. 모든 준비가 끝난 6월 9일 상왕은 이번에 정벌을 행하는 뜻을 밝히는 교서를 발표했다.

"군사들을 궁지로 몰아넣어 무력을 함부로 쓰는 것[窮兵武]⁹은 진실로 빼어난 이나 뛰어난 이[聖賢]들이 경계한 것이지만, 죄 있는 이를 다스리고 군사를 일으키는 것은 제왕으로서 그냥 있을 일이 아니다. 옛적에 (은나라를 세운) 성탕(成湯)이 농사일을 제쳐놓고 하(夏)나라를 정벌했고, 주(周)나라 선왕(宣王)이 6월같이 더운 때 험윤(玁狁-흉노의 일족)을 토벌했다.¹⁰ 그 일에 있어 비록 크고 작은 차이가 있으나 모두가 죄를 토벌했다는 점에서는 한가지일 뿐이다.

대마도는 본래 우리나라 땅인데 다만 궁벽하게 막혀 있고 또 좁고 누추하므로 왜놈들이 살게 내버려두었다. 그런데 마침내 개같이 도적질하고 쥐같이 훔치는 버릇을 가지고 경인년(庚寅年-1410년)부터 변경에 뛰놀기 시작해 마음대로 군민을 살해하고 부형을 잡아가고 그 집에 불을 지르니, 고아와 과부가 바다를 바라보고 우는 일이 해

---

9   진수(陳壽), 『삼국지』 「오서(吳書)·육손전(陸遜傳)」에 나오는 말이다.
10 이는 농번기임에도 정벌이 불가피함을 밝히기 위한 역사적 전거다.

마다 없는 때가 없었다. 이에 뜻있는 선비와 착한 사람들이 팔뚝을 걷어붙이고 탄식하며 그 고기를 씹고 그 가죽 위에서 잠잘 것을 생각한 것이 여러 해다.

생각건대 우리 태조 강헌 대왕께서 용이 나는 천운에 응해 위엄과 다움[威德]이 널리 퍼지고 빛나 어루만지고 편안하게 해주시는 은덕을 입어 그렇지 않으리라 믿었다. 그러나 그 음흉하고 탐욕 많은 버릇이 더욱 방자해 그치지 않더니, 병자년(丙子年-1396년)에는 동래 병선 20여 척을 노략질하고 군사를 살해했으며 내가 대통을 이어 즉위한 이후 병술년(丙戌年-1406년)에는 전라도에, 무자년(戊子年-1408년)에는 충청도에 들어와 혹은 운송하는 물품을 빼앗고 혹은 병선을 불사르며 만호를 죽이기까지 하니 그 포학함이 심했도다. 두 번째로 제주에 들어와 살상함이 많았으니 대개 사람을 좋아하는 성낸 짐승처럼 간교한 생각을 숨겨 가지고 있는 것은 귀신과 사람이 모두 함께 분개하는 바이지만 내가 도리어 널리 포용해 더러움을 참고 교정하려 들지 않았노라. 그 배고픈 것도 구제했고 그 통상을 허락하기도 했으며 온갖 구함과 찾는 것을 수응(酬應)해주지 아니한 것이 없고 다 같이 살기를 기약했다. 그런데 뜻밖에 이제 또 우리나라 허실을 엿봐 비인포에 몰래 들어와 인민을 죽이고 노략한 것이 거의 300명이 넘고, 배를 불사르며 우리 장수와 병사를 해치고 황해에 떠서 평안도까지 이르러 우리 백성을 소란하게 하며 장차 명나라 지경까지 범하고자 하니 그 은혜를 잊고 의리를 배반하며 하늘의 떳떳한 도리를 어지럽게 함이 너무 심하지 아니한가? 내가 살리기를 좋아하는 마음[好生之心=仁]으로 한 사람이라도 살 곳을 잃어버리는 것을 오히려 하늘과 땅에 죄를 얻은 것같이 두려워하거든 하물며 이제 왜구가 탐독(貪毒)한 행동을 제멋대로 해 뭇 백성을 학살해 천벌을 자청해도 오히려 용납하고 참아서 토벌하지 못한다면 어찌 나라에 사람이 있다 하랴! 이제 한창 농사짓는 달을 당해서도 장수를 보내 출병해 그 죄를 바로잡으려 하는 것은 어쩔 수가 없는 일이다.

아아, 신민들이여! 간흉한 무리를 쓸어버리고 백성을 수화(水火)에서 건지고자 해 여기에 이해(利害)를 말해 나의 뜻을 일반 신민에게 널리 알리노라."

원래 17일 대마도로 발선(發船)할 예정이었는데 역풍이 부는 바람에 항해를 중단하고 거제도로 돌아왔다. 이틀 후인 19일 바람이 잡히자 다시 출진했다. 그사이에 발선 완료 보고를 기다리던 상왕은 배가 거제도로 돌아왔다는 소식을 듣고 병조정랑 권맹손 편에 선지(宣旨)를 보냈다.

"금월 11일 갑신(甲申)은 곧 발선하는 길일이어늘 여러 장군이 기꺼이 발선하지 않다가 12일 을유(乙酉)에 겨우 배가 떠나 거제도에 도착했고, 17일 경인에 이르러 또 여러 장군이 기꺼이 발선하지 않는다 하고 또 여러 장군의 보고에 이르기를 '17일에 배가 떠났으나 바람에 거슬려 거제도로 돌아왔다'라고 하니 이는 다 군대를 움직이는 큰일이어늘 경은 어찌해 분변해 장계하지 않았는가? 위에 적은 그날에 더디게 된 사유와 역풍의 진위(眞僞)를 속히 분변해 장계할 것이며 또 여러 장군을 독촉해 발선하게 하라."

선지(宣旨)란 임금의 교지(敎旨)와 구분해 상왕이나 대비의 명을 가리킨다. 시시각각 상왕은 현장 상황을 체크했고 작은 이상 신호도 허투루 넘어가지 않았다. 날짜 하나하나까지 상왕은 점검하고 있다. 왕초보 세종은 부왕 옆에 붙어서 하나도 놓치지 않고 다 지켜보았을 것이다.

작전 진행 중이던 시점에 상왕은 훈련관 최기(崔岐)를 보내 선지 2통을 이종무에게 보냈다. 그중 하나에는 작전 방향이 그대로 담겨 있다.

중국 역사를 꿰고 있었던 상왕은 이렇게 설명했다.

"예로부터 군사를 일으켜 도적을 치는 뜻은 죄를 묻는 데 있지 많이 죽이는 데 있는 것은 아니다. 배도(裵度)가 (당나라) 헌종(憲宗) 명을 받아 채(蔡)나라를 치고 조빈(曹彬, 931~999년)[11]이 (송나라) 태조 명을 받들어 촉(蜀)나라를 정복시킨 것이 역사책에 실려 있어 환하게 볼 수 있다.

오직 경은 나의 지극한 생각을 체인해 힘써 투항하는 대로 모두 우리에게 오게 하라. 또한 왜놈들[倭奴] 마음이 간사함을 헤아릴 수가 없으니 이긴 뒤라도 방비가 없다가 혹 일을 그르칠까 함이 또한 염려되는 바이다. 또 생각건대 7월에는 으레 폭풍이 많으니 경은 그 점을 잘 생각해 오래도록 해상에 머물지 말라."

정복(征服) 전쟁이 아니라 적에게 경고만 하는 중규모 기습 작

---

11 송나라 태조(太祖) 건덕(乾德) 2년(964년) 촉(蜀)을 정벌하고 도감(都監)이 되어 협중(峽中)의 군현을 함락했는데, 청렴하고 성실해 가는 곳마다 열복(悅服)했다.

전임을 잊지 말고 작전을 마친 후 안전하게 귀국하라는 당부다. 20일 대마도에 도착한 정벌군은 전격 작전을 전개해 왜구에게서 배 129척을 빼앗아 쓸 만한 배 20척을 제외한 나머지를 불살라버렸으며 가호 1,940호를 불태우고 114명을 목 벴다.

이 소식은 열흘 후인 6월 29일 조정에 전해졌다. 이날도 이종무 등은 병사 일부를 대마도에 상륙시켜 가옥 68호와 배 15척을 불태우고 왜구 9명을 목 베는 등 전과를 올렸다. 물론 아군 측 희생도 만만찮았다. 좌군 절제사 박실이 이끄는 부대는 복병을 만나 고전했고 이때 아군 100여 명이 전사했다. 훗날 총전사자는 180명으로 확인되었다. 대마도 토벌군은 곧바로 귀환을 결정했다. 조정에 귀환 소식이 전해진 날이 7월 6일임을 감안하면 7월 1일쯤 거제도에 돌아온 듯하다. 보고에는 "전함이 전복되거나 침몰한 것은 없다"라고 되어 있다.

결국 대마도 도주는 9월에 사신을 보내 항복 의사를 밝혀왔다.

기해동정은 상왕의, 상왕에 의한 정벌이었다. 그러나 온전히 신왕을 위한 정벌이었다. 아군이 상당한 피해를 입었음에도 불구하고 대마도 도주로부터 항복을 받아낼 만큼 성공한 배경은 상왕이 보여준 적절한 전략적 판단이었다.

화포와 화통을 비롯한 각종 첨단 무기 개발에 공들인 덕을 이때 보았다. 무기 개발에 대한 태종의 관심은 대마도 정벌 이후 더욱 강화됐다.

1년여가 지난 1420년(세종 2년) 11월 17일 한강 양화진에서는 시뮬레이션 실험을 진행했다. 조선 군선과 정벌 당시 대마도에서 노획한 왜선(倭船)의 속도 비교 테스트였다. 왜선은 조선 군선보다 빨랐다. 이에 상왕은 대호군 윤득민에게 특명을 내려 왜선보다 빠른 배를 만들도록 지시했고 이날 새로 건조한 3척이 첫선을 보였다. 귀화 왜인들이 모는 왜선이 10미터쯤 앞에서 출발했고 마침내 윤득민이 만든 새 군선이 왜선을 앞질렀다. 상왕은 크게 만족했다. 새 군선은 신왕에게 내려주는 아버지로서 선물이었을 것이다. 더 중요한 것은 실증(實證)이었다.

대마도 정벌에 임했던 상왕의 마음가짐을 짚어볼 수 있는 구절도 『주역』에 있다. 군사 동원과 관련된 사괘(師卦, ䷆) 맨 아래 음효(陰爻)다.

먼저 주공은 이 음효에 대해 다음과 같이 계사했다.

'초륙(初六)은 (장수가) 군사를 출동하되 (엄정한) 군율로 한다. 그렇지 않으면[否] 잘 싸워도 흉하다[師出以律 否 臧凶].'

이에 대해 공자는 군율(軍律), 즉 군령에 초점을 두어 풀이했다.

'(초륙(初六)은) 군사를 출동하되 군율로 한다고 했으니 군율을 잃으면 흉하다[師出以律 失律凶也].'

다소 동어반복 같기도 하다. 그만큼 군율이 중요하다는 뜻으로 보면 된다.

주공은 군율에 입각해 군대를 출동시키지 않는다면 설사 전쟁에서 이기더라도[臧=勝] 흉하다고 했다. 이때 군율은 군대를 통솔하는 군율로만 보지 말고 일의 마땅함[事宜]으로 넓혀 포괄적으로 풀어야 문맥에도 맞다. 정이천은 이 점을 잘 감안해 효사를 풀었다. 상왕 태종의 대마도 정벌 취지에 대입하면서 음미해보자.

'초(初-초륙)는 군사 출동[師卦]의 시작이므로 군사를 출동시키는 마땅함[出師之義]과 군대를 운용하는 도리[行師之道]를 말했다. (첫째) 나라에서 군사를 일으키는 차원[興師=出師]에서 말하자면 마땅함과 이치[義理]에 부합해야 하니 이는 율과 법에 따라서 한 것으로써 어지러움을 막고 사나움을 주벌하기[禁亂誅暴] 위해 움직이는 것을 말한다. 만일 마땅함으로 움직이지 않는다면 설사 그 결과가 좋다고 해도 흉한 방법[凶道]이다. 좋다는 것은 곧 전쟁에서 이기는 것이고 흉하다는 것은 백성에게 재앙을 주고 마땅함을 해치는 것[害義]이다. (둘째) 군대를 운용하는 차원에서 말하자면 군율은 호령과 통제를 가리킨다. 군사를 운용하는 방식은 호령과 통제를 근본으로 삼으니 이로써 무리를 통제하는 것이다. 군율로 하지 않는다면 그것이 설사 좋은 의도로 한 것이라 해도 흉하며 승리할지라도 흉한 방법이다. 군사를 통제함에 있어 법도가 없는데도 요행히 패하지 않고 승리하는 경우가 있지만, 이는 빼어난 이가 (바로 여기에서) 경계하는 바[12]다.'

---

12 마지막 문장은 특히 주공(周公)의 효사(爻辭) 중에서 "그렇지 않으면[否] 잘 싸워도 흉하다"라는 부분을 들어 강조한 것이다.

군사에 대한 상왕 태종의 도제 교육은 훗날 세종이 북진 개척을 비롯한 군사 문제 장악에 큰 도움이 되었음은 두말할 필요도 없다.

3 ——

양녕에 대한 최후 경고

군국중사만은 손에서 놓지 않은 까닭

왕권을 내려놓은 태종은 일단 편안해 보였다. 신하들과 술
자리에서 옛일을 돌아보기도 하고 시를 주고받으며 여유를 만끽
했다. 태종 18년(1418년) 8월 15일 자 실록이다.

사흘 후인 18일에는 오랜만에 세종을 비롯해 여러 신하와 흥
겨운 시간을 가졌다. 보기 드물게 태종이 시(詩) 짓는 실력을 구경
할 기회다.

상이 상왕전에 나아가 상왕께 헌수(獻壽)하고, 효령대군 이보(李補)
와 영돈녕(領敦寧) 유정현, 영의정 한상경, 우의정 이원과 종친·부
마·육대언이 잔치에 모시고 참석했다. 상이 꿇어 상왕 앞에 나아가

수(壽-장수 기원)를 올리니 상왕이 말했다.

"내가 왕위에서 물러난 것은 복(福)을 남겨두기 위함이었더니 이제 도리어 더욱 높아지는구나."

유정현이 연구(聯句)를 지어 바쳤다.

"하늘이 아름다운 자리를 베풀어 만세를 기약케 하고."

상왕이 화답했다.

"백성은 주린 빛 없어 임금의 은혜 고마워하네."

하연(河演)이 이었다.

"은혜의 물결이 온화한 말씀 속에 호탕하니."

이원이 이어 말했다.

"나라 운수는 길이 즐거운 가운데 승평(昇平)하도다."

한상경이 이어 말했다.

"온 나라가 근심 모르는 이 오늘이여."

상왕이 말했다.

"군신(君臣)이 도리에 맞추어 조정을 섬기네."

하연이 말했다.

"조정 신하가 산악을 불러 장수를 비나이다."

상왕이 말했다.

"사자(嗣子-후사)는 몸을 닦아 조종(祖宗)을 받드니."

상이 이었다.

"종사의 안위는 신이 책임을 지겠나이다."

상왕이 여러 신하에게 명해 춤을 추라 하고 상왕도 춤을 추며 말했다.

"지위를 전한다 해도 만일에 그 적합한 사람을 얻지 못했다면 비록 시름을 잊고자 하나 어찌 될 수 있으랴. 주상은 참으로 문화와 태평을 지킬 만한 임금이로다."

한상경 등이 아뢰어 말했다.

"성상(聖上)께서 아드님을 아시고 신하를 아시는 데 밝으심으로 말미암은 바이오니 온 나라의 신민들이 만세 수(壽)를 누리시어 길이 태평함을 보기를 비옵나이다."

연회가 극히 즐거운 가운데 밤이 이슥해서 마쳤다.

9월 22일에는 상왕이 지신사 하연을 불렀다.

"내가 근심을 잊고자 하면서도 아직 잊지를 못하고 있음은 간사한 사람이 있는 까닭이다."

(상왕은) 또 일찍이 이렇게 말했다.

"주상이 비록 뛰어나고 눈 밝지만, 춘추가 아직도 어려 군사에 익숙하지 못하므로 내가 어쩔 수 없이 오늘날 이처럼 하는 것이다. 모르는 이들은 혹 생각하기를 '내가 주상이 나이 30이 되시기를 기다려 한두 근시자(近侍者)를 데리고 한가로이 노닐면서 늙은 여생을 보내려는 것'이라고 생각할 것이다."

양녕에 대한 최후 경고

1419년(세종 1년) 1월 29일 양녕이 경기도 광주 거처에서 달아났다가 2월 1일에 나타났다. 걱정이 컸던 상왕은 그를 수강궁으로 불렀다.

양녕이 어두워질 무렵 성안에 들어와 스스로 부끄러워 옷소매로 낯을 가리고 수강궁에 나아갔다.

상왕은 그를 보고는 한편으로는 슬프고 한편으로는 기뻐서 정성껏 훈계하고 또 말했다.

"네가 도망갔을 적에 주상이 그 소식을 듣고 음식을 전폐하며 서러운 눈물을 그치지 않았다. 너는 어찌 이 모양이냐. 너의 소행이 너무도 패악하나 나는 다만 부자의 정으로 가련하게 여기는 것일 뿐이다."

양녕 이제는 가르침을 듣고 나서 방으로 물러가 손수 비파(琵琶)를 타며 회개하는 기색이 없었고 동작이 평상시와 같으니 환관들이 탄식하며 말했다.

"천성을 고치기 어려운 것이 이와 같다."

이틀 후인 2월 3일 상왕은 양녕을 데려다 놓고 최후통첩을 전했다. 아비 이방원은 지공(至公)한 임금 태종으로 역사에 남는 길을 골랐다. 큰아들을 향한 절절한 사랑과 경고가 담긴 아비 이방원으로서 마지막 육성이다.

"나는 여러 날을 두고 양녕을 처우하는 방법을 깊이 생각해 이제야 단안을 얻었다. 경들은 모두 고금을 통달한 선비들이니 내 말을 분명히 들으라. 양녕이 하는 짓이 광패해 가르쳐도 고치지 못하고 드디어 이 지경에 이르게 되었다. 그러나 반역을 도모한 죄는 전혀 없으므로 서울 근방에 두고 목숨이나 보존케 하려고 했는데 또다시 오늘 같은 일이 있게 되니 부끄러운 일이다. 내가 젊은 시절에 아들 셋을 연이어 잃고 갑술년(甲戌年-1394년)에 양녕을 낳았는데 그도 죽을까 두려워 본방댁【즉 여흥부원군 민제의 집】에 두게 했고 병자년(丙子年-1396년)에 효령을 낳았는데 열흘이 채 못 되어 병을 얻었으므로 홍영리(洪永理) 집에 두게 했고 정축년(丁丑年-1397년)에 주상을 낳았다.

그때 내가 정도전 일파에게 시기를 당해 형세상 용납되지 못하게 되니 실로 남은 날이 얼마 없지 않나 생각되어 항상 가슴이 답답하고 아무런 낙이 없었다. 그래서 나는 대비와 더불어 서로 양녕을 안아주고 업어주고 해 일찍이 무릎 위를 떠난 적이 없었으며 이로 말미암아 자애하는 마음이 가장 두터워 다른 자식들과 달랐다. 그러나 세자로 봉하는 날에는 다만 적자요 장자인 때문으로 양녕을 봉한 것이지 내 어찌 털끝만큼이라도 그사이에 사정(私情)을 두었겠느냐?

양녕이 이미 동궁에 있으면서 행동이 선하지 못하고 부모에게 불효한 것은 차마 말할 수 없으니 이 뒤로는 양녕을 의정부에 회부하든 육조에 회부하든 나는 관여하지 않을 것이며 또 만약 법을 범한다면 의정부가 잡아 오든 육조가 잡아 오든 나는 상관하지 않고 한결같이 국가 처분만 따를 것이며 내시나 궁첩들이 감히 사정을 두고 양녕 일을 들어 나에게 고한다면 나는 단연코 용서하지 않을 것이다.

그때 가서 나더러 잔인하다는 말은 하지 말 것이며 오직 연중의 정지 세시(正至歲時-정월·동지·하지) 같은 명절에 부모를 보고자 해 대궐 문밖에 와 있다면 마땅히 불러볼 것이고 양녕 몸에 만약 병이 있어 위급해 빈사 상태에 빠졌다면 또한 나에게 알려야 할 것이다.

나와 양녕은 부자지간이라 인정상 차마 하지 못할 일이 있겠지만 임금과 신하는 이와 다르다. 신하가 임금에게 진실로 명분을 범한다면 죽음을 내리는 법이 있을 따름이니 양녕이 비록 지극히 어리석다지만 어찌 모르겠느냐? 옛적에 당 명황(唐明皇)[13]이 하루에 아들 셋을 죽였기로 역사가[史氏]가 너무도 어질지 못하다[不仁]고 꾸짖었지만, 이것은 세 아들이 죄가 없는데 당 명황이 남들이 중상하는 말을 듣고 한 일일 뿐이다. 만약 그들이 참으로 죄가 있다면 실로 어쩔 수 없는 일이다."

또 말했다.

"내가 전위한 것은 본래 세상일을 잊어버리고 한가롭게 지내고자 함에서였다. 다만 군사 관계만을 아직도 내가 거느리고 있는 것은 주상이 나이가 젊어 군무를 모르기 때문이다. 나이 30이 되어 일에 대한 경험이 많아지면 다 맡길 생각이다. 지난날 만약 여러 아들을 원수(元帥)로 삼아 각도 병마를 갈라 맡기고 장사(將士)들을 접견하게 했다면 주상이 어찌 지금까지 군무를 모르겠느냐? 그러나 내가 감히 못한 것은 저런 험상한 위인이 동궁에 있는데 여러 아우가 각기 병권을 잡는다면 어떻게 서로 용납될 수 있겠느냐?"

양녕을 보고 말했다.

"네가 도망갔을 때 나나 대비는 너의 생사를 알지 못해 늘 눈물을 흘리니 주상이 곁에 있어 역시 눈물을 흘렸다. 가령 네 몸은 편안한데 아우들이 연고가 있다면 너는 주상이 했듯이 하겠느냐? 주상은

---

13 당 현종을 가리킨다.

효도와 우애가 참으로 지극해 너희 형제가 다 같이 보전될 수 있을 것이니 나는 근심이 없다. 내가 눈물을 흘리는 것은 너를 위한 것이 아니라 국가의 수치가 되기 때문이다. 네가 만약 도주해 불행한 일이라도 있었다면 후일에 어찌 네가 광망(狂妄)해서 스스로 그렇게 된 것임을 알 수 있으랴!"

또 말했다.

"어리의 죽음은 진실로 슬프고 가슴 아프다. 어리 자신이 양녕에게 들어온 것이 아니고 양녕이 재상 첩을 탈취한 것이며 또 양녕이 달아난 것도 어찌 어리 때문이겠느냐?"

또 말했다.

"이제 양녕에게 매 2연(連)과 말 3필을 주어 매사냥이나 하며 저 하고 싶은 대로 살게 하겠다."

그래서 광주 목사나 판관 가운데 한 사람으로 하여금 수행하게 했다. 양녕이 다시 매를 길들이는 자 장립(張立) 등 3명을 청하니 상왕이 돌아보며 말했다.

"무릇 천인이 귀인을 따르는 것은 귀인이 잘 비호해주기 때문인데 너는 불초해 네 몸도 잘 보전치 못하면서 하물며 다른 사람을 챙긴다고? (멀쩡한) 사람치고 누가 너를 기꺼이 따르겠느냐? 또 너는 비록 다른 기술은 없으나 매 길들이는 것은 네 자신이 능하니 다른 사람이 필요 없다."

4 ___

태종과의 작별

태종이 마지막으로 관여한 공사(公事)는 박습 아들 박의손(朴義孫, ?~1422년)[14]의 참형(斬刑) 처결이었다. 세종 4년(1422년) 4월 19일이었다.

의손은 역적 박습 아들로 곤남현(昆南縣-경상도 남해현) 관노로 몰입(沒入-편입)되었는데 그 어미는 습이 버린 아내여서 서울에 살았다. 의손이 천역을 싫어해 글을 지어 관찰사 최사강(崔士康)에게 바쳤는데 그 글에서 말했다.

"한 남자 탄식으로 6월에 서리가 내리고, 한 여자 원망으로 3년 동안 큰 가물이 오는 것입니다. 모자를 같이 살게 해준다면 다행이겠

---

14 1411년(태종 11년) 진사시에 합격한 뒤 주부(主簿)·감찰 등을 역임했다.

습니다."

사강이 그 사연을 보고하니 태상이 말했다.

"의손은 본래 죽었어야 할 사람이나 내가 특별히 용서했다. 그런 줄도 모르고 도리어 원망과 분을 품었단 말이냐!"

의금부 옥에 내려 죄를 다스려 참형에 처했다.

마지막 순간까지 상왕은 신왕을 대신해 국사를 처리했다. 그 때문인지 세종 6년(1424년) 12월 1일 세종이 『태종실록』 편찬에 대해 이원·유관·변계량과 토의하면서 던지는 말이 인상적이다.

> "기해년(己亥年, 1419년)부터 임인년(壬寅年, 1422년)까지는 내가 임금 자리에 있기는 했으나 그동안 국정은 모두 태종에게 말한 뒤에 시행했고 내가 내 마음대로 한 일은 없으니 그 4년 동안 사초를 모두 수납해 『태종실록』에 기재하는 것이 어떠냐?"

모두 옳다고 했지만 결국 그 4년간 기록은 오늘날 보듯이 『세종실록』에 포함되었다. 세종으로서는 다소 자존심이 상했을까? 아무튼 세종은 이 기간 정치는 자기 정치가 아니라고 생각했다.

상왕이 즐긴 마지막 나들이는 사흘 후인 4월 22일 매사냥 구경이었다. 이때 거처는 도성 안 천달방(泉達坊-한양 동부 12방 중 하나) 신궁이었다.

> 태상왕과 상이 동교(東郊)에 나가 매사냥을 구경하고 낙천정(樂天亭)에서 점심을 들고 태상왕은 신궁으로 돌아오고 상은 환궁했다.

얼마 후에 태상왕이 편치 못했다. 상이 급히 신궁으로 나아가 이내 머물러 간호하고 종친·부마·문무 2품 이상 관원들이 날마다 기거를 문안하고 종친은 궁중에서 유숙하고 병조와 승정원도 모여 숙직했다.

나들이 다녀온 지 얼마 안 된 5월 2일부터 상왕은 위독한 상태에 빠지기 시작했다. 이날 죄인들을 석방하고 도성 방비와 궁호위를 강화했다. 잠깐씩 차도를 보이기는 했지만 회복할 가능성은 없어 보였다. 5월 8일에는 태상왕을 연화방(蓮花坊) 신궁으로 옮겼다. 세종이 극진히 간호했으나 듣지 않았다. 시름이 깊어가던 5월 9일 박은이 세상을 떠났다. 이날 밤 상왕도 의식불명 상태에 들어갔고 결국 다음날 마지막 숨을 거두었다. 일생 지공(至公)으로 달려온 한 거인이 삶을 마감했다. 1422년 5월 10일 향년 56세였다.

이날 실록은 그 생애를 간략하게 압축했다.

> 태상왕은 귀 밝고 눈 밝고 특출나며 일에 밝았고[聰明英睿]
> 군세고 튼튼하며 너그럽고 어질었다[剛健寬仁].
> 경전과 역사를 널리 읽어 고금의 일을 밝게 알고
> 어려운 일을 많이 겪어 일의 진위(眞僞)를 훤히 알며
> 한 가지 재주와 한 가지 선행이 있는 자라면 등용하지 않은 일이 없었다.[15]

---

15 관(寬)을 말하고 있다.

선대 제사에는 반드시 친히 참여하고

중국과 교제에는 반드시 정성을 다하고

재상에게 (국사를) 위임하고 환관을 억제했다.

상줄 데 상주고 벌줄 데 벌주되

친소(親疎)로 차등을 두지 않았고

관직을 임명하되 연조로 계급을 올려주지 않았다.

문교(文敎)를 숭상하고 무비(武備)를 닦으며

검박한 덕을 행하고 사치와 화려함을 없앴다.

20년 동안 백성이 편안하고

물산이 풍부해 창고가 가득 찼다.

해적들이 와서 굴복하고

예의가 바르고 음악이 고르며

(모든 법의) 강령이 서고 조목이 제정되었다.

성품이 신선과 부처의 도를 좋아하지 않고

사사(寺社)를 개혁해 노비를 거두고 전답을 줄였으며

원경왕태후 초상에 유학 예법을 준행하고

불사(佛事)는 하지 않았다.

칠재(七齋)[16]만 배설하게 했는데

모두 검약하게 했으며 능 옆에 사찰을 건축하지 못하게 했다.

"20년 동안 백성이 편안하고 물산이 풍부해 창고가 가득 찼다"라는 말이 눈길을 잡는다. 필자는 그의 마지막 모습을 '마침

---

16 49제를 말한다.

[終]’한 글자로 요약하고자 한다. 『예기』「단궁(檀弓)」편에 나오는
이야기다.

공자가 아꼈던 제자 자장(子張)이 병들어 죽으려 하자 아들 신
상(申祥)을 불러 말했다.

“군자의 죽음은 마쳤다[終]고 하고 소인의 죽음은 죽었다[死]고 하
는데 내가 지금에야 거의 마침에 가까워진 듯하구나!”

태종의 삶과 죽음은 한마디로 ‘잘 마침[善終]’이라 하겠다.
같은 해 9월 2일 존시(尊諡)를 올려 ‘성덕신공문무광효대왕
(聖德神功文武光孝大王)’이라 하고, 묘호(廟號)를 ‘태종(太宗)’이라
했다. 세종이 올린 시책(諡冊)이다.

‘고애자(孤哀子) 사왕(嗣王) 신(臣)【휘(諱)】은 삼가 두 번 절하며 돈
수(頓首-머리를 조아림)하고 말씀 올립니다.
삼가 큰 덕(德)과 높은 공(功)은 옛날 인물들을 뛰어넘으니 큰 이름
을 시책(諡冊)에 나타내어 후세 사람들에게 보이는 것이 마땅합니다.
삼가 전장(典章)에 따라 휘호를 올립니다.
공손히 생각건대 황고(皇考-돌아가신 아버지) 성덕 신공 태상왕께서
는 귀 밝고 눈 밝아 신령스럽고 빼어났으며 용감하고 사리를 잘 알
며 너그럽고 어질었습니다[聰明神聖 勇智寬仁].
고려 국운이 이미 다한 때를 당해 천심이 돌아가는 바를 알아 태조
를 도와서 만세의 터전을 비로소 개척했습니다.
중국에 들어가 고황제(高皇帝)를 뵈올 때 세 번이나 접견하는 총영

676

(寵榮)을 받았습니다.[17]

일이 기미를 아직 드러내지 않을 적에 환하게 알아서 종묘사직을 길이 평안하게 했습니다.

하늘이 내려준 사랑이 오직 어버이에게 깊어 승안(承顔-즐거운 얼굴로 부모를 뵈옴)의 효에 지극히 독실했고 마음에서 우러나와 우애해이에 양덕(讓德-임금 자리를 사양함)의 빛을 내려주었습니다.

무위(武威)는 바람과 우레보다 엄숙하고 문치(文治)는 해와 달보다밝았습니다. (일본과) 교린(交隣)하는 데 도리가 있고 사대(事大)하는데 정성으로 하니 덕화(德化)가 먼 데나 가까운 데나 흡족해 은혜가동물이나 식물에까지 미쳤습니다.

외람되게 큰 왕통을 이어받은 것을 생각해 나이가 오래되시도록 영화롭게 봉양하리라 기약했더니 어찌 갑자기 승하하시어 이에 말명(末命-유명)을 남기십니까?

울부짖고 통곡하는 마음을 견디기 어려워 이에 현양(顯揚)하는 의식을 거행합니다.

삼가 옥책(玉冊)을 받들어 존시를 "성덕신공문무광효대왕"이라 올리고 묘호(廟號-사당 명칭)를 "태종"이라 합니다.

엎드려 바라건대 밝으신 혼령이 충감(沖鑑)을 굽어 내리사 길이 다복(多福)을 주시어 자손을 무궁토록 보호하시고 국가의 계책을 그윽이도와주어 하늘과 땅과 더불어 영원하게 하소서. 삼가 말씀드립니다.'

이제 우리도 태종 이방원과 작별할 시간이다. 예문관 대제학

---

17 1차 왕자의 난을 가리킨다.

변계량이 지은 신도비(神道碑)에 새긴 명문으로 짙은 아쉬움을 달래고자 한다.

하늘이 장차 임금다움을 갖춘 이[有德者]에게 큰 소임을 내려주려
유덕자
할 때는 반드시 성자(聖子)·신손(神孫)을 낳게 해 큰 운수[景雲]를
경운
열어 큰 복조(福祚-복록)를 영원하게 하도다

우리 조선 태조 강헌 대왕께서 일어나시고 우리 태종을 아들로 삼고
우리 전하를 손자로 삼았네.

아아, 성대하도다! 어찌 사람의 힘으로 능히 미칠 수가 있는 바이겠
는가?

하늘이 상(商-은)나라 왕실에 뛰어나고 빼어난 임금을 잇달아 내신
것과 주(周)나라 왕실에 태왕(太王)·왕계(王季)·문왕(文王)·무왕(武
王)과 같은 임금을 서로 잇달아 내신 것과 무엇이 다르겠는가?

신(臣)이 삼가 선원(璿源-왕의 족보)을 살펴보니 이씨는 전주의 이름
난 대성(大姓)이다.

사공(司空) 휘(諱-이름) 이한(李翰)은 신라에 벼슬해 종실 딸에게 장
가들었고 6세 휘 이긍휴(李兢休)에 이르러 비로소 고려에 벼슬했고
13세 황현조(皇玄祖) 목왕(穆王-목조)에 이르러 원조(元朝)에 들어가
벼슬해 천부(千夫-1,000명 군사)의 장(長)이 되었고 그 후 4세가 작위
를 이어받아 모두 능히 선대의 업(業)을 잘 받들어 이루었다.

원나라 정치가 이미 쇠약하자 황조(皇祖) 환왕(桓王-환조)은 돌아와
고려 공민왕 조정에 벼슬해 공로를 쌓고 어짊을 쌓은 지 그 유래가
오래되었다.

우리 신의 왕태후께서 지정(至正) 정미년 5월 신묘일에 태종을 함흥

부 후주 사저에서 낳으시니 우리 태조의 제5자이시다. 나면서부터 신이(神異)하고 점점 자라면서 영예(英睿)가 다른 사람보다 뛰어나고 글 읽기를 좋아해 배움이 날로 나아갔다.

나이 20이 못 되어 고려 과거에 급제했다. 당시 정치가 문란하고 백성이 유리(流離)해 나라 형세가 위태로우니 개연히 세상을 구제할 뜻을 가지게 되었다. 태조께서 사랑하기를 여러 아들과 달리했고 일찍이 서장관으로서 시중 이색과 함께 명나라 서울[京師]에 조현했고 관직을 여러 번 옮겨 밀직사 대언에 이르렀다.

홍무(洪武) 신미년(辛未年-1391년) 9월에 신의왕후가 홍(薨)하니 제릉(齊陵) 곁에 여막을 짓고 3년상을 마치고자 했는데 임신년 봄에 태조께서 서쪽으로 행차했다가 병에 걸려 돌아오니 달려와서 탕약을 받들어 모셨다.

공양왕 신하들이 그 틈을 타서 경복(傾覆-기울이거나 뒤집어엎음)하기를 꾀해 형세가 매우 위급하므로 태종이 시기에 응해 변란을 제압하고 그 괴수(魁首-정몽주)를 쳐서 없애니 모든 음모가 와해되었다.

가을 7월에 여러 장상과 더불어 대의(大義)를 제창해 태조를 추대해 집을 바꾸어 나라를 만드니[化家爲國] 정안군에 봉해졌다.

갑술년(태조 3년 1394년) 여름에 명나라 고황제가 태조 친아들을 보내도록 명하니 태조가 우리 태종이 경서에 능통하고 사리에 밝아 여러 아들 중에 가장 뛰어나다고 해 즉시 보내어 명에 응하게 했다. 명나라에 이르러 황제에게 아뢴 것이 황제 뜻에 맞았으므로 황제가 예를 우대해 돌려보내 주었다.[18]

---

18 사신이 임금의 의중을 정확히 상대국에 전하고 설득해 현안을 해결하는 것을 공자는

무인년(태조 7년, 1398년) 가을 8월에 태조가 편찮으시니 권신들 가운데 집안끼리 무리를 짓고 붕당을 모아 유얼(幼孼-세자 방석)을 끼고 정권을 제 마음대로 하고 자기들 뜻을 마음대로 펴고자 하는 자가 있어서 화(禍)의 발생이 임박해지니 태종이 기미를 밝게 알아 모두 없애버렸다.

그때에 종친과 장상들이 모두 우리 태종을 세자로 삼기를 청했으나 태종이 굳게 사양하고 공정왕(恭靖王-정종)을 추대해 높이고 위로 태조에게 청해 세자에 책봉하게 해 종묘사직을 안정시켰다. 9월 정축일에 태조 병이 낫지 않으므로 공정왕에게 선위했다.

건문(建文) 경진년 정월에 역신(逆臣) 박포가 동기를 살해할 음모를 해 몰래 방간 부자를 유인해 군사를 일으켜 난을 일으키니 태종이 군사를 거느리고 이를 평정해 박포를 베고 나머지는 모두 석방하고 방간을 안치해 의친(懿親-혈친)의 정을 폐기하지 않았다.

공정왕에게 후사가 없고 또 개국과 정사(定社-1차 왕자의 난)가 모두 우리 태종 공적이라 해 세자로 책봉하고 겨울 11월에 또 병으로 우리 태종에게 전위했다. 사신을 명나라에 보내 고명(誥命)을 청하니 다음 해 신사년 6월에 건문제가 통정시승(通政寺丞) 장근(章勤) 등을 보내 고명과 인장(印章)을 받들고 와서 우리 태종을 왕으로 봉하고 겨울에 홍려시 행인(鴻臚寺行人) 반문규(潘文奎)를 보내와 면복(冕服)을 하사했는데 그 직질(職秩)을 친왕(親王-황제 아들)과 같게 했다.

공정왕에게 후사가 없고 또 개국과 정사(定社-1차 왕자의 난)가 모두

전대(專對) 능력이라고 했다.

우리 태종 공적이라 해 세자로 책봉하고 겨울 11월에 또 병으로 우리 태종에게 전위했다. 사신을 명나라에 보내 고명(誥命)을 청하니 다음 해 신사년 6월에 건문제가 통정시승(通政寺丞) 장근(章勤) 등을 보내 고명과 인장(印章)을 받들고 와서 우리 태종을 왕으로 봉하고 겨울에 홍려시 행인(鴻臚寺行人) 반문규(潘文奎)를 보내와 면복(冕服)을 하사했는데 그 직질(職秩)을 친왕(親王-황제 아들)과 같게 했다.

임오년(태종 2년, 1402년) 겨울에 지금 황제가 즉위하자 좌정승 하륜을 보내 등극을 하례하니 황제가 충성을 아름답게 여겨 이듬해 계미년(태종 3년, 1403년) 4월에 고명과 인장을 하사하고 도지휘사(都指揮使) 고득(高得) 등을 보내와 그대로 왕으로 봉했다. 가을에 한림대조(翰林待詔) 왕연령(王延齡)을 보내와 곤면(衮冕) 9장(九章)[19] 금단사라(錦段紗羅-각종 비단)와 서적을 하사하고 태조에게는 금단사라를, 원경 왕태후에게는 관포(冠袍)와 금단사라를 각각 차등 있게 내려주었다. 이때부터 그 뒤로 황제가 하사함이 거듭 이르러 해마다 거르는 때가 없었다.

을유년(태종 5년, 1405년)에 한양은 태조께서 도읍한 곳이라 해 여러 의견을 물리치고 환도했다.

정해년(태종 7년, 1407년)에 황제가 정조사신(正朝使臣)에게 말하기를 "조선 국왕이 지성으로 사대한다"라고 했고 그 뒤부터 매번 사신이

---

19 조선 시대에 임금 정복인 면류관과 곤복에, 의(衣-상의)에는 산(山)·용(龍)·화(火)·화충(華蟲)과 종이(宗彛)의 5가지를 그리고, 상(裳-하의)에는 마름·분미(粉米)·보(黼)·불 등 4가지를 수놓은 것을 말한다.

이를 때면 문득 상의 지성을 칭찬했다.

무자년(태종 8년, 1408년) 5월 태조가 안가(晏駕-임금의 죽음)하니 슬퍼하고 그리워하기가 끝이 없었고 양암(諒闇-부모의 상중)에 거처하면서 상장(喪葬)을 예(禮)로 했다. 사신을 보내 부고를 알리니 황제가 몹시 슬퍼하고 조회를 파했으며 예부 낭중(禮部郎中) 임관(林觀) 등을 보내 제사에 대뢰(大牢)[20]로써 사제(賜祭)하고 시호를 강헌(康獻)이라 내려주었고 또 태종에게 칙서를 내려 두텁게 부의(賻儀)를 하사했다.

임진년(태종 12년, 1412년) 겨울에 왕씨 후예로서 민간에 숨었던 자가 있어 상언(上言)하니 유사(攸司)에서 베기를 청했으나 태종이 말하기를 "제왕이 일어남은 천명에 있는 것이니 왕씨 후예를 죽인 것은 우리 태조의 본의가 아니었다"라고 하고 이에 가르침을 내리기를 "왕씨 후예 중에 생존한 자들은 그들로 하여금 각각 편안히 생업에 종사하게 하라"고 했다.

갑오년(태종 14년, 1414년) 6월에 감로(甘露-상서로운 이슬)가 함흥부 월광 구미리와 정평 백운산에 내렸다. 이듬해 을미년 4월에 감로가 또 함흥부 덕산동에 내렸다. 우리 동방에서는 예전에 없었던 일이었으므로 정부에서 함께 전(箋)을 올려 하례했으나 임금이 받지 않았다.

무술년(태종 18년, 1418년) 6월에 세자 이제가 패덕(敗德)했으므로 폐해 양녕대군으로 봉하고 우리 전하가 총명하고 효도하고 우애가 있

---

20 나라 제사 때 소를 통째 제물로 바치던 일을 말한다. 처음에는 소·양·돼지를 함께 바치는 것을 대뢰라고 했으나 뒤에는 소만 바치게 했다.

고 학문을 좋아해 게을리하지 않아 나라 사람들이 촉망했기 때문에 세자로 책봉하고 중국에 아뢰니 황제가 윤허했다.

이해 8월 우리 전하에게 선위하고 사신을 보내 고명을 청했다. 11월에 우리 전하께서 책보(冊寶)를 받들어 호를 '성덕신공상왕'이라 바치셨다. 이듬해 기해년 1월에 황제가 홍려시승(鴻臚寺丞) 유천(劉泉) 등을 보내 고명을 받들고 우리 전하를 왕으로 봉했다.

5월에 대마도 왜구가 변경을 침범해 군사를 죽이거나 노략질하니 영의정 신(臣) 유정현과 장천군 신 이종무 등에게 명해 주사(舟師-수군)를 거느리고 가서 토벌하게 하니 대마도 왜적이 성심으로 복종하기를 전과 같이 했다. 8월에 황제가 사신을 보내 사연(賜宴)했는데 칙서는 대략 이러했다.

'왕의 지성(至誠)이 돈독하고 두터워 삼가 중국 조정을 섬겨 한결같은 다움과 한결같은 마음이 처음이나 끝이나 게을리하지 않았으며 능히 뛰어난 사람을 고르고 다움이 있는 사람에게 명해 종묘사직이 의탁할 데가 있게 하니 나라 사람들의 소망에 부응했다.'

또 우리 전하에게 사연했는데 칙서는 대략 이러했다.

'그대의 아비가 독후(篤厚)하고 노성(老成)해 천도(天道)를 삼가 공경하고 충순(忠順)의 정성은 오래갈수록 변하지 않았다.'

9월에 공정왕이 즉세(卽世-사망)하니 참최복을 입고 역월(易月)[21]의 복제를 마쳤다. 사신을 보내 부고를 알리니 이듬해 4월에 황제가 사신을 보내 치제하고 시호를 '공정왕(恭靖王)'이라 내렸다. 이해 봄에 우리 전하께서 군신(群臣)을 거느리고 태상왕의 호를 올리도록 청했

---

21 달수를 날수로 바꾸어 계산해 거상(居喪) 기간을 단축하는 제도다.

으나 윤허하지 않았다. 가을 7월에 원경왕태후께서 훙하니 우리 전하께서 심히 슬퍼함이 예(禮)에 지나치므로 (태종께서) 역월의 복제를 따르도록 명했으나 전하께서 눈물을 흘리고 울며 굳게 사양했다. 이에 명해 장례 뒤에는 최복(衰服-상복)을 벗고 백의(白衣)로 복제를 마치게 했다. 9월 임오일에 태후를 광주(廣州) 관내 대모산에 장사지내고 능을 헌릉(獻陵)이라 했다.

신축년(세종 3년, 1421년) 가을 9월에 우리 전하께서 책보를 받들어 태상왕의 호를 바쳤다.

10월 태종에게 품신하니 원자 향(珦-훗날의 문종)을 책봉해 세자로 삼도록 명했다.

태종은 좀처럼 세상에 없는 뛰어난 자질로서 성학(聖學-제왕학)에 밝았으며 효도와 우애가 신명(神明)에 통하고 정성과 공경은 종묘사직에 이르렀으며 사대하는 일은 천자가 그 지성을 칭송했고 교린하는 일은 왜국이 그 도(道)에 복종했다. 하늘을 흠모하고 백성을 불쌍히 여기며 검소함을 숭상하고 비용을 절약했다. 덕(德)과 예(禮)를 먼저 하고 형벌을 삼갔으며 충직(忠直)한 이를 등용하고 간사한 이를 내쳤으며 이단(異端)을 물리치고 음사(淫祀)를 금지했다. 고금(古今)을 참작해 제도를 정하고 문교(文敎)를 밝게 하고 무비(武備)를 엄하게 했다. 쌓였던 폐단을 모두 개혁하니 모든 공적이 다 빛나고 사방이 안도해 백성이 편안하고 물산이 풍족하니 제왕의 도리가 아! 성했도다. 그 황제로부터 사랑을 얻음이 융성했던 것과 두 번씩이나 감로의 상서로움을 얻었던 것도 마땅하다 하겠다.

임인년(세종 4년, 1422년) 4월에 비로소 몸이 편찮아 5월 병인일에 이궁(離宮)에서 훙했다.

우리 전하께서 애통함을 이기지 못해 3일 동안 철선(輟膳-음식을 물림)하니 여러 신하가 눈물을 흘리면서 진선(進膳)하기를 청했으나 마침내 허락하지 않았다.

3년상으로 정하고 역월의 제도를 쓰지 않았다.

태종은 춘추가 56세이고 왕위에 있은 지 19년이었다. 왕위를 물려주고 한가하게 머물면서 정양한 지 5년 만에 갑자기 승하하시니 대소 신료에서 아래로 복례(僕隷-노비)에 이르기까지 목이 메어 울지 않은 이가 없고 세월이 오랠수록 더욱 슬퍼하기를 고비(考妣-돌아가신 자기 부모) 상사(喪事)처럼 했다.

아, 슬프도다! 이해 9월 초2일 병진일에 존호를 올려 '성덕신공문무광효대왕'이라 하고 묘호를 "태종"이라 했다. 초6일 경신일에 원경왕태후 능에 합장했으니 이는 유명(遺命-유언)이었다.

중국에 부음을 알리자 황제가 애통해 철조(輟朝)했고 특별히 예부낭중(禮部郎中) 양선(楊善) 등을 보내 사제(賜祭)했는데 그 글은 대략 이러했다.

'오직 왕이 독후(篤厚)하고 지성(至誠)하며 총명하고 현달(賢達)해 삼가 중국 조정을 섬겨서 충순(忠順)한 마음이 처음이나 끝이나 변함이 없었다. 부음이 멀리 들리니 진실로 깊이 애도한다.'

또 고명을 하사해 시호를 '공정(恭定)'이라 했다. 또 전하에게 내린 부의가 넉넉하고 두터웠다. 대개 우리 태종의 공덕이 성대함과 우리 전하의 효성이 지극함이 전후에서 서로 이어서 황제 마음을 잘 누린 까닭으로 시작과 마지막 때에 있어 남달리 총애하는 은전(恩典)이 이와 같았으니 그 갖춤이 지극하다 하겠다.

중궁 원경왕태후는 성이 민씨요 여흥 세가(世家-대대의 명문가)였다.

고려 문하시랑평장사 문경공 휘(諱) 민영모로부터 6세에 황고조(皇高祖) 휘 민종유에 이르러 의릉(毅陵-충숙왕)을 도와 도첨의 시랑 찬성사에 벼슬했고 시호는 충순공이었다. 충순공은 황증조 판밀직사사 시호 문순공 휘 민적을 낳았고 문순공은 황조 대광 여흥군 휘 민변을 낳았으며 대광은 황고 순충동덕찬화공신 대광보국숭록대부 여흥부원군 수문전 대제학 영예문춘추관사 시호 문도공 휘 민제를 낳았다. 어머니 송씨는 삼한국대부인에 봉해졌는데 고려 중대광 여양군 휘 송선의 딸로, 선(善)을 쌓아 경사가 돌아와 이에 숙덕(淑德)을 낳았다.

(태후는) 총명하고 지혜로움이 남보다 뛰어났으므로 곧 계년(笄年-처음 비녀 꽃는 해)이 되자 짝을 골라 와서 우리 태종 빈(嬪)이 되었다. 태종이 젊어서 세상을 구제하려는 뜻이 있어 마음을 경전(經典)과 사기(史記)에 두고 가산을 돌보지 않으니 태후가 능히 집을 다스리는 데 검소하게 하고 주궤(主饋-음식을 주관함)를 삼가 그 공을 이루게 힘쓰고 많은 아들을 가르쳐 의방(義方-마땅함과 반듯함)을 따르게 했고 첩과 시녀를 예로 대우해 부인의 도리를 극진히 했다. 홍무 임신년에 정녕옹주(靖寧翁主)로 봉해졌다.

무인년에 태종이 정사(定社-1차 왕자의 난)할 때 형세가 심히 외롭고 위태로웠는데 태후가 마음을 다해 도와 큰일을 이루게 했다. 경진년 봄에 정빈(貞嬪)으로 봉해졌고 그해 겨울에 태종이 즉위하자 정비(靜妃)로 봉해졌다. 영락 계미년에 황제가 관포(冠袍)를 하사했으며 이해로부터 정유년까지 누차 황제로부터 하사받은 것이 모두 다섯 번이었다. 무술년 겨울에 우리 전하가 호를 "후덕왕대비(厚德王大妃)"라 바쳤고 경자년 9월에 시호를 "원경왕태후"라 올렸다. 춘추는

56세다.

태후는 유한(幽閑)하고 정정(貞靜)한 다움을 타고났으며 태종에게 능히 짝이 되어 내치(內治-집안 살림)에 오로지해 20년 동안 궁중 법도[壼儀]가 엄숙하고 화목했으며 또 빼어난 아들[聖子]을 낳아 종묘와 사직을 맡도록 해 영광스러운 봉양을 누렸다. 훙하자 빈(嬪)·잉(媵)·첩·시녀들이 마음을 다해 비통해하지 않는 이가 없었다. 부인은 모의(母儀-어머니 위엄)가 지극했으니 4남 4녀를 낳았는데 우리 전하는 셋째다. 장자는 곧 제(禔)이고 다음은 보(補)이니 효령대군에 봉해졌고 다음은 종(種)이니 성녕대군에 봉해졌으나 먼저 졸했다. 장녀는 정순공주(貞順公主)이니 청평부원군 이백강에게 시집갔으나 같은 이씨가 아니다. 다음은 경정공주(慶貞公主)이니 평양부원군 조대림에게 시집갔으며 다음은 경안공주(慶安公主)이니 길창군 권규에게 시집갔으나 역시 먼저 졸했다. 다음은 정선공주(貞善公主)이니 의산군 남휘에게 시집갔다.

의빈 권씨(權氏)가 1녀를 낳았는데 정혜옹주(貞惠翁主)이니 운성군 박종우에게 시집갔다.

소혜궁주 노씨(盧氏)가 1녀를 낳았는데 아직 어리다.

신녕궁주 신씨(辛氏)가 3남 7녀를 낳았는데 장남 인(裀)이 공녕군(恭寧君)에 봉해졌으며 나머지는 아직 어리다. 장녀 정신옹주(貞信翁主)는 영평군 윤계동에게 시집갔고 다음은 정정옹주(貞靜翁主)이니 한원군 조선에게 시집갔고 다음은 숙정옹주(淑貞翁主)이니 일성군 정효전에게 시집갔고 나머지는 모두 아직 어리다.

궁인 안씨(安氏)가 1남 3녀를 낳았는데 모두 아직 어리다.

김씨가 1남을 낳았는데 비(裶)이니 경녕군(敬寧君)에 봉해졌다.

고씨가 1남을 낳았고 최씨가 1남 1녀를 낳았고 이씨가 1남을 낳았고 김씨가 1녀를 낳았으나 모두 아직 어리다.

우리 중궁 공비(恭妃) 심씨는 문하시중 휘 심덕부 넷째 아들 심온 딸인데 4남 2녀를 낳았으니 장남은 곧 세자이고 나머지는 모두 아직 어리다.

양녕대군이 김한로(金漢老) 딸에게 장가들어 3남 1녀를 낳았으나 모두 아직 어리다.

효령대군이 전 판중군도총제부사 정역(鄭易) 딸에게 장가들어 4남을 낳았는데 모두 아직 어리다.

성녕대군이 전 전라도 도관찰사 성억(成抑) 딸에게 장가들었으나 자식이 없다.

정순공주가 1녀를 낳았는데 용양시위사 호군 이계린에게 시집갔으나 역시 같은 이씨가 아니다.

경정공주가 4녀를 낳았는데 장녀는 돈녕부승 안진에게 시집갔고 다음은 유학(幼學) 김중암에게 시집갔고 나머지는 아직 어리다.

경안공주가 2남을 낳았는데 장남은 한성소윤 정연 딸에게 장가들었고 다음은 아직 어리다.

정선공주가 2남 1녀를 낳았는데 모두 아직 어리다.

경녕군이 호조참의 김관(金灌) 딸에게 장가들어 2남을 낳았으나 모두 아직 어리다.

공녕군이 병조참판 최사강 딸에게 장가들어 2녀를 낳았으나 모두 아직 어리다.

신이 간절히 보건대 우리 태종의 성대한 다움과 높은 공로는 진실로 이미 백왕(百王)의 위에 높이 뛰어났으며 배필의 어짊과 내조의 공도

촉도(蜀塗-험한 인생길)의 길고 험난한 데 더불어 부서(符瑞-상서로움)를 같이해 아름다움을 짝할 만한 것이었다. 여러 신하가 다 능(陵) 신도비(神道碑)에 명(銘)을 새겨 영세(永世)에 밝게 보이기를 원하므로 전하께서 신 변계량에게 명하시니 신 변계량이 명을 받들어 삼가고 두려워하나 감히 사양하지 못해 삼가 배수(拜手)하고 계수(稽首)해 명을 바친다.

하늘이 해동을 사랑해 우리 태종을 내려주셨네
부지런하신 태종께서 성대한 다움을 몸에 지녔네
빼어난 아버지를 추대해 능히 위대한 공업을 이루고
이에 황제 조정에 조근(朝覲)해 아뢰니
황제가 따르고 용납했네
황제 은총을 넉넉히 입어 백성을 보호했도다
기미를 훤하게 알아 난을 평정하고
적장을 이에 높였다네
비록 집안싸움을 만났으나 우애가 오히려 두터웠네
효제(孝悌)의 지극함은 옛날에 듣기 드물었네
아! 다움이 두텁고 아! 공로가 성대하니
천감(天鑑-하늘이 살펴봄)이 매우 밝아 이에 거듭 보우(保佑)하셨도다
휘황찬란한 금보(金寶)가 전후(前後)에 빛나고
황제가 내린 고명(誥命)이 잇달아 이르니 내가 이에 왕위를 받았네
조상 가르침에 오로지 복종해
한북(漢北)에 환도하고 예악(禮樂)을 제작하니

밝게 빛나도다.

상(喪)을 당해 여막에 살면서 애모함 끝이 없고

장례와 제례 옛 법대로 식(式)을 삼았네

중국 조정을 공경해 섬기니

황제가 지성(至誠)스러움을 칭송했네

엄숙히 제사를 받드니 신명(神明)에 감응했네

교린함에 도리가 있으니 왜방(倭邦)이 내정(來庭-조정에 찾아옴)했네

왕씨 후예를 불쌍히 여겨 그 생업을 이루게 했네

중외가 평안한 지 20년을 내려오니

촉촉한 감로가 해마다 함흥부에 내렸도다

혼매한 이를 폐하고 다움이 있는 이에 명해

백성 임금으로 삼았도다

오랜 세월을 향수(享壽)해

아버님이 이 땅에 임하기를 기약했더니

어찌 빈천(賓天-임금의 죽음)을 재촉해

한 병이 낫지 않았던가?

슬프고 슬프도다.

빼어난 아드님이 몹시 애통함이 비할 데 없도다

철선(輟膳)을 3일 동안 하고 상심을 이기지 못하네

무릇 온갖 상사(喪事)를 오직 예로 이행했네

황제가 듣고 몹시 슬퍼해

사자를 보내 제사 지내며

시호를 주어 포장(褒獎)해 높이고

부의를 내려줌이 매우 융숭했네

휼전(卹典-장례 법도)을 갖추어

신공(臣工)에게 시호 내림을 기뻐하도다

태후를 생각하고 사모하니

진실로 숙옹(肅雝-삼가고 화합함)했네

정사(定社)함을 비밀리에 도우고

진실로 크게 총명한 이 짝이 되어

성철(聖哲)한 아들을 낳아

종묘 제사를 주관하게 했네

하늘처럼 건전하고 밝으심은 공정대왕(恭定大王)의 다움이요

땅처럼 두텁고 바르심은 원경왕후(元敬王后)의 모범이네

살아서는 금슬(琴瑟)의 벗이요

죽어서는 같은 땅에 묻히었네

자손이 번성하니

아아! 그 기린(麒麟) 같은 자손이 끊이지 않고

종묘 제사를 억만년 이어가리

신이 절하고 사(詞)를 바치니 굳고 단단한 돌에 새겨 만세토록 마멸(磨滅)되지 않고 우리 동방에 비추게 하소서.

KI신서 10102
이한우의 태종 이방원【하】

1판 1쇄 인쇄 2022년 1월 24일
1판 1쇄 발행 2022년 2월 16일

지은이 이한우
펴낸이 김영곤
펴낸곳 (주)북이십일 21세기북스
출판사업부문 이사 정지은
인문기획팀 양으녕 최유진
디자인 제이알컴
출판마케팅영업본부장 민안기
마케팅2팀 나은경 정유진 이다솔 김경은 박보미
출판영업팀 김수현 이광호 최명열
제작팀 이영민 권경민

출판등록 2000년 5월 6일 제406-2003-061호
주소 (10881) 경기도 파주시 회동길 201 (문발동)
대표전화 031-955-2100 **팩스** 031-955-2151 **이메일** book21@book21.co.kr

(주)북이십일 경계를 허무는 콘텐츠 리더

21세기북스 채널에서 도서 정보와 다양한 영상자료, 이벤트를 만나세요!
페이스북 facebook.com/jiinpill21   포스트 post.naver.com/21c_editors
인스타그램 instagram.com/jiinpill21   홈페이지 www.book21.com
유튜브 youtube.com/book21pub

서울대 가지 않아도 들을 수 있는 **명강**의! 〈서가명강〉
유튜브, 네이버, 팟캐스트에서 '**서가명강**'을 검색해보세요!

이한우의 태종 이방원 전 2권

태종풍太宗風 탐구 상·하

태종 이방원의
지공至公한 삶에 대한 첫 총체적 탐구

이한우의 태종실록 전 19권

재위 1년~재위 18년·별책

새로운 해석, 예리한 통찰!
5년에 걸쳐 완성한 『태종실록』 완역본

이한우의 주역 전 3권

입문·상경·하경

시대를 초월한 리더십 교과서이자
세종과 정조를 길러낸 제왕들의 필독서

완역 한서 전 10권

본기·표·지(1~2권)·열전(1~6권)

유방의 건국부터 왕망의 찬탈까지 전한의 역사를 담은
2천 년 동아시아 지식인의 필독서

(주)북이십일 경계를 허무는 콘텐츠 리더

21세기북스 채널에서 도서 정보와 다양한 영상자료, 이벤트를 만나세요!
페이스북 facebook.com/jiinpill21   포스트 post.naver.com/21c_editors
인스타그램 instagram.com/jiinpill21   홈페이지 www.book21.com
유튜브 youtube.com/book21pub

서울대 가지 않아도 들을 수 있는 **명강**의! 〈서가명강〉
유튜브, 네이버, 팟캐스트에서 '서가명강'을 검색해보세요!